目录

小学数学课程标准与教材教学研究

毋翠玲 ◎ 编著

西南交通大学出版社
·成 都·

图书在版编目（CIP）数据

小学数学课程标准与教材教学研究 / 毋翠玲编著
. —成都：西南交通大学出版社，2023.8（2025.6 重印）
ISBN 978-7-5643-9479-0

Ⅰ. ①小… Ⅱ. ①毋… Ⅲ. ①小学数学课－教学研究
Ⅳ. ①G623.502

中国国家版本馆 CIP 数据核字（2023）第 162653 号

Xiaoxue Shuxue Kecheng Biaozhun yu Jiaocai Jiaoxue Yanjiu
小学数学课程标准与教材教学研究

毋翠玲　**编著**

责任编辑	居碧娟
封面设计	何东琳设计工作室
出版发行	西南交通大学出版社 （四川省成都市金牛区二环路北一段 111 号 西南交通大学创新大厦 21 楼）
发行部电话	028-87600564　028-87600533
邮政编码	610031
网址	https://www.xnjdcbs.com
印刷	四川森林印务有限责任公司
成品尺寸	185 mm × 260 mm
印张	25.75
字数	674 千
版次	2023 年 8 月第 1 版
印次	2025 年 6 月第 2 次
书号	ISBN 978-7-5643-9479-0
定价	65.00 元

课件咨询电话：028-81435775

前　言

我们经常会听到“怎样才能上好每一节数学课”的追问，回答多种多样，没有一个统一的标准，也很难有一个统一的标准。对这一问题的探索构成了本研究的主题。这里笔者试图从理解教材的角度寻找些许不成熟的答案。

数学教科书作为数学课程的主要载体，是落实学生接受良好数学教育的主要渠道。关于教科书的编写，我国长期坚持“研究、编写—审阅、试教—修改、出版—再试教、再审阅—再修改”的过程控制。这既强调做好文本准备，又注重反复调查研究、实践检验和修订完善。

教科书编写讲究知识的逻辑顺序，注重讲清概念、突出重点、抓住关键、解决难点；强调基本知识与技能，重视数学能力培养；强调为教师教与学生学服务。教科书编写是著名专家、优秀教研员与一线教师集体智慧的结晶。教材的重要性不言而喻。怎样正确理解教材？怎样正确理解每一节教材？本研究的研究主题正是基于对这两个问题的回答。

这里以人民教育出版社出版新版小学数学教材为例，试图回答这一核心问题。要回答“怎样正确理解教材”，就要回答正确理解教材的标准是什么，那就是教育部颁布的《义务教育数学课程标准（2022 版）》。

要回答“怎样正确理解每一节教材”，就是要回答正确理解每一节教材的标准是什么。那就是在课程标准指导下，准确理解教材的编写意图。

具体来讲，本研究分为三部分。第一部分明晰相关概念，确定研究内容。首先要厘清教材分析的含义、原则与重要性。在此基础上，再从宏观上阐述人民教育出版社的小学数学教材特色，表明教材是不断更新发展的，是众多专家、学者、优秀教师集体智慧的结晶。教材的重要性怎样强调都不为过，理解教材是教师的一项基本功。

第二部分回答“怎样正确理解教材”这一问题。首先从课程标准的基本理念与课程目标谈起，明确课程标准对教材编写的建议和教学的实施建议，回答正确理解教材的标准是义务教育数学课程标准（课程标准是目前官方唯一指定标准）。

第三部分回答“怎样理解每一节教材”这一问题。依据《义务教育数学课程标准（2022 年版）》，将人教版小学数学新版教材分为“数与代数”“图形与几何”“统计与概率”“综合与实践”四个领域进行分析。

在小学数学“数与代数”领域,《义务教育数学课程标准(2022 年版)》将其分为“数与运算”与“数量关系”两个主题。由于“数与代数”领域是小学数学的主干内容，知识结构较为复杂。为展现该领域的内容特点，本研究将小学数学教材中“数与代数”按照知识体系分为“数的认识”“数的运算”“数量关系”三条线索进行具体分析并给出教学建议。

在小学数学“图形与几何”领域,《义务教育数学课程标准(2022 年版)》将其分为“图形的认识与测量”与“图形的位置与运动”两个主题。为清晰展现该领域的知识结构，本研究将小学数学教材中“图形与几何”按照知识体系分为“图形的认识”“图形的测量”“图形的运动”“图形的位置”四个部分进行分析并给出教学建议。

在小学数学“统计与概率”领域,《义务教育数学课程标准(2022 年版)》将其分为“数据分类”“数学的收集整理与表达”“随机现象发生的可能性”三个主题。“统计与概率”领域由于小学阶段要求低、内容少，本研究按照“数据分类与整理”“数据的收集、整理与表达”“随机现象发生的可能性”三条线索进行分析并给出教学建议。

在小学数学“综合与实践”领域,《义务教育数学课程标准(2022 年版)》提出，综合与实践主要是主题活动和项目学习。“综合与实践”领域由于内容渗透在各个领域之中，没有系统的知识结构，本研究结合《义务教育数学课程标准(2022 年版)》的要求，选取知识结构较为系统的“常见的量(认识时间、认识人民币、认识质量单位)”“数学广角”“数学园地”三条线索进行分析并给出教学建议。

本研究是广西教育科学“十四五”规划 2022 年度广西教育科学重点研究基地重大课题“广西全科教师职业身份认同的质性研究”(项目编号：2022JD05)成果；2022 年度玉林师范学院高层次人才科研项目“小学优秀教师教学应变能力特征及其形成机制的质性研究”(项目编号 G2022SK05)成果；2022 年广西高等教育本科教学改革工程项目“基于‘两性一度’的线上线下混合式小学数学教学论‘一流课程’研究与实践”(项目编号：2022JGA300)的部分研究成果。

笔者作为有着十余年中小学数学教学经历的教师，对数学教学有体验、有感悟、有困惑、有无奈、有兴奋、有失落。经历了系统、专业、科学、严谨的理论学习，回头看：有认识、有想法、有做法、有理念。因此，这本书适合小学教育专业学生、广大中小学教师、教研员、小学教育研究者使用。由于水平有限，难免还有错漏，还请广大读者朋友不吝赐教，以期不断改进。

毋翠玲

2023 年 3 月于挂榜山下

引　言

一、为何学数学

数学应用很广泛。数学是重要的基础科学，是通向科学大门的金钥匙。伽利略说：“大自然是一本书，这本书是用数学写的。”不懂数学就无法真正认识大自然。华罗庚说：“宇宙之大，粒子之微，火箭之速，化工之巧，地球之变，生物之谜，日用之繁，数学无处不在。”当今，由于与计算机技术的结合，数学已渗透到人类社会的一切领域。在人们的生活、学习、工作乃至娱乐中，数学的作用与日俱增。

数学使人更聪明。数学是锻炼思维的体操。学习数学能使人们更合乎逻辑、更有条理、更严密、更精确、更深入地思考和解决问题，能增强人们的好奇心、想象力和创造性。数学对人的思维能力的培养主要来源于它的精确性，而数学的精确性在数学中有很好的体现。如勾股定理，$a^2+b^2=c^2$ 简明地反映出直角三角形中三边的数量关系。另外，从数学中得到的训练和素养有助于其他学科的学习。如果一个人懂得并能运用数学，就意味着他有更多的机会和选择。[①]

二、怎样教数学

“理解数学、理解学生、理解教学”是提高课堂教学效率的重要途径。[②]理解数学是教学的前提，是数学课堂教学“预设”的前提，也是数学课堂教学“生成”的关键。作为教师，只有清晰地知道“教什么”，理解所教内容“是什么”，深知数学知识所蕴含的思想方法和自身的科学价值，才有可能在课堂教学中予以表达。

“理解学生”就是要解决“教给谁”的问题。教师对于数学的理解再透彻，也只属于外因，学生才是课堂教学的主体，学生的自觉能动性属于内因，外因必须通过内因才能起作用。理解教学是有效教学的关键。

“理解教学”是有效教学的关键。有了教师对课堂教学中的载体“数学知识”的理解、对教学对象“学生认知”的理解，接下来，就是要解决“途径”的问题，即讨论“怎样教”，才能使学生获得最大的学习效益。“理解教学”是指要遵循数学教学规律，采用科学、合理的教学方式，它反映出教者的教学理念和教学机智，是教与学的和谐统一体。

三、理解教材是教学的前提

教材为学生的学习提供了有力的保障。教材面向学生创设生动丰富的学习资源，激发学生对数学的兴趣；通过提示性的语言引导学生开动脑筋，自主探索，培养学生的数学思考能力；

① 林群. 数学学习对学生发展的重要作用. http://old.pep.com.cn/zt/qtdxl/2/201210/t20121031_1142337.htm.

② 章建跃. 理解数学 理解学生 理解教学[J]. 中国数学教育：高中版，2010（12）：3-7.

通过与文本的对话，引导学生独立思考，并努力采用多样化的方法进行思考和解决问题，培养学生的创新精神；通过试一试，鼓励学生尝试运用所学的知识解决问题，培养学生的解决问题的能力。多样化的分层练习有利于学生巩固知识的同时提高和拓展能力。丰富的、具有浓厚生活气息的材料和“你知道吗”栏目拓宽了学生的眼界。

理解教材是有效教学的前提。教材是课堂教学内容的载体，要有效实施课堂教学，就必须正确解读教材，弄清教材意图，从而选择合适的教学方法。钻研教材是教师的基本功，只有正确解读教材，才能较好地实现教材意图，提高教学的有效性。

——阅读教材内容，找出教学的着力点。知识点是知识结构中最基本的要素，教师读教材，就要从教材提供的丰富信息中提炼出学生要掌握的知识点，以及形成这些知识的能力点，只有如此才能抓住教学的重点，并围绕重点进行教学，取得最基本的效果。

——思考教材内容的呈现方式，找出适合自己学生的学习方法。学生学习的内容不是直接告知的，都是通过一定的形式，让学生在活动中来学习，所以要认真解读教学内容的呈现形式，在思考的基础上形成适合自己学生的教学方法。

——思考教材的思维方法要求，找出提高学生数学能力的载体。数学教学的本质是发展学生的思维。教材在编排内容的同时渗透了一定的数学思想方法，教师在解读教材时要力求找出这样的思想方法，培养学生的能力。

——思考教材与生活的关系，找出激发学生良好情感、拓宽学生眼界的结合点。数学来自生活，让学生学生活中的数学，这已成为不少数学老师的共识。基于这一认识，老师在解读教材创造性使用教材时会自觉不自觉地思考，这一部分内容如何与生活联系，如何向生活拓展。

对教材正确而有活力、有创新的解读是在教学过程中永恒的话题，只有心中装着学生，一切从学生的发展出发，才能实现教材、教师、学生三位一体的统一。

第一章　小学数学教材分析概述

【本章知识结构图】

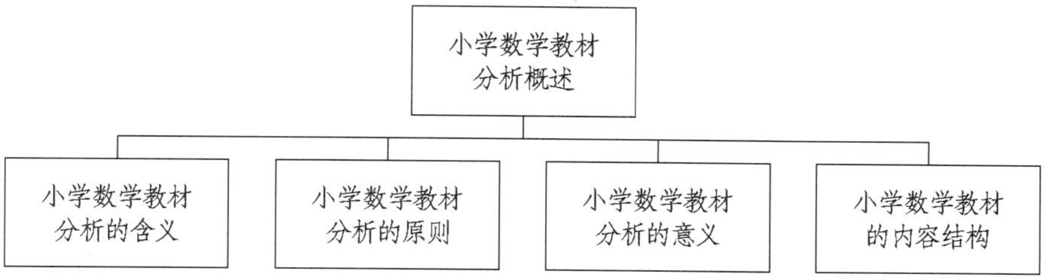

教材是学生在学校获得系统知识、进行学习的主要材料；教材是教师教学的主要依据；教材是教学活动中教师和学生相互作用的中介，教材的重要性不言而喻。本章从教材的含义出发界定小学数学教材，进而提出小学数学教材分析的含义、原则与意义。

一、小学数学教材分析的含义

（一）教材的含义

教材是供教学用的资料，如课本、讲义等，有广义和狭义之分。广义的教材指课堂上和课堂外教师和学生使用的所有教学材料，比如课本、练习册、活动册、故事书等。[1]教师自己编写或设计的材料也可称为教学材料。计算机网络上使用的学习材料也是教学材料。广义的教材不一定是装订成册或正式出版的书本。凡是有利于学习者增长知识或发展技能的材料都可称为教材。狭义的教材即教科书。教科书是一个课程的核心教学材料。教科书除学生用书外，几乎无一例外地配有教师用书，很多还配有练习册、活动册以及配套读物、音像带等。

（二）小学数学教材的含义

小学数学是由小学算术逐渐演变过来的。中国最早是新式小学南洋公学外院开始设算术学科的，当时称为算学。1904 年 1 月颁布的《奏定学堂章程》规定，初等小学堂和高等小学堂设算术，我国算术的名称由此开始，直到 1978 年才因教学内容的扩展，在小学算术科增加了一些代数、几何和现代数学的内容，“小学算术”改名为“小学数学”。[2]

教材是个不断发展的概念。一般地，小学数学教材也有广义与狭义之分。从广义来说，小学数学教材包括师生共用的教科书、练习册，以及供教师用的教学指导书、参考书、教学挂图、音像教材、辅助教学软件等教学材料。从狭义来说，小学数学教材是指小学数学教科书，亦称课本。本研究所论述的小学数学教材就是指小学数学教科书与教师教学用书。

---

① 孙式武，于淑君. 小学教育概论[M]. 济南：山东人民出版社，2014：8.
② 张念宏. 中国教育百科全书[M]. 北京：海洋出版社，1991：8.

小学数学教材的组织单位是“课”和“单元”。它由在逻辑上相对独立又较为完整的具体课题组成，包括一个或几个新的知识点，为巩固这些知识点并形成一定技能的课堂练习题和课后作业题。“课”是教材组织的最小单位。教师一般都是按“课”准备并进行教学的。

教材“单元”是指在知识系统和逻辑关系上相对较为完整，在知识、技能、思维训练、能力培养或应用上相对独立的部分。

每册教材由若干个大单元组成编号，每个大单元教材又由若干个小单元组成。每个小单元教材由若干“课”组成。每课包括一个或几个知识点和一个“练习”。

（三）小学数学教材分析的含义

教材分析是指遵循学生的认知规律，以学生发展为立足点和归宿，以学生经验为出发点，从教学环境、课程目标设置、课程内容组织、课程实施、课程评价等方面展开，帮助学生有效、有意义地建构。

小学数学教材分析是指以课程标准为指导，以学生经验为出发点，认真研读教材正文内容和栏目，结合课标要求以及教师用书，分析五条明线索和一条暗线索，即知识逻辑线索、学生认识发展的脉络线索、促进学生认识发展的问题线索、解决问题需要学生参与的活动线索、情境素材证据线索，以及教材中蕴含的数学思想方法线索。

（四）小学数学教材分析的内容

小学数学教材分析的主要内容有分析教材的编排体系和知识之间的内在联系。分析教材时，首先要认清各类知识的来龙去脉与纵横联系，以及它们在整个小学数学教材中的地位和作用。充分认识所要教的那部分内容，其知识基础是什么，并且为哪些后继知识的学习做铺垫等，以便确定教材的重点、难点和关键。

分析研究教材的重点、难点和关键。这一步是为了科学地组织教学内容、设计教学过程，做到突出重点，抓住关键，突破难点，带动全面，有效地提高课堂教学质量。

分析教材中能力培养的因素和渗透的思想方法。小学数学教学在传授知识的同时必须重视学生能力的培养。如计算能力的培养就是要通过计算教材的分析，选用得当而有效的方法，持之以恒地把口算、笔算以及简单的估算教学落到实处。

数学思想方法和数学知识一样，是人类在长期的数学活动中发展和积累起来的，是学生形成良好认知结构的纽带，是由知识转化为能力的桥梁，也是学生智能发展和数学素养提高的重要因素。

挖掘教材的德育、美育等非智力因素。小学数学教学在开发学生智力的同时，还必须重视德育、美育等非智力因素的培养，以丰富学生的精神世界，提升做人的基本修养。这不仅可以强化学生的学习动机，增强学习的内驱力，还对学生的素质发展起到积极的作用。

研究教材中的例、习题。在数学教学中，对学生进行有目的、有计划、形式多样、层次递进，角度多变的解题训练，是帮助学生掌握知识、发展思维、培养能力的必由之路。因此，在分析教材时，应重视分析教材中的习题，研究习题的层次和作用，弄清哪些是基本题，哪些是变式题、综合题和发展题和思考题。推敲习题的设计目的和要求，明确习题与例题的对应关系，对思考性强、难度较大的习题，教师应亲自演算一遍，然后在教学中有计划、有目的地让学生练习。还可以根据具体情况，精减雷同的，增添富有思考性或开放性的习题，供学生练习，做到精讲巧练，提高练的效率。

确定教学目标。所谓“教学目标”，是指预定的教学效果。它是教学评价的标准，也是教学活动的出发点和归宿，对教学活动起着导向作用。提出的教学目标应该完整（包括“双基”、能力、德育几方面）、适当（与课程标准的要求一致）、具体、明确、可测，是单元教学目标的分解和具体化。教学目标确定了，也就明确了通过教学应使学生掌握哪些基础知识和基本技能，培养哪些能力，渗透哪些思想品德教育和数学思想方法。

二、小学数学教材分析的原则

目的性原则。小学数学教材的分析要明确教材分析的目的，不仅要分析数学知识的结构体系，也要分析数学知识产生、发展的过程；不仅要分析数学知识在促进学生智力提高方面的作用，也要分析数学知识中蕴藏的非智力因素。

系统性原则。教师既要分析教材内容的基本结构及其关系，又要系统考虑和处理教材与学生、教学方法、教学手段等多方面因素之间的关系，以实现教学过程的最优化。

客观性原则。客观性原则就是对教材内容的客观描述。在进行教材分析时，教师既要发挥其主观能动性，也要求遵守客观性原则。首先，从教材编写的意图来看，教材编写具有一定的指导思想，客观地反映了社会发展、数学学科发展对学生发展所提出的要求。其次，分析教材往往会受到教师自身的主观意识、已有的知识基础和经验的影响。

三、小学数学教材分析的意义

现代教学论认为，要实现教学最优化，就必须实现教学目标最优化和教学过程最优化。教材分析和教法研究正是实现教学过程最优化的重要内容和手段。

教材分析是教师工作的重要内容，是教师备好课、上好课的前提，它关系到教师的课程设计、课程组织与实施，更关系到教学目标的实现、教育目的的达成。教师在授课之前，必须深入学习教学大纲，认真分析和研究教材，领会教材的编写意图，在此基础上科学地组织教学内容，选用教法，精心编写教案，实施教学，以圆满实现教学目标，完成教学任务。

教材分析和教法研究的过程既是教师教学工作的重要内容，又是教师进行教学研究的一种主要方法。这个过程能够充分体现教师的教学能力和创造性。所以，教材分析的过程就是教师不断提高业务素质和加深对教育理论理解的过程，对提高教学质量、提升教师自身的素质都具有十分重要的意义。

教材是实现小学数学教学目标的工具。小学数学教材是根据小学数学课程标准编写的，因而是实现小学数学教学目标的重要工具。

教材是教师进行教学的主要依据。小学数学教材是对学生进行数学基础知识教学、能力培养和思想品德教育的专用书籍，是教师进行数学的主要依据。它为教师备课、上课、布置作业和检查学生的学习效果提供了基本材料。教师要熟练地掌握教科书的内容，善于使用教科书，既要根据教学要求，结合学生实际，对教科书的内容做好教学法加工，使之易于为学生所理解，又要指导学生阅读教科书，帮助学生看懂教科书上的思维过程和结语，培养学生的自学能力。

教材是学生获取基础知识和基本技能的源泉。教科书的课文部分一般由概念、规则（定律、性质、法则、公式）、插图、例题和实践操作等内容组成。这些内容经教学法加工，构建成符合学生认知规律的体系。因此，它是学生获取基础知识和基本技能的源泉。掌握教科书的内容是学生进一步扩大知识领域的基础。教材是检查教学质量和教学进度的依据。

四、小学数学教材的内容结构（1～6年级）

	上册		下册	
	单元	内容	单元	内容
一年级	一	准备课	一	认识图形（二）（平面）
	二	位置	二	20以内的退位减法
	三	1～5的认识和加减法	三	分类与整理
	四	认识图形（一）（立体）	四	100以内数的认识
	五	6～10的认识和加减法	综合与实践	摆一摆　想一想
	六	11～20各数的认识	五	认识人民币
	综合与实践	数学乐园	六	100以内的加法和减法（一）
	七	认识钟表	七	找规律
	八	20以内的进位加法		
二年级	一	长度单位	一	数据收集整理
	二	100以内的加法和减法（二）	二	表内除法（一）
	三	角的初步认识	三	图形的运动（一）
	四	表内乘法（一）	四	表内除法（二）
	五	观察物体（一）	五	混合运算
	六	表内乘法（二）	六	有余数的除法
	综合与实践	量一量、比一比	综合与实践	小小设计师
	七	认识时间	七	万以内数的认识
	八	数学广角——搭配（一）	八	克和千克
			九	数学广角——推理
三年级	一	时、分、秒	一	位置与方向（一）
	二	万以内的加法和减法（一）	二	除数是一位数的除法
	三	测量	三	复式统计表
	四	万以内的加法和减法（二）	四	两位数乘两位数
	五	倍的认识	五	面积
	六	多位数乘一位数	六	年、月、日
	综合与实践	数字编码	综合与实践	制作活动日历
	七	长方形和正方形	七	小数的初步认识
	八	分数的初步认识	八	数学广角——搭配（二）
	九	数学广角——集合	综合与实践	我们的校园

续表

	上册		下册	
	单元	内容	单元	内容
四年级	一	大数的认识	一	四则运算
	综合与实践	1亿有多大	二	观察物体（二）
	二	公顷和平方千米	三	运算定律
	三	角的度量	四	小数的意义和性质
	四	三位数乘两位数	五	三角形
	五	平行四边形和梯形	六	小数的加法和减法
	六	除数是两位数的除法	七	图形的运动（二）
	七	条形统计图	八	平均数与条形统计图
	八	数学广角——优化	综合与实践	营养午餐
			九	数学广角——鸡兔同笼
五年级	一	小数乘法	一	观察物体（三）
	二	位置	二	因数与倍数
	三	小数除法	三	长方体和正方体
	四	可能性	综合与实践	探索图形
	综合与实践	掷一掷	四	分数的意义和性质
	五	简易方程	五	图形的运动（三）
	六	多边形的面积	六	分数的加法和减法
	七	数学广角——植树问题	综合与实践	打电话
			七	折线统计图
			八	数学广角——找次品
六年级	一	分数乘法	一	负数
	二	位置与方向（二）	二	百分数（二）
	三	分数除法	综合与实践	生活与百分数
	四	比	三	圆柱与圆锥
	五	圆	四	比例
	综合与实践	确定起跑线	综合与实践	自行车里的数学
	六	百分数（一）	五	数学广角——鸽巢问题
	七	扇形统计图	六	整理和复习
	综合与实践	节约用水		
	八	数学广角——数与形		

第二章　小学数学课程标准要求

【本章知识结构图】

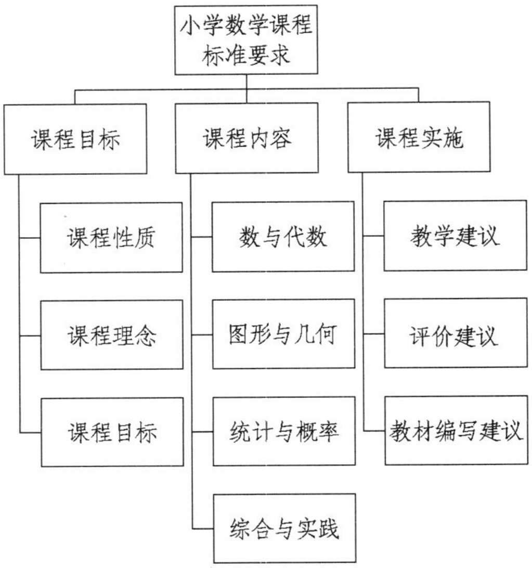

《义务教育数学课程标准（2022 年版）》[①]是在《义务教育数学课程标准（实验稿）》[②]《义务教育数学课程标准（2011 年版）》[③]的基础上，总结自 2001 年以来课程实施经验，分析实验过程中提出的问题和来自各方面的意见与建议，经过修订组几年的努力修改而成的。《义务教育数学课程标准（2022 年版）》坚持基础教育课程改革的方向，对《义务教育数学课程标准（2011 年版）》的理念、目标、内容等做了一些重要的修订，力图更加体现数学教育改革的方向，适合我国基础教育课程改革的需要，为全面提高学生的数学素养提供依据。

第一节　课程目标

一、课程性质

数学是研究数量关系和空间形式的科学。数学源于对现实世界的抽象，通过对数量和数量关系、图形和图形关系的抽象，得到数学的研究对象及其关系；基于抽象结构，通过对研究对

①《义务教育数学课程标准（2022 年版）》以下没有特别说明，简称《课程标准（2022 年版）》。
②《义务教育数学课程标准（实验稿）》以下没有特别说明，简称《标准（实验稿）》或实验稿。
③《义务教育数学课程标准（2011 年版）》以下没有特别说明，简称《课程标准（2011 年版）》。

象的符号运算、形式推理、模型构建等，形成数学的结论和方法，帮助人们认识、理解和表达现实世界的本质、关系和规律。数学不仅是运算和推理的工具，还是表达和交流的语言。数学承载着思想和文化，是人类文明的重要组成部分。数学是自然科学的重要基础，在社会科学中发挥着越来越重要的作用，数学的应用渗透到现代社会的各个方面，直接为社会创造价值，推动社会生产力的发展。随着大数据分析、人工智能的发展，数学研究与应用领域不断拓展。

数学在形成人的理性思维、科学精神和促进个人智力发展中发挥着不可替代的作用。数学素养是现代社会每一个公民应当具备的基本素养。数学教育承载着落实立德树人根本任务、实施素质教育的功能。义务教育数学课程具有基础性、普及性和发展性。学生通过数学课程的学习，掌握适应现代生活及进一步学习必备的基础知识和基本技能、基本思想和基本活动经验；激发学习数学的兴趣，养成独立思考的习惯和合作交流的意愿；发展实践能力和创新精神，形成和发展核心素养，增强社会责任感，树立正确的世界观、人生观、价值观。

二、课程理念

义务教育数学课程以习近平新时代中国特色社会主义思想为指导，落实立德树人根本任务，致力实现义务教育阶段的培养目标，使得人人都能获得良好的数学教育，不同的人在数学上得到不同的发展，逐步形成适应终身发展需要的核心素养。

1. 确立核心素养导向的课程目标

义务教育数学课程应使学生通过数学的学习，形成和发展面向未来社会和个人发展所需要的核心素养。核心素养是在数学学习过程中逐渐形成和发展的，不同学段的发展水平不同，是制定课程目标的基本依据。

课程目标以学生发展为本，以核心素养为导向，进一步强调使学生获得数学基础知识、基本技能、基本思想和基本活动经验（简称“四基”），发展运用数学知识与方法发现、提出、分析和解决问题的能力（简称“四能”），形成正确的情感、态度和价值观。

2. 设计体现结构化特征的课程内容

数学课程内容是实现课程目标的重要载体。课程内容选择：保持相对稳定的学科体系，体现数学学科特征；关注数学学科发展前沿与数学文化，继承和弘扬中华优秀传统文化；与时俱进，反映现代科学技术与社会发展需要；符合学生的认知规律，有助于学生理解、掌握数学的基础知识和基本技能，形成数学基本思想，积累数学基本活动经验，发展核心素养。

课程内容组织：重点是对内容进行结构化整合，探索发展学生核心素养的路径。重视数学结果的形成过程，处理好过程与结果的关系；重视数学内容的直观表述，处理好直观与抽象的关系；重视学生直接经验的形成，处理好直接经验与间接经验的关系。

课程内容呈现：注重数学知识与方法的层次性和多样性，适当考虑跨学科主题学习；根据学生的年龄特征和认知规律，适当采取螺旋式的方式，适当体现选择性，逐渐拓展和加深课程内容，适应学生的发展需求。

3. 实施促进学生发展的教学活动

有效的教学活动是学生学和教师教的统一。学生是学习的主体，教师是学习的组织者、引导者与合作者。

学生的学习应是一个主动的过程，认真听讲、独立思考、动手实践、自主探索、合作交流等是学习数学的重要方式。教学活动应注重启发式，激发学生学习兴趣，引发学生积极思考，鼓励学生质疑问难，引导学生在真实情境中发现问题和提出问题，利用观察、猜测、实验、计算、推理、验证、数据分析、直观想象等方法分析问题和解决问题；促进学生理解和掌握数学的基础知识和基本技能，体会和运用数学的思想与方法，获得数学的基本活动经验；培养学生良好的学习习惯，形成积极的情感、态度和价值观，逐步形成核心素养。

4. 探索激励学习和改进教学的评价评价

教师不仅要关注学生数学学习结果，还要关注学生数学学习过程，激励学生学习，改进教学；通过学业质量标准的构建，融合“四基”“四能”和核心素养的主要表现，形成阶段性评价的主要依据；采用多元的评价主体和多样的评价方式，鼓励学生自我监控学习的过程和结果。

5. 促进信息技术与数学课程融合

教师要合理利用现代信息技术，提供丰富的学习资源，设计生动的教学活动，促进数学教学方式方法的变革。在实际问题解决中，教师要创设合理的信息化学习环境，激发学生的探究热情，开阔学生的视野，激发学生的想象力，提高学生的信息素养。

三、课程目标

（一）数学核心素养的内涵

1. 会用数学的眼光观察现实世界

数学为人们提供了一种认识与探究现实世界的观察方式。以数学的眼光，可以从现实世界的客观现象中发现数量关系与空间形式，提出有意义的数学问题；能够抽象出数学的研究对象及其属性，形成概念、关系与结构；能够理解自然现象背后的数学原理，感悟数学的审美价值；形成对数学的好奇心与想象力，主动参与数学探究活动，发展创新意识。

在义务教育阶段，数学眼光主要表现为抽象能力（包括数感、量感、符号意识）、几何直观、空间观念与创新意识。通过对现实世界中基本数量关系与空间形式的观察，学生能够直观理解所学的数学知识及其现实背景；能够在生活实践和其他学科中发现基本的数学研究对象及其所表达的事物之间简单的联系与规律；能够在实际情境中发现和提出有意义的数学问题，进行数学探究；逐步养成从数学角度观察现实世界的意识与习惯，发展好奇心、想象力和创新意识。

2. 会用数学的思维思考现实世界

数学为人们提供了一种理解与解释现实世界的思考方式。通过数学的思维，可以揭示客观事物的本质属性，建立数学对象之间、数学与现实世界之间的逻辑联系；能够根据已知事实或原理，合乎逻辑地推出结论，构建数学的逻辑体系；能够运用符号运算、形式推理等数学方法，分析、解决数学问题和实际问题；能够通过计算思维将各种信息约简和形式化，进行问题求解与系统设计；形成重论据、有条理、合乎逻辑的思维品质，培养科学态度与理性精神。

在义务教育阶段，数学思维主要表现为运算能力、推理意识或推理能力。通过经历独立的数学思维过程，学生能够理解数学基本概念和法则的发生与发展，数学基本概念之间、数学与现实世界之间的联系；能够合乎逻辑地解释或论证数学的基本方法与结论，分析、解决简单的数学问题和实际问题；能够探究自然现象或现实情境所蕴含的数学规律，经历数学“再发现”的过程；发展质疑问难的批判性思维，形成实事求是的科学态度，初步养成讲道理、有条理的思维品质，逐步形成理性精神。

3. 会用数学的语言表达现实世界

数学为人们提供了一种描述与交流现实世界的表达方式。通过数学的语言，可以简约、精确地描述自然现象、科学情境和日常生活中的数量关系与空间形式；能够在现实生活与其他学科中构建普适的数学模型，表达和解决问题；能够理解数据的意义与价值，会用数据的分析结果解释和预测不确定现象，形成合理的判断或决策；形成数学的表达与交流能力，发展应用意识与实践能力。

在义务教育阶段，数学语言主要表现为数据意识或数据观念、模型意识或模型观念、应用意识。经过用数学语言表达现实世界中的简单数量关系与空间形式的过程，学生初步感悟数学与现实世界的交流方式；能够有意识地运用数学语言表达现实生活与其他学科中事物的性质、关系和规律，并能解释表达的合理性；能够感悟数据的意义与价值，有意识地使用真实数据表达、解释与分析现实世界中的不确定现象；欣赏数学语言的简洁与优美，逐步养成用数学语言表达与交流的习惯，形成跨学科的应用意识与实践能力。

（二）总目标

通过义务教育阶段的数学学习，学生能逐步用数学的眼光观察现实世界，会用数学的思维思考现实世界，会用数学的语言表达现实世界（简称“三会”），具体说来包括以下几方面。

（1）获得适应未来生活和进一步发展所必需的数学基础知识、基本技能、基本思想、基本活动经验。

（2）体会数学知识之间、数学与其他学科之间、数学与生活之间的联系，在探索真实情境所蕴含的关系中发现问题和提出问题，运用数学和其他学科的知识与方法分析问题和解决问题。

（3）对数学具有好奇心和求知欲，了解数学的价值，欣赏数学美，提高学习数学的兴趣，建立学好数学的信心，养成良好的学习习惯，形成质疑问难、自我反思和勇于探索的科学精神。

（三）学段目标

为体现义务教育数学课程的整体性与发展性，根据学生数学学习的心理特征和认知规律，九年的学习时间划分为四个学段。其中，“六三”学制 1～2 年级为第一学段，3～4 年级为第二学段，5～6 年级为第三学段，7～9 年级为第四学段。

1. 第一学段（1～2 年级）

经历简单的数的抽象过程，认识万以内的数，能进行简单的整数四则运算，形成初步的数感、符号意识和运算能力。能辨认简单的立体图形和平面图形，认识长方形和正方形的特征，体验物体长度的测量过程，认识常见的长度单位，形成初步的量感和空间观念。经历简单的分类过程，能根据给定的标准进行分类，形成初步的数据意识。在主题活动中认识货币单位、时间单位和基本方向，尝试用数学方法解决问题，积累数学活动经验，形成初步的量感和应用意识。

能在教师指导下，从日常生活中提出简单的数学问题，尝试运用所学的知识和方法解决问题。在解决问题的过程中，感悟分析问题和解决问题的基本方法，感受数学在生活中的应用，形成初步的几何直观和应用意识。

对身边与数学有关的事物有好奇心，能参与数学学习活动。在他人帮助下，尝试克服困难，感受数学活动中的成功。了解数学可以描述生活中的一些现象，感受数学与生活有密切联系，感受数学美。能倾听他人的意见，尝试对他人的想法提出建议。

在一年级第一学期的入学适应期，利用生活经验和幼儿园相关活动经验，通过具体形象、生动活泼的活动方式学习简单的数学内容。这期间的主要目标包括：认识 20 以内的数，会 20 以内数的加减法（不含退位减法）；能辨认物体和简单图形的形状，会简单的分类；解决日常生活中的简单问题；对数学学习产生兴趣并树立信心。

2. 第二学段（3～4 年级）

认识自然数，经历小数和分数的形成过程，初步认识小数和分数；能进行较复杂的整数四则运算和简单的小数、分数的加减运算，理解运算律，形成数感、运算能力和初步的推理意识。认识常见的平面图形，经历平面图形的周长和面积的测量过程，探索长方形周长和面积的计算方法；了解图形的平移、旋转和轴对称，形成量感、空间观念和初步的几何直观。经历简单的数据收集过程，了解数据收集、整理和呈现的简单方法；理解平均数的意义，会用平均数解决问题；形成初步的数据意识。在主题活动中进一步认识时间单位和方向，认识质量单位，尝试应用数学和其他学科知识与方法解决问题，积累数学活动经验，形成量感、推理意识和应用意识。

尝试从日常生活中发现和提出数学问题，探索分析和解决问题的方法，经历独立思考并与他人合作交流解决问题的过程，会用常见的数量关系和其他学科的知识与方法解决问题，能初步判断结果的合理性；形成初步的模型意识、几何直观和应用意识。

愿意了解日常生活中与数学相关的信息，愿意参与数学学习活动。在他人的鼓励和引导下，体验克服困难、解决问题的成就，体会数学的作用，体验数学美。在学习活动中能提出自己的想法，在与他人交流的过程中，敢于质疑和反思。

3. 第三学段（5～6 年级）

经历用字母表示数的过程，认识自然数的一些特征，理解小数和分数的意义；能进行小数和分数的四则运算；探索数运算的一致性；形成符号意识、运算能力、推理意识。探索几何图形面积和体积的计算方法，会计算常见平面图形的周长和面积，会计算常见立体图形的体积和表面积；能用有序数对确定点的位置，进一步认识图形的平移、旋转和轴对称；形成量感、空间观念和几何直观。经历收集、整理和表达数据的过程，会用条形统计图、折线统计图表达数据，并做出简单的判断；理解百分数的意义，了解随机现象发生的可能性；形成数据意识和初步的应用意识。在主题活动和项目学习中了解负数，运用数学和其他学科知识与方法解决问题，积累数学活动经验，形成数感、量感、模型意识、应用意识和创新意识。

尝试在真实的情境中发现和提出问题，探索运用基本的数量关系，以及几何直观、逻辑推理和其他学科的知识、方法分析与解决问题，形成模型意识和初步的应用意识、创新意识。

对数学具有好奇心和求知欲，主动参与数学学习活动。在解决问题的过程中，体验成功的乐趣，相信自己能够学好数学，感受数学的价值，体验并欣赏数学美。初步养成认真勤奋、独立思考、合作交流、反思质疑的习惯。

第二节　课程内容

义务教育阶段数学课程内容由数与代数、图形与几何、统计与概率、综合与实践四个学习领域组成。数与代数、图形与几何、统计与概率以数学核心内容和基本思想为主线循序渐进，每个学段的主题有所不同。综合与实践以培养学生综合运用所学知识和方法解决实际问题的能力为目标，根据不同学段学生特点，以跨学科主题学习为主，适当采用主题式学习和项目式学习的方式，设计情境真实、较为复杂的问题，引导学生综合运用数学学科和跨学科的知识与方法解决问题。每个领域的课程内容按“内容要求”“学业要求”“教学提示”三个方面呈现。内容要求主要描述学习的范围和要求；学业要求主要明确学段结束时学习内容与相关核心素养所要达到的程度；教学提示主要是针对学习内容和达成相关核心素养而提出的教学建议。

一、数与代数

数与代数是义务教育阶段学生数学学习的重要领域，在小学阶段包括“数与运算”和“数量关系”两个主题。学段之间的内容相互关联，由浅入深，层层递进，螺旋上升，构成相对系统的知识结构。“数与运算”包括整数、小数和分数的认识及其四则运算。数是对数量的抽象，数的运算重点在于理解算理、掌握算法，数与运算之间有密切的关联。学生经历由数量到数的形成过程，理解和掌握数的概念；经历算理和算法的探索过程，理解算理，掌握算法。初步体会数是对数量的抽象，感悟数的概念本质上的一致性，形成数感和符号意识；感悟数的运算以及运算之间的关系，体会数的运算本质上的一致性，形成运算能力和推理意识。“数量关系”主要是用符号（包括数）或含有符号的式子表达数量之间的关系或规律。学生经历在具体情境中运用数量关系解决问题的过程，感悟加法模型和乘法模型的意义，提高发现和提出问题、分析和解决问题的能力，形成模型意识和初步的应用意识。

（一）第一学段（1～2年级）

【内容要求】

1. 数与运算

（1）在实际情境中感悟并理解万以内数的意义，理解数位的含义，知道用算盘可以表示多位数。

（2）了解符号“<”“=”“>”的含义，会比较万以内数的大小；通过数的大小比较，感悟相等和不等关系。

（3）在具体情境中，了解四则运算的意义，感悟运算之间的关系。

（4）探索加法和减法的算理与算法，会整数加减法。

（5）探索乘法和除法的算理与算法，会简单的整数乘除法。

（6）在解决生活情境问题的过程中体会数和运算的意义，形成初步的符号意识、数感、运算能力和推理意识。

2. 数量关系

（1）在简单的生活情境中，运用数和数的运算解决问题，能解释结果的实际意义，形成初步的应用意识。

（2）探索用数或符号表达简单情境中的变化规律。

【学业要求】

1. 数与运算

能用数表示物体的个数或事物的顺序，能认、读、写万以内的数；能说出不同数位上的数表示的数值；能用符号表示数的大小关系，形成初步的数感和符号意识。能描述四则运算的含义，知道减法是加法的逆运算、乘法是加法的简便运算、除法是乘法的逆运算；能熟练口算 20 以内数的加减法和表内乘除法，能口算简单的百以内数的加减法；能计算两位数和三位数的加减法。形成初步的运算能力。

2. 数量关系

能在熟悉的生活情境中运用数和数的运算，合理表达简单的数量关系，解决简单的问题。能在解决问题的过程中体会解决问题的道理，解释计算结果的实际意义，感悟数学与现实世界的关联，形成初步的模型意识、几何直观和应用意识。

【教学提示】

第一学段是学生进入小学学习的开始，要充分考虑学生在幼儿园阶段形成的活动经验和生活经验，遵循本阶段学生的思维特点和认知规律，为学生提供生动有趣的活动，更好地完成从幼儿园阶段到小学阶段的学习过渡。

数与运算的教学。数的认识与数的运算具有密切的联系，既要注重各自的特征，也要关注二者的联系。数的认识是数的运算的基础，通过数的运算有助于学生更好地认识数。

数的认识教学应提供学生熟悉的情境，使学生感受具体情境中的数量，可以用对应的方法，借助小方块、圆片和小棒等表示相等的数量，然后过渡到用数字表达，使学生体会可以用一个数字符号表示同样的数量；知道不同数位上的数字表示不同的值。教学中应注意，10 以内数的教学重点是使学生体验 1～9 从数量到数的抽象过程，通过 9 再加 1 就是 10，体会 10 的表达与 1～9 的不同是在新的位置上写 1，这个位置叫十位，十位上的 1 表示 1 个 10，1 个 10 用数字符号 10 表达。同理认识百以内数、万以内数。通过数量多少的比较，理解数的大小关系。这样的教学活动帮助学生形成初步的符号意识和数感。

数的运算教学应让学生感知数的加减运算要在相同数位上进行，体会简单的推理过程。引导学生通过具体操作活动，利用对应的方法理解加法的意义，感悟减法是加法的逆运算；在具体情境中，启发学生理解乘法是加法的简便运算，感悟除法是乘法的逆运算。在教学活动中，始终关注学生运算能力和推理意识的形成与发展。

数量关系的教学。通过创设简单的情境，提出合适的问题，引导学生发现数量关系；利用画图、实物操作等方法，引导学生用学过的知识表达情境中的数量关系，体会几何直观，形成初步的应用意识。

（二）第二学段（3～4 年级）

【内容要求】

1. 数与运算

（1）在具体情境中，认识万以上的数，了解十进制计数法；探索并掌握多位数的乘除法，感悟从未知到已知的转化。

（2）结合具体情境，初步认识小数和分数，感悟分数单位；会同分母分数的加减法和一位小数的加减法。

（3）在解决简单实际问题的过程中，理解四则运算的意义，能进行整数四则混合运算。

（4）探索并理解运算律（加法交换律和结合律、乘法交换律和结合律、乘法对加法的分配律），能用字母表示运算律。

（5）会运用数描述生活情境中事物的特征，逐步形成数感、运算能力和初步的推理意识。

2. 数量关系

（1）在实际情境中，运用数和数的运算解决问题；在解决实际问题的过程中，能结合具体情境，选择合适的单位进行简单估算，体会估算在生活中的作用。

（2）能借助计算器进行计算，解决简单的实际问题，探索简单的规律。

（3）在具体情境中，认识常见数量关系：总量=分量+分量，总价=单价×数量，路程=速度×时间；能利用这些关系解决简单的实际问题。

（4）能在具体情境中了解等量的等量相等。

（5）能解决生活中的简单问题，并能对结果的实际意义做出解释，经历探索简单规律的过程，形成初步的模型意识和应用意识。

【学业要求】

1. 数与运算

能结合具体实例解释万以上数的含义，能认、读、写万以上的数，会用万、亿为单位表示大数。能计算两位数乘除三位数。

能直观描述小数和分数，能比较简单的小数的大小和分数的大小；会进行同分母分数的加减运算和一位小数的加减运算。形成数感、符号意识和运算能力。

能描述减法与加法的关系、除法与乘法的关系；能进行整数四则混合运算（以两步为主，不超过三步），正确运用小括号和中括号。能说出运算律的含义，并能用字母表示；能运用运算律进行简便运算，解决相关的简单实际问题，形成运算能力。

2. 数量关系

能在简单的实际情境中，运用四则混合运算解决问题，能选择合适的单位通过估算解决实际问题，形成初步的应用意识。

能在真实情境中发现常见数量关系，感悟利用常见数量关系解决问题；能借助计算器进行计算，并解释计算结果的实际意义；形成初步的模型意识、几何直观和应用意识。

能在真实情境中，合理利用等量的等量相等进行推理，形成初步的推理意识。

【教学提示】

数与运算的教学。在认识整数的基础上，认识小数和分数。通过数的认识和数的运算有机结合，感悟计数单位的意义，了解运算的一致性。

数的认识教学应为学生提供合理的情境，引导学生进一步经历整数的抽象过程，知道大数的意义和四位一级的表示方法，建立数感；通过学生熟悉的具体情境，引导学生初步认识分数，进行简单的分数大小比较，感悟分数单位；借助学生的生活经验，引导学生认识小数单位，进一步感悟十进制计数法。在这样的过程中发展学生数感。

数的运算教学应利用整数的乘法运算，理解算理与算法之间的关系；在进行除法计算的过程中，进一步理解除法是乘法的逆运算。在这样的过程中，感悟如何将未知转为已知，形成初步的推理意识。通过小数加减运算、同分母分数加减运算，与整数运算进行比较，引导学生初步了解运算的一致性，培养运算能力。通过实际问题和具体计算，引导学生用归纳的方法探索运算律，用字母表示运算律，感知运算律是确定算理和算法的重要依据，形成初步的代数思维。

数量关系的教学。在具体情境中，利用加法或乘法表示数量之间的关系，建立加法模型和乘法模型，知道模型中数量的意义。估算的重点是解决实际问题。

常见数量关系的教学要在了解四则运算含义的基础上，引导学生理解现实问题中的加法模型是表示总量等于各分量之和，乘法模型可大体分为与个数有关（总价=单价×数量）和与物理量有关（路程=速度×时间）的两种形式，感悟模型中量纲的意义。应设计合适的问题情境，引导学生分析和表达情境中的数量关系，启发学生会用数学的语言表达现实世界，形成初步的模型意识，提升问题解决能力。利用现实背景，引导学生理解等量的等量相等这一基本事实，形成初步的推理意识。

估算教学要引导学生在具体的问题情境中选择合适的单位进行估算，体会估算在解决实际问题中的作用，了解估算的实际意义。

（三）第三学段（5～6年级）

【内容要求】

1. 数与运算

（1）知道 2、3、5 的倍数的特征，了解公倍数和最小公倍数，了解公因数和最大公因数，了解奇数、偶数、质数（或素数）和合数。

（2）结合具体情境探索并理解小数和分数的意义，感悟计数单位；会进行小数、分数的转化，进一步发展数感和符号意识。

（3）结合具体情境理解整数除法与分数的关系。

（4）能进行简单的小数、分数四则运算和混合运算，感悟运算的一致性，发展运算能力和推理意识。

2. 数量关系

（1）根据具体情境理解等式的基本性质。

（2）在解决实际问题的过程中，会选择合适的方法进行估算。

（3）在具体情境中，探索用字母表示事物的关系、性质和规律的方法，感悟用字母表示的一般性。

（4）在实际情境中理解比和比例以及按比例分配的含义，能解决简单的问题。

（5）通过具体情境，认识成正比的量；能探索规律或变化趋势（如 $y=5x$）。

（6）能运用常见的数量关系解决实际问题，能合理解释结果的实际意义，逐步形成模型意识和几何直观，提高解决问题的能力。

【学业要求】

1. 数与运算

能找出 2、3、5 的倍数。在 1～100 的自然数中，能找出 10 以内自然数的所有倍数，10 以内两个自然数的公倍数和最小公倍数；能找出一个自然数的所有因数，两个自然数的公因数和最大公因数；能判断一个自然数是否是质数或合数。

能用直观的方式表示分数和小数，能比较两个分数的大小和两个小数的大小；会进行小数和分数的转化（不包括将循环小数转化成分数）。能在实际情境中运用小数和分数解决问题，进一步发展符号意识和数感。

能进行简单小数和分数的四则运算和混合运算（不超过三步），并说明运算过程。能在较复杂的真实情境中选择恰当的运算方法解决问题，形成运算能力和推理意识。

2. 数量关系

能在具体问题中感受等式的基本性质。

能在解决实际问题中运用恰当的方法进行估算，并能描述估算的过程。

能在具体情境中，用字母或含有字母的式子表示数量之间的关系、性质和规律，感悟用字母表示具有一般性。

能在具体情境中判断两个量的比，会计算比值，理解比值相同的量，能解决按比例分配的简单问题。

能在具体情境中描述成正比的量，能找出生活中成正比的量的实例；能根据给出的成正比关系的数据在方格纸上画图，能根据其中一个量的值计算另一个量的值。

能解决较复杂的真实问题，形成几何直观和初步的应用意识，提高解决问题的能力。

【教学提示】

数与运算的教学。通过整数的运算，感悟整数的性质；通过整数、小数、分数的运算，进一步感悟计数单位在运算中的作用，感悟运算的一致性。

数的认识教学要引导学生根据数的意义，用列举、计算、归纳等方法，探索 2、3、5 的倍数的特征，理解公因数和公倍数、奇数和偶数、质数和合数，形成推理意识。

在初步认识小数和分数的基础上，引导学生在具体情境中理解小数和分数的意义，感悟计数单位。在教学过程中，可以让学生体验与小数有关的数学文化，理解、描述各数位上数字的意义，进一步提升数感。

数的运算教学应注重对整数、小数和分数四则运算的统筹，让学生进一步感悟运算的一致性。例如，在分数加减运算的过程中，引导学生理解通分的目的是得到同样计数单位，进一步理解计数单位对分数表达的重要性，理解整数、分数、小数的加减运算都要在相同计数单位下进行，感悟加减运算的一致性。

数量关系的教学。理解用字母表示的一般性，形成初步的代数思维。

用字母表示的教学要设计合理的实际情境，引导学生会用字母或含有字母的式子表达实际情境中的数量关系、性质和规律。例如：用字母表达常见数量关系及其变形，“路程=速度×时间”表示为 $s=v\times t$，这个关系的变式表示为 $v=s\div t$，$t=s\div v$；还可以表达图形的周长和面积计算公式等，感受字母表达的一般性。运用数和字母表达数量关系，通过运算或推理解决问题，形成与发展学生的符号意识、推理意识和初步的应用意识。

估算教学要借助真实情境，引导学生在选择合适单位估算的基础上，感悟选择合适的方法估算的重要性，提高解决问题的能力，发展初步的应用意识。

比和比例教学要合理利用实际生活中的情境，引导学生发现并用字母表达两个数量之间的倍数关系。例如，通过同样照片的放大与缩小、食品中原料的成分比等理解比例的意义，能解决简单的按比例分配的问题。

成正比的量教学要在具体情境中呈现两个成正比的量的变化规律，引导学生理解可以把这个规律表示为 $\frac{y}{x}=k$（$k\neq0$）的形式，也可以表示为 $y=kx$（$k\neq0$）的形式，感悟这两个表达式的共性与差异；引导学生尝试在方格纸上画出给定的成正比的量的数据，建立几何直观，为初中学习函数积累经验。

二、图形与几何

图形与几何是义务教育阶段学生数学学习的重要领域，在小学阶段包括“图形的认识与测量”和“图形的位置与运动”两个主题。学段之间的内容相互关联，螺旋上升，逐段递进。

“图形的认识与测量”包括立体图形和平面图形的认识、线段长度的测量，以及图形的周长、面积和体积的计算。

图形的认识主要是对图形的抽象。学生经历从实际物体抽象出几何图形的过程，认识图形的特征，感悟点、线、面、体的关系；积累观察和思考的经验，逐步形成空间观念。图形的认识与图形的测量有密切关系。图形的测量重点是确定图形的大小。学生经历统一度量单位的过程，感受统一度量单位的意义，基于度量单位理解图形长度、角度、周长、面积、体积。在推导一些常见图形周长、面积、体积计算方法的过程中感悟数学度量方法，逐步形成量感和推理意识。

“图形的位置与运动”包括确定点的位置，认识图形的平移、旋转、轴对称。学生结合实际情境判断物体的位置，探索用数对表示平面上点的位置，增强空间观念和应用意识。学生经历对现实生活中图形运动的抽象过程，认识平移、旋转、轴对称的特征，体会运动前后图形的变与不变，感受数学美，逐步形成空间观念和几何直观。

（一）第一学段（1～2 年级）

【内容要求】

1. 图形的认识与测量

（1）通过实物和模型辨认简单的立体图形和平面图形，能对图形分类，会用简单图形拼图。

（2）结合生活实际，体会建立统一度量单位的重要性，认识长度单位米、厘米。能估测一些物体的长度并进行测量。

（3）在图形认识与测量的过程中形成初步的空间观念和量感。

【学业要求】

1. 图形的认识与测量

能辨认长方体、正方体、圆柱、球等立体图形，能直观描述这些立体图形的特征；能辨认长方形、正方形、平行四边形、三角形、圆等平面图形，能直观描述这些平面图形的特征。能根据描述的特征对图形进行简单分类。

会用简单的图形拼图，能在组合图形中说出各组成部分图形的名称；能说出立体图形中某一个面对应的平面图形，形成初步的空间观念。

感悟统一单位的重要性，能恰当地选择长度单位米、厘米描述生活中常见物体的长度，能进行单位之间的换算；能估测一些身边常见物体的长度，并能借助工具测量生活中物体的长度，初步形成量感。

【教学提示】

图形的认识与测量的教学。结合低年级学生的年龄特点，充分利用学生在幼儿园阶段积累的有关图形的经验，以直观感知为主。

图形的认识教学要选用学生身边熟悉的素材，鼓励学生动手操作，感知立体图形和平面图形的特点以及这两类图形的关联，引导学生经历图形的抽象过程，积累观察物体的经验，形成初步的空间观念。

图形的测量教学要引导学生经历统一度量单位的过程，创设测量课桌长度等生活情境，借助桌的长度、铅笔的长度等不同的方式测量，经历测量的过程，比较测量的结果，感受统一长度单位的意义；引导学生经历用统一的长度单位（米、厘米）测量物体长度的过程，如重新测量课桌长度，加深对长度单位的理解。

（二）第二学段（3 ~ 4 年级）

【内容要求】

1. 图形的认识与测量

（1）结合实例认识线段、射线和直线；体会两点间所有连线中线段最短，知道两点间距离；会用直尺和圆规作一条线段等于已知线段；了解同一平面内两条直线的位置关系。

（2）结合生活情境认识角，知道角的大小关系；会用量角器量角，会用量角器或三角板画角。

（3）认识长度单位千米，知道分米、毫米；认识面积单位厘米^2、分米^2、米^2；能进行简单的单位换算；能恰当地选择单位估测一些物体的长度和面积，会进行测量。

（4）认识三角形和四边形，会根据图形特征对三角形和四边形进行分类。

（5）结合实例认识周长和面积；探索并掌握长方形、正方形的周长和面积的计算公式。

（6）能根据具体事物、照片或直观图辨认从不同角度观察到的简单物体。

（7）在图形认识与测量的过程中增强空间观念和量感。

2. 图形的位置与运动

（1）结合实例，感受平移、旋转、轴对称现象。

（2）在感受图形的位置与运动的过程中形成空间观念和初步的几何直观。

【学业要求】

1. 图形的认识与测量

能说出线段、射线和直线的共性与区别；知道两点间所有连线中线段最短，能在具体情境中运用“两点之间线段最短”解决简单问题；能辨认同一平面内两条直线是否平行或垂直；能辨认从不同角度观察简单物体所对应的照片或直观图。形成空间观念和初步的几何直观。

会比较角的大小；能说出直角、锐角、钝角的特征，能辨认平角和周角；会用量角器测量角的大小，能用直尺和量角器画出指定度数的角；会用三角板画 30°、45°、60°、90°的角。

会根据角的特征对三角形分类，认识直角三角形、锐角三角形和钝角三角形；能根据边的相等关系认识等腰三角形和等边三角形。能说出长方形、正方形、平行四边形、梯形的特征；能说出图形之间的共性与区别。形成空间观念和初步的几何直观。能描述长度单位千米、分米、毫米，能进行长度单位之间的换算；能在真实情境中选择合适的长度单位。

能通过具体事例描述面积单位厘米^2、分米^2、米^2，能进行面积单位之间的换算。

经历用直尺和圆规将三角形的三条边画到一条直线上的过程，直观感受三角形的周长，知道什么是图形的周长；会测量三角形、长方形和正方形的周长；会计算长方形、正方形的周长和面积。

在解决图形周长、面积的实际问题过程中，逐步积累操作的经验，形成量感和初步的几何直观。

2. 图形的位置与运动

能在实际情境中，辨认出生活中的平移、旋转和轴对称现象，直观感知平移、旋转和轴对称的特征，能利用平移或旋转解释现实生活中的现象，形成空间观念。

【教学提示】

图形的认识与测量的教学。将图形的认识与图形的测量有机融合，引导学生从图形的直观感知到探索特征，并且进行图形的度量。

图形的认识教学要帮助学生建立几何图形的直观概念。通过观察长方体的外表认识面，通过面的边缘认识线段，感悟图形抽象的过程。

在认识线段的基础上，引导学生用直尺和圆规作给定线段的等长线段，感知线段长度与两点间距离的关系，增强几何直观。

结合实际情境，感受同一平面内两条直线的两种位置关系，借助动态演示或具体操作，感悟两条直线平行与相交的差异。

角的认识教学可以利用纸扇、滑梯等学生熟悉的事物或场景直观感知角，利用抽象图形引导学生知道角的大小与边的长短无关，并比较角的大小。利用学具让学生观察角的大小变化，认识直角、锐角、钝角、平角和周角。启发学生根据角的特征将三角形分为锐角三角形、直角三角形和钝角三角形；通过边的特征知道等腰三角形和等边三角形。引导学生在认识长方形、正方形、平行四边形、梯形的过程中，感悟这几类四边形的共性与区别。

结合学生身边熟悉的场景，通过从不同方位观察同一物体，引导学生将观察到的图像与观察方位对应，发展空间观念和想象能力。

图形的面积教学要让学生在熟悉的情境中直观感知面积的概念，经历选择面积单位进行测量的过程，理解面积的意义，形成量感。

图形的周长教学可以借助用直尺和圆规作图的方法，引导学生自主探索三角形的周长，感知线段长度的可加性，理解三角形的周长，归纳出长方形和正方形周长的计算公式。采用类比的方法，感知图形面积的可加性，推导出长方形和正方形面积的计算公式。在探索的过程中，形成初步的几何直观和推理意识。

图形的位置与运动的教学。尽量选择学生熟悉的情境，通过组织有趣的活动或布置需要较长时间完成的长作业，帮助学生认识平移、旋转和轴对称的现象，感知特征，增强空间观念。

（三）第三学段（5～6年级）

【内容要求】

1. 图形的认识与测量

（1）知道三角形任意两边之和大于第三边；知道三角形内角和是180°。

（2）认识圆和扇形，会用圆规画圆；认识圆周率；探索圆的周长和面积计算公式，能解决简单的实际问题。

（3）知道面积单位千米、公顷；探索并掌握平行四边形、三角形和梯形的面积计算公式；会估计不规则图形的面积。

（4）通过实例了解体积（或容积）的意义，知道体积（或容积）的度量单位，能进行单位之间的换算；体验不规则物体体积的测量方法。

（5）认识长方体、正方体和圆柱，了解这些图形的展开图，探索并掌握这些图形的体积和表面积的计算公式，认识圆锥并探索其体积的计算公式，能用这些公式解决简单的实际问题。

（6）对于简单物体，能辨认不同方向（前面、侧面、上面）的形状图。

（7）在图形认识与测量的过程中，进一步形成量感、空间观念和几何直观。

2. 图形的位置与运动

（1）能根据参照点的方向和距离确定物体的位置；会在实际情境中描述简单的路线图。

（2）能用有序数对（限于自然数）表示点的位置，理解有序数对与方格纸上点的对应关系。

（3）了解比例尺，能利用方格纸按比例将简单图形放大或缩小。

（4）能在方格纸上进行简单图形的平移和旋转；认识轴对称图形和对称轴，能在方格纸上补全简单的轴对称图形。

（5）能从平移、旋转和轴对称的角度欣赏生活中的图案，能借助方格纸设计简单图案，感受数学美，形成空间观念。

【学业要求】

1. 图形的认识与测量

探索并说明三角形任意两边之和大于第三边的道理；通过对图形的操作，感知三角形内角和是 180°，能根据已知两个角的度数求出第三个角的度数。

会计算平行四边形、三角形、梯形的面积，能用相应公式解决实际问题。

会用圆规画圆，能描述圆和扇形的特征；知道圆的周长、半径和直径，了解圆的周长与其直径之比是一个定值，认识圆周率；会计算圆的周长和面积，能用相应公式解决简单的实际问题。

认识长方体、正方体和圆柱体，能说出这些图形的特征，能辨认这些图形的展开图，会计算这些图形的体积和表面积；认识圆锥，能说出圆锥的特征，会计算圆锥的体积；能用相应公式解决简单的实际问题，形成空间观念和初步的应用意识。

能说出面积单位千米、公顷和体积单位米^3、分米^3、厘米^3，以及容积单位升、毫升，能进行单位换算，能选择合适单位描述实际问题。

对于简单物体，能辨认不同方向（前面、侧面、上面）的形状图，能把观察的方向与相应形状图对应起来，形成空间观念。

2. 图形的位置与运动

能根据指定参照点的具体方向和距离描述物体所处位置；能在熟悉的情境中，描述简单的路线图，形成几何直观。

能在方格纸上用有序数对（限于自然数）确定点的位置，理解有序数对与对应点的关系，形成空间观念。

认识比例尺，能说出比例尺的意义；在实际情境中，会按给定比例进行图上距离与实际距离的换算；能在方格纸上，按给定比例画出简单图形放大或缩小后的图形，形成空间观念和推理意识。

能在方格纸上描述图形的位置，能辨别和想象简单图形平移、旋转后的图形，画出简单图形沿水平或垂直方向平移后的图形，以及旋转 90°后的图形；能借助方格纸，了解图形平移、旋转的变化特征。知道轴对称图形的对称轴，能在方格纸上补全轴对称图形，形成推理意识。

对给定的简单图形，能用平移、旋转和轴对称的方法，在方格纸上设计图案，并能说出设计图案与简单图形的关系。

【教学提示】

图形的认识与测量的教学。引导学生通过对立体图形的测量，从度量的角度认识立体图形的特征；理解长度、面积、体积都是相应度量单位的累加；通过对平面图形性质的认识，感知数学说理的过程。

图形的认识教学要引导学生经历基于给定线段用直尺和圆规画三角形的过程，探索三角形任意两边之和大于第三边，并说出其中的道理，经历根据“两点间线段最短”的基本事实说明三角形三边关系的过程，形成推理意识。可以从特殊三角形入手，通过直观操作，引导学生归纳出三角形的内角和，增强几何直观。

引导学生运用转化的思想，推导平行四边形、三角形、梯形、圆等平面图形的面积公式，形成空间观念和推理意识。

借助现实生活中的实物，引导学生通过观察、操作等活动，认识长方体、正方体、圆柱、圆锥等立体图形的特征，沟通立体图形之间的联系，如圆柱和圆锥的相同点和不同点，以及平面图形和立体图形之间的关系，增强空间想象能力。引导学生经历体积单位的确定过程，通过操作、转化等活动探索立体图形的体积和表面积的计算方法。让学生借助折叠纸盒等活动经验，认识立体图形展开图，建立立体图形与展开后的平面图形之间的联系，培养空间观念和空间想象能力。

圆的教学可以列举生活中的实例，引导学生概括圆的特点，利用圆规画圆，加深对圆的理解。引导学生经历探索周长与直径之比是一个常数的过程，认识圆周率，讲述祖冲之的故事，加深对圆周率和小数数位的理解，了解中国古代数学家的杰出贡献，传播数学中的中华优秀传统文化。让学生借助操作探究和掌握圆的周长和面积公式，解决实际问题。

图形的位置与运动的教学。引导学生通过图形位置的表达，理解坐标的意义；通过图形运动的观察和表达，体会坐标表达的重要性，为未来学习数形结合奠定基础。

图形的位置教学可结合教室里学生的位置、电影院里观众的位置等熟悉的情境，引导学生借助方格纸上的点，用有序数对表示具体的位置。结合现实情境，引导学生根据相对参照点的方向和距离说出物体所处位置，例如，“书店”在“人民广场”北偏东 30°方向，距离 300 米的地方。教学时，可结合所在地的标志性建筑等，有条件的学校可以借助信息技术，通过动态演示点的运动帮助学生理解图形位置确定方式的合理性。也可以结合军事演练等素材，渗透国防教育。

图形的运动教学可借助方格纸，引导学生画出简单图形平移、旋转后的图形，以及补全轴对称图形，感受图形变化的特征，动手操作，动脑想象；引导学生会从平移、旋转和轴对称的角度欣赏自然界和生活中的美；引导学生按给定比例将简单图形放大或缩小，通过前后图形的变化，感受比例尺的意义，加深对比、比例的理解。根据学情，可组织剪纸等活动，引导学生了解图案中的基本图形及其变化规律，感知中华优秀传统文化，增强空间观念。鼓励学生在欣赏的基础上学会创作设计，可以通过制作数学板报的形式，实现学生的创作成果，增强应用意识和创新意识。

三、统计与概率

统计与概率是义务教育阶段数学学习的重要领域之一，在小学阶段包括“数据分类”“数据的收集、整理与表达”和“随机现象发生的可能性”三个主题。这些内容分布在三个学段，由浅入深，相互联系。学生在学习过程中，了解统计与概率的基础知识，感悟数据分析的过程，形成数据意识。

“数据分类”的本质是根据信息对事物进行分类。学生经历从事物分类到数据分类的过程，感悟如何根据事物的不同属性确定标准，依据标准区分事物，形成不同的类。在学习统计图表时，学生将进一步认识数据的分类，从中感悟对事物共性的抽象过程，不仅为统计学习，也为数学学习奠定基础。

“数据的收集、整理与表达”包括数据的收集，用统计图表、平均数、百分数表达数据。在学习过程中，让学生初步感受现实生活中存在大量数据，其中蕴含着有价值的信息，利用统计图表和统计量可以呈现和刻画这些信息，形成初步的数据意识。

“随机现象发生的可能性”是通过试验、游戏等活动，让学生了解简单的随机现象，感受并定性描述随机现象发生可能性的大小，感悟数据的随机性，形成数据意识。

（一）第一学段（1～2年级）

【内容要求】

1. 数据分类

会对物体、图形或数据进行分类，初步了解分类与分类标准的关系，形成初步的数据意识。

【学业要求】

1. 数据分类

能依据事物特征，按照一定的标准进行分类；能发现事物的特征并制订分类标准，依据标准对事物分类；能用语言简单描述分类的过程；感知事物的共性和差异，形成初步的数据意识。

【教学提示】

数据分类的教学。要重视对接学生学前阶段已有的生活经验，鼓励学生在活动中学会物体的简单分类，在亲身参与的动手活动中感悟分类的价值，在分类的过程中认识事物的共性与区别，学会分类的方法。鼓励学生运用文字、图画或表格等方式记录并描述分类的结果，体会如何用数学语言表达现实世界，形成初步的数据意识，为后续学习统计中的数据分类打好基础。

（二）第二学段（3～4年级）

【内容要求】

1. 数据的收集、整理与表达

① 经历简单的数据收集和整理、描述和分析的过程，了解简单的收集数据的方法，会呈现数据整理的结果。② 通过对数据的简单分析，感受数据蕴含着信息，体会运用数据进行表达与交流的作用。③ 认识条形统计图，会用条形统计图合理表示和分析数据。④ 能读懂报纸、电视、互联网等媒体中的简单统计图表。⑤ 探索平均数的意义，能解决有关的简单实际问题。⑥ 能在简单的实际情境中，合理应用统计图表和平均数，形成初步的数据意识和应用意识。

【学业要求】

1. 数据的收集、整理与表达

能收集、整理具体实例中的数据，并用合适的方式描述数据，分析与表达数据中蕴含的信息。能用条形统计图合理表示数据，说明数据的现实意义。

知道用平均数可以刻画一组数据的集中趋势，知道平均数的统计意义；知道平均数是介于最大数与最小数之间的数，能描述平均数的含义；能用平均数解决有关的简单实际问题，形成初步的数据意识和应用意识。

【教学提示】

数据的收集、整理与表达的教学。创设真实情境，引导学生经历简单的数据收集和整理，感悟收集数据的意义和方法，用数学语言表达数据所蕴含的信息，形成初步的数据意识。

条形统计图教学要通过现实背景，让学生理解条形统计图中横轴和纵轴的意义及二者之间的关联，知道条形统计图的主要功能是表达数量的多少，借助条形统计图可以直观地比较不同类别事物的数量。

平均数教学要引导学生在熟悉的情境中理解平均数所具有的代表性，通过刻画一组数据的集中程度表达总体的集中状况。例如：某篮球运动员平均每场得分、某地区玉米或水稻的平均亩产、某班级学生的平均身高等，理解平均数的意义；也可以让学生经历收集体现社会发展或科技进步数据的过程，初步体会平均数的统计意义，形成初步的数据意识。

（三）第三学段（5~6年级）

【内容要求】

1. 数据的收集、整理与表达

（1）根据实际问题需要，经历数据收集、整理和分析的过程，能合理述说数据分析的结论。

（2）认识折线统计图、扇形统计图；会用条形统计图、折线统计图呈现相关数据，解释所表达的意义。

（3）能从各种媒体中获得所需要的数据，读懂其中的简单统计图表。

（4）结合具体情境，探索百分数的意义，能解决与百分数有关的简单实际问题，感受百分数的统计意义。

（5）在简单的实际情境中，应用统计图表或百分数，形成数据意识和初步的应用意识。

2. 随机现象发生的可能性

（1）通过实例感受简单的随机现象及其结果发生的可能性。

（2）在实际情境中，对一些简单随机现象发生可能性的大小做出定性描述。

【学业要求】

1. 数据的收集、整理与表达

能根据问题的需要，从报纸、杂志、电视、互联网等媒体上获取数据，或者通过其他合适的方式获取数据，能把数据整理成条形统计图、折线统计图，知道条形统计图、折线统计图和扇形统计图的功能，会解释统计图表达的意义，能根据结果做出简单的判断和预测。能在真实情境中理解百分数的统计意义，解决与百分数有关的简单问题。能在认识及应用统计图表和百分数的过程中形成数据意识，发展应用意识。

2. 随机现象发生的可能性

能列举生活中的随机现象，列出简单随机现象中所有可能发生的结果，判断简单随机现象发生可能性的大小。对于现实生活中的一些简单问题，能根据数据提供的信息，判断随机现象发生的可能性。

【教学提示】

数据的收集、整理与表达的教学。从实际情境和真实问题入手，引导学生在条形统计图的基础上进一步学习统计图；在平均数的基础上进一步学习百分数。在这样的过程中了解数据的随机性。

折线统计图教学要引导学生理解折线统计图的主要功能是表达数据的变化趋势。例如，表达中国高速铁路运营里程的逐年增长、某学生身高的逐年增长、某地区一个月最高温度的变化等。体会折线统计图与条形统计图的区别，知道针对不同问题应选择合适的表达方式，逐步感知统计学基于合理性的价值判断准则。有条件的学校可以利用信息技术处理数据、绘制统计图。

百分数教学要引导学生知道百分数是两个数量倍数关系的表达，既可以表达确定数据，如饮料中果汁的含量、税率、利息和折扣等，也可以表达随机数据，如某篮球运动员罚球命中率、某城市雾霾天数所占比例等。建议利用现实问题中的随机数据引入百分数的学习，帮助学生了解百分数的统计意义，了解利用百分数可以认识现实世界中的随机现象，做出判断，制订标准。同时，引导学生了解扇形统计图可以更好地表达和理解百分数，体会百分数中部分与整体的关系。

随机现象发生的可能性的教学。引导学生在自然界和生活的情境中感受简单的随机现象，如下周三是否是晴天、从家到学校所需要的时间等，知道在现实世界中随机现象普遍存在；感知随机现象的基本特征，可能发生也可能不发生，可能以这样的程度也可能以那样的程度发生。让学生感知，许多随机现象发生可能性的大小是可以预测的，例如，一个袋子里装有若干不同颜色的球，学生通过有放回地摸球试验记录，感受数据的随机性，判断各种颜色球的多与少，发展数据意识。

四、综合与实践

综合与实践是小学数学学习的重要领域。学生将在实际情境和真实问题中，运用数学和其他学科的知识与方法，经历发现问题、提出问题、分析问题、解决问题的过程，感悟数学知识之间、数学与其他学科知识之间、数学与科学技术和社会生活之间的联系，积累活动经验，感悟思想方法，形成和发展模型意识、创新意识，提高解决实际问题的能力，形成和发展核心素养。

综合与实践主要包括主题活动和项目学习等。第一、第二、第三学段主要采用主题式学习，第三学段可适当采用项目式学习。

主题活动分为两类：第一类，融入数学知识学习的主题活动。在这类活动中，学生将学习和理解数学知识，感悟知识的意义，主要涉及量、方向与位置、负数等知识的学习。第二类，运用数学知识及其他学科知识的主题活动。在这类活动中，学生将综合运用数学知识解决问题，体会数学知识的价值，以及数学与其他学科的关联。

在主题活动中，学生将面对现实的背景，从数学的角度发现并提出问题，综合运用数学和其他学科的知识与方法，分析并解决问题。

项目式学习的设计以解决现实问题为重点，综合应用数学和其他学科知识解决问题，体会数学知识的价值，以及数学与其他学科的关联。

在下面三个学段的表述中，为了便于理解，笔者分别列举了主题活动和项目学习的名称及具体活动内容，仅供参考。在教材编写或教学设计时，可以使用不同的主题名称，设计不同的活动内容，但要关注主题内容的选取和学生的接受能力，达到主题活动的内容要求和学业要求.

（一）第一学段（1～2年级）

【内容要求】

第一学段综合与实践的主题活动，涉及“认识货币单位，认识时间单位时、分、秒，认识东、南、西、北四个方向”等知识的学习，关注幼小衔接，帮助学生积累数学活动经验。

【学业要求】

能够积极参与活动，在活动中能主动表达，并与他人交流，加深对数学知识的理解，感悟数学知识与现实生活的联系，发展对数学的好奇心，提升学习数学的兴趣，初步获得一些数学活动经验。

【教学提示】

为使学生更好地完成从幼儿园阶段到小学阶段的过渡，在学生入学的第1～2周安排“数学游戏分享”主题活动。学生通过介绍自己幼儿园生活中经历的数学活动，表达自己在幼儿园数学活动中的收获，分享在幼儿园玩过的数学游戏，邀请同伴一起做这些数学游戏等，衔接幼儿园与小学生活，顺利开始小学数学的学习。

本学段的综合与实践涉及货币、时间等常见量的认识，以及方向、位置的学习。应当在具体活动中，引导学生知道货币价值，了解时间意义，辨别方向和位置，丰富对量的体验，形成初步的量感和空间观念，初步积累数学活动经验。

作为综合与实践活动，教学目标除了包含对常见的量的数学知识要求，还要关注学生活动经验的获得和情感态度的发展。例如，“欢乐购物街”，不能将教学目标仅聚焦在“认识人民币，能进行简单的单位换算”，还应考虑将“积极投入模拟购物活动，能清晰表达和交流信息”“会在真实或模拟的情境中合理使用人民币”“能够反思并述说购物的过程”“形成对货币多少的量感和初步的金融素养”等作为主题活动的教学目标。

主题活动的设计提倡多学时的长程学习，可以根据实际情况灵活设计活动内容和形式，有助于学生加深对知识的理解，积累基本活动经验。

主题活动的实施要有利于学生的参与和体验。指导应面向全体，全程跟进，关注学生的参与情况，包括获得了什么样的体验，如何与他人交流，需要怎样的帮助等；指导学生反思与交流活动，引导学生描述感受、表达收获、总结发现。

主题活动的评价是综合与实践的重要组成部分，应当关注过程性评价，对照主题活动的教学目标确定评价方式，不仅要关注学生对教学内容的掌握情况，还要关注学生参与活动的程度。

主题活动内容的确立可参照以上案例，依据本学段数学知识的内涵、在生活中的应用，以及与其他学科知识的关联，自主设计形式多样、富有趣味的活动，如纸的厚度、神奇的七巧板、最喜欢的故事书等，帮助学生加深对数学知识的理解，体会数学与现实生活的联系。

（二）第二学段（3～4年级）

【内容要求】

第二学段综合与实践的主题活动，涉及“认识年、月、日，认识常用的质量单位，认识方向”等数学知识的学习，在活动中综合运用数学和其他学科知识解决问题。

【学业要求】

能够积极参与活动，在活动中能独立思考问题，主动与他人交流，加深对数学知识以及数学与其他学科关联的理解；经历解决简单实际问题的过程，提高应用意识，积累数学活动经验，感悟数学的价值。

【教学提示】

第一学段的主题活动，侧重认识日常生活中最常见的量，例如元、角、分等人民币的量，时、分、秒等时间的量，以及认识东、南、西、北四个方向。第二学段的主题活动，不仅要让学生认识度、量、衡等更为广泛的量，认识年、月、日等更为一般的时间概念，认识八方，还要引导学生尝试用学过的知识解决应用性的数学问题和简单的实际问题，体会数学的价值，提升应用意识；引导学生查阅相关资料，了解中国古代那些与量有关的概念的由来，培养家国情怀，积累学习经验。

主题活动的设计可以考虑问题引领的形式。例如，“曹冲称象的故事”可以从故事引入，引发学生的好奇心和探究的欲望，在理解质量单位的基础上，思考如何运用“总量等于各分量之和”称出一个庞然大物的质量，感知“等量的等量相等”这一基本事实，感悟如何用数学的思维思考现实世界。

与第一学段相同，第二学段也可以设计长程活动，引导学生主动参与、查阅资料、深入思考、得出结论，经历探求解决问题策略的过程，丰富数学学习的经验。例如，“曹冲称象的故事”可设计 5 学时完成：第 1 ~ 2 学时，可以联系学生对物体质量的感觉，帮助学生在体验活动中理解质量单位的意义，了解一些测量物体质量的工具；第 3 ~ 4 学时，可以从“曹冲称象”的故事入手，让学生经历测量物体质量的过程，提出如何测量庞然大物质量的问题，鼓励学生探究度量的策略，培养学生的想象力；第 5 学时，鼓励学生回顾与反思主题活动的过程，分析度量策略的数学原理，感悟两个基本事实，以及如何基于这两个基本事实思考现实世界。

主题活动的评价。在第一学段强调关注过程性评价的基础上，还可以增加关注创新性评价。需要注意的是，只要策略和方法是学生独立或小组讨论得到的，对于学生而言，这样的策略和方法就是创新，就应当予以鼓励。要引导学生经历克服困难获得成功的过程，鼓励学生个体和小组在解决问题的过程中提出独特的策略和方法，激发创造的热情，形成创新意识。

活动实施的保障。对于一些复杂的操作性活动，需要认真准备活动实施所需要的设施，如“曹冲称象的故事”，需要提前收集与质量度量相关的素材，作为学生探究的补充资源；需要准备不同的测量工具，让学生感悟其中的共性和差异；需要了解学生称重实践可能需要的物品（如设计缩小版的“称象”学具）；等等。

第二学段的主题活动涉及综合性、实践性较强的跨学科内容，需要多学科教师协同教学，统筹设计与实施。

与第一学段相同，第二学段也可以自行设计主题活动的内容，但要指向综合数学知识、融合其他学科知识的实际情境和真实问题，设计具有操作性的活动。如制订旅游计划、你有多少根头发、学校中的数学等，引导学生感受数学与其他学科的联系，以及在解决实际问题中的作用，提高应用意识。

（三）第三学段（5～6年级）

【内容要求】

第三学段综合与实践包括主题活动和项目学习，涉及“了解负数”等数学知识的学习，在活动中综合运用数学及其他学科知识解决问题，提高应用能力。

【学业要求】

能够积极参与活动，在活动中能独立思考问题，主动与他人交流，经历实地测量、收集素材、调查研究、解决问题的过程，提升思考问题的能力，积累根据解决问题的需要合理选择策略和方法的经验，形成模型意识与初步的应用意识和创新意识。

【教学提示】

学生在主题活动中学习某些数学知识，运用数学和其他学科的知识与方法解决问题。在“如何表达具有相反意义的量”中，借助气温、海拔等事例了解负数表达的实际意义。在“校园平面图”中，通过实际操作、小组合作等方式，运用测量、画图等方法解决问题。在“体育中的数学”中，可以与体育课相结合，记录、整理和呈现某些体育项目活动中的数据，从中发现问题、解决问题。第三学段应引导学生经历数学应用的一般性过程，包括有价值数学问题的提出、解决问题策略和方法的探究、数学结论现实意义的合理解释等，体会数学的价值和思想方法，提高创新意识和应用意识。

第三节　课程实施

一、教学建议

1. 制订指向核心素养的教学目标

（1）教学目标要体现核心素养的主要表现。

教学目标的确定要充分考虑核心素养在数学教学中的达成。每一个特定的学习内容都具有培养相关核心素养的作用，要注重建立具体内容与核心素养主要表现的关联，在制订教学目标时将核心素养的主要表现体现在教学要求中。例如：确定小学阶段“数与运算”主题的教学目标时，关注学生符号意识、数感、量感、运算能力等的形成；确定初中阶段“图形的性质”主题的教学目标时，关注学生空间观念、几何直观、推理能力等的形成。

（2）处理好核心素养与“四基”“四能”的关系。

核心素养导向的教学目标是对“四基”“四能”教学目标的继承和发展。“四基”“四能”是发展学生核心素养的有效载体，核心素养对“四基”“四能”教学目标提出了更高要求。例如：要引导学生在发现问题、提出问题的同时，会用数学的眼光观察现实世界；在分析问题的同时，会用数学的思维思考现实世界；在用数学方法解决问题的过程中，会用数学的语言表达现实世界。

（3）教学目标的设定要体现整体性和阶段性。

核心素养是在长期的教学过程中逐渐形成的，核心素养在不同学段的主要表现体现了核心素养的阶段性和各阶段之间的一致性。要依据核心素养的内涵和不同学段的主要表现，结合具体的教学内容，全面分析主题、单元和课时的特征，基于主题、单元整体设计教学目标，围绕单元目标细化具体课时的教学目标。充分发挥核心素养导向的教学目标对教学过程的指导作用，在实现知识进阶的同时体现核心素养的进阶。

2. 整体把握教学内容

为实现核心素养导向的教学目标，不仅要整体把握教学内容之间的关联，还要把握教学内容主线与相应核心素养发展之间的关联。

（1）注重教学内容的结构化。

教学内容是落实教学目标、发展学生核心素养的载体。在教学中要重视对教学内容的整体分析，帮助学生建立能体现数学学科本质、对未来学习有支撑意义的结构化的数学知识体系。一方面了解数学知识的产生与来源、结构与关联、价值与意义，了解课程内容和教学内容的安排意图；另一方面强化对数学本质的理解，关注数学概念的现实背景，引导学生从数学概念、原理及法则之间的联系出发，建立起有意义的知识结构。通过合适的主题整合教学内容，帮助学生学会用整体的、联系的、发展的眼光看问题，形成科学的思维习惯，发展核心素养。

（2）注重教学内容与核心素养的关联。

在教学过程中，不仅要注重具体内容与核心素养之间的关联，还要注重内容主线与核心素养发展之间的关联。

例如：在图形与几何领域的"图形的认识"主线，第一学段，要求在对立体图形和平面图形的认识过程中，通过直观辨认和感知形成初步的空间观念；第二学段，要求在对立体图形和平面图形关系的认识过程中，感悟图形的抽象，逐渐形成空间观念和初步的几何直观；第三学段，在对图形测量和计算的过程中，从度量的角度加深对图形的认识，理解图形的关系，进一步增强空间观念、量感和几何直观；第四学段，在对图形性质的研究过程中，核心素养的感悟由感性上升为理性，要求在建立空间观念、几何直观的基础上，逐步形成推理能力。

3. 选择能引发学生思考的教学方式

（1）丰富教学方式。

改变单一讲授式教学方式，注重启发式、探究式、参与式、互动式等，探索大单元教学，积极开展跨学科的主题式学习和项目式学习等综合性教学活动。根据不同的学习任务和学习对象，选择合适的教学方式或多种方式相结合，组织开展教学。通过丰富的教学方式，让学生在实践、探究、体验、反思、合作、交流等学习过程中感悟基本思想、积累基本活动经验，发挥每一种教学方式的育人价值，促进学生核心素养发展。

（2）重视单元整体教学设计。

改变过于注重以课时为单位的教学设计，推进单元整体教学设计，体现数学知识之间的内在逻辑关系，以及学习内容与核心素养表现的关联。

单元整体教学设计要整体分析数学内容本质和学生认知规律，合理整合教学内容，分析主题—单元—课时的数学知识和核心素养主要表现，确定单元教学目标，并落实到教学活动各个环节，整体设计，分步实施，促进学生对数学教学内容的整体理解与把握，逐步培养学生的核心素养。

（3）强化情境设计与问题提出。

注重发挥情境设计与问题提出对学生主动参与教学活动的促进作用，使学生在活动中逐步发展核心素养。

注重创设真实情境。真实情境创设可从社会生活、科学和学生已有数学经验等方面入手，围绕教学任务，选择贴近学生生活经验、符合学生年龄特点和认知加工特点的素材。注重情境素材的育人功能，如体现中国数学家贡献的素材，帮助学生了解和领悟中华民族独特的数学智慧，增强文化自信和民族自豪感。注重情境的多样化，让学生感受数学在现实世界的广泛应用，体会数学的价值。

重视设计合理问题。在真实情境中提出能引发学生思考的数学问题，也可以引导学生提出合理问题。问题提出应引发学生认知冲突，激发学生学习动机，促进学生积极探究，让学生经历数学观察、数学思考、数学表达、概括归纳、迁移运用等学习过程，体会数学是认识、理解、表达真实世界的工具、方法和语言，增强认识真实世界、解决真实问题的能力，树立学好数学的自信心，养成良好的学习习惯。

4. 进一步加强综合与实践

综合与实践领域的教学活动，以解决实际问题为重点，以跨学科主题学习为主，以真实问题为载体，适当采取主题活动或项目学习的方式呈现，通过综合运用数学和其他学科的知识与方法解决真实问题，着力培养学生的创新意识、实践能力、社会担当等综合品质。

（1）明确教学目标。

主题活动教学是跨学科背景下的数学内容学习，其目标是引导学生在跨学科背景下用数学的眼光观察现实世界，用数学的语言表达现实世界中事物的概念、关系和规律，帮助学生感悟数学与现实世界的联系，培养学生实践精神.

项目学习教学以用数学方法解决现实问题为主，其目标是引导学生发现解决现实问题的关键要素，用数学的思维分析要素之间的关系并发现规律，培养模型观念，经历发现、提出、分析、解决问题的过程，培养应用意识和创新意识。

（2）设计教学活动。

主题活动教学要设计出完整可行的活动方案，可以利用信息技术或制作教具的形式，展示跨学科主题的背景；参考学生个人经验和已有知识积累，从解决问题需要出发，明确所学数学知识与技能，提出相应学习任务，确定学习活动形式，明确学习成果的形式和要求等。

项目学习教学所涉及的问题主要是现实世界中具有开放性的问题，问题的解决需将现实问题转化为数学问题。解决数学问题要引导学生提出合理假设、预测结果、选择合理的数学方法，对用数学模型表达条件与结果之间的关系有清晰的认识，并利用真实情境检验模型、修正模型，形成物化成果，包括项目产品、小论文或研究报告等。

（3）关注教学评价。

主题活动评价以教学目标为依据，内容主要包括：学生对相关知识内容的理解，对现实情境与数学表达之间关系的把握；学习活动中操作、思考、交流、创意等方面的表现；学习过程中的作品、报告等物化成果的评价。

项目学习评价以教学目标为依据，内容主要包括：学生对真实情境中问题的理解，用数学语言表达问题的适切性，结果预测的合理性，关注解决问题的实施方案，解决问题过程中的思考、交流与创意表现；项目研究成果的质量。

5. 注重信息技术与数学教学的融合

重视大数据、人工智能等对数学教学改革的推动作用，改进教学方式，促进学生学习方式转变。

（1）改进教学方式。

教师可以利用信息技术对文本、图像、声音、动画等进行综合处理，丰富教学场景，激发学生学习数学的兴趣和探究新知的欲望。利用数学专用软件等教学工具开展数学实验，将抽象的数学知识直观化，促进学生对数学概念的理解和数学知识的建构。利用技术支持平台将在线学习与课堂教学相结合，开展线上线下融合的混合式教学。

（2）促进自主学习。

加强线上网络空间与线下物理空间的融合，突破传统数学教育的时空限制，丰富学习资源，为学生自主学习创造条件。指导学生做好时间管理，规划学习任务，利用数字化平台、工具与资源开展学习活动，加强自我监控、自我评价，提升自主学习能力；家校协同，建立监控、指导、评价、激励机制，适时交流和开展个性化指导，营造学生自主学习的良好环境。

二、评价建议

发挥评价的育人导向作用，坚持以评促学、以评促教，主要分为教学评价和学业水平考试。

1. 教学评价

（1）评价方式丰富。

评价方式应包括书面测验、口头测验、活动报告、课堂观察、课后访谈、课内外作业、成长记录等，可以采用线上线下相结合的方式。每种评价方式都各有特点，教师应结合学习内容、学生学习特点，选择适当的评价方式。例如，可以通过课堂观察了解学生的学习过程、学习态度和学习策略，从作业中了解学生基础知识和基本技能的掌握情况，从探究活动中了解学生独立思考的习惯和合作交流的意识，从成长记录中了解学生的发展变化。

（2）评价维度多元。

评价维度多元是指在评价过程中，在关注“四基”“四能”达成的同时，特别关注核心素养的相应表现。不仅要关注学生知识技能的掌握，还要关注学生对基本思想的把握、基本活动经验的积累；不仅要关注学生分析问题、解决问题的能力，还要关注学生发现问题、提出问题的能力。全面考核和评价学生核心素养的形成和发展。例如，通过对叠放杯子总高度变化规律的探究，考查学生对函数概念的理解，用数学思想分析、解决实际问题的能力，由现实问题抽象出数学问题的能力。

（3）评价主体多样。

评价主体应包括教师、学生、家长等。综合运用教师评价、学生自我评价、学生相互评价、家长评价等方式，对学习情况进行全方位的考查。如学习单元结束时，教师可以要求学生设计一个学习小结，对学习情况进行评价，也可以组织学生在班级展示交流学习小结让学生互评，以及让学生自评总结自己的进步，反思自己的不足，汲取他人值得借鉴的经验。

（4）评价结果的呈现与运用。

根据学生的年龄特征，评价结果的呈现应采用定性与定量相结合的方式，关注每一名学生的学习过程。第一学段的评价应以定性的描述性评价方式为主，第二、第三学段可以采用描述性评价和等级评价相结合的方式，第四学段可以采用等级评价和分数制评价相结合的方式。

评价结果的呈现应更多地关注学生的进步，关注学生已有的学业水平与提升空间，为后续的教学提供参考。评价结果的运用应有利于增强学生学习数学的自信心，提高学生学习数学的兴趣，使学生养成良好的学习习惯，促进学生核心素养的发展。

教师要注意分析全班学生评价结果的变化，了解自己教学的成绩和问题，分析、反思教学过程中影响学生能力发展和素质提高的原因，寻求改善教学的对策。同时，以适当的方式，将学生一些积极的变化及时反馈给学生。

2. 学业水平考试

（1）考试性质和目的。

学业水平考试由省级教育行政部门组织实施，依据学业质量标准，对学生学完本课程后课程目标达成度进行终结性评价。考试成绩是学生毕业和高一级学校招生录取的重要依据，为评价区域和学校教学质量、改进教学提供重要参考。

（2）命题原则。

坚持素养立意，凸显育人导向。以核心素养为导向的考试命题，要关注数学的本质，关注通性通法，综合考查"四基""四能"与核心素养。适当提高应用性、探究性和综合性试题的比例，题目设置要注重创设真实情境，提出有意义的问题，实现对核心素养导向的义务教育数学课程学业质量的全面考查。

遵循课标要求，严格依标命题。全面理解和体现课程标准要求，依据课程标准所规定的课程目标、内容要求、学业要求和学业质量命题，各领域考查内容所占比例与其在课程标准中所占比例大体一致，难易程度大体平衡，保证命题的科学性。

规范命题管理，加强质量监测。要重视命题人员选择，强化命题流程规范，严格试题质量评估，建立质量监测机制，确保命题框架合理、试题命制规范、内容准确无误、情境问题恰当、语言表达清晰、考试结果真实有效。

（3）命题规划。

考试形式以纸笔测试为主，可采用基于信息技术的考试方式，并与过程性评价、表现性评价等多样化的评价方式相结合。纸笔测试应合理规划题目类型，关注客观题与主观题分值所占比例，原则上客观题分值要低于主观题分值；主观题要探索命制问题解决及多学科融合类试题；试卷呈现避免套路化。

合理确定试卷容量。适当精减题量，要着重减少单纯考查技能熟练性的题目，保证学生有充足的作答时间。

科学制订多维细目表。在内容要求、素养表现的基础上，确定题型题量、难易程度、分值比例等。多维细目表的编制具体翔实，指向明确，便于命题操作，关注试卷难度、合格率、区分度等指标。

（4）试题命制。

加强命题的标准化建设，逐渐完成题库建设，实现命题流程的标准化，建立试题质量监测与评估体系。

明确考查意图。根据学业质量标准要求，明确试卷和每道试题所要考查的数学知识和核心素养的相应表现。

创设合理情境。根据考查意图，结合学生认知水平和生活经验，设计合理的生活情境、数学情境、科学情境，关注情境的真实性，适当引入数学文化。

设置合理问题。问题的设置要有利于考查对数学概念、性质、关系、规律的理解、表达和应用，注重考查学生的思维过程，避免死记硬背、机械刷题。

科学制定评分标准。评分标准应具有科学性、可操作性。对开放性、综合性较强的试题，合理设计多层次任务的评分标准。

三、教材编写建议

数学教材为学生的数学学习活动提供了学习主题、知识结构和基本线索，是实现数学课程目标、实施数学教学的重要资源。

1. 体现核心素养培养要求

（1）教材内容结构要着重关注核心素养的整体性。

“三会”的主要表现相对独立、相互影响，构成一个有机整体。教材编写既要体现每种主要表现的内涵，又要关注主要表现之间的内在联系；构建内容结构既要关注数学内容之间的逻辑联系，又要关注核心素养整体性培养的要求。例如，小学阶段数与代数领域将“数的认识”“数的运算”合并为“数与运算”，旨在使学生整体理解数与数的运算，在形成符号意识的同时发展运算能力。

（2）教材内容组织要着重关注核心素养发展的一致性。

发展“三会”是不同学段核心素养培养的一致性要求。内容组织不仅要关注数学内容的主线，也要关注核心素养培养的一致性。例如，数学抽象贯穿于整个义务教育阶段，其发展的一致性体现在让学生经历由直观到抽象的过程。教材在小学阶段需要设计相应内容，让学生先经历从数量到数、从数量的多少到数的大小的抽象过程，然后经历字母表示数的进一步的抽象过程；教材在初中阶段也需要设计相应内容，让学生经历从数的具体计算过渡到式的抽象运算的过程，为进一步学习方程、不等式和函数等内容奠定基础。

例如，课程内容特别强调的代数推理和几何直观，需要体现螺旋上升。又如，逻辑推理是数学思维的重要内容，学生的相关能力发展与心智水平密切相关：在小学阶段，学生只需要感悟数学的说理；到了初中阶段，学生要会用数学的符号表达数学道理，并会基于这样的道理证明一些数学命题。

（3）教材内容要求要着重关注核心素养发展的阶段性。

核心素养是逐渐形成的，不同阶段具有不同表现水平。教材编写应关注核心素养发展的阶段性，准确把握每个学段每个主题的内容要求和学业要求；遵循螺旋上升原则，使学生对数学知识的理解不断深入，使教材体现核心素养发展的阶段性。例如，关于距离的概念，第二学段要求“知道”两点间距离，体现对空间的感悟；第四学段要求“理解”两点间距离的意义，能度量和表达两点间的距离，体现对空间的表达。

2. 有利于引发学生思考

（1）注重来龙去脉，利于教师引导。

教材正文的呈现应有利于教师引导学生主动学习。例如，新知识的学习，展现“知识背景—知识形成—揭示联系”的过程；运用数学知识解决问题，适当体现“问题情境—建立模型—求解验证”的过程，以利于教师在教学过程中帮助学生有效地理解知识与方法、积累活动经验、提高“四能”，开展素养导向的教学。

（2）激发学生兴趣，引导学生探索。

教材应为学生提供丰富的问题情境、充分的思考空间，让学生经历观察、实验、猜测、推理、交流、反思等数学活动过程，帮助学生感悟基本思想，积累基本活动经验。教材应具备可读性，图文并茂，关注学生身边发生的事情，增加学习的趣味性，激发学生内在学习动机，促进学生主动学习。

（3）优化习题设计，注重发展素养。

习题的设计要关注数学的本质，关注通性通法。设计丰富多样的习题，满足巩固、复习、应用、拓展的学习需要；满足不同学生的学习需要；满足不同学习阶段的学习需要；满足不同完成作业方式的需要，如综合与实践的习题可以包括查阅资料、校外调查、自主探索等。

3. 素材选取要贴近学生的现实、真实可信

教材素材的选取应尽可能地贴近学生的现实，以利于学生经历从现实情境中抽象出数学知识与方法的过程，发展抽象能力、推理能力等。

学生的现实主要包含以下三个方面：生活现实，即学生熟悉的事物，以及自然、社会中的现象和问题。数学现实，即学生已经积累的数学知识。例如，学生学习分数时已经具备的整数知识，学习因式分解时已经具备的整数分解知识。其他学科现实，即学生学习数学知识时在各学段已经具备的其他学科知识。例如，学习一次函数时具备的各种与“匀速变化”现象相关的知识。

源于学生现实的各种学习素材应当真实可信。例如，设计的问题情境客观存在，提供的数据可信且具有实际含义，需要研究或解决的问题确实存在。

4. 注重教材创新

深刻理解课程理念，细致分析课程性质、目标、内容等，着力在教材的内容结构、内容组织、内容呈现、栏目设置、习题编排等方面有所突破。

（1）科学论证。

教材编修要总结以往教材编写经验，借鉴国外优秀教材案例，广泛听取教材使用者建议，明确思路，确定突破点。教材创新应精心设计，注重实践检验，基于证据分析，反复修改，凝练并形成教材的创新立意和重点。

（2）拓宽视野。

教材编修要勇于打破固有教材模式，为教材使用者提供广泛的素材资源和开放的使用空间，如教材中介绍数学文化、数学发展前沿等。内容设计要反映数学在自然与社会中的应用，展现数学发展史中伟大数学家，特别是中国古代与近现代著名数学家，以及他们的数学成果在人类文明发展中的作用，增强学生的爱国情怀和民族自豪感，如介绍《九章算术》《几何原本》、珠算、机器证明、黄金分割、计算机层析成像（CT）技术、大数据等内容，以及祖冲之、华罗庚、陈景润等数学家的事迹。

（3）强化功能。

教材编修要注重强化教材的使用功能，关注学生发展差异，满足学生不同学习需求。在符合课程标准要求的前提下，教材内容选取可体现一定的弹性。所选内容应注重体现数学的本质。例如：设计开放性问题，对同一情境设计不同层次的问题；编入介绍与教学内容相关的重要数学概念、思想方法等拓展性内容；提供生动活泼的数学故事和课外活动题材等。

第三章　数与代数内容分析与教学建议

【本章知识结构图】

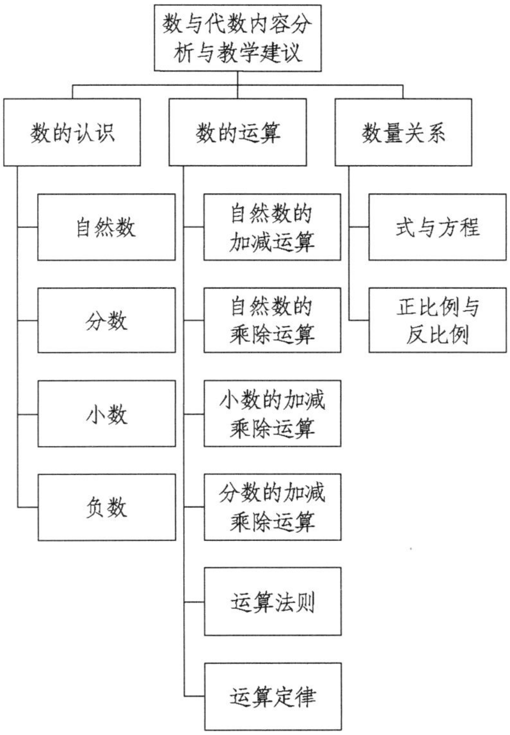

数与代数是义务教育阶段学生数学学习的重要领域，在小学阶段包括“数与运算”和“数量关系”两个主题。学段之间的内容相互关联，由浅入深，层层递进，螺旋上升，构成相对系统的知识结构。“数与运算”包括整数、小数和分数的认识及其四则运算。“数量关系”主要是用符号（包括数）或含有符号的式子表达数量之间的关系或规律。

第一节　数的认识

数的认识包括自然数、小数和分数的认识。数是对数量的抽象。学生经历由数量到数的形成过程，理解和掌握数的概念；初步体会数是对数量的抽象，感悟数的概念本质上的一致性，形成数感和符号意识。

一、自然数

（一）1～5 的认识

1. 课标要求

《义务教育数学课程标准（2022 年版）》在第一学段“学段目标”中提出：经历简单的数的抽象过程，认识万以内的数，形成初步的数感、符号意识和运算能力。

《义务教育数学课程标准（2022 年版）》在第一学段“课程内容”中提出：在实际情境中感悟并理解万以内数的意义，理解数位的含义。理解符号“<”“=”“>”的含义，会比较万以内数的大小。通过数的大小比较，感悟相等和不等关系。

2. 教材分析

图 3.1-1　一年级上第三单元

学生在入学前基本上都已经会读、写、数 20 以内的数，但他们对数学知识的认识还只停留在“生活化”中的数学，对数概念的认识是不全面的。譬如，很容易理解“一个人”“一支笔”可以用“1”来表示，但是对“一筐梨”“一盘苹果”用“1”表示，认知存在难度。这说明学生虽然会读、写、数 20 以内的数，但是并未形成正确的数概念，学生脑中的数还只是原生态的、生活化的，还没有形成系统的、抽象化的数。因此让学生经历数学知识从“生活化”抽象为“数学化”的过程就显得尤为重要。①

教材中借助横向计算器，直观形象地演示出：1 添 1 就是 2，2 添 1 就是 3，3 添 1 就是 4，4 添 1 就是 5，使学生初步感受到每一个数产生的过程。了解数的意义、顺序、大小和组成。例如：知道 2 添 1 就是 3，就能知道有 3 个数量的物体可以用 3 表示，第 3 个物体也可以用 3 表示；还能知道 2 的后面是 3，3 的前面是 2；2 比 3 小，3 比 2 大；进而又能知道 3 可以分成 1 和 2。教学中抓住知识的核心进行教学，初步培养了学生的推理能力，使学生原有的“生活化”的数逐步抽象为“数学化”的数，有效地促进学生形成正确的数概念。②

① 胡重光. 数数的数学教育意义[J]. 小学教学：数学版，2015（24）：50-52.

② 孙昌识，党天福，张绪芬. 在数学教学中培养一年级小学生抽象逻辑思维的探讨——西安市小学数学结构教学教改第一年总结[J]. 心理发展与教育，1987，V3（4）：18-24.

学生学习“比多少”之前，已经初步学习过一一对应比较大小的方法，认识“>”“<”和“=”这三种符号。学生需要借助已有的知识自己去探索、研究符号的意义和应用，体会数学符号简洁、明了的应用功能，增强自身的符号意识以及创新意识。

教材通过精心设计的“摆一摆”“比一比”“涂一涂”的数学活动，让学生进一步熟悉这三个符号，感受数学符号的简洁，感知符号在数学中的功能。在这三种关系符号中，“=”容易理解，而“>”和“<”对于一年级学生来说比较抽象，很容易混淆，需要通过顺口溜或者数学游戏帮助学生掌握和使用这两种符号，深刻理解三种关系符号。

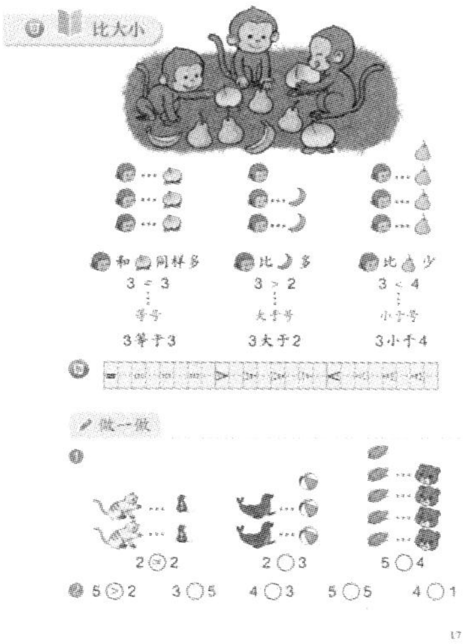

图 3.1-2　一年级上第三单元

3. 教学建议

（1）正确区分和记忆“>”和“<”。

“>”和“<”对一年级的学生来说比较抽象，在使用中很容易混淆。在教学时教师可以放手让学生自己去探索这三个关系符号。例如，学生会说“张着大大的嘴的一边就是大数，尖尖的小尾巴的一边就是小数，大数在前面就是大于号，小数在前面就是小于号。”在学生介绍的基础上教师加以总结，提炼，最后教师教顺口溜帮助学生更好地区分、记忆。①

（2）正确使用“>”“<”和“=”。

正确使用“>”“<”和“=”号是学生认知上的难点。教师可以通过学生喜爱的数学游戏，让学生学会用符号表达思维过程和结论。譬如，教师左手和右手各随意出示 1 ~ 5 中的一个数，让学生合理选择三种关系符号“>”“<”和“=”。又如，一位学生的手势表示 $3 < 4$，另一位学生就要说出 3 小于 4，还要说明为什么要用这个符号。通过读一读、写一写、玩一玩的游戏活动，学生深刻理解符号意义，了解符号简洁、形象的特点，从而正确使用符号。②

（二）6 ~ 10 的认识

1. 课标要求

《义务教育数学课程标准（2022 年版）》在第一学段“学段目标”中提出：经历简单的数的

① 林霞. 基于学情活用教材——以人教版一上“比多少”教学为例[J]. 教学月刊：小学版，2016（6）：30-33.
② 林霞. 基于学情活用教材——以人教版一上“比多少”教学为例[J]. 教学月刊：小学版，2016（6）：30-33.

抽象过程，认识万以内的数，形成初步的数感、符号意识和运算能力。

《义务教育数学课程标准（2022 年版）》在第一学段“课程内容”中提出：在实际情境中感悟并理解万以内数的意义，理解数位的含义。理解符号“<”“=”“>”的含义，会比较万以内数的大小。通过数的大小比较，感悟相等和不等关系。

2. 教材分析

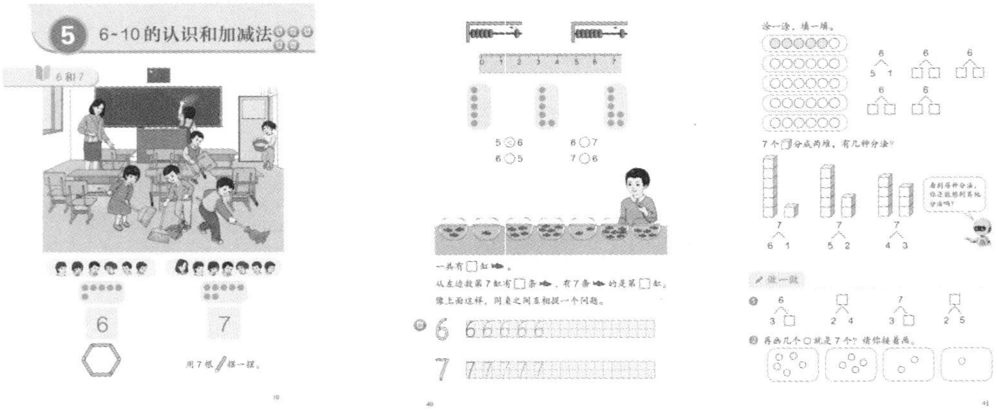

图 3.1-3　一年级上第五单元

“6～10 的认识和加减法”是在学习“1～5 的认识和加减法”之后，又一次集中学习 10 以内数的认识和相应的加减法。“6 和 7”是起始课，在学习的方式方面和“1～5 的认识和加减法”有相似之处，比如都要经历数数、认识数的顺序、比较大小、序数含义写数字和组成等数概念形成的过程，体会数概念丰富的内涵。

教材通过将 6 和 7 的人物图、点子图、小棒、数尺进行摆一摆、画一画、拨一拨等活动，帮助学生深刻认识数与数之间的密切关系和其中蕴含的数学推理和良好思维习惯。通过书写示范，使学生清楚 6 与 7 的写法，利用描虚线巩固写法并示范在田字格的位置，最后放手让学生利用空格自己书写。

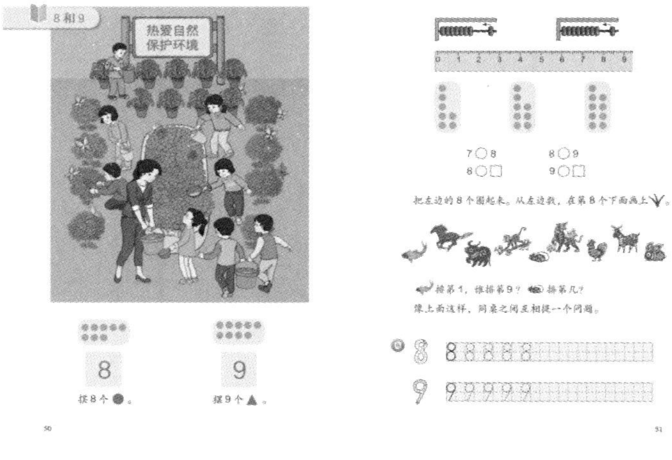

图 3.1-4　一年级上第五单元

教材安排了“热爱自然、保护环境”主题图，初步感受 8 和 9，通过电子图、计数器、直尺图、点子图，引导学生发现、观察 7 与 8、8 与 9 之间的关系。接着，呈现十二生肖中的前 9 个小动物，引导学生区别 8 与 9 的基数意义和序数意义。通过书写示范，使学生清楚 8 与 9 的写法，利用描虚线巩固写法并示范在田字格的位置，最后放手让学生利用空格自己书写。

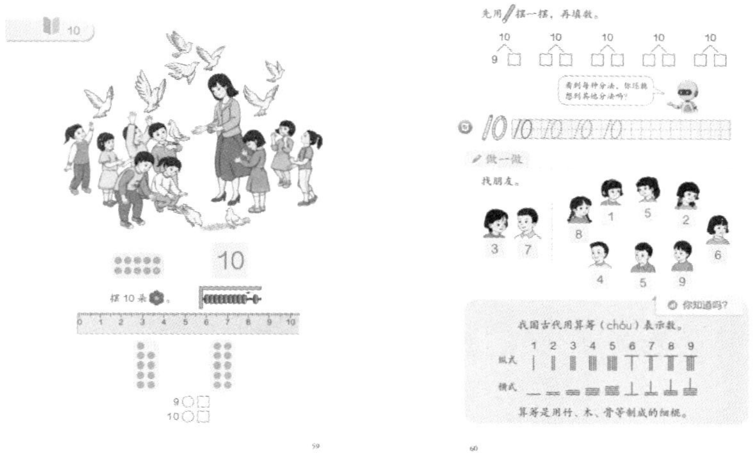

图 3.1-5　一年级上第五单元

喂鸽子主题图供学生数数并抽象出 10，通过数图中的人和鸽子抽象出 10，学习用 10 表示物体的个数，有关 10 的加法和减法教材省去了学具拼摆等内容，而是让学生对照点子图直接利用 10 的组成进行计算。在内容的呈现上，教材采用了逐步提高要求的做法，教材这样安排，既反映了循序渐进的编排原则，也体现了学生的认识过程及规律。“做一做”通过凑 10 找朋友的形式，继续巩固 10 的组成，从而练习 10 的加减法，逐渐达到熟练的程度。

3. 教学建议

（1）让学生经历数概念形成的过程。

6 ~ 10 的认识可以引导学生结合生动的画面按照数数—认识数字—数的顺序—比较相邻两个数之间的大小—序数—写数—数的组成的顺序认识数。这个过程不仅从不同侧面展示了 6 ~ 10 各个数概念的丰富内涵，同时还给学生提供了经历数概念形成的过程的情境和机会，让学生有条件在现实背景中抽象出 6 ~ 10 的数概念，形成相应的数感。

（2）认数与计算紧密结合。

教师可以将 6 ~ 10 的认识和相应的加减法计算有机地结合起来，学习一组数后紧接着引导学生通过动手操作、直观学习数的组成以及加减法运算。让学生在认识数的过程中体会 6、7 的组成，然后通过具体拼摆引出有关 6 和 7 的加法、减法计算。这样既有利于学生利用数的组成计算 10 以内数的加减法，又加深了学生对数概念的理解。

（3）培养学生发现、提出、解决数学问题能力。

在“解决问题”内容的安排中，教材结合学生实际，采用图文结合的方式提供了解决问题的一般步骤，即理解现实的问题情境、发现要解决的数学问题—分析问题从而找到解决的方案并解决问题—对解答的结果和解决的方法进行检验、回顾与反思，引导学生体会解决数学问题的步骤。同时，教材为学生发现数学问题、提出数学问题提供了丰富的素材与情境，帮助一年级学生会用数学的眼光观察周围世界，培养学生从生活中发现并提出数学问题的能力。

（三）11～20 各数的认识

1. 课标要求

《义务教育数学课程标准（2022 年版）》在第一学段“学段目标”中提出：经历简单的数的抽象过程，认识万以内的数，形成初步的数感、符号意识和运算能力。

《义务教育数学课程标准（2022 年版）》在第一学段“课程内容”中提出：在实际情境中感悟并理解万以内数的意义，理解数位的含义。理解符号“<”“=”“>”的含义，会比较万以内数的大小。通过数的大小比较，感悟相等和不等关系。

2. 教材分析

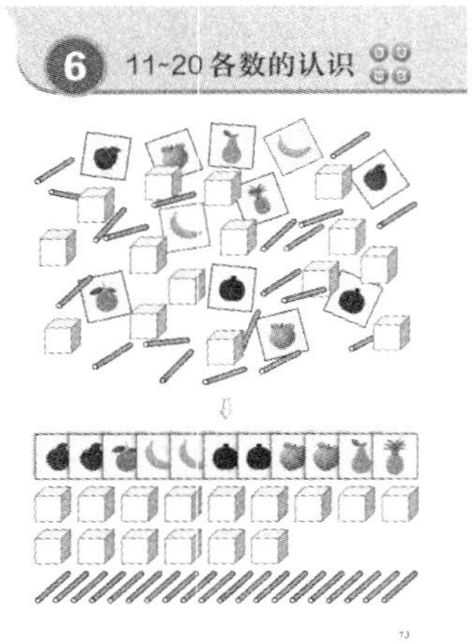

图 3.1-6　一年级上第六单元

教材首先呈现了一幅主题图，图中散乱放置了学具和水果，让学生在数学具时不重不漏，积累数数经验，熟练掌握点数的方法；让学生在散乱放置中思考如何能使别人一眼看出是多少，进而突出计数单位“十”。

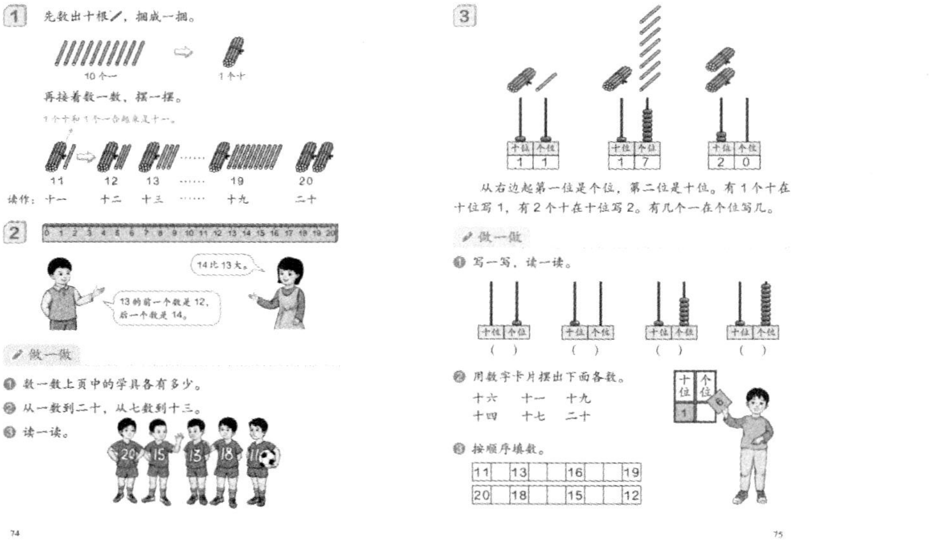

图 3.1-7　一年级上第六单元

例 1 呈现了学生用小棒边操作边说组成、边操作边数数的活动，从数小棒情境中让学生认、读数；例 2 借助直尺教学数序和比大小；例 3 教学写数，利用小棒图和计数器教学数的写法。

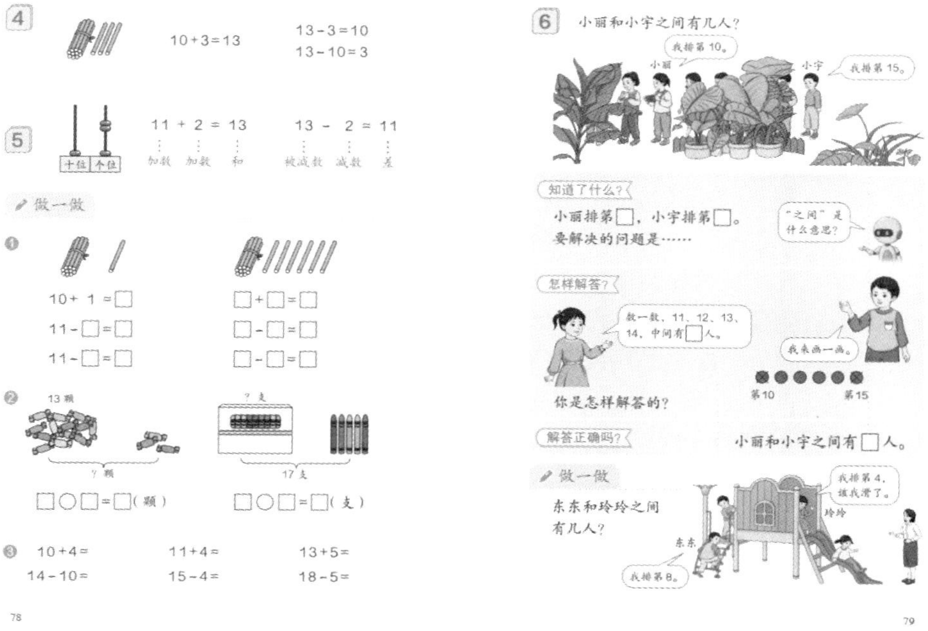

图 3.1-8 一年级上第六单元

例 4 教学十加几及相应的减法，主要是通过操作（摆小棒）利用数的组成进行计算。一方面可以巩固 11 ~ 20 各数的认识，同时也为后面学习进位加法做准备。例 5 教学十几加几和相应的减法，为以后学习多位数的进位加和退位减做准备。例 6 通过问题情境，首先让学生理解第几的含义，在解决的过程中感受数的大小，深化对数的大小、数序的理解，加深对基数和序数含义的认识。教材为学生提供了丰富的素材，注重联系学生的生活实际和学生的学习过程。

3. 教学建议①

（1）用模型建立抽象的数与现实数量间的关系。

在 11 ~ 20 各数的认识过程中，我们要注意运用多种模型帮助学生理解数的意义，建立数的概念，比如：小棒、计数器、尺子图、方格图、数位顺序表等，通过学具与数的不断沟通逐渐建立起抽象的数和现实中的数量之间的关系，并且体验到数的大小和现实中的多少之间的关系，这也是数感很重要的本质问题。

（2）关注学生的操作过程，注重引导学生对数概念的深入理解。

10 加几和相应的减法口算。一方面巩固对 11 ~ 20 各数的认识，另一方面为后面学习进位加法做好铺垫。简单的十几加几不进位加法和十几减几不退位减法以及加减法各部分名称主要目的也是帮助学生进一步理解 11 ~ 20 各数的认识，同时为后面学习两位数加减一位数的口算做准备。因此，教学中要注重引导学生在操作过程中以数的组成为基础进行口算，不必要进行法则教学，更不要让学生按法则计算。让学生在不断地摆小棒、数小棒的过程中逐步感悟出计算的方法。

① 李立新，闫喜霞.《11 ~ 20 各数的认识》教学及反思[J]. 现代教育科学：小学教师，2014（4）：62-62.

（3）让学生体验解决问题的一般过程，感受策略多样性，积累解决问题的经验。

以往学生解决问题通常用列式的方法，但对于一年级学生来说列式过于抽象，不易理解。“11～20 各数的认识”教学紧密结合学生掌握的数数经验，鼓励学生通过画图理解题意寻找答案，通过数数解题，积累学生用数学的意识。要注重对学生数数、画图、推理等解决问题策略的指导与归纳，提升学生综合运用知识解决问题的意识与能力。因此在教学中要给予学生大量的时间，大胆尝试用自己的方法来探寻解决问题的思路和方法，并让学生充分展示各自的方法，进行全班的分享与研讨。

20 以内数的认识是学生认数的开始，是计算的前提。教材重视数概念的建立，从数概念（数的基数、序数含义，数的认、读、写，数的顺序，数的大小的比较，数的组成）的各个不同方面一起进行认识。教材注重先体现如何从现实世界中抽象出数，然后让学生通过摆小棒的操作进一步体会数的基数含义，即物—形—数的认识过程。因此教师在教学中要注重让学生动手操作，充分利用这些活动丰富学生数数的经验，逐步建立起数感，为后面学习打下坚实的基础。

（四）100 以内数的认识

1. 课标要求

《义务教育数学课程标准（2022 年版）》在第一学段“学段目标”中提出：经历简单的数的抽象过程，认识万以内的数，形成初步的数感、符号意识和运算能力。

《义务教育数学课程标准（2022 年版）》在第一学段“课程内容”中提出：在实际情境中感悟并理解万以内数的意义，理解数位的含义。理解符号“<”“=”“>”的含义，会比较万以内数的大小。通过数的大小比较，感悟相等和不等关系。

2. 教材分析

图 3.1-9　一年级下第四单元

100 以内数的认识是在学生认识了 20 以内各数及计数单位“一（个）”“十”的基础上进行的。教材在编排这部分内容时，突出了学生的观察、操作等实践活动，让学生在“做”数学中掌握数概念。

主题《百羊图》为学生数数提供了现实素材，同时使学生体会到数学与生活的密切联系，感受数学就在身边。通过“百羊图”引导学生在具体的情境中感知 100 有多少，体会它比以前学过的 20 多得多，并让学生了解在生活中常常需要估数，培养估计意识。

例 1 通过让学生手口一致地数数，初步了解 100 以内数的顺序，从整体上感受 100 的大小。在数数的过程中突破数数的难点——“拐弯数”。第一幅图展示了学生在已有的 20 以内数的基础上数下一个数，数到 29 时下一个数是 30，突出了难点的教学；第二幅图加深了学生对 100 的认识，突出了数的本质；第三幅图深化学生对计数单位“十”的认识，引出新的计数单位“百”，并使学生直观地认识“十”与“百”之间的关系，同时也可以使学生再次了解整十数的顺序。教材编排从直观、无结构的学具（一堆小棒、第纳斯木块等）到直观“结构化”的学具（10 根一捆、10 个一列），使学生充分体会十进制计数法，加深学生对计数单位“一（个）”“十”的认识，并认识新的计数单位“百”。

图 3.1-10　一年级下第四单元

“做一做”第 1 题意在引导学生在数小棒的过程中突破“拐弯数”（当数到接近整十数时，下一个整十数是多少）；第 2 题让学生自由地数泡泡，学生可以一个一个地数，也可以两个两个、五个五个、十个十个地数，丰富学生数数的经验。

例 2 教学数的组成，教材在编排中分两个层次：整十数的组成和一般数的组成。教材通过让学生说出摆放 70 根、46 根小棒是多少的过程，使学生借助直观、“结构化”的学具掌握 100 以内数的组成，并会用不同的方式表达一个数，既加深了对数的认识，又加深了学生对计数单位的理解，尤其突出了计数单位“十”。

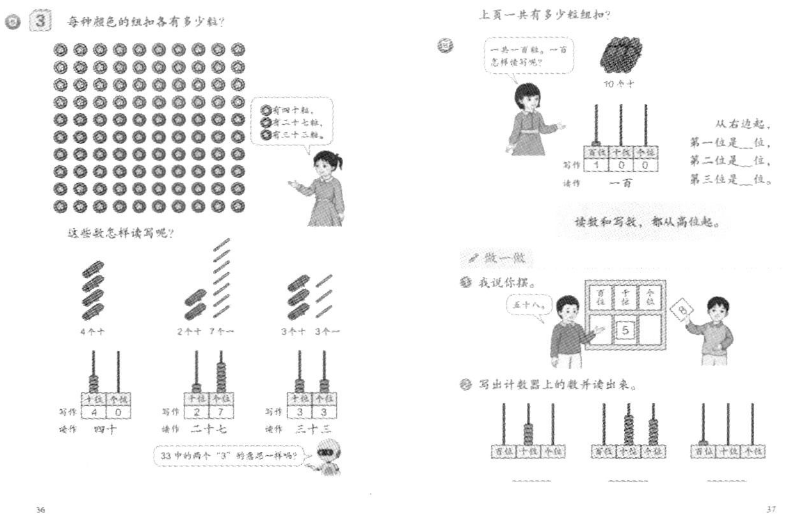

图 3.1-11　一年级下第四单元

例 3 呈现了 3 种颜色共 100 个纽扣，从记录 3 种颜色纽扣数量分别有多少、一共有多少个纽扣等问题引入，突出了读、写数的意义和必要性。教材的编排注意知识的层次性、全面性：纽扣 10 个一排，突出了计数单位“十”；要读、写的数按整十数、一般数、特殊数的层次编排；每种数的读写过程按照数纽扣数、用小棒表示数、用计数器表示数、写数、读数的层次逐渐提高抽象程度，让学生用多种方式表示数，直观地感受数位、数位上的数的含义以及读数和写数的方法等。“百”是一个新的计数单位，也是一个新认识的数“100”。教材通过整个纽扣图，使学生直观感受 100，突出了学生对 100 的理解和感受，并通过操作，使学生进一步理解“10 个一是十、10 个十是一百”的十进制计数法的基本原理；通过小棒图与计数器对照，呈现读、写 100 的方法，直观展示各数位上数字的含义。通过填写数位的名称，知道数位的排列顺序，逐步使学生认识十进位制计数法。

“做一做”第 1 题重点练习读数，同时也渗透了位置值的思想；第 2 题重点练习写数，特别突出了“哪一位上一个计数单位也没有，一定要用 0 占位”。

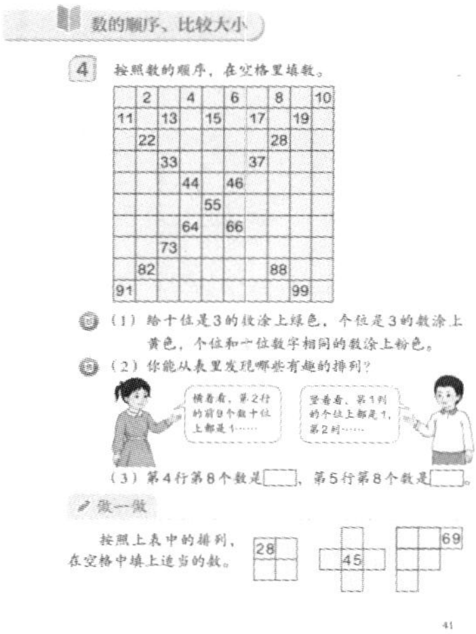

图 3.1-12　一年级下第四单元

例 4 在编排中，给出了一张未填满数的百数表，这张未填满数的百数表隐含着诸多规律，例如：第一横行的 5 个数都是双数，而第二横行的 5 个数都是单数；从左上到右下这一斜行中的数的个位、十位数字都相同；从右上到左下一行数中（10 除外），十位上的数从 1 开始，逐渐多 1 直到 9，而个位上的数则相反，从 9 开始逐渐少 1 直到 1；等等。教材还编排了根据数位的意义和发现的规律解决一些简单的问题，培养学生探究的乐趣，发展学生的思维。

“做一做”也是在学生整体感知百数表、探究规律之后对百数表进行一些局部的研究，可以看作运用规律解决问题的练习，更重要的是让学生熟悉数的顺序。

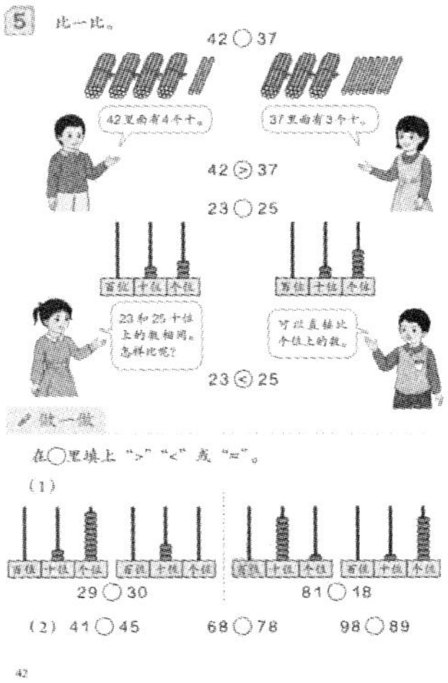

图 3.1-13　一年级下第四单元

例 5 以“这样的数怎样比较大小呢？”引导学生适时用自己的语言总结、概括比较 100 以内数的大小比较的方法。从整体来看，例 5 的编排层次也渗透了比较的方法：先比较十位，十位大的数大；十位相同再比较个位，个位大的数大。

“做一做”第 1 题中出现了 81 和 18，第 2 题中出现了 98 和 89 的大小比较，以此使学生明确：虽然每组数中所用的数字是一样的，但数字的位置不同，两个数的大小也不同，从而进一步理解数位。

图 3.1-14　一年级下第四单元

例 6 通过让学生整体观察 3 个瓶子中球的个数，使学生通过对比，在具体的情境中直观感知 100 以内数的多少，会用“多一些、少一些、多得多、少得多”描述数之间的大小关系，培养学生的数感和表达能力。

教材在呈现的细节上，更方便教学，易于学生学习，例如：选取的素材（瓶中球）更贴近现实；选取的数据（58、15、10）更易于学生判断；红球、黄球都分别与篮球的数量比较，更利于学生用数学语言进行表达。

例 6 还通过机器人聪聪的问题“红球和黄球比呢”，留给学生很大的空间，体现了教材的开放性。

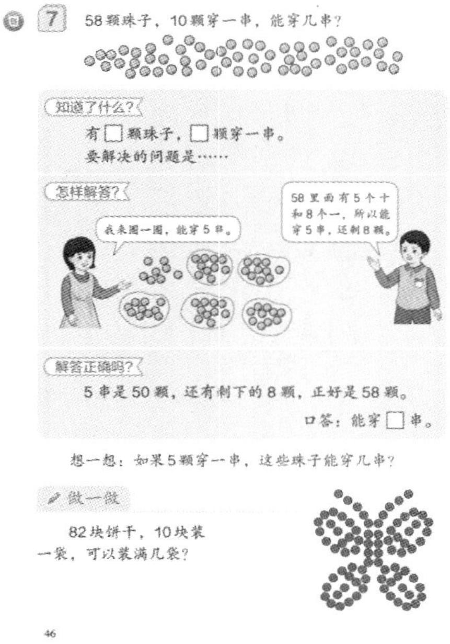

图 3.1-15　一年级下第四单元

例 7 在编排中，除了让学生经历解决问题的完整过程外，重在丰富学生解决问题的策略，体会数学知识的简单应用。在解决问题的策略上，体现了多样化的思想：可以画图，也可以用数的组成知识来解决，还可以十个十个地数一数，以后还可以列算式解决。在编排中还突出了“回顾与检验”环节：教给学生检验解答方案正确与否的方法，并从一年级下册开始，让学生以“口答”的方式给出解决问题的结论。

例 7 中还提出“想一想：如果 5 个穿一串，这些珠子能穿几串？”的问题和“做一做”中的“82 块饼干，10 块装一袋，可以装满几袋？”的问题。这些练习素材，既是解决问题的基本练习，同时又能加深学生对 100 以内数的认识，还可以为后面的学习积累一些活动经验。

3. 教学建议

第一，能够正确地数出 100 以内的物体的个数，并在“数”的过程中理解计数单位“一”“十”“百”及它们之间的关系。[①]

课前应准备好方木块、小棒等素材。塑料小棒较为理想，它不但操作方便，而且容易使学

① 郑荣杰.“100 以内数的认识”教学片断与反思[J]. 小学教学：数学版，2007（2）：30.

生从一根一根、十根十根地数数的活动中抽象出计数单位“一（个）”“十”“百”。

为学生独立地数出数量是 100 的物体提供充分的时间和空间，让学生根据自己已有的经验充分操作学具（小棒、方木块等），用自己理解的方法数出数量是 100 的物体。在充分数的基础上，应向学生展示数数的过程（可用实物投影或课件展示），同时教师引导学生：先一根一根地数，每数十根捆成一捆，数到 100；再十根十根地数，数到 100。将 10 捆结成一大捆。为了突破数数过程中“拐弯数”的难点，每数到“几十九”时，教师可用“下一个数应该是多少？”突破数数的难点。

引导学生概括。伴随数数的过程，教师要适时引导学生归纳：10 个一是十，10 个十是一百。即：将 10 根小棒捆成一捆，得出“10 个一是十”；将 10 捆小棒捆成一大捆，得出“10 个十是一百”。加深学生对计数单位及其之间关系的认识，逐步认识十进制计数法。

知道 100 以内的数是由几个十和几个一组成的。充分利用小棒，把握教学层次。应该让学生通过观察、操作学具来弄清 100 以内各数是由几个“十”（几捆小棒）和几个“一”（几根单根小棒）组成的。按照整十数的组成——一般数的组成的层次进行教学。整十数的组成可先把 70 根小棒杂乱摆放，问学生：“怎样摆就能一眼看出是多少根小棒？”学生说出“十”后再变成 7 捆。使学生清楚地“看到”70 的组成，进一步体会计数单位“十”的作用，还可以继续说说其他整十数的组成。一般数的组成可以让学生先摆出 46 根小棒，然后提问：“怎样摆就能一眼看出是 46 根？”（先摆 4 捆，每捆 10 根，再摆 6 根单根的），在此基础上让学生思考并交流 46 的组成。

培养学生的数感。结合现实素材认识 100 以内各数并估计物品的个数。可以利用第 33 页的百羊图、第 35 页的泡泡图、第 38 页的夹子图和糖果图等，渗透估计的方法（以 10 个为标准进行估计）让学生估一估，再实际数一数，使学生直观感受相应数的多少。开展多种形式的数数活动。数数时，可以一个一个地数，也可以几个几个地数。还可以让学生先抓一把学具估一估有多少，再实际数一数。

第二，加强学生的观察、操作活动，让学生在“做”数学中学习 100 以内数的读、写并理解个位和十位的意义。应为学生准备好标有计数单位的小计数器，在学生数出相应颜色的纽扣粒数后，让学生用小棒摆一摆，再在计数器上试着拨出来，并说说自己是怎么拨的，为什么。在学生理解的基础上试着写出该数，教师最后在数位表中写出该数，明确写数的方法。之后再引导学生读数，明确各数位上的数字所表示的含义。

引导学生在表达中内化。当学生在计数器上表示数时，要引导学生边拨边叙述，如 2 个十在十位上拨 2 颗珠子，7 个一在个位上拨 7 颗珠子。在学生经历“纽扣数—用小棒表示数—用计数器表示数—写数、读数”的过程中，应及时引导学生通过讨论交流将具体的活动抽象为相应的数学方法，让学生在小组内相互说一说读、写数的方法。

在对比中深化。可以通过讨论“‘33’中两个‘3’的意思一样吗？各表示什么？为什么同一数字表示的意义却不同呢？”加强对比，深化学生对不同数位上的数字所表示的意义的理解。还可以通过比较“27”和“72”，虽然都写了两个数字“2”“7”，但由于所在的数位不同，这两个数字所表示的意义也不同，深化学生对不同数位上的数字所表示的意义的理解。在此基础上，比较这两个数在读、写上的区别。

第三，解构百数表，构建数与数之间的逻辑关系。可将例 4 做成课件，先后出现第一横行的 5 个数、第二横行的 5 个数、从左上到右下的斜行、从右上到左下的斜行的数，并引导学生观察这些数的排列有哪些特点，让学生发现数的不同排列规律。然后让学生填满百数表，重温

100以内各数的顺序。在此基础上，从中抽取一行、一列发现规律，弄清楚一个数和排在它的上、下、左、右的数之间的关系。之后，完成第（1）（3）小题的教学，可以通过“猜猜第几行第几个数是多少”的游戏形式，激发学生的好奇心。

在建构的过程中，培养学生的数感。可以留下百数表中的一行与一列的数，其他位置上的数空着，再给出一些数，让学生帮助找“家”。之后，去掉原先的那一行与一列的数，请学生根据找到“家”的几个数帮助“新数”找家……通过确定数的位置，让学生熟悉100以内数的顺序，帮助学生建立数感。

教师还可以运用半形象半抽象的数轴帮助学生建立数与数之间的逻辑关系。例如，可以让学生在数轴上给数“找家”，将“数”和“形”紧密地结合起来，从“形”的角度进一步感知数，逐渐培养学生的数感。

第四，注重交流不同的比较方法。教师要给予学生充分的操作、观察的机会，在此基础上，要注意结合例题引导学生交流不同的比较方法。如有的学生是根据小棒图比大小，42根比37根多，所以42大于37；有的学生是根据数的顺序来比的，42在37的后面，所以42大于37；有的学生是根据数的组成来比的；有的只看十位，就比较出数的大小……对于这些比较方法，教师应给予肯定，但在此基础上要逐渐加以优化。

应及时引导学生将具体的活动抽象为相应的数学方法。在学生经历“用小棒比—用计数器比—用抽象的数比”这样比较两个数的大小过程的基础上，引导学生总结、概括出比较数的大小的基本方法。

教师应有重点地选取学生在比较中容易出错的地方进行讨论，如81和18、98和89，虽然有两个相同的数字，但由于所在的数位不同，两个数的大小也不同。教师可以引导学生讨论“都是8和1，为什么81比18大？”，以此进一步明确两个数的比较方法并加深学生对数位意义的理解。

第五，充分利用例题资源，引导学生先估一估，再实际地数一数，使学生直观地感受相应数的多少，培养学生的数感。教师可有步骤地出示三瓶球：先出示有10个黄球的瓶子，让学生数一数有多少个黄球。在此基础上，再出示有15个篮球的瓶子，让学生猜猜篮球有多少个，并说说是怎么“猜”的（以10个为标准）。最后再出示有58个红球的瓶子，让学生估一估。这时学生既可以10个为标准估计，也可以15个为标准。在学生交流之后，带领学生十个十个地数一数，出示“58个”。从而使学生了解估计的一般方法：先数出10个（找标准），再估计大约有几个这样的10个（标准）。

教师在引导学生描述两个数的大小关系时，应加强学生思维的交流，不应简单地告诉学生所谓的方法，让学生模仿。教师可先让学生分别用红球和蓝球的数量和黄球的数量比一比，在学生得出红球和蓝球的数量都比黄球的数量多时，教师引导学生思考：“红球和蓝球的数量都比黄球的数量多，它们多的程度一样吗？”让学生在思考的基础上尝试用语言描述多的程度并进行讨论交流。在此基础上，教师引导学生得出恰当的描述语言“多得多、多一些”，然后让学生分别将蓝球和黄球的数量都和红球的数量比一比，在学生尝试用语言描述少的程度基础上进行讨论交流。在此基础上，教师引导学生得出恰当的描述语言“少得多、少一些”。

在让学生根据情况用“多一些、少一些、多得多、少得多”描述比的结果时，教师尽可能结合给出的数字出示相应数量的实物或利用课件出示，这样可以使学生直观地感受相应数的多少，有助于学生感受“多一些、少一些、多得多、少得多”在描述中的“精确”。教师还可以联系生活实际，让学生用语言描述生活中数之间的大小关系，以此启发学生在日常生活中用“数”

表达和交流。

第六，探究解决问题策略的过程中，积累数学活动经验。在探究解决问题的策略过程中，教师应重视学生的动手操作活动。由于学生年龄较小，思维尚处于以形象思维为主的阶段，而问题中出现的数目较大。在解决此类问题时，教师应给予学生充分的时间和空间进行动手操作。教师可以让学生用小棒或圆片代替珠子，又或者利用珠子图让学生动手分一分、圈一圈，使学生在头脑中建构并形成表象，逐步理解问题并寻求解决问题的策略，也为以后除法的学习积累一些数学活动经验。

学会用 100 以内数的认识知识解决简单的实际问题，丰富解决问题的策略并加深对 100 以内数的认识。在学生动手进行分一分、圈一圈等操作并寻求解决问题的策略之后，让学生交流自己的解决方法，教师应在交流过程中让学生理解解决问题的多种策略。尤其是在教学例 7 下面的“想一想：如果 5 个穿一串，这些珠子能穿几串”中，“以 5 个穿一串”，不仅可以用例 7 中出现的策略来解决，还可以利用 10 与 5 的关系来解决，应重点让学生理解。鼓励学生用数的组成知识解决问题。在学生动手操作寻求解决问题的解决策略并进行交流的基础上，教师应引导学生思考：“如果不动手分一分、圈一圈，有办法解决吗？”从而让学生利用所学的 100 以内数的组成知识来解决问题。例如，“做一做”涉及的数目比较大，此时应鼓励学生思考：“数目较大时，如果不用圈一圈的方法，你能知道装满几袋吗？”“你是怎么想的？”鼓励学生用数的组成的方法解决问题，从而对解决问题的方法进行适当的优化。练习的目标可以多元化，加深学生对 100 以内数的认识。例如：50 块糖，每 12 个装一袋，可以装满几袋？教师可以引导学生先估计能装满几袋，并说说是怎么想的，引导学生从 50 与 12 的关系入手进行分析，再用圈的方法进行验证。

（五）万以内数的认识

1. 课标要求

《义务教育数学课程标准（2022 年版）》在第一学段“学段目标”中提出：经历简单的数的抽象过程，认识万以内的数，形成初步的数感、符号意识和运算能力。

《义务教育数学课程标准（2022 年版）》在第一学段“课程内容”中提出：在实际情境中感悟并理解万以内数的意义，理解数位的含义。理解符号“<”“=”“>”的含义，会比较万以内数的大小。通过数的大小比较，感悟相等和不等关系。

2. 教材分析

主题图呈现了体育馆中的座位图，并通过机器人聪聪的问题让学生猜猜有多少个座位，由此可以达到以下四个目的：第一，使学生认识到生活中还有比 100 大的数，激发学生认识万以内数的兴趣，为引出认识万以内的数做准备；第二，使学生在现实的具体情境中初步感知 10 000 有多少，培养学生的数感；第三，了解在生活中常常需要估数，培养估计意识；第四，体会到生活中经常用数来表达和交流，感受到数学与生活的密切联系，体会数学的价值。

例 1 是在学生掌握了计数单位“一”“十”“百”及其关系的基础上编排的，重在让其进一步认识计数单位“百”，认识新的计数单位“千”，体会相邻的两个计数单位间的十进关系。学生认数离不开数数的过程。教材在编排上，特别要注意让学生经历数数的过程。1000 以内数的认识让学生数小立方体，经过将一个个小立方体结构化，借助计数单位“一”“十”“百”数数，既认识新的计数单位“千”，又体会十进制。

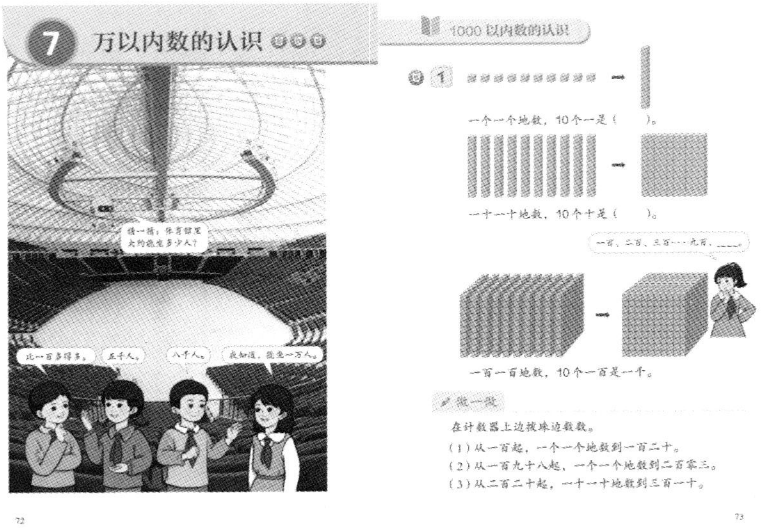

图 3.1-16　二年级下第七单元

“做一做”在学生已有数数经验的基础上，让学生分别一个一个地数（前两题）、一十一十地数数，用以突破学生数数时的难点，同时也可以深化学生对计数单位的认识，再次感受十进关系。

教学重点是认识计数单位“千”；难点是学会 1000 以内一个一个地数、一十一十地数、一百一百地数，突破遇到拐弯时下一个数是多少，理解十进制，培养数感。

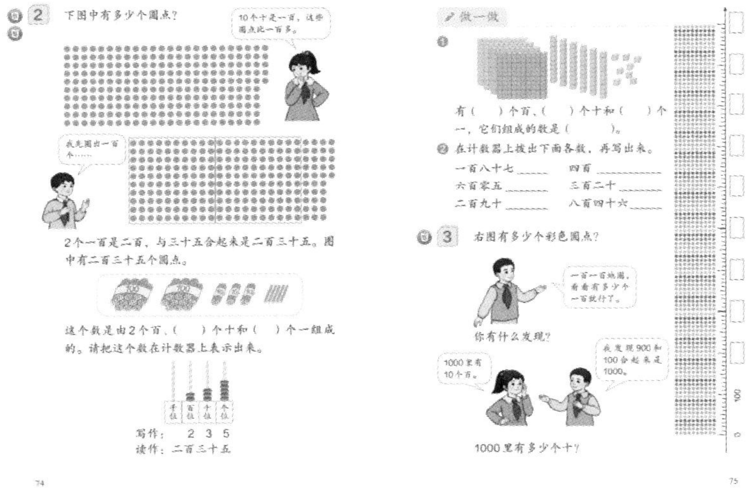

图 3.1-17　二年级下第七单元

例 2 是在数数的基础上，教学 1000 以内数的组成，进而教学读数和写数。此外，还特别突出数感的培养。具体来说，例题的编排分为 4 个层次：第一个层次呈现了问题和点子图，既引出让学生用计数单位数数的过程，又使学生感觉到图中的点子密而多，所以这个数应该比较大。第二个层次呈现了学生用计数单位“百”去圈的过程，圈了 2 个“百”，与剩下的 3 个“十”和 5 个“一”合在一起得到点子数——二百三十五。第三个层次要求学生用齐性的、直观结构化的小棒表示出这个数，能清楚地看出数的组成。第四个层次对照小棒图，在齐性、结构化的计数器（带数位）上拨珠表示数，再对照计数器上的数位写出和读出数。例题从问题出发，从直观到抽象，既体现了读、写数的必要性，又理顺了知识间的关系，最后抽象出读、写数的方法。

“做一做”安排了两个题目巩固数的组成、写数的知识。完成第 2 题时应注意突出四百、六百零五和二百九十这 3 个有零的数的写法，以突破写数难点，为后面总结写数的方法积累经验。

例 3 通过让学生对照数轴数彩点并有所发现，达到如下三个目的：一是使学生经历用“百”数较大的数的过程，加深对计数单位及其之间关系的认识；二是学会用多种方式表示和描述 1000，加深学生对 1000 这个数及“千”这个计数单位的认识，培养学生的数感；三是以彩点图使数轴直观化（数形结合），进一步认识数轴，体会数序，同时提供后面练习的素材。

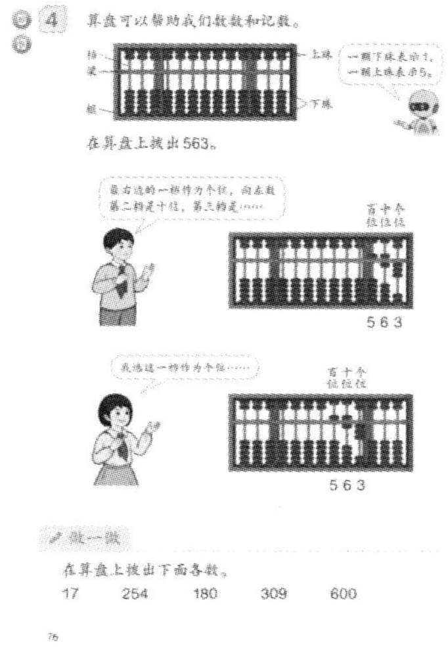

图 3.1-18 二年级下第七单元

例 4 主要是让学生认识算盘，在了解中国传统文化的同时，体会其形象直观、体现数位特征的特点；会用算盘表示数，深化学生对万以内数的认识。教材分两个层次编排。第一个层次用直观图展示了算盘的结构，给出了算盘各部分的名称，说明一颗上珠表示 5，一颗下珠表示 1，让学生体会古人“以一当五”的创举。第二层次是在算盘上表示数，分为两步：第一步是确定个位档及其他数位档的方法，一般把最右边的一档定为个位，向左数第二档是十位……引导学生建立数位图的表象；第二步是在相应档位上拨珠靠梁表示数，使学生知道 1 ~ 4 各数用下珠表示，5 用一颗上珠表示，6 ~ 9 各数以上珠和下珠共同表示，0 用空档表示，最后实现用算盘表示数与读、写数的转换。

教材中没有介绍拨珠的指法，但教师在进行示范时指法应该正确，边拨边说自己用什么手指拨珠的：通常用右手的拇指、食指和中指三个手指协同拨珠，拇指把下珠往上拨，食指把下珠向下拨，中指把上珠向下和向上拨。这些不严格要求学生掌握。

课前让学生收集有关算盘的知识，为教学做准备。结合“你知道吗？”让学生了解相关的数学发展史，促进学生的理解。

例 5 分为两个层次：第一个层次以小方块为素材让学生一千一千地数，第二个层次以计数器为素材一千一千地数，由此让学生进一步体会十进制计数原理，理解 10 个一千是一万，从而认识计数单位“万”。这里需要强调的是用小方块和计数器两种素材数数并不是简单地重复，计数器（齐性、逻辑结构化的学具）比小方块（齐性、直观结构化的学具）更抽象些，也更能看出千位、万位上数的意义，从而更有利于学生对数概念的理解。这样安排体现了知识逐步抽象、概括的过程。整理数位顺序表的活动，进一步明确数位顺序，理解数位的意义与作用，同时激发学生学习的兴趣。

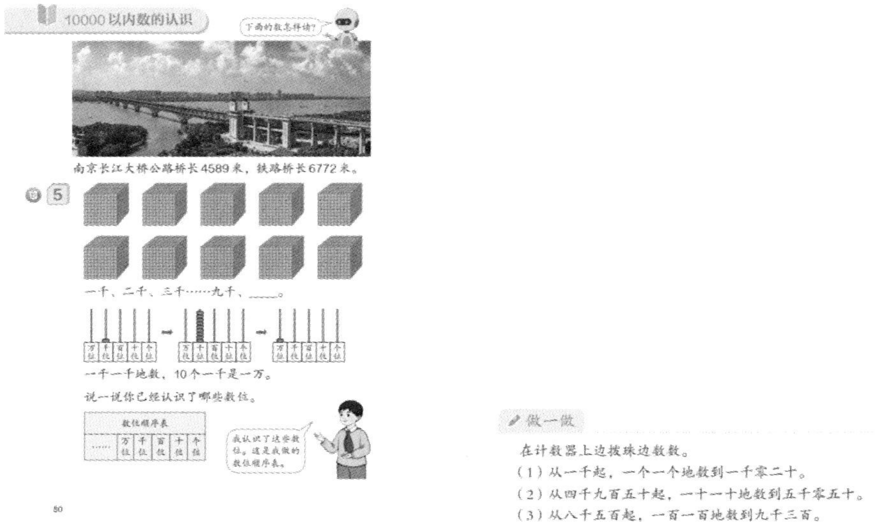

图 3.1-19　二年级下第七单元

“做一做”在学生已有数数经验的基础上，让学生分别一个一个、一十一十、一百一百地数数，以突破数数时的难点。同时，深化学生对计数单位的认识，再次感受十进关系。

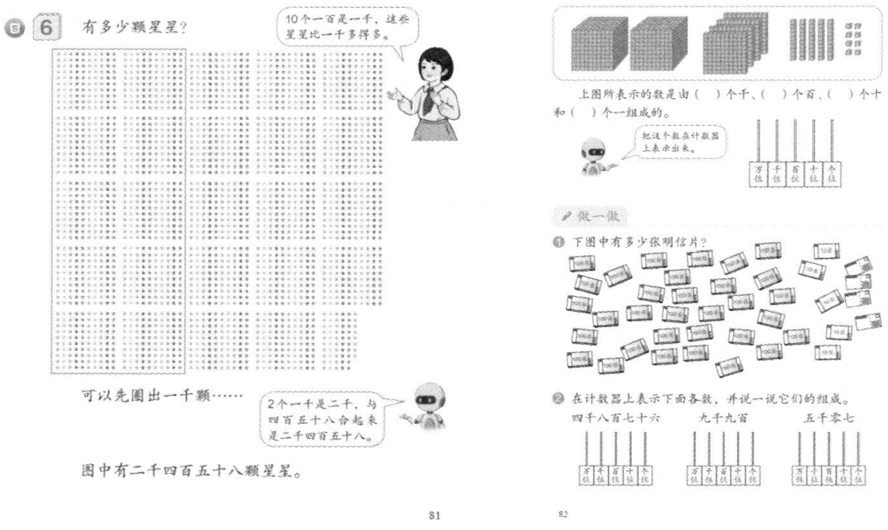

图 3.1-20　二年级下第七单元

例 6 的编排思路与例 2 类似，在数数的过程教学 10 000 以内数的组成，同时注重数感的培养。其编排分为 3 个层次。第一个层次呈现了问题和彩星图，使学生直观地感受到数很大，需要用较大的计数单位“千”来数数，培养数感。第二个层次让学生经历用计数单位千、百、十、一数数的过程，合起来是二千四百五十八颗星星，从而加深学生对计数单位的认识，体会到计数的本质——用计数单位来数并用加法相结合来表达。第三层次是数直观结构化的小方块，使学生更直观地看到数的组成并表达出来。教材注重让学生经历数数的过程，在编排上体现了动作感知—表象—概念符号的认知过程。例如：以数彩星的活动为起点，让学生充分地点数；在活动中深化学生对计数单位、计数方法的理解；通过小方块、计数器逐步抽象，让学生直观地感受到数概念的形成过程，逐步培养和发展学生的数感。

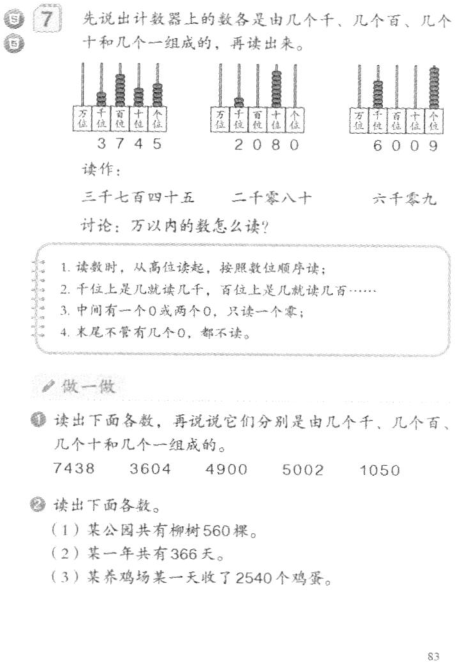
7　先说出计数器上的数各是由几个千、几个百、几个十和几个一组成的，再读出来。

万位　千位　百位　十位　个位　3745　　万位　千位　百位　十位　个位　2080　　万位　千位　百位　十位　个位　6009

读作：

三千七百四十五　　二千零八十　　六千零九

讨论：万以内的数怎么读？

1. 读数时，从高位读起，按照数位顺序读；
2. 千位上是几就读几千，百位上是几就读几百……
3. 中间有一个0或两个0，只读一个零；
4. 末尾不管有几个0，都不读。

做一做

1. 读出下面各数，再说说它们分别是由几个千、几个百、几个十和几个一组成的。

7438　3604　4900　5002　1050

2. 读出下面各数。

（1）某公园共有柳树560棵。
（2）某一年共有366天。
（3）某养鸡场某一天收了2540个鸡蛋。

83

图 3.1-21　二年级下第七单元

例 7 以数的组成为基础，借助计数器教学万以内数的读法。其中，中间和末尾有 0 的数的读法是教学的重难点。让学生在更为抽象的计数器上表示出数，使学生对照小方块图，直观地看到各数位上数的含义，加深学生对数概念的理解，培养数感，同时为后续教学做准备。

在呈现方式上，例 7 注意体现了“数”与“位”的关联，表现为首先让学生说出各数的组成，把数与所在数位的计数单位连接起来；其次，给出的数与计数器对照呈现，并使每个数字对应相应的数位，清晰地展现了每个数位上计数单位的个数。这样建立关联后，学生很容易就能够读出数，例如千位是 3 就读三千，百位是 7 就读七百，十位是 4 就读四十，个位是 5 就读五，合起来就是三千七百四十五。

“做一做”第 1 题结合实际生活中直观结构化的素材，让学生用不同计数单位计数，并用加法相结合进行表达，加深学生对计数单位及数的组成的认识。第 2 题可以让学生借助计数器表示出数，再说数的组成，相对降低了练习的难度。因为计数器能直观地体现位值思想，表示出数位，为学生后面进行读数、写数积累基本的经验。

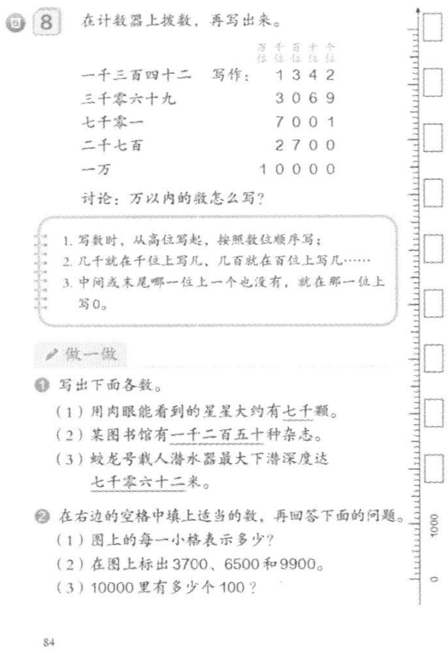

8 在计数器上拨数，再写出来。

	写作：	万位	千位	百位	十位	个位
一千三百四十二			1	3	4	2
三千零六十九			3	0	6	9
七千零一			7	0	0	1
二千七百			2	7	0	0
一万		1	0	0	0	0

讨论：万以内的数怎么写？

1. 写数时，从高位写起，按照数位顺序写；
2. 几千就在千位上写几，几百就在百位上写几……
3. 中间或末尾哪一位上一个也没有，就在那一位上写0。

做一做

1 写出下面各数。

（1）用肉眼能看到的星星大约有七千颗。

（2）某图书馆有一千二百五十种杂志。

（3）蛟龙号载人潜水器最大下潜深度达七千零六十二米。

2 在右边的空格中填上适当的数，再回答下面的问题。

（1）图上的每一小格表示多少？

（2）在图上标出3700、6500和9900。

（3）10000里有多少个100？

84

图 3.1-22　二年级下第七单元

例 8 利用计数器，教学万以内数的写法。具体编排可以分为三个层次。第一个层次是用计数器表示数，以此清晰地展示数的组成，便于学生直观地写数。第二个层次是对照计数器写数，进而使学生明确写数的方法。第三个层次是结合具体例子，总结万以内数的写法：从高位写起，几千就在千位上写几，几百就在百位上写几……中间或末尾哪一位上一个也没有，就在那一位上写 0。

写数的内容也体现了由一般数（1342）到特殊数（3069、7001、2700、10 000）的教学层次，便于学生把握写数的本质——写的是计数单位的个数，一个计数单位也没有则用 0 占位。

“做一做”第 1 题让学生直接写数，提高了写数的要求。第 2 题引入了数轴，既使学生能够从数形结合的角度对数的大小有初步的感知，培养数感，又能使学生进一步认识数轴，为后面认识近似数做了铺垫。

例 9 是借助生活中的素材，让学生比较数的大小，使学生进一步了解万以内数的顺序，掌握比较数的大小的方法。情境图中的素材十分丰富，涵盖了数的大小比较的三种情况：一是位数不同的数的大小比较，位数多的数大于位数少的数；二是最高位上的数不同，最高位上的数大的那个数就大；三是位数相同，最高位上的数也相同的数的大小比较，要看次高位，次高位上数大的那个数就大，否则继续比下去，直到比出大小。

在比较的过程中，教材不再借助直观，而是注重借助学生的交流呈现比较方法的道理，如比较位数不同的两个数时，借助中间数的计数单位比较，说明位数多的数大的道理（940 是三位数，不够 1000；1899 是四位数，超过 1000）；位数相同，最高位不同时，以最高位上计数单位的个数比较，说明最高位上的数大，那个数就大，进而为第三种情况的比较做好铺垫；第三种情况则体现了开放性，让学生利用已有经验自由比较，同时根据具体例子总结比较数的大小的方法。

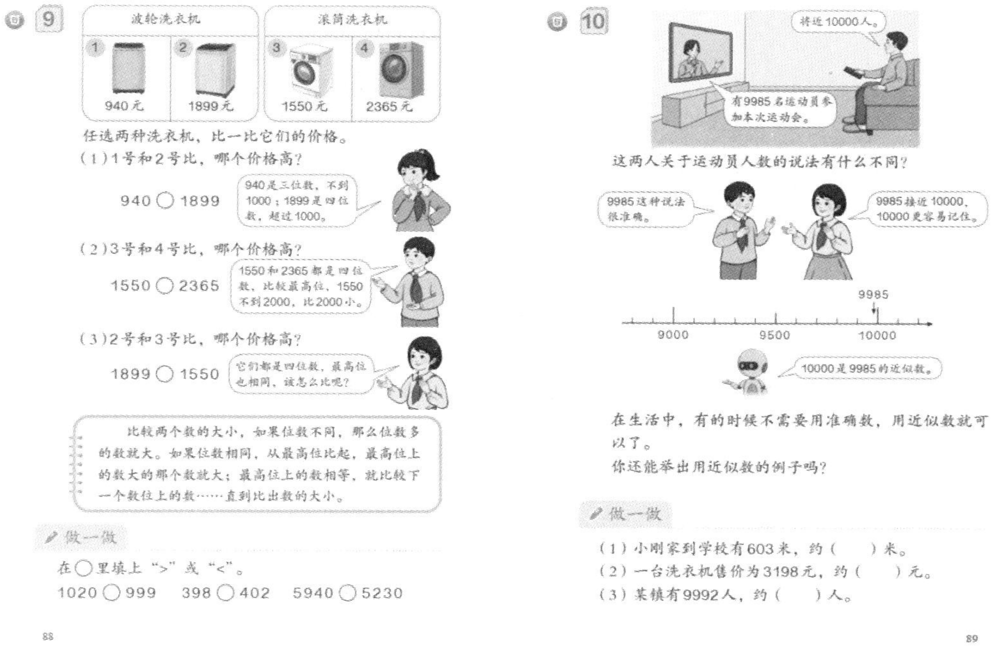

图 3.1-23　二年级下第七单元

例 10 教学近似数。学生虽然是第一次接触近似数和准确数的概念，但对这部分知识并不陌生。近似数在生活中应用广泛，因此其教学有着很强的现实意义。同时，从教学角度讲，它又是培养数感的重要途径，也是用估算解决问题的基础，教学时应予以重视。

教材没有直接给出近似数的概念，而是通过在实际情境中对比关于参赛运动员人数的两种不同说法，让学生理解准确数和近似数的含义，感受近似数方便、好记的优点，突出了近似数的现实意义，体会到近似数的价值，但是并未提及“四舍五入”法。教材以竖线直观地展现了 9985 的近似数是 10 000 的道理，同时也直观地说明了找到一个数的近似数的方法，即看这个数接近哪个整千、整百数等。

“做一做”仍然通过现实情境巩固学生对近似数的认识，这里需要注意的是，第二幅图中学生写出的近似数可能不止一个，3200 或者 3000 都是可以的。借此也可以使学生体会 3000 这个近似数可能是很多准确数的近似数，以更好地培养学生的数感。

3. 教学建议

（1）会读写 1000 以内的数，并能说出数的组成。

呈现很多排列整齐的点子图。让学生亲历数数的过程，感觉点子密而多，数比较大，一个一个或者一十一十地数不合适，更适合用“百”去数，通过圈一圈，让学生了解这个数是由几个百、几个十和几个一组成的。借助摆半结构化的小棒的操作，让学生体会 235 的组成。对照小棒在带数位的计数器（直观的数位表）上拨算珠，与操作小棒相对比，体会一个算珠放在不同的位置上，可以实现以一当十、以一当百的飞跃，从而使数位的知识更直观化。学生对照带数位的计数器写数和读数，体会读、写 1000 以内的数的方法：百位是几就读几百，十位是几就读几十，个位是几就读几。读数、写数都是从高位起，哪个数位没有就用“0”占位，中间的 0

要读，末尾的 0 不读。

教材借用彩点图让学生充分数、圈、填，感悟 1000 有多大，培养学生的数感。呈现数轴，通过填数深化学生对计数单位“千”与百、十的关系。例如：1000 里面有 10 个百，有 100 个十，900 再填 100 就是 1000，在数轴上如何快速地找到 560、730 等，培养学生的数感。出示练习十六第 4 题的蜜蜂图，先估一估，然后找到合适的方法数一数（10 只一圈，10 个小圈再圈成一个大圈）；第 5 小题的格子图，给三百六十八个小方格涂上颜色，说说你是怎么想的。

（2）认识算盘。

先让学生说说关于算盘自己都知道些什么。例如：算盘是由框、梁、档和上下珠组成的，一个上珠表示 5，一个下珠表示 1，等等。补充学生介绍得不全面的部分。用算盘表示数。教师拨 1～9，注意指法的运用。学生读一读，能一眼看出分别是几。教师说任意一位数，学生拨。在算盘上确定个位，然后找出相应的其他数位，再按要求拨出两位数、三位数。重点强调个位或者十位为 0 的情况怎么拨。

（3）认识计数单位“万”。

回忆旧知：一个一个地数，10 个一是十；一十一十地数，10 个十是一百；一百一百地数，10 个一百是一千。利用已有知识经验体会计数单位之间的关系。课件出示大量结构化的小正方体，提出：怎样数最合适？得出：10 个一千是一万。建立“万”的直观模型，利用计数器一千一千地数出一万，使学生更好地理解数的意义，理解十进位制。

（4）掌握数的组成。

将直观结构化的小正方体按计数单位分类，学生能较快看出这个数是由几个千、几个百、几个十和几个一组成的。将这个数在计数器上表示出来，理解各数位上数的含义。将这个数写成各部分相加的形式，如：2458=2000+400+50+8。学会 10 000 以内一个一个地数、一十一十地数、一百一百地数、一千一千地数，突破遇到拐弯时下一个数是多少，理解十进制，培养数感。复习 1000 以内的数数。重点说一说 109、119、129……后面一个数以及 199、299、399……后面一个数分别是多少。利用知识的迁移，从 1000 开始，借助计数器，一个一个地数，提醒同学应该在哪个数位上拨珠，一边拨，一边数。重点理解 1009、1019、1029……后面的一个数是多少，总结个位是 9 的数接下去数的规律。任意说个位为 9 的四位数，让学生接下去数。从 1000 开始，让同学同桌讨论，个位十位都是 9，如 1099、1199、1299……的后一个数是多少。让学生说说 1999 后面的一个数是几，自己是怎么想的。然后说出 2999、3999、4999……后面的一个数，总结个位十位百位都是 9 的数接下去数的规律。出示四位数的整十数，让学生十个十个地数；出示四位数的整百数，让学生一百一百地数。让学生充分经历数数的过程，变换数数的形式，突破教学难点。

（5）万以内的读数。

出示一般数，如 3745，先在计数器上拨出，说说每个数位上的数分别表示的意义，从高位起按顺序读出，然后连起来读一读。出示特殊数：第一种是末尾有 0 的数，如 2340、3600、4000，尝试读一读。让学生说一说这些 0 读了吗，还能不能举几个这样的例子。再总结出：末尾的 0 无论几个都不读。第二种是中间有 0 的数，如 2042、2402、2002。学生尝试读一读，总结中间有 0 的数的读法：中间的 0 要读，连续的 0 只读一个。

例如：开火车读一读下面的数。

一般数：2458、3516。

中间有 0 的数：3056、7508、2002。

末尾有 0 的数：5680、2300、4000。

中间、末尾都有 0 的数：3030、6060。

万以内的写数。先将“数的读作”按照计数单位划分，如：一千/三百/四十/二，然后说一说这个数的组成，再在计数器上拨出数，最后对照计数器将数写下来。总结写数的方法：从高位写起，几千就在千位写几。重点理解有 0 的数的写法。比较六千三百、六千零三十、六千零三这几个数中“三”所表示的意义，应该分别写在哪一位。总结：中间或者末尾哪一位上一个也没有，就在那一位上写 0。

（6）学会比较万以内数的大小。

复习 100 以内数的大小是怎么比较的。如 11 与 989 与 100。位数不相同时，位数多的数就大，位数少的数就小。又如 56 与 61，74 与 75。位数相同时，从最高位（十位）比起，最高位上的数大，这个数就大；如果相同，再看次高位（个位），次高位上的数大，这个数就大。利用知识的迁移学习比较万以内数的大小。第一层次：数位不同，如 940 与 1899。第二层次：数位相同，最高位不同，如 1350 与 2365。第三层次：数位相同，最高位相同，如 1899 与 1350，2688 与 2689。

易错题的训练：比较以下数的大小。

2895 与 2859，3010 与 3100，1050 与 1500。（　）里最大能填几？（　）820<7720，35（　）2<3851，（　）426<7429，6876>（　）000。（　）820<7720 与（　）426<7429 两题需要对比，同样不等号右边的数千位都是“7”，第 1 题的（　）中填“6”，第 2 题的（　）中却填“7”，需要说明理由。

（六）大数的认识

1. 课标要求

《义务教育数学课程标准（2022 年版）》第二学段“学段目标”中提出：认识自然数，形成数感、运算能力和初步的推理意识。

《义务教育数学课程标准（2022 年版）》第二学段“课程内容”中提出：在具体情境中，认识万以上的数，了解十进制计数法，会运用数描述生活情景中事物的特征，逐步形成数感、运算能力和初步的推理意识。

2. 教材分析

主题图让学生初步感知大数，初步了解大数的应用。教材以 2020 年第七次全国人口普查的数据为例，提供认识大数的现实背景，呈现 6 个省、直辖市、自治区的人口数和我国的总人口数，意在通过具体实例，让学生体会数学与生活的联系，认识到学习比万大的数的必要性。对呈现的 6 个地区，配有反映该地区特点和风土人情的图片，渗透了有关地理、文化和国情知识，为教师在教学中进行热爱家乡、热爱祖国等教育提供丰富的素材。

例 1 通过呈现天坛图与北京市人口数，用实例说明学习比万大的数的必要性。机器人聪聪提出的问题可承上启下，激活学生已有的知识和经验，激发学生求知的欲望。借助计数器数数，引出新的计数单位，形象揭示“万”“十万”“百万”“千万”“亿”相邻计数单位间的十进关系。说明用数字表示数的方法，由此引出数位、数位顺序表。呈现亿以内的数位顺序表，介绍“数级”，让学生利用数位顺序表说出每个数位上的数表示多少，理解“位值”意义。通过在计数器上拨珠数数，意在让学生加深对新的计数单位和相邻两个计数单位之间的十进关系的认识。让学生完成数位顺序表，通过按顺序说出每个数位，分别指出第几位是万位、亿位等活动，帮助学生熟悉、掌握数位顺序。“你知道吗”用两个直观形象的素材，让学生通过想象感受1亿有多大，加深对“亿”的认识和感受。

1 大数的认识

下面是2020年第七次全国人口普查部分地区的数据。

北京：21893095人
广东：126012510人
山东：101527453人
河南：99365519人
江苏：84748016人
四川：83674866人

2

图 3.1-24　四年级上第一单元

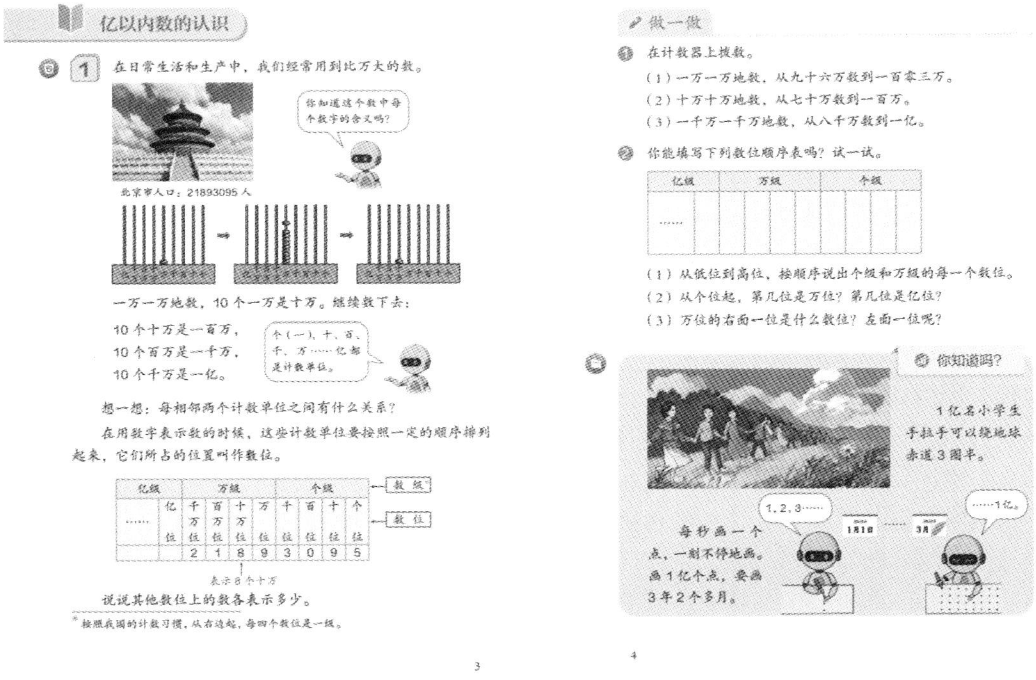
亿以内数的认识

1 在日常生活和生产中，我们经常用到比万大的数。

北京市人口：21893095人

一万一万地数，10个一万是十万。继续数下去：

10个十万是一百万，
10个百万是一千万，
10个千万是一亿。

想一想：每相邻两个计数单位之间有什么关系？

在用数字表示数的时候，这些计数单位要按照一定的顺序排列起来，它们所占的位置叫作数位。

亿级		万级				个级				
……	亿位	千万位	百万位	十万位	万位	千位	百位	十位	个位	← 数位
		2	1	8	9	3	0	9	5	

（数级 ← 第一行；表示8个十万）

说说其他数位上的数各表示多少。

* 按照我国的计数习惯，从右边起，每四个数位是一级。

3

做一做

1 在计数器上拨数。
（1）一万一万地数，从九十六万数到一百零三万。
（2）十万十万地数，从七十万数到一百万。
（3）一千万一千万地数，从八千万数到一亿。

2 你能填写下列数位顺序表吗？试一试。

亿级		万级				个级			
……									

（1）从低位到高位，按顺序说出个级和万级的每一个数位。
（2）从个位起，第几位是万位？第几位是亿位？
（3）万位的右面一位是什么数位？左面一位呢？

你知道吗？

1亿名小学生手拉手可以绕地球赤道3圈半。

每秒画一个点，一刻不停地画。画1亿个点，要画3年2个多月。

4

图 3.1-25　四年级上第一单元

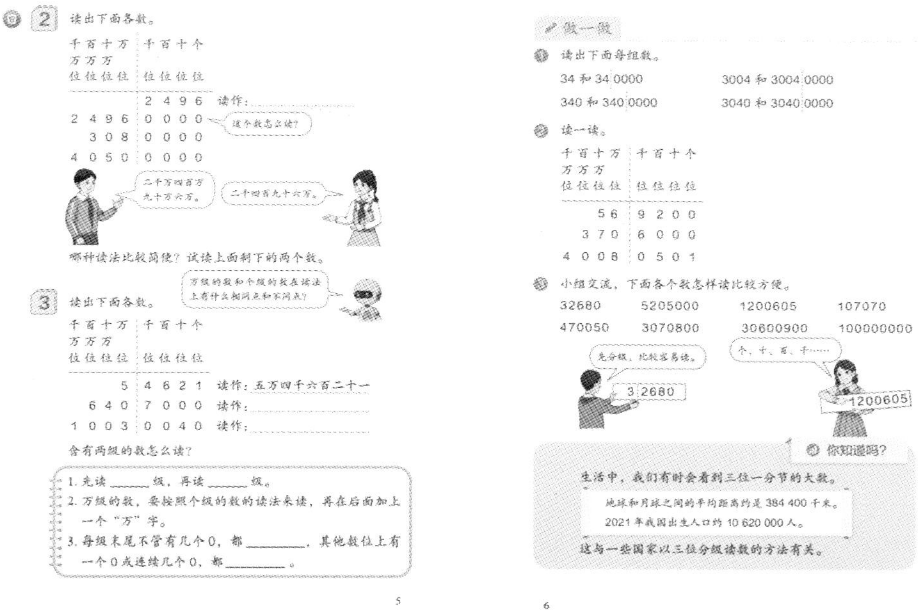

2 读出下面各数。

千万位	百万位	十万位	万位	千位	百位	十位	个位	
				2	4	9	6	读作：
2	4	9	6	0	0	0	0	
	3	0	8	0	0	0	0	
4	0	5	0	0	0	0	0	

哪种读法比较简便？试读上面剩下的两个数。

3 读出下面各数。

千万位	百万位	十万位	万位	千位	百位	十位	个位	
			5	4	6	2	1	读作：五万四千六百二十一
	6	4	0	7	0	0	0	读作：
1	0	0	3	0	0	4	0	读作：

含有两级的数怎么读？

1. 先读 ______ 级，再读 ______ 级。
2. 万级的数，要按照个级的数的读法来读，再在后面加上一个“万”字。
3. 每级末尾不管有几个0，都 ________，其他数位上有一个0或连续几个0，都 ________ 。

5

做一做

1. 读出下面每组数。

34 和 34 0000　　3004 和 3004 0000

340 和 340 0000　　3040 和 3040 0000

2. 读一读。

千万位	百万位	十万位	万位	千位	百位	十位	个位
		5	6	9	2	0	0
	3	7	0	6	0	0	0
4	0	0	8	0	5	0	1

3. 小组交流，下面各个数怎样读比较方便。

32680　　5205000　　1200605　　107070

470050　　3070800　　30600900　　100000000

你知道吗？

生活中，我们有时会看到三位一分节的大数。

地球和月球之间的平均距离约是 384 400 千米。

2021 年我国出生人口约 10 620 000 人。

这与一些国家以三位分级读数的方法有关。

6

图 3.1-26　四年级上第一单元

例 2 教学整万数的读法。呈现了两个学生的读法，突出了读数的本质：读出计数单位的个数。通过对比，使学生感受到数学的简洁，加深对万级数的读法的认识。例 3 教学含有两级的数的读法。提示教师引导学生用读整万数的方法读万级数，并突出了含 0 的数的读法。教材提出“含两级的数怎么读”这一问题，并呈现不完全的读数法则文本，目的是让学生回顾整理读数的经验，归纳总结读数的方法。

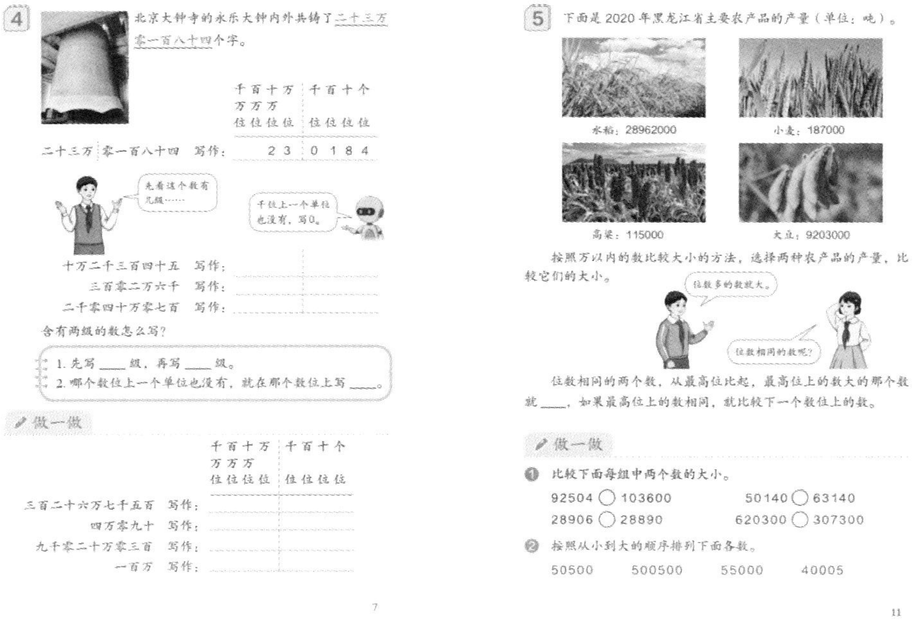

4 北京大钟寺的永乐大钟内外共铸了二十三万零一百八十四个字。

	千万位	百万位	十万位	万位	千位	百位	十位	个位
二十三万零一百八十四　写作：			2	3	0	1	8	4

十万二千三百四十五　写作：

三百零二万六千　写作：

二千零四十万零七百　写作：

含有两级的数怎么写？

1. 先写 ____ 级，再写 ____ 级。
2. 哪个数位上一个单位也没有，就在哪个数位上写 ____。

做一做

	千万位	百万位	十万位	万位	千位	百位	十位	个位
三百二十六万七千五百　写作：								
四万零九十　写作：								
九千零二十万零三百　写作：								
一百万　写作：								

7

5 下面是 2020 年黑龙江省主要农产品的产量（单位：吨）。

水稻：28962000　　小麦：187000

高粱：115000　　大豆：9203000

按照万以内的数比较大小的方法，选择两种农产品的产量，比较它们的大小。

位数相同的两个数，从最高位比起，最高位上的数大的那个数就 ____，如果最高位上的数相同，就比较下一个数位上的数。

做一做

1. 比较下面每组中两个数的大小。

92504 ◯ 103600　　50140 ◯ 63140

28906 ◯ 28890　　620300 ◯ 307300

2. 按照从小到大的顺序排列下面各数。

50500　　500500　　55000　　40005

11

图 3.1-27　四年级上第一单元

例 4 教学亿以内数的写法。教材以北京大钟寺的永乐大钟上铸字的信息引出写数活动。对照数位顺序表，出现 4 个不同的数。第一个永乐大钟上铸字的个数，给出了写法。其余 3 个没有给出写法，给学生留出探索的空间。通过机器人聪聪的对话，意在引领学生探索写数的方法。教材提供了不完全的写数法则文本，目的是让学生通过交流讨论，总结出写数的方法。“做一做”呈现了数位顺序表，让学生开始独立写数时有个参照，为学生正确写数提供支撑。

例 5 教学数的大小比较。通过呈现 2020 年黑龙江主要农产品的产量，为学生学习亿以内数的大小比较提供了生动的学习资源，意在让学生运用已有的知识，自己探索比较大小的方法。教材总结了比较大小的方法：通过学生对话的形式呈现了位数不同时，两个数的大小比较方法；位数相同的情况，则采用文本形式呈现了比较法则。“做一做”第 1 题比较两个数的大小，让学生熟悉比较大小的方法；第 2 题比较四个数的大小，学生可能会感到较难，意在培养学生的思维能力。

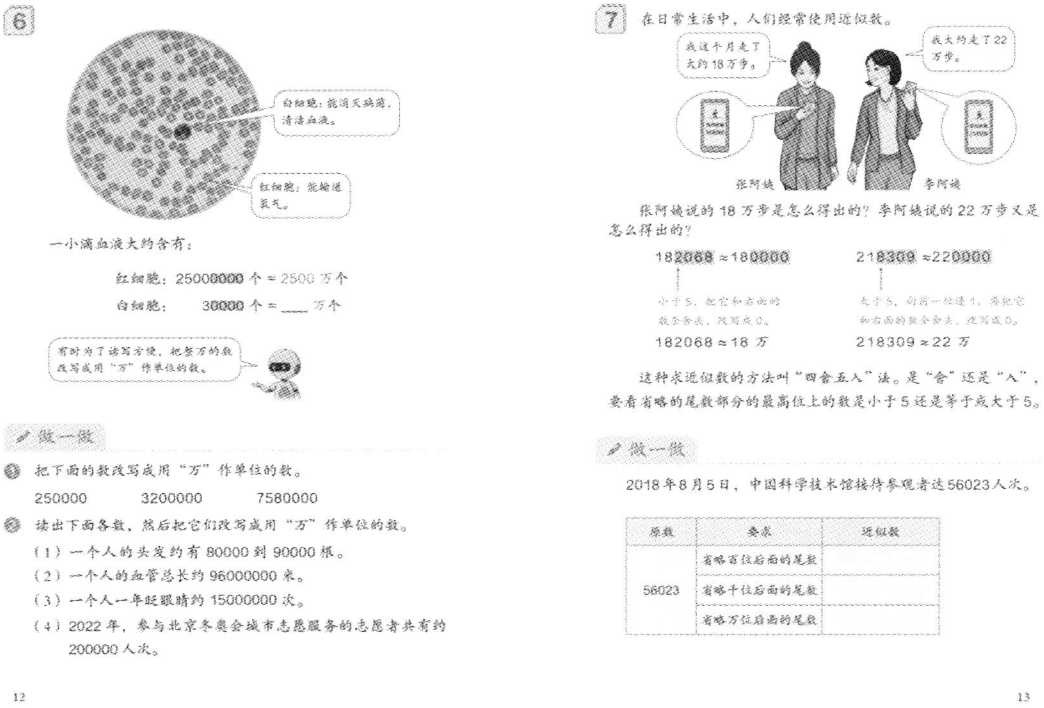
6

一小滴血液大约含有：

红细胞：25000000 个 = 2500 万个

白细胞：30000 个 = ___ 万个

做一做

1. 把下面的数改写成用“万”作单位的数。

250000　　3200000　　7580000

2. 读出下面各数，然后把它们改写成用“万”作单位的数。

（1）一个人的头发约有 80000 到 90000 根。

（2）一个人的血管总长约 96000000 米。

（3）一个人一年眨眼睛约 15000000 次。

（4）2022 年，参与北京冬奥会城市志愿服务的志愿者共有约 200000 人次。

12

7 在日常生活中，人们经常使用近似数。

张阿姨说的 18 万步是怎么得出的？李阿姨说的 22 万步又是怎么得出的？

182068 ≈ 180000　　218309 ≈ 220000

小于 5，把它和右面的数全舍去，改写成 0。　　大于 5，向前一位进 1，再把它和右面的数全舍去，改写成 0。

182068 ≈ 18 万　　218309 ≈ 22 万

这种求近似数的方法叫“四舍五入”法。是“舍”还是“入”，要看省略的尾数部分的最高位上的数是小于 5 还是等于或大于 5。

做一做

2018 年 8 月 5 日，中国科学技术馆接待参观者达 56023 人次。

原数	要求	近似数
56023	省略百位后面的尾数	
	省略千位后面的尾数	
	省略万位后面的尾数	

13

图 3.1-28　四年级上第一单元

例 6 教学将整万的数改写成用“万”作单位的数。教材通过呈现人体血液中红细胞和白细胞的数量，让学生在了解一小滴血液中含红细胞个数、白细胞个数的同时，探讨把整万数改写成用“万”作单位的数。机器人聪聪的话凸显了把整万数改写成用“万”作单位的数的意义和作用。“做一做”让学生在“改写”中体会所学知识和方法，同时了解一些科普知识和信息。

例 7 教学将非整万的数用“四舍五入”法求出近似数，再改写成用“万”作单位的数。教材先说明近似数的作用，再通过张阿姨和李阿姨的对话，介绍如何用“四舍五入”法将非整万数求出近似数，再改写成用“万”作单位的数。“做一做”让学生根据要求，求出同一个数的不同的近似数，既练习运用“四舍五入”法求近似数，又加深学生对近似数的理解。

亿以上数的认识

8

全球人口约……

试读出下面各数。

千亿位	百亿位	十亿位	亿位	千万位	百万位	十万位	万位	千位	百位	十位	个位	
		8	0	0	0	0	0	0	0	0	0	读作：八十亿
	1	0	0	4	0	0	0	2	0	0	0	读作：______
4	0	0	3	0	5	0	0	0	0	0	0	读作：______

亿以上的数怎么读？

先分级，再从最高级读起……

读完亿级或万级的数，要加“亿”字或“万”字。

还要注意什么位置上的0不读，什么位置上的0要读，读几个0。

做一做

读出下面各数。

92 0000 0000　　267 0500 0000

5080 4000 3000　　3 0070 0400

19

图 3.1-29　四年级上第一单元

例 8 教学亿以上数的读法。教材引入世界人口总数，让学生在感受大数，学习亿以上数的读法的同时，了解全球人口问题，渗透人口知识和环境保护教育。对照数位顺序表，提供 3 个亿以上的数，第一个是整亿的数，另两个是非整亿的数。让学生借助数位顺序表，由易到难尝试探索读含有三级的数，把亿以内数的读法迁移到读亿以上的数之中。提出“亿以上的数怎么读”的问题，呈现学生交流画面，意在让学生凭借读数的经历、体验，通过讨论交流，概括、总结亿以上数的读法。

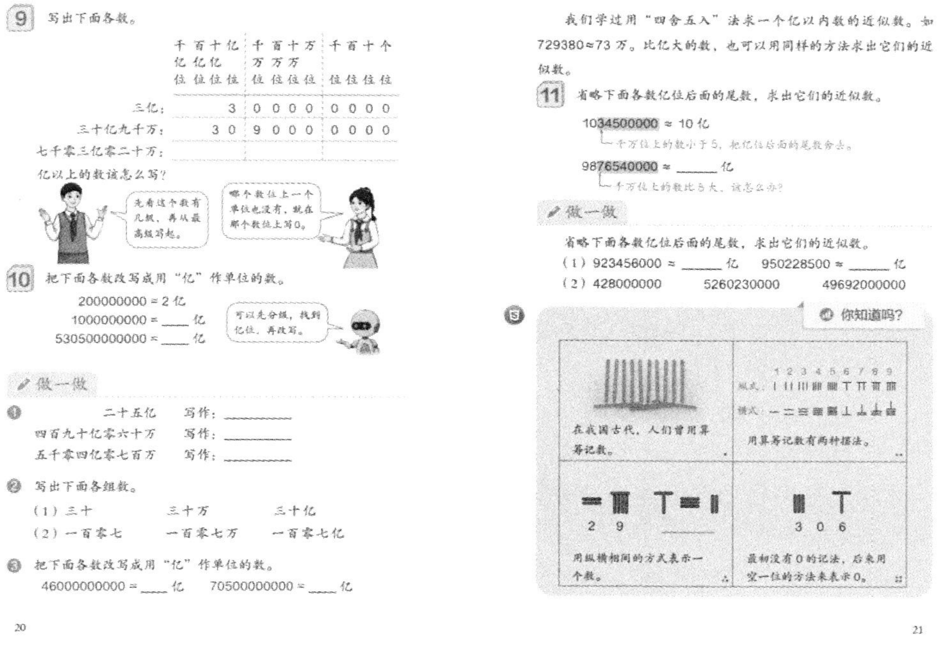

9　写出下面各数。

	千亿位	百亿位	十亿位	亿位	千万位	百万位	十万位	万位	千位	百位	十位	个位
三亿：				3	0	0	0	0	0	0	0	0
三十亿九千万：			3	0	9	0	0	0	0	0	0	0
七千零三亿零二十万：												

亿以上的数该怎么写？

先看这个数有几级，再从最高级写起。

哪个数位上一个单位也没有，就在那个数位上写0。

10　把下面各数改写成用“亿”作单位的数。

200000000 = 2 亿

1000000000 = ____ 亿

530500000000 ≈ ____ 亿

可以先分级，找到亿位，再改写。

做一做

1　二十五亿　写作：______

四百九十亿零六十万　写作：______

五千零四亿零七百万　写作：______

2　写出下面各组数。

（1）三十　　三十万　　三十亿

（2）一百零七　　一百零七万　　一百零七亿

3　把下面各数改写成用“亿”作单位的数。

46000000000 = ____ 亿　　70500000000 ≈ ____ 亿

20

我们学过用“四舍五入”法求一个亿以内数的近似数。如 729380≈73 万。比亿大的数，也可以用同样的方法求出它们的近似数。

11　省略下面各数亿位后面的尾数，求出它们的近似数。

1034500000 ≈ 10 亿

千万位上的数小于5，把亿位后面的尾数舍去。

9876540000 ≈ ______ 亿

千万位上的数比5大，该怎么办？

做一做

省略下面各数亿位后面的尾数，求出它们的近似数。

（1）923456000 ≈ ______ 亿　950228500 ≈ ______ 亿

（2）428000000　　5260230000　　49692000000

你知道吗？

在我国古代，人们曾用算筹记数。

纵式、横式　1 2 3 4 5 6 7 8 9

用算筹记数有两种摆法。

2 9

用纵横相间的方式表示一个数。

3 0 6

最初没有0的记法，后来用空一位的方法来表示0。

21

图 3.1-30　四年级上第一单元

例 9 教学亿以上数的写法。教材给出数位顺序表，呈现了 3 个数：整亿数、2 个非整亿数。用机器人聪聪的话以及学生交流的画面揭示了教学过程与学习方法。让学生通过思考与尝试、讨论交流，总结亿以上数的写法。例 10 教学把整亿的数改写成用“亿”作单位的数。教材提供 3 个数据，第一个呈现改写结果，其余 2 个让学生独立完成，熟悉改写的方法。“做一做”第 2 题采取题组形式，把个级数、整万数、整亿数对照编排，使学生进一步体会分级写数的特点，更好地掌握写数方法。

例 4 教学将非整亿的数用“四舍五入”法求出近似数，再改写成用“亿”作单位的数，目的是比亿大的数也可以用“四舍五入”法求其近似数。由于前面已经学过将非整万的数求出近似数再改写成整万的数，这里用色块和标注说明如何用“四舍五入”法省略一个数亿位后面的尾数，求出它的近似数，然后直接改写成用亿作单位的数。“你知道吗”介绍了我国古代用算筹记数的方法，让学生体会位值制，感受我国古代的数学成就，并由此了解数字“0”产生的过程，丰富对 0 的认识。

3. 教学建议

（1）结合具体情境引导学生学习大数的概念，体会大数的意义，从而建立数感。

大数经常出现在新闻、经济、科技等方面，在生活中应用广泛，可学生对大数缺乏体验。因此，在教学时，应从学生的实际出发，通过创设情境，使学生感受大数的意义。为学生提供生活中大数应用的事例，突出学习大数的必要性。如教材第 2 页主题图，呈现了 6 个省、直辖市、自治区的人口数和我国的总人口数，意在通过具体实例，使学生体会数学与生活的联系，认识到学习比万大的数的必要性。在具体的情境中，真切感受大数。如教材第 4 页“你知道吗”，出示“1 亿个小朋友手拉手可以绕地球赤道 3 周半”的信息，使学生通过想象感受 1 亿有多大，加深对“亿”的认识和感受。

（2）借助动手操作理解数的意义。

万以上数的认识教学中，认识新的计数单位及相邻计数单位间的十进关系、揭示数位的规律和数级的概念是十分重要的。例如认识计数单位“十万”“百万”“千万”“亿”，要充分利用学生已有的计数知识展开数数活动。教材中就呈现了计数器拨数的过程，可以借助计数器，先复习学过的计数单位一（个）、十、百、千、万。再以“万”为单位一万一万地数、十万十万地数……学生凭借已有的知识和经验，多次经历“满十进一”的过程，从而得到 10 个一万是十万、10 个十万是一百万、10 个一百万是一千万、10 个一千万是一亿。数数的过程就是学生认识新的计数单位、了解这些计数单位所占数位的过程。

（3）借助多种模型理解数的意义。

在教学时，我们可以运用多种模型帮助学生理解数的意义，建立数的概念，如计数器、数位顺序表、“方块”模型等。

例如，学生在计数器万位上拨数，一万一万地数，数到十万，并得出 10 个一万是十万后，可以借助“方块”模型帮助学生感受十万的大小，并在一、十、百、千、万、十万，这种点、线、面、体的变化中帮助学生在头脑中建立相应的计数单位的印象，对学生理解计数单位和位值制有很大好处。

（4）明确数概念教学的整体要求，把握核心概念，重视对数位和位值制的理解。

大数的认识中，万以上的数、计数单位、数位、数级、十进制计数法、大数的读写法则、近似数等，都是数学最基础的知识，教学时要特别重视，为学生打下坚实的数学基础。其中，计数单位和数位、数位和数级是易混概念，教学时要注意加以区分。

本单元的核心概念是十进位值制。对它的学习，教材安排了多个年级。这个概念教学的重点在于帮助学生体会十进位值制的意义。关于位值制，教材呈现了亿以内的数位顺序表、介绍“数级”，让学生利用数位顺序表说出每个数位上的数表示多少，理解“位值”意义。

在教学“数的产生和十进制计数法”这节课时，教师可以再次强调。教学时可以通过两方面体会十进位值制的价值，一是没有位值制的不便，二是有了位值制后记数的简便。

首先，让学生试着用古埃及记数法表示太阳的直径（1 389 000 千米），使他们认识到这种记数方法的不方便，初步感受位值制的价值。

其次，在介绍了阿拉伯数字，可以引导学生思考“这 10 个数字可以表示多少个数？”“为什么仅仅这 10 个数字就能表示出许许多多的数呢？”这两个问题，并以 999 为例，让学生说说。学生可以想到：三个 9 所在的位置不同，就表示了不同的意义，大小也不相同。学生因此感受到十进位值制的价值。

（5）紧紧抓住数的分级，引导学生探索数的读、写方法。

读、写万以上的数，要按照数级，一级一级地读、写。因此，牢固掌握数位顺序和数的分级是读、写万以上数的关键。[①]教学时，在计数单位由“万”扩展到“亿”，归纳总结出数位概念和整理出数位顺序表的基础上，应及时介绍我国的计数规律，突出数级知识，重点帮学生认识个级和万级，为学生学习亿以内数的读写打下基础。然后在数的读、写中始终抓住“数级”知识，引导学生探索整万数的读写与含两级的数的读写，再引导学生类推亿以上数的读写方法。教学中，注意培养学生“先看级再看位，从高位起，一级一级地读、写”的习惯。例如读数时，要先分级，再按级读出每一级的数。写数时则要抓住“万”“亿”这些级的标志词来从高到低写出每一级的数。

二、分数

（一）分数的初步认识

1. 课标要求

《义务教育数学课程标准（2022 年版）》第二学段“学段目标”中提出：经历小数和分数的形成过程，初步认识小数和分数，形成数感、运算能力和初步的推理意识。

《义务教育数学课程标准（2022 年版）》第二学段“课程内容”中提出：结合具体情境，初步认识小数和分数，感悟分数单位，会运用数描述生活情景中事物的特征，逐步形成数感、运算能力和初步的推理意识。

2. 教材分析

例 1 认识几分之一，先以实物模型呈现，通过两名学生平均分月饼的情境引对出分数 $\frac{1}{2}$ 的认识，并以此类推，让学生认识 $\frac{1}{4}$。在实物模型的基础上借助面积模型——圆和正方形，认识 $\frac{1}{3}$、$\frac{1}{5}$。

① 王琼珍，唐明. 联系实际，感受认识大数（人教社“课标版”四年级）[J]. 四川教育，2006（7）：61-63.

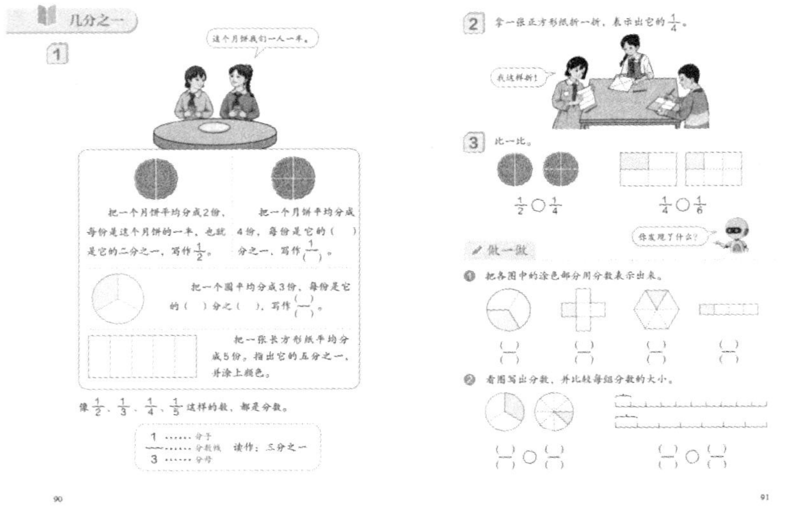

图 3.1-31　三年级上第八单元

因形认数，通过折一折、画一画等活动使学生形成正确的印象，体会分数的具体含义。在认识分数的各部分名称时，重点强调“分数线”代表了平均分的前提，分母表示把一个物体和图形平均分的份数，分子 1 就是这样的一份。

例 2 由数到形，用正方体折一折，用不同的折法表示它的$\frac{1}{4}$，通过实际操作进一步体会几分之一的含义。多样化的折法不是目的，异中求同，揭示分数的本质——平均分、部分与整体才是活动的目的。例 3 比较几分之一的大小，安排两组对几分之一的分数进行大小比较的活动。第一组借助实物模型，第二组借助面积模型。让学生借助直观进行比较，初步感受比较简单分数大小的过程，体会分子是 1 的分数，分母越大，表明分的份数多，每一份反而小，同时巩固对几分之一的认识。“做一做”中出现了数线模型，比面积模型更抽象，将它们上下排列易于比较它们的长短，从而对应分数的大小。

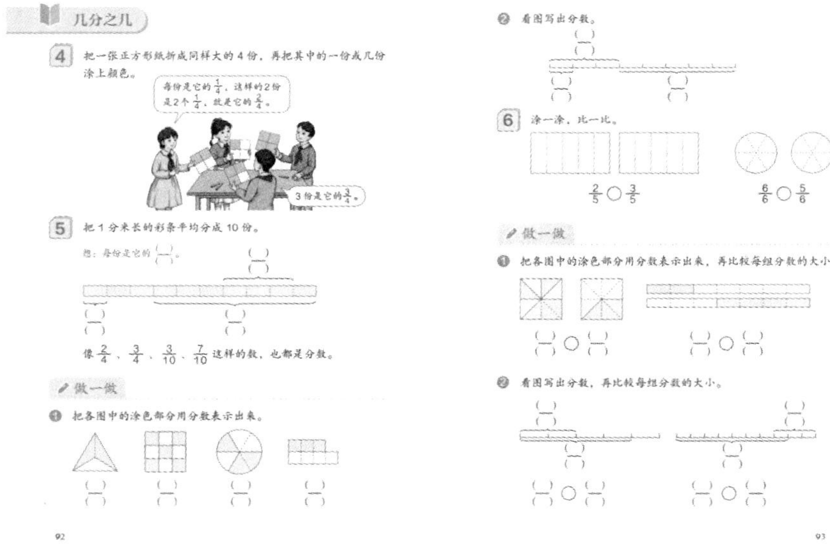

图 3.1-32　三年级上第八单元

例 4、例 5 是认识几分之几。学生有了几分之一的认识基础，这部分内容可放手让他们独立尝试、合作交流、借鉴前面的学习经验表达几分之几。例 4 在四分之一的基础上，依次表示 2 份、3 份，引导学生与四分之一建立联系，理解：四分之几是由几个四分之一组成，四分之几与四分之一所不同的只是取的份数不同。例 5 的教学，可以让学生画出长 1 分米的线段，再把线段平均分成 10 份，尝试自己提出用分数表示的问题。

例 6 教学同分母分数的大小比较，给出两组同分母的分数，在涂一涂、比一比活动中，感悟比较的方法。第一组已经突出结果，降低了难度，有助于学生直观比较。第二组需要学生根据分数涂色，再比较大小，尤其在圆中涂出 $\frac{6}{6}$，既让学生初步体会当一个分数分子与分母相同时，取的份数与分的份数同样多，就是 1，加深对几分之几的认识，又为后面学习“1 减几分之几”做准备。

3. 教学建议

（1）在“对折”活动中理解“平均分”，认识几分之一。

在折纸中感知平均分。根据学生的生活经验，分得同样多即为平均分，这也是认识分数的前提。在教学中，通过用不同形状的纸片进行对折，能更好地观察平均分的结果。体会平均分几份，分母就是几。在辨析中体验分数本质。

（2）在“交流”活动中理解“取的份数”，认识几分之几。

将感性认识上升为理性思考，建立几分之几与几分之一的联系。学生已有了探究几分之一的过程，对于几分之几的认识完全能独立探究，着重引导学生说说自己的探究方法，说说几分之几与几分之一的异同。让学生在说的过程中明白：把一个物体或图形平均分成几份，分母就是几，表示这样的几份，分子就是几。根据分数说说几分之几里面有几个几分之一。

适当拓展，深化对几分之几的理解。在例 5 教学中，学生理解了将 1 分米长的彩带平均分成 10 份。在可以找到哪些分数后，教师可适时提问：“如果把这条彩带平均分成 100 份，每份是它的多少？2 份呢？7 份呢？”让学生在交流中外显思维过程。

（3）在“对比”活动中提炼“方法”，比较分数大小。

在“比大小、比长短”中总结分子是 1 的分数的比较方法。对分子是 1 的分数进行大小比较，教材采用的是实物模型和面积模型直接让学生观察，在巩固对几分之一的认识前提下，学生汇报发现：分子是 1 的分数，分母越大，表明分的分数越多，每一份反而小。在练习中安排了数线模型，即线段图，比面积模型更抽象些，将它们上下排列再比长短，更便于观察比较分数的大小。

在“比多少”中体会同分母分数的大小比较方法。对于同分母的大小比较，在利用涂色表示分数的前提下，可以引导学生说说涂了几份，同时联系分数的含义进行比较。

（4）利用“数形结合”感悟“一个整体”，体会分数的应用价值。

由形到数，理解“把一些物体看作一个整体”。教学中，要通过剪一剪、涂一涂、摆一摆等多种操作活动，循序渐进地让学生体会“1”是一些物体时，如何用分数表示整体与部分的关系。

由数到形，体会分数的实际应用。对于求一个数的几分之几的实际问题，教学中要充分鼓励学生用图形（圆、三角形……）表示总量，将一些物体如何根据分母平均分，根据分子取出份数，说说自己的操作过程，最后用算式表示出来。让学生在深化对分数的认识的同时，体会分数在生活中的应用价值。

（二）分数的意义和性质

1. 课标要求

《义务教育数学课程标准（2022 年版）》第二学段“学段目标”中提出：经历小数和分数的形成过程，初步认识小数和分数，形成数感、运算能力和初步的推理意识。

《义务教育数学课程标准（2022 年版）》第二学段“课程内容”中提出：结合具体情境，初步认识小数和分数，感悟分数单位，会运用数描述生活情景中事物的特征，逐步形成数感、运算能力和初步的推理意识。

2. 教材分析

（1）分数的意义和性质。

“分数的意义和性质”和后面“分数的加法和减法”是学生开始系统地学习分数的起始，在系统认识了小数和初步认识分数的基础上，引导学生由感性认识上升到理性认识，概括出分数的意义，比较完整地从分数的产生、分数与除法的关系等方面加深对分数意义的理解，进而学习并理解与分数有关的基本概念，掌握必要的约分、通分、分数与小数互化等技能；真分数与假分数是分数意义的引申；约分和通分则是分数基本性质的运用；分数与小数的互化，则是沟通了两者在形式上的相互联系，得出小数与分数的互化方法。整个单元的内容，基本是由概念到性质，再到方法、技能这样的递进发展关系编排的。

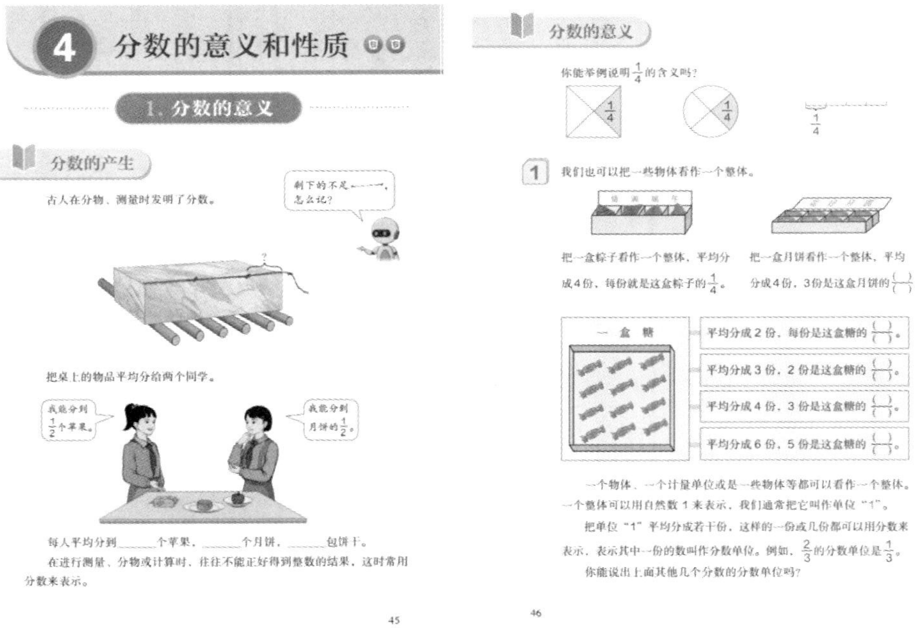

图 3.1-33　四年级下第四单元

教材从历史上、从现实生活中等分量的需要出发，呈现分数的现实来源，让学生了解分数产生的背景和过程。使学生感受到在进行测量或分物时，往往不能刚好得到整数的结果，这时就需要用分数来表示，有了分数，这些结果就能准确地表示出来。教材这样通过测量与分物的实例，引入分数的编排目的，就是为了使学生感悟到分数是适应现实需要而产生的，从而提高学习的积极性，促进对分数意义的理解。

通过举例说明$\frac{1}{4}$的含义，它可以是一个物体（如一张正方形纸、一张圆形纸、一条线段）的$\frac{1}{4}$，也可以是一个整体（如一把 4 根的香蕉、一盘 8 个面包）的$\frac{1}{4}$，引出分数概念的描述。教学中，应注意结合实例理解、归纳分数的意义，并重点理解单位“1”和分数单位的含义。

（2）分数与除法。

分数与除法

例 2　把 1 个月饼平均分给 4 人，每人分得多少个？

想：求每人分得多少个，要算 1 ÷ 4 得多少。

$1\div4=\frac{1}{4}$（个）

3　把 3 个月饼平均分给 4 人，每人分得多少个？

想：求每人分得多少个，要算 3 ÷ 4 得多少。

$3\div4=\frac{(\quad)}{(\quad)}$（个）

每次分 1 个，每人分得 3 个$\frac{1}{4}$个。

3 个一起分，每人分得 3 个的$\frac{1}{4}$。

分数与除法有什么关系？你能用字母表示出分数与除法的关系吗？

被除数 ÷ 除数 = $\frac{被除数}{除数}$

$a\div b=\frac{a}{b}\ (b\neq0)$

想：为什么 $b\neq0$？

49

4　小新家养鹅 7 只，养鸭 10 只，养鸡 20 只。鸡的只数是鸭的多少倍？鹅的只数是鸭的多少倍？

阅读与理解

知道了……

要解决的问题是……

分析与解答

求“谁是谁的几倍”的问题，可以用除法计算。

20 ÷ 10 = 2　　鸡的只数是鸭的 2 倍。

7 ÷ 10 = ____　　鹅的只数是鸭的____倍。

把 10 只看作一个整体，7 只就是这个整体的$\frac{7}{10}$。

根据分数与除法的关系，商应该是$\frac{7}{10}$。

鹅 ●●●●●●●

鸭 ●●●●●●●●●●

鹅　鸭

$7\div10=\frac{7}{10}$

回顾与反思

这两个问题有什么不同？

第二个问题求出的倍数是分数，一般省略“倍”字，直接用几分之几表示。

答：______________。

你还能提出其他数学问题并解答吗？

做一做

1. 在括号里填上适当的数。

$7\div13=\frac{(\quad)}{(\quad)}$　　$\frac{5}{8}=(\quad)\div(\quad)$　　$(\quad)\div7=\frac{4}{7}$

2. 动物园里有大象 9 头，金丝猴 4 只。金丝猴的数量是大象的几分之几？

50

图 3.1-34　四年级下第四单元

教材起初是从部分与整体的关系揭示分数的意义。分数与除法的关系是从两个整数相除的商揭示分数另一方面的意义，目的是加深和扩展对分数意义的理解，为学习假分数化为整数或带分数做好准备。

例 1 和例 2 都是把一个物体（如 1 盒粽子、1 个月饼）平均分成若干份，求每份是多少。学生根据整数除法的含义，列出除法算式，容易理解为什么用除法算，但根据图示或分数的意义说出结果，将除法与分数联系起来，要相对困难些。因此，教学中要结合操作和直观图示，帮助学生加深对计算结果的理解。特别要提醒学生注意弄清谁是单位“1”，如例 3，这里要求每人分得多少个，是看每人分得的月饼是 1 块月饼的几分之几，就是把 1 块月饼看作单位“1”。学生容易出现这样的错误：把 3 个月饼平均分成 4 份，就是 12 小块，每人 3 小块，得到错误的结果$\frac{3}{12}$，就是把 12 小块也就是 3 个月饼看作了单位“1”。正确的是把 1 个月饼也就是 4 小块看作单位“1”，3 小块是 1 个月饼的$\frac{3}{4}$。最后在两个实例的基础上概括出分数与除法的关系，并让学生用字母表示分数与除法的关系（强调分数的分母不能为 0）。

例 3 教学“求一个数是另一个数的几分之几”的实际问题。教材编排此例的目的主要有两个：一是让学生经历解决问题的过程；二是利用分数意义以及分数与除法关系，来解决实际问题，加深对分数意义的理解。例如：在分析与解答环节，教材首先借助图示引导学生分析解答“把 10 只看作一个整体，平均分成 10 份，每份是 1 只，7 只就是 10 只的 $\frac{7}{10}$”，所以鹅的只数是鸭的 $\frac{7}{10}$。再根据分数与除法的关系，求 7 只是 10 只的几分之几，可以用除法计算。所以算式是 $7\div10=\frac{7}{10}$。最后，回顾求一个数是另一个数的几分之几（或几倍）这两个问题，沟通它们之间的联系：都是用除法解决。显然，教材特别注重加强新旧知识的联系，从而帮助学生促进知识的迁移，不断完善认知结构。

（3）真分数与假分数。

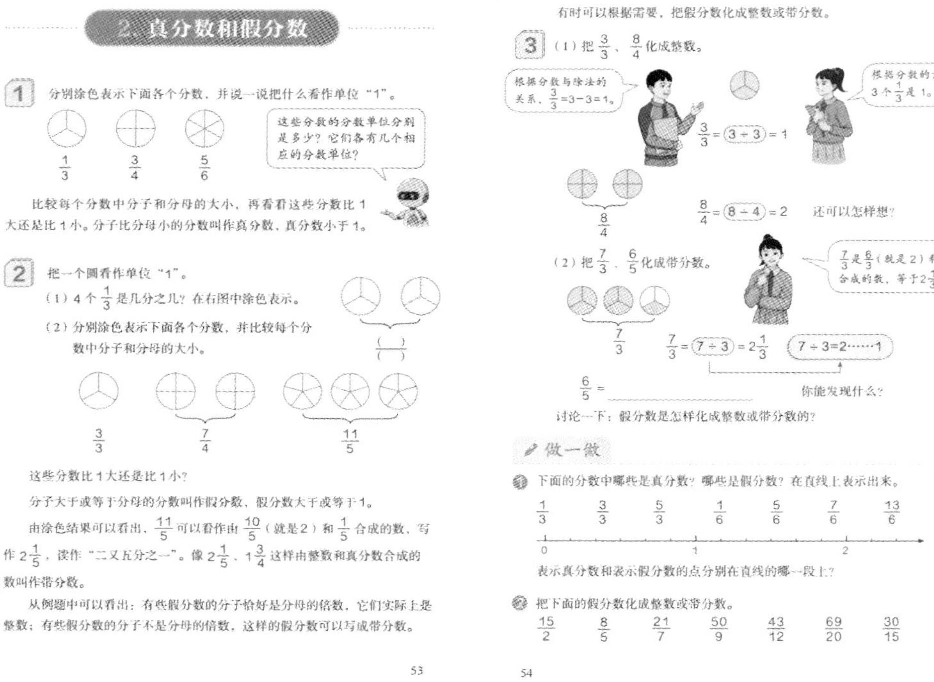
2. 真分数和假分数

1 分别涂色表示下面各个分数，并说一说把什么看作单位“1”。

$\frac{1}{3}$　$\frac{3}{4}$　$\frac{5}{6}$

比较每个分数中分子和分母的大小，再看看这些分数比 1 大还是比 1 小。分子比分母小的分数叫作真分数，真分数小于 1。

2 把一个圆看作单位“1”。

（1）4 个 $\frac{1}{3}$ 是几分之几？在右图中涂色表示。

（2）分别涂色表示下面各个分数，并比较每个分数中分子和分母的大小。

$\frac{3}{3}$　$\frac{7}{4}$　$\frac{11}{5}$

这些分数比 1 大还是比 1 小？

分子大于或等于分母的分数叫作假分数，假分数大于或等于 1。

由涂色结果可以看出，$\frac{11}{5}$ 可以看作由 $\frac{10}{5}$（就是 2）和 $\frac{1}{5}$ 合成的数，写作 $2\frac{1}{5}$，读作“二又五分之一”。像 $2\frac{1}{5}$、$1\frac{3}{4}$ 这样由整数和真分数合成的数叫作带分数。

从例题中可以看出：有些假分数的分子恰好是分母的倍数，它们实际上是整数；有些假分数的分子不是分母的倍数，这样的假分数可以写成带分数。

53

有时可以根据需要，把假分数化成整数或带分数。

3 （1）把 $\frac{3}{3}$、$\frac{8}{4}$ 化成整数。

$\frac{3}{3}=(3\div3)=1$

$\frac{8}{4}=(8\div4)=2$　还可以怎样想？

（2）把 $\frac{7}{3}$、$\frac{6}{5}$ 化成带分数。

$\frac{7}{3}=(7\div3)=2\frac{1}{3}$　$7\div3=2\cdots\cdots1$

$\frac{6}{5}=$ ________　你能发现什么？

讨论一下：假分数是怎样化成整数或带分数的？

做一做

1. 下面的分数中哪些是真分数？哪些是假分数？在直线上表示出来。

$\frac{1}{3}$　$\frac{3}{3}$　$\frac{5}{3}$　$\frac{1}{6}$　$\frac{5}{6}$　$\frac{7}{6}$　$\frac{13}{6}$

表示真分数和表示假分数的点分别在直线的哪一段上？

2. 把下面的假分数化成整数或带分数。

$\frac{15}{2}$　$\frac{8}{5}$　$\frac{21}{7}$　$\frac{50}{9}$　$\frac{43}{12}$　$\frac{69}{20}$　$\frac{30}{15}$

54

图 3.1-35　四年级下第四单元

例 1、例 2 教学真分数和假分数的认识，突出了单位“1”，并且将原教材的例 2（假分数）和例 3（带分数）整合在一起，很好地沟通了假分数和整数、带分数的关系，为后面例 3 把假分数化成整数或带分数做了铺垫。两个例题的内容都是依次呈现直观涂色、比较辨析、归纳抽象这样一个编排过程。特别是例 2 教学引出假分数概念后，接着由涂色的直观图对假分数进行分拆，引出带分数的概念，同时加强了对化法的道理的理解，并明确：假分数的分子是分母的倍数，是整数；假分数的分子不是分母的倍数，是带分数。

例 3 呈现把假分数化成整数或带分数。转化的方法是根据分数与除法的关系用除法计算。利用图示结合分数的意义说明算理：如 $\frac{7}{3}$，根据分数与除法的关系用 $7\div3$ 计算。结合图示和分数的意义，可以看出：3 份是 1 个整圆，$7\div3=2\cdots\cdots1$ 表示 7 份里面有 2 个 3 份余 1 份，2 个 3 份是 2 个整圆也就是 2，余 1 份就是 $\frac{1}{3}$，所以结果就是 $2\frac{1}{3}$。在理解算理的基础上，再引导学生小结假分数化成整数或带分数的一般方法及两种情况。

（4）分数的基本性质。

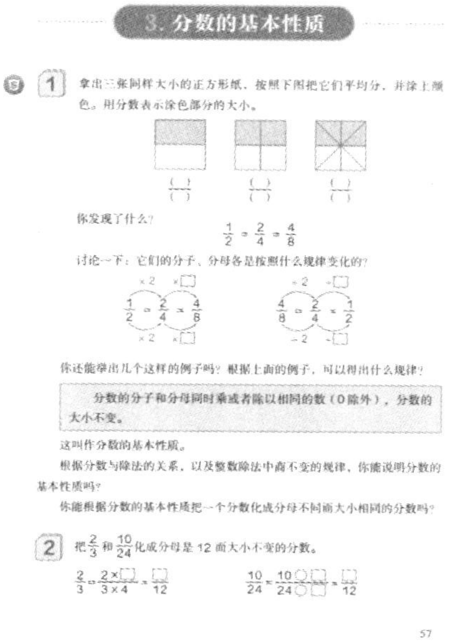

3. 分数的基本性质

1 拿出三张同样大小的正方形纸，按照下图把它们平均分，并涂上颜色。用分数表示涂色部分的大小。

$\frac{(\ )}{(\ )}$　$\frac{(\ )}{(\ )}$　$\frac{(\ )}{(\ )}$

你发现了什么？

$\frac{1}{2}=\frac{2}{4}=\frac{4}{8}$

讨论一下：它们的分子、分母各是按照什么规律变化的？

$\frac{1}{2}=\frac{2}{4}=\frac{4}{8}$（×2　×□）　　$\frac{4}{8}=\frac{2}{4}=\frac{1}{2}$（÷2　÷□）

你还能举出几个这样的例子吗？根据上面的例子，可以得出什么规律？

分数的分子和分母同时乘或者除以相同的数（0除外），分数的大小不变。

这叫作分数的基本性质。

根据分数与除法的关系，以及整数除法中商不变的规律，你能说明分数的基本性质吗？

你能根据分数的基本性质把一个分数化成分母不同而大小相同的分数吗？

2 把$\frac{2}{3}$和$\frac{10}{24}$化成分母是12而大小不变的分数。

$\frac{2}{3}=\frac{2\times□}{3\times4}=\frac{□}{12}$　　$\frac{10}{24}=\frac{10○□}{24○□}=\frac{□}{12}$

57

图 3.1-36　四年级下第四单元

例 1 探索分数的基本性质。教材重点呈现了展开合情推理的全过程。首先，借助动手操作和直观图示发现分数的相等关系；然后，进一步观察相等的分数中分子和分母的变化规律，引发猜想，再举例加以验证；最后，概括总结出分数的基本性质。整个过程渗透了不完全归纳的思想，重在培养学生合情推理的能力。紧接着，教材提示学生根据分数与除法的关系，以及整数除法中商不变的规律，自主完成分数的基本性质的演绎推理过程。两种推理相互印证，加深学生对分数基本性质的理解。

例 2 把一个分数化成分母不同、大小不变的分数。本例是分数基本性质的初步运用，目的在于帮助学生运用和掌握分数的基本性质。同时为后面的约分和通分做好准备。

（5）约分。

最大公因数、最小公倍数的概念和求法是学生学习的难点，教材首先给出最大公约数、最小公倍数的概念，然后探索它们的求法，最后在解决问题的应用中体会它们的现实意义，帮助学生加深对概念的理解。

例 1 教学公因数和最大公因数的概念。教材直接提出：“8 和 12 公有的因数是哪几个？公有的最大因数是多少？”并直接给予解答提示：“我先分别找出 8 和 12 的因数。”引导学生分别找出 8 和 12 的因数；在机器人聪聪的提示下，“还可以这样表示”，用集合圈直观呈现 8、12 各自的因数，从而引出公因数、最大公因数的概念。

例 2 求最大公因数。教材首先呈现了两种求最大公因数的方法。一种是根据定义，即先找出 18 和 27 各自的因数，再从中找出两个数的公因数、最大公因数；另一种是先写出 18（两数中较小数）的因数，再从中圈出 27 的因数，再看哪个最大。教学中，学生可以有不同的方法，并通过交流，逐步形成适合自己的方法。最后，引导学生观察思考，两个数的公因数和它们的最大公因数之间有什么关系，以进一步揭示公因数与最大公因数的概念。

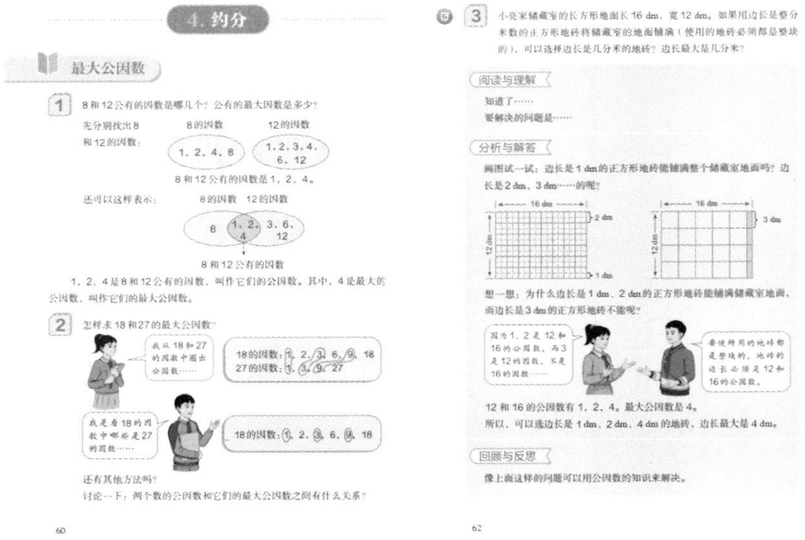

4. 约分

最大公因数

1 8和12公有的因数是哪几个？公有的最大因数是多少？

先分别找出8和12的因数：8的因数：1，2，4，8；12的因数：1，2，3，4，6，12

8和12公有的因数是1，2，4。

还可以这样表示：8的因数 12的因数

8 | 1，2，4 | 3，6，12

8和12公有的因数

1，2，4是8和12公有的因数，叫作它们的公因数。其中，4是最大的公因数，叫作它们的最大公因数。

2 怎样求18和27的最大公因数？

我从18和27的因数中圈出公因数……

18的因数：1，2，3，6，9，18

27的因数：1，3，9，27

我是看18的因数中哪些是27的因数……

18的因数：1，2，3，6，9，18

还有其他方法吗？

讨论一下：两个数的公因数和它们的最大公因数之间有什么关系？

60

3 小亮家储藏室的长方形地面长16 dm，宽12 dm。如果用边长是整分米数的正方形地砖将储藏室的地面铺满（使用的地砖必须都是整块的），可以选择边长是几分米的地砖？边长最大是几分米？

阅读与理解

知道了……

要解决的问题是……

分析与解答

画图试一试：边长是1 dm的正方形地砖能铺满整个储藏室地面吗？边长是2 dm、3 dm……的呢？

16 dm 2 dm 12 dm 1 dm　16 dm 3 dm 12 dm

想一想：为什么边长是1 dm、2 dm的正方形地砖能铺满储藏室地面，而边长是3 dm的正方形地砖不能呢？

因为1，2是12和16的公因数，而3是12的因数，不是16的因数……

要使所用的地砖都是整块的，地砖的边长必须是12和16的公因数。

12和16的公因数有1，2，4。最大公因数是4。

所以，可以选边长是1 dm、2 dm、4 dm的地砖，边长最大是4 dm。

回顾与反思

像上面这样的问题可以用公因数的知识来解决。

62

图 3.1-37　四年级下第四单元

例 3 教学公因数和最大公因数在实际生活中的应用。教材选取铺地砖的相同情境，让学生在解决问题的应用中体会公因数和最大公因数的现实意义，加深对概念的理解。教材通过创设用整块的正方形地砖铺满长方形地面的问题情境，应用公因数、最大公因数的概念求方砖的边长及其最大值。首先，通过画图理解题意，特别是“整块”“正好铺满”的含义，也就是用正方形的地砖去铺，要用整数块完整的地砖正好铺满地面。接下来，通过分析找出解决问题的方法。结合实际情境，将实际问题转化为数学问题是解决问题的关键，通过分析，学生发现这样的地砖的边长必须“既是16的因数，又是12的因数”，后面自然就是利用公因数和最大公因数的概念解决问题了。最后利用画图验证的策略来检验。例题的学习，重点是让学生体会解决这类问题的关键就是将实际问题转化为数学问题。

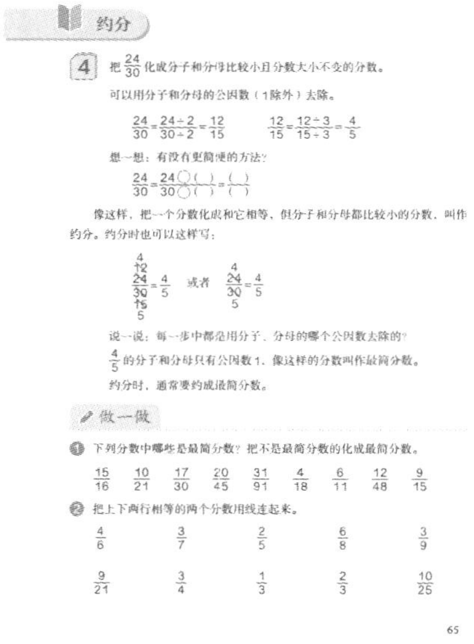

约分

4 把$\frac{24}{30}$化成分子和分母比较小且分数大小不变的分数。

可以用分子和分母的公因数（1除外）去除。

$\frac{24}{30}=\frac{24\div2}{30\div2}=\frac{12}{15}$　　$\frac{12}{15}=\frac{12\div3}{15\div3}=\frac{4}{5}$

想一想：有没有更简便的方法？

$\frac{24}{30}=\frac{24\bigcirc(\ )}{30\bigcirc(\ )}=\frac{(\ )}{(\ )}$

像这样，把一个分数化成和它相等，但分子和分母都比较小的分数，叫作约分。约分时也可以这样写：

$\frac{24}{30}=\frac{4}{5}$（24→12→4，30→15→5）　或者　$\frac{24}{30}=\frac{4}{5}$（24→4，30→5）

说一说：每一步中都是用分子、分母的哪个公因数去除的？

$\frac{4}{5}$的分子和分母只有公因数1，像这样的分数叫作最简分数。

约分时，通常要约成最简分数。

做一做

1. 下列分数中哪些是最简分数？把不是最简分数的化成最简分数。

$\frac{15}{16}$　$\frac{10}{21}$　$\frac{17}{30}$　$\frac{20}{45}$　$\frac{31}{91}$　$\frac{4}{18}$　$\frac{6}{11}$　$\frac{12}{48}$　$\frac{9}{15}$

2. 把上下两行相等的两个分数用线连起来。

$\frac{4}{6}$　$\frac{3}{7}$　$\frac{2}{5}$　$\frac{6}{8}$　$\frac{3}{9}$

$\frac{9}{21}$　$\frac{3}{4}$　$\frac{1}{3}$　$\frac{2}{3}$　$\frac{10}{25}$

65

图 3.1-38　四年级下第四单元

例 4 教学约分。约分依据的原理是分数的基本性质。方法是找分子和分母的公因数。教材在机器人聪聪的提示、提问引领下，即“可以用分子和分母的公因数（1 除外）去除”“每一步都是用分子、分母的哪一个公因数去除？”呈现可以逐步约，也可以直接找到最大公因数一步约的约分过程以及简便书写形式。在经历约分的过程中，引出约分和最简分数的概念，并将最简分数作为约分的一般要求。

（6）通分。

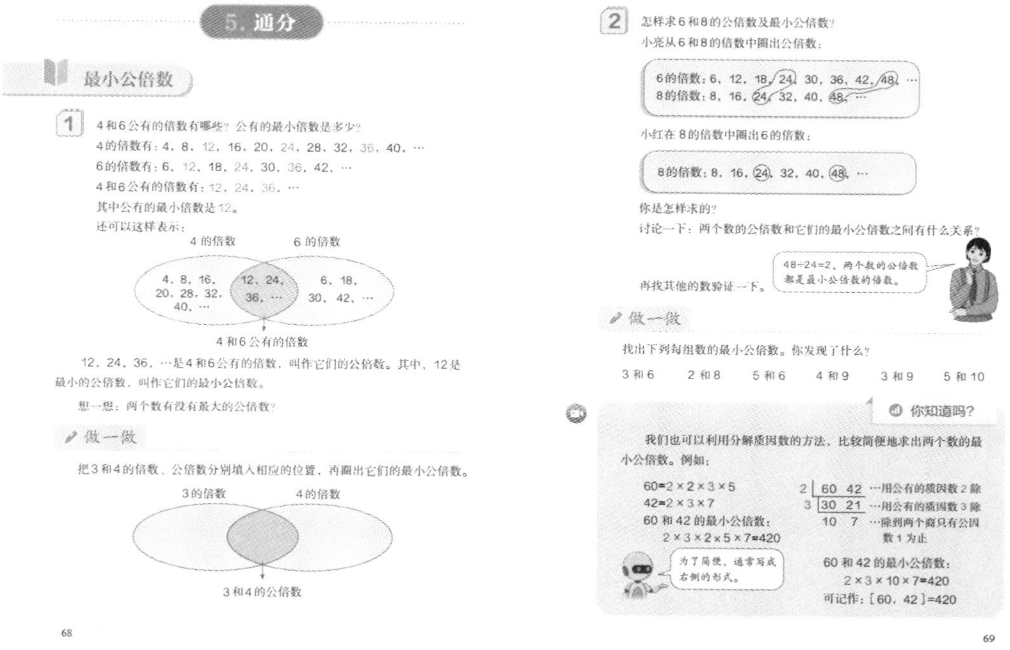

5. 通分

最小公倍数

1 4和6公有的倍数有哪些？公有的最小倍数是多少？

4的倍数有：4，8，12，16，20，24，28，32，36，40，…

6的倍数有：6，12，18，24，30，36，42，…

4和6公有的倍数有：12，24，36，…

其中公有的最小倍数是12。

还可以这样表示：

12，24，36，…是4和6公有的倍数，叫作它们的公倍数。其中，12是最小的公倍数，叫作它们的最小公倍数。

想一想：两个数有没有最大的公倍数？

做一做

把3和4的倍数、公倍数分别填入相应的位置，再圈出它们的最小公倍数。

68

2 怎样求6和8的公倍数及最小公倍数？

小亮从6和8的倍数中圈出公倍数：

6的倍数：6，12，18，24，30，36，42，48，…
8的倍数：8，16，24，32，40，48，…

小红在8的倍数中圈出6的倍数：

8的倍数：8，16，24，32，40，48，…

你是怎样求的？

讨论一下：两个数的公倍数和它们的最小公倍数之间有什么关系？

再找其他的数验证一下。

做一做

找出下列每组数的最小公倍数。你发现了什么？

3 和 6　2 和 8　5 和 6　4 和 9　3 和 9　5 和 10

你知道吗？

我们也可以利用分解质因数的方法，比较简便地求出两个数的最小公倍数。例如：

60=2×2×3×5
42=2×3×7
60 和 42 的最小公倍数：
2×3×2×5×7=420

2 | 60　42 …用公有的质因数 2 除
3 | 30　21 …用公有的质因数 3 除
10　7 …除到两个商只有公因数 1 为止

60 和 42 的最小公倍数：
2×3×10×7=420
可记作：[60，42]=420

69

图 3.1-39　四年级下第四单元

例 1 教学最小公倍数。例 1 以 4 和 6 为例，在求两个数公有的倍数和最小公倍数的过程中，引出公倍数和最小公倍数的概念。教材给出基本方法：先分别写出 4 和 6 各自的倍数，再找出公有的倍数和最小公倍数。想一想：“两个数有没有最大公倍数？”旨在与公约数进行比较和区分，使学生进一步加深对公倍数概念的理解。“做一做”进一步巩固概念的理解。以 3 和 6 成倍数关系，所以，6 的倍数都是 3 的倍数，初步了解求两个数的最小公倍数的特殊情况。例 2 以 6 和 8 为例，教学求两个数的公倍数以及最小公倍数的方法。求最小公倍数的编排与求最大公因数的编排类似，教材呈现了两种基本方法：一种是先分别求出 6 和 8 各自的倍数，再从中找出公倍数和最小公倍数；另一种是先写出 8 的倍数，再从小到大圈出 6 的倍数。提出问题：“你还有其他方法吗？”引导学生交流讨论，体会方法的多样化。“做一做”巩固找最小公倍数的方法。

例 3 教学公倍数、最小公倍数在生活中的实际应用。例 3 延续前面的素材，创设了用长方形墙砖铺正方形的实际问题情境，用公倍数、最小公倍数的知识求正方形的边长及其最小值。同样先通过画图初步理解题意，感受铺出正方形的不确定性。接下来，找出解决问题的方法。也就是将实际问题转化为数学问题，即“正方形的边长必须既是 3 的倍数，又是 2 的倍数”。这样就可以利用公倍数和最小公倍数来解决了。最后，利用画图验证的策略来检验。这个例题的学习，重点是让学生体会解决这类问题的关键就是将实际问题转化为数学问题。

3 一种长方形地砖长3 dm，宽2 dm。如果用这种地砖铺一个正方形（用的地砖必须都是整块的），正方形的边长可以是多少分米？最小是多少分米？

阅读与理解

知道了……

要解决的问题是……

分析与解答

只要找出2和3的公倍数和最小公倍数，就能知道所铺的正方形的……

2和3的公倍数：3、6、9、12、15、18、…

回顾与反思

答：________。

做一做

参加跳绳比赛的学生分组进行计数，可以6人一组，也可以9人一组，都正好分完。如果这些学生的总人数在40人以内，可能是多少人？

70

图 3.1-40　四年级下第四单元

通分

4 地球上的陆地面积约占总面积的 $\frac{3}{10}$，海洋面积约占总面积的 $\frac{7}{10}$。地球上的陆地面积大还是海洋面积大？

$\frac{3}{10}○\frac{7}{10}$

再比较一下：

$\frac{3}{13}○\frac{4}{13}$　　$\frac{2}{7}○\frac{4}{7}$　　$\frac{5}{9}○\frac{2}{9}$　　$\frac{5}{68}○\frac{23}{68}$

$\frac{3}{8}○\frac{3}{11}$　　$\frac{5}{6}○\frac{5}{8}$　　$\frac{12}{17}○\frac{12}{19}$　　$\frac{19}{94}○\frac{19}{73}$

讨论一下：分母相同的两个分数怎样比较大小？分子相同的两个分数呢？

做一做

在○里填上“>”“<”或“=”。

$\frac{5}{7}○\frac{3}{7}$　　$\frac{7}{16}○\frac{11}{16}$　　$\frac{11}{21}○\frac{13}{21}$　　$\frac{19}{25}○\frac{9}{25}$

$\frac{3}{5}○\frac{3}{4}$　　$\frac{4}{9}○\frac{4}{5}$　　$\frac{10}{19}○\frac{10}{13}$　　$\frac{15}{17}○\frac{15}{22}$

73

5 豆类食品的蛋白质含量较高，经常食用有益于人体健康。黄豆的蛋白质含量大约占 $\frac{2}{5}$，蚕豆的蛋白质含量大约占 $\frac{1}{4}$。黄豆和蚕豆哪个蛋白质含量比较高？

$\frac{2}{5}○\frac{1}{4}$

可以用两个分母的公倍数作公分母。

$\frac{2}{5}=\frac{2\times4}{5\times4}=\frac{8}{20}$　○　$\frac{1}{4}=\frac{1\times5}{4\times5}=\frac{5}{20}$

像这样，把异分母分数分别化成和原来分数相等的同分母分数，叫作通分。

做一做

1 在○里填上“>”“<”或“=”。

$\frac{3}{13}○\frac{7}{13}$　　$\frac{5}{6}○\frac{5}{8}$　　$\frac{2}{3}○\frac{3}{5}$　　$\frac{4}{30}○\frac{2}{15}$

说一说：怎样比较分数的大小？

2 把下面每组中的两个分数通分。

$\frac{2}{3}$和$\frac{1}{5}$　　$\frac{3}{4}$和$\frac{5}{8}$　　$\frac{5}{6}$和$\frac{8}{15}$　　$\frac{4}{7}$和$\frac{6}{11}$

$\frac{5}{6}$和$\frac{7}{8}$　　$\frac{3}{7}$和$\frac{2}{9}$　　$\frac{4}{9}$和$\frac{7}{18}$　　$\frac{3}{8}$和$\frac{5}{9}$

74

图 3.1-41　四年级下第四单元

例 4 教学同分母、同分子分数大小的比较。教材呈现分两个层次展开。首先，由现实问题“地球上陆地多还是海洋多？”引出同分母分数大小的比较。其次，安排同分母或同分子分数的大小比较。在此题解答的过程中，借助机器人聪聪提出的问题“分母相同的两个分数怎样比较大小？分子相同的两个分数呢？”引导学生回忆与思考比较的方法和经验，并进一步结合分数的意义加深理解和巩固，最终概括总结出一般方法，并由此引出异分母分数的大小比较。例 5 教学通分及异分母分数大小的比较。在例 4 学习的基础上，自然引出比较异分母分数的大小。同时，运用迁移类推的思想，引出通分的概念，并探索通分的一般方法。

（7）分数和小数的互化。

6. 分数和小数的互化

1 把一条 3 m 长的绳子平均分成10段，每段长多少米？如果平均分成 5 段呢？

$3\div10=0.3(\text{m})$　$3\div5=0.6(\text{m})$

$3\div10=\frac{3}{10}(\text{m})$　$3\div5=\frac{3}{5}(\text{m})$

所以，$0.3=\frac{3}{10}$，$0.6=\frac{3}{5}$。

想一想：怎样能较快地把小数化成分数？

$0.3=\frac{3}{10}$　　$0.6=\frac{6}{10}=\frac{\overset{3}{\cancel{6}}}{\underset{5}{\cancel{10}}}=\frac{3}{5}$

把小数化成分数需要注意什么？自己试一试：

$0.07=\frac{7}{(\quad)}$　　$0.24=\frac{24}{(\quad)}=\frac{(\quad)}{(\quad)}$　　$0.123=\frac{(\quad)}{(\quad)}$

2 把 $\frac{7}{10}$、$\frac{39}{100}$、$\frac{3}{4}$、$\frac{9}{40}$、$\frac{2}{9}$、$\frac{5}{14}$ 化成小数（除不尽的保留两位小数）。

$\frac{7}{10}=0.7$　　$\frac{3}{4}=3\div4=0.75$　　$\frac{2}{9}=2\div9\approx0.22$

$\frac{39}{100}=0.39$　　$\frac{9}{40}=9\div40=0.225$　　$\frac{5}{14}=5\div14\approx0.36$

当分子除以分母除不尽时，要根据需要按“四舍五入”法取近似数。

做一做

把 0.7、$\frac{9}{10}$、0.25、$\frac{43}{100}$、$\frac{7}{25}$、$\frac{13}{47}$ 按从小到大的顺序排列起来。

77

图 3.1-42　四年级下第四单元

例 1 教学小数化分数。教材是按如下思路编排的。首先，根据除法的意义列出除法算式；其次，分别用小数和分数表示计算结果；再次，让学生思考怎样能较快地把小数化成分数，联系小数的意义，直接给出小数化成分数的一般方法；最后，通过“把小数化成分数需要注意什么？”的引领，再让学生自主概括与总结。

例 2 教学分数化小数。教材直接给出分数化小数的要求，而删除了原实验教材由排序引出。教材提供了两类分数：一类分母为 10，100……可直接化，另一类分母不是 10，100……，利用分数与除法的关系用分子除以分母得出小数。除不尽时，可根据需要用“四舍五入”法按要求保留小数位数，或者根据数据特点，也可以利用分数的基本性质，转化为分母是 10、100、1000……的分数，再化成小数。

3. 教学建议

（1）多角度了解与揭示分数的来源，促进学生对分数本质的理解。

在小学数学里，认识分数是学习数的概念的一次重要扩展。因此，教学中要从揭示产生分数的现实背景出发，帮助学生领会分数的含义，理解分数的意义。从现实的角度来看，数是用来表示量的。如 6 支笔、8 个人等这些量的共同特征，可以用自然数 6、8 来表示。但除了上面列举的由一些单位量合成的，可以用自然数表示的量之外，还存在许多可以分割的、无法用自然数来表示的量。历史上，分数正是为了比较精确地测量这类需要分割的量而引入的。另外，从数学的角度来看，分数的引入是为了解决整数集合里除法不是总能实施的矛盾。比如，2÷3 在整数范围内不能计算，引入分数就能记作 $2\div3=\dfrac{2}{3}$。在引出分数概念之后，又通过分蛋糕、分月饼的实例，抽象出分数与除法的关系，使学生初步感悟：利用分数，可以解决整数除法除不尽的矛盾，即从数学内部发展的角度，揭示了分数的来源。总之，教学通过多角度呈现分数的来源，使学生感悟到分数是为了适应客观实际需要而产生的，同时为学生提供了较为丰富的理解分数意义的教学素材，从而为学生理解分数的本质意义提供了牢固的学习平台。

充分利用学生已有知识基础与学习经验，在学习活动中及时抽象概括分数的意义。本单元的教学是学生在三年级学习“分数的初步认识”的基础上展开的，即学生已有将一个图形、实物等平均分可以得到分数的认知基础。因此，本节课的研究对象是将一些物体看成一个整体。但在实际的教学中，分数单位“1”的相对性与自然数“1”的确定性，在学生已有的知识经验中是相互矛盾的，进而导致分数的意义不为他们已有的认知结构所接受和同化。也就是说，单位“1”它不仅表示一个物体，也可以表示由多个物体所组成的一个整体，如一个物体、一个图形、一个计量单位可以称作单位“1”，一些物体所组成的一个整体也可以称作单位“1”，即与单位“1”相对应的量是动态的，具有相对性。当单位“1”表示为一个物体（如一个苹果、一个圆形、一米线段）时，与学生已有经验中所确定不变的自然数“1”相一致，当单位“1”表示多个物体（如 10 个苹果、23 个圆形、35 条 1 米长的线段）时，与自然数“1”就有了冲突，学生的理解也随之产生偏差。因此，本单元教学的主要任务是在帮助学生重构与拓展单位“1”的含义，进而揭示分数的本质。由此，教学不妨如下展开：

在练习纠错中不断积累数学经验，正确表征分数内涵。分数概念的多重意义性意味着学生必须跟随教学进度，不断激发已有的分数学习经验，由浅入深，分步扩展，主动建构新的分数经验，不断扩充、完善对分数内涵和分数概念的认知与把握。在此基础上，要善于引导学生从不同的角度，在不同意义情境下，全方位地认识分数，了解其各种不同的表征方式，理解其不同的内涵，正确地建立分数概念，否则学生难以运用知识灵活解决有关分数的实际问题。只有牢牢把握分数概念的不同表征方式，深刻理解分数概念的多重意义，才能达到触类旁通、举一反三的学习效果，才能真正将所学知识用于解决学习和生活中遇到的相关问题，提升数学素养，发展数学能力。

（2）运用公因数（公倍数）、最大公因数（最小公倍数）解决实际问题。

引导学生经历知识的探索过程，培养学生自主解决问题的能力。教材改变了原实验教材将解决问题与概念引入结合在一起的编排，主要是考虑到学生理解起来难度较大。所以，新版教材将这部分的编排改为先给出最大公约数、最小公倍数的概念，突出概念的本质，然后探索它们的求法，最后在解决问题的应用中体会它们的现实意义，加深对概念的理解。虽然这部分内容与生活联系紧密，但实际由于学生缺乏必要的生活经验与知识经验，在运用公因数（公倍数）、最大公因数（最小公倍数）解决实际问题时，还是有相当的困难。那么，应如何实现生活的实际问题转化为抽象的数学问题，进而解决实际生活问题？在教学时一方面应尽可能加强与实际生活的联系，激发学生的生活认知；另一方面应引导学生经历知识的探索过程，重视所学知识解决实际问题的意识与能力的训练，培养学生自主解决问题的能力。例如，阅读与理解题意，通过交流，收集有关信息，使学生明白，在储藏室的长方形地面上铺正方形，要求既要铺满，又要都用整块的方砖。进而思考：边长是多少的整块正方形地砖正好铺满？接着在“分析与解答”环节，通过操作实践，合作交流，使学生明白，要符合用正方形方砖铺地，满足既要铺满又要都用整块的方砖的条件，只要使正方形地砖的边长同时符合长方形地面长与宽的要求，即正方形地砖的边长既能整除长方形地面的长，又能整除长方形地面的宽，即地砖的边长必须既要是 16 的因数，又要是 12 的因数，进而认识到可以用公因数和最大公因数的方法解决问题，帮助学生将生活问题转化为数学问题。最后，通过可以让学生再画一画、相互验证交流，使学生明白：要使所用的正方形地砖都是整块数，地砖的边长必须既是 16 的因数又要是 12 的因数，从而形成解决此类问题的方法与策略。

充分关注操作与想象相结合，发展学生的空间观念。运用公因数（公倍数）、最大公因数（最小公倍数）解决实际问题的关键，就是帮助实现将生活问题转化为数学问题。如何帮助学生理解，实现这一转化，既是教学的重点，也是教学的难点。要在教学上实现这一突破，引导学生展开操作与想象是一个行之有效的方法。例如，在用公倍数、最大公因数解决实际问题时，在让学生猜想的基础上，让学生利用学具摆一摆、说一说，在不断的试误中理解要铺的一个正方形（要用整块的墙砖）的边长必须既是长 3 的倍数，又是宽 2 的倍数，最终得出只要找到 3 和 2 的公倍数与最小公倍数，就能知道所铺的正方形的边长。更进一步，在解决问题之后，可让学生进一步反思，在所求的边长是 6 dm 的正方形上画一画，想一想，看看找得对不对，以进一步加深对问题解决方法与策略的认识。

（三）百分数（一）

1. 课标要求

《义务教育数学课程标准（2022 年版）》第三学段“学段目标”中提出，经历用字母表示数的过程，理解小数和分数的意义，形成符号意识、运算能力、推理意识。

《义务教育数学课程标准（2022 年版）》第三学段“课程内容”中提出，结合具体情景探索并理解小数和分数的意义，感悟计数单位，会进行小数、分数的转化，进一步发展数感和符号意识。

2. 教材分析

百分数在生活中有着广泛的应用，人们常用百分数对事物进行描述、分析、统计、比较。虽然学生在日常生活中已经大量接触了百分数，但是对百分数的意义以及其应用价值的认识还处于模糊阶段。本单元，学生在学习了整数、分数、小数相关知识的基础上，正式认识百分数。百分数表示的是一个数是另一个数的百分之几，因此，它是一种特殊的分数，有关百分数的计算与应用都可以由分数的相关知识迁移过来。由于百分数与实际生活联系紧密，学习百分数对理解和判断生活中相关数据信息以及运用百分数解决日常生活中的实际问题有着重要的意义。本单元的内容包括百分数的意义和读、写；百分数和分数、小数的互化；用百分数解决问题等。

（1）百分数的概念。

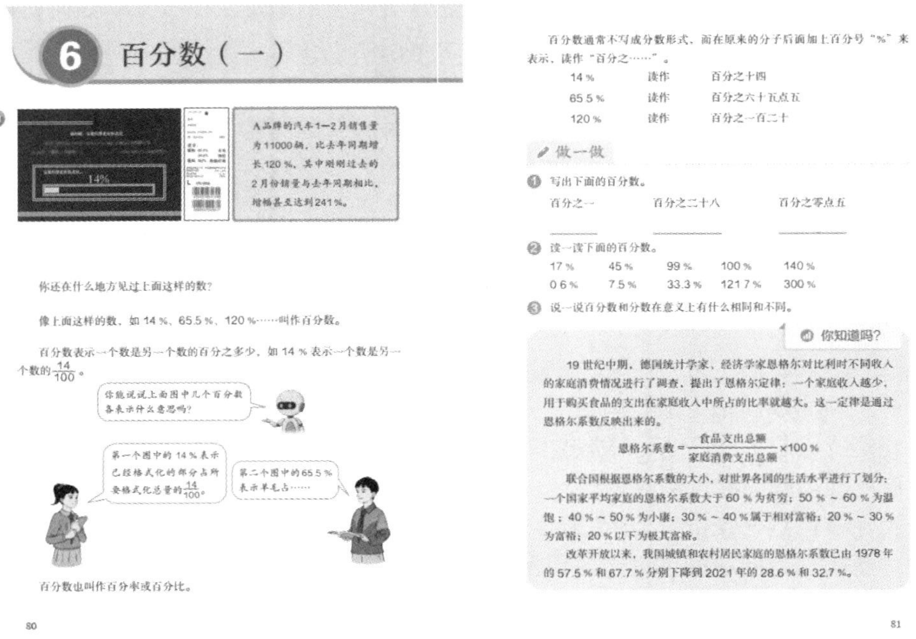
6 百分数（一）

A品牌的汽车1—2月销售量为11000辆，比去年同期增长120 %，其中刚刚过去的2月份销量与去年同期相比，增幅甚至达到241 %。

你还在什么地方见过上面这样的数？

像上面这样的数，如 14 %、65.5 %、120 %……叫作百分数。

百分数表示一个数是另一个数的百分之多少，如 14 % 表示一个数是另一个数的 $\frac{14}{100}$。

你能说说上面图中几个百分数各表示什么意思吗？

第一个图中的 14 % 表示已经格式化的部分占所要格式化总量的 $\frac{14}{100}$。

第二个图中的65.5 %表示羊毛占……

百分数也叫作百分率或百分比。

80

百分数通常不写成分数形式，而在原来的分子后面加上百分号“%”来表示，读作“百分之……”。

14 %	读作	百分之十四
65.5 %	读作	百分之六十五点五
120 %	读作	百分之一百二十

做一做

1. 写出下面的百分数。

百分之一　　百分之二十八　　百分之零点五

2. 读一读下面的百分数。

17 %　45 %　99 %　100 %　140 %

0.6 %　7.5 %　33.3 %　121.7 %　300 %

3. 说一说百分数和分数在意义上有什么相同和不同。

你知道吗？

19 世纪中期，德国统计学家、经济学家恩格尔对比利时不同收入的家庭消费情况进行了调查，提出了恩格尔定律：一个家庭收入越少，用于购买食品的支出在家庭收入中所占的比率就越大。这一定律是通过恩格尔系数反映出来的。

$$恩格尔系数=\frac{食品支出总额}{家庭消费支出总额}\times 100\%$$

联合国根据恩格尔系数的大小，对世界各国的生活水平进行了划分：一个国家平均家庭的恩格尔系数大于 60 % 为贫穷；50 % ~ 60 % 为温饱；40 % ~ 50 % 为小康；30 % ~ 40 % 属于相对富裕；20 % ~ 30 % 为富裕；20 % 以下为极其富裕。

改革开放以来，我国城镇和农村居民家庭的恩格尔系数已由 1978 年的 57.5 % 和 67.7 % 分别下降到 2021 年的 28.6 % 和 32.7 %。

81

图 3.1-43　六年级上第六单元

教材从日常生活中常见的百分数入手，呈现的三个实例中的百分数包括百分号前面的数是整数的、小数的、小于 100 的、大于 100 的，使学生认识各种情形的百分数。让学生说说还在什么地方见过这样的数，直接指出这样的数是百分数，并直接给出百分数的意义，再让学生根据此意义描述实例中百分数的实际含义。引导学生找出相比的量是哪两个，这两个量之间有什么样的关系。这与分数教学中强调“量率对应”的思想是一致的。

接下来，教材呈现了前面所引出的三个百分数的读写，具有一定的代表性（分别是整数、小数和大于 100 的数的情况）。这样安排，体现了从生活中引出数学知识的理念，让学生联系百分数在生活实际中的广泛应用来理解其意义。

例 1 求一个数是另一个数的百分之几（分数、小数化成百分数）。此处有两个教学目标：一是会解决“求一个数是另一个数的百分之几”的问题，二是在解决问题的过程中学会把分数、小数化成百分数的方法。这样编排，既凸显了转化的必要性，又把分数化成百分数、小数化成百分数整合在一起。

教材通过求投篮命中率的情境引入，并直接给出命中率的概念，使学生明白：要把最终结果化成百分数，再进行比较。根据“求一个数是另一个数的几分之几”，列出除法算式 3÷5 和 4÷6。两种不同的运算，产生了小数和分数的结果，很自然地产生“如何把小数和分数化成百分数”的需求。

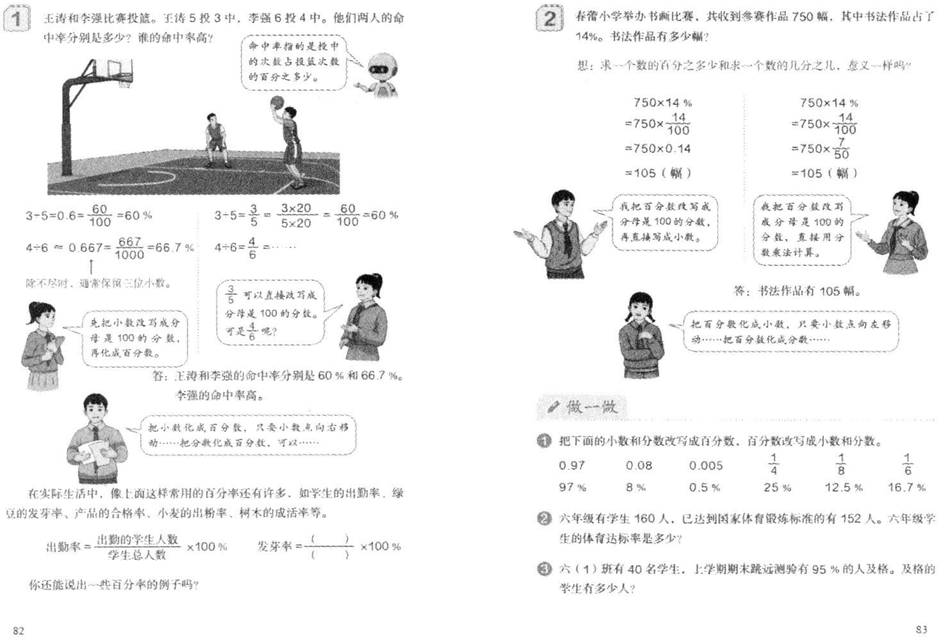

1 王涛和李强比赛投篮。王涛 5 投 3 中，李强 6 投 4 中。他们两人的命中率分别是多少？谁的命中率高？

$3\div5=0.6=\frac{60}{100}=60\%$

$4\div6\approx0.667=\frac{667}{1000}=66.7\%$

除不尽时，通常保留三位小数。

$3\div5=\frac{3}{5}=\frac{3\times20}{5\times20}=\frac{60}{100}=60\%$

$4\div6=\frac{4}{6}=\cdots\cdots$

答：王涛和李强的命中率分别是 60 % 和 66.7 %。李强的命中率高。

在实际生活中，像上面这样常用的百分率还有许多，如学生的出勤率、绿豆的发芽率、产品的合格率、小麦的出粉率、树木的成活率等。

$出勤率=\frac{出勤的学生人数}{学生总人数}\times100\%$　　$发芽率=\frac{(\quad)}{(\quad)}\times100\%$

你还能说出一些百分率的例子吗？

82

2 春蕾小学举办书画比赛，共收到参赛作品 750 幅，其中书法作品占了 14%。书法作品有多少幅？

想：求一个数的百分之多少和求一个数的几分之几，意义一样吗？

$750\times14\%$
$=750\times\frac{14}{100}$
$=750\times0.14$
$=105$（幅）

$750\times14\%$
$=750\times\frac{14}{100}$
$=750\times\frac{7}{50}$
$=105$（幅）

答：书法作品有 105 幅。

做一做

1. 把下面的小数和分数改写成百分数，百分数改写成小数和分数。

0.97	0.08	0.005	$\frac{1}{4}$	$\frac{1}{8}$	$\frac{1}{6}$
97 %	8 %	0.5 %	25 %	12.5 %	16.7 %

2. 六年级有学生 160 人，已达到国家体育锻炼标准的有 152 人。六年级学生的体育达标率是多少？

3. 六（1）班有 40 名学生，上学期期末跳远测验有 95 % 的人及格。及格的学生有多少人？

83

图 3.1-44　六年级上第六单元

教材选取的数据具有典型性。3÷5、4÷6 这两个算式，3÷5 能得到有限小数，也能直接将分数结果化成分母是 100 的分数；4÷6 则无法除尽，需取近似值，且无法直接将分数结果化成分母是 100 的分数。这些情况基本涵盖了小数、分数化成百分数的所有可能性。在此基础上，再让学生理解生活中其他一些“百分率”的含义，水到渠成。

例 2 求一个数的百分之几是多少（百分数化成分数、小数），有两个教学目标：一是会解决求一个数的百分之几是多少的问题，二是在解决问题的过程中学会把百分数化成分数、小数的方法。这样编排，既凸显了转化的必要性，又把百分数化成分数、百分数化成小数整合在一起。

教材注重将新知与原有知识进行沟通和联系，提示“求一个数的百分之几”和“求一个数的几分之几”意义相同，引导学生在已有知识基础上寻找数量关系，正确列式。利用两种不同的计算方法，体现把百分数化成分数或小数的必要性。由于百分数无法直接参与运算，需要利用它和分数、小数的关系，把它“等值转化”成分数或小数，再进行计算。

百分数化成小数，先把百分数改写成分数是 100 的分数，再根据小数的意义（或进行除法计算），改写成小数。在此基础上，观察到只要把百分数小数点左移两位，去掉百分号即可，这是把小数化成百分数的逆过程。百分数化成分数，也是把百分数先改写成分数是 100 的分数，再约分化简。

（2）问题解决。

例 3 是求一个数比另一个数多（或少）百分之几。数量关系和求一个数比另一个数多（或少）几分之几是一致的。教材呈现了两种解决问题的方法，拓宽学生的解题思路：① 先求出实际比原计划增加的公顷数，再求出增加的公顷数是原计划的百分之几。② 先求出实际造林的公顷数是原计划的百分之几，再减去 100%，就是实际造林比原计划增加了百分之几。为了帮助学生理解数量关系，教材利用线段图直观表示出量与量之间的关系，清晰地展示出谁和谁比，以谁为标准。

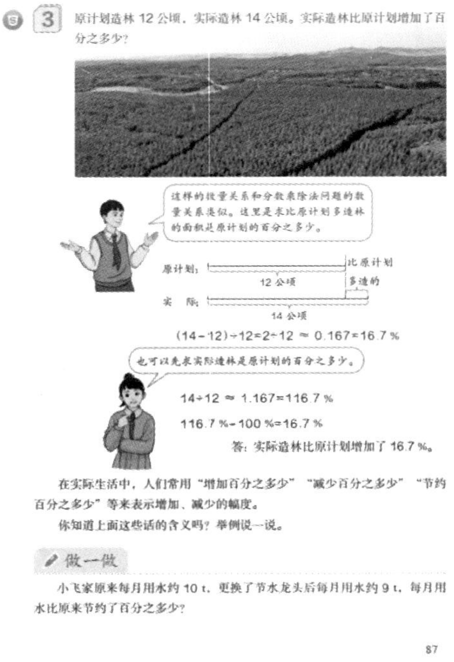

图 3.1-45　六年级上第六单元

接下来，教材指出：在实际生活中，人们常用“增加百分之几”“减少百分之几”“节约百分之几”……来表示增加、减少的幅度。使学生理解：这些生活中的表述都可以归结为数学上的“求一个数比另一个数多（少）百分之几”。

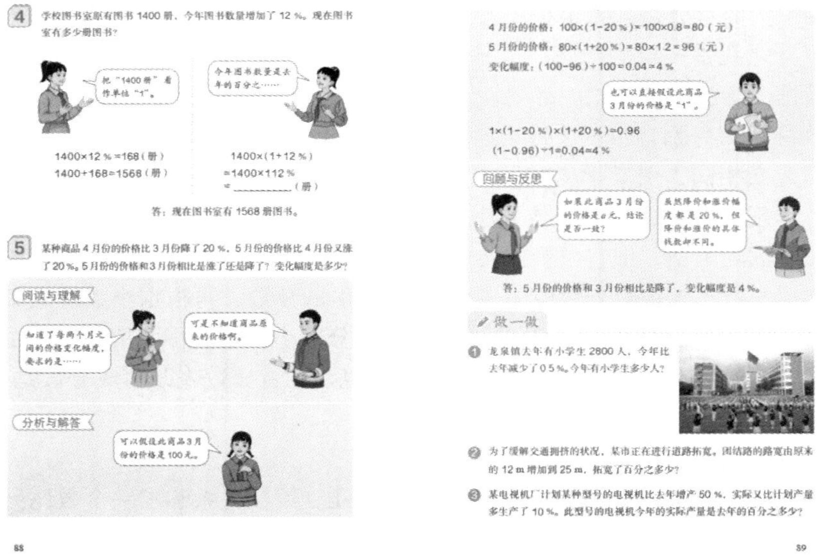

图 3.1-46　六年级上第六单元

例 4 是解决求比一个数多（或少）百分之几的数是多少的问题，这类问题的数量关系与求比一个数多（或少）几分之几的数是多少的问题相同。由于有了相关知识基础，学生对解决此类问题不会感到困难。教材提供了两种基本的解法，体现不同的解题思路，使学生看到每种解法中先算什么，再算什么，着重理解“增加了 12%”是增加了谁的 12%。

例 5 选取了“某种商品 4 月的价格比 3 月降了 20%，5 月的价格比 4 月又涨了 20%。5 月的价格和 3 月比是涨了还是降了？”这样一个既有趣又有挑战性的数学问题。问题中没有提供商品的具体价格，有利于激发学生的探究兴趣。

教材注重让学生经历发现问题、提出问题、分析问题、解决问题的全过程。在“阅读与理解”时发现按照“要求涨幅或降幅，就要知道前后的价格”的常规思路，遇到了“原来价格未知”的障碍，由此产生假设原有价格的需要。学生在提出问题的基础上，自主发现可以假设商品原来的价格为某个具体数值（比如 100 元）。这就将新的问题转化为已学过的问题，利用旧知加以解决。教材以商品原价 100 元为例，给出具体解法。在解决的过程中，学生可以发现降价的 20%和涨价的 20%是相对于不同的量而言的，因此，虽然降价和涨价的相对比率相同，降价和涨价的绝对数值却不同。不同的假设，却可以得到相同的结果，这说明原价是多少并不会影响结论。在此基础上，提出可以把商品的原价假设成抽象的“1”。这个“1”不是“1 元”，但可以代表“1 元”“100 元”“1000 元”……是一个高度抽象的概念。在“回顾与反思”阶段，引导学生进一步讨论：如果用更为一般的假设方法，把商品原价假设为 a 元。此时 5 月的价格是 $0.96a$，和 3 月价格 a 相比，$(a-0.96a)\div a=4\%$，结论不变，进一步验证了假设法的合理性和有效性。

3. 教学建议

（1）丰富学习素材，激活学生已有生活经验。

百分数在生活中有着广泛的应用，但由于百分数就是分数的比率的意义在生活中应用的特殊例子，因此，教学中的学习素材既要注重从学生熟悉的生活实际出发，激活学生已有生活经验，又要注重引导学生从丰富的学习素材中多角度分析比较理解百分数的实际含义。可以让学生讨论：百分数为什么会在生活中这么广泛应用？既然百分数是一个分数，为什么不直接用分母是 100 的分数表示信息？用百分数有什么好处？百分数与分数之间有什么区别？引导思考百分数与分数的联系与区别，加深学生对百分数的现实意义的理解。加强具体表征与分析比较，理解百分数的意义。教学时仅仅是让学生说出或者记忆“百分数表示一个数是另一个数的百分之几”这一抽象表述，那是一种简单的机械学习和死记硬背，应通过大量的具体的实例，引导学生用文字的、图表的、动作的等多种具有个性的表述方式，说出百分数的具体含义。同时，再引入“百分率”“百分比”等概念时，引导学生对百分数、分数、比进行比较，帮助学生厘清百分数和分数、比的联系与区别。这样在新旧知识的比较分析中，促进学生自主构建知识体系，加深对百分数意义的理解。

（2）以问题解决为驱动，引导学生自主探索新知。

结合解决“求一个数是另一个数的百分之几”的问题，首先创设具体的问题情境，借助数量关系的分析，进行列式计算。在此基础上，在引导学生感受体会将分数、小数化成百分数的必要性的同时，及时提出“你能用百分数表示吗？”这一现实问题，激发学生利用旧有知识进行自主探索的兴趣。并让学生在自主探索过程中思考：怎样将一个小数化为百分数？什么样的分数可以直接写成百分数？对于分母不能直接化成 100 的分数，应该怎么办？怎样将百分数化为小数或者分数？以问题驱动为主线，营造良好的合作交流的环境，帮助学生进一步沟通分数、小数、百分数之间的关系，灵活掌握转化的方法。适当增加练习，熟练掌握百分数、小数、分数互化的方法。开展丰富多彩的练习是提高学生掌握百分数、小数、分数互化方法的有效途径。

其一，开展专项练习，掌握某些特殊百分数与小数、分数的对应关系，可以大大提高在以后学习中的计算正确率。例如，针对 12.5%、25%、37.5%、40%、60%、75%、80%、87.5%这些特殊的百分数，比较熟练地掌握它们与分数或小数的互化结果。其二，在具体的练习情境中，倡导进行多样化的互化方法，培养灵活应用方法的能力。例如将 760÷2000 的商写成百分数，既可以是算出小数结果，再化成百分数；也可以是把除数和被除数同时缩小 20 倍，再直接改写成百分数等。这样，在引导学生对数、式、数学信息进行观察、分析、比较的同时，灵活选择应用互化的方法，既有利于提高学生综合解答问题的能力，又不失为培养学生数感的有效方法。

（3）用百分数解决实际问题。

有效利用已有知识，促进知识的正迁移。百分数问题与分数问题在数量关系上是一致的。在学习本单元用百分数解决问题时，学生已经具备解决“求一个数比另一个数多（或少）几分之几”和“求一个数是另一个数的百分之几”的知识基础以及学习活动经验。教学时，要充分利用这些知识，有意识地帮助学生沟通百分数问题和分数的相关问题。引导学生自主探究。利用线段图，直观呈现数量关系。教学时，可结合利用线段图，引导学生说清“这里是谁与谁比”“以谁为单位‘1’”“求得谁是谁的百分之几”等，将图示与言语表征有机融合在一起，表达数量和数量之间的关系，使学生对问题与已知条件之间的关系有更为清晰直观的认识，从而进一步加深理解数量关系。以问题为主线，引导学生经历问题解决的全过程，提高解决问题的能力。例 5 是有关用单位“1”解决有关问题的例题，是本单元教学的难点。如何突破这个教学难点？要以问题为主线，引导学生在解决问题的过程中，经历发现问题、提出问题、分析问题、解决问题的全过程。教学时，可以围绕“到底是涨了还是降了？变化的幅度是多少？”这两个问题，以问题串的形式展开教学。在“阅读与理解”环节，引导学生思考：你知道了什么（谁与谁比，谁是单位“1”）？题目提出了什么问题？你会直接解答吗？有什么不理解的地方？在“分析与解答”环节，思考：不知道 3 月的具体价格，怎么办？当学生提出可以假设具体的数据，通过假设不同的数据，对结果进行比较之后，可进一步思考：为什么假设的数据不同，结果却一样？如果假设价格为单位“1”，结果是否还会一致？为什么降价和涨价都是 20%，商品的价格却发生了变化？……这样，在问题的引领下，学生不断地探索与思考，掌握利用假设解决问题的方法，体会变中不变的思想。在“回顾与反思”环节，进一步讨论：“如果 3 月的价格为 a 元，结论是否一致？”把解决方法推广到一般，使学生从数学本质上理解各种假设法的合理性以及内在一致性。

（四）百分数（二）

1. 课标要求

《义务教育数学课程标准（2022 年版）》第三学段“学段目标”中提出：经历用字母表示数的过程，理解小数和分数的意义，形成符号意识、运算能力、推理意识。

《义务教育数学课程标准（2022 年版）》第三学段“课程内容”中提出：结合具体情景探索并理解小数和分数的意义，感悟计数单位，会进行小数、分数的转化，进一步发展数感和符号意识。

2. 教材分析

本单元的内容是在学生理解百分数的意义、掌握分数四则混合运算、能用分数四则运算解决实际问题、会解决一般性的百分数实际问题的基础上进行教学的，主要涉及折扣、成数、税率、利率等百分数的特殊应用，让学生通过对这些与生活实际密切相关的知识的学习，进一步了解百分数在生活中的具体应用，提高灵活应用数学知识的能力。

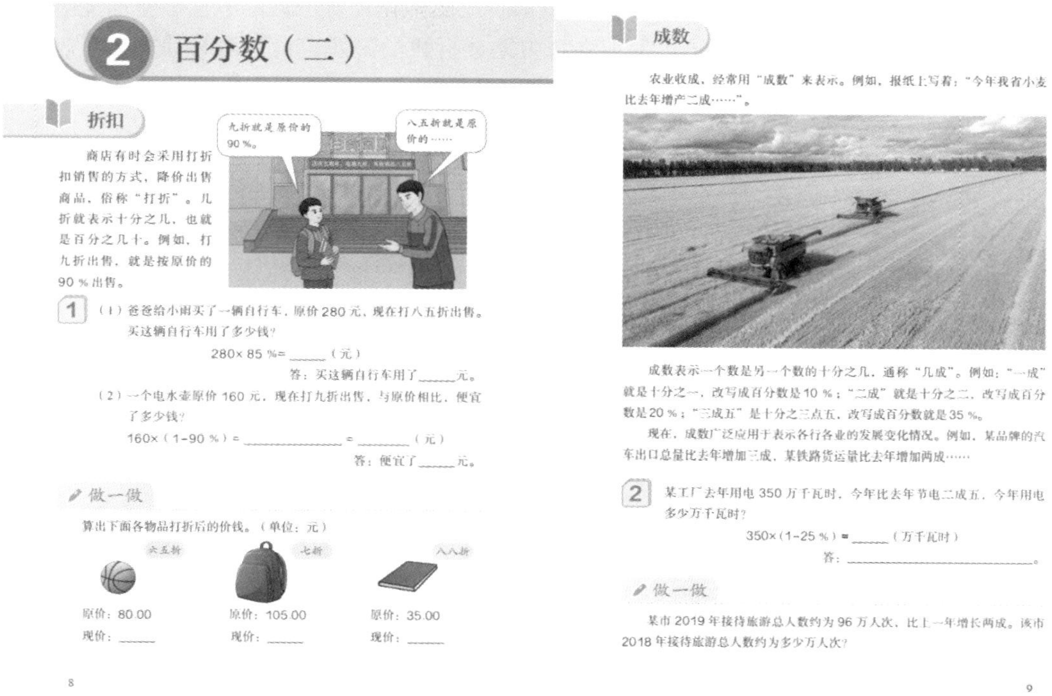
2 百分数（二）

折扣

商店有时会采用打折扣销售的方式，降价出售商品，俗称“打折”。几折就表示十分之几，也就是百分之几十。例如，打九折出售，就是按原价的 90 % 出售。

九折就是原价的 90 %。

八五折就是原价的……

1 （1）爸爸给小雨买了一辆自行车，原价 280 元，现在打八五折出售。买这辆自行车用了多少钱？

280× 85 %= ______（元）

答：买这辆自行车用了______元。

（2）一个电水壶原价 160 元，现在打九折出售，与原价相比，便宜了多少钱？

160×（1−90 %）= ______________ = ________（元）

答：便宜了______元。

做一做

算出下面各物品打折后的价钱。（单位：元）

六五折　原价：80.00　现价：______

七折　原价：105.00　现价：______

八八折　原价：35.00　现价：______

8

成数

农业收成，经常用“成数”来表示。例如，报纸上写着：“今年我省小麦比去年增产二成……”。

成数表示一个数是另一个数的十分之几，通称“几成”。例如：“一成”就是十分之一，改写成百分数是 10 %；“二成”就是十分之二，改写成百分数是 20 %；“三成五”是十分之三点五，改写成百分数就是 35 %。

现在，成数广泛应用于表示各行各业的发展变化情况。例如，某品牌的汽车出口总量比去年增加三成，某铁路货运量比去年增加两成……

2 某工厂去年用电 350 万千瓦时，今年比去年节电二成五，今年用电多少万千瓦时？

350×（1−25 %）= ______（万千瓦时）

答：______________________________。

做一做

某市 2019 年接待旅游总人数约为 96 万人次，比上一年增长两成。该市 2018 年接待旅游总人数约为多少万人次？

9

图 3.1-47　六年级下第二单元

例 1 教学折扣问题。教材以日常生活中常见的商场商品打折销售的情境引入“折扣”概念，并具体说明打折的含义，即几折就表示十分之几，也就是百分之几十。教材创设爸爸与小雨在商店买打折商品的具体情境，以对话的形式举例说明折扣的含义，八五折就是原价的 85%，打九折就是按原价的 90%出售，以防止有学生错误理解为打几折就是售价减少了原价的十分之几，从而帮助学生更准确地进行理解。在此基础上，进一步引出求商品折后价和节省了多少钱的实际问题。结合对折扣的理解认识，使学生明晰这两个现实的问题实际上就是解决“求一个数的百分之几是多少”和“求比一个数少百分之几的数是多少”的问题。对于问题的解答，教材没有给出详细的解题过程，仅以填空的形式给出算式，目的是让学生独立自主解决问题。

教材安排“做一做”的练习，都是出示原价和折扣，要求计算现价，使学生牢固掌握“原价 × 折扣=现价”的数量关系。

例 2 教学成数问题。与“折扣”概念教学类似，教材也是先呈现“成数”概念，并举例说明，再将成数与已学的百分数知识进行类比，沟通两者之间的联系，在此基础上，解决有关成数的实际问题。相较之下，“折扣”问题与学生实际生活联系紧密，学生易于理解；成数则是表示农业收成方面的术语，离学生的生活实际稍远些，学生对成数概念更有些陌生感。由此，教材先说明成数的原始出处（表示农业收成的增减）及延伸用途（表示各行各业的发展变化情况），再列举相应的例子加以说明，一则使学生知道成数在实际生活中的广泛应用，二则使学生明确成数表示的实际含义，与折扣中的几折表示原价的十分之几类似，几成表示十分之几。但在表示百分之几十几时，二者说法有异，例如，38%表示折扣时是“三八折”，表示成数时是“三成八”。

涉及成数的实际问题一般是以“增加几成”“减少几成”的形式呈现的。教学例 2 和“做一做”是在学生理解“节省二成五”“增长两成”各表示的实际含义的基础上，引导学生将问题转化为“求比一个数少百分之几的数是多少”，掌握将成数转化为百分数的方法，继而充分利用已有的解决百分数问题的经验，引导学生独立自主地分析数量关系，自行解答计算过程。学生在分析、归纳的过程中，不断巩固和提高解决有关百分数的实际问题的能力。

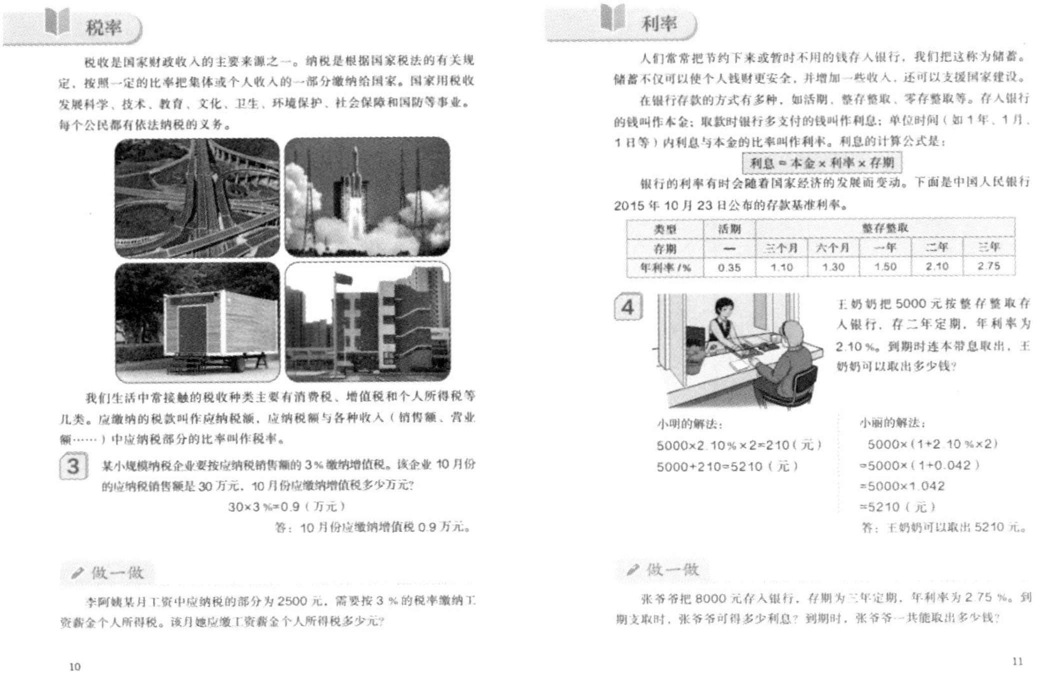

税率

税收是国家财政收入的主要来源之一。纳税是根据国家税法的有关规定，按照一定的比率把集体或个人收入的一部分缴纳给国家。国家用税收发展科学、技术、教育、文化、卫生、环境保护、社会保障和国防等事业。每个公民都有依法纳税的义务。

我们生活中常接触的税收种类主要有消费税、增值税和个人所得税等几类。应缴纳的税款叫作应纳税额，应纳税额与各种收入（销售额、营业额……）中应纳税部分的比率叫作税率。

3 某小规模纳税企业要按应纳税销售额的 3% 缴纳增值税。该企业 10 月份的应纳税销售额是 30 万元，10 月份应缴纳增值税多少万元？

30×3%=0.9（万元）

答：10 月份应缴纳增值税 0.9 万元。

做一做

李阿姨某月工资中应纳税的部分为 2500 元，需要按 3% 的税率缴纳工资薪金个人所得税。该月她应缴工资薪金个人所得税多少元？

10

利率

人们常常把节约下来或暂时不用的钱存入银行，我们把这称为储蓄。储蓄不仅可以使个人钱财更安全，并增加一些收入，还可以支援国家建设。

在银行存款的方式有多种，如活期、整存整取、零存整取等。存入银行的钱叫作本金；取款时银行多支付的钱叫作利息；单位时间（如 1 年、1 月、1 日等）内利息与本金的比率叫作利率。利息的计算公式是：

利息 = 本金 × 利率 × 存期

银行的利率有时会随着国家经济的发展而变动。下面是中国人民银行 2015 年 10 月 23 日公布的存款基准利率。

类型	活期	整存整取				
存期	—	三个月	六个月	一年	二年	三年
年利率 /%	0.35	1.10	1.30	1.50	2.10	2.75

4 王奶奶把 5000 元按整存整取存入银行，存二年定期，年利率为 2.10%。到期时连本带息取出，王奶奶可以取出多少钱？

小明的解法：

5000×2.10%×2=210（元）

5000+210=5210（元）

小丽的解法：

5000×(1+2.10%×2)

=5000×（1+0.042）

=5000×1.042

=5210（元）

答：王奶奶可以取出 5210 元。

做一做

张爷爷把 8000 元存入银行，存期为三年定期，年利率为 2.75%。到期支取时，张爷爷可得多少利息？到期时，张爷爷一共能取出多少钱？

11

图 3.1-48　六年级下第二单元

例 3 教学税率问题。教材首先通过图文结合的形式，介绍纳税的意义、税收的用途。特别地，教材通过机器人聪聪的提问，在列举税收的各种种类的同时，着重介绍了应纳税额和税率的含义，并进一步揭示应纳税额、各种收入与税率三者之间的关系。例 3 是以营业额为例，教学应纳税额的具体求法，“做一做”是以工资额为例，求个人所得税额。这两题实质都是求一个数的百分之几是多少的问题。由此，将税率问题转化为用百分数解决问题成为教学的关键点。但在解决实际问题时，老师们必须认识到学生最困难的并不是计算本身，而是对于税种、应税额（一个数）及税率（百分之几）的确定。例如，例 3 中的“百分之几”指的是哪个税率，即营业税的税率是针对营业额而言的。“做一做”中的“一个数”是指哪一部分应税额，即应税额是月工资扣除 5000 元所剩余的部分，而不是所有的工资。

例 4 教学利息问题。教材在说明储蓄意义的同时，直接介绍了什么是本金、利息、利率以及三者之间的数量关系式，即利息=本金 × 利率 × 存期。显然，利率是一个与存期直接相关的概念，由于存在时间（存期）这个变量，相应的利率也将随之发生变化。同时，随着国家政治经济的变化发展，利率本身也会出现相应的调整。因此，在计算时既要注意利率与存期的对应性，也要关注利率的时间性（不同的时间段，有可能同期的利率是不一样的）。总之，由于有时间、利息和本金三个变量，对于学生而言，计算思考的复杂程度大大增加，应用的综合性也更强。

教学时老师们应该引起足够的重视。例如，例 4 计算的是存期 2 年的利息，“做一做”中求的是存期 5 年的利息，这两题中的利率是不一样的。教师要在教学中通过比较，引导学生体会两者之间的不同之处。

例 4 通过对话的形式引出计算有关利息的问题。学生要明确需解决的问题的实质：即到期时，除了本金，还要加上利息，才是一共可以取回的钱。教材介绍了两种方法解决王奶奶存 5000 元的两年定期后可以取回多少的问题，以进一步帮助学生掌握计算利息的基本方法。可以先算利息，再加上本金。也可以直接用“求比一个数多百分之几的数是多少”来解决。这里特别要强调，由于存的是两年期的，需要找到相应的年利率，以及注意存期为两年。

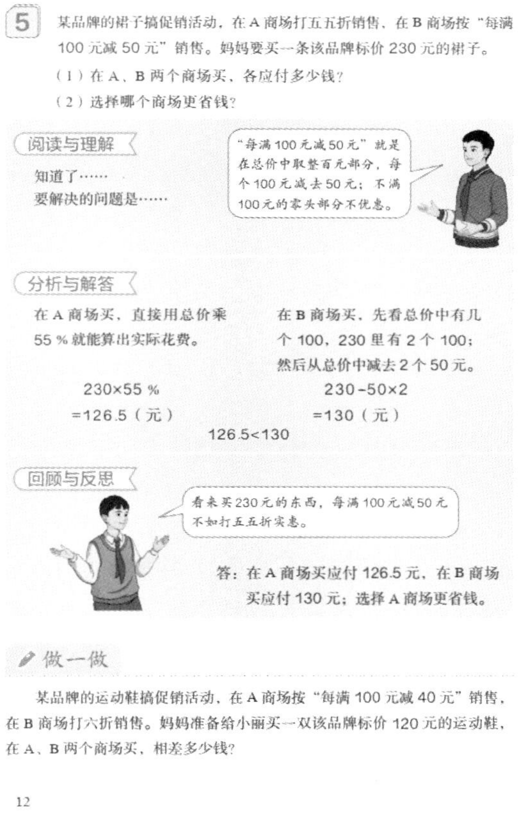

5　某品牌的裙子搞促销活动，在 A 商场打五五折销售，在 B 商场按“每满 100 元减 50 元”销售。妈妈要买一条该品牌标价 230 元的裙子。

（1）在 A、B 两个商场买，各应付多少钱？

（2）选择哪个商场更省钱？

阅读与理解

知道了……

要解决的问题是……

“每满 100 元减 50 元”就是在总价中取整百元部分，每个 100 元减去 50 元；不满 100 元的零头部分不优惠。

分析与解答

在 A 商场买，直接用总价乘 55 % 就能算出实际花费。

230×55 %

=126.5（元）

在 B 商场买，先看总价中有几个 100，230 里有 2 个 100；然后从总价中减去 2 个 50 元。

230−50×2

=130（元）

126.5<130

回顾与反思

看来买 230 元的东西，每满 100 元减 50 元不如打五五折实惠。

答：在 A 商场买应付 126.5 元，在 B 商场买应付 130 元；选择 A 商场更省钱。

做一做

某品牌的运动鞋搞促销活动，在 A 商场按“每满 100 元减 40 元”销售，在 B 商场打六折销售。妈妈准备给小丽买一双该品牌标价 120 元的运动鞋，在 A、B 两个商场买，相差多少钱？

12

图 3.1-49　六年级下第二单元

例 5 教学运用折扣知识解决生活中的“促销”问题。通过对不同促销方式的理解，进一步巩固涉及折扣的相关知识，体会数学知识在实际生活中的价值。本例在“阅读与理解”环节，通过对话的形式帮助学生理解“满 100 元减 50 元”的具体含义。在具体的理解过程中还可以设问：不计算，你能猜出哪个商场的折扣多吗？进一步帮助学生对不同折扣方式的具体含义的理解。在“分析与解答”环节，在对两种不同促销方式形成深入理解的基础上求出实际的花费。在比较不同促销方式的过程中，不妨追问：在 B 商场买，实际相当于打几折？以进一步加深对两种不同促销方式的理解。通过“回顾与反思”，进一步明确两种不同促销方式的数学意义，促进学生深入思考：什么时候两个商场折扣差别最小？什么时候差别最大？学生从中进一步体会数学知识在实际生活中的价值。

3. 教学建议

（1）加强数学知识与现实生活的联系，关注学生的生活经验。

“现实性”是本单元知识内容的一个显著特点。因此，在教学时，应尽可能使学习内容贴近学生的生活，并通过课前课后的活动延伸拓展，为学生提供一个更为广阔的学习空间。例如，对于像“折扣”“成数”这些概念，非常贴近学生的生活实际的教学内容。教学时可先通过收集一些相关的素材，如报纸、杂志、网络上关于折扣、成数的信息，并组织学生在课堂上交流分享，或联系学生的生活经验，组织学生对概念进行辨析，以进一步唤起学生对所学内容的兴趣，帮助其了解这些概念在日常生活中的实际应用，形成对概念的初步认识，为课堂教学做好铺垫。又如“税率”“利率”尽管渗透在我们每一个人的生活之中，但相对于“折扣”“成数”这些概念还是显得有些“生疏”，因为毕竟小学生的现实生活还是不太可能（或者说很少）会接触到有关税收、储蓄方面的内容。由此，教学时应尽量将这些知识与学生的生活实际建立联系，并设法丰富学生的实践经验，如在进行利率概念教学时，我们可以组织一次实践活动，让学生体验储蓄的全过程，感受储蓄的真实内容。同时，在课后，还可布置一些有关金融知识的实践调查，让学生了解相关的金融知识，培养学生理财的意识。尤其是当下理财方式多种多样，也不妨让学生亲自去银行等实地了解询问，通过了解不同理财方式的不同利率，计算不同理财方式带来的不同的理财收益，既可加深对利率概念的理解，又可进一步牢固掌握涉及百分数的问题的解决方法。

（2）引导学生主动迁移，将有关折扣、成数、税率和利率等问题转化为有关百分数的实际问题。

在理解概念的基础上，掌握转化成百分数的方法。其一，本单元的教学内容由于在生活实际中广泛存在，学生多多少少有过接触，有一定的生活经验。其二，本单元的内容仅是百分数概念的实际应用，学生有百分数及解决一般百分数问题解决的知识经验，学习的内容相对来说比较简单。这在许多教师看来，只要“告知”学生这些概念的内涵，然后进行相关练习即可，忽视了学生对概念的本质的理解，特别是缺乏对具体数量之间相互关系的正确认知，以及如何沟通各概念与百分数概念之间的联系与转化。为此，在教学中，教师要为学生正确理解与相互联系提供多元表征，让学生在观察思考、合作交流和对照辨析中明晰各个数量之间的联系，促进各概念的意义与百分数概念的可逆转化，掌握转化成百分数的方法。例如：像“三成五”这样的形式，要让学生在交流辨析中明白，“三成五”就是十分之三点五，也就是 35%，而不是可以理解成 3.5%，继而对于 35%，可让学生根据自己的理解说成“三成五”，也可以说成是“三五折”。又如：李阿姨的月工资是 7500 元，扣除 5000 元个税免征额后的部分需要按 3%的税率缴纳个人所得税，她应缴纳个人所得税多少元？对于题中“扣除 5000 元个税免征额后的部分需要按 3%的税率缴纳个人所得税”，可以让学生经思考后直接表述为就是求“2500 元（7500 元-5000 元）的 3%是多少”，以进一步揭示应纳税额、所得税额和税率之间的相互关系。

遵循问题解决的一般过程，提高利用百分数解决问题的能力。阅读与理解、分析与解答、回顾与反思是问题解决的一般过程。教学时，教师要遵循这个过程，全面提升学生的问题解决能力。例如有关折扣、成数、税率、利率等问题，首先要让学生正确理解折扣、成数、税率、利率的含义。在此基础上，利用数量关系式，确定正确的计算方法，即“求一个数的百分之几是多少”“求比一个数多（或少）百分之几的数是多少”还是“已知比一个数多（或少）百分之几的数，求这个数”。最后，对计算的结果进行评估或延伸思考。教学中不断反复让学生经历这样的过程，最终的目的就是让学生明白不管百分数以哪种具体形式（如折扣、成数、税率、利率）出现，都可以把分数、百分数一般性问题中的数量关系迁移过来，从而使学生真正提高把现实问题抽象成数学模型的能力。

适当增加变式练习，提高学生自主解决问题的能力。变式是通过变更对象的本质（或非本质）特征的表现形式，变换人们观察事物的角度或方法，以突出对象的本质特征，从而掌握事物的本质和规律。在练习中恰当使用变式能够有效地促进学生掌握知识、深化体验。例如有关税收的实际问题，经过课堂上的探索与研究，学生对应税额×税率=所得税额的计算方法有了初步建构，但往往是稚嫩的、不稳定的，需通过变换材料的本质（或非本质）属性让学生去感知、体验、领悟。教学时，在让学生直接求个人所得税时，不妨改变问题，让学生用多种方法求出税后收入。还可以直接给出某人所缴的税额，反推出其工资收入。从而揭示知识的本质，使学生进一步巩固知识、形成技能、发展思维、提升能力。

（3）针对易错易混淆之处，加强对比分析，促进理解掌握。

教学的过程不是系统地讲授，而是灵动地“点拨”（即引在重点上，导在疑难处，点在困惑时）。教师应根据学生的学习情况进行点拨与引导，或规范其不准确的表达，或解答其疑惑的问题，或纠正其错误的理解。如有关利率问题的计算，尽管学生已经掌握了基本的应用问题，但在实际的生活中，这些特殊的百分数应用仍会比较复杂。如实际存款时，同样的本金，选择不同的存期，利率会不同，计算利息的方式也完全不同。当学生通过自主学习、小组合作交流，依然理解有障碍时，教师就应该转变角色，做到“该出手时就出手”，参与到学生的讨论之中。依据基本的数量关系式：本金×利率×存期=利息，引导学生在比较联系中步步深入，区分清楚不同存期的不同利率以及计算的方法，由表及里，加深对知识的本质理解，以帮助学生更好地理解百分数在商业活动中广泛、灵活的应用。

三、小数

（一）小数的初步认识

1. 课标要求

《义务教育数学课程标准（2022 年版）》第二学段“学段目标”中提出：经历小数和分数的形成过程，初步认识小数和分数，形成数感、运算能力和初步的推理意识。

《义务教育数学课程标准（2022 年版）》第二学段“课程内容”中提出：结合具体情境，初步认识小数和分数，感悟分数单位，会运用数描述生活情景中事物的特征，逐步形成数感、运算能力和初步的推理意识。

2. 教材分析

小数的初步认识是学生对数的认识的一次重要拓展，它与整数相比，在意义、书写形式、计数单位、计算法则等方面有某些相同的地方，但也有一定的差异。这部分内容的教与学是在学生认识了万以内的数、会计算三位数的加减法、初步认识了分数、会计算简单的同分母分数加减法，并且学习了常用计量单位的基础上进行的。这里是学习小数的初步认识，教材中出现的这些小数的小数部分都只有 1 或 2 位，小数的计算也只涉及一位小数的加减。两个部分教学内容之间的关系：小数的初步认识为小数加减法的学习做准备，而在小数加减法的学习中，学生对小数的认识更加深刻，为今后系统地学习小数打下初步基础。

图 3.1-50　三年级下第七单元

教材充分利用了小数与日常生活的密切联系，创设了超市购物、买文具、量体温和身高的情景。这些情景内容较为丰富，贴近学生的生活实际，充满了生活的气息，让学生在熟悉的情境中初步认识小数。

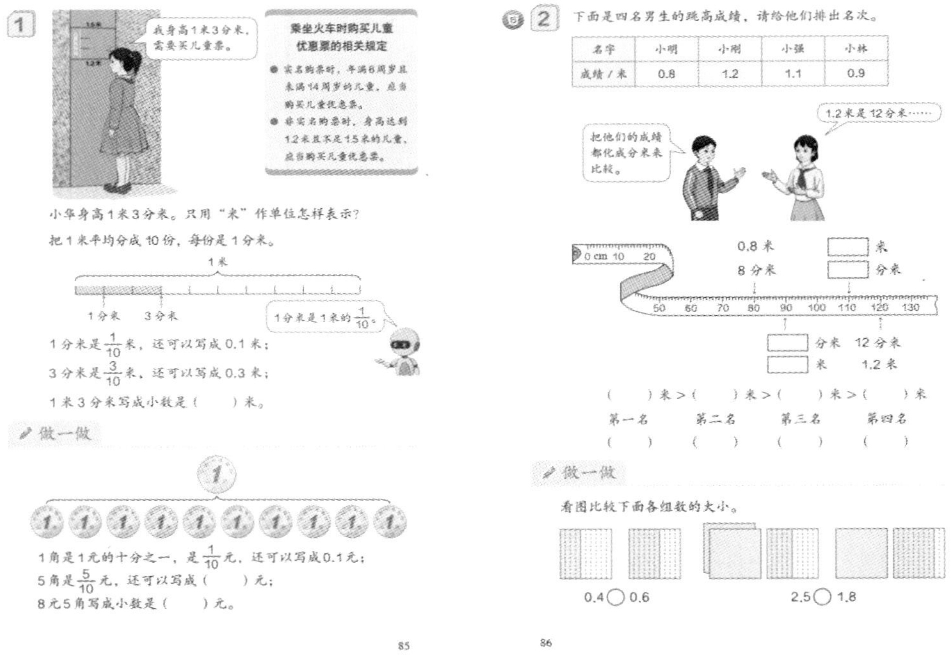

图 3.1-51　三年级下第七单元

为了适应三年级学生的年龄特征，使学生易于接受，例 1、2 和“做一做”的小数都结合元、角、分或常用的长度、重量、单位出现，以便于学生联系实际，初步认识小数的含义。例 1 是在学生初步认识了分数并掌握了长度单位之间的关系的基础上，教学一位小数的含义及写法。例 1 的“做一做”，选取学生熟悉的元与角的关系，丰富具体情境范例，让学生进一步体会一位小数的含义，并巩固小数的写法。例 2 呈现四位同学跳高的成绩，都是以米做单位的一位小数。读取信息的过程也是认读小数的复习过程。通过比较四名男生跳高成绩的活动，教学一位小数的比较大小。例 2 的“做一做”，利用面积模型为比较两组小数的大小提供直观支撑，同时进一步丰富学生对小数的理解。

3. 教学建议

（1）调动学生的生活经历和已有知识，促进知识经验的迁移。

小学生的很多生活经验以及他们前面所学的整数及其加减法的有关知识都能在本单元的学习中发挥积极的迁移作用。教师应充分利用这些有利条件，激活学生的相关生活经验和相关知识基础，促进学习的正迁移，帮助学生在具体情境中充分感知小数的含义，理解一位小数加减法的算理和注意事项，使学生在学会的同时，形成会学的能力。

（2）把握好小数初步认识的学习要求。

小数的初步认识教学要求应当注意把握三点：一是本单元不要求离开现实背景和具体的量，抽象地讨论小数；二是小数的认、读、写限于小数部分不超过两位的小数；三是简单的小数加、减法，原则上限于一位小数，并且结合具体的量进行计算。

（3）引导学生自主探究，提倡计算方法多样化。

简单的小数加减法是一个比较简单的内容，适合学生自行探究，教师对学生的学习潜能要有充分的估计。教学时，应尽可能地放手让学生提出问题，尝试计算，验证答案，并引导他们自己总结计算要点，从而逐步培养和提高学生的数学学习能力。学习前摸清学生根据生活经验对小数的了解程度，把握好知识的起点。收集小数的相关知识，进行数学文化的渗透。

（二）小数的意义和性质

1. 课标要求

《义务教育数学课程标准（2022 年版）》第二学段“学段目标”中提出：经历小数和分数的形成过程，初步认识小数和分数，形成数感、运算能力和初步的推理意识。

《义务教育数学课程标准（2022 年版）》第二学段“课程内容”中提出：结合具体情境，初步认识小数和分数，感悟分数单位，会运用数描述生活情景中事物的特征，逐步形成数感、运算能力和初步的推理意识。

2. 教材分析

本单元内容是在三年级“分数的初步认识”和“小数的初步认识”的基础上教学的，是学生系统学习小数的开始。通过这部分内容的教学，使学生进一步理解小数的意义和性质，为今后学习小数四则运算打好基础。具体安排如表 3.1-1。

表 3.1-1 小数的意义和性质内容

小节标题	主要内容
1. 小数的意义和读写法	·小数的意义 ·小数的读法和写法
2. 小数的性质和大小比较	·小数的性质 ·小数的大小比较
3. 小数点位置移动引起小数大小的变化	·小数点位置移动引起小数大小的变化规律
4. 小数与单位换算	·单名数、复名数的互化
5. 小数的近似数	·用“四舍五入”法求一个小数的近似数 ·把较大的数改写成用“万”“亿”作单位的数

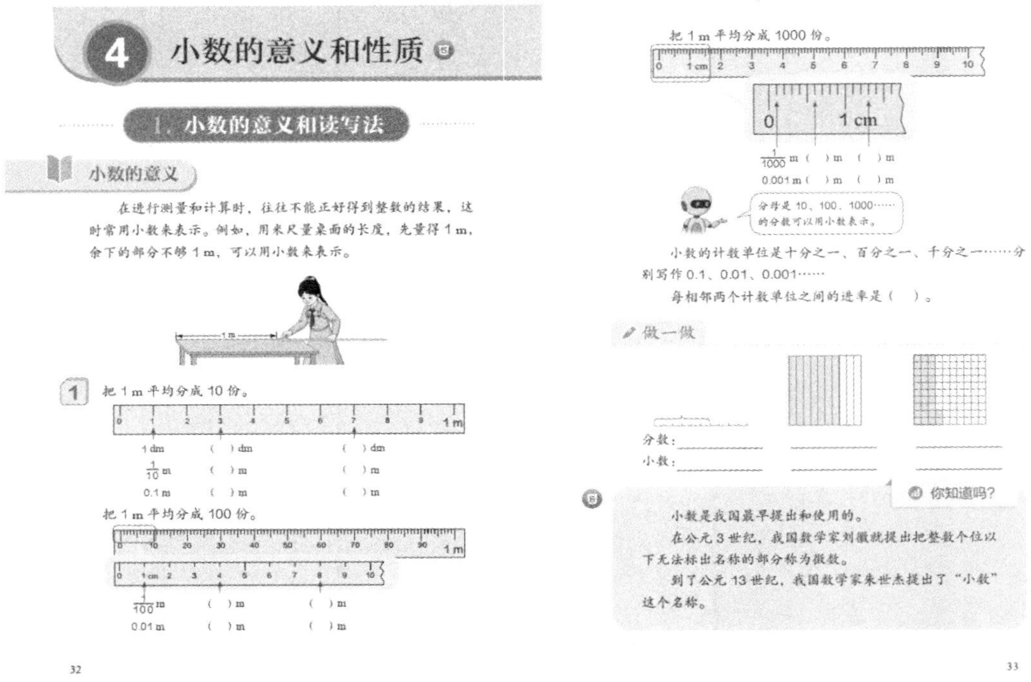
4 小数的意义和性质

1. 小数的意义和读写法

小数的意义

在进行测量和计算时，往往不能正好得到整数的结果，这时常用小数来表示。例如，用米尺量桌面的长度，先量得 1 m，余下的部分不够 1 m，可以用小数来表示。

1 把 1 m 平均分成 10 份。

1 dm ( ) dm ( ) dm

$\frac{1}{10}$ m ( ) m ( ) m

0.1 m ( ) m ( ) m

把 1 m 平均分成 100 份。

$\frac{1}{100}$ m ( ) m ( ) m

0.01 m ( ) m ( ) m

把 1 m 平均分成 1000 份。

$\frac{1}{1000}$ m ( ) m ( ) m

0.001 m ( ) m ( ) m

分母是 10、100、1000……的分数可以用小数表示。

小数的计数单位是十分之一、百分之一、千分之一……分别写作 0.1、0.01、0.001……

每相邻两个计数单位之间的进率是( )。

做一做

分数：

小数：

你知道吗？

小数是我国最早提出和使用的。

在公元 3 世纪，我国数学家刘徽就提出把整数个位以下无法标出名称的部分称为微数。

到了公元 13 世纪，我国数学家朱世杰提出了“小数”这个名称。

32 33

图 3.1-52 四年级下第四单元

教材选择学生熟悉的教室情境简要地呈现了“小数产生”的过程，通过实际的测量活动，体会小数产生的必要性。选用米尺作为直观教具，以长度单位为例说明小数实质上是十进分数的另一种表示形式。例 1 分 3 个层次：① 通过分米数改写成用米作单位的小数，说明十分之几用一位小数表示。② 通过厘米数改写成用米作单位的小数，说明百分之几用两位小数表示。③ 通过毫米数改写成用米作单位的小数，说明千分之几用三位小数表示。通过 3 个层次让学生进一步认识到：把低级长度单位的数改写成高级单位的数，可以用分母是 10、100、1000 的分数表示，这样的分数可以用小数表示。考虑到厘米、毫米单位比较小，不容易看清楚，教材分别呈现了它们的放大图，以便学生更有效地参与到学习活动中。在直观探究的基础上，抽象概括出小数的意义。考虑到学生的理解能力，在描述小数的意义时，教材淡化了十进分数为什么可以依照整数的写法用小数来表示的道理，着重从“小数是十进分数的另一种表示形式”的角度说明小数的含义。使学生明确：分母是 10、100、1000 的分数可以用小数表示。“做一做”用分数和小数表示出涂色部分，通过直观对比使学生进一步感知分数与小数的联系，加深对小数意义的理解。通过“你知道吗”对学生进行数学文化的渗透。

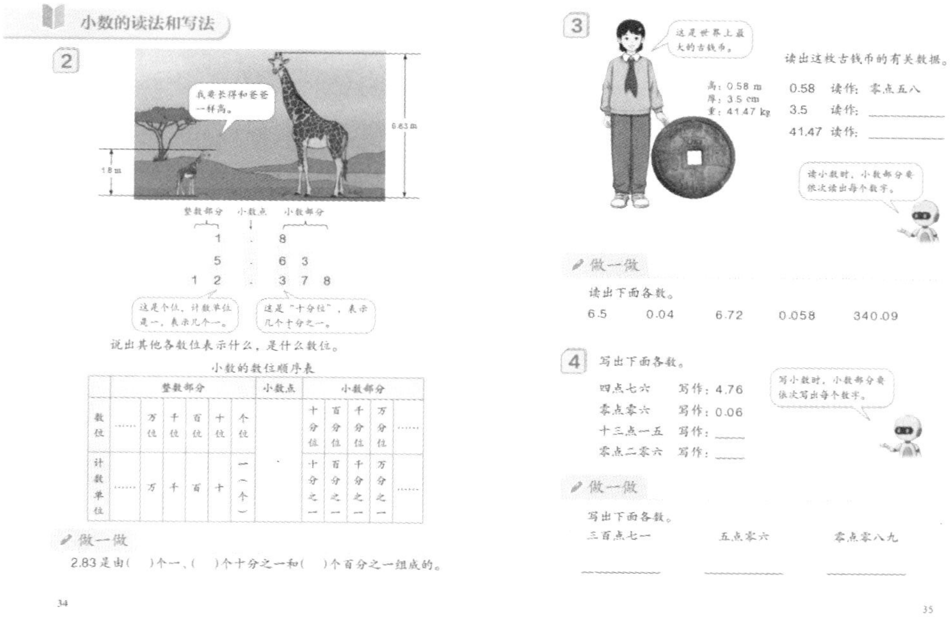
小数的读法和写法

2

我要长得和爸爸一样高。

1.8 m

5.63 m

整数部分　小数点　小数部分

1 . 8

5 . 6 3

1 2 . 3 7 8

这是个位，计数单位是一，表示几个一。

这是“十分位”，表示几个十分之一。

说出其他各数位表示什么，是什么数位。

小数的数位顺序表

	整数部分						小数点	小数部分				
数位	……	万位	千位	百位	十位	个位	.	十分位	百分位	千分位	万分位	……
计数单位	……	万	千	百	十	一（个）		十分之一	百分之一	千分之一	万分之一	……

做一做

2.83 是由（　）个一、（　）个十分之一和（　）个百分之一组成的。

34

3

这是世界上最大的古钱币。

高：0.58 m
厚：3.5 cm
重：41.47 kg

读出这枚古钱币的有关数据。

0.58　读作：零点五八

3.5　读作：______

41.47　读作：______

读小数时，小数部分要依次读出每个数字。

做一做

读出下面各数。

6.5　0.04　6.72　0.058　340.09

4　写出下面各数。

四点七六　写作：4.76

零点零六　写作：0.06

十三点一五　写作：____

零点二零六　写作：____

写小数时，小数部分要依次写出每个数字。

做一做

写出下面各数。

三百点七一　五点零六　零点零八九

35

图 3.1-53　四年级下第四单元

教材呈现了一幅长颈鹿父子比身高的情境图，由它们的身高给出两个小数 1.8 和 5.63，既增强了趣味性，又为后面的学习提供了具体数据。在情境图中给出的两个小数的基础上，另外再给出一个小数 12.378，由这三个不同位数的小数说明小数的构成，即整数部分、小数点和小数部分。然后以个位、十分位为例说明小数各个数位的名称、计数单位，以及各个数位的数的含义。最后，整理出小数的数位顺序表。通过表的形式直观地把小数的数位名称和相应的计数单位分别对应起来，同时也把整数部分和小数部分的数位关系表示出来，使学生熟悉小数数位。“做一做”用数的组成的方式，巩固每个数位上的数字表示的含义。例 3 结合古钱币的有关数据教学小数的读法。根据学生已有经验，直接呈现了第一个数据的读法，另外两个数据的读法则让学生探究总结。由机器人聪聪引出对读法法则。例 4 结合气温的变化数据教学小数的写法。根据学生已有的经验，直接呈现了两个数的写法，另两个数的写法则留给学生探索。由机器人聪聪引出对小数写法的总结。“做一做”意在巩固小数读写的方法。

教材从两个角度利用学生熟悉的十进复名数来教学小数的性质。通过熟悉的人民币的不同标签形式引出小数性质的教学，利用生活经验感知相等关系。通过比较 0.1 m，0.10 m，0.100 m 的大小，帮助学生进一步感知小数的性质。在探究过程的设计中，用米尺直观地把这几个数表示出来，便于学生联系分数认识到它们所表示的长度是相等的，所以这几个小数也是相等的。通过直观发现 1 dm、10 cm、100 mm 表示的是同一长度，进而得出 0.1 m、0.10 m、0.100 m 都相等，进一步体验小数的性质。利用直观图比较 0.3 和 0.30 的大小，通过观察引导学生借助小数的意义发现 0.3 和 0.30 的异同，进而脱离具体的量，从小数的计数单位间的关系进一步感知小数的性质。通过机器人聪聪提出的问题，引导学生利用前面观察所积累的认识，归纳概括出小数的性质。例 3 是应用小数的性质化简小数。通过对话的形式介绍了什么是化简以及化简的方法。例 4 是应用小数的性质改写小数。机器人聪聪提出探究问题，引导学生总结概括应用小数的性质时要注意的问题，突出小数末尾的“0”才能去掉，加深学生对小数性质的理解。“做一做”安排了两组与例题相同层次的练习，一是化简，二是根据需要改写小数，进一步加深学生对小数性质的理解。

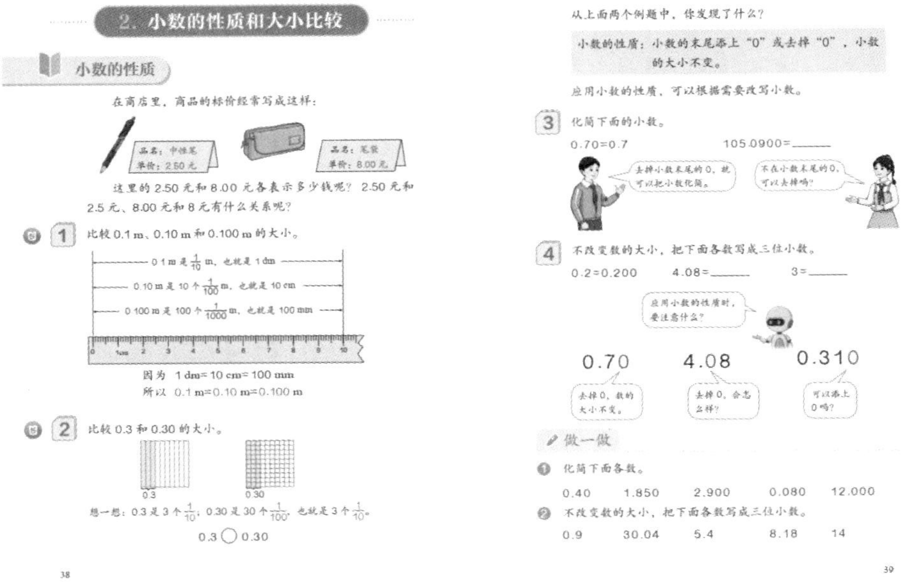

2. 小数的性质和大小比较

小数的性质

在商店里，商品的标价经常写成这样：

品名：中性笔 单价：2.50 元

品名：笔袋 单价：8.00 元

这里的 2.50 元和 8.00 元各表示多少钱呢？2.50 元和 2.5 元、8.00 元和 8 元有什么关系呢？

1 比较 0.1 m、0.10 m 和 0.100 m 的大小。

0.1 m 是 $\frac{1}{10}$ m，也就是 1 dm

0.10 m 是 10 个 $\frac{1}{100}$ m，也就是 10 cm

0.100 m 是 100 个 $\frac{1}{1000}$ m，也就是 100 mm

因为 1 dm = 10 cm = 100 mm

所以 0.1 m = 0.10 m = 0.100 m

2 比较 0.3 和 0.30 的大小。

0.3　0.30

想一想：0.3 是 3 个 $\frac{1}{10}$；0.30 是 30 个 $\frac{1}{100}$，也就是 3 个 $\frac{1}{10}$。

0.3 ◯ 0.30

38

从上面两个例题中，你发现了什么？

小数的性质：小数的末尾添上“0”或去掉“0”，小数的大小不变。

应用小数的性质，可以根据需要改写小数。

3 化简下面的小数。

0.70 = 0.7　　105.0900 = ______

去掉小数末尾的 0，就可以把小数化简。

不在小数末尾的 0，可以去掉吗？

4 不改变数的大小，把下面各数写成三位小数。

0.2 = 0.200　　4.08 = ______　　3 = ______

应用小数的性质时，要注意什么？

0.70　4.08　0.310

去掉 0，数的大小不变。

去掉 0，会怎么样？

可以添上 0 吗？

做一做

① 化简下面各数。

0.40　1.850　2.900　0.080　12.000

② 不改变数的大小，把下面各数写成三位小数。

0.9　30.04　5.4　8.18　14

39

图 3.1-54　四年级下第四单元

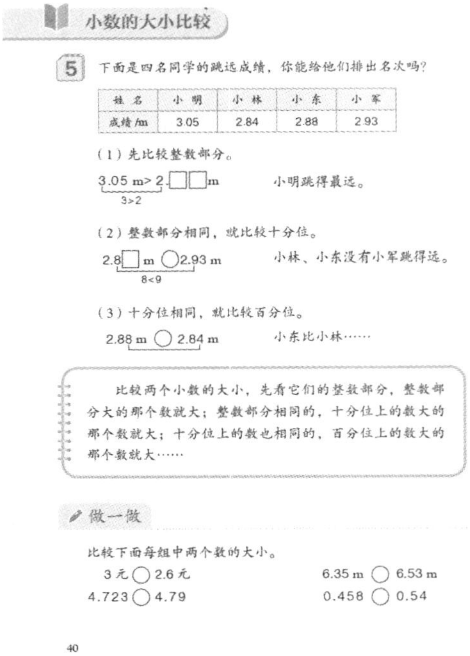

小数的大小比较

5 下面是四名同学的跳远成绩，你能给他们排出名次吗？

姓 名	小 明	小 林	小 东	小 军
成绩/m	3.05	2.84	2.88	2.93

（1）先比较整数部分。

3.05 m > 2.□□m　（3>2）　小明跳得最远。

（2）整数部分相同，就比较十分位。

2.8□m ◯ 2.93 m　（8<9）　小林、小东没有小军跳得远。

（3）十分位相同，就比较百分位。

2.88 m ◯ 2.84 m　小东比小林……

比较两个小数的大小，先看它们的整数部分，整数部分大的那个数就大；整数部分相同的，十分位上的数大的那个数就大；十分位上的数也相同的，百分位上的数大的那个数就大……

做一做

比较下面每组中两个数的大小。

3 元 ◯ 2.6 元　　6.35 m ◯ 6.53 m

4.723 ◯ 4.79　　0.458 ◯ 0.54

40

图 3.1-55　四年级下第四单元

例 5 从解决问题入手，列表给出 4 个学生的跳远成绩，要求给他们排出名次，引出小数的大小比较。教材安排了三个层次的比较过程，逐步呈现比较大小的方法。① 先比较整数部分；② 整数部分相同的比较十分位；③ 十分位也相同的比较百分位。通过对话的形式讨论：怎样比较两个小数的大小呢？对小数大小比较的方法进行归纳总结。“做一做”安排了两行题目，第一行比较带计量单位的小数；第二行脱离具体的量，直接比较两个小数的大小。由具体到抽象，引领学生巩固比较小数大小的方法。

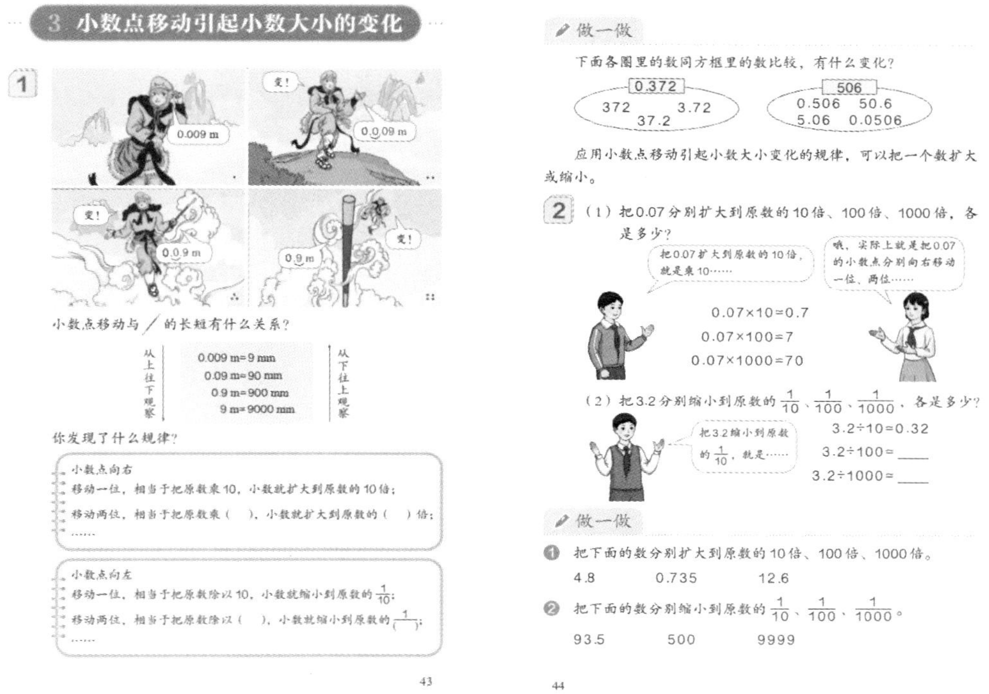
3 小数点移动引起小数大小的变化

1

小数点移动与 ╱ 的长短有什么关系？

从上往下观察

0.009 m=9 mm
0.09 m=90 mm
0.9 m=900 mm
9 m=9000 mm

从下往上观察

你发现了什么规律？

小数点向右
移动一位，相当于把原数乘 10，小数就扩大到原数的 10 倍；
移动两位，相当于把原数乘（　），小数就扩大到原数的（　）倍；
……

小数点向左
移动一位，相当于把原数除以 10，小数就缩小到原数的 $\frac{1}{10}$；
移动两位，相当于把原数除以（　），小数就缩小到原数的 $\frac{1}{(\quad)}$；
……

43

做一做

下面各圈里的数同方框里的数比较，有什么变化？

0.372：372　3.72　37.2

506：0.506　50.6　5.06　0.0506

应用小数点移动引起小数大小变化的规律，可以把一个数扩大或缩小。

2 （1）把0.07分别扩大到原数的10倍、100倍、1000倍，各是多少？

0.07×10=0.7
0.07×100=7
0.07×1000=70

（2）把3.2分别缩小到原数的 $\frac{1}{10}$、$\frac{1}{100}$、$\frac{1}{1000}$，各是多少？

3.2÷10=0.32
3.2÷100=____
3.2÷1000=____

做一做

① 把下面的数分别扩大到原数的10倍、100倍、1000倍。

4.8　　0.735　　12.6

② 把下面的数分别缩小到原数的 $\frac{1}{10}$、$\frac{1}{100}$、$\frac{1}{1000}$。

93.5　　500　　9999

44

图 3.1-56　四年级下第四单元

教材第 41 页例 1 教学小数点移动引起小数大小变化的规律。教科书用连环画的形式呈现孙悟空变长金箍棒打小妖的情景，让学生直观感知到小数点的移动与金箍棒长度的变化是有关系的，为后面的观察规律奠定基础。根据情景中的 4 个数据列出 4 个等式，以便于学生观察规律。左边是以米作单位的小数，从上往下观察，随小数点依次向右移动一位、两位、三位，原数随之不断扩大；右边是和左边相等的毫米数，从下往上观察，小数点依次向左移动一位、两位、三位，原数随之不断缩小。在学生观察的基础上进行规律总结。“做一做”安排两组数，每组数中数字的排列顺序相同，但小数点的位置不同。通过观察，在比较中进一步巩固小数点移动引起小数变化的规律。例 2 教学应用小数点移动引起小数大小变化的规律，把一个数扩大或缩小。教材通过对话的形式，引导学生清晰地认识到需要解决的问题与小数点移动引起小数大小变化规律的关系。“做一做”安排了两组练习，巩固学生对例 2 的理解。

教材第 46 页从解决小朋友身高排列顺序入手，引出数据的改写，突出改写是解决问题的需要，从而使学生感受到改写的必要性。例 1 教学把低级单位的单名数或复名数改写成用小数表示的高级单位的数。把单名数改写成小数是例 1 教学的重点。这里以“小组讨论交流”的形式呈现改写的两种方法。一种是直接利用计量单位的关系，通过分数形式直接改写成小数；另一种是利用低级单位的数改写成高级单位的数要除以进率，再联系小数点移动引起小数大小变化的规律进行改写。复名数改写成小数的情况，则放手让学生自己去探索改写的方法。例 2 通过把身高数据改写成以厘米作单位的数，教学把含高级单位的名数改写成低级单位的名数。以“小组讨论交流”的形式呈现两种改写方法：一是根据小数的实际含义直接进行改写；二是高级单位的数改写成低级单位的数要乘进率，再用小数点移动引起小数大小变化的规律写出结果。教材将像 1.32 m 这样的小数改写成低级单位的单名数，留给学生自己探索改写方法。“做一做”第 1 题，通过 4 道题目进一步巩固改写方法。“做一做”第 2 题，通过几种动物体重呈现不同信息，在巩固改写方法的同时，提高学生的应用意识。

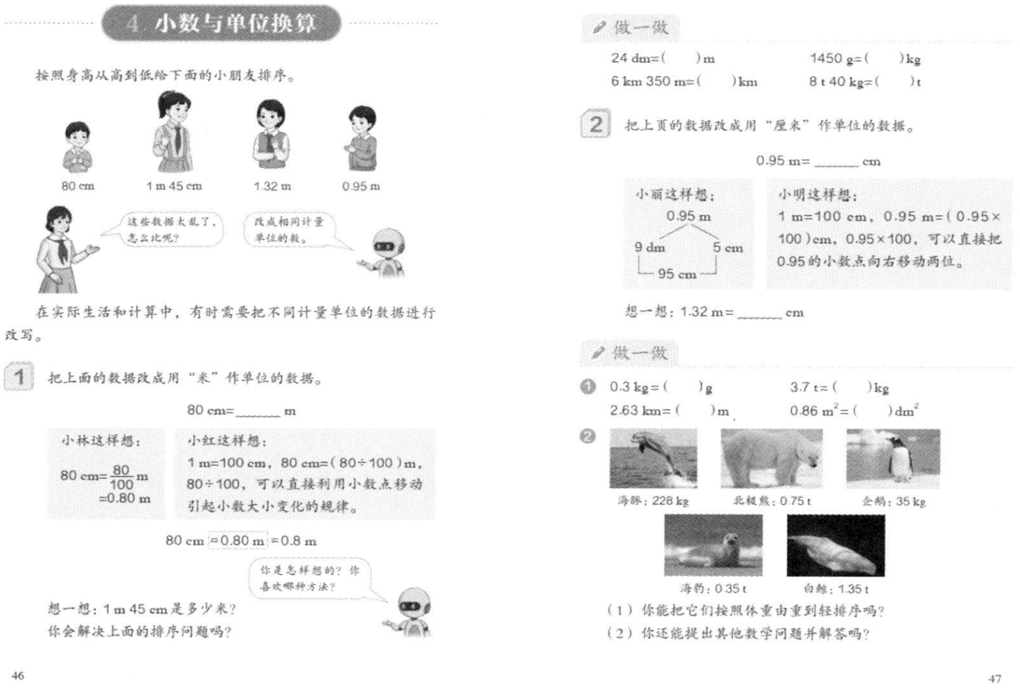
4 小数与单位换算

按照身高从高到低给下面的小朋友排序。

80 cm　1 m 45 cm　1.32 m　0.95 m

这些数据太乱了，怎么比呢？

改成相同计量单位的数。

在实际生活和计算中，有时需要把不同计量单位的数据进行改写。

1 把上面的数据改成用“米”作单位的数据。

80 cm=______ m

小林这样想：80 cm=$\frac{80}{100}$ m =0.80 m

小红这样想：1 m=100 cm，80 cm=(80÷100) m，80÷100，可以直接利用小数点移动引起小数大小变化的规律。

80 cm =0.80 m =0.8 m

你是怎样想的？你喜欢哪种方法？

想一想：1 m 45 cm 是多少米？你会解决上面的排序问题吗？

46

做一做

24 dm=(　) m　1450 g=(　) kg

6 km 350 m=(　) km　8 t 40 kg=(　) t

2 把上页的数据改成用“厘米”作单位的数据。

0.95 m= ______ cm

小丽这样想：0.95 m　9 dm　5 cm　95 cm

小明这样想：1 m=100 cm，0.95 m=(0.95×100) cm，0.95×100，可以直接把 0.95 的小数点向右移动两位。

想一想：1.32 m= ______ cm

做一做

1 0.3 kg=(　) g　3.7 t=(　) kg

2.63 km=(　) m　0.86 m²=(　) dm²

2 海豚：228 kg　北极熊：0.75 t　企鹅：35 kg　海豹：0.35 t　白鲸：1.35 t

（1）你能把它们按照体重由重到轻排序吗？

（2）你还能提出其他数学问题并解答吗？

47

图 3.1-57　四年级下第四单元

3. 教学建议

（1）加强对比，注意知识的迁移。

小数是从整数扩充来的，所以整数知识对小数知识学习会有两种迁移作用。一种是正迁移，如整数的记数位值原则、十进关系等对小数学习有促进作用；二是负迁移作用，如小数大小的比较，数位名称及读法、写法都会受整数知识思维定式的干扰。因此，教学中要加强对比，要充分利用已有的整数知识来学习小数。例如，小数的读法，整数部分按整数的读法来读，小数部分按各数位上的数字顺次读出来即可。在练习方面除了书上的练习题外，还可补充类似题目，从各个角度加深学生对小数意义的理解。例如：① 举出 0 与 1 之间的一些小数；② 5.525 中的三个 5 各表示什么……

（2）强调直观，注意层次。

教学小数的意义应充分采用直观教学的方法，并注意教学的层次性。第一层次：让学生亲手量一量桌子、课本、作业本，使他们体验不能得到整数结果的情景，激发其学习小数知识的内在动机，并带着“怎样用小数表示”的问题进入下一阶段的学习。第二层次：应用米尺通过实际度量，以“米”作单位，用分数表示几分米、几厘米、几毫米，进而抽象为用小数表示结果，并配合有计划的板书。第三层次：引导学生从具体到抽象，从特殊到一般地观察、思考、分析、归纳，从中认识小数的产生以及小数的意义，通过多种活动使学生较好地理解小数的意义。

（3）学用结合，加深理解。

利用小数的性质，可以化简小数而又不改变小数的大小。根据计数或实际应用的需要，常常在小数末尾添上一个或几个零，或者把整数改写成小数的形式。例如一支签字笔 2.50 元，就等于 2.5 元，表示 2 元 5 角；笔袋每个 8.00 元，就等于 8 元。说明以“元”作单位的小数，末尾有零和没有零，表示的是同样的钱数，从贴近学生生活选取的具体事例中加深了学生对小数性质的理解。

小数点位置的移动引起小数大小的变化，说明了小数点的重要作用。小数和整数一样，也是按照十进制来计数的，即数字所在位置不同，代表数值的大小也不同，每两个相邻计数单位间都是十进关系。小数点位置移动时，各数字所占的数位都要发生相应的变化。因此，小数的大小也要发生相应变化。这里要注意小数点位置移动后如何添零或者去零的问题。如把 4.05 缩小到原来的 $\frac{1}{100}$，应写成 0.0405。

（4）归类比较，寻求规律。

小数与复名数的相互改写是本单元的难点，应注意归类比较，寻求规律，突破这一难点。要充分利用学生已有的旧知识，对以前学过的计量单位（如，长度单位、重量单位等）以及相应的进率进行系统的复习，并通过实际练习，了解学生对各个单位的实际大小是否有明确的概念，然后结合实例，说明单名数和复名数的含义。教学时，要引导学生比较复名数互化的方法，逐步总结出相应的解决策略：第一步，先要判断是高级单位改写为低级单位，还是由低级单位改写为高级单位，从而决定用进率去乘还是去除；第二步，确定原来的单位和改写的单位间的进率是多少；第三步，根据乘除确定小数点应该向左移还是向右移，并根据进率确定小数点要移动几位。

四、负数

1. 课标要求

《义务教育数学课程标准（2022 年版）》第三学段“学段目标”中提出：经历数的形成过程，形成数感、运算能力和初步的推理意识。

《义务教育数学课程标准（2022 年版）》第二学段“课程内容”中提出：结合具体情境，会运用数描述生活情景中事物的特征，逐步形成数感、运算能力和初步的推理意识。

2. 教材分析

本单元内容是在学生认识了自然数、分数和小数的基础上，结合学生熟悉的生活情境初步认识负数。初步认识负数，能进一步丰富学生对数的概念认识，有利于中小学数学的衔接，为第四学段理解有理数的意义和运算打下良好的基础。

例 1 教学温度中的负数。教材通过每天都接触的气温引入负数，呈现了我国北部、中部、南部六个著名城市在某一天的气温情况，要求学生仔细观察各个城市的天气情况，并提出问题：“你能发现什么？”帮助学生结合生活经验，感受不同地区城市的天气情况。北京、哈尔滨地处我国北方地区，冰雪覆盖大地，寒冷至极。海口则地处我国南部地区，树木生长郁郁葱葱，高温多雨。相对而言，地处我国中部的武汉则温度适宜，不“冷”不“热”。这种强烈的不同的身体感受，自然引发学生对温度零上、零下的初步表述。接下来教师可提出“0 ℃表示什么意思”的讨论，明确 0 ℃表示淡水开始结冰的温度。进而理解“比 0 ℃低的温度叫零下温度”“比 0 ℃高的温度叫零上温度”，初步感知 0 ℃是零上温度和零下温度的分界点，引出负号“-”与正号“+”，并能正确表达具体的零上温度（如零上 6 摄氏度用+6 ℃表示，）与零下温度（如零下 6 摄氏度用-6 ℃表示）。紧接着教材组织讨论“-6 ℃和 6 ℃各表示什么意思？”，在明确+6 ℃表示零上 6 摄氏度，-6 ℃表示零下 6 摄氏度的基础上，初步感知正负数是表示两种相反意义的量。最后，教材安排练习：“根据上图中的信息填写下表，并说一说各数表示的意思。”进一步帮助学生能正确用正负数表示温度，以及用正负数表示的温度所表示的实际意义。

1 负数

1 下面是中央气象台 2022 年 1 月 21 日下午发布的六个城市的气温预报（2022 年 1 月 21 日 20 时—2022 年 1 月 22 日 20 时）。

观察上图，你发现了什么？你知道 0 ℃表示什么意思吗？ -6 ℃和 6 ℃又分别表示什么意思？

在物理学中，把在标准大气压下冰水混合物的温度定为 0 ℃。比 0 ℃低的温度叫零下温度，通常在数字前加“-”（负号）表示。例如，-6 ℃表示零下 6 摄氏度，读作负六摄氏度。比 0 ℃高的温度叫零上温度，在数字前加“+”（正号）表示，一般情况下“+”可省略不写。例如，+6 ℃表示零上 6 摄氏度，读作正六摄氏度，也可以写成 6 ℃，读作六摄氏度。

根据上图中的信息填写下表，并说一说它们的含义。

城市	北京	哈尔滨	西安	拉萨	武汉	海口
最高气温						
最低气温						

2

2 下面是李叔叔手机里的一部分电子账单。你能看懂这份账单吗？

餐厅 8 月 31 日 11:52	-85.00
转账——转给超市 8 月 26 日 14:15	-500.00
转账——来自李小明 8 月 15 日 20:03	+500.00
扫二维码付款——给停车场 8 月 12 日 12:32	-8.00
二维码收款——来自王亮 8 月 10 日 18:30	+78.45

为了表示相反意义的量，如零上温度与零下温度、收入与支出等，需要用两种数。一种是我们以前学过的数，如 6、500、4.7、$\frac{3}{8}$，这些数是正数；另一种是在这些数的前面添上“-”（负号）的数，如 -6、-500、-4.7、$-\frac{3}{8}$，这些数是负数。

负数的读法是：先读“负”，再读数，如 -3 读作负三，$-\frac{3}{8}$读作负八分之三。正数前面的“+”可以省略不写。如果为了与负数对比，也可以加上正号，如 +3，读作正三。

0 既不是正数，也不是负数。

你还在什么地方见过负数？

3

图 3.1-58　六年级下第一单元

例 2 教学收支中的负数。教材通过呈现存折上的明细，让学生体会负数在生活中的广泛应用，进一步体会负数的含义。明细中分别用正负数表示存入和支出，让学生结合具体的数据说说它们的含义，进一步体会正负数表示两种相反意义的量。接下来结合前两个例题进行小结，给出正负数的名称。首先说明为了表示两种相反意义的量，新出现的前面有一个“-”号的数是负数，而相应的以前所学的是正数（但 0 既不是正数，也不是负数）。其中正数也可以在前面加上“+”号（一般可以省略“+”号），让学生初步建立正负数的概念。最后通过机器人聪聪的问题“你还在什么地方见过负数？”（教材通过对话框的形式提供具体的实际例子），意在帮助学生拓展思路，激发学生举出生活中用正负数表示数量的实际例子，加深对正负数表示两种相反意义的量的体会。特别地，关于 0，教材直接给出“0 既不是正数，也不是负数”，并非要求老师们在教学过程中生硬地直接给予结论。可以组织学生进行讨论交流："0 是正数还是负数？"，也可以让学生结合具体事例（例如温度计上 0 ℃是零上温度与零下温度的分界点）来体会。

图 3.1-59　六年级下第一单元

例 3 教学直线（数轴）上的负数。例 3 通过问题解决的呈现形式，教学在直线上表示正数、0 和负数，一方面，初步渗透数轴的概念，帮助学生形成数的比较完整的认知结构；另一方面，加强对学生收集信息、提出问题、分析问题、解决问题等能力的培养。教材通过描述位置的问题，引出如何在直线上表示正数、0、负数。首先呈现了 4 位同学以一棵大树为起点朝两个相反方向运动的情境，提出"如何在一条直线上表示他们行走的距离与方向"这一问题。教材通过数形结合、问题解决的方式引导学生将正负数和直线上的点对应起来。在"阅读与理解"环节，以对话框的形式帮助学生弄清已知信息是"他们两人向东，两人向西，走的方向正好相反"，进而理解"用正负数正好可以表示相反意义的量"。在"分析与解答"环节，教材以小组合作的方式呈现了学生讨论的过程，先画一条直线，在中间的位置的点上画一棵大树，以大树为起点（用 0 表示起点），向右的方向为东，向左的方向为西。规定 1 个单位长度代表 1 m，根据学生行走的方向和距离在直线上找出对应点并画上相应的学生，由此画出直线的形象示意图。在此基础上，让学生思考怎样用数来简明地表示这学生与大树的相对位置关系，由于既要考虑行走的距离，又要考虑方向，这就需要用正、负数来描述。由于有了前面学习正、负数的经验，学生很容易想到"以大树为起点，向东为正，向西为负"，这样把学生运动后的位置与正负数对应起来，进而引导学生得出"0 右边的数是正数，左边的数是负数"，让学生把直线上点和抽象的正负数对应起来。紧接着，教材通过在直线上表示出−1.5 的位置，让学生思考：在直线上如何表示负小数或负分数，这样对在直线上表示数有一个相对完整的认识。再次引导学生思考："如果从起点到-1.5 处，应如何运动？”实际上是让学生思考-1.5 中的“-”与“1.5”各表示什么意思，让学生在具体的情境中再次感受正、负数的实际意义。在“回顾与反思”阶段，教材以对话框的形式呈现“用有正数和负数的直线可以表示距离和相反的方向”这一结论，实质是通过引导学生对整个解决问题过程的回忆与反思，以进一步深入理解正数与负数表示的含义。同时，渗透数轴的概念以及数轴上的点所表示的实际意义，为学生进一步正、负数及用数轴表示数做好充分的铺垫准备。

教学重点、难点是让学生在熟悉的生活情境中了解正数、0、负数的意义。

3. 教学建议

（1）以“问题”为抓手，激活学生的相关生活经验，感受负数的意义。

当代美国著名数学家哈尔斯说过：“问题是数学的心脏。”要让学生学好数学，发展思维，就需要有“好”问题，尤其是具有统领整个教学过程的“问题”。随着问题的破解，可以有效地化解教学的重点和难点，达成教学目标，促进学生数学思维的发展。

在初次学习负数概念环节，教师可以围绕“-3 ℃和 3 ℃各表示什么意思？”，让学生各抒己见，交流不同温度下的自然现象与冷热感受，唤醒对 0 ℃、零上温度和零下温度的生活经验，紧接着设问“0 ℃表示什么意思？”，借助温度计，让学生在温度计上找到各温度，帮助学生更深地体会正数与负数可以分别表示“零上”和“零下”，从而更直观地看到 0 ℃就是零上温度与零下温度的分界点。在例 2 教学中，可以承接例 1 组织教学方式，在呈现存折收支明细的同时，适时提问：“这些数各表示什么？”引导学生交流教材中各数表示的实际含义，再通过“你还在什么地方见过负数？”进一步提问，帮助学生积累丰富的有关负数的生活素材，为学生顺利进行分类，归纳、概括、引出正负数的描述性定义以及理解 0 是正数与负数的分界点，0 既不是正数也不是负数做好充分的认知准备。

（2）以解决“困惑”为立足点，进一步促进学生对正数、0、负数的理解。

教师要具备读懂学生的能力，关注学生学习中的困惑点。一方面应了解学生面对问题可能产生的种种想法，另一方面更要给予充分的交流表达的机会，让学生充分展示自己真实的思维过程，展示各自的真实思想方法。

（3）精选学习材料，激活学生思维，加深理解正数、0、负数的意义。

“认识负数”的教学目标之一是理解负数所表示的意义，其关键是找准“0”在哪儿。这是本节课的重点，也是学生思维碰撞的焦点。我们不妨设计如下学习材料：① 北京某天最低气温-1 ℃；② 李叔叔把汽车停在-1 楼；③ 我的银行卡还剩-1 元；④ 某盆地海拔高度约-1 米。当学习材料一呈现，学生便会立即产生种种疑惑：楼层怎么可能是-1 楼？叔叔的银行卡怎么只有-1 元了……尽管这些材料对于学生来说有一定的生活经验，是学生生活中所熟悉的现象，但真的让学生说清每一个数的具体实际含义，还是有一定的挑战性，这组多元材料的呈现充分地激发了学生探究的兴趣与欲望。看似简简单单的问题，定会激起学生层层思维的浪花。事实上，通过对“这 4 个-1 各表示什么意思？”的解读，有利于加深学生对正数、0、负数的意义的理解，尤其是可以更好地帮助学生正确理解“0”的相对性。

第二节　数的运算

数的运算包括自然数、小数和分数的加减乘除四则运算。数是对数量的抽象，数的运算重点在于理解算理、掌握算法。学生经历算理和算法的探索过程，理解算理，掌握算法。感悟数的运算以及运算之间的关系，体会数的运算本质上的一致性，形成运算能力和推理意识。

一、自然数的加减运算

（一）1 ~ 5 加减法

1. 课标要求

《义务教育数学课程标准（2022 年版）》第一学段“学段目标”中提出：能进行简单的整数四则运算，形成初步的运算能力。感受数学在生活中的应用，形成初步的几何直观和应用意识。

《义务教育数学课程标准（2022 年版）》第一学段“课程内容”中提出：探索加法和减法的算理和算法，会整数加减法。在解决生活情景问题的过程中，体会数和运算的意义，形成初步的符号意识、运算能力和推理意识。

2. 教材分析

图 3.2-1　一年级上第三单元

加法的计算，突出算法多样化，允许喜欢的算法，呈现了三种不同水平的算法。表明解决同一问题可以选择自己喜欢的方法。不要急于评价、暗示，保护自主发现的积极性，重视学生的自主选择。

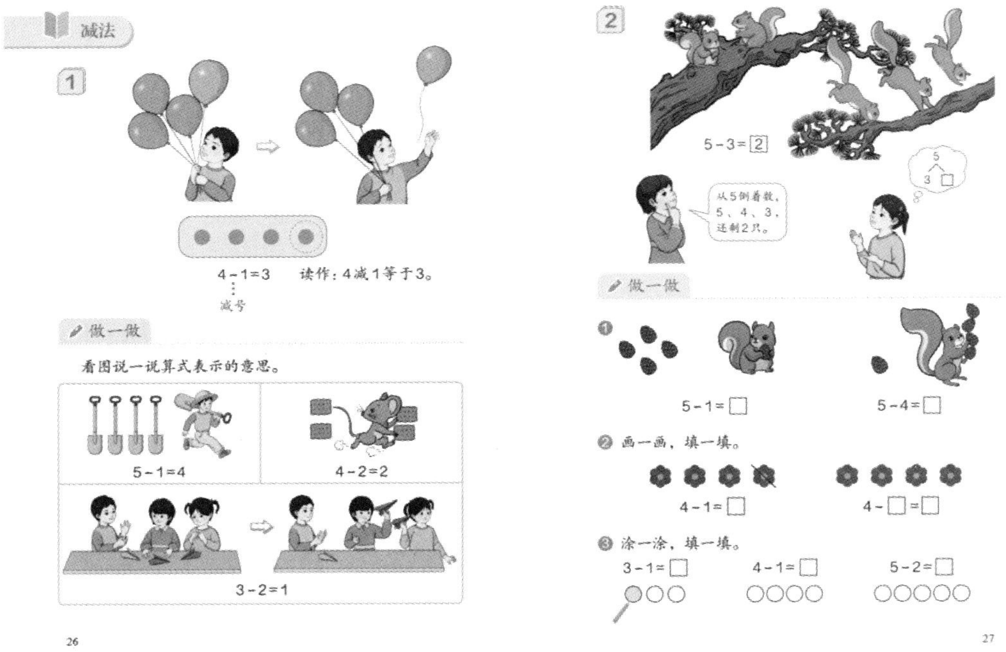

图 3.2-2　一年级上第三单元

“减法”是在学生初步认识加法的基础上进行教学的。这部分内容是进一步学习 10 以内数减法及用减法解决实际问题的重要基础，是学习小学数学必备的基础知识之一。减法的编排层次与加法一致，是加法含义教学活动的继续。

例 1 使学生明白减法的含义：从 4 个气球里飞走（去掉）1 个气球，求还剩几个气球。用减法计算。进一步通过点子图帮助学生理解：从 4 个点子中去掉 1 个点子，求剩下几个点子。应用减法计算。实现由直观情境向半抽象水平过渡。紧密结合情境图和点子图，给出减法算式 4−1=3，并介绍减号和减法算式的读法和写法。

“做一做 1”将图的意思和算式的意思紧密结合起来，让学生体会到图意与减法算式的一致性，更加深了对减法含义的理解，使学生明白：从一个数里去掉一部分，求还剩多少。应用减法计算。其中最后一幅图中的 3−2=1 表示多种实际意义：可以表示从 3 只纸鹤中拿走 2 只，还剩 1 只纸鹤；也可以表示 3 个学生中走了 2 个，还剩 1 个学生。

主题图 2 的情境是加法的延续，玩耍的 5 只小松鼠，跑走了 3 只，从而引出算式 5−3=□。既巩固了减法的含义，又便于教师抓住教学脉络。教材呈现了计算 5−3 的两种方法，体现了算法多样化的思想。第一种方法是从被减数开始“倒着数”，数 3 个，剩下的数就是结果；第二种方法是用数的组成算出结果。学生还可能用其他的方法来想出结果，如用加法想减法的结果等，教师要及时进行评价和总结。

“做一做 2”有以下 3 个功能，首先是通过读懂图意，进一步理解减法的含义。其次是利用减法的含义，通过操作进行计算，巩固算法。最后是对比 5−1=4 和 5−4=1 这两组算式中的被减数、减数和差，使学生感受到这 3 个数之间的联系，同时为后面的教学铺路搭桥。

教材的重点是理解减法的含义。教学难点是正确理解图意，说出算式表示的意思。

3. 教学建议

（1）熟练 1 ~ 5 的加减法。

用多种方式巩固 2 ~ 5 的组成和分解，为熟练计算 1 ~ 5 的加减法做好准备。在教学中通过各种形式进行 1 ~ 5 以内的口算训练，例如，抢答题、打手势表示结果、独立书写计算比谁快、计时竞赛等，可以使学生在多种形式中实现手、脑、口、耳配合，促进学生综合能力的发展，同时提高口算的兴趣，加快口算的速度，提高正确率。

让学生在独立计算的基础上，尝试用语言说清自己的计算方法，并听懂与自己不同的计算方法，对学生的语言表达能力和倾听能力进行培养。

（2）正确观察情景图，说出题意，列出算式。

首先要读懂图意，帮助学生经历读懂题意的过程，用各种形式引导学生明确审题的方法。比如：让学生说一说看到了什么，看图讲个小故事，说一说这道题让我们干什么，等等。在解决比较难理解的题时，可以让几个人重复说一说，或让同桌互相说一说，强化对题意的理解。在说与听的过程中逐渐培养学生理解与表达、倾听与交流的能力。

然后引导学生建立条件和问题的关系，让学生说一说图是什么意思，提出要解决的问题，让学生列式计算，并追问学生为什么用加（或减）法计算，使学生明确，要求两部分合起来就用加法计算，从整体中去掉一部分，求剩下的部分就用减法计算，在对比中加强学生对加、减法的意义的认识。

（二）6 ~ 10 的加减法

1. 课标要求

《义务教育数学课程标准（2022 年版）》第一学段“学段目标”中提出：能进行简单的整数四则运算，形成初步的运算能力。感受数学在生活中的应用，形成初步的几何直观和应用意识。

《义务教育数学课程标准（2022 年版）》第一学段“课程内容”中提出：探索加法和减法的算理和算法，会整数加减法。在解决生活情景问题的过程中，体会数和运算的意义，形成初步的符号意识、运算能力和推理意识。

2. 教材分析

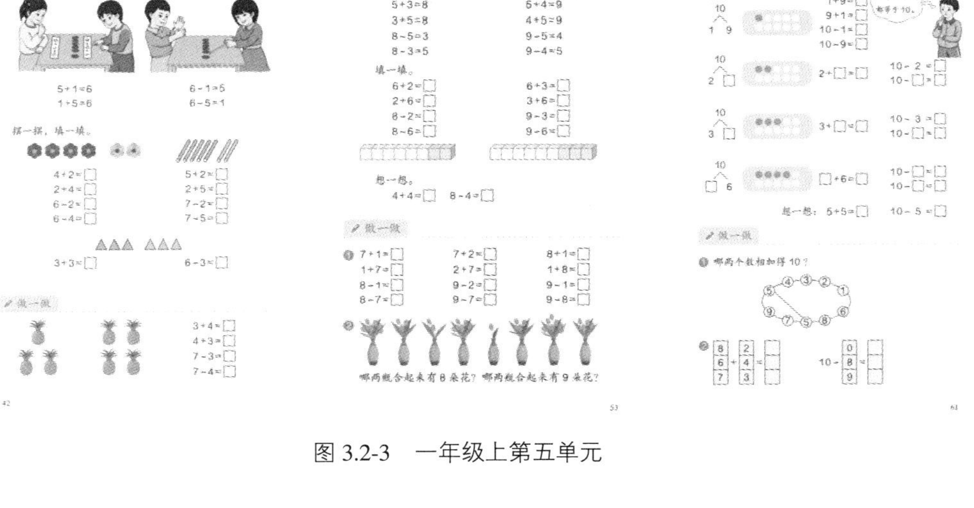

图 3.2-3　一年级上第五单元

（1）6、7、8、9、10 的加减法。

6、7 的加减法：操作、看直观图或想组成计算。首次通过操作教学一图两式及写算式。① 分三个层次：操作、看直观图或看算式计算。② 两组算式呈现的东西相同，为一图四式做准备。

8、9 的加减法。第一次出现一图四式。三个层次：① 小组合作引出一图四式。② 摆学具计算相关的四个算式。③ 脱离直观计算。

认数与计算紧密结合。教材将 6 ~ 10 的认识和相应的加减法计算有机地结合起来穿插安排，学习一组数后紧接着引导学生通过动手操作、直观或数的组成学习相应的加法和减法。如 6、7 的认识和有关 6、7 的加减法，教材让学生在认识数的过程中体会 6、7 的组成，然后通过具体拼摆引出有关 6 和 7 的加法、减法计算。这样既有利于学生利用数的组成更好地掌握 10 以内数的加减法的计算方法，同时可以使学生在计算中加深对数概念的理解。

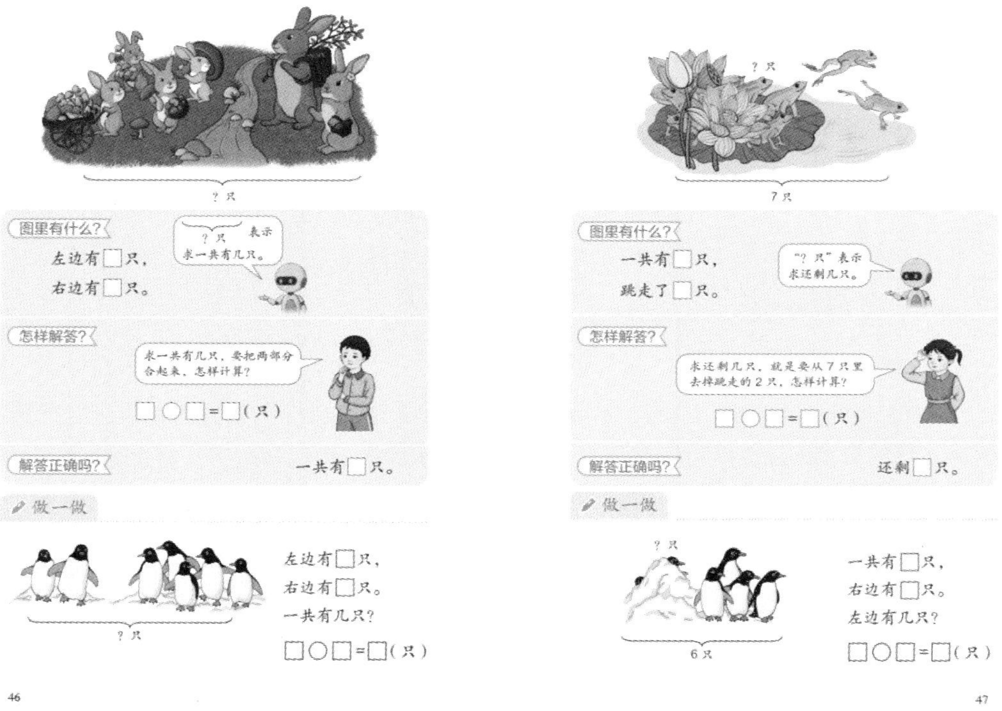

图 3.2-4　一年级上第五单元

（2）问题解决。

在“解决问题”的安排中，教材结合学生实际，采用图文结合的方式提供了解决问题的一般步骤，即理解现实的问题情境，发现要解决的数学问题（教材用“图里有什么？”或“从图中你知道了什么？”提示）—分析问题从而找到解决的方案并解决问题（教材用“怎样解答？”提示）—对解答的结果和解决的方法进行检验、回顾与反思（教材用“解答正确吗？”提示），引导学生体会到要解决一个数学问题所要经历的步骤，教给学生解决问题的基本方法。同时，教材为学生发现数学问题、提出数学问题提供了丰富的素材与情境，帮助一年级学生会用数学的眼光观察周围世界，培养学生从生活中发现并提出数学问题的能力。

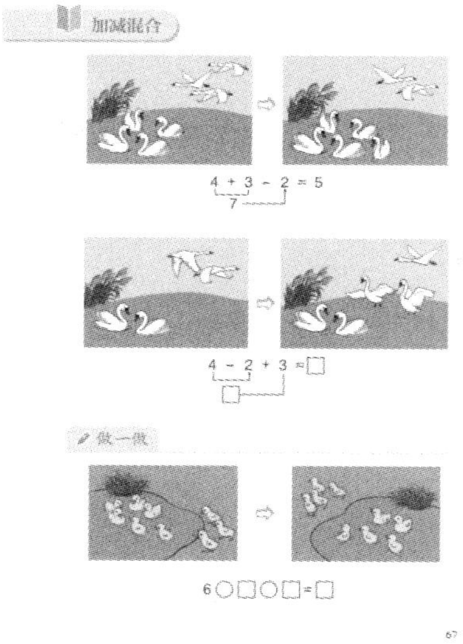

图 3.2-5　一年级上第五单元

（3）加减混合计算。

加减混合计算是在学生比较熟练地掌握了 10 以内加减法以及连加连减的基础上进行的，目的是通过教学，帮助学生理解加减混合计算的意义及其计算方法，使学生看清运算符号，正确进行计算。它既扩大了学生用加、减法解决实际问题的范围，又为进一步学习 20 以内加减法的计算打下必要的基础。

主题图是以美丽的天鹅为素材的两组连续图，第一组提供的信息：湖里原来有 4 只天鹅，飞来 3 只后，又飞走 2 只。第二组提供的信息：湖里原来有 4 只天鹅，飞走 2 只后，又飞来 3 只。根据这两组信息，学生能够分别提出相同的问题：湖里现在有多少只天鹅？通过对完整图意的充分解读，帮助学生直观理解加减混合计算的意义及其计算方法，克服因前后两个计算步骤所采取的计算方法不一致而产生的计算困难，明确先算什么，再算什么，同时让学生感受到加减混合计算可以帮助我们解决实际生活中的问题。

例题还在算式中用线标明计算顺序和第一步算出的得数，把第一步计算的结果变成看得见的数，帮助学生克服由于看不见第一步计算的结果而导致第二步计算受阻的现象。需要注意的是，例 2 的算式不同于例 1，它的第一步得数没有标明，而是留给学生自己填写，一方面引导学生从看着第一步算出的得数计算第二步逐步过渡到将第一步算出的得数记在头脑里去完成第二步计算，另一方面加深学生对计算方法的理解，进而逐步提高学生的计算水平。

“做一做”要求学生根据情境图正确列式计算，一是巩固加减混合计算的意义及其计算方法；二是为以后学习看图列式计算做准备。

本课时的教学重点是通过联系实际情境，理解加减混合计算的意义及其计算方法。教学难点是使学生克服因前后两个计算步骤所采用的计算方法不一致而产生的困难，正确计算。

3. 教学建议

（1）理解加减混合计算的意义及其计算方法（重点）。

教学例 1 时，通过直观演示的方式将动态的问题情境展示在学生眼前，引导学生根据老师的分步演示，依次说出例题中的三个信息，并提出问题，进而理解完整的问题情境。然后说明天鹅的只数发生了两次变化，因而需要用两幅图来表现。接下来让学生说一说两次是怎样变化的，根据两次变化分别出示静态图，并按照先后顺序在两幅图之间标注箭头，使之成为连续的图。这一设计，目的之一是帮助学生在弄清问题情境的基础上理解加减混合计算的意义及其计算方法，目的之二是帮助学生了解主题图的来源，学会观察连续图的图意，培养学生的识图能力。

组织学生联系实际情境，读懂情境图，并尝试完整的叙述图意。在叙述图意的过程中，鼓励、引导学生利用手势表示“飞来、飞走”，感受加减混合计算的意义，体会计算的先后顺序。根据湖里天鹅只数的变化过程抽象出加减混合算式后，不要急于计算，让学生联系问题情境以及主题图说一说“4+3-2”表示的含义，以加深学生对加减混合算式的认识。

教学例 2 时，可以适当放手，让学生观察情境图，在充分理解图意的基础上尝试独立列式计算。加强计算完成后的讨论交流，让学生联系实际情境说一说算式“4-2+3=5”表示的意思。

（2）克服因前后两个计算步骤所采用的计算方法不一致而产生的困难，正确计算（难点）。

让学生联系实际情境或对照情境图自己思考先算什么、再算什么，并说明理由。为了让学生进一步感受计算顺序，加深对计算方法的理解，一方面对第一步计算出的得数要有设计：例 1 第一步计算“4+3”的得数 7，可以用不同的颜色加以强调；例 2 第一步计算“4-2”的得数 2，可以让学生填一填；另一方面让学生明确用哪个数进行第二步的计算，并说一说这个数是怎么来的，为什么用这个数进行计算。

加减混合计算同连加连减一样，都是由两个计算步骤构成的一个连续的口算过程，在计算中都要先记住前两个数计算的结果，再与第三个数相加（相减）才能完成计算任务，这对于一年级小学生来讲存在一定的困难。因此在开始的计算练习中，可以让学生在第一步算式下面写出计算结果，并随着计算能力的提高，逐步过渡到将第一步算出的得数记在头脑里去完成第二步计算。设计一定量的包括连加连减与加减混合计算的对比练习以及综合练习。

（三）20 以内的进位加法

1. 课标要求

《义务教育数学课程标准（2022 年版）》第一学段“学段目标”中提出：能进行简单的整数四则运算，形成初步的运算能力。感受数学在生活中的应用，形成初步的几何直观和应用意识。

《义务教育数学课程标准（2022 年版）》第一学段“课程内容”中提出：探索加法和减法的算理和算法，会整数加减法。在解决生活情景问题的过程中，体会数和运算的意义，形成初步的符号意识、运算能力和推理意识。

2. 教材分析

本单元计算部分分为 9 加几，8、7、6 加几和 5、4、3、2 加几这三部分。9 加几的进位加法是学习 20 以内进位加法的开始，它是在学生学习了 20 以内的不进位加法和不退位减法的基础上进行教学的。这节课的教学效果对以后学习 8 加几、7 加几的进位加法等起着很重要的作用。

这部分内容安排了三个层次，一是体现学生解题方法的多样化，突出“凑十法”的计算方法；二是通过“做一做”第一、二题的练习，借助“凑十法”的思维方法，加深对“凑十法”的理解，掌握“凑十法”的计算方法；三是“做一做”的第三题，巩固“凑十法”的计算方法。

（1）9 加几。

主题图呈现的是学生参加运动会的场景，有跑步的（8 加几），有跳绳的，还有啦啦队（解决问题）。这些素材为教学 20 以内进位加法提供了丰富的学习资源，让学生在发现问题、提出问题的过程中，感受 20 以内进位加法与生活的密切联系。

图 3.2-6　一年级上第八单元

画面下面呈现了“箱子里有 9 盒饮料，箱子外面有 4 盒饮料”，一个小朋友提出“一共有多少盒”，另一个小朋友想到可以用 9+4 计算，结合上面的场景展开例 1 教学。一个小朋友采用接着数的方法，另一个小朋友想到“凑十法”，即“先放进 1 盒凑成 10 盒，9+1=10”，借助“凑十法”又回归到“10 加几等于十几，10+3=13”解决了问题。“凑十法”是计算进位加法常用的一种方法，学生掌握起来有一定的难度，因此，教材专门安排例题进行教学。它具有易于理解和计算简洁等特点，掌握好“凑十法”对进一步学习其他计算都有好处。

“做一做”的第 1 题，先让学生通过动手操作或动笔画一画、圈一圈，即将 9 根添上 1 根、9 朵花添上 1 朵花，都是凑成 10，再对照下面算式进行计算，将具体形象的操作过程与抽象的计算过程一一对应，帮助学生进一步认识、理解什么是“凑十法”，初步形成“凑十法”的思维过程，为后面脱离实物通过思考算出得数打下基础。

“做一做”的第 2 题，脱离实物模型的支撑，通过上、下算式的对比，帮助学生进一步形成“凑十法”的思维过程，体会“凑十法”方法的简洁，渗透“拆小数、凑大数”的方法。

“做一做”的第 3 题，一是巩固“凑十法”的计算方法，初步形成计算技能，二是使学生感受“一个加数不变，另一个加数变大，和也随之变大”初步的函数思想。

（2）8、7、6 加几。

例 2 提供生活情境，引出 8 加几的问题，脱离直观，利用知识的迁移，想该怎样算。

例 3（教学用小数加大数）8、9 两个数很接近，很容易想到下面三种方法：“拆小数”“拆大数”及“交换加数的位置，和不变”。这样编排使学生看到：在计算 20 以内的进位加法时，有多种不同的算法，可以根据题目的具体情况，选择比较喜欢或掌握得比较好的算法计算。到此，介绍了三大类方法：点数、凑十法、交换加数位置和不变的方法。

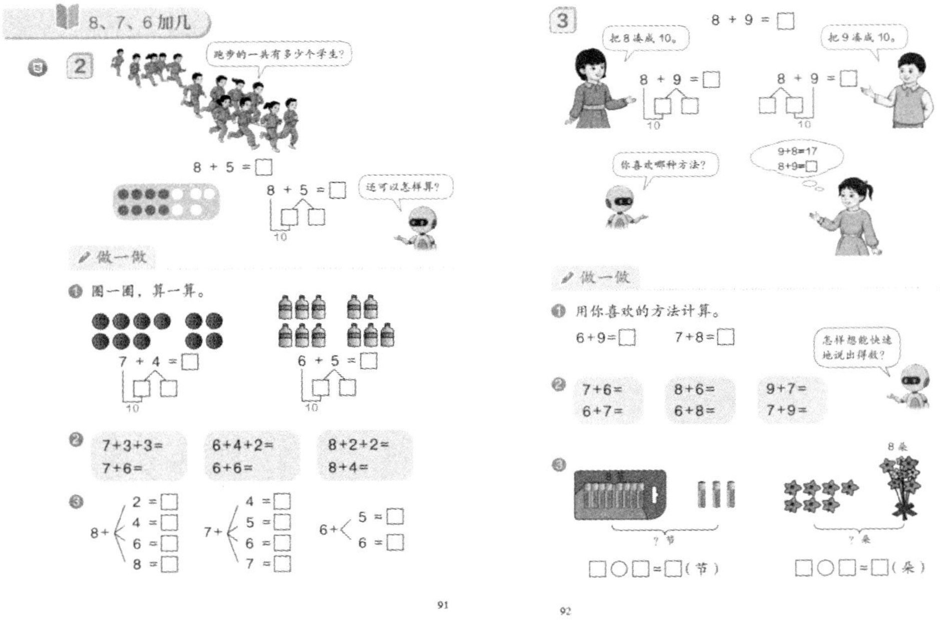

图 3.2-7 一年级上第八单元

（3）5、4、3、2 加几。

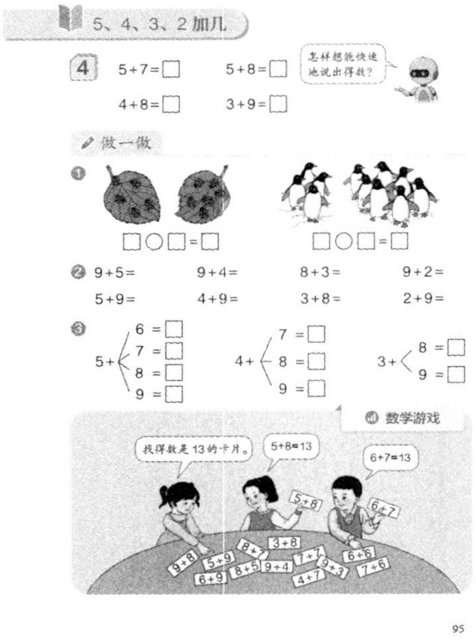

图 3.2-8 一年级上第八单元

例 4 呈现了 4 个算式，都是小数加大数的口算。机器人聪聪提出“怎样想能快速地说出得数”，意在引导学生用学过的“7，8，9 加几”算出得数，使学生进一步学习并掌握用交换加数的方法来计算小数加大数。“做一做”安排了 3 道习题。第 1 题是看图列式并计算，学生可以结合图进一步理解交换加数的位置、得数不变的规律。第 2 题中每一组题上下对应，上面是大数加小数，下面是小数加大数，有利于学生更好地掌握计算方法。第 3 题使学生进一步熟练计算方法，并感受“一个加数不变，另一个加数变化，和也跟着变化”。例题和“做一做”都不再突出任何一种算法，让学生自主选择算法。

（4）问题解决。

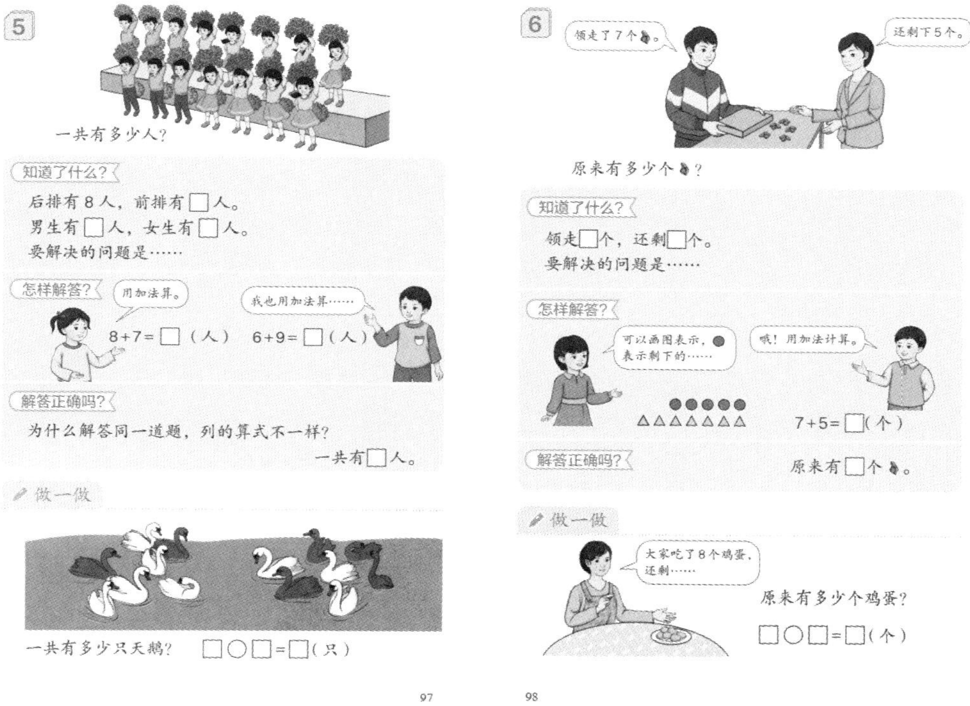

图 3.2-9　一年级上第八单元

例 5 是顺向思维思考问题，例 6 则是逆向思维思考问题，这两个例题共同的地方都是用加法解决。通过这两个例题，使学生理解“将两部分合并成一个整体，用加法计算”的道理。教学时，结合具体情境，让学生说一说为什么用加法。尤其是例 6 的教学，对学生来说有一定的难度，可以将让学生动笔画一画或采用其他形式，从而帮助学生理解加法的含义。

3. 教学建议

（1）掌握“凑十法”，正确、快速计算 9 加几的计算方法（重点）。

① 在操作中理解“凑十法”。在教学中，通过情境创设引出“9+4”，遇到新情况怎样计算呢？不妨先让学生说一说。学生说到“凑十法”，再进行重点研究。根据学生的表述，让学生动手操作进行演示，然后追问：为什么只拿 1 盒？拿 2 盒好不好？使学生感受到拿 1 盒是将其转化成所熟悉的 10 加几的题目，达到化难为易的目的。

② 在练习中掌握“凑十法”。首先，加强基本练习。刚开始的计算练习呈现“凑十法”的思维路径，让学生不断强化“凑十法”的计算方法，慢慢形成“见 9 想 1”的意识。其次，加强多

种形式的练习。教学时，可以采用随机出示数字卡片抢答以及教材第 90 页第 1 题的呈现形式，让学生在多样化的练习中逐步实现正确计算。

（2）使学生形成“凑十法”的思考过程。

帮助学生形成“凑十法”的思考过程，需要经历由具体形象的实物图逐步过渡到抽象的语言表述。刚开始，提供给学生的算式带有实物图片，让学生通过圈一圈或画一画的形式展示出“凑十法”的过程。当学生对“凑十法”形成一定的表象时，可以适时脱离实物图形，直接出示算式，让学生说说“是怎样想的”，将外在的说理与内在的思维活动有机结合，慢慢帮助学生形成“凑十法”的思考过程。

① 具体情境中体现算法多样化，突出“凑十法”。创设“将盒装箱”的有趣情境学习“9 加 4”等于几的新知识。先让学生自己想办法解决。学生可能采用“接着数”的办法解决，也可能先“放进 1 盒凑成 10”，再加上余下的 3 盒。不同的思维方式，体现了算法多样化。再重点围绕“凑十”的过程，让学生动手摆一摆或画一画，边操作边对照算式进行计算，具体形象的操作过程与抽象的计算过程一一对应，便于学生理解和掌握算法。运用知识的迁移，学习 8、7、6 加几的计算。学生学会了“凑十法”，并体会到了它的优越性。教学时，引导学生运用“凑十法”解决新问题，并突出“为什么凑十”“怎样凑十”这两个问题，尤其是“8+9”，是“拆大数”“拆小数”还是运用“交换律”寻找旧知识的影子，都体现了学生的迁移能力。渗透转化的思想，学习 5、4、3、2 加几的计算。教学时，可以将小数加大数转化为大数加小数，将新知转化为旧知。

② 将“凑十法”深深扎根进学生的头脑中。教学“9 加几”的计算，采用学生动手操作、课件演示、摆一摆（第 89 页的①）、口头表述等一系列活动，帮助学生建立“凑十法”的表象，使学生逐步形成有序的思维过程。“凑十法”的认识与掌握需要一个逐步深入的过程。对于“凑十法”的认识，由开始的动手操作、直观演示，目的是帮助学生形成表象；再逐步过渡到点子图（第 91 页例 2）、分解图（第 92 页例 3），体现直观到抽象的学习过程，也就是将“凑十法”的方法慢慢渗透。

③ 加强练习，提高学生的计算能力。提高学生的计算能力，不仅要在课堂教学中使学生清楚算法，理解算理，还要进行一系列的练习加以巩固。

适度的练习是必要的。要提高学生计算的正确率，适度的训练是必不可少的。同时，要避免单调的练习形式，有趣、多样的练习形式，既充分调动学生学习的积极性，又有效提高学生的计算能力。例如将式题做成练习卡片，让学生以“开火车”的形式快速抢答。再如，学生和老师进行“找朋友”的游戏，教师和学生分别举出数字卡片，其他学生参与。还有如接力赛、对口令等都很适合低年级的学生。总之，计算能力的提高，一定要重视训练，适度的训练是发展学生的运算能力的有力保证。

练习要讲求实效。20 以内的进位加法，对于学生后续知识的学习起着举足轻重的作用。因此，仅仅达到一定的练习量是不够的，练习还要讲求实效。学生不易错的内容，适当练习。例如：9、8 加几的进位加法不易出错，因为它的补数是 1 和 2，离 10 比较接近。比较容易错的，就要采用不同的形式，多多加强训练。例如：7、6、5 加几的进位加法，因为它们离 10 相对比较远一些，补数分别是 3、4、5，进行“凑十”的时候，进行数的组成相对较难，因此往往容易出错。

适度渗透加法交换律和函数思想。计算小数加大数的题目，如 5+8，引导学生想 8+5，既帮助学生运用已掌握的知识解决新问题，又有意识渗透加法交换律。再如，第 95 页的②和数学游戏中都能找到交换律的影子。再有，进行 9 加几、8 加几等一系列的练习时，使学生在观察与思考中不仅很快说出得数，而且通过算式中的规律提高学生计算的速度，初步渗透函数思想。

（3）培养学生初步的应用意识和解决简单问题的能力。

① 培养学生多角度发现信息的意识与能力。新课标修订稿的解决问题领域，最突出的变化就是从“双能”调整为“四能”，增加了“发现问题和提出问题”的能力，本单元的解决问题第97页例5充分体现了这一点。通过“啦啦队表演”的情境，让学生说说知道哪些信息。学生既可以从男、女生的性别角度，也可以从前排、后排的角度发现人数的信息，进而培养学生从多角度观察的意识。练习第97页的“做一做”也可以引导学生，既可以从左右的位置关系角度，也可以从黑白颜色的角度发现天鹅的数量。同样，第99页的③也可以启发学生从不同角度发现信息，信息虽然不同，但是解决问题的方法是相同的。

② 在解决问题中，帮助学生理解“加法含义”。例5、例6则是逆向思维思考问题，这两个例题共同的地方都是用加法解决。通过这两个例题，使学生理解“将两部分合并成一个整体，用加法计算”的道理。教学时，结合具体情境，让学生说一说“为什么用加法”。尤其是例6的教学，对学生来说有一定的难度，可以让学生动笔画一画或采用其他形式，帮助学生理解“加法含义”。

③ 重视回顾与反思。解决问题对于刚刚入学的学生有一定的难度。教学时，学生在老师的引导下，初步学会解答方法，但解决不能就此结束，教师还要帮助学生进一步回顾解决问题的过程，即反思在解决问题中，我们都做了什么。引导学生想到：要从图或文字中找到信息，可以用画图的方法发现条件与条件、条件与问题的关系，进而选择方法等。结果对不对呢？还要有检验的意识，让学生感悟到。“加上一个自然数比原来的数大”，这有助于培养学生的估测意识。

（四）20以内的退位减法

1. 课标要求

《义务教育数学课程标准（2022年版）》第一学段“学段目标”中提出：能进行简单的整数四则运算，形成初步的运算能力。感受数学在生活中的应用，形成初步的几何直观和应用意识。

《义务教育数学课程标准（2022年版）》第一学段“课程内容”中提出：探索加法和减法的算理和算法，会整数加减法。在解决生活情景问题的过程中，体会数和运算的意义，形成初步的符号意识、运算能力和推理意识。

2. 教材分析

本节课的内容是在掌握了20以内不退位减法和20以内进位加法基础上进行的。教材在编排这部分内容中，突出体现学生借助操作、画图等方式理解十几减9退位减法的算理，掌握十几减9退位减法的基本方法。

图3.2-10　一年级下第二单元

（1）主题图。

教材用游园会的情境图生动地展示了学生参加各项游园活动的情境，为教学活动提供了丰富的现实情境，也为教学 20 以内的退位减法提供了丰富的素材。从内容角度来说，主题图是对本单元所教学内容的整体概括，包括十几减 9，十几减 8、7、6，十几减 5、4、3、2 和解决问题的内容。其中，买气球的情境是学习十几减 9 的素材；买风车的情境是学习十几减 8 的素材；观鱼的情境是学习十几减 7、6 的素材；踢足球的情境是学习例 5（求另一个加数）的素材；套圈儿的情境是学习例 6（比多比少问题）的素材。教学时，从整体到局部，让学生用数学的眼光捕捉数据信息、提出数学问题，以此培养学生收集数学信息、发现并提出数学问题的能力。

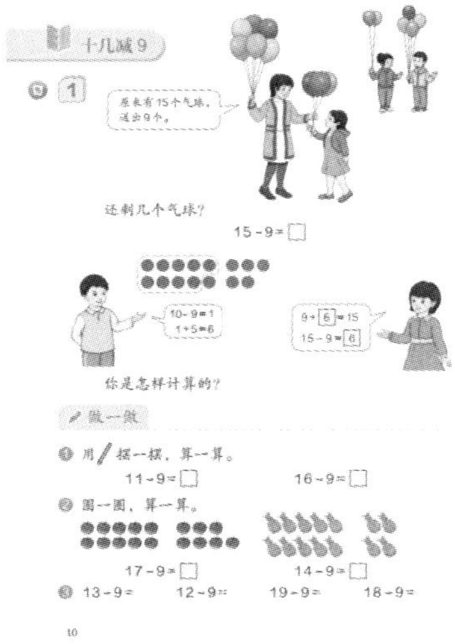

图 3.2-11　一年级下第二单元

（2）十几减 9。

例 1 利用主题图中买气球的情境引出十几减 9 的数学问题。在买气球的情境图中，小丑说：“有 15 个气球，卖了 9 个。”一个学生提出问题：“还有几个？”这样呈现的目的是引导学生在整体观察主题图的基础上，首先研究十几减 9 的问题，同时体现了所学的知识与现实生活的联系和学习新知识的必要性。

例 1 在编排上还有以下特点：

一是利用直观的方式帮助学生理解算理，让学生利用学具摆一摆或画图等活动，为理解算理、形成算法积累感性经验。

二是体现了算法多样化。例 1 呈现了两种计算方法，一种是“破十法”，一种是“想加算减法”，还通过机器人聪聪的问题“你是怎样算的”，让学生说说其他的算法，如果学生提出“连减”或其他方法，都应予以尊重。

三是重点突出“破十法”。教材以圆片图和分步计算的方式，展现了“破十”和口算的过程，把具体的操作过程、用语言叙述的过程和抽象的计算过程对应起来，用多种方式帮助学生理解算理和掌握“破十法”，也为学生脱离实物通过思考算出得数打下了基础。“想加算减法”也是对照直观图呈现，与一年级上册一图几式相呼应，便于学生理解。对“想加算减法”暂不做过高的要求，如果学生想不到，教师可进行介绍。

“做一做”第 1 题和第 2 题的编排，都通过在直观图中圈一圈或利用学具摆一摆等活动，让学生感受“破十”的需要和过程，理解算理。第 3 题“用你喜欢的方法计算”，教材一方面体现算法多样化，一方面给学生留出比较、消化的空间，启发学生在进一步体验中选取最优的方法，逐步提高自我完善方法的意识。

教学重点是理解用“破十法”计算十几减 9 的算理，掌握十几减 9 的基本计算方法；教学难点是能熟练、准确地口算十几减 9 的退位减法。

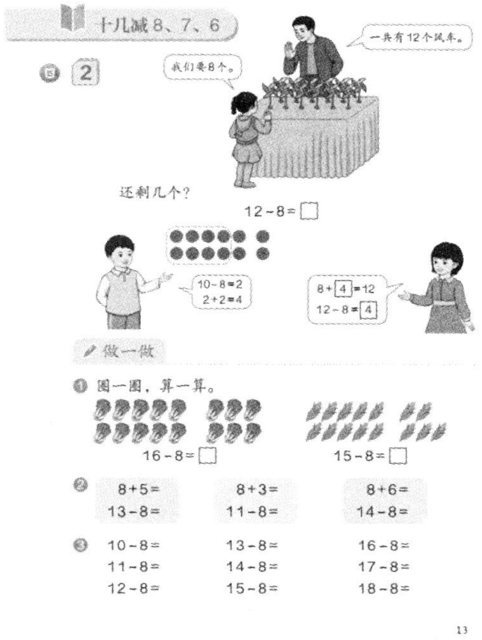

图 3.2-12　一年级下第二单元

（3）十几减 9、8、7、6。

本节课的内容是在学生理解了用“破十法”计算十几减 9 的算理，掌握了十几减 9 的基本计算方法，并具备了一些“想加法算减法”计算十几减 9 的基础上进行的。教材在编排这部分内容中，一方面利用学生已有的十几减 9 的思维方法，运用知识迁移的办法，引导学生学习十几减 8 的口算；另一方面突出体现学生借助操作、画图等方式理解十几减 8 退位减法的算理，掌握十几减 8 退位减法的基本方法。

例 2 的编排体例与例 1“十几减 9”基本相同，都是按照“问题情境—列出算式—动手操作—呈现算法”的线索进行编排的，兼顾有巩固例 1“十几减 9”中计算方法的作用。与例 1“十几减 9”重点突出“破十法”的编排不同的是，例 2“十几减 8”突出了计算 20 以内的退位减法常用的计算方法——“破十法”和“想加算减法”这两种方法，提高了对“想加算减法”的要求，并不再呈现例 1“十几减 9”中的机器人聪聪提出的“你是怎样计算的？”这个问题，表明在允许学生算法多样化的基础上，应重点引导学生掌握“破十法”和“想加算减法”这两种常用的计算方法。

“做一做”中的第 1 题主要是对“破十法”的巩固，第 2 题是对“想加算减法”的巩固，第 3 题以题组的形式出现，加强比较，便于学生感悟方法的本质，发现计算规律，并渗透函数的思想。

教学重点是理解十几减 8 的退位减法算理，掌握十几减 8 退位减法的常用方法；教学难点是能熟练、准确地口算十几减 8 的退位减法。

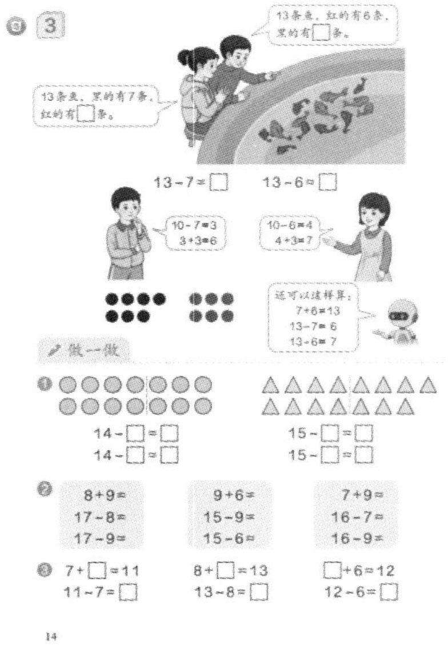

图 3.2-13　一年级下第二单元

例 3 中教材编排了两位同学共同观赏鱼的情境。通过对话可以看出，两人从不同的角度进行观察，获得了不同的数学信息，从而提出了不同的数学问题，并由此得到两道有联系的减法算式。

教材中呈现了用“破十法”和“想加算减法”计算的过程，允许学生用自己喜欢的方法进行计算，又通过在一道加法算式下面写出两道相应的减法算式的方式，使学生体会“想加算减法”的快捷，而且能同时计算出两道有联系的减法算式的结果。

教材编排中，对于“破十法”和“想加算减法”的处理，一方面注重培养学生的抽象思维能力，这主要体现在对“破十法”的编排上：由于学生经过十几减 9、十几减 8 的学习对“破十法”已经比较熟悉，在这里不再出现直观图，而是让学生以已有的操作经验为基础，通过对数据的观察，直接说出自己的思考过程，帮助学生逐步实现从具体形象思维向抽象逻辑思维的过渡。另一方面通过多种方式让学生感受“想加算减法”的价值，教材不仅提供了“想加算减法”的直观图，而且将一个加法算式和两个减法算式联系在一起，让学生知道一个加法算式能完成两道减法算式的计算，从而感受“想加算减法”的方便、快捷。

“做一做”中的 3 道练习题着重帮助学生理解、掌握“想加算减法”，3 道练习的编排从直观到抽象，体现了对“想加算减法”的巩固练习过程。

教学重点是进一步理解 20 以内退位减法的算理，掌握 20 以内退位减法的基本方法；教学难点是在自主选择计算方法的基础上体验“想加算减法”的优越性，能熟练、准确地口算 20 以内的退位减法。

图 3.2-14　一年级下第二单元

（4）十几减 5、4、3、2。

本节内容是在学生能熟练地计算十几减 9、8、7、6 的基础上进行的。在教材内容编排中，由于学生已经有了丰富的计算 20 以内退位减法的经验，例 4 中没有再出现直观图和计算方法，只是由机器人聪聪提出：你是怎么计算的？要求学生用学过的计算方法完成十几减 5、4、3、2 的计算，为学生提供自主探究的空间。

“做一做”中的练习，以加法和减法上下对照的形式编排，突出体现加、减法之间的关系，旨在引导学生用“想加算减法”进行计算。加法算式中的一个加数没有直接给出，增加抽象性，以这种方式来提高学生“想加算减法”的思维水平，使学生逐步达到由减法算式直接想到得数的要求。

“思考题”和“数学游戏”的设计，旨在通过生动有趣的方式，组织学生练习 20 以内的退位减法，并初步感受差相等的两个减法算式之间的关系，对所学的减法算式进行简单的整理。教师需要恰当地把握教学要求，不应作过高的要求。

在教学时，由于学生对“20 以内的进位加法”已比较熟练，前面又有了“想加算减”的基础，再加上“想加算减”比较快捷，又能同时算出两道算式的结果，所以教材在保证学生自主选择的前提下，重视引导学生“想加算减”的方法。这一编排意图在“做一做”中有明显的体现。

教学重点是在理解 20 以内退位减法的算理的基础上，掌握 20 以内退位减法的基本方法。教学难点是能熟练、准确地口算 20 以内的退位减法。

（5）问题解决。

例 5 继续让学生经历解决问题的过程，探索解决问题的方法，积累解决问题的经验，既有利于学生进一步领会减法的含义，又可以为发现和解决稍复杂的问题打下基础，逐步提高学生发现问题、解决问题的能力。

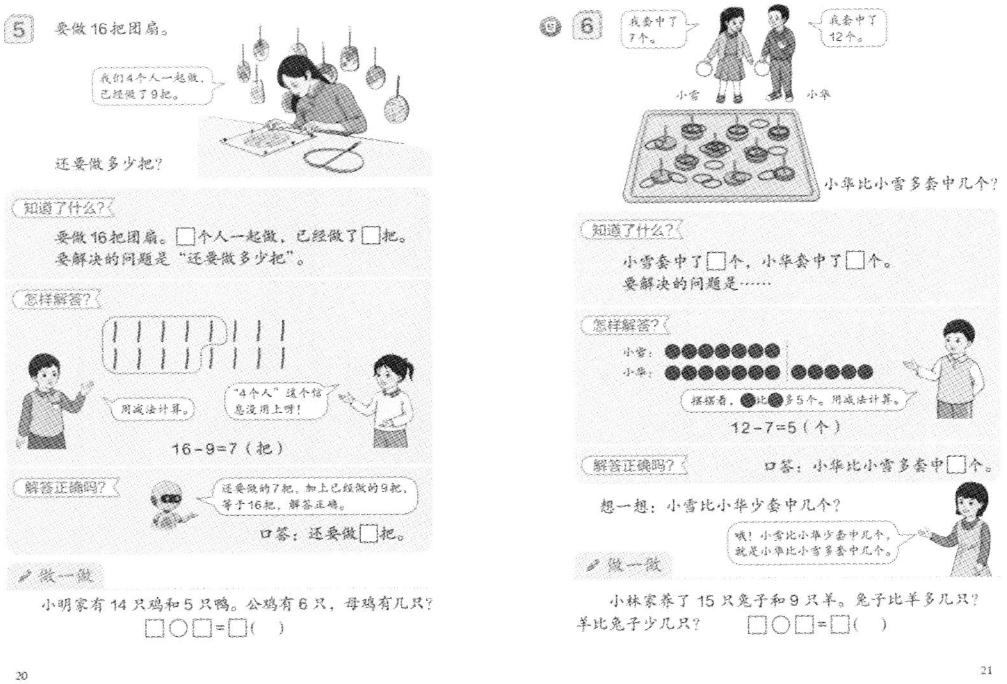

图 3.2-15　一年级下第二单元

例 5 是有多余条件的“求另一个加数”的问题。例 5 一方面保持了一年级上册教材中解决问题的编排特色，呈现了解决问题的一般步骤，按照“知道了什么？”“怎样解答？”“解答正确吗？”三个步骤编排解题过程。另一方面在要求学生掌握解决问题一般步骤的基础上，在三个步骤中分别提出了新的要求：在“知道了什么？”环节，出现了多余的条件，需要选择有效的信息解决问题；在“怎样解答？”环节，运用画图策略理解“求另一个加数”的数量关系，确定解题方法，并认识到多余条件在解题过程中是没有用处的；在“解答正确吗？”环节，提供了检验解答结果是否正确的方法，使学生学会根据问题中的数量关系用加法检验减法问题的正确性，并提出了口头答题的要求。例 5 的教学重点是让学生初步学会用减法解决含有多余条件的“求另一个加数”的简单实际问题；教学难点是运用画图的策略分析问题、选择有效的信息解决简单的实际问题。

例 6 是在学生初步掌握解决问题一般步骤的基础上，继续突出了对解决问题过程中画图策略的研究，从而逐步实现增强学生分析和解决问题能力的目标要求。

例 6 是用减法解决“比多少”的问题，包括“求一个数比另一个数多几”和“求一个数比另一个数少几”两种情况。这是在学生初步认识减法的意义、能用一一对应的方法比较两个量的多少的基础上编排的。这是学生第一次正式学习用减法解决“求一个数比另一个数多几（少几）”的问题。例 6 在编排中，继续呈现了解决问题的一般步骤，按照“知道了什么？”“怎样解答？”和“解答正确吗？”3 个步骤编排解题过程。从已知整体与其中的一部分求另一部分用减法计算，到比较两个量相差多少用减法计算，是学生认识减法的现实意义的一次扩展，对学生来说有一定的困难。教材在“怎样解答”环节，提供了画图（或操作）的策略，借此帮助学生理解要解决的问题中的数量关系，沟通“比多少”问题与原来所认识的减法模型之间的联系，从而获得解决比多少的数学问题的思维方法，理解用减法计算的道理。另外，在例 6 的编排中，在学生理解“求一个数比另一个数多几”用减法计算的基础上，编排了“求一个数比另一个少几”的问题：“想一想：小雪比小华少套中几个？”并用一个小朋友的语言提示将“求一个数比另一个少几”的问题转化为“求一个数比另一个数多几”的问题来解决，既体现了“转化”的数学思想方法，又减轻了学生的学习负担。例 6 的教学重点是初步学会用减法解决“求一个数比另一个数多几（少几）”的简单实际问题；教学难点是运用画图的策略分析、解决简单的“比多少”的实际问题。

3. 教学建议

（1）理解 20 以内退位减法的算理，掌握 20 以内退位减法的基本方法。

首先让学生用教材中的圆片图、打捆的小棒等学具，通过圈一圈、摆一摆或画图的动手操作活动，直观地帮助思考，并利用操作将思考过程表现出来，为理解算理、形成算法积累感性经验。要为学生提供自主探究的空间。引导学生在独立探究的基础上，说说自己操作或画图的过程，指导学生用算式记录思考的过程，培养推理能力。如计算 12−5，想 5+7=12，所以 12−5=7，让学生在理清思路、熟悉思考的过程中，培养初步的推理能力。帮助学生理解算理，掌握“破十法”和“想加法算减法”等算法。

（2）提高学生的运算能力。

设计内容丰富、形式多样的练习。根据一年级学生的特点，多用游戏方式、比赛方式如“开火车”“找朋友”“摘苹果”“对口令”等方法进行练习。增强练习的趣味性，激发学生学习兴趣，提高学生的运算能力。另外，还可以进行“听算练习”，使学生不仅能视算，而且在听到两个数相减时也能很快地说出得数。

可以让学生结合具体算式，例如：8+6=14 与 14−8=6，说说加法算式和减法算式之间的联系。也可以利用一组十几减 8 的减法算式，如 10−8=2、11−8=3、12−8=4、13−8=5、14−8=6，让学生计算后说说计算这些算式得数时思考的过程有什么共同点。学生交流算法后，教师应组织学生对多种方法进行比较，体会并逐步喜欢“想加算减法”，通过比较和交流活动，感悟方法的本质和计算规律。

（3）能运用画图的策略分析、选择有效的信息解决简单的实际问题。

在组织学生说明图意及发现的数学信息和问题的基础上，可以让学生画一画或者用小棒摆一摆，理解信息之间、信息与问题之间的关系，提取有效的信息，让学生在画图或操作过程中感受到：有些条件与条件、条件与问题之间是有联系的，有些条件与问题之间是没有联系的。借助画图或操作理解并分析数量关系。明确两个条件之后，让学生再次通过画图或操作分析两个条件之间、条件与问题之间的关系并理解要解决的问题中的数量关系。画图既反映了学生对问题的理解程度，又提供了思考和解决问题的模型，学生的画图方式可以是多样的，只要能反映出问题的结构即可。

（五）100 以内的加法和减法（口算）

1. 课标要求

《义务教育数学课程标准（2022 年版）》第一学段“学段目标”中提出：能进行简单的整数四则运算，形成初步的运算能力。感受数学在生活中的应用，形成初步的几何直观和应用意识。

《义务教育数学课程标准（2022 年版）》第一学段“课程内容”中提出：探索加法和减法的

算理和算法，会整数加减法。在解决生活情景问题的过程中，体会数和运算的意义，形成初步的符号意识、运算能力和推理意识。

2. 教材分析

（1）整十数加、减整十数。

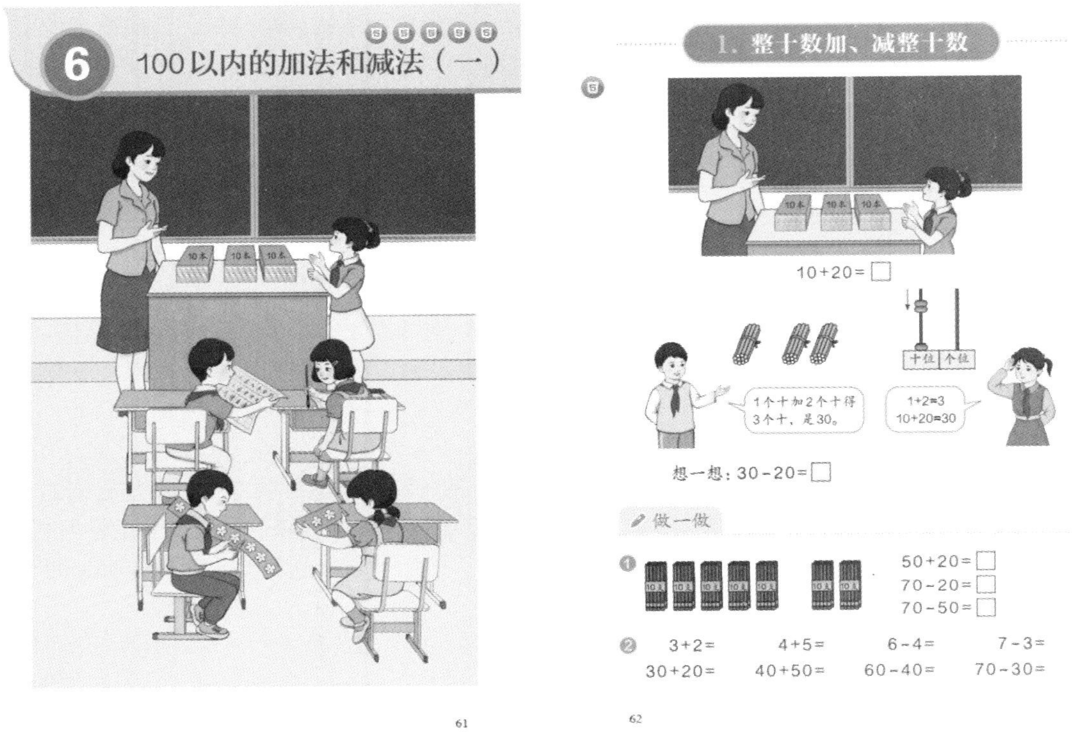

图 3.2-16　一年级下第六单元

主题图展示了学生在教室中学习、交流、活动的情境，为学习 100 以内的加法和减法提供了丰富的素材，是对所学内容的整体概括：教师发书的情境是学习整十数加、减整十数的素材，写大字的情境是学习两位数加一位数、整十数的素材，剪五角星的情境是学习小括号的素材。

例 1 教学整十数加、减整十数，教材在编排中提供了 3 种不同的直观模型：成包的书、整捆的小棒和计数器，从具体到抽象，帮助学生形成计数单位“十”的丰富表象，便于学生以“十”为单位探索整十数相加减的计算方法，从而加深学生对算理的理解，利于掌握算法。教材还通过学生的对话形式，展现了学生多样化的计算方法：相同计数单位的数可以直接相加的方法、与 10 以内的加法进行类比的方法，体现了算法多样化的教学理念。在整十数加整十数教学内容之后，教材通过机器人聪聪的问题，让学生思考整十数减整十数该怎么算，为学生的自主探索留出空间。

“做一做”第 1 题以一图三式的形式呈现，直观图突出以“十”为计数单位。让学生借助直观图，进一步熟悉整十数加减的计算过程，掌握计算方法。第 2 题通过 10 以内的加、减法和整十数加、减法的类比，让学生体会整十数的加、减法与个位数加、减法的相同点。教学重点是理解 100 以内整十数加、减整十数口算的算理，掌握计算方法，能正确口算 100 以内整十数加、减整十数的式题；教学难点是感受整十数的加、减法与个位数加、减法有着密切的联系。

（2）两位数加一位数、整十数。

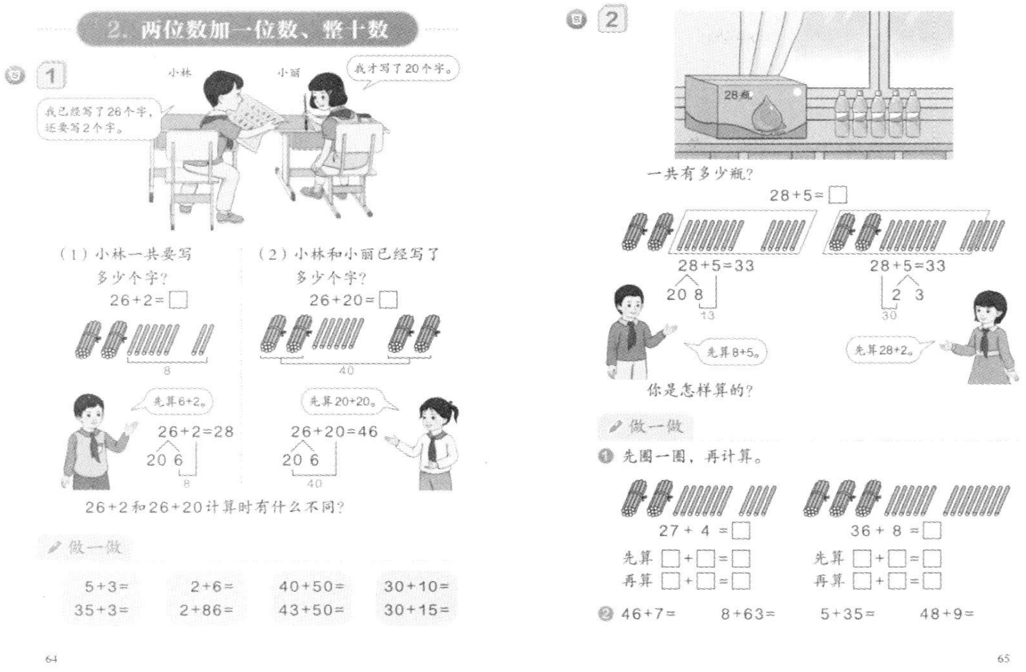

图 3.2-17　一年级下第六单元

教材所呈现的内容是在学生掌握了 100 以内数的读法、写法和数的组成，以及整十数加整十数、整十数加一位数的基础上进行教学的。两位数加一位数（不进位）的基础是整十数加一位数和 10 以内的加法，两位数加整十数的基础是整十数加整十数和整十数加一位数。学生在第四单元已经学习了整十数加一位数及相应的减法，但主要运用数的组成进行计算，缺乏算理的理解。教学着重解决相同数位的数相加的问题，这是后面学习两位数加两位数的基础。

例 1 在编排中体现了学生所要经历的基本思维过程：实物操作—表象操作—符号操作。教材从写字的情境图引出两个实际问题，列出有联系的两道加法算式后，让学生通过操作理解算理，探索算法。教材采用左右对比的方式，将演示算理的小棒图与表示口算过程的算式对照，使学生“理清法明”。最后再通过比较两道题计算时的不同，使学生总结并深刻领悟“相同数位上的数才能直接相加”。

“做一做”中安排的口算题，采用有联系的两题上下对比的方式：两位数加一位数与 10 以内加法对比，两位数加整十数与整十数加整十数对比。这样的对比既使学生感受“相同数位上的数才能直接相加”，又突出了口算时的步骤：两位数加一位数先算个位数，两位数加整十数先算十位数。

教学重点是理解 100 以内两位数加一位数（不进位）和两位数加整十数口算的算理，掌握计算方法，能正确口算 100 以内两位数加一位数（不进位）和两位数加整十数的式题；教学难点是领悟相同数位上的数才能直接相加。

例 2 的编排层次与例 1 基本相同：实际问题引入—列式探索算法—整理并呈现算法—交流并理解算法，由具体到抽象地使学生掌握算法，并体现了算法多样化的思想。编排中呈现了两种算法。由于学生在前面的学习中对“凑十法”印象非常深刻，会很自然地迁移到这里，这种方法对于学生理解算理很有帮助。另一种算法是先把单根的小棒相加，再和两捆的合在一起，类似于竖式计算，既突出了“进位”的道理，又为后续教学做好了铺垫。每种算法的呈现仍以小棒图与口算过程算式图相对照呈现，突出了算理，并且以“先算……”突出了这两种算法的不同，进而突出了每种算法的重点。通过机器人聪聪的问题“你是怎样算的？”让学生交流自己探索的成果（计算方法）。

“做一做”中的第 1 题提供了直观图让学生依据计算方法圈一圈，并在算式下面以“先算……再算……”的形式，帮助学生从直观到抽象，明确计算的步骤，掌握计算方法。第 2 题让学生直接算出得数，使学生在运用中掌握口算方法。

教学重点是理解 100 以内两位数加一位数（进位加法）的算理，掌握计算方法，能正确口算两位数加一位数的进位加法；教学难点是理解“个位相加满十，向十位进一”的算理。

（3）两位数减一位数、整十数。

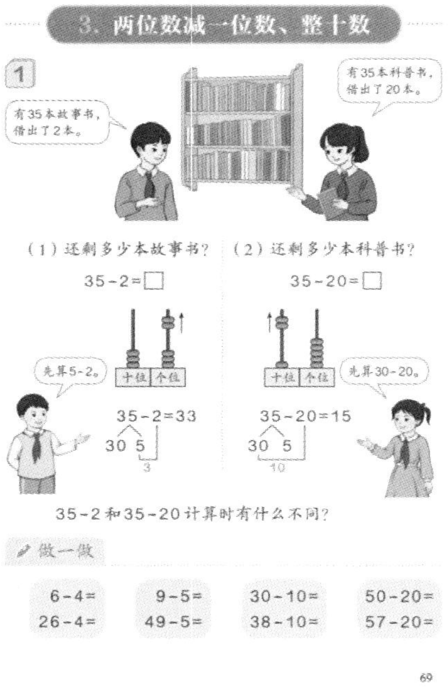

图 3.2-18　一年级下第六单元

教材内容是在学生学习了整十数加减整十数、两位数加一位数和整十数的基础上进行教学的。两位数减一位数（不退位）和整十数的内容，既是前面已学加减法知识的进一步发展，同时又是今后进一步学习两位数减两位数最直接的基础。教材在编排时，充分利用学生过去所掌握的计算方法解决计算问题，让学生感受教材内容在原有知识基础上的发生、发展过程，并为后面的学习做好准备。

例 1 两位数减一位数（不退位）、整十数的编排体例与两位数加一位数（不进位）、整十数的编排体例与编排层次基本相同。同样采用左右对比编排的方式，按照提出问题—列出算式—动手操作—整理算法—突出重点的层次进行编排。

例 1 在编排中着重解决“相同数位上的数才能直接相减”的问题。为了突出这一点，教材将直观教具由小棒变为计数器。计数器虽比小棒的抽象性强，但能更好地体现位值的思想。学生通过下面标注数位的计数器及计数器上不同颜色的珠子能清楚地看到“相同数位上的数才能直接相减”，并留下深刻的印象，加深对算理的理解。同时将直观图与表示口算过程的算式相对照，突出算理。最后通过比较 35−2 和 35−20 计算时有什么不同，使学生深刻领悟“相同数位上的数才能直接相减”。

“做一做”中安排的口算题是针对性很强的练习，采用有联系的两题上下对比的方式：两位数减一位数（不退位）与 10 以内减法对比，两位数减整十数与整十数减整十数对比。以此进一步强化两位数减一位数在个位上减、两位数减整十数在十位上减的计算方法。它可以帮助学生巩固两位数减一位数（不退位）和整十数的计算方法，并进一步感受两位数减一位数（不退位）和整十数的计算过程。

教学重点是理解 100 以内两位数减一位数（不退位）和两位数减整十数口算的算理，掌握计算方法，能正确口算 100 以内两位数减一位数（不退位）和两位数减整十数的式题；教学难点是领悟相同数位上的数才能直接相减。

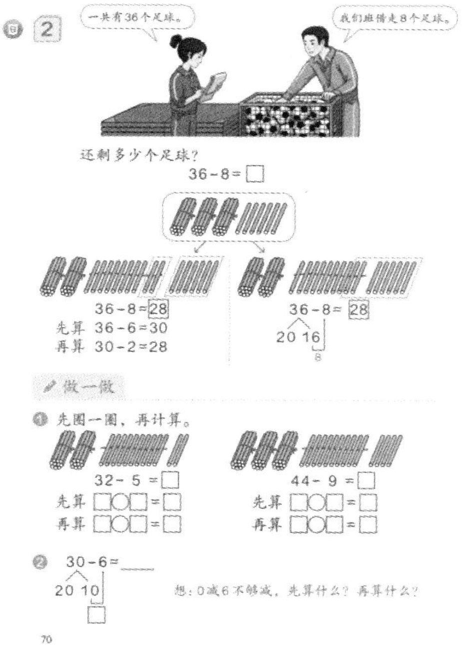

图 3.2-19　一年级下第六单元

例 2 分为 3 个层次编排：第一个层次是引入层次，学生要从实际情境中抽象出数学问题。第二层次是列式并计算的层次，要求学生动手操作，理解算理，探索算法，这是重点教学的层次。教材在这里呈现了两种算法，左边的算法是“破十减”，由前面的教学迁移而来，便于学生理解“退位”的道理；右边的算法是用数的组成和 20 以内的退位减法计算，类似于计算，既突出了退位，又为后续学习做了铺垫。第三个层次是对照小棒直观图，整理并交流口算方法的层次，在算式下面标注出口算过程，算出得数，实现由具体到抽象的过渡。

“做一做”中的第 1 题，提供了直观图让学生依据计算方法圈一圈，并在算式下面以“先算……再算……”的形式，帮助学生从直观到抽象，明确计算的步骤，掌握计算方法。第 2 题不再出示直观图，只提供算式的分解式，并通过旁注“想”帮助学生通过抽象思考，逐步熟练地掌握计算方法。

教学重点是帮助学生理解 100 以内两位数减一位数的退位减法的算理，掌握计算方法，能正确口算两位数减一位数的退位减法；教学难点是帮助学生理解两位数减一位数的退位减法的算理。

图 3.2-20　一年级下第六单元

例 3 分为 3 个层次编排。第一个层次是从连续剪小花的情境引入，为学习新知提供素材。第二个层次让学生列式计算，教材呈现了两种解决问题的思路：一种是学生熟悉的连减方法，列出算式并标出计算过程，算出得数；另一种是先加后减的思路，引出小括号，学习含有小括号的两步计算。第三个层次是归纳含有小括号的算式的运算顺序。通过这些层次，使学生结合具体情境，体会小括号的意义及引入小括号的必要性，同时培养学生初步的符号意识。“做一做”通过对比突出了小括号的作用。

教学重点是帮助学生理解小括号的意义，能口算含有小括号的两步加、减混合运算；教学难点是帮助学生理解小括号的意义。

（4）问题解决。

教材内容是在学生掌握了解决问题的一般步骤、学习了一些基本解题策略的基础上进行教学的。“同数连加”的实际问题对学生来说有一定的难度，也更具有挑战性。学生用以往的两数相加的方法不能直接解决问题，需要学生充分理解题意，用自己的方式表达对题目的理解，并探索和交流解决问题的方法。编排同数连加的实际问题的主要意图是培养学生针对比较复杂的问题，能运用所学过的策略解决问题。同时，有了用连加方法解决问题的经验，今后再学习乘法时，学生就不会孤立地认识乘法，而是能将乘法与加法有机地联系起来，对于认识乘法的本质具有重要的作用。

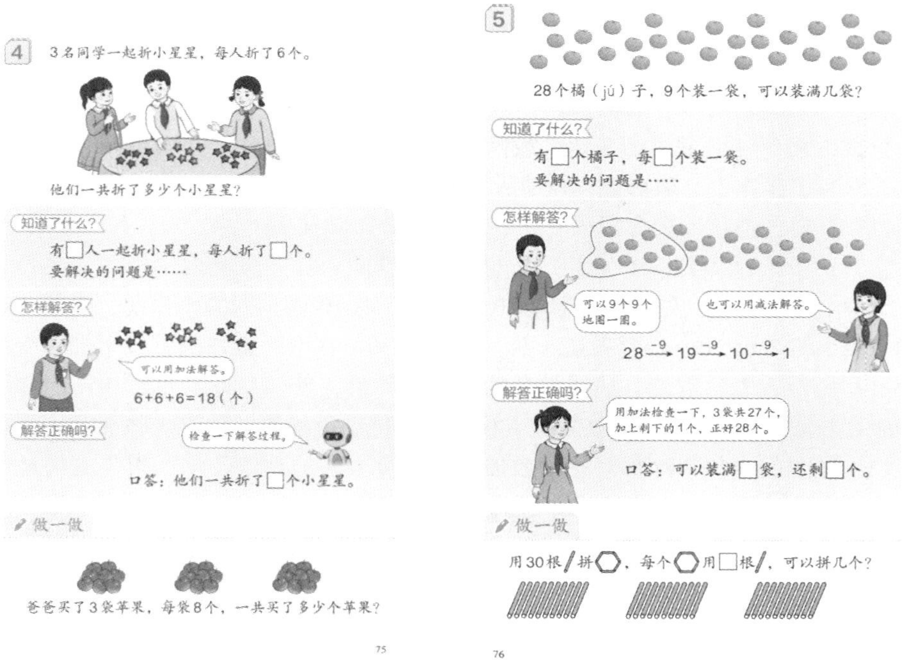

图 3.2-21　一年级下第六单元

例 4 在编排上继续体现解决问题的一般步骤，并丰富了解题的策略：教材除呈现了通过画图理解并以连加解决的策略外，首次出现了列表的方式。在教学时，这些方式不一定全部出现。如果学生想不到列表的策略，可以由教师加以介绍或暂不出现；当学生还有其他解题策略时，教师应予以鼓励，并帮助学生将自己的想法表达清楚。主要意图在于让学生用已有的知识解决问题，学生能将自己的想法用恰当的方式表达清楚即可。

“做一做”中信息与问题的叙述方式与今后要学习的乘法问题完全一致。在学习乘法之前，让学生画图并用加法或列表的策略解决问题，可以更好地帮助学生掌握问题的结构，丰富用同数连加的方法解决问题的经验，搭建由加法到乘法过渡的桥梁，便于学生今后更好地理解乘法的意义。

教学重难点是学会用已有的知识解决同数连加的实际问题，并积累解决问题的策略。

例 5 减去相同数的实际问题由于解题的步骤比较多，学生不经过尝试和探索，很难从给出的两个信息出发直接获得答案，这对学生具有一定的挑战性。教材编排的目的就是要激发学生探究的欲望，用所掌握的知识和方法进行解决问题的尝试。教材在编排上继续体现解决问题的一般步骤，在“怎样解答？”环节除了呈现了画图圈一圈的策略外，还呈现了以箭头符号记录倒着连减的过程的策略。如果学生写出减法算式，应予以鼓励。在教学时，这些方式不一定全部出现，主要意图在于让学生用已有的知识解决问题，让学生充分经历分一分、圈一圈、减一减的过程，积累解决问题的经验，搭建由减法向除法过渡的桥梁，便于学生今后更好地理解除法的意义。

教材在回顾与反思环节提出了用加法进行检验的方法，使学生进一步理解加、减法之间的关系，强化检验的意识，并教给学生基本的检验方法。

教学重难点是帮助学生学会用已有的知识解决连减同数的实际问题，并积累解决问题的策略。

3. 教学建议

（1）理解 100 以内整十数加、减整十数口算的算理，掌握计算方法，感受整十数的加、减法与个位数加、减法之间密切的联系。

通过数数，强化计数方式的变化。教师创设情境后，不要急于让学生列式计算，可以先让学生数数一共有多少本书，数后追问学生："为什么 10 本 10 本地数？"或追问："为什么不 1 本 1 本地数？"通过强化计数方式的变化，为学习新知做准备。

在课堂教学中，教师要给予学生充分的时间、空间，让学生利用小棒、计数器等学具进行操作，帮助学生思考并得到结果，如计算 10+20 时，用 10 根一捆的小棒摆，先摆 1 捆小棒表示 10，再摆 2 捆小棒表示 20，合起来是 3 捆，也就是 30。在学生操作的基础上加强交流，鼓励学生将算的过程用语言表达清楚。通过教师的引导和评价，使学生体会单位相同的数可以直接相加、减，计算方法与 10 以内加、减法基本相同。通过动手操作，使学生在头脑中形成几个十与几个十相加（减）的表象，加深对整十数加、减计算方法的理解，帮助学生更好地掌握整十数加、减的计算方法。在动手操作阶段，教师也可以为学生提供 30 根单根的小棒、3 捆十根一捆的小棒和计数器等，让学生自主选择学具，加深对计数单位"十"的认识，引导学生以"十"为单位进行操作，并理解算理。

通过 10 以内的加、减法和整十数加、减法的类比，让学生体会整十数的加、减法与个位数加、减法的相同点。同时，通过对比加深学生对整十数加、减整十数是以"十"为计数单位的认识。

教学中，除了让学生通过动手操作、主动探索、合作交流掌握算法外，还需要组织好练习，培养学生的计算能力。教师可以根据实际情况积极创设新颖的练习形式，如"开火车""送信""接力""对口令""找朋友"等，让学生在轻松愉快的活动中提高计算能力；练习时，减少书面练习，多进行口头练习，既可以增大练习容量，又减轻学生书写的负担，同时口头练习形式多样，容易引起学生的兴趣。

（2）理解 100 以内两位数加一位数（不进位）和两位数加整十数口算的算理，领悟只有相同数位上的数才能直接相加。

在课堂教学中，教师要给予学生充分的时间、空间利用学具动手操作、感悟算理。教师可以让学生根据算式自己选择学具，并让学生说说右边摆 2 根或 2 捆的理由，突出学生对第二个加数计数单位的感受。最后通过摆学具理解算理，得出算法。

在操作的基础上加强回顾交流，使学生明确算法。交流时应让学生先闭眼回忆自己操作的过程，然后鼓励学生将自己的操作过程用语言表达清楚。教师结合学生汇报，在算式下面注出口算过程图。最后指导学生根据图再说说口算过程，以促进学生由具体形象思维向抽象思维过渡。

完成例 1 两道题的计算后，教师应组织学生回顾操作过程与计算过程，讨论交流"25+2 和 25+20 计算时有什么不同"，重点说一说两道题分别先算什么，突出两个算式的区别。通过讨论、对比，既简化学生口算时的思维，利于学生形成熟练的算法；又突出相同计数单位的数才能直接相加，即几个一和几个一相加、几个十和几个十相加，帮助学生进一步巩固数位的概念。

教学中，除了让学生通过动手操作、主动探索、合作交流掌握算法外，还需要组织好练习，培养学生的计算能力。教师可以根据实际情况积极创设新颖的练习形式，如"开火车""送信""接力""对口令""找朋友"等，让学生在轻松愉快的活动中提高计算能力。练习时，减少书面练习，多进行口头练习，既可以增大练习容量，又减轻学生书写的负担，同时口头练习形式多样，容易引起学生的兴趣。设计对比练习，增强练习实效性，提高计算能力，沟通知识间的联系，如两位数加一位数与 10 以内加法对比（35+4 和 5+4），两位数加整十数与整十数加整十数对比（42+30 和 40+30），两位数加一位数与两位数加整十数对比（63+2 和 63+20）。

（3）理解 100 以内两位数加一位数（进位加法）的算理，掌握计算方法。

通过对比认识“进位”的必要性。教师可先出示 24+5=□的算式和小棒图，让学生结合图说明口算方法。然后出示例题，比较例题与准备题的区别，感受“进位”的必要性，引导学生展开探究。

引导学生在多种数学活动中，通过多种表征方式之间的相互转化理解算理。先让学生利用学具动手操作，然后在组织学生交流的基础上，教师再次利用课件或小棒演示操作过程，借助小棒打捆，建立“进位”的直观表象；接着让学生闭眼回忆上述操作过程并将操作过程按照“先……再……”有条理地说一说；之后在算式下面注出口算过程图；最后引导学生通过思考“两捆小棒是怎样变成三捆小棒的？为什么要打捆？”等问题，强调 10 个一就是 1 个十，满十就要打捆。

设计内容丰富、形式多样的练习，提高学生的运算能力。根据一年级学生的特点，多用游戏方式、比赛方式，如“开火车”“送信”“接力”“对口令”“找朋友”等，让学生在轻松愉快的活动中提高计算能力。设计对比练习，增强练习实效性，提高计算能力，沟通知识间的联系，如 68+5 与 8+5、24+7 与 4+7、32+8 与 2+8 等的对比，使学生感悟方法的本质和计算规律。通过专项练习进行巩固。针对加法“进位”的问题，可进行如下专项训练：46+7=□3，38+4=□2，9+19=□8，等等。

（4）理解 100 以内两位数减一位数（不退位）和两位数减整十数口算的算理，掌握计算方法。

教师要给予学生充分的时间动手操作、感悟算理。教师应让每个学生都运用计数器进行操作，在操作中体会算理。学生在动手操作时要注意突出两种拨珠的区别，让学生明确 35-2 是从个位上拨去两个珠子，35−20 是从十位上拨去两个珠子。如果没有计数器，可以动手制作纸质的计数器（标出个位和十位表示不同的位值，用圆片代替珠子）。因为计数器比小棒的抽象性强，如果有学生利用计数器操作困难，也可以用小棒进行操作。

在操作的基础上加强回顾交流，使学生明确算法。交流时应让学生先闭眼回忆自己操作的过程，然后鼓励学生将自己的操作过程用语言表达清楚。教师结合学生汇报，在算式下面画出口算过程图。最后指导学生根据图再说说口算过程，以促进学生由具体形象思维向抽象思维过渡。

完成例 1 两道题的计算后，教师应组织学生回顾操作过程与计算过程，讨论交流“35−2 和 35−20 计算时有什么不同”。重点说一说两道题分别先算什么，突出两个算式的区别，内化位值概念。通过讨论、对比，既简化学生口算时的思维，利于学生形成熟练的算法，又突出计数单位相同才能直接相减。还可以与加法进行比较，突出相同数位上的数可以直接相加、减。

教师可以根据实际情况积极创设新颖的练习形式，如“开火车”“送信”“接力”“对口令”“找朋友”等，让学生在轻松愉快的活动中提高计算能力。两位数减一位数、整十数计算的关键是第一步先算什么，在进行练习时，可以针对计算的关键步骤进行专项训练，即说说每一题先算什么，帮助学生巩固计算方法，之后再进行完整的口算训练。设计对比练习，增强练习实效性，提高计算能力，沟通知识间的联系，如两位数减一位数与 10 以内减法对比（39−4 和 9−4），两位数减整十数与整十数减整十数对比（42−30 和 40−30），两位数减一位数与两位数减整十数对比（56−4 和 56−40），以及减法与加法的对比。

（5）理解 100 以内两位数减一位数的退位减法的算理，掌握计算方法。

制造认知冲突，感受“退位”的必要性。可先出示 36−5 的算式和小棒图，让学生结合图说明口算方法。再出示例题，通过“6 减 8 不够减怎么办”的矛盾引起学生的认知冲突，以此激发学生主动探索退位减法计算方法的心理需要。

引导学生在多种数学活动中，通过多种表征方式之间的相互转化理解算理。先让学生利用学具动手操作，可为学生提供 3 捆和 6 根小棒，围绕“不够减”的问题，引导学生提出“打开一捆再减”的方法，为认识“退位”建立直观表象；再鼓励学生借助小棒继续思考“打开一捆后怎么减”。在学生完成操作并进行了充分的交流的基础上，教师再次利用课件或小棒演示操作过程，借助打开一捆再减，建立“退位”的直观表象；接着让学生闭眼回忆上述操作过程并按以下思路整理并交流计算方法：把 36 分成□和□，先算……再算……，所以 36−8=28，同时在算式下面画出口算过程图。

通过“开火车”“送信”“接力”“对口令”“找朋友”等游戏活动，激发学生的口算兴趣，让学生在轻松愉快的活动中提高计算能力。设计对比练习，发现规律，落实算法，沟通知识间的联系。如 23−6、33−6 与 13−6 的对比，可以先让学生观察这三个算式，说说相同点和不同点；再让学生进行计算；然后让学生观察它们的得数有什么相同点与不同点。教师还可以继续改变被减数十位上的数字，如被除数十位上改变为 4、5、6、7、8、9，让学生说说得数的十位上的数该怎么变化，使学生体会被减数十位上的数与得数十位上的数之间的关系，并体会到 20 以内退位减法与本节课学习的退位减法的计算方法是一致的，进一步认识与落实退位减法的计算方法。呈现学生常见的错误，进行有针对性的练习。将学生的错例分类，组织学生分析，找出原因，提出改进的方法，提高学生的计算能力。

（6）理解小括号的意义，能口算含有小括号的两步加、减混合运算。

一年级学生理解小括号的意义，离不开情境的支撑。教师在教学中，应创设情境，帮助学生积累感性经验。教师可以利用课件动态展示例题的情境，或采用直观操作的形式，先出示 10 个五角星，让学生先剪掉 2 个，再剪掉 3 个，提出问题，并让学生将条件与问题完整地说一说。这样，既为学生学习新知提供研究的素材，又为学生理解运算顺序积累感性经验。

引导学生经历“创造”小括号的过程，理解小括号的意义。在让学生提出解决问题的思路，并用算式表征自己的解题过程的基础上，引导学生交流时，教师应结合“先加后减”的思路，引导学生围绕“10−2+3，能先算加法吗？”进行讨论，使学生产生认知冲突，以此让学生感受引入新符号的必要性。接着，让学生自己设计符号，表示要先算加法。在交流、比较时，要强调先算加法。之后介绍小括号的书写方式，明确小括号的意义与作用。

设计内容丰富的练习使学生进一步掌握含有小括号的加、减混合运算的运算顺序，理解小括号的意义、作用。如设计对比练习“6+8−3 与 6+（8−3）”，让学生先说说“先算……再算……”，在此基础上再进行计算。教师还可以设计一些简单的解决实际问题的练习，鼓励学生用含有小括号的算式解决问题，帮助学生体会小括号应用的广泛性，提高运用小括号的意识和能力，并进一步加深对小括号意义的认识。

（7）学会用已有的知识解决同数连加的实际问题，并积累解决问题的策略。

教师可充分利用教材资源，为学生创设发现数学问题的情境，并让其经历数学问题的抽象过程。创设情境后，应引导学生变换叙述方式，帮助学生理解题意，特别是对“每人折了 6 个”的理解。可先让学生说说“知道了什么”，然后请学生用自己的话说一说对“每人折了 6 个”的理解，如佳佳折了 6 个星星，浩浩折了 6 个星星，小芳折了 6 个星星。还可以让学生将知道的信息用学具摆一摆或画一画，帮助学生进一步理解题意。

组织学生用所学的数学知识、方法与策略解决问题，并引导学生理解解决问题的多种策略。

如可以提出以下问题："你能用自己喜欢的方式解答问题吗？""你的想法不但自己明白，还应让别人看明白。"鼓励学生进行思考。在学生交流策略时，教师也应予以鼓励，对表达方式不清楚的，要帮助他们完善，并通过评价如"你是用连加的方式解答的""你是用列表的方式解答的"……帮助学生不断积累解决问题的策略。

通过反思进一步熟悉解决同数连加问题的过程。回顾与反思阶段可以组织学生思考 3 个问题："我们是怎样解答问题的？""用到了哪些方法？""'3 个同学'这个条件在加法算式中用到了吗？"这样不仅能让学生逐步学会回顾与反思的方法，而且可以使学生对同数连加的问题有比较清晰的认识，为今后学习乘法做好铺垫。

教师可充分利用教材资源，为学生创设发现数学问题的情境，并经历数学问题的抽象过程。在明确条件和问题后，可以让学生用 28 个圆片（或小棒）表示橘子，真正地数一数、分一分。通过动手操作，帮助学生理解条件和问题，为解决问题积累活动经验。

操作后，让学生回忆自己分橘子的过程，并鼓励学生用简单、清楚的方式表达分橘子的过程。如可以提出以下问题："你能用我们学过的画图、列算式或其他你喜欢的方式，又简单、又清楚地把自己分橘子的过程表示出来吗？""你能让别人看明白你每次分的过程吗？"鼓励学生进行思考。反馈时，要指导学生在交流中读懂、听懂他人的想法，还应帮助学生完善他们自己表达不清楚的地方；并通过评价，如对用圈一圈的方式解答的学生，教师应肯定："你是用画图的方式，很清楚。"对用连减的方式解答的学生也应鼓励："你的方法很有数学的味道"……既帮助学生不断积累解决问题的策略，又用评价点明各种策略的优势，让学生自主选择。

（六）100 以内的加法和减法（笔算）

1. 课标要求

《义务教育数学课程标准（2022 年版）》第一学段"学段目标"中提出：能进行简单的整数四则运算，形成初步的运算能力。感受数学在生活中的应用，形成初步的几何直观和应用意识。

《义务教育数学课程标准（2022 年版）》第一学段"课程内容"中提出：探索加法和减法的算理和算法，会整数加减法。在解决生活情景问题的过程中，体会数和运算的意义，形成初步的符号意识、运算能力和推理意识。

2. 教材分析

图 3.2-22　二年级上第二单元

情境图展示了二年级 4 个班的学生和老师来到博物馆门前，同学们在老师的带领下正分别排队准备参观博物馆的情境。情境图中每个班的人数和“每个班由 2 名教师带队”的信息为后面学习两位数不进位加法和进位加法计算提供了实际背景。情境图是对本单元第一小节“加法”所学主要内容的整体概括。二（1）班、二（2）班的人数和“每个班由 2 名教师带队”为学习不进位加法提供了实际背景；二（1）班和二（3）班的人数为学习进位加法提供了实际背景。

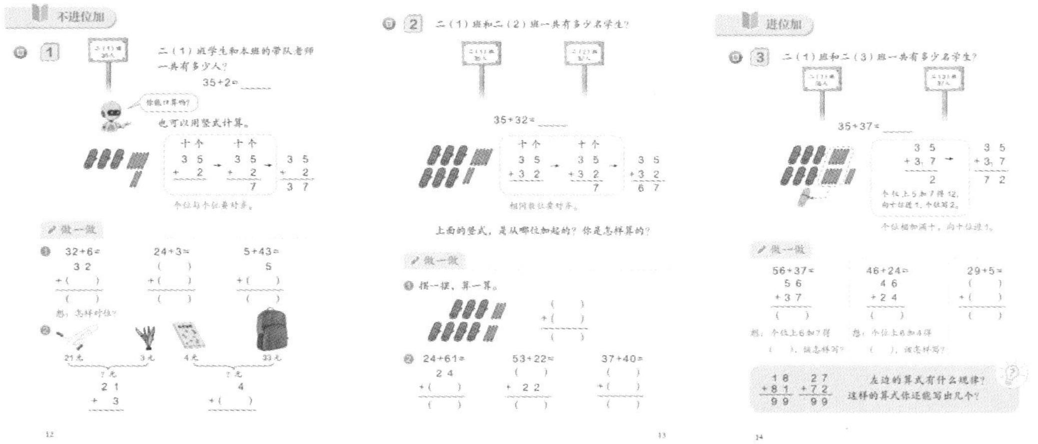

图 3.2-23　二年级上第二单元

（1）不进位加、进位加。

两位数加两位数的加法包含 3 个例题。例 1 提供的是两位数加一位数的不进位知识，这个内容学生一年级就已经会口算了，在这里出现，目的有二：一是复习口算加法的计算方法，为理解笔算的算理和算法做好准备；二是口算也可写成竖式，即用笔算，从而引出笔算。例 2 仍然以主题图中的内容为背景，从解决问题中引出加法算式“35+32”，进行两位数加两位数不进位的加法教学，结合小棒图有序地体现了竖式计算过程，让学生直观地理解列竖式时要个位与个位对齐，十位与十位对齐，即相同数位对齐的道理。适当强调从个位加起。例 3 仍然以“参观博物馆”的情境图为背景图，解决问题“二（1）班和二（3）班一共有多少学生”，同时解决 35+37 的列竖式计算。这一例题着重要解决的是从个位加起、个位满十向十位进“1”。需要让学生通过小棒的操作，经历知识形成的过程。由于只是两位数的加法，不存在连续进位的情况，只要解决了“个位满十向十位进 1”的问题，难点也就突破了。

（2）不退位减、退位减。

两位数减两位数也包含 3 个例题。在教学减法计算之前，教材安排了一幅“背景奥运会金牌榜”的情境图，图中不仅呈现了学生正在看北京奥运会金牌榜的场景，而且给出了前 5 名的代表团获得金牌数的统计表。情境图一方面为进行爱国主义教育提供了良好的素材，另一方面为后面教学不退位和退位减法的例题提供实际背景，将枯燥的数据赋予振奋人心的实际意义。由于学生有了两位数笔算加法的基础，例 1 直接通过直观图配合笔算过程帮助学生理解笔算减法的算理及算法。教材特意引导学生思考和讨论“列竖式计算应注意什么”，其目的是强调写竖式时相同数位要对齐，计算时要从个位减起。两位数减两位数的退位减法是直接建立在两位数减一位数的退位减法基础上的，因此例 2 在教学中可以充分利用学生已有的两位数减一位数的退位减法的知识和经验，将计算思路直接迁移到笔算中来，获得 100 以内减法的整体认识。机器人聪聪问：“个位上 6 减 9 不够减，怎么办？”这是解决退位减的关键问题。例 3 呈现的计算目的主要体现在当被减数的个位为 0，个位又不够减时，从十位退 1 后，个位要算几减几呢？学生可以通过自己的分析得出正确的答案。

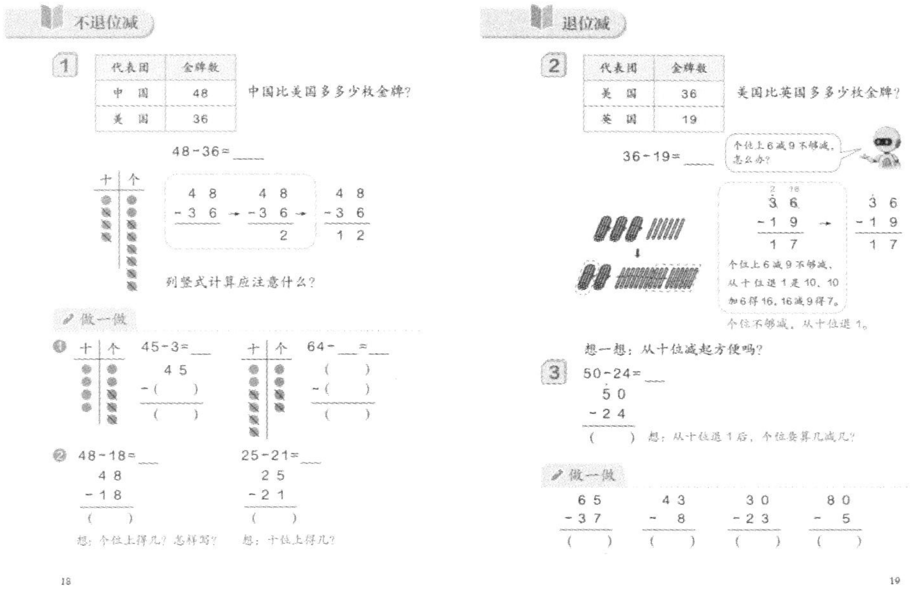

图 3.2-24　二年级上第二单元

图 3.2-25　二年级上第二单元

例 4 主要教学用加、减法计算解决包含有“求比一个数多（少）几的数”的数量关系的实际问题。这一内容是在学生已经学过的“求比一个数多（少）几”的问题的基础上学习的。这两种问题其实是同一类问题，后者是已知两个数，求它们的差；前者是知道一个数，并知道另一个数比它多（少）几，求另一个数。教材创设了“卫生评比”的情境，让学生在解决实际问题的过程中把统计知识和计算问题有机地结合起来，培养学生的数学应用意识。

题（1）是引导学生学习用加法计算解决“求比一个数多几的数”的问题，在编排上继续体现了让学生掌握解决问题的三个步骤：阅读与理解、分析与解答、反思与回顾。重点学习解决问题的策略：用画图的策略直观地分析问题、理解数量关系、找到解决问题的方法。画图时需注意三点：一是各个数量之间的大小多少关系；二是采用简明的图示方法；三是把知道的先画出来，然后再标注问题。题（2）还是以“二年级卫生评比的情境”引出实际问题，引导学生自主探究用减法计算解决“求比一个数少几的数”的问题。由于学生已经经历了分析、解决“求比一个数多几的数”的过程，教材在例题的教学中为学生提供了更大的自主探究空间，让学生灵活运用画图的策略尝试解决问题。让学生自主收集信息，照题（1）的方法画，并形成自觉检验的习惯和认真负责的态度。这一例题的两个问题本质上是同一类问题，只是两个数的相差关系发生了变化，但这并不是问题本质的变化。教学中要进行一定的对比练习，特别是通过画图策略的对比，明确数量关系的变化，沟通问题之间的内在联系。

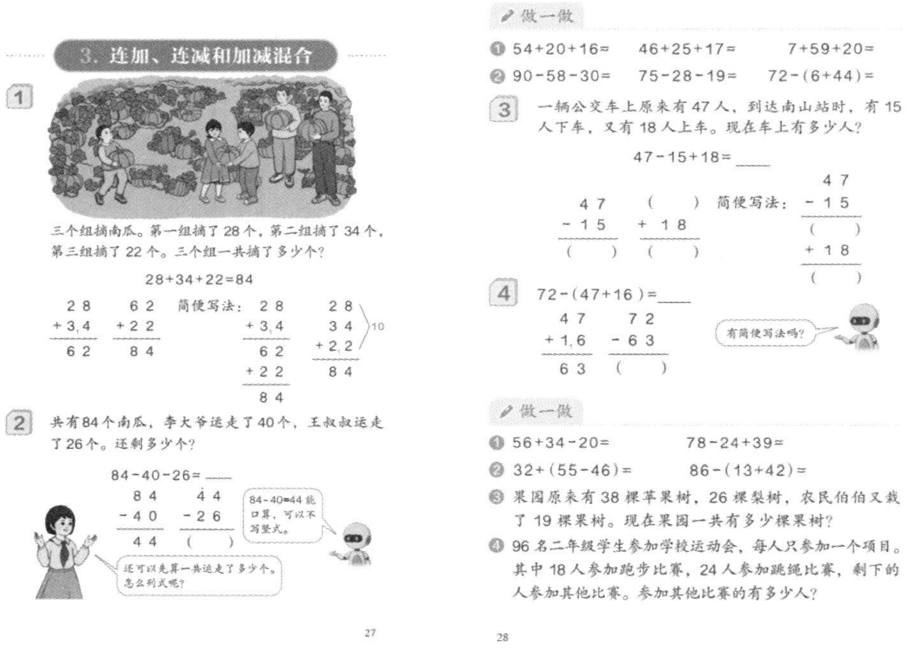

图 3.2-26　二年级上第二单元

（3）连加、连减和加减混合。

连加、连减和加减混合安排了 4 个例题。例 1、例 2 是分别以摘南瓜和运南瓜的事件为背景安排的内容，这样编排既可以突出连加、连减事件在生活中的运用，又有利于学生理解连加、连减之间的联系，从整体上更好地掌握这些知识。学生对连加、连减的运算顺序在一年级已经学过，这里着重教学用竖式计算连加、连减。简便方法有两种：一是将第一竖式的得数作为第二个竖式的第一个加数，这是同学们最常用的一种方法。二是将三个加数同时加，让学生观察计算时有没有更简便的，建议学生用到凑十法，进一步提高计算的速度。学生再根据自己的喜好选择其中的一种，并说说理由，优化计算方法。有了例 1 的学习经验，在教学例 2 时，让学生根据连加的竖式写法类推出连减的一般写法与第一种简便计算（第二种简便计算方法一次减难度较大，因为可能出现个位连续两次向十位退 1 的情况，很不方便，与设置笔算的初衷背道而驰，因此教材没有出现），以提高学生的知识迁移能力和运用能力。小天使的发言还应使学生明确连加、连减计算时，要根据具体情况选择计算方法，能口算的要尽量口算，同时明白同一问题可以采取不同的解决方法，例如：84-40-26 还可以写成 84-（40+26），这样可以发散学生的思维，拓宽解题的思路，还可以渗透加减混合算式的列式计算。

例 3 以公共汽车上乘客下、上车的减增变化情况为背景引出加减混合计算（不含括号的），因为学生一般都有乘车的经历，很容易理解。这类加减混合式题是在连加、连减的基础上进行教学的，运算顺序相同，学生通过类推很容易理解加减混合运算的计算方法。例 4 是含有小括号的加减混合式题。由于要先算小括号里面的，所以当口算有困难时只能分步写两个竖式计算。为了强调这点，教材完整地呈现了第一个竖式，让学生补充完成第二个竖式，并通过机器人聪聪引导学生思考竖式是否有简便写法。

5　美术兴趣小组有女生 14 人，男生比女生少 5 人。男生有多少人？美术兴趣小组一共有多少人？

知道了什么？

有女生【　】人，男生比女生少【　】人。

要解决的第一个问题是……

怎样解答？

求美术兴趣小组一共有多少人，就要把男生人数和女生人数合起来。

男生人数：14-5=9（人）

美术兴趣小组总人数：9+14=23（人）

解答正确吗？

口答：男生有【　】人，美术兴趣小组一共有【　】人。

做一做

一班有 33 人参加学校运动会，二班参加的人数比一班多 4 人。二班有多少人参加？两个班一共有多少人参加？

32

图 3.2-27　二年级上第二单元

（4）问题解决。

例 5 是教学用加、减法计算解决连续两个问题的实际问题。为了激发学生的学习兴趣，引导学生学会连贯地思考问题，教材以美术兴趣小组为背景，提出了两个具有连续性的问题（简称连续两问的问题）。连续的两个问题是由两个相关联的用一步计算解决的问题构成的，解答第二个问题时需要将第一个问题解答的结果作为第二个问题的一个条件。学生还不习惯于连贯地思考，会感到有一定的困难。在审题时要让学生明确“要解决两个问题”，分别是哪两个问题。解答第一个问题比较容易，可放手让学生独立解答。解答第二个问题时，重在引导学生分析问题已知的条件、还缺少的条件以及到哪里去找等，引导学生将第二个问题与第一个问题联系起来连贯地进行思考。

这一部分教学重点是计算；教学难点是掌握两位数加两位数的进位加法和两位数减两位数的退位减法，培养学生的运算能力，会分析数量关系，提高解决问题的能力。

3. 教学建议

（1）理解两位数加一位数、两位数不进位加法的算理，掌握笔算方法。

充分利用学生已有的两位数加一位数和整十数的口算经验，将口算的计算思路迁移到笔算中来。充分利用好小棒，让学生通过操作充分感知相同数位对齐的原因是它们的计数单位相同。练习一位数加两位数。计算 35+2，学生不容易发生错误，但如果计算 2+35，错误率就会高出不少，因为有学生习惯性地将第一个数字对齐，通过这样的练习，进一步让学生掌握一定要相同的数位才能对齐。

（2）进一步理解两位数加两位数进位加的算理，掌握笔算方法。

教学中充分利用学生已有的两位数加一位数中的进位加法的口算知识和经验，将口算的计算思路直接迁移到笔算中来。如教学“35+37”，可以先引导学生回忆一年级口算“35+7”，当“个位相加满十，怎么办”，再引导学生思考笔算中“35+37”中“个位 5+7 满十了，怎么办”，从而理解从个位加起的必要性。从第一课时学习不进位加时就已强调列竖式计算要从个位加起，但不进位加法无论从十位还是从个位加起都不影响计算的过程和结果。继续学习了进位加，让学生先试着从十位算起，亲身感受这样计算的烦琐性，从而明白为何要从个位算起。

（3）理解两位数减两位数不退位减法的算理，掌握笔算方法。

将加法笔算的算理和算法进行迁移。先做几道两位数不进位加法笔算，然后说一说是怎样计算的，启发学生将笔算加法的算理和算法迁移到笔算减法中；结合圆片的直观操作帮助学生理解两位数减两位数的算理。例如：相同数位要对齐，从个位算起，帮助学生积累数学学习活动的经验。说说在书写计算的结果时需要注意的问题。例如：个位上相减得“0”不能省去，如果没写，两位数就变成了一位数；十位如果是最高位，相减得到的“0”要省掉，因为最高位上写 0 没有意义，这里也不需要占位。设计三种不同类型的不退位减法算式，如：76-6、76-60、76-66，通过分析它们的异同点，进一步感受减法笔算时相同数位对齐的重要性。

（4）理解两位数减两位数退位的算理，掌握笔算方法。

两位数减两位数的退位减法是建立在两位数减一位数的退位减法基础上的，教师要充分利用好原有的知识，让学生先计算两位数减一位数的退位减法，如：25-8，33-5 等，教材第 19 页的例 2 笔算 51-36，可以先引导学生先解决 51-6。“个位上的 1 减 6 不够减，怎么办呢？”利用以前学过的旧知说一说算理，再迁移到两位数减两位数的退位减法中，降低教学的难度。教师可以引导学生通过操作（摆小棒）理解退位的方法。摆小棒时重点突出从整捆小棒里拿 1 捆解开成 10 根，将 10 根和单根的 1 根合成 11 根，再从 11 根小棒里拿走 6 根的操作过程，使学生通过摆小棒的过程明确怎么退位。

（5）培养学生的运算能力。

规范的竖式格式能准确地表示出运算思路。学生初次接触加法的竖式，教师应注意加强对学生书写的指导，规范学生的竖式格式。加强进位加法和不进位加法的对比练习，让学生感受进位加法“和”的十位上的变化，防止学生将进位加法的计算方法错误地迁移到不进位加法的计算上去。另外，进行减法多项对比练习。一是进行退位减法和不退位减法的对比练习，让学生感受退位减法与不退位减法的异同点，不要将退位减法的计算方法错误地迁移到不退位减法的计算上去；二是笔算减法和笔算加法的对比练习，体会它们的异同点，以提高学生计算的正确性和熟练程度。将计算教学中学生平时容易出错的情况呈现出来，通过说一说错误的原因加深印象并巩固计算的方法。

（6）通过画图的策略分析、解决简单的“求比一个数多（少）几的数”实际问题。

在明确已知条件和所要求的问题的基础上，引导学生采用画图的策略分析数量之间的关系。画图时尽量做到大小一致，并一一对应，这样易于比较，然后将已知信息标注在图上，分析数量之间的关系，最后确定要解决的问题。为了使画图法信息更明确，还可以在每一幅图前写上相应的小标题加以说明，使学生养成良好的画图习惯，并形成技能，提升到“学生画、学生用”的程度。引导学生对着图能直接用语言表达出信息与问题，提高自己的看图能力，实现文字与图的互相转化。

（7）掌握连加、连减竖式的简便写法。

在教师的引导下，让学生通过自己的分析找到连加的竖式简便方法。例如：28+34+22 通过观察分步列式法，发现第一个算式 28+34=62 与第二个算式 62+22=88 中都有 62，这个数写了两次，想一想：怎么样才能少写一次，又不影响计算结果呢？第二种简便方法一次性列式，除了让学生知道在书写上更简单，还要让学生明白在计算的过程中可以继续优化方法，能凑成 10 的要凑成 10 先算，以提高计算速度。

根据连加的竖式简便方法，类推出连减的竖式方法。有了连加的列竖式简便计算的经验，让学生在问题情境中借鉴经验，迁移、类推出连减竖式的简便写法和多种计算方法。注意：连减一次性列竖式虽然可以，但容易出现个位向十位借两次的情况，学生不易掌握；能口算的要口算，以提高计算速度。

（8）引导学生分析应用题中的数量关系，并提高学生分析数量关系的能力。

培养学生认真审题的习惯和能力。引导学生认真读题、审题，说说从题目中获得了哪些信息，问题是什么，与以前解决问题中提的问题有什么不同。明确“要解决两个问题”并知道是哪两个问题，谁在先，谁在后。防止学生看到第一个问就开始答题，漏掉第二个问题。提高分析数量关系的能力，让学生进行一定量的练习。

（七）万以内的加法和减法（一）

1. 课标要求

《义务教育数学课程标准（2022 年版）》第二学段“学段目标”中提出：能进行较复杂的整数四则运算，理解运算律，形成数感、运算能力和初步的推理意识。

《义务教育数学课程标准（2022 年版）》第二学段“课程内容”中提出：理解四则运算的意义，能进行整数四则混合运算，逐步形成数感、运算能力和初步的推理意识。

2. 教材分析

教学内容包括：口算两位数加、减两位数（和在 100 以内）；笔算几百几十加、减几百几十；用估算解决问题。这部分内容是在学习万以内数的认识和学习了 100 以内口算两位数减整十数、一位数，以及 100 以内笔算减法的基础上教学的。这部分内容在第一学段“数与代数”板块中起着承上启下的作用。一是通过口算和笔算，复习了数和计算的有关知识；二是为进一步学习万以内的计算起着铺垫作用；三是结合运用计算进行解决问题，在具体情境中逐步培养学生估算的意识，从而将估算当作解决问题的一个有效策略。这一部分旨在培养学生用计算解决问题的能力和良好的数感。

图 3.2-28　三年级上第二单元

（1）主题图

教材借助植物园的情境蕴含大量数据，不仅为学生学习新课内容提供了自主学习的空间，还为巩固练习已学的口算提供了条件，激发学生参与计算的兴趣，加深对加、减法运算意义的理解，同时重视学生已有的知识和经验，培养学生通过旧知迁移类推，引导学生自主探索两位数加减两位数的口算方法，理解和掌握几百几十加、减几百几十的算法和算理。通过自主探究、合作交流、比较分析、汇报反思等方式有意识地让学生经历算法的发现过程，并在合作交流的活动中理解和掌握比较合理的计算方法。注意体现算法的多样化。提倡学生个性化学习，独立思考，变“学方法”为主动地构建方法，同时使学生意识到他们周围的某些事物中存在数学问题，让学生从生活中发现并提出简单的数学问题，体会到估算的必要性和有效性，培养估算的意识。让学生在具体情境中多练习，逐步积累估算的经验，总结规律，掌握估算方法，提高估算能力，有助于提升解决问题的能力，促进思维的发展。

（2）100 以内两位数加、减两位数的口算。

例 1、例 2 中，教学 100 以内两位数加、减两位数的口算。借六个年级不同人数的同学去参观植物园的情境，图中给出了每个年级两个班的人数，为引出两位数加、减两位数口算提供现实背景。教材中出现机器人聪聪的问话，明确要求用口算计算，提示放手让学生自主探索。教材中呈现学生的两种不同的口算思路，增加了表示计算过程的思路图。由于学生在以前的学习中对“相同数位才能相加减”的算理印象深刻，会很自然地迁移到这里，这种方法对于学生理解口算很有帮助。每种算法的呈现仍以口算过程算式图对照呈现，突出了算理，并且以“先算……再算……”突出了每种口算方法的重点。机器人聪聪的问题“你是怎样算的？”让学生交流自己探索的成果（计算方法），展示如何把一道两位数加、减两位数的口算转化成若干道连续的、已经掌握的、比较容易的口算，渗透转化思想。鼓励学生交流不同的口算方法，体会算法的多样性，反思自己的算法。例 1 的（2）教学两位数加两位数进位加法的口算，呈现了口算思路，是先把不进位的相加，再剩余的数合在一起，类似于竖式计算，既突出了“进位”的道理，又为后续教学做好了铺垫。例 1 中的“做一做”以主题图提供的信息、解决 3 个问题的形式呈现。（1）中的“三年级一共需要多少个座位？”是两位数加两位数的不进位加法。（2）中的“四年级一共需要多少个座位？”是两位数加两位数的进位加法。两题都是让学生在读懂信息、选择有效信息解决实际问题中进一步熟悉两位数加法的口算过程，掌握计算方法。（3）中的“你还能提出其他数学问题并解答吗？”一方面培养学生提出问题和解决问题的能力，另一方面对所提出问题的解答可及时巩固口算两位数加两位数。

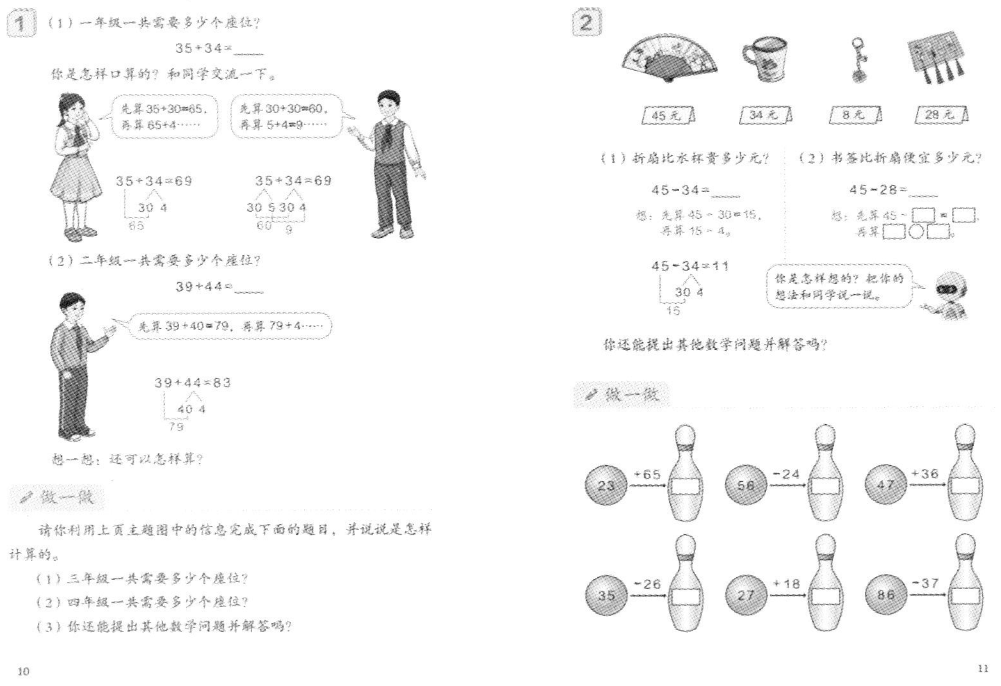

图 3.2-29　三年级上第二单元

例 2 的（2）教学两位数减两位数（退位）口算，没有给出具体方法，让学生自主探索。再由机器人聪聪的问题提示学生可能有不同的口算方法，体现算法的多样化。例 2 中“做一做”通过掷保龄球的游戏方式安排口算练习，以及时巩固口算方法，然后让学生通过题组比较，语言表征口算思路，帮助学生从直观到抽象，明确计算的步骤，掌握计算方法。

（3）几百几十加、减几百几十。

例 3 中教学几百几十加、减几百几十的计算包括进位和退位的情况。教材中出现两个小题，分别呈现口算和笔算两种方法，体现算法多样化。两个小题给出的计算方法都提示学生可以将几百几十看作几十几个十，转化为两位数加、减两位数来进行口算。两个小题都通过机器人聪聪启发性的问题，提醒学生笔算进位加法、退位减法时应注意的问题。例 3“做一做”是计算题，目的是巩固几百几十加、减几百几十的计算方法，题中安排了不进位和不退位的情况，让学生根据自己掌握的情况自主解决。

（4）问题解决。

例 4（用估算解决问题）通过创设到电影院看电影的情境，提供“影院的座位数”，引出“六个年级学生同时看电影能不能坐下”的实际问题，体会什么情境下需要估算，引入用估算解决的问题的思路。教学“分析与解答”环节给出了应用往小估的策略得出中间数，并不断调整估算方法，最后根据不等式的性质解决问题的过程。教材安排先将两个数据看作与它们接近的整百数，相加的结果即中间数。用中间数与座位数比较，不能判断总人数与座位数的关系。再进一步将两个数据看作与它们接近的整十数，相加得出中间数。用中间数与座位数比较，得出中间数大于座位数，那么总人数也一定大于座位数，坐不下。通过这样的安排，让学生体会需要根据数据的情况选择适当的单位才能解决问题。在“回顾与反思”环节，让学生反思自己的估算方法，理解用估算解决实际的问题时，有时需要对估算方法进行调整。在教学中避免学生先精确计算，再说出估算数的方法。要通过学生的交流，让学生体会估算的合理性和优势。

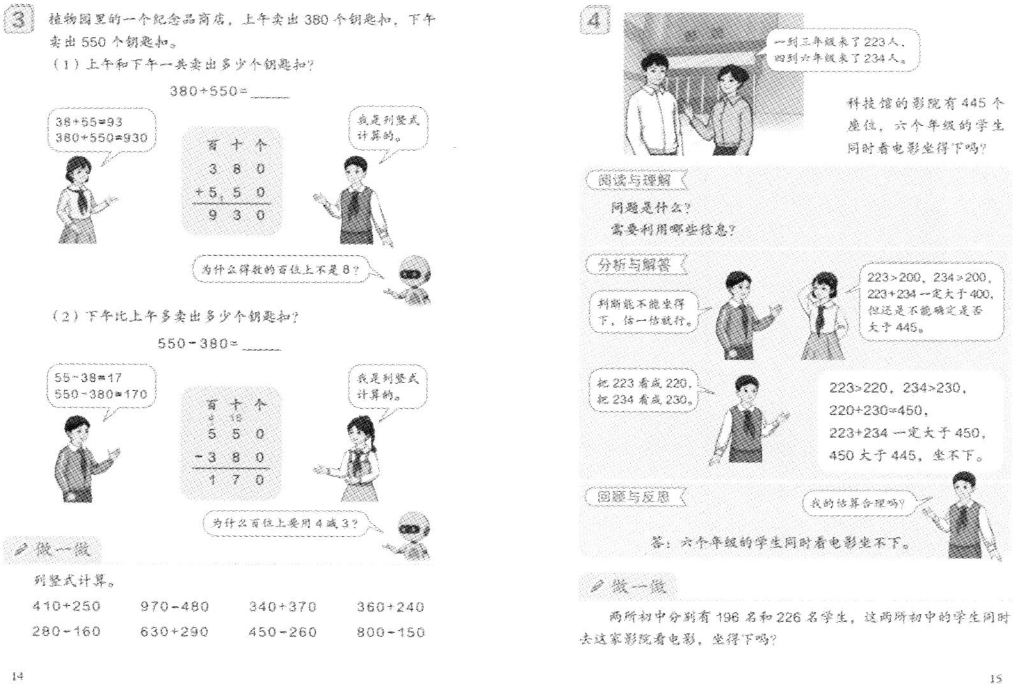

图 3.2-30　三年级上第二单元

例 4 的练习安排在例题的情境下，进一步提出“如果两个旅行团分别有 196 名和 226 名团员，这两个旅行团同时看巨幕电影坐得下吗？”的问题，让学生尝试应用估算的方法，使用往大估的策略找到中间数，再进行调整，根据不等式的性质解决问题，从而掌握简单估算的策略，体会估算在生活中的必要性和实际意义。

3. 教学建议

（1）让学生根据旧知和经验迁移、类推、转化等方式，经历探索 100 以内口算加、减法和几百几十加、减几百几十的计算方法过程，进一步理解加减法的意义，理解和掌握算法和算理。

通过旧知迁移类推学习新知识。复习旧知，唤醒学生已有的知识经验，结合信息，列出算式。让学生自主尝试，再通过机器人聪聪的问话，放手让学生自主探索。在交流汇报中结合教材中计算过程的思路图和自己的分析过程，让学生展示如何把两位数加、减两位数的口算和几百几十加、减几百几十转化成若干道连续的、已经掌握的、比较容易的口算，渗透转化思想。

在课堂教学中，教师要给予学生充分的时间、空间，加强交流和指导，鼓励学生将算的过程用语言表达清楚；通过教师的引导和评价，使学生体会单位相同的数可以直接相加、减的计算方法。鼓励学生交流不同的口算方法，体会算法的多样性，反思自己的算法。加深对加减法计算方法的理解，帮助学生更好地掌握计算方法。

通过每个例题中不同的两题进行对比，让学生体会不进位与进位加法、不退位与退位减法的相同点和不同点，加深对“相同计数单位”“满十进位”“不够减向前一位借 1”这些知识点的理解。

（2）使学生熟练掌握两位数加减两位数和几百几十加、减几百几十的计算方法，并能在具体情境中选择正确计算方法，培养学生多样化解决问题，提高思维的灵活性。

“百以内加减法口算”不仅可以解决生活中的实际问题，对后续计算学习也有重要的作用，因此需要必要的训练。课标对“百以内加减法口算”的速度要求是每分钟完成 3 ~ 4 题。需要注意的是，这是第一学段结束时学生应达到的要求，教师可根据学生的实际情况确定单元结束时的具体要求，注意把握尺度，不要做过高要求。

教学中，除了让学生通过主动探索、合作交流，语言表征等方式掌握算法外，还需要组织好练习，培养学生的计算能力和数的大小估测能力。教师可以根据实际情况积极创设新颖的练习形式，如“开火车”“购物”“接力”“找朋友”等，让学生在轻松愉快的活动中提高计算能力。练习时，可减少书面练习，多进行口头练习，既可以增大练习容量，又减轻学生书写的负担。同时，口头练习形式多样，容易引起学生的兴趣。

在具体情境中，让学生根据有效信息，提出问题，分析问题，解决问题。提高学生的“四能”，同时把所掌握的计算知识应用其中，在汇报分享中体会到解决问题的多样化，也展现主动思考、掌握解决问题的基本思路和过程，展示丰富的分析问题的过程与方法，以利于学生建构数学模型。

（3）学生在解决具体问题的过程中能选择合适的方法进行加、减法估算，掌握估算的策略，体会估算的意义。

教师可通过让学生对具体的数和算式结果进行比较，提高学生根据数的大小选择合适单位的估测能力，建立估测接近数要先选择的估算单位的意识。《义务教育数学课程标准（2022 年版）》中指出：“能结合具体情境，选择适当的单位是第一学段估算的核心。”如练习三的第 5、6 题，“找接近数”“分类”等练习方式让学生经历选择合适单位的过程，体会要根据数据的情况不断调整估算方法，选择适当的单位的估测方法。

创设现实生活中的数学情境，使学生意识到他们周围的某些事物中存在数学问题，体会到估算的必要性和有效性，培养估算的意识。在具体问题中让学生多练习，逐步积累估算的经验，总结规律，掌握估算方法，提高估算能力。教学中，要使学生认识到，在面对一个现实的问题情境时，要合理选择估算策略，感受到估算是解决问题的有效策略。

（八）万以内的加法和减法（二）

1. 课标要求

《义务教育数学课程标准（2022 年版）》第二学段“学段目标”中提出：能进行较复杂的整数四则运算，理解运算律，形成数感、运算能力和初步的推理意识。

《义务教育数学课程标准（2022 年版）》第二学段“课程内容”中提出：理解四则运算的意义，能进行整数四则混合运算，逐步形成数感、运算能力和初步的推理意识。

2. 教材分析

三位数加、减三位数中连续进位加和连续退位减是学生学习笔算加、减法的重点，更是难点。教学中，教师要关注前后知识的联系，引导学生通过迁移类推、自主探究、合作交流等方式，理解算理，掌握算法；通过适量的专项练习、对比练习、综合练习、针对练习和改错练习等，形成计算技能，提高运算能力；通过解决简单的实际问题，体会对不同的问题可以选择不同的计算策略，进一步培养分析问题和解决问题的能力。

图 3.2-31　三年级上第四单元

（1）加法。

教材通过创设“中国湿地部分动物种类”这一情境引入三位数加三位数的计算教学，既为学习计算提供现实背景，又进行了环境和动物保护的教育。例 1 教学三位数加三位数不进位的加法，通过“想一想”强调竖式的书写格式“相同数位对齐”，再借助机器人聪聪的提问“从哪一位加起？”提示要注意计算顺序。例 2 教学一次进位的加法，难点是理解十位满十向百位进 1，百位满十向千位进 1。通过机器人聪聪和学生的提问，强调对算理的理解：相同计数单位的个数相加超过了 9，在这样一级计数单位无法表示，需要高一级计数单位的个数相应增加。最后以小组讨论的方式梳理笔算三位数加法的法则，让学生经历计算方法的形成过程，明确笔算加法需要遵循的一般步骤和要点。

例 3 在学生已经掌握了一次进位加法的基础上，解决连续进位的问题，同时教学验算。通过“求湿地的野生植物和野生动物的种数”，引出连续进位加法的实际问题，并且借助 298 这一数据的特殊性，呈现两种算法：一种是列竖式计算；另一种是简算，把 298 看作 300 进行口算，体现算法的多样化。通过机器人聪聪提出“算得对不对”的问题，揭示验算的必要性。连续进位加法过程复杂，学生容易出错，这是学习笔算加法的重点，更是难点。

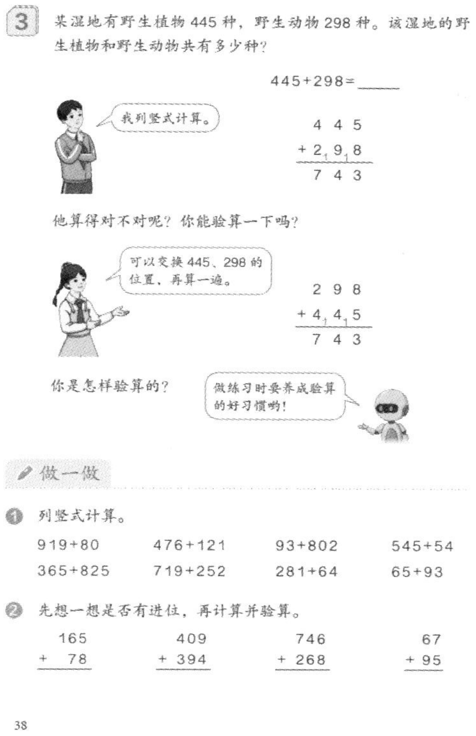

3 某湿地有野生植物 445 种，野生动物 298 种。该湿地的野生植物和野生动物共有多少种？

445+298=______

$$\begin{array}{r} 445 \\ +\ 298 \\ \hline 743 \end{array}$$

他算得对不对呢？你能验算一下吗？

$$\begin{array}{r} 298 \\ +\ 445 \\ \hline 743 \end{array}$$

你是怎样验算的？

做一做

1. 列竖式计算。

919+80　　476+121　　93+802　　545+54

365+825　　719+252　　281+64　　65+93

2. 先想一想是否有进位，再计算并验算。

$$\begin{array}{r} 165 \\ +\ 78 \\ \hline \end{array} \quad \begin{array}{r} 409 \\ +\ 394 \\ \hline \end{array} \quad \begin{array}{r} 746 \\ +\ 268 \\ \hline \end{array} \quad \begin{array}{r} 67 \\ +\ 95 \\ \hline \end{array}$$

38

图 3.2-32　三年级上第四单元

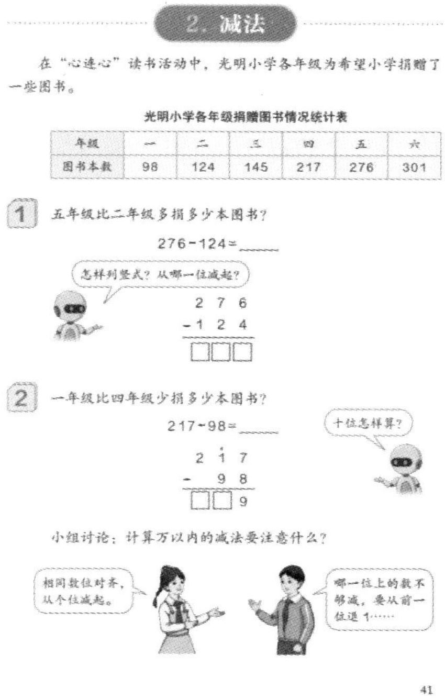

2. 减法

在“心连心”读书活动中，光明小学各年级为希望小学捐赠了一些图书。

光明小学各年级捐赠图书情况统计表

年级	一	二	三	四	五	六
图书本数	98	124	145	217	276	301

1 五年级比二年级多捐多少本图书？

276−124=______

$$\begin{array}{r} 276 \\ -\ 124 \\ \hline \square\square\square \end{array}$$

2 一年级比四年级少捐多少本图书？

217−98=______

$$\begin{array}{r} 2\dot{1}7 \\ -\ 98 \\ \hline \square\square 9 \end{array}$$

小组讨论：计算万以内的减法要注意什么？

41

图 3.2-33　三年级上第四单元

（2）减法。

教材通过创设捐书这一情境引入减法的教学，大大激发了学生的学习兴趣。例 1 教学不退位减法，通过机器人聪聪提问，强调竖式的书写格式“相同数位对齐”，同时明确计算的顺序“从个位算起”。例 2 教学连续退位的减法，学生尝试计算后，通过机器人聪聪的问题“十位怎样算”，明确“哪一位不够减就向前一位借 1”。最后以小组讨论的方式梳理出万以内数减法的计算法则，让学生明白笔算减法需要遵循的一般步骤和要点。

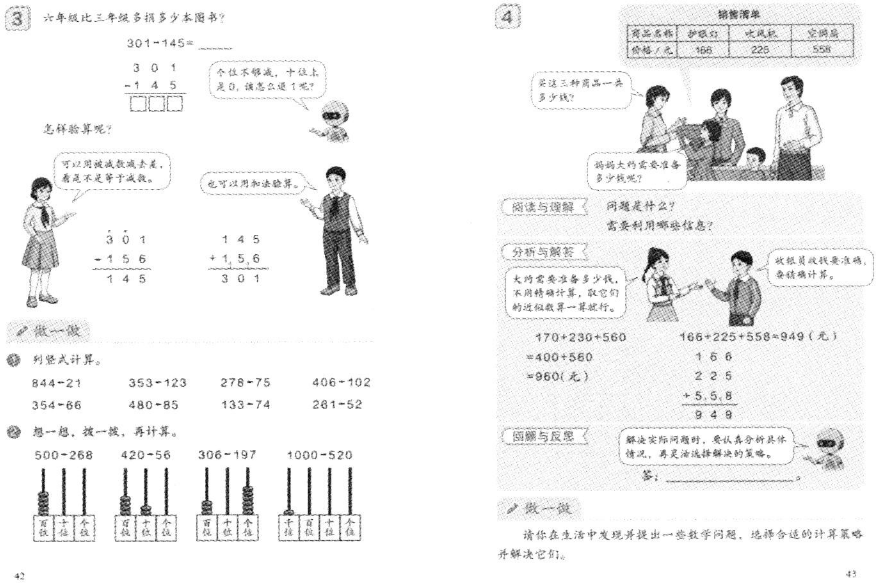

图 3.2-34　三年级上第四单元

例 3 教学被减数中间有 0 的连续退位减法和验算，这是连续退位减法中的难点。为突破这个难点，教材通过“个位不够减，十位上是 0，该怎么退 1 呢”等问题引发学生思考。验算教学比较简单，教材直接提出“怎样验算”的问题，让学生自主探究。

（3）问题解决。

例 4 侧重于解决问题策略的教学，让学生体会面对不同问题可以选择不同的计算策略，即收银员收钱需要精确计算，而爸爸要准备多少钱只要有个大致的估计就可以了。将估算作为解决问题的策略进行教学，体现了估算的最主要作用，让学生更好地体会估算的必要性。

3. 教学建议

（1）充分利用学生已有的知识和经验，通过迁移类推、自主探究、合作交流等方式，理解算理，掌握算法，逐步抽象概括出计算法则，完善认知结构。

首先创设“我国动物湿地种类”“近几年国产动画片生产情况”等问题情境，引出计算问题，帮助学生理解三位数加、减三位数笔算的意义。通过复习两位数加、减两位数及几百几十加、减几百几十的笔算，激活学生已有的计算知识和经验，实现知识的正迁移。

在课堂教学中，教师要给予学生充分的时间和空间，通过独立思考、同伴交流、小组讨论，让学生在理解算理的基础上经历计算方法的探索过程，在交流的过程中逐步达到对运算法则的抽象与概括，从而实现培养学生归纳能力的教学目标。要加强同一例题中不同问题的对比、例题与例题间的对比、新旧知识的对比，让学生体会不进位与进位加法、不退位与退位减法的相同点和不同点，进而加深对“相同计数单位”“从个位算起”“满十进位”“不够减向前一位借 1”的理解，完善学生的认知结构。

（2）通过多层次的、多样化的适量练习，巩固计算方法，逐步形成计算技能，提高运算能力。

通过专项练习、对比练习、针对练习和改错练习，提高练习的实效性，巩固计算方法，形成计算技能。通过适量的基本练习、综合练习、拓展练习，巩固计算方法，提高计算能力，发展思维能力。教学中，要让学生经历自主探索验算方法的过程，通过“看谁作业先连续得 10 个 100 分”的评价方式，帮助学生逐步养成验算的习惯。

（3）通过解决简单的实际问题，让学生体会灵活选择计算策略的必要性，逐步培养学生根据不同的需要选择不同策略的意识和能力。

让学生在“购物”“运货”等问题情境中通过独立思考、讨论交流，体会到面对不同的问题可以选择不同的计算策略。如解决“收银员应收多少钱”的问题，需要精确计算解决。而解决“爸爸应准备多少钱”的问题，用估算就可以解决。教学时要结合具体的问题情境，让学生学会合理选择估算方法。例 4 的教学中，学生估算的方法可以是多样的，只要“往大估”能满足购物需要，都应给予肯定，从而逐步培养学生利用估算策略解决问题的意识和能力。

二、自然数的乘除运算

（一）多位数乘一位数

1. 课标要求

《义务教育数学课程标准（2022 年版）》第二学段“学段目标”中提出：能进行较复杂的整数四则运算，理解运算律，形成数感、运算能力和初步的推理意识。

《义务教育数学课程标准（2022 年版）》第二学段“课程内容”中提出：理解四则运算的意义，能进行整数四则混合运算，逐步形成数感、运算能力和初步的推理意识。

2. 教材分析

教材是学生已经熟练掌握了表内乘法，能够正确地口算 100 以内加、减法的基础上进行教学的，主要内容包括口算乘法、笔算乘法和应用乘法解决问题三部分。教学内容分三个层次：

（1）口算乘法。

主题图展现了游乐园的情境，旨在从学生熟悉和感兴趣的生活情境中引出多位数乘一位数的乘法，激发学生的学习兴趣，为本单元的计算教学提供现实背景。主题图中提供了 4 个游乐项目的价格表，为口算乘法和解决问题的教学提供数据支持。通过机器人聪聪话的提示，让学生通过对主题图进行多角度观察，提出用乘法解决的数学问题。主题图中蕴含了丰富的信息，目的是让学生从大量的信息中提取有用的数学信息，根据数学信息提出用乘法解决的数学问题，培养学生发现问题、分析问题和提出问题的能力。

例 1 教学整十、整百数乘一位数的口算，在解决如何计算 20×3 的过程中呈现了用加法和乘法计算的两种方法，体现算法的多样化，同时借助小棒图，帮助学生直观理解算理：3 个 20 是 60，通过“2 个十乘 3 得 6 个十”的思考方法，引导学生将整十数乘一位数转化成表内乘法，帮助学生逐步掌握想“二三得六”，算 $20\times3=60$ 的计算方法。最后，出示 200×3，让学生借助类推完成整百数乘一位数的口算。例 2 教学两位数乘一位数（不进位）口算，是修订后教材增加的内容。教学这一内容不仅可以提高学生的口算能力，同时也为学习笔算乘法和除法试商做准备。呈现小棒图，提示通过操作小棒理解算理，探索出计算的方法（学生说出口算步骤）的教学过程，再通过“想一想”进一步巩固口算的方法：把两位数分成整十数和一位数，分别乘一位数后再相加。“做一做”安排了针对两个例题的练习内容，目的在于巩固对口算乘法算理的理解，熟悉计算方法。

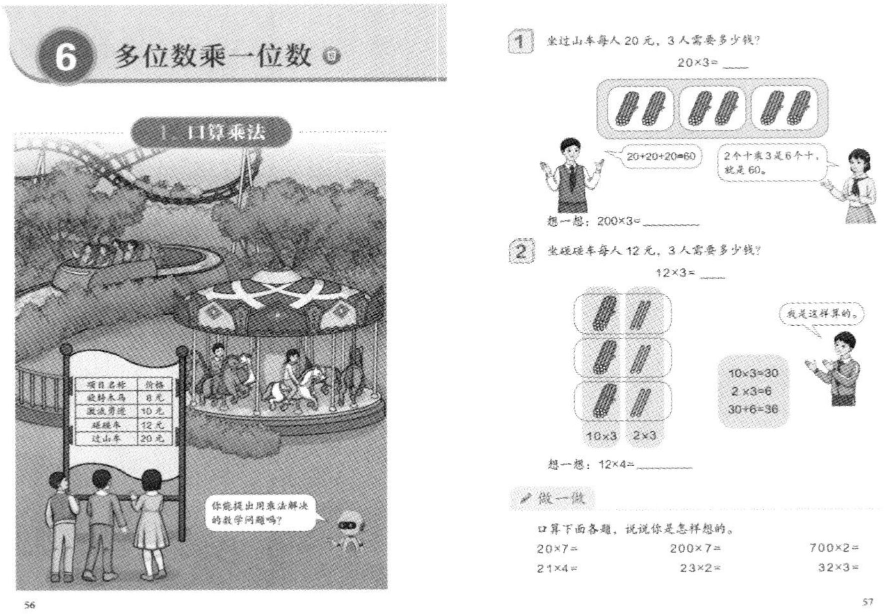

图 3.2-35　三年级上第六单元

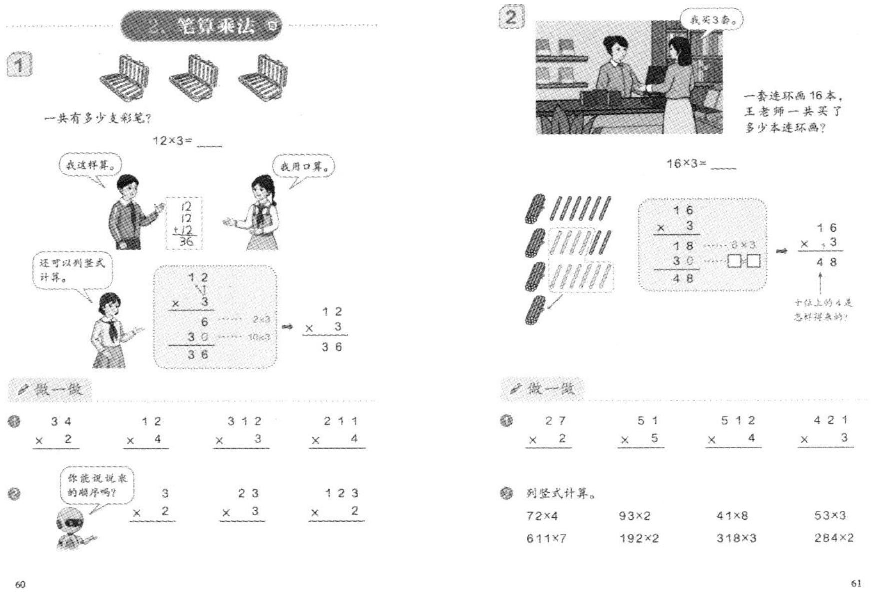

图 3.2-36　三年级上第六单元

（2）笔算乘法。

本节教学的重点是多位数乘一位数的笔算乘法，让学生经历竖式形成的过程，理解竖式计算中每一步的算理，掌握算法。例 1 教学多位数乘一位数（不进位）的笔算，重点是在理解算理的基础上掌握竖式的写法。先通过解决实际问题，引出计算需要。在计算中体现算法的多样化，呈现连加、口算和列乘法竖式计算等多种方法，重点是教学乘法竖式的笔算方法。在中间的虚方框中给出笔算的整个过程，并对每一步计算中各个数的含义进行说明，使学生明确算理，了解笔算乘法的完整步骤。右边给出简写的乘法竖式写法，让学生知道在掌握笔算乘法的步骤以后，可以采用这种简洁的书写格式。“做一做”巩固用竖式笔算乘法，并让学生在掌握了两位数乘一位数的笔算方法后，迁移类推三位数乘一位数（不进位）的笔算方法。第 2 题通过让学生观察和对比，体会多位数乘一位数的计算顺序。例 2 教学多位数乘一位数（一次进位）的笔算也是先通过解决实际问题引出计算需要。然后，通过小棒图帮助学生理解“满十进一”的道理，在中间的虚方框中给出笔算的整个过程，并给出了第一步计算结果的含义。第二步计算结果的含义留给学生自己填写，使学生明确算理，了解笔算乘法的完整步骤。最后，将竖式进行简化，给出简洁的书写格式，体现追求简洁、合理的数学思想。“做一做”安排了三位数乘一位数需“满十进一”或“满几十进几”两种情况，让学生自己试算，主动获取新知，有助于发展学生的学习能力和思维能力。

图 3.2-37　三年级上第六单元

例 3 教学连续进位的笔算乘法。连续进位的笔算乘法的算理和算法与例 2 一样，但计算比较复杂，学生容易出错，因此专门安排了例题，为学生提供更多的练习机会。此处呈现先估算积的范围再精确计算的过程，并提供了两种估算的方法：一种是将一个乘数 9 估成 10，得出积应该比 240 小；另一种是将一个乘数 24 分别估成 20 和 30，估出积的范围，在 180 和 270 之间。由此说明，用估算可以粗略判断计算结果是否正确。然后，让学生利用前面的知识迁移类推，自主解决计算连续进位的乘法。让学生在大量计算经验的基础上，通过讨论交流，逐步归纳出“多位数乘一位数”的计算法则。增加说明“在乘法里，乘数也叫作因数”，为第二学段教学“乘、除法的意义和各部分间的关系”做准备。“做一做”安排三位数乘一位数的两次连续进位的题目，让学生通过迁移类推独立解决。

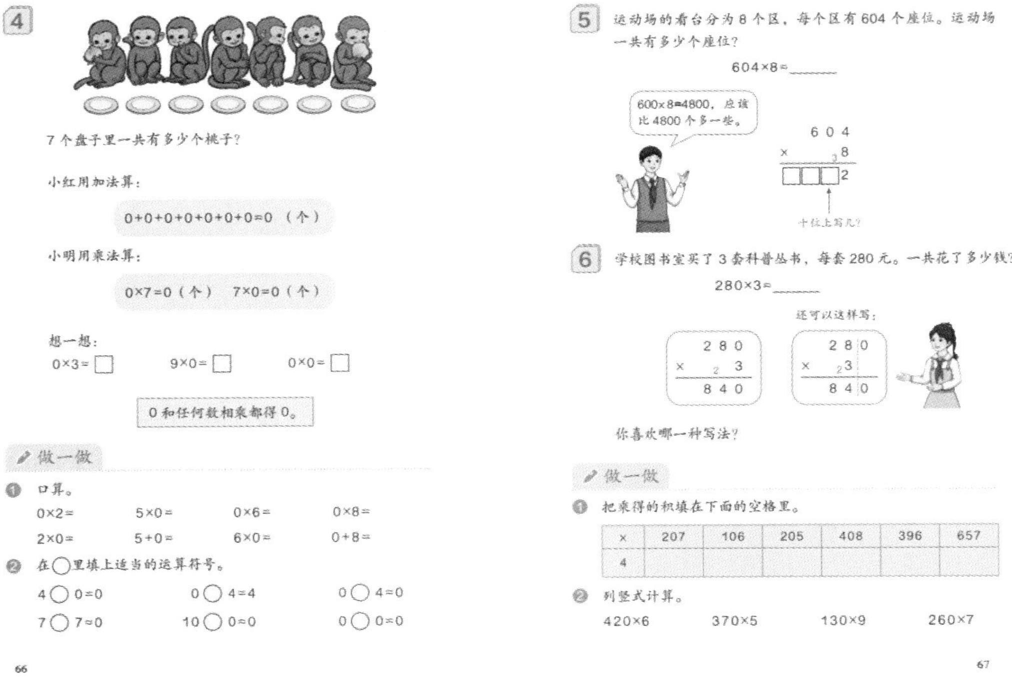
4

7 个盘子里一共有多少个桃子？

小红用加法算：

0+0+0+0+0+0+0=0（个）

小明用乘法算：

0×7=0（个） 7×0=0（个）

想一想：

0×3=□ 9×0=□ 0×0=□

0 和任何数相乘都得 0。

做一做

1. 口算。

0×2= 5×0= 0×6= 0×8=

2×0= 5+0= 6×0= 0+8=

2. 在○里填上适当的运算符号。

4○0=0 0○4=4 0○4=0

7○7=0 10○0=0 0○0=0

66

5 运动场的看台分为 8 个区，每个区有 604 个座位。运动场一共有多少个座位？

604×8=______

6 学校图书室买了 3 套科普丛书，每套 280 元。一共花了多少钱？

280×3=______

你喜欢哪一种写法？

做一做

1. 把乘得的积填在下面的空格里。

×	207	106	205	408	396	657
4						

2. 列竖式计算。

420×6 370×5 130×9 260×7

67

图 3.2-38 三年级上第六单元

例 4 借助小猴吃桃子的情境，引出有关 0 的乘法。通过解决机器人聪聪提出的问题，以乘法的意义为基础，给出 7 个 0 连加的算式和相应的乘法算式，并通过 7 个空盘子让学生直观感知一个桃子都没有的客观事实。呈现一些 0 作因数的算式，让学生根据乘法的意义计算出结果，并从中归纳出“0 和任何数相乘都得 0”的结论。“做一做”第 1 题在巩固有关 0 的乘法计算的同时，还安排了有关 0 的乘法与加法的对比，以突破思维定式。第 2 题需要综合运用有关 0 的四则运算的知识进行解决，加深学生对有关 0 的四则运算的认识。例 5 教学因数中间有 0 的乘法。改变实验教材呈现多样化算法（口算）的编排方式，突出在精确计算前用口算估出积的范围，为粗略地判断精算结果是否正确提供方法，也体现了解决问题策略的多样性。让学生运用类推的方法思考当因数中间有 0 时如何计算，虽然 0 的乘法很特殊，但计算方法与前面学习的多位数乘一位数相同。通过“想十位上写几”提示计算中需要注意的问题。需要注意的是，不管因数中间是否有 0，都要用这个一位数去乘多位数每一个数位上的数，即使十位上是 0 也要乘。当个位积不满十时（如 601 × 8），十位上要用 0 占位。右边的学生说“原来有这么多座位呀”，体现对数感的培养。例 6 教学因数末尾有 0 的乘法，同时渗透单价、数量和总价的数量关系，提供两种用竖式计算时的不同写法，通过机器人聪聪的提问，引导学生思考哪种写法更简便。

（3）解决问题。

例 7 教学用估算解决问题，让学生理解估算的价值，掌握用估算解决问题的基本策略（往大估、往小估），并能根据具体情境灵活应用。提出问题后，教材给出了精确计算和估算两种解决问题的策略，让学生了解有些问题用估算就可以解决，体会估算的价值。在“分析与解答”

环节结合具体情境，让学生理解如何用不等式的性质通过估算解决问题。在这里采用往大估的策略，即把 29 看作 30，30 × 8=240，29 × 8<240<250，所以 250 元肯定够。并且在这里第一次出现“≈”。“想一想”延续了例 7 的情境，进一步让学生体会不同的估算策略。第一问让学生体会往小估都不够，就一定不够，即把 92 看作 90，90 × 8=720，92 × 8>720>700，所以 700 元不够。第二问让学生再次体会往大估的策略。“做一做”呈现的解决问题的策略是往小估都够，所以一定够，由此进一步巩固估算的策略。

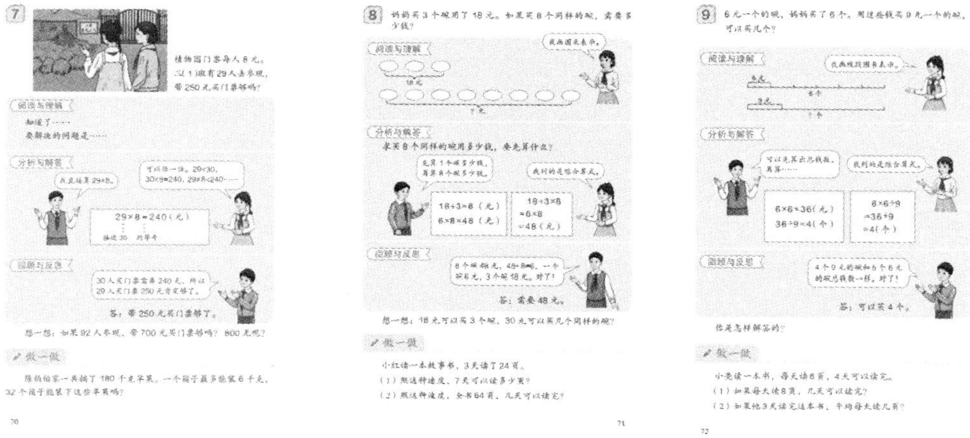

图 3.2-39　三年级上第六单元

例 8 教学用乘除两步计算解决含有“归一”数量关系的实际问题，同时教学利用画示意图分析数量关系的解题策略。在“阅读与理解”环节，借助画示意图的方法直观呈现实际问题中包含的数学信息，体现数形结合分析数量关系的方法。在“分析与解答”环节，通过机器人聪聪和学生的问答提示思考的步骤，分析数量关系，进而解决问题，即 3 个碗 18 元，用除法能求出 1 个碗的价钱。要买 8 个这样的碗，就是求 8 个这样的价钱数相加的和，可以用乘法算出，呈现了分步计算和列综合算式两种方法，体现学生不同的水平。在“回顾与反思”环节呈现将计算结果带回到原情境中，用逆推的方法看结果是否与条件相符的检验方法。“想一想”也是先求出 1 个碗的价钱（单位数量），但第二步与例题不同，要求 30 元里包含几个这样的单位。这样的安排便于学生更好地理解解决这类问题的关键是要先求出单价（单位数量）。“做一做”中给出了具有相同数学模型的题目（归一问题），巩固刚刚学习的这类问题的数量关系和解决方法。

例 9 教学用乘除两步计算解决含有“归总”数量关系的实际问题，同时利用画线段图分析数量关系的解题策略。例 9 沿用了例 8 的情境编排的思路，与例 8 大体相同，不同的是画图的方法由示意图改为更为抽象的线段图，为今后借助线段图分析更复杂的数量关系打下基础。总价相等这一数量关系用形象示意图（用离散的图形画出）无法呈现，而且当数据很大的时候画起来也很麻烦。线段图中，用上下两条长度相等的线段且平均分成相应的份数既能很好地表明总量一定的数量关系，还能体现每一步中单价与数量的关系。例 9 和“做一做”的数学模型是相同的，都是“归总”问题。解决这类问题的关键是先求出总量。

3. 教学建议

（1）遵从学生的认知规律，帮助学生理解乘法的算理和算法。

利用具体情境帮助学生理解乘法的意义，让学生在具体的情境中体验计算的必要性、实效性。例如：一个文具盒 20 元，3 个文具盒多少钱？可借助小棒帮助学生理解算理。小学生对计算算理的理解往往需要借助一些具象物作为辅助才行。因而，用小棒来演示计算算理的过程不仅直观、可视化，而且可以沟通学生前后知识间的联系。例如：2 个十乘 3 是 6 个十，就是 60。利用知识的迁移学习整百、整千数乘一位数。计算教学往往更加注重知识之间的内在与外在的迁移作用，通过迁移类推，不仅从形式上降低学生理解新知识的难度，更在思维上降低了学习新知的难度。借助小棒口算两位数乘一位数（不进位），小棒的直观、可视化不仅能清晰地展现两位数乘一位数口算的计算过程，而且可以让学生从中领悟到笔算算理的发展过程。

（2）注重学生说理活动，增强学生的思维能力。

教学时可以组织学生说说乘的数序及每步所表示的意义。让学生说乘的具体过程，也是让学生思维整理的过程，学生通过说，把具象的计算形式逐步内化为抽象的算理思维，从而为他们形成算法奠定基础。在学生初步掌握新知后，为了帮助他们更加清醒地理解算理，掌握算理，安排一些辨析类的习题能更好地引导学生发现计算过程中可能出现的问题，进而进一步优化初步掌握的算理与算法。

（3）通过练习，初步掌握估算乘法的方法。

教学时可以设置纯估算的练习，帮助学生初步掌握估算的一些基本方式、方法。例如，298 × 6≈□（只需估 298≈300，因为 6 离整十数太远），410 × 11≈□（只需估 11≈10，因为两个都往小里估，离精确值就更远了），532 × 9≈□（两个因数都需估，530≈500，9≈10，因为一个往小估，是整百数，一个往大估是整十数，既方便计算，离精确值又近），或者创设现实生活的估算问题。通过与现实生活中的问题结合，让学生发现，现实生活中的估算需要根据具体的情境采用合适的方式、方法才行，让学生理解数学在生活具体运用中需注意的地方。例如：动物园门票 7 元一张，63 名同学去参观，带 400 元够吗？带 500 元呢？7 × 63≈420（元）。分析：把 63 往小估成 60，结果是 420 元，420>400，实际用的钱数肯定比 420 元多，所以不够。7 × 63≈490（元）。分析：把 63 往大估成 70，结果是 490 元，490<500，实际用的钱数肯定比 490 元少，所以够了。

让学生明白估算一般是将因数估成离它较近的整十、整百数，做到既容易计算，又能离精确值较近。另外，学生也应明白，估算不是一成不变的，它需要根据具体的情境选择合适的估算方法，做到灵活运用。

（4）借助几何直观，解决“归一”和“归总”问题。

单纯数量关系的理解对学生来说难度较大，为了帮助学生更好地理解归一、归总问题中的数量关系，教学中我们需要借助图示语言，特别是线段图来实施教学，让学生在几何直观中直观地感受到数量之间的内在关系，从而帮助他们建立起清晰的问题解决模型。教学中要引导学生发现线段图不仅能够有效帮助他们厘清数量关系，而且能帮助他们从中直观地发现“归一、归总”问题的本质所在。

（二）两位数乘两位数

1. 课标要求

《义务教育数学课程标准（2022 年版）》第二学段“学段目标”中提出：能进行较复杂的整数四则运算，理解运算律，形成数感、运算能力和初步的推理意识。

《义务教育数学课程标准（2022 年版）》第二学段“课程内容”中提出：理解四则运算的意义，能进行整数四则混合运算，逐步形成数感、运算能力和初步的推理意识。

2. 教材分析

教材的编排为“先口算，再笔算，再解决实际问题”，把估算的教学穿插在解决实际问题中。这样编排既体现了估算对于解决实际问题的重要作用，让学生学会运用估算解决简单的实际问题，也让学生在实践中体会估算的方法和策略的选择，逐步形成估算的意识，提高估算能力。这样的编排与三年级上册“多位数乘一位数”的结构相一致，易于教师和学生在纵向上把握乘法之间的联系以及学习方法上的迁移。

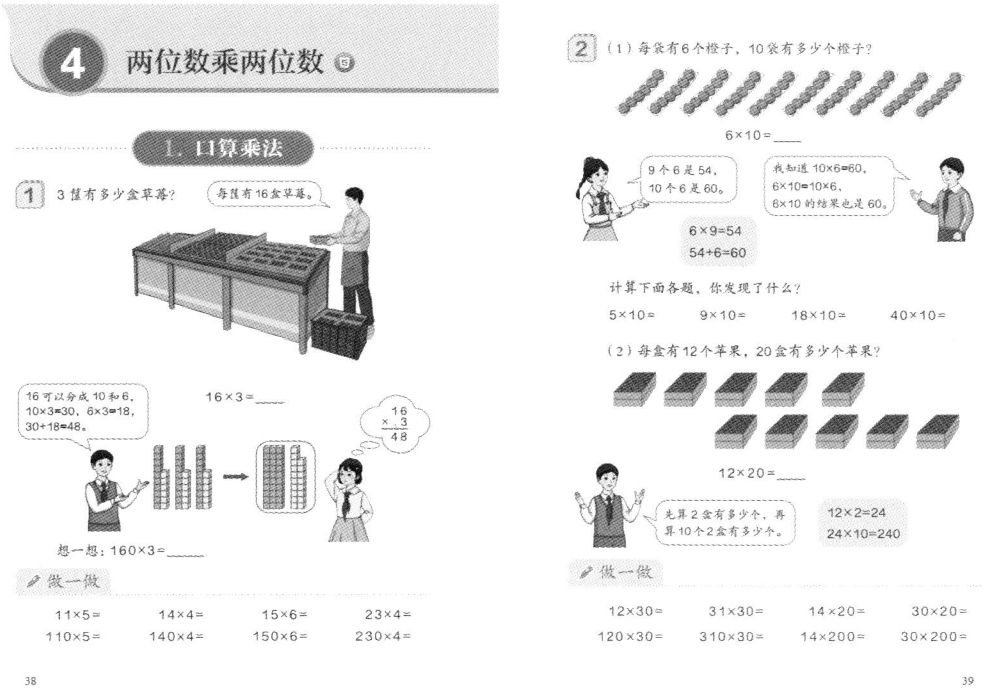

图 3.2-40　三年级下第四单元

教材创设生活中的水果超市情境，将抽象、枯燥的口算教学和生活实际相联系，让学生感受到口算和生活息息相关，从而提高学习积极性和解决问题的能力。首先教学两位数乘一位数（进位）的口算，呈现两种不同的口算思路，体现算法多样化，重点是要让学生掌握将两位数拆成整十数和一位数分别乘另一个乘数的口算方法，并利用小方块将抽象的算理直观地呈现出来，便于学生正确地理解口算算理，掌握口算方法。“想一想”让学生利用已掌握的两位数乘一位数的口算方法进行迁移，自主探索几百几十乘一位数的口算方法。“做一做”是一组对比练习。通过练习，使学生进一步发现两位数乘一位数和几百几十乘一位数之间的联系和区别。例 2 教学两位数乘整十数，选取计算水果个数的素材，插图直观生动，便于学生理解算理培养数感。例 2（1）中的编排分为两个层次：第一个层次，结合实物图教学口算一位数乘 10。呈现利用已有的知识经验探究新知的方法，即先用表内乘法口算出 9 盒的个数，再加上 1 盒的个数。第二个层次，通过口算一位数、两位数乘 10 的练习，使学生发现并体会最简便的口算方法。例 2（2）在例 2（1）学习的基础上，让学生利用知识的迁移，自主探究两位数乘整十数、整百数，几百几十乘整十数的口算方法。“做一做”是一组对比练习，帮助学生总结两位数乘整十数、整百数，几百几十乘整十数的口算方法。

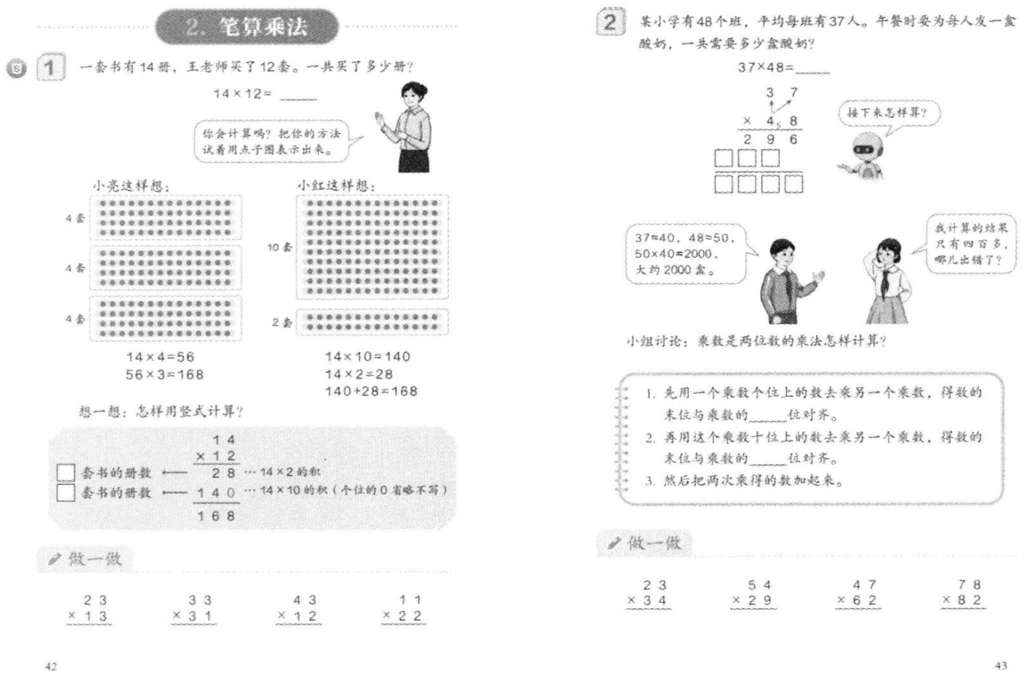

图 3.2-41 三年级下第四单元

例 1 是教学笔算两位数乘两位数（不进位）的计算方法。教学重点是用十位上的数去乘时，所得的积的末位数要和十位上的数对齐。（2）中机器人聪聪提出问题，让学生应用已有的计算知识尝试解决 14×12，并要求学生在点子图上表示出计算方法。这有助于培养学生将新知转化为旧知、解决新问题的能力，同时培养学生的几何直观。（3）中体现解决问题方法的多样性，教材给出了两种解决问题的思路，并给出与算式相对应的点子图。并且第二种方法及点子图与竖式计算的算理相对应，为后面学生理解竖式计算的算理和算法做好铺垫。（4）中接着通过“想一想”引出竖式的计算方法，强调每一步计算的具体含义，帮助学生理解算理，掌握算法。“做一做”用四个两位数乘两位数的竖式计算来帮助学生巩固例 1 所学内容。

例 2 教学两位数乘两位数（进位）的笔算乘法。先根据情境给出乘法算式 48×37，然后探讨解决问题的方法。呈现两名同学通过估算讨论出乘积的大概范围的场景，体现估算的作用与价值。给出竖式，探究笔算的方法。由于有了多位数乘一位数和两位数乘两位数（不进位）笔算的基础，学生完成 48×7 的计算应该没有困难。因此，教材在给出第一步计算结果后，让学生通过类推来补充后面的计算结果。例 2 与例 1 的算理是相同的，只是在计算的过程中需要进位，计算任务稍复杂。由于在研究两位数乘两位数（不进位）笔算乘法时，学生已经借助点子图明确了算理，此处不再呈现点子图，而是通过酸奶箱的摆放体现算理，使学生进一步明确每一步计算的意义，掌握算法。例 2 教学后，教材提出小组讨论的要求，让学生在互相讨论的基础上归纳出乘数是两位数的乘法的计算步骤，总结笔算乘法的计算法则。

例 3 是解决问题的教学，教材以实际生活和学校生活中生动活泼的内容为素材，展示实际活动中的计算问题。生活中有许多数学问题，教材从贴近生活的超市情境和学校活动中选材，使学生产生亲切感，利于加深学生对数学问题基本含义的理解，同时让学生运用所学的数学知识去分析问题，选择解决问题的方法，进而解决问题，使学生经历与同伴合作解决问题的过程，并体会同一个问题可以有不同的解决办法，感受数学知识在生活中的应用，让学生在解决问题的过程中学习从数学角度观察、分析、解决实际问题，这对于培养学生解决问题的能力有着重要作用。

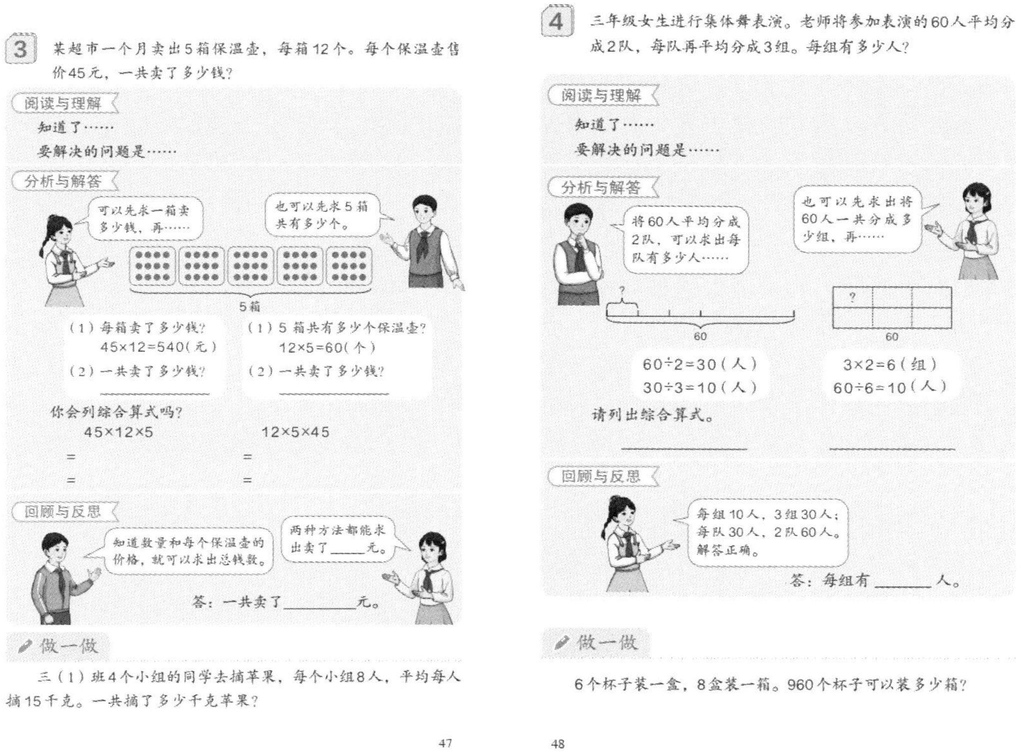

3 某超市一个月卖出5箱保温壶，每箱12个。每个保温壶售价45元，一共卖了多少钱？

阅读与理解

知道了……

要解决的问题是……

分析与解答

可以先求一箱卖多少钱，再……

也可以先求5箱共有多少个。

5箱

（1）每箱卖了多少钱？ 45×12=540（元）

（2）一共卖了多少钱？ ________

（1）5箱共有多少个保温壶？ 12×5=60（个）

（2）一共卖了多少钱？ ________

你会列综合算式吗？

45×12×5　　12×5×45

=　　=

=　　=

回顾与反思

知道数量和每个保温壶的价格，就可以求出总钱数。

两种方法都能求出卖了____元。

答：一共卖了________元。

做一做

三（1）班4个小组的同学去摘苹果，每个小组8人，平均每人摘15千克。一共摘了多少千克苹果？

4 三年级女生进行集体舞表演。老师将参加表演的60人平均分成2队，每队再平均分成3组。每组有多少人？

阅读与理解

知道了……

要解决的问题是……

分析与解答

将60人平均分成2队，可以求出每队有多少人……

也可以先求出将60人一共分成多少组，再……

60÷2=30（人）

30÷3=10（人）

3×2=6（组）

60÷6=10（人）

请列出综合算式。

________　　________

回顾与反思

每组10人，3组30人；每队30人，2队60人。解答正确。

答：每组有______人。

做一做

6个杯子装一盒，8盒装一箱。960个杯子可以装多少箱？

47　　48

图 3.2-42　三年级下第四单元

教材还为学生运用数学知识解决问题提供了丰富的资源。例如，这在练习十二中，17 道习题里有 15 道题目反映了多方面的具体情境和问题。有小学生自己的活动事例，如跑步、游泳、放照片、租船等；有学生身边的生活事例，如西瓜地、家庭产生垃圾、购物、儿童剧场的演出等；还有运输、整理图书、饲养猩猩、啄木鸟和青蛙捉害虫等方面的具体问题。让学生运用数学知识解决多方面的实际问题，不仅让学生了解到生产、生活中有许许多多数学问题，感受数学在现实世界中有着广泛的应用，而且使学生多次经历解决问题的过程，受到解决问题能力的训练，这对于发展学生的解决问题能力同样是十分重要的。

教材还呈现了解决问题的内容，注意体现解决问题策略的多样化。每一个例题都展示了不同学生想出的不同解决办法，使学生了解同一问题可以有不同的解决方法。练习中的习题安排，有的情景图中蕴含解决问题的多种信息，提示了可以从不同角度观察选择信息，采用不同的方法解决问题。例如，练习十二的第 17 题的题（1），学生可以从先算出每箱有多少苹果入手，也可以从先算出 22 箱苹果有多少层入手。如何解决取决于学生观察思考的角度。这样的编排可使学生通过自己的分析、思考，寻找一种或两种解决问题的方法，并在与同学交流的过程中受到启发，了解不同的解决方法，在不断探索与创造的气氛中发展创新意识。

3. 教学建议

（1）使学生经历两位数乘两位数的计算过程，理解算理，掌握两位数乘两位数的计算方法。

让学生经历知识的形成过程是新课程倡导的重要改革理念之一。教材根据学生已有的知识基础，为学生提供了探索乘法口算、笔算方法的具体问题情境，同时也设计了自主探索、合作交流的学习情境，旨在让学生运用已有的知识和计算方法探索新的计算方法。

在教学时，要留有充裕的时间，放手让学生尝试、探讨两位数乘两位数的笔算方法。在自主探索的基础上，适时组织讨论交流，以完善学生对计算过程与算理的理解。

在教学时，要为学生提供充分的从事数学活动的机会，让学生主动探索计算方法。例如，在探索两位数乘两位数（不进位）笔算乘法的算理时，首先要让学生尝试用已有的知识解决新的问题，并要求学生用点子图把自己的方法表示出来，让学生经历用图示表征解释算法的过程。然后交流展示多种解决问题的方法，并通过学生的汇报，使学生明确如何划分点子图、算式表征了哪种计算方法，沟通图形表征、算式表征与计算方法之间的联系。最后，在理解竖式计算的算理时，可以让学生再次利用点子图，表示出竖式计算中每一步的结果，进而更好地理解其含义，掌握好算法。借助点子图，在加深学生对计算方法理解的同时，使学生逐步学会借助几何直观去解决问题，去表达和交流，有效地促进学生的全面发展。

（2）以培养学生认真、细致的计算习惯为抓手，促进学生对计算方法的掌握，形成良好的学习方法。

在两位数乘两位数的竖式计算中掌握“乘的顺序和积的书写位置”等关键知识以及形成的学习方法是进一步学习多位数乘法笔算的重要基础。在计算过程中既要一步一步口算，又要将每次口算的结果写在相应的位置；既要算乘，又要算加，有时还有进位问题，任务比较复杂。因此，一定要培养学生细心计算的习惯。

要让学生养成良好的书写习惯。书写一要清晰，二要有条理。还要帮助学生理清计算的各个环节，使学生能在计算过程中有效地对各个环节实施自我监控，特别要关注自己易出错的环节，如数位没有对齐、忘记进位等。

（3）使学生经历发现问题、提出问题、分析问题、解决问题的过程，培养学生观察问题的习惯，提高解决问题的能力。

学生在前面的学习中已经学会用多位数乘一位数、表内乘除法以及加减法解决简单的两步计算的实际问题。教材提供了丰富的解决问题的资源，不仅选材范围扩大了，而且提供的信息数据范围也扩大了。教学时，教师应立足于让学生自主收集、理解数学信息，寻找解决问题的方法。应注意调动学生的学习经验和生活经验，采用独立尝试、讨论等方式，让学生主动探索解决问题的方法。教师应有意识地引导学生从不同的角度分析信息、寻找方法，对于学生合乎情理的阐述，应给予积极鼓励，激发学生探索的欲望，增强自信心。不断地引导和鼓励，使学生逐步养成从多角度观察问题的习惯，提高学生解决问题的能力。

（三）三位数乘两位数

1. 课标要求

《义务教育数学课程标准（2022 年版）》第二学段“学段目标”中提出：能进行较复杂的整数四则运算，理解运算律，形成数感、运算能力和初步的推理意识。

《义务教育数学课程标准（2022 年版）》第二学段“课程内容”中提出：理解四则运算的意

义，能进行整数四则混合运算，逐步形成数感、运算能力和初步的推理意识。

2. 教材分析

三位数乘两位数是在学生掌握了两位数乘两位数的基础上学习的，“三位数乘两位数”单元是小学阶段整数乘法的最后一个知识块。三位数乘两位数的计算方法，与两位数乘两位数的计算方法，在算理上是一致的，所不同的是一个因数的位数由两位变成了三位。因此，应在学生已有知识基础上，让学生独立思考，将两位数乘两位数的方法迁移到三位数乘两位数，通过讨论交流总结出多位数乘两位数的一般方法。主要内容包括：三位数乘两位数的笔算、积的变化规律、常见数量关系。

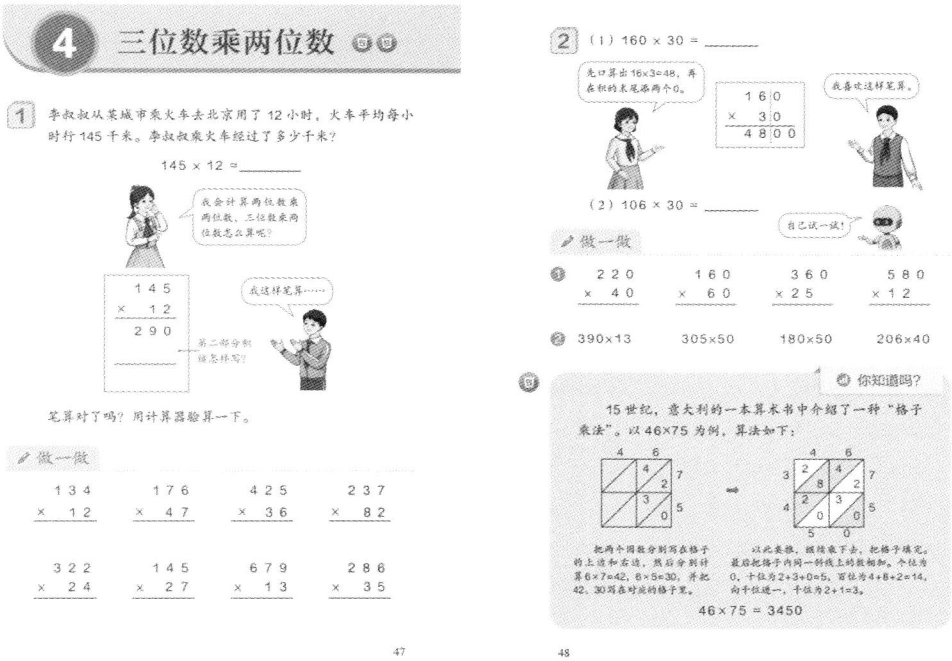

图 3.2-43　四年级上第四单元

（1）三位数乘两位数的算法。

教材以简单行程问题为背景，一是体会计算的现实需要，二是为后面抽象出速度、时间和路程之间的关系积累一些经验。因为学生已掌握了三位数乘一位数和两位数乘两位数的笔算，所以内容突出自主探索。在估算后直接揭示 145×12 的笔算过程，通过提出“第二部分该怎样写？”的问题，引导学生自主思考：第二个因数中的“1”与“145”相乘的结果表示什么？积的末尾应与第一部分积中的哪一位对齐？最终归纳 145×12 的具体步骤。另外，把估算融入笔算教学中，帮助学生形成良好的运算习惯。

教材安排多道例题（例 2：因数中间或末尾有 0 的笔算乘法；例 3：积的变化规律）例 2 第 1 小题的重点是竖式的简便写法以及积的末尾 0 的个数确定。第 2 小题的重点则既有竖式的简便写法，又有因数中间的 0 是否应与另一个因数相乘的问题。例 2 的编排把口算融入了笔算教学中，通过呈现两位学生的不同算法，意在引导学生灵活选择计算方法。下面的阅读材料介绍了“格子乘法”，使学生了解“格子乘法”的计算过程与笔算乘法的密切关系，也可作为整数乘法算理的一种解释方式。

学生已经掌握了三位数乘两位数的计算方法，所不同的是因数中间或末尾有 0。因此，应在学生已有知识基础上，让学生独立思考，想一想列竖式后先算什么、再算什么比较方便合理，引导学生利用已掌握的旧知和 0 在乘法运算中的特性，自主迁移类推出因数中间或末尾有 0 的简便算法。

例 1、2 教学后总结整数乘法的一般方法。这是整数乘法学习的最后一个阶段，需要对整数乘法的算理和算法进行回顾与整理。结合梳理进一步学会在整数乘法运算中采用估算的方法，初步确定结果的大致范围，进一步强调对乘法运算的结果进行验算，以保证运算结果的正确性，养成良好的运算习惯。

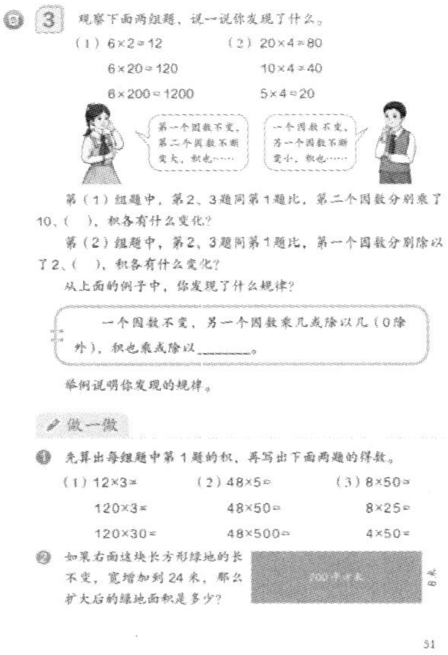
3 观察下面两组题，说一说你发现了什么。

（1）6×2=12　（2）20×4=80

6×20=120　10×4=40

6×200=1200　5×4=20

第（1）组题中，第2、3题同第1题比，第二个因数分别乘了10、（　），积各有什么变化？

第（2）组题中，第2、3题同第1题比，第一个因数分别除以了2、（　），积各有什么变化？

从上面的例子中，你发现了什么规律？

一个因数不变，另一个因数乘几或除以几（0除外），积也乘或除以______。

举例说明你发现的规律。

做一做

1 先算出每组题中第 1 题的积，再写出下面两题的得数。

（1）12×3=　（2）48×5=　（3）8×50=

120×3=　48×50=　8×25=

120×30=　48×500=　4×50=

2 如果右面这块长方形绿地的长不变，宽增加到 24 米，那么扩大后的绿地面积是多少？

51

图 3.2-44　四年级上第四单元

（2）积的变化规律。

例 3 教学积的变化规律。利用乘法运算，培养学生的推理能力，特别是合情推理能力是教学的重要任务。将探索“积的变化规律”作为例题专门加以研究。教学中，应鼓励、引导学生参与到探寻运算规律的活动中去，通过观察数据特点，解释计算的合理性等，不但可使学生形成合理、灵活的计算能力，而且还利于培养学生数感和推理能力。

总结梳理基于乘法运算的数量关系，充分体验运用相应的数量关系解决一些实际问题的过程，以培养学生用乘法运算解决实际问题的能力，为后续进一步学习乘法运算做准备。

（3）问题解决。

三位数乘两位数的学习不仅要让学生掌握整数乘法的计算技能，还应当让学生掌握简单的有背景的常见数量关系，并能用关系式去表达它们。

“单价、数量和总价”与“速度、时间和路程”之间的关系是生活中常见的数量关系，提炼出数学模型则是“单价 × 数量=总价”和“速度 × 时间=路程”。教学时，应注重让全体学生通过解决例 4、例 5 中的具体问题，感悟“单价、数量和总价”与“速度、时间和路程”之间的数量关系，经历将生活中的具体问题抽象成数学模型的过程，并经历将抽象的数学模型用于解决具体问题的过程，在“解决具体问题—抽象出数学模型—解释并说明模型—再用模型解决问题”这样一系列的数学活动中建立初步的模型化的数学思想方法。

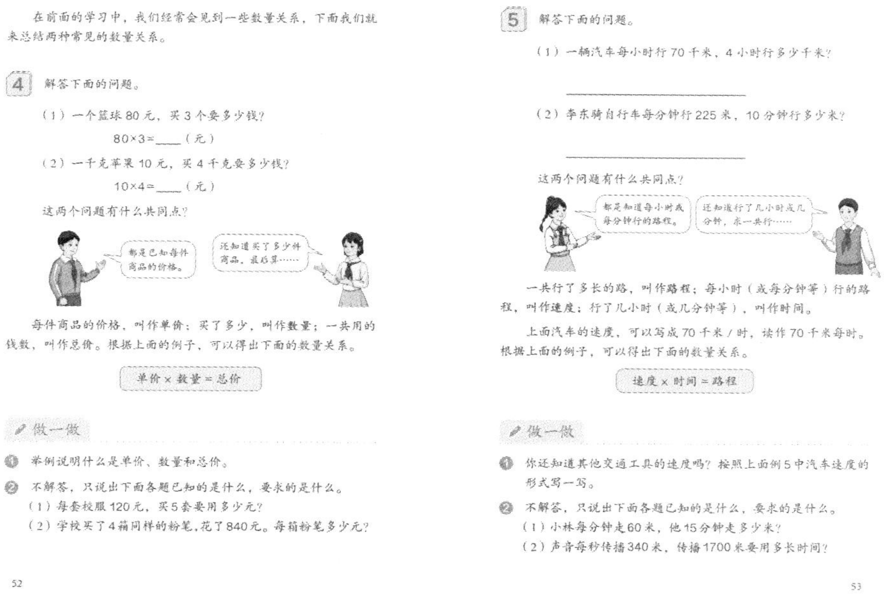
在前面的学习中，我们经常会见到一些数量关系，下面我们就来总结两种常见的数量关系。

4 解答下面的问题。

（1）一个篮球80元，买3个要多少钱？

80×3=____（元）

（2）一千克苹果10元，买4千克要多少钱？

10×4=____（元）

这两个问题有什么共同点？

每件商品的价格，叫作单价；买了多少，叫作数量；一共用的钱数，叫作总价。根据上面的例子，可以得出下面的数量关系。

单价×数量=总价

做一做

1 举例说明什么是单价、数量和总价。

2 不解答，只说出下面各题已知的是什么，要求的是什么。

（1）每套校服120元，买5套要用多少元？

（2）学校买了4箱同样的粉笔，花了840元。每箱粉笔多少元？

52

5 解答下面的问题。

（1）一辆汽车每小时行70千米，4小时行多少千米？

（2）李东骑自行车每分钟行225米，10分钟行多少米？

这两个问题有什么共同点？

一共行了多长的路，叫作路程；每小时（或每分钟等）行的路程，叫作速度；行了几小时（或几分钟等），叫作时间。

上面汽车的速度，可以写成70千米/时，读作70千米每时。根据上面的例子，可以得出下面的数量关系。

速度×时间=路程

做一做

1 你还知道其他交通工具的速度吗？按照上面例5中汽车速度的形式写一写。

2 不解答，只说出下面各题已知的是什么，要求的是什么。

（1）小林每分钟走60米，他15分钟走多少米？

（2）声音每秒传播340米，传播1700米要用多长时间？

53

图 3.2-45　四年级上第四单元

教学重点：三位数乘两位数的笔算方法。教学难点：正确理解笔算的算理，领会用第二个因数十位上的数去乘第一个因数个位上的数时，积的末位应写在十位上的道理。

3. 教学建议

（1）选择便于向学生解释算理的情境。

以简单行程问题为背景的学习情境，教材创设的情境及选择的学习材料是学生很熟悉的，而且也具有一定的典型性。如在例 1 的内容呈现中创设了一个已知速度、时间，求路程的情境，并以 12 小时作为讨论点，学生比较容易想到将 12 小时拆成 10 小时和 2 小时来解释，这与乘数是两位数时用“十位上的数”与“个位上的数”分别乘另一个因数比较吻合，能够有效帮助学生理解相应的算理，从而建构起乘数是两位数的乘法运算法则。教学时，应将书本上的例题与学生生活中的实例有机结合起来，让学生从自己熟悉的物体简单运动的常识出发归纳出速度、时间和路程之间的关系，并用这个关系去解决实际问题。

（2）放手让学生自主构建笔算乘法的认知结构。

“三位数乘两位数的笔算方法”是学生已掌握的两位数乘两位数的扩展和提升。因此，教学中应密切关注学生已有的知识经验和认识发展水平，应为学生提供由旧知迁移到新知的广阔背景，让每一位学生经历“145 × 12”的计算过程。

教学例 2 时，应引导学生回忆两位数乘两位数或三位数乘一位数的笔算和估算，想一想列竖式后先算什么、再算什么比较方便合理。重点围绕竖式的简便写法和积进行讨论：① 写竖式时，如何处理“0”和“非 0”数字的对位问题？② 积的末尾 0 的个数怎样确定？反馈第（2）题时，重点围绕以下问题讨论：① 竖式的简便写法。② 计算“106 × 3”时，既然中间的“0”与 3 相乘得 0，那么这个过程可以不要吗？如何写这一位上的积？突出笔算乘法的算理，帮助学生建立良好的认知结构。

（3）重视引导学生探究运算中的规律，并作一定的归纳与抽象。

在乘法运算中探索积的变化规律是整数四则运算中内容结构的一个重要方面，例题以两组乘法算式为载体，引导学生探索当一个因数不变时，另一个因数与积的变化情况，从中归纳出积的变化规律。在学生用自己的语言表达的基础上，教师适时补充或纠正，使总结的规律简明、流畅：一个因数不变，另一个因数扩大（或缩小）若干倍，积也扩大（或缩小）相同的倍数。通过这个过程的探索，不但让学生理解两数相乘时，积的变化随其中一个因数（或两个因数）的变化而变化，而且体会事物间是密切相关的，受到辩证思想的启蒙教育。

合情推理能力是教学的重要任务。教材相关的练习设计中编排了一些引导学生探索规律的内容。教学中，应鼓励、引导学生参与到探寻运算规律的活动中去，通过观察数据特点，解释计算的合理性等，不但可使学生形成合理、灵活的计算能力，而且还利于培养学生的数感和推理能力。

（四）除数是一位数的除法

1. 课标要求

《义务教育数学课程标准（2022 年版）》第二学段“学段目标”中提出：能进行较复杂的整数四则运算，理解运算律，形成数感、运算能力和初步的推理意识。

《义务教育数学课程标准（2022 年版）》第二学段“课程内容”中提出：理解四则运算的意义，能进行整数四则混合运算，逐步形成数感、运算能力和初步的推理意识。

2. 教材分析

除数是一位数的除法是在表内乘、除法，一位数乘多位数的基础上进行教学的：同时它为今后学习除数是两位数的除法、除数是多位数的除法奠定扎实的知识和思维基础。教学的主要内容有口算除法和笔算除法。为遵循学生学习除法计算的认知规律，教材按照口算—笔算—解决问题的顺序安排了 12 个例题。

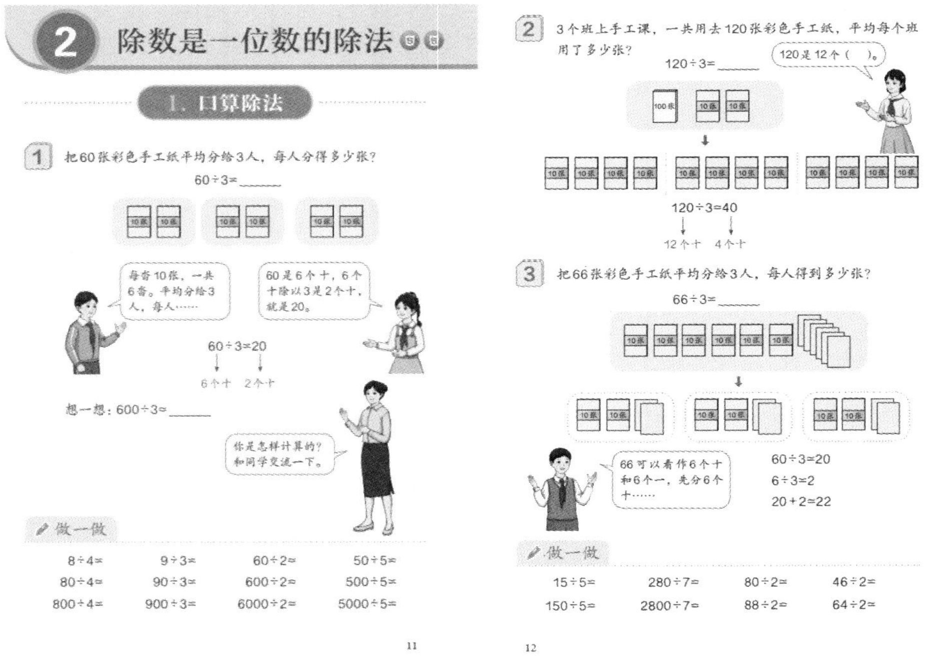

图 3.2-46　三年级下第二单元

（1）口算除法。

口算是笔算的基础。口算除法共 3 个例题，分别教学用一位数除整十、整百、整千的数；一位数除几百几十或几千几百的数，一位数除几十几的数。其中例 3（一位数除几十几的数）是新增内容，这样既将“一个数除整十、整百”的知识链条完整地串联起来，又分散了学习难点，减缓了教学坡度，有利于知识的建构。

教材通过创设“分发彩色手工纸”这一情境，为口算除法提供现实背景。通过一沓 10 张，为学生理解算理提供直观支撑。

例 1 通过分发彩色手工纸，引出 60÷3 的计算问题。借助直观的分手工纸图，帮助学生理解算理，引导学生将一个数除整十数的除法转化为表内除法。“想一想”让学生用迁移类推解决 600÷3 的计算问题，在交流中掌握口算方法。“做一做”中出现一位数除整千数的口算，让学生自主完成，培养迁移类推能力，同时引导学生通过计算与观察找规律，掌握简便的口算方法。

例 2 通过分发彩色手工纸，引出 120÷3 的计算问题。利用数的组成将 120 看成 12 个十，并借助直观的分手工纸图帮助学生理解算理，引导学生将一个数除几百几十的除法转化为表内除法。“做一做”中让学生用迁移类推解决一位数除几千几百的口算。

例 3 中一个数除几十几的数的除法是新增内容，教学这一部分不仅是提高学生口算能力的要求，同时也是学生学习笔算除法的基础。教材通过分发手工纸，引出 66÷3 的计算问题。并借助直观的分手工纸图帮助学生理解算理，探索“先分后合”的口算方法：把两位数分成整十数和一位数，分别除以一位数后再相加。“做一做”旨在加深学生对口算算理的理解，帮助学生掌握口算方法，形成口算技能。

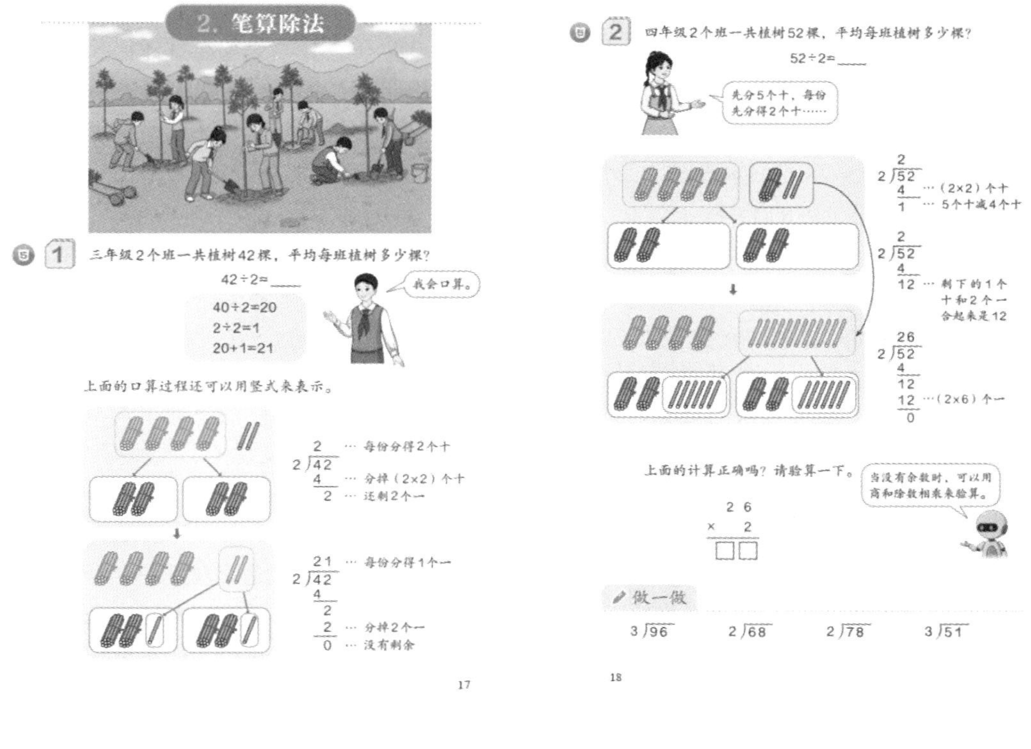

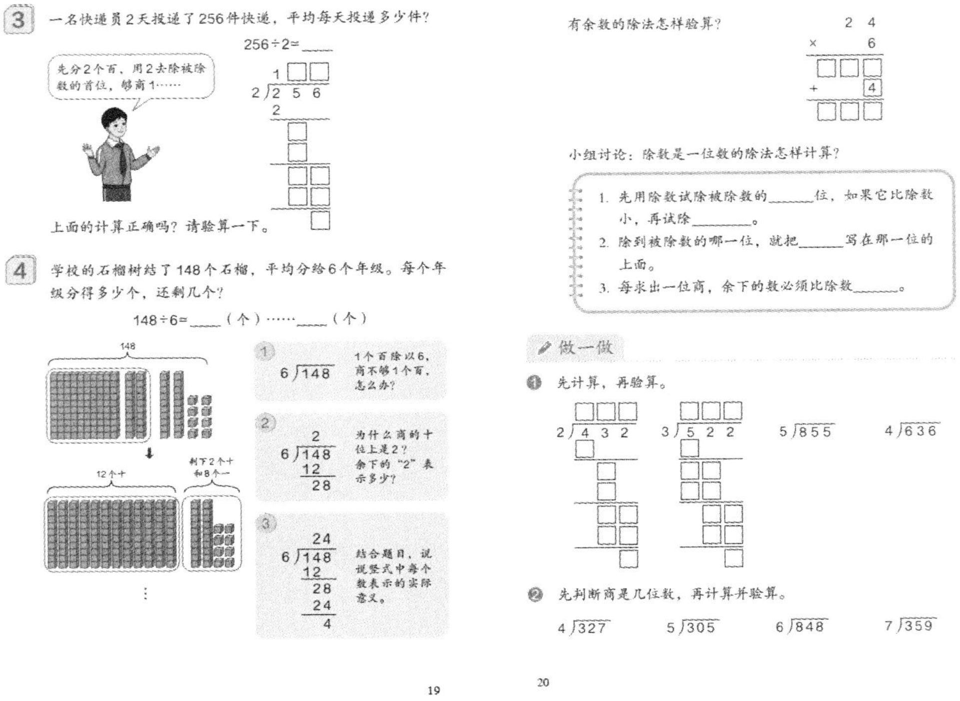

图 3.2-47　三年级下第二单元

（2）笔算除法。

笔算除法是重点教学内容，共 9 个例题，主要包括：一位数除两位数的笔算；一位数除三位数的笔算；有关 0 的除法；估算与实际问题。教学的重点是引导学生在具体操作活动中理解笔算除法的算理，探索用竖式计算的合理程序，并利用乘除法之间的关系来验算除法。估算解决问题是教材的新增内容，重点教学是帮助学生如何将估算作为一个有效策略来解决问题，且在解决问题的过程中培养估算意识，形成估算习惯，发展数感。

① 一位数除两位数的笔算。

一位数除两位数的笔算共两个例题（例 1、例 2）。教材主题图选择热爱自然、保护环境、植树造林作为笔算除法的开篇情境，意在培养学生的环保意识，使学生体会植树活动中也有数学，激活学生的问题意识。

例 1（被除数各位上的数都能被整除）通过解决“三年级平均每班种多少棵？”的实际问题，引出 42÷2 的计算。教材先指出口算的策略，接着联系口算并借助小棒图呈现平均分的过程，分步呈现竖式计算过程，同时在竖式边给出每一步计算中各个数的含义说明，帮助学生理解算理，掌握除的顺序和竖式的写法。

例 2（被除数首位不能除尽）通过解决“四年级平均每班种多少棵？”的实际问题，引出 52÷2 的计算。教材同样通过小棒图呈现平均分的过程、分步呈现竖式计算过程，帮助学生理解算理。与例 1 不同的是，每个竖式边上都给出了具体的算法，体现了理解算理到掌握算法的自然过渡。突出 52÷2 的第二个计算过程：“当余下 1 个十后应该怎么办？”接着教材提出“计算是否正确？”这一问题，引出验算的需求，重点引导学生根据乘除法之间的关系来验算没有余数的除法。

② 一位数除三位数的笔算。

一位数除三位数的笔算共两个例题（例 3、例 4）。在“一位数除三位数，商两位数的除法”的例题前新增例 3“一位数除三位数，商三位数的除法”，这样的安排体现了学习从易到难的原则，减小教学的坡度。教材以“整理相册”为素材，激活学生问题意识，感受数学与生活的密切联系。

例 3（被除数首位够除）通过解决“快递员平均每天投递多少件快件？”的问题，引出 256÷2 的计算。教材通过学生的话“用 2 去除被除数的首位，够商 1”提示要先确定商的首位在哪一位以及除的顺序，然后呈现不完整的竖式计算过程，只给出计算的第一步，其余部分留空，让学生运用已掌握的一位数除两位数的笔算方法迁移类推自主探究完成。通过机器人聪聪的话提示培养验算的习惯。“做一做”前两道竖式计算过程给定方框，让学生填，后两道让学生自己写笔算过程，体现出由“扶”到“放”的过程。

例 4（被除数首位不够除）通过解决“可插满多少页，还剩多少张？”的问题理解除法的意义，引出 256÷6 的计算。教材通过连续的三个框图解决 3 个问题：第一，除的顺序；第二，商首位位置；第三，余数与除数的关系。给出完整的计算步骤，让学生对竖式中每一个数的含义进行说明，进一步理解算理。通过学生的话“有余数的除法怎样验算？”教学有余数除法的验算。最后呈现学生小组讨论的场景，归纳“除数是一位数的除法”计算法则，培养归纳概括能力。“做一做”让学生先判断商的位数，再计算并验算。判断商的位数是笔算除法的第一步，也是重要一步。通过练习使学生理解并形成这样的思考习惯：做笔算除法，先观察被除数最高位上的数，用它与除数比大小。

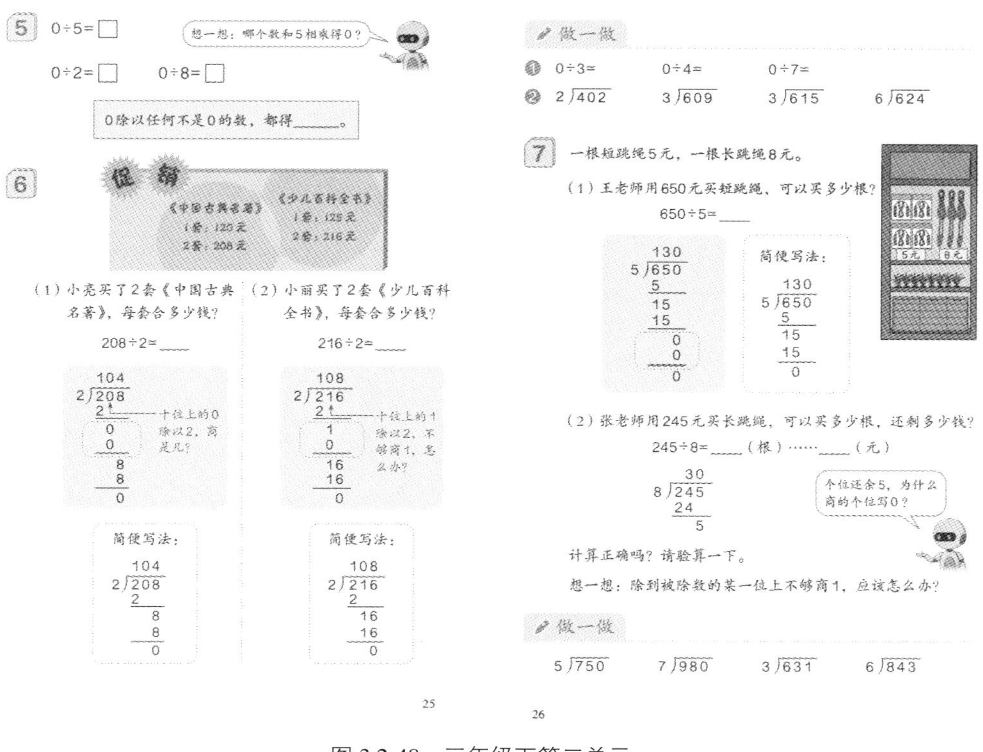

图 3.2-48　三年级下第二单元

③ 有关 0 的除法。

例 5 中新教材“有关 0 的除法”删除了原实验教材中“猪八戒分西瓜”的情境图，直接给出 0÷5=□的算式，问题更简洁、明确。通过机器人聪聪的提示启发学生思考“哪个数和 5 相乘得 0”，得出 0÷5=0。接着教材又呈现 0÷2=□、0÷8=□让学生按上面的方法推出结果，并从中归纳出“0 除以任何不是 0 的数都得 0”这一结论。

例 6 以“书店购书”这样一个学生熟悉的生活情境为素材，引出商中间有 0 的除法。第（1）题 208÷2 教学被除数中间有 0 的除法。通过思考机器人聪聪“十位上的 0 除以 2，商是几？”的问题，让学生探索得出：在除的过程中，遇到被除数哪一位上的数是 0（且前面没有余数）时，这一位上的商就是 0，要在这一位上写 0，这个 0 起占位作用，不能不写。通过对比优化，给出竖式的简便写法，同时注意数位对齐。第（2）题 216÷2 教学除到十位不够商 1 写商 0 的除法。与第（1）题相同，教材先给出完整的计算步骤，再优化竖式的简便写法。通过机器人聪聪的话“十位上的 1 除以 2，不够商 1 怎么办？”提示计算的关键步骤。最后通过不完整的文本框让学生概括总结商中间有 0 的除法的计算要点。

例 7 通过创设“购买长短跳绳”的情境，引出商末尾有 0 的除法问题。学生已掌握“商中间有 0 的一位数除三位数”的笔算除法，因此教学“商末尾有 0 的”笔算除法可以利用知识迁移让学生自主探索。第（1）题 650÷5 教学被除数末尾有 0，且前一位正好除尽的除法，教材直接给出竖式的完整写法和简便写法。第（2）题 245÷8 教学除到个位不够商 1 商 0 的除法。不同的是，教材只给出竖式的简便写法。通过机器人聪聪提示：个位还余 5，为什么商的个位写 0？引发学生思考。最后提出验算，培养学生的验算习惯。“做一做”是有关 0 的除法的相应练习，旨在帮学生巩固算法，形成技能，提高运用所学知识解决问题的能力。

图 3.2-49　三年级下第二单元

（3）解决问题。

新教材对原实验教材估算教学的内容和结构进行了调整，改为结合问题解决进行教学。这样的调整，不仅可以让学生体会学习估算的必要性，还突出估算是解决问题的有效的、重要的策略之一，彰显估算的价值。

例 8 通过创设“用纸箱装菠萝”的问题，让学生经历搜集信息—提出问题—分析问题—解决问题的过程，教学估算的方法和策略。“阅读与理解”环节，通过提示研究“够装”的意思，让学生找到解题关键。“分析与解答”环节，呈现两种方法估算的策略，体现算法的多样化。“回顾与反思”环节让学生交流其他的合理策略。最后通过实际计算“多少个纸箱才能装下？”的问题，验证用估算策略得出结论的正确性。

3. 教学建议

（1）利用具体情境帮助学生理解除法的意义。

借助直观操作帮助学生理解算理，让每个学生经历口算算理探究的过程。教学例题时，教师要给学生足够的时间去探索，可以借助分小棒（10 根一捆），让学生动手操作，汇报交流，明确算理，掌握算法。要在实际操作的基础上引导学生将除数是一位数的口算除法转化为表内除法。

（2）利用主题图，激发问题意识，培养收集信息、提出问题的能力。

借助直观操作与文字表征，帮助学生理解一位数除两位数的算理，掌握算法。在教学例 1 时，教师可以先让学生用口算解决，并说说口算思路。然后，提供操作用的小棒，让每个学生经历将 42 根小棒平均分成两组的过程，让学生明白除的顺序和平均分小棒的顺序一致，结合竖式弄清每一步计算中各个数的含义，例如：先将 4 捆小棒平均分成两组，每组有 2 个十，要在竖式的十位上写商 2；分掉 4 个十还剩 2 个一，2 根小棒再平均分成两组，每组 1 个一，在竖式的个位上写商 1；分掉 2 个一，最后没有剩余。最后告诉学生竖式的简便写法，弄清中间的一些 0 可以省略不写。例 2 教学同样也要让每个学生经历 52 根小棒平均分两组的过程，将分小棒的过程与竖式结合起来，让学生明白竖式中每个数的含义及来由，借助文字表征提炼算法，实现由算理到算法的自然过渡。

（3）让学生经历运用估算解决实际问题的一般过程，培养学生“四能”。

“阅读与理解”环节，教师要引导学生看懂图意，说说图中告诉我们哪些已知条件，要解决什么问题，培养搜集信息和提出问题的能力。通过对“大约”“够装”这些关键词的理解，明白用估算解决问题的策略。“在分析与解答”环节，引导学生用不同的估算单位进行估算、用不同的估算方法（乘法和除法来估）进行估算，培养学生分析、解决问题的能力。“回顾与反思”环节，要注意引导学生检验估算结果的合理性与正确性，体会估算可以快速地解决问题，体会估算的价值。交流不同的估算方法和策略，体会估算的多样化。学生估算时，方法不同，估算结果也会不同。在学生解决问题之后，应组织学生交流各自的估算方法，体会估算方法的多样性，认识到“不同的估算单位就会有不同的估算结果”，同时要通过推理让学生明白怎样估算结果最接近于准确值，发展数学思维。

（五）除数是两位数的除法

1. 课标要求

《义务教育数学课程标准（2022 年版）》第二学段“学段目标”中提出：能进行较复杂的整数四则运算，理解运算律，形成数感、运算能力和初步的推理意识。

《义务教育数学课程标准（2022 年版）》第二学段“课程内容”中提出：理解四则运算的意义，能进行整数四则混合运算，逐步形成数感、运算能力和初步的推理意识。

2. 教材分析

“除数是两位数除法”是小学阶段整数除法学习的最后阶段，它是在学生学习了除数是一位数的除法、三位数乘两位数的基础上进行教学的。教材分为两个小节：第一小节除数是两位数的除法口算，第二小节除数是两位数的除法笔算。在第二小节的十个例题中，除最后三个例题是讲解“商的变化规律及简算”，其余七个例题都是讲解试商方法的。为了便于学生逐步掌握试商方法，这部分教材按照试商的难易程度，由浅入深、由简到繁地分为几个层次，这样既便于学，又利于教。

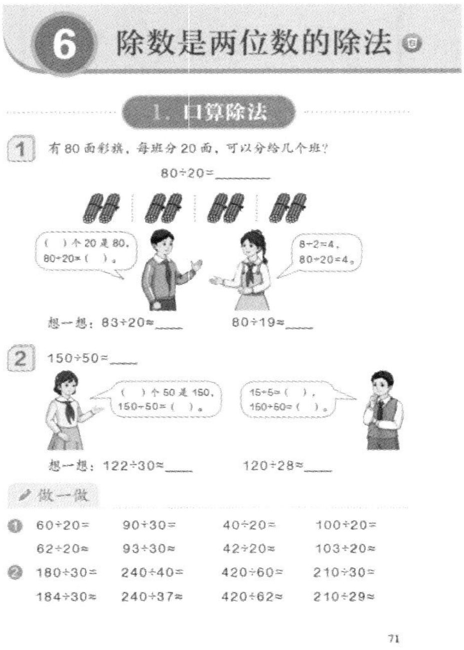
6 除数是两位数的除法

1. 口算除法

1 有 80 面彩旗，每班分 20 面，可以分给几个班？

80÷20=______

想一想：83÷20≈____　　80÷19≈____

2 150÷50=____

想一想：122÷30≈____　　120÷28≈____

做一做

1. 60÷20=　90÷30=　40÷20=　100÷20=
62÷20≈　93÷30≈　42÷20≈　103÷20≈

2. 180÷30=　240÷40=　420÷60=　210÷30=
184÷30≈　240÷37≈　420÷62≈　210÷29≈

71

图 3.2-50　四年级上第六单元

（1）除数是两位数的口算除法。

例 1 教学整十数除整十数的口算，例 2 教学整十数除几百几十数的口算。因为“四舍五入”法都是把除数看作整十数来试商，所以安排了两个口算例题来为后面的笔算除法的试商做准备。例 1 是借助小棒图，从包含除的角度来理解算理，例 2 则脱离了小棒直观图，但也是从包含除的角度来理解算理，抽象程度更高。两个例题之后的想一想，各安排了相应的除法估算，意在巩固口算方法，同时为后续学习试商做好铺垫。

（2）除数是两位数的笔算除法。

笔算除法安排了 7 个例题，主要分为两个部分：第一部分是商一位数的，包含例 1 到例 5，第二部分是商两位数的，包含例 6 和例 7。其中，商是一位数的重点是讲试商的方法。

例 1 教学用整十数除商是一位数的笔算除法，重点是借助小棒图的直观支持理解“商为什么写在个位”的问题。首先通过分连环画的情景引出除法算式，然后借助口算解决问题，同时为试商做准备，接下来小棒图直观体现分的过程，为理解笔算算理提供直观支撑。

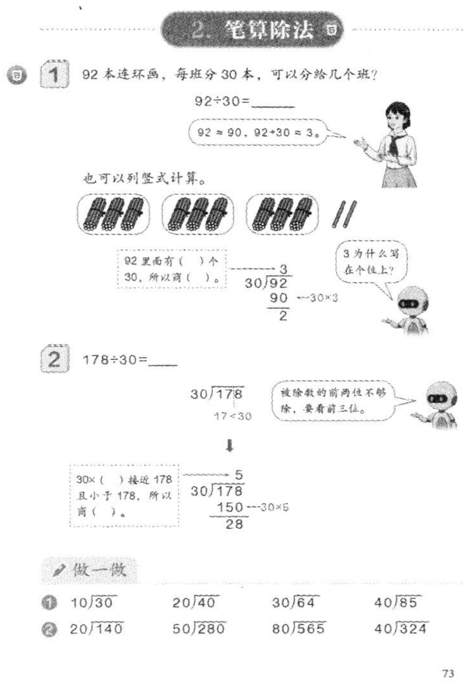

2. 笔算除法

1　92 本连环画，每班分 30 本，可以分给几个班？

92÷30=______

92 ≈ 90，92÷30 ≈ 3。

也可以列竖式计算。

92 里面有（　）个 30，所以商（　）。

3 为什么写在个位上？

2　178÷30=____

被除数的前两位不够除，要看前三位。

30×（　）接近 178 且小于 178，所以商（　）。

做一做

① 10)30　20)40　30)64　40)85

② 20)140　50)280　80)565　40)324

73

图 3.2-51　四年级上第六单元

例 2 教学整十数除三位数笔算除法，重点是理解“被除数前两位不够除，要看前三位”的道理。借助例 1 的思维模式，抽象程度更高，并给出结论式总结。

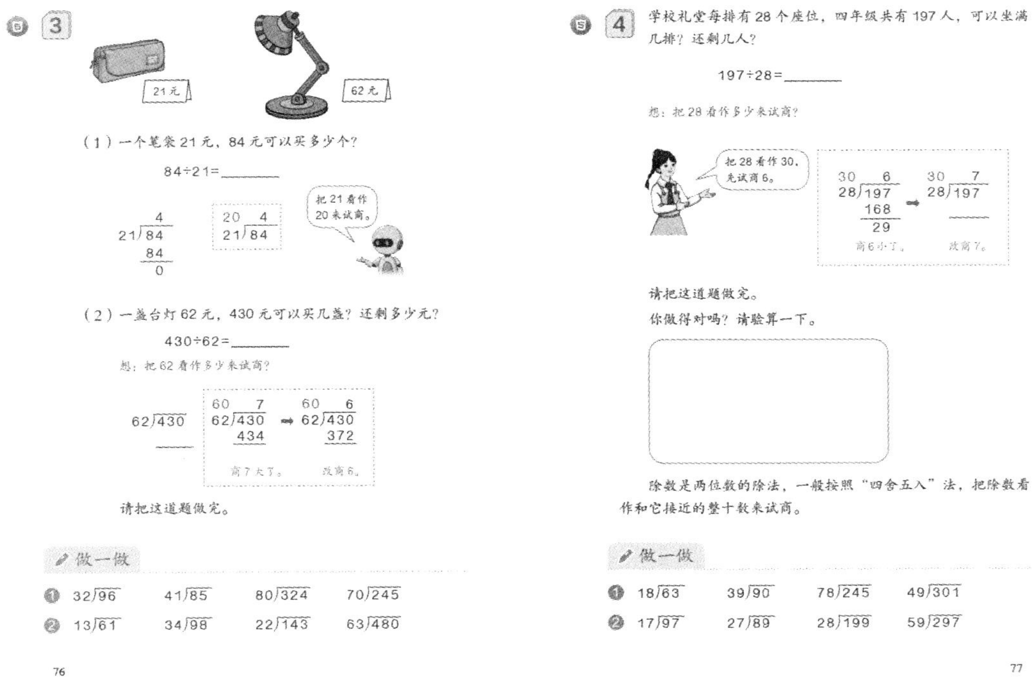

3　21 元　62 元

（1）一个笔袋 21 元，84 元可以买多少个？

84÷21=______

把 21 看作 20 来试商。

（2）一盏台灯 62 元，430 元可以买几盏？还剩多少元？

430÷62=______

想：把 62 看作多少来试商？

商 7 大了。　改商 6。

请把这道题做完。

做一做

① 32)96　41)85　80)324　70)245

② 13)61　34)98　22)143　63)480

76

4　学校礼堂每排有 28 个座位，四年级共有 197 人，可以坐满几排？还剩几人？

197÷28=______

想：把 28 看作多少来试商？

把 28 看作 30，先试商 6。

商 6 小了。　改商 7。

请把这道题做完。

你做得对吗？请验算一下。

除数是两位数的除法，一般按照“四舍五入”法，把除数看作和它接近的整十数来试商。

做一做

① 18)63　39)90　78)245　49)301

② 17)97　27)89　28)199　59)297

77

图 3.2-52　四年级上第六单元

例 3 教学用“四舍法”把除数看作整十数来试商，经历试商的过程，初步体验试商的方法。这里是学生第一次接触试商，所以教材呈现了试商过程。由机器人聪聪直接引出“把 21 看作 20 来试商”的方法，并把试商的思考过程放在虚线方框里，同时给出完整的除法竖式。第 1 小题不用调商，第 2 小题则需要调商。为了让学生弄清楚在试商的过程中为什么要调商、怎样调商等问题，教材在虚线框里给出了试商、调商的过程。

例 4 教学用“五入”法把除数看作整十数来试商，在试商的过程中需要调商。教材在虚线框里把调商的过程展现出来，让学生进一步理解试商和调商的方法。最后，通过“你做得对吗？请验算一下”自然引出对有余数除法的验算，培养学生自觉验算的习惯。

有些除法题，按照“四舍五入”法，试商的次数比较多，可以根据不同的情况用不同的方法来试商。

例 5　240÷26=________

想：怎样能很快想出商？

哪种方法比较简便？你是怎样想出商的？

做一做

16)96　　25)200　　26)104　　24)182

把你试商的过程说给同学听听。

81

图 3.2-53　四年级上第六单元

例 5 教学灵活试商，讲解除数不接近整十数的试商方法。当除数十位上的数较小，个位上又不接近整十数时，如果用“四舍五入”法把除数看作整十数来试商，往往需要多次调商，这时需要根据具体情况采取不同的方法来灵活试商。教材呈现了三种方法，分别通过虚线框展现试商过程，给学生提供了清晰的思路。

例 6 教学商是两位数的除法。重点是弄清楚每一位商的书写位置。教材用虚线框呈现除的过程，重点突出两个问题的探究：第一次除得的商写在哪一位上？第一次除后的余数表示什么？进而理解并掌握商的书写位置。

例 7 教学商的个位写 0 的问题，即当余数不够除时商 0。重点引导学生理解商的个位写 0 的道理。最后通过机器人聪聪的话引出验算问题，培养学生良好的计算习惯。在教学完 7 个例题后，教材呈现了学生通过讨论探究，概括总结除数是两位数的除法的计算方法。展示了 4 位小朋友讨论交流的场景，通过对除数是两位数的除法与除数是一位数的除法相同点与不同点的讨论，展现了总结计算方法的过程，对学生的思维起到引领和提示作用。最后还以文字形式提供了不完整的计算方法，帮助学生系统理解和掌握计算方法。

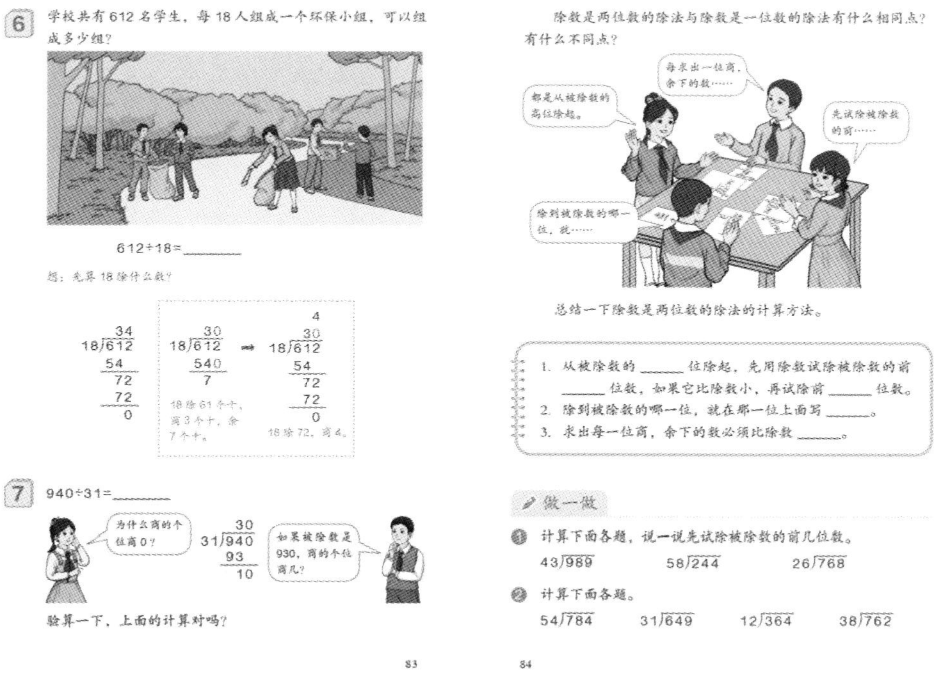

6 学校共有 612 名学生，每 18 人组成一个环保小组，可以组成多少组？

612÷18=______

想：先算 18 除什么数？

7 940÷31=______

验算一下，上面的计算对吗？

除数是两位数的除法与除数是一位数的除法有什么相同点？有什么不同点？

总结一下除数是两位数的除法的计算方法。

1. 从被除数的 ______ 位除起，先用除数试除被除数的前 ______ 位数，如果它比除数小，再试除前 ______ 位数。
2. 除到被除数的哪一位，就在那一位上面写 ______。
3. 求出每一位商，余下的数必须比除数 ______。

做一做

1 计算下面各题，说一说先试除被除数的前几位数。

43)989　58)244　26)768

2 计算下面各题。

54)784　31)649　12)364　38)762

83　84

图 3.2-54　四年级上第六单元

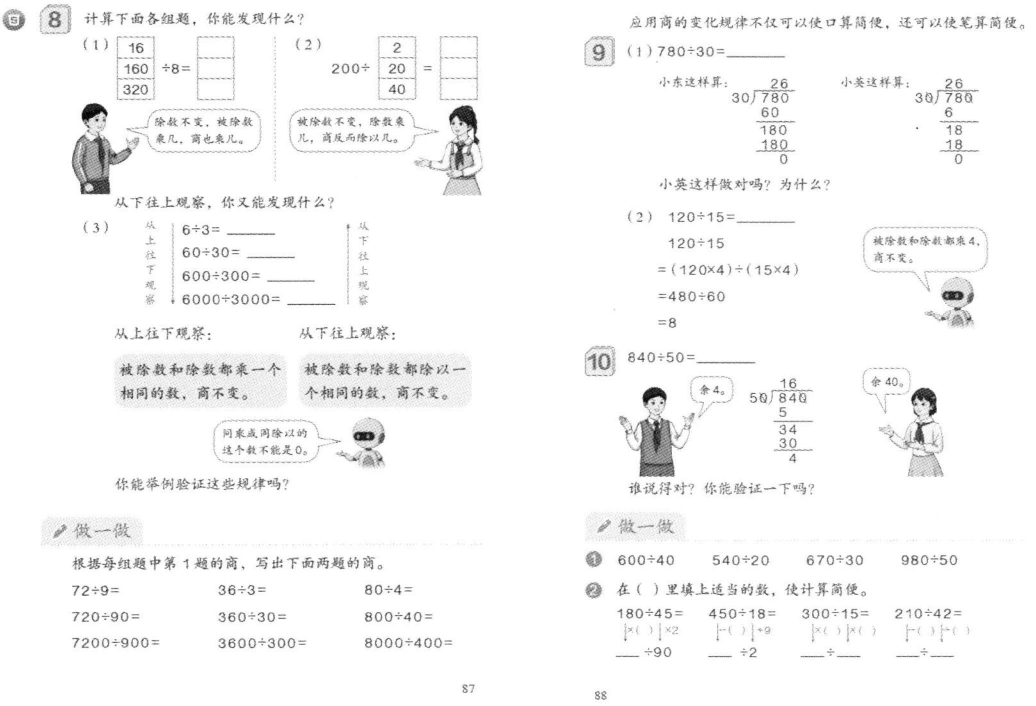

8 计算下面各组题，你能发现什么？

（1）16、160、320 ÷8=　（2）200÷ 2、20、40 =

从下往上观察，你又能发现什么？

（3）6÷3=______　60÷30=______　600÷300=______　6000÷3000=______

从上往下观察：被除数和除数都乘一个相同的数，商不变。

从下往上观察：被除数和除数都除以一个相同的数，商不变。

你能举例验证这些规律吗？

做一做

根据每组题中第 1 题的商，写出下面两题的商。

72÷9=	36÷3=	80÷4=
720÷90=	360÷30=	800÷40=
7200÷900=	3600÷300=	8000÷400=

应用商的变化规律不仅可以使口算简便，还可以使笔算简便。

9 （1）780÷30=______

小东这样算：　小英这样算：

小英这样做对吗？为什么？

（2）120÷15=______

120÷15

=(120×4)÷(15×4)

=480÷60

=8

10 840÷50=______

谁说得对？你能验证一下吗？

做一做

1 600÷40　540÷20　670÷30　980÷50

2 在（ ）里填上适当的数，使计算简便。

180÷45=　450÷18=　300÷15=　210÷42=

___÷90　___÷2　___÷___　___÷___

87　88

图 3.2-55　四年级上第六单元

例 8 教学商的变化规律，渗透初步函数思想，同时培养学生初步的抽象、概括能力。教材安排了 3 个层次来引导学生探索商的变化规律。第一层次：引导学生观察除数不变，商随被除数的变化而变化的规律；第二层次：引导学生观察被除数不变，商随除数的变化而变化的规律；第三层次：引导学生从不同的角度观察，发现商不变的规律。三个层次呈现了从上往下观察和从下往上观察的结论，并通过机器人聪聪的引导，进一步理解商不变的性质。与实验教材相比，商的变化规律的编排层次更清晰，结论更明确。

例 9 和例 10 是应用商的变化规律进行简便计算，这是新增的内容。例 10 特别关注了简便运算中余数的处理问题。通过两个小朋友的对话，引导学生讨论余数是 4 还是 40，并通过验证进一步理解在简便运算中对余数问题的处理方法。

3. 教学建议

（1）赋予学习内容的现实性、可操性。

计算知识是人们在长期生产实践中逐步发展起来的，是十分生动的数学活动。教学时应该把计算置入现实情境之中，将探讨计算方法的活动与解决实际问题融于一体，促使学生积极主动地参与学习活动，经历除法计算方法形成的过程，还原数学的本质。教材为学生学习除法提供了丰富的素材。教师应利用教材提供的资源或结合实际选择学生熟悉的事例，创设生动的具体情境，让学生经历发现，提出数学问题，探索计算方法，解决所提数学问题的全过程，让计算教学成为学生丰富多彩的学习活动。这样，既有利于学生理解、掌握计算方法，又可以提高学生学习数学的兴趣。同时，有利于培养学生从数量的角度观察身边事物的兴趣和习惯，促使学生形成计算意识。

（2）激发学生研究的主动性、生动性。

教材不仅为学生提供了探索除法口算、笔算的现实问题情境，而且为学生创设了自主探索、合作交流的空间。教学时，要放手让学生尝试、探讨口算、笔算方法。在此基础上，适时组织讨论、交流，提升学生对计算过程的认识，完善学生对算理的理解，强调让学生在现实情境中理解概念和法则。学生在主动探索中经历除法计算方法的形成过程，既可以加深对计算方法的理解，又能逐步学会用数学解决问题。给学生创设主动探索数学知识的空间，为学生赢得不断体验成功的机会，能有效地促进学生全面发展。

（3）加强课堂教学的灵活性、广泛性。

“除数是两位数的除法”学习是学生学习整数除法的关键阶段，具有承前启后的作用。学生在此之前接触的都是简单的计算，而“三位数除以两位数”对于四年级学生来说，是计算学习的一次“飞跃”。首先，计算步骤的复杂程度大大增加，特别是试商的时候有时需要调商，有时要经历几次计算才能成功，既要算除，又要算乘和减，而且这些计算都要求学生在头脑中同时完成，不像三位数或两位数除以一位数，试商可以一次成功。其次，试商后的商应写在哪一位，需要学生认真思考，学生稍不注意就会出错。试商的能力如何又直接影响除法计算的速度和正确性。在课堂教学中，可以引导学生通过观察、分析、比较，总结出一些快捷、省时、省力的有效试商方法（如口诀试商，高位试、低位调，四舍五入、折半估商 5、同头无除商 8、9、差数试商等），从而可以实现计算快、对、巧的目的，同时也提高了学习数学的兴趣，变被动学习为主动学习。

（4）培养语言表达的概括性、准确性。

对计算方法和规律做适时适度的概括、提炼不仅有利于对方法和规律的理解，还便于学生掌握方法，培养抽象、概括能力及严谨的数学语言逻辑能力。教材在概括计算法则时，结合具体计算，在学生观察、讨论、对比、交流的基础上，以文本的形式呈现不完整的计算法则，让学生填出关键步骤，使学生既明确计算步骤，又避免死记硬背法则。对“商的变化规律”内容进行编排，同样在学生概括的基础上，将发现的规律以较为规范的语言表述出来。习题中的一些规律（如灵活试商规律）则以对话框的方式，提示学生将规律总结出来，以培养学生语言的概括性、准确性。

（5）提高练习使用的思考性、高效性。

要形成一定的运算技能，必要的练习是必不可少的，但为了科学地培养学生的运算技能，教师要进行必要的研究。一般认为，计算技能的熟练掌握需要经历认知、联系等阶段，训练是必不可少的。教学中需要设计丰富多彩的试商训练，突出关键，达到基础实、思维活、能力强的目标。除数是两位数的除法，在计算过程中，试商是重点也是难点。在练习中除使用教材中编排的习题外，还可以针对重、难点内容，教师自己编写一些其他形式的题目，以启迪学生智慧、开阔思路，巩固所学知识。

三、小数的加减乘除运算

（一）小数的加法和减法

1. 课标要求

《义务教育数学课程标准（2022 年版）》第二学段“学段目标”中提出：能进行简单的小数加减运算，理解运算律，形成数感、运算能力和初步的推理意识。

《义务教育数学课程标准（2022 年版）》第二学段“课程内容”中提出：会一位小数的加减法，逐步形成数感、运算能力和初步的推理意识。

2. 教材分析

在人类生产和生活中，诸多问题的解决离不开小数加、减法。它是数的运算中不可缺少的内容，是形成良好的计算能力的重要组成部分。在学习“小数的加法和减法”之前，学生在数的认识方面进一步学习了小数的意义和性质。学生在数的运算方面已经掌握了整数加减法的竖式计算方法、整数的四则运算、整数加法的运算定律、减法的性质及其简便运算，以及一位小数的加减法。“小数的加法和减法”学习会为今后学习小数乘除法的竖式计算、小数四则混合运算等知识奠定重要基础。“小数的加法和减法”具体学习的内容有小数加法和减法、混合运算以及整数加法运算定律推广到小数。

（1）小数的加减法。

例 1、例 2 和例 3 分别提供了用小数表示的相关图书的价格，然后让学生结合现实情景与具体数量来研究小数的加减运算。“做一做”及练习题也从学生的生活实际和数学现实出发，编排了相关的小数加减计算活动，如商品的价格、学生的体重、体育竞赛的成绩等。这样编排，既突出了小数加减法这部分知识编排的连贯性与整体性，也使枯燥的小数计算变得生动活泼，使学生体验感受到小数加减计算在实际生活中的应用，促进学生数学应用意识的形成。

教材把小数加减法编排在同一例题中，便于集中研究算理，让学生理解小数点对齐的道理。例如，例 1 是教学位数相同的小数加、减法的竖式计算，先在小数加法中理解“小数点对齐”的问题，再迁移到小数减法；例 2 教学位数不同的小数加、减法的竖式计算。在此基础上，概括出小数加减法的计算方法，为后面的学习活动做铺垫。从整数加减法到小数加减法，再从小数加法到小数减法，由位数相同到位数不同，教材在编排上既突出了知识间的联系，又突出了重点，而且有目的地分散了小数加减法笔算的难点，符合学生的认知规律。

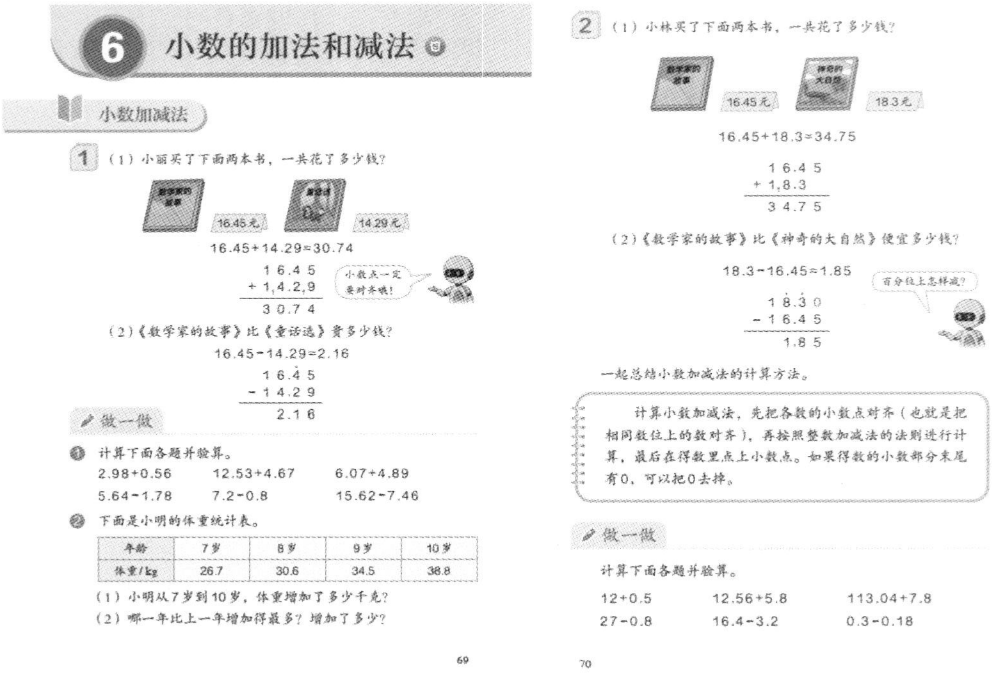

图 3.2-56　四年级下第六单元

（2）小数加减法的混合运算。

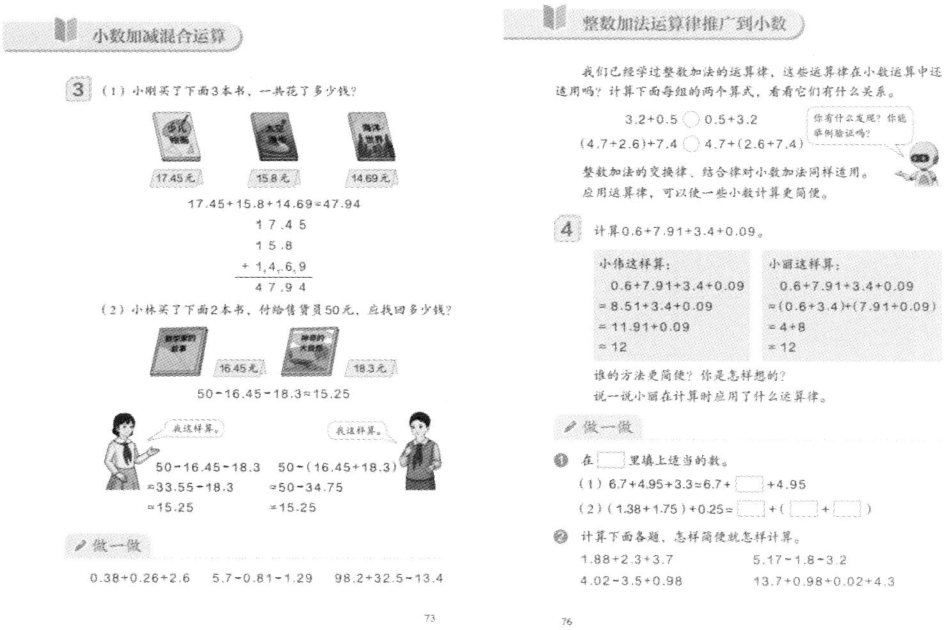

图 3.2-57　四年级下第六单元

例 1、例 2 的内容是以整数加减法的竖式计算为基础的，并且例 2 教学的位数不同的小数加减法又是以例 1 教学的位数相同的小数加减法的竖式计算为基础的。在此基础上教学例 3，从一步小数加减法计算发展到两步小数加减法的混合运算，这样学生就能尝试运用已有的知识经验自主迁移、类推，并在学习过程中逐步提高运算能力，体会到算法的多样性与灵活性，从而获得更多的小数加减法计算的经验，为后面例 4 的学习打下基础。这样编排，不仅有利于学生把已有的旧知识与要学习的新知识联系起来，而且有助于教师在教学过程中引导学生实现学习的正迁移。

按照小数加减法的复杂程度，教材由浅入深、由易到难分为四段编排：① 一般的小数加减法，主要解决小数部分相同的两个数相加减时要将“小数点对齐”；② 特殊的小数加减法，主要解决小数部分不同的两个数相加减时要将“小数点对齐”；③ 小数加减混合运算，主要体会小数连加竖式的中小数点对齐的必要性，并发现整数减法的运算性质对于小数运算同样适用；④ 整数加法运算定律推广到小数，主要解决根据数据特点自觉应用运算定律进行简算。

3. 教学建议

小数四则运算能力是小学生应该掌握和形成的基础知识和基本能力。通过前面的学习，学生已经掌握了计算简单的一位小数加减法的方法，如小数点对齐，相同数位也就对齐了；计算时相同数位上的数相加减，从最低位算起，“满十进一”或“退一作十”。学生将在此基础上学习比较复杂的小数的加法和减法。

（1）运用迁移规律，突出算理算法。

教学小数加法时，可引导学生将小数加法转化成整数加法，先估算出结果，然后再尝试运用不同方法计算，其中竖式计算的方法是重点。因为小数加减法与整数加减法在算理上是相同的，所以教学时不但要使学生说清怎样算，还要明白为什么这样算。此处可以组织学生讨论：为什么要把小数点对齐？从而理解“小数点对齐就是相同数位对齐”这一本质，从而突出小数点对齐的必要性。教学小数减法时可以迁移小数加法的经验，并通过小数加减法的对比，进一步加深对算理的理解。教学例 3 的（1）时，可以引导学生迁移两个小数相加或三个整数连加的经验，探究小数连加的竖式计算方法，进一步理解为什么要把小数点对齐，强化算理。

（2）积累活动经验，发展运算能力。

教学例 2 时，可像例 1 那样，先引导学生从情境图中获取信息并提出数学问题。列式后，让学生结合购物的经验先估算出结果，再自主尝试笔算，然后交流不同的计算方法。小数减法是教学的难点。由于被减数与减数的小数位数不同，与学生已有的知识经验存在认知冲突，即应该选择“小数点对齐”还是“末位对齐”呢？此时，可以组织学生联系十进制计数单位或具体数量表示的意义来理解算理，认识小数点对齐的必要性。随后，引导学生继续讨论百分位上该怎样减，被减数的百分位上为什么添“0”，从而根据小数的性质来解决这一难点。使学生在说理中明确方法，在应用中积累经验，从而发展小数加减法的运算能力。

（3）运用合情推理，培养模型思想。

教学例 3 的（2）时，可以先引导学生用脱式计算，并尝试运用不同方法，然后说说为什么这样计算。通过对不同算法的比较，发现计算结果的一致性，进而引导学生根据整数连减的经验，推想减法的性质对于小数减法是否适用，并通过举例来验证，运用不完全归纳法发现整数减法的运算性质对于小数运算同样适用。教学例 4 时，可以从整数加法运算定律入手，出示几组小数加法算式，引导学生先猜猜每组算式的关系，再进行计算验证，进而推理和联想整数加法运算定律是否对于所有小数加法都适用，接着让学生举例验证，由特殊到一般，运用不完全归纳推理，发现加法运算定律对于小数加法仍然适用。

（二）小数的乘法

1. 课标要求

《义务教育数学课程标准（2022 年版）》第三学段“学段目标”中提出：能进行小数的四则运算，探索数运算的一致性，形成符号意识、运算能力和推理意识。

《义务教育数学课程标准（2022 年版）》第三学段“课程内容”中提出：能进行简单的小数四则运算和混合运算，感悟运算的一致性，发展运算能力和推理意识。

2. 教材分析

教学的内容主要有：小数乘法、积的近似数、整数乘法运算定律推广到小数、运用小数乘法解决简单的实际问题等。教学重点是要使学生理解和掌握小数乘法的算理和计算方法，能正确地进行小数乘法的计算和验算；会用“四舍五入”法截取积（小数）的近似值；理解整数乘法运算定律对于小数同样适用，并会运用这些运算定律进行小数乘法的简便运算；让学生在解决有关小数乘法的简单实际问题过程中，理解估算的意义，初步形成估算意识，提高解决问题的能力；让学生经历自主探索小数乘法计算方法、理解算理和解释算法的过程，体会转化的数学思想，初步培养学生学习的迁移能力和推理能力。

（1）小数乘整数。

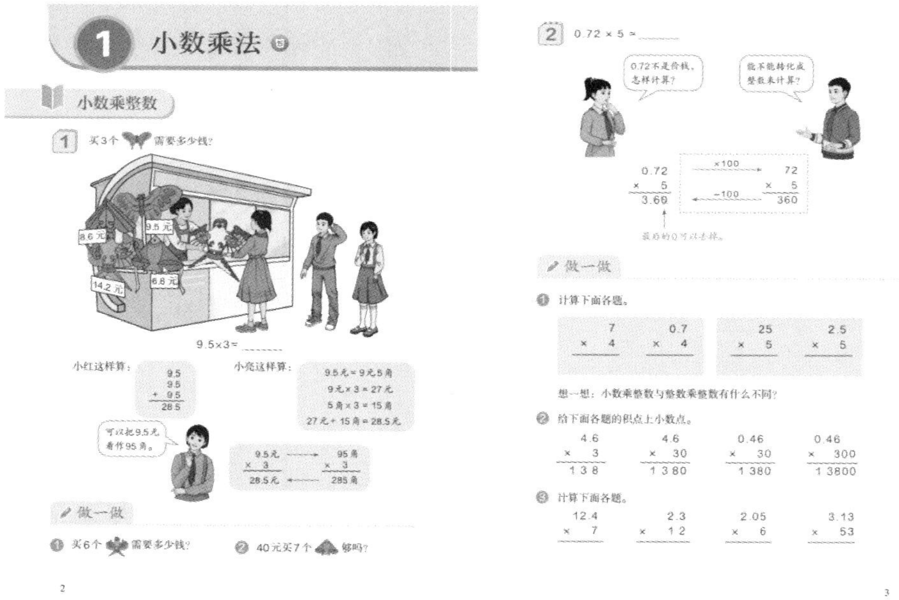

图 3.2-58　五年级上第一单元

教材在编排上以问题解决为背景，选择了与“元、角”（买风筝）、“米、分米”和“千克、克”（刷油漆）等有关的“进率是十的常见量”作为学习素材，引入小数乘法的学习，顺利建立了小数乘法与整数乘法的联系，利于学生将新知纳入已有的认知系统中。

因为小数的书写方式、进位规则均与整数相同，所以，教材紧扣两者的密切联系，在编排上注重应用转化和对比的方法，引导学生概括小数乘法的计算方法。引导学生用转化的方法，将小数乘法转化为整数乘法。在例 1 的教学中，教材着重让学生理解以“元”作单位的小数乘法可以转化成以“角”作单位的整数乘法进行计算，运用现实的具体经验进行小数与整数的转化，为例 2 将小数乘法转化为整数乘法做准备。在例 2 的教学中，教材脱离具体生活情境，借助例 1 的计算经验，通过两个小朋友的对话引导学生思考“能不能转化成整数来计算”，即“如何将未知转化为已知”，引导学生用转化的方法弄清小数乘整数的算理和计算方法。在例 3 的教学中，教材也是通过两个小朋友的对话引导学生思考：“两个因数都是小数怎么计算呢？”“也可以把它们看作整数来计算吗？”引导学生在学习例 2 的基础上再一次用转化的方法，将两个因数同时转化成整数，再来进行计算。

（2）小数乘小数。

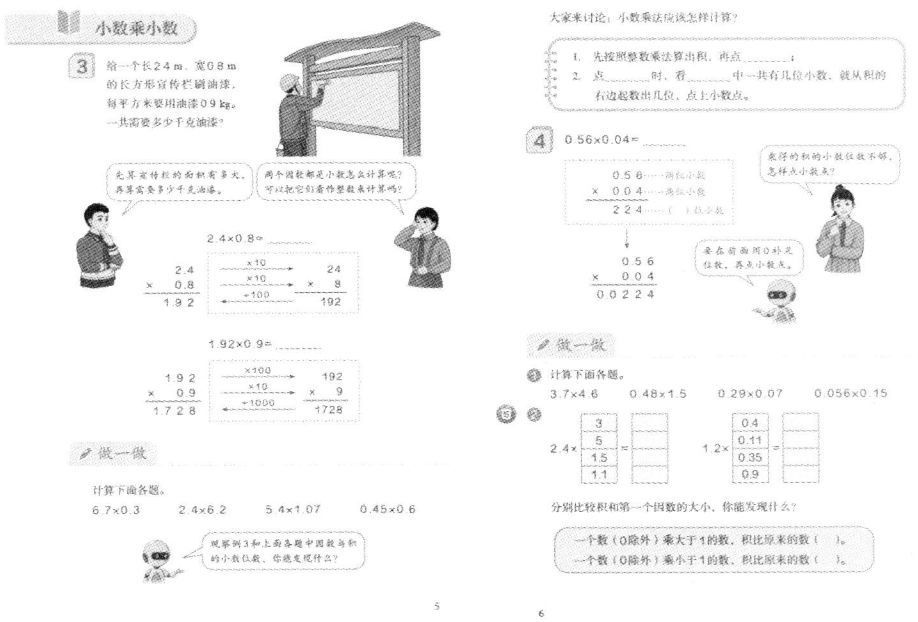

图 3.2-59　五年级上第一单元

引导学生用对比的方法，正确处理积中小数点的位置问题。教材在例 3 的“做一做”后安排了一个探讨性的问题：“观察例 3 和上面各题中因数与积的小数位数，你能发现什么？”采用对比的方法，引导学生自主找出因数和积的小数位数之间的关系，然后利用这一关系，领悟确定小数点位置的方法，为归纳小数乘法的计算方法做准备。教材在例 4 的“做一做”中也安排了一个探索规律的练习，让学生先计算两组题，再引导学生用对比的方法发现积和因数的大小关系。

引导学生按一定顺序概括小数乘法的一般计算方法。教学例 3 和“做一做”之后，在让学生讨论、归纳的基础上，引导学生自主、有序地概括出小数乘法的计算方法。教材以记录讨论结果的形式，呈现不完全的计算法则的文本，让学生在理解的基础上叙述或填写法则的关键词。这样既可以让学生了解计算法则的来源，理解其含义，防止死记硬背法则，又起到促进学生对具体计算案例的特点进行总结、归纳、抽象、概括的作用，获得对小数乘法的意义和算法的体会和理解，培养学生探索、总结规律的数学学习方法。

（3）小数倍。

5 非洲野狗奔跑时的最高速度是56千米/时，鸵鸟奔跑时的最高速度是非洲野狗的1.3倍。鸵鸟奔跑时的最高速度是多少？

56×1.3=______

小红这样算：

```
    5 6
×   1.3
-------
  1 6 8
  5 6
-------
  7 2 8
```

她算得对吗？请验算一下。

做一做

下面各题算得对吗？把不对的改正过来。

3.2×2.5=0.8　　　2.6×1.08=2.708

7

图 3.2-60　五年级上第一单元

在掌握了小数乘法计算的一般方法之后，教材以“非洲野狗追鸵鸟”的童话故事为背景，图文并茂地引入小数倍的学习，帮助学生扩充“倍”的认识，从具体事件中领会“倍”不仅可以是整数，也可以是小数，有时用小数倍表示两个数量之间的关系更为直观，并且结合计算“我算得对吗？”提出了验算的要求，一方面强调了验算的作用，另一方面也是培养学生的验算习惯。教材呈现了三种验算方法，这里不要求学生一定要用哪种方法验算，只要能自觉地用合适、有效的方法验算就行。

（4）积的近似数。

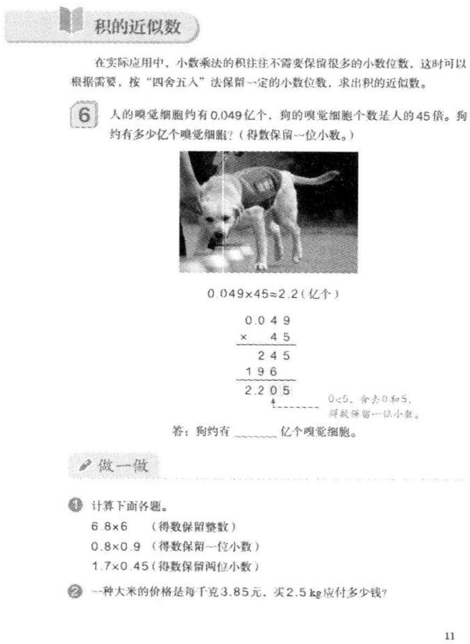
积的近似数

在实际应用中，小数乘法的积往往不需要保留很多的小数位数，这时可以根据需要，按“四舍五入”法保留一定的小数位数，求出积的近似数。

6 人的嗅觉细胞约有0.049亿个，狗的嗅觉细胞个数是人的45倍。狗约有多少亿个嗅觉细胞？（得数保留一位小数。）

0.049×45≈2.2（亿个）

```
  0.0 4 9
×     4 5
---------
    2 4 5
  1 9 6
---------
  2.2 0 5
```

0<5，舍去0和5，得数保留一位小数。

答：狗约有______亿个嗅觉细胞。

做一做

1. 计算下面各题。

6.8×6　　（得数保留整数）

0.8×0.9　（得数保留一位小数）

1.7×0.45（得数保留两位小数）

2. 一种大米的价格是每千克3.85元，买2.5 kg应付多少钱？

11

图 3.2-61　五年级上第一单元

例 6 是教学“积的近似数”，教材首先说明求“积的近似数”的背景与一般方法，指出“可以根据需要，按‘四舍五入’法保留一定的小数位数，求出积的近似数。”接下来，教材创设了一个“缉毒犬查违禁品”的情境，为学生求积的近似数提供素材，同时让学生了解到狗的嗅觉非常灵敏。

例题给出的信息“人的嗅觉细胞约有 0.049 亿个”和要解决的问题“狗约有多少亿个嗅觉细胞？”可以使学生认识到实际生活中有些小数并不一定都要知道它们的准确值，只要知道它们的近似数就可以了，再次使学生感受到求积的近似数是“实际应用”的需要。

由于学生已有“求一个小数的近似数”的基础，因此，在截取积的近似数时，可以让学生自主尝试，然后解释截取近似数的过程和理由，并组织学生及时进行交流和评价，让学生在互动中自主掌握求积的近似数的方法。

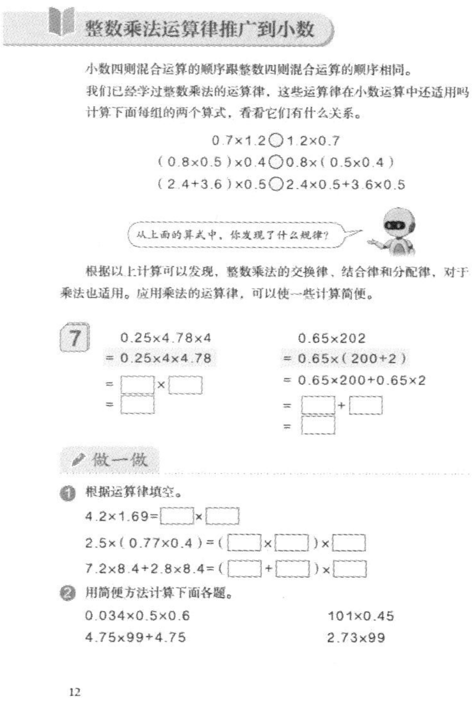
整数乘法运算律推广到小数

小数四则混合运算的顺序跟整数四则混合运算的顺序相同。

我们已经学过整数乘法的运算律，这些运算律在小数运算中还适用吗

计算下面每组的两个算式，看看它们有什么关系。

0.7×1.2○1.2×0.7

（0.8×0.5）×0.4○0.8×（0.5×0.4）

（2.4+3.6）×0.5○2.4×0.5+3.6×0.5

根据以上计算可以发现，整数乘法的交换律、结合律和分配律，对于乘法也适用。应用乘法的运算律，可以使一些计算简便。

7　0.25×4.78×4
= 0.25×4×4.78
= □×□
= □

0.65×202
= 0.65×（200+2）
= 0.65×200+0.65×2
= □+□
= □

做一做

1 根据运算律填空。

4.2×1.69=□×□

2.5×（0.77×0.4）=（□×□）×□

7.2×8.4+2.8×8.4=（□+□）×□

2 用简便方法计算下面各题。

0.034×0.5×0.6　　101×0.45

4.75×99+4.75　　2.73×99

12

图 3.2-62　五年级上第一单元

（5）小数乘法的运算定律。

教材分两部分编排：前一部分是将整数乘法运算定律推广到小数；后一部分是应用乘法运算定律进行简便计算。

在教学将整数乘法运算定律推广到小数时，教材首先由机器人聪聪直接说明“小数四则混合运算的顺序跟整数是一样的”。接下来，结合具体算式说明整数乘法运算定律对于小数乘法也适用。教材分两个层次编排：① 给出三组不同类型的算式，让学生观察、计算，找出每组中两个算式的关系；② 用归纳的方法类推出“整数乘法的交换律、结合律和分配律，对于小数乘法也适用”。通过这两个层次的活动，将整数乘法运算定律推广到小数，同时也培养学生合情推理的能力。

在教学应用乘法运算定律进行简便计算时，教材安排了应用乘法交换律和乘法分配律进行

简便计算的例子，使学生体会到根据算式的结构和数据的特点，应用乘法运算定律进行变换，可以使一些比较复杂的计算变得简便。

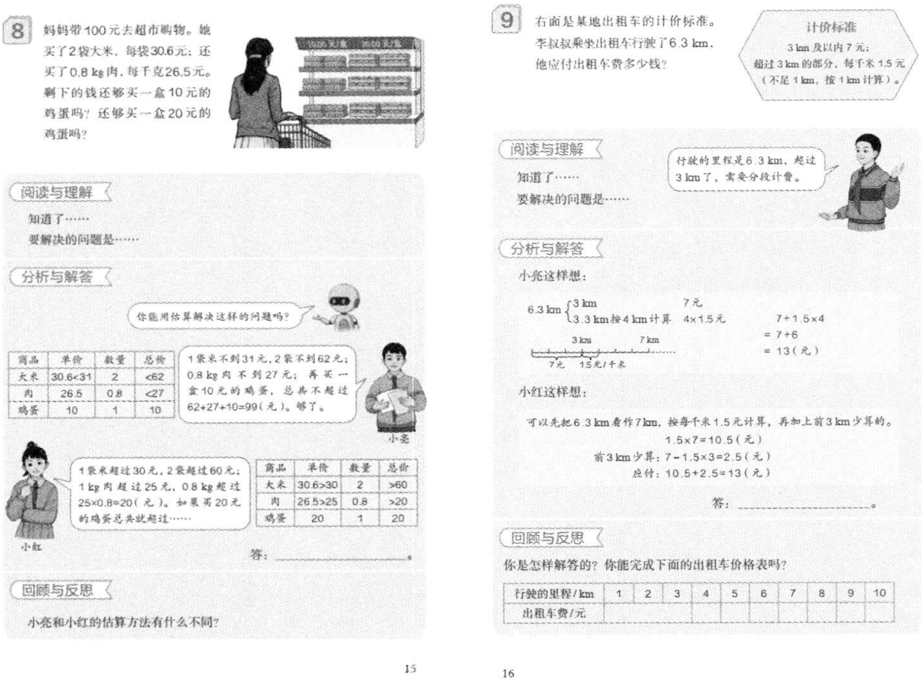

图 3.2-63　五年级上第一单元

（6）问题解决。

教材安排了用估算解决实际问题和解决分段计费的实际问题，一方面进一步巩固对小数乘法的认识，另一方面培养学生灵活解决问题的能力。

例 8 是教学用估算解决实际问题，教材创设了超市购物的情境，解决“剩下的钱还够买一盒 10 元的鸡蛋吗？够买一盒 20 元的吗？”这样的问题与现实生活有着密切的联系，不仅可以激发学生的学习兴趣，而且可以引导学生根据具体问题和数据选择恰当的估算策略，对培养学生灵活运用数学知识解决实际问题的能力有着重要的价值，可以使学生充分体会估算在解决实际问题的应用。

教材依然是通过“阅读与理解”“分析与解答”“回顾与反思”三个步骤呈现解决问题的过程。“阅读与理解”指导学生将繁杂的信息用表格的形式分类表示，清晰地呈现出各种信息之间的关系，尤其是单价、数量和总价之间的关系。在“分析与解答”中，教材呈现了解决问题的多种方法，使学生体会到要根据具体问题和数据选择适当的估算策略，体会到用估算解决问题的方法和价值。在“回顾与反思”中，教材不仅引导学生发现这样的问题用估算来解决更方便，而且引导学生积极思考两种不同估算方法的区别，从而帮助学生体会不同估算策略的思路与价值，有效培养学生的估算意识和应用意识。

例 9 是解决分段计费的实际问题，教材结合所学的知识和生活实际，编排了现实生活中乘出租车付费的问题，进一步提升学生解决问题的能力。分段计费问题的本质是分段函数问题，也是现实生活中经常遇到的实际问题，需要根据收费标准及相关信息确定如何分段，再选择恰当的方法来解决。

教材依然是通过“阅读与理解”“分析与解答”“回顾与反思”三个步骤呈现解决问题的过程。“阅读与理解”引导学生收集信息（可以用摘录的形式），理解题意（重点是理解收费标准），明确要解决的问题。在“分析与解答”中，首先要引导学生分析各个数量之间的关系，明确解决问题的思路和方法，再来列式解答。教材呈现了两种不同的思路和方法，一种是按行驶里程（前 3 千米、后 4 千米）分段计算，另一种是先假设（都按每千米 1.5 元计算）再调整（加上少算的）进行计算。在“回顾与反思”中，教材引导学生建立解决这类问题的一般方法，并根据得到的结果完成出租车价格表，让学生观察表中的数据，探索其中的规律。教师还可以用图来表示行驶里程与出租车费之间的关系，直观体会分段计费的特点，让学生直观感受其中的规律，初步体会函数思想。

3. 教学建议

（1）理解小数乘整数的算理，掌握小数乘整数的一般方法。

充分利用主题图展示的数学信息（风筝单价及要解决的问题），为学生理解算理提供感性支撑。教学中可以放手让学生利用已有的知识经验独立解决“买 3 个蝴蝶风筝多少钱”的问题，学生解答后，从中选出一种较为简单的方法（如 35 角 ×3）进行重点分析、说理，引导学生用简洁的语言进行总结和概括：先把 3.5 元转化为 35 角，再计算 35 角 ×3，最后将结果 105 角转化为 10.5 元，从而通过“元、角”这些具体量的进率关系，初步为算理的理解提供感性支撑，为后面例 2 的教学做好铺垫。

引导学生运用“转化”的思想方法，通过旧知迁移理解和掌握新知。要注意引导学生紧紧抓住例 1 中的计算经验，特别是“将 3.5 元转化为 35 角”的经验来学习例 2。放手让学生应用已有的整数乘法经验自主计算“0.72 × 5”，列出竖式，并尝试对过程做出合理的解释，有效地突破难点。

引导学生梳理和总结小数乘整数的竖式计算要点。在学生理解上述算理的基础上，重点引导学生归纳用竖式计算的要点：① 按整数乘法的规则进行计算；② 处理好积中小数点位置的确定，因数中一共有几位小数，积中也应有几位小数；③ 如果积的小数部分末尾有 0，应根据小数的基本性质去掉小数末尾的“0”。

（2）积的小数数位不够时如何确定小数点的位置。

在教学小数乘小数及相应的练习中，应结合具体的计算实例组织学生观察、比较因数与积的小数位数，引导学生发现因数与积的小数位数之间的关系，为正确确定积的小数点的位置提供操作依据。

在教学例 4 时，可以先放手让学生按照一般方法计算，引出“乘得的积的小数位数不够，怎么点小数点？”的问题，教师再来引导学生去寻找解决问题的办法，让学生自己想到可以根据小数点移动引起小数大小的变化规律来解决问题，理解乘得的积的小数位数不够时，应该先在前面用 0 补足，再点小数点，让学生经历发现问题—解决问题的学习过程，留下较为深刻的印象。

设计具有针对性的练习（不一定要完整地计算），让学生明确：① 一定要数清楚两个因数中小数的位数，弄清楚应补上几个 0；② 确定积的小数点位置时，应先点上小数点，然后再把小数末尾的 0 去掉。

（3）能解决求一个数的小数倍的实际问题，掌握计算方法。

激活已有经验，帮助学生扩充“倍”的认识。学生在第一学段已经对“倍”有了初步认识，对两个数量之间“倍”的关系并不陌生，知道求一个数的几倍是多少用乘法计算。在课堂教学时，教师应帮助学生激活已有的旧知，让学生先解决整数倍的数学问题，并说一说列式的理由，以利于学生在分析、解决“小数倍”的问题时，能从对整数倍的认识扩充到对“小数倍”的认识。

借助具体事例，引导学生理解小数倍的含义。在教学例 5 时，可以借助生动的情境，让学生用自己的方式读题，再用自己的话表述题意。在表述“鸵鸟的最高速度是非洲野狗的 1.3 倍”时，应尽可能给学生创设表述的空间，让学生充分表达自己的理解，着重对“1.3 倍”含义的理解，从具体事件中领会“倍”不仅可以是整数，也可以是小数，有时用小数倍表示两个数量之间的关系更为直观。

（4）理解求积的近似数往往是“实际应用”的需要。

在教学“积的近似数”时，可以明确揭示求“积的近似数”的背景与一般方法：在实际应用中，小数乘法的积往往不需要保留很多的小数位数，这时可以根据需要，按“四舍五入”法保留一定的小数位数，求出积的近似数。

在例题教学中，可借助教材创设的情境，用例题给出的信息“人的嗅觉细胞约有 0.049 亿个”和要解决的问题“狗约有多少亿个嗅觉细胞？”使学生认识到，生活实际中有些小数我们既无可能又无必要知道它们的准确值，只要知道它们的近似数就可以了，使学生感受到求积的近似数是“实际应用”的需要。

选择、设计一些与求积的近似数有关的实际问题，让学生在解决问题的过程中辨析、体会。例如：教材第 13 页第 3 题求“这台计算机有多重？”，为什么要“得数保留整数”？又如：教材第 11 页“做一做”第 2 题求“买 2.5 kg 应付多少钱？”为什么没有明确提出求近似数的要求，但也要自觉地“得数保留两位小数”？引导学生在解决问题的过程中体会到求积的近似数不是随意的要求，而确实是“实际应用”的需要。

（5）应用乘法运算定律进行小数的简便计算。

在教学将整数乘法运算定律推广到小数时，教师要通过具体的例子引导学生亲身经历“推广”的过程，在“推广”的过程中理解整数乘法运算定律对于小数乘法也适用，使学生明确，现在乘法运算定律中数的适用范围不仅包括整数，也包括小数。

在教学应用乘法运算定律进行小数的简便计算时，教师要重视培养学生思维的逻辑性，着重引导学生交流简便计算的思维顺序，根据算式的结构和数据的特点怎样算比较简便？第一步应该怎样将算式变换？应用的是哪一条运算定律？第二步又该怎样做？

应用乘法分配律进行简便计算是学生容易出错的地方，教师要注意分析学生出错的原因，加强就题说理练习。在乘法分配律的应用中，既有乘法分配律的正向应用，也有乘法分配律的逆向应用。因此，要适当进行乘法分配律算式结构的正向和逆向的变换训练，提高学生应用乘法分配律解决问题的能力。

（6）根据实际问题和数据选择适当的估算策略。

关注估算思路，注重方法指导。在教学过程中，引导学生完整地叙述自己的估算思路，教师组织学生及时反思“这样估算行吗”“这样估算有什么好处”“有什么需要改进的地方”等问题，及时有效地对学生的估算思路进行指导。

加强对比沟通，体会策略多样。在教学过程中，由于学生生活经验不同，会产生不同的估算方法，教师要主动对典型估算方法进行展示，引导学生体会估算方法的多样性。与此同时，还需要加强不同估算方法之间的对比沟通，如“这两种估算方法的相同点和不同点是什么”，让学生体会估算的本质就是“近似计算”，根据具体数据和实际问题选择不同的处理方法，就会产生不同的估算策略。

（7）引导学生对分段计费问题的规律进行探寻。

要重视引导学生理解题意，尤其是对“收费标准”的理解，因为它直接关系到如何根据里程确定分段。教学中，教师可以设计如下问题：①“3 千米以内 7 元”是什么意思？② 从什么时候开始按每千米 1.5 元收费？③ 假如行驶了 3.1 千米，应付车费多少元？④ 行驶 3.1 千米和行驶 4 千米，应付的车费同样多吗？为什么？通过这些理解性的问题帮助学生明确收费标准。

在完成了例题的“分析与解答”后，教师可沿用例题情境进行适当的变式练习，例如：① 如果行驶的里程是 8.4 千米，你们还能用刚才的方法计算出车费吗？② 如果行驶的里程是 9.8 千米呢？让学生通过算式的对比，发现“分段计费”的方法都是用 7 元加后段里程车费，用“先假设再调整”的方法都是用假设车费再加上 2.5 元。在学生发现规律后，再来引导学生进一步探索，分析其中的原因。

在例题的“回顾与反思”中，教师不仅要让学生完成教材上的出租车价格表，还应引导学生观察表中的数据，探索其中的规律。教师也可以用图来表示行驶里程与出租车费之间的关系，让学生直观感受分段计费的特点和规律。

（三）小数的除法

1. 课标要求

《义务教育数学课程标准（2022 年版）》第三学段“学段目标”中提出：能进行小数的四则运算，探索数运算的一致性，形成符号意识、运算能力和推理意识。

《义务教育数学课程标准（2022 年版）》第三学段“课程内容”中提出：能进行简单的小数四则运算和混合运算，感悟运算的一致性，发展运算能力和推理意识。

2. 教材分析

教学主要内容：除数是整数的小数除法、一个数除以小数、商的近似数、循环小数、用计算器探索规律、解决问题等。

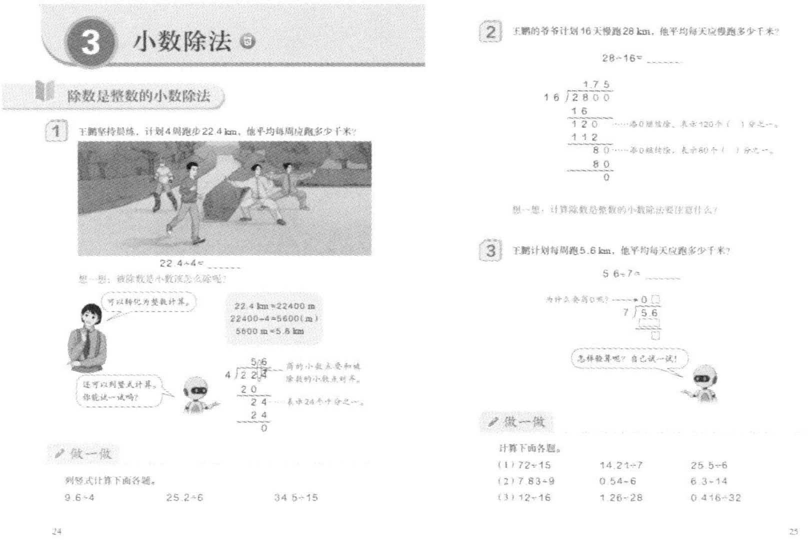

图 3.2-64　五年级上第三单元

（1）除数是整数的小数除法。

例 1、例 2、例 3 重点说明商的小数点要和被除数的小数点对齐。教材呈现了两种方法：一种是将千米数转化为米数，把小数除以整数的除法转化成整数除法来做；另一种是一般的小数除以整数的方法。重点放在第二种方法的理解上，着重说明除数是整数的小数除法的计算步骤与整数除法基本相同，唯一不同的是确定小数点的位置问题。结合数的含义，帮助学生理解“商的小数点要与被除数的小数点对齐”的道理。这里 24 表示 24 个十分之一，除得的结果是 6 个十分之一，所以小数点要和被除数的小数点对齐。

为了帮助学生理解算理，教学例 1 前可以先复习整数除法（如 224÷4），让学生明确每次除的被除数和商是多少个十或多少个一，为后面理解算理做好准备。除到被除数的末尾还有余数，要在后面添 0 继续除。同样也是结合数的含义理解。学习完例 1、例 2 后，机器人聪聪提示学生总结除数是整数的小数除法的方法，教材这里虽然没有给出法则，但是因为这是小数除法的基础，应该让学生在理解算理的基础上掌握算法。引导学生回顾总结小数除以整数的计算步骤以及要注意的问题，可以做如下总结：① 按照整数除法的方法去除，商的小数点和被除数的小数点对齐。② 如果除到被除数的末尾仍有余数，就在余数末尾添 0 再继续除。

教学被除数比除数小，整数部分不够除 1，商 0，点上小数点再除。事实上，和整数除法相同，除到被除数的哪一位，商 0，就在那一位写 0，不同的是整数除法最高位上的 0 不写，而小数除法如果商的最高位是个位则要商 0，要用 0 占位。教材没有特别说明验算的方法，让学生用已学的知识自己思考如何验算。

（2）除数是小数的除法。

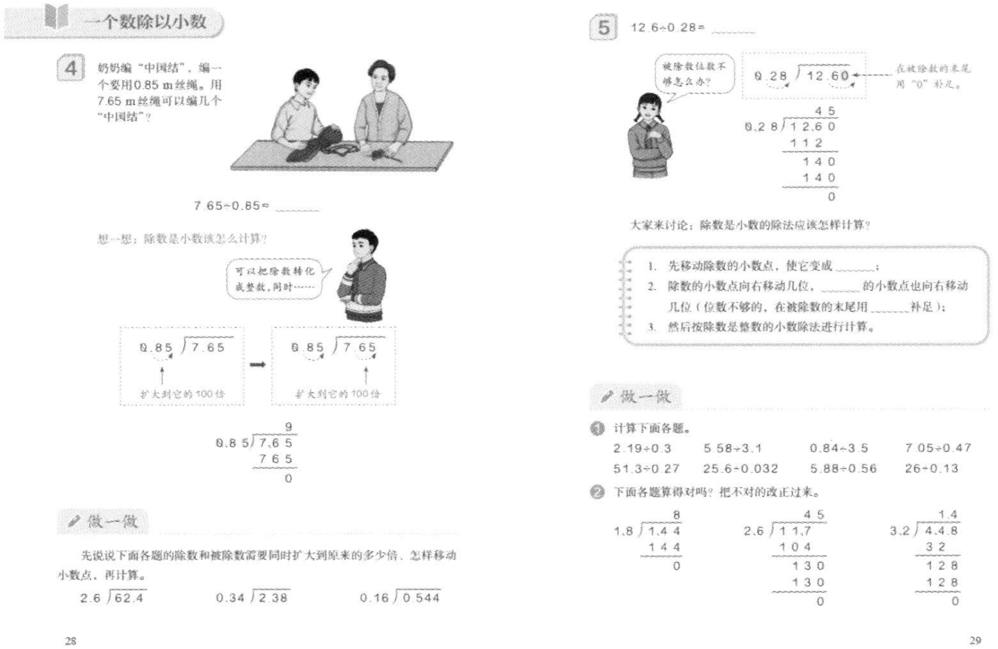
一个数除以小数

4 奶奶编“中国结”，编一个要用 0.85 m 丝绳。用 7.65 m 丝绳可以编几个“中国结”？

7.65÷0.85＝______

想一想：除数是小数该怎么计算？

可以把除数转化成整数，同时……

0.85 ⟌7.65 扩大到它的 100 倍 → 0.85 ⟌7.65 扩大到它的 100 倍

做一做

先说说下面各题的除数和被除数需要同时扩大到原来的多少倍、怎样移动小数点，再计算。

2.6⟌62.4　　0.34⟌2.38　　0.16⟌0.544

28

5 12.6÷0.28＝______

被除数位数不够怎么办？

0.28⟌12.60 在被除数的末尾用“0”补足。

大家来讨论：除数是小数的除法应该怎样计算？

1. 先移动除数的小数点，使它变成______；
2. 除数的小数点向右移动几位，______的小数点也向右移动几位（位数不够的，在被除数的末尾用______补足）；
3. 然后按除数是整数的小数除法进行计算。

做一做

1. 计算下面各题。

2.19÷0.3　　5.58÷3.1　　0.84÷3.5　　7.05÷0.47

51.3÷0.27　　25.6÷0.032　　5.88÷0.56　　26÷0.13

2. 下面各题算得对吗？把不对的改正过来。

29

图 3.2-65　五年级上第三单元

例 4 教学小数数除以小数，且被除数的小数位数和除数小数位数相同。突出转化思想，“把除数转化成整数”；用虚线框的图示呈现根据商不变性质，把除数和被除数同时扩大到原来的 100

倍，使除数变成整数的过程。之后出示简便的写法。教学前可先复习商不变性质，帮助学生理解算理。

被除数的小数位数比除数少，被除数的位数不够，用 0 补足；在此基础上概括总结小数除法的计算法则。借学生提问“被除数位数不够怎么办？”引起大家思考。通过虚线框里的图示说明把除数变成整数小数点要向右移动两位，根据商不变性质，被除数的小数点也要右移两位，而 12.6 只有一位小数，所以要在末尾用“0”补足。至此，小数除法计算的各种情况均已涉及，通过机器人聪聪的话引导学生对小数除法的计算方法进行总结。在学生概括的基础上，教师加以提炼和完善。还可以总结成三个步骤：一看，看清除数有几位小数。二移，把除数和被除数的小数点同时向右移动相同的位数，使除数变成整数。当被除数的位数不足时，在末尾用“0”补足。三算，按照除数是整数的小数除法的方法计算。

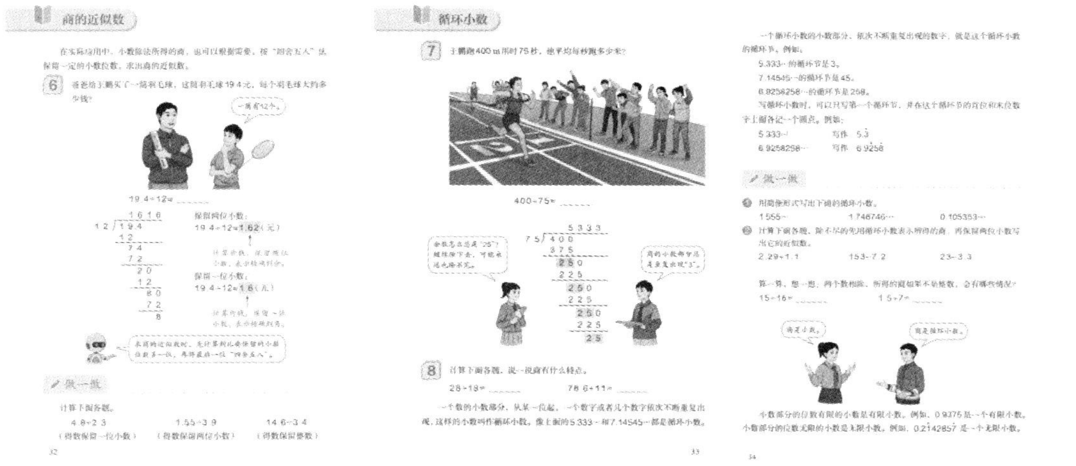

图 3.2-66　五年级上第三单元

（3）商的近似数。

小数除法中取近似数有两种情况，一种是除不尽的时候，一种是除得尽，但是小数位数比较多，根据实际需要不用这么多。为了让学生体会，教材不再提示用计算器计算，而是在笔算过程中感受除不尽的时候，根据实际需要取近似数。掌握取商的近似数的方法。机器人聪聪给出求商的近似数的一般方法。在学生熟练后，还可以介绍一种简便的方法，即除到要保留的小数位数后，不用再继续除，只要把余数同除数做比较，若余数比除数的一半小，就说明求出下一位的商小于 5，直接舍去；若余数等于或大于除数的一半，就说明求出下一位的商等于或大于 5，就在已经求得的商的末位上加 1。

教学商从某一位起一个数字重复出现的情况，为认识循环小数提供感性材料。通过计算两道除法习题，呈现除不尽时商的两种情况：一种是从某位起重复出现某个数字；另一种是从某位起几个数字依次不断重复出现。由此，引出循环小数的概念并介绍循环节和循环小数的简便记法。教学中注意引导学生探究商循环出现的原因。结合学生发现的规律，理解商出现循环的原因是余数的重复出现。

组织学生结合具体计算，讨论“两个数相除，如果不能得到整数商，所得的商会有哪些情况？”，由商的两种情况介绍有限小数和无限小数的概念。以前学生对小数概念的认识仅限于有限小数。学习了循环小数以后，小数概念的内涵进一步扩展了，循环小数就是一种无限小数。

（4）用计算器探索规律。

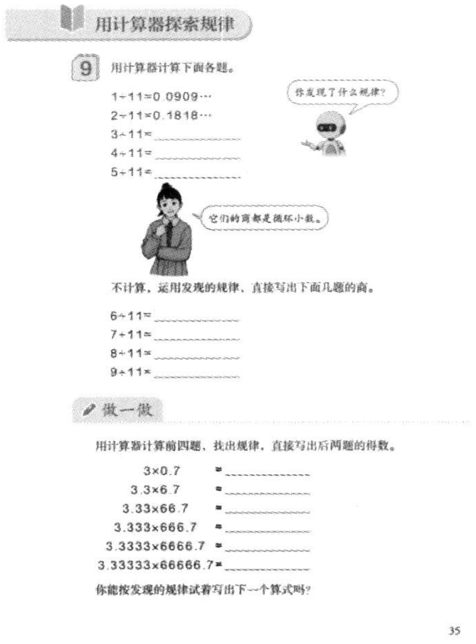

用计算器探索规律

9 用计算器计算下面各题。

1÷11=0.0909…

2÷11=0.1818…

3÷11=______

4÷11=______

5÷11=______

不计算，运用发现的规律，直接写出下面几题的商。

6÷11=______

7÷11=______

8÷11=______

9÷11=______

做一做

用计算器计算前四题，找出规律，直接写出后两题的得数。

3×0.7 =______

3.3×6.7 =______

3.33×66.7 =______

3.333×666.7 =______

3.3333×6666.7 =______

3.33333×66666.7 =______

你能按发现的规律试着写出下一个算式吗？

35

图 3.2-67　五年级上第三单元

例 9 教学用计算器探索规律。编排分三个层次：用计算器计算—观察发现规律—用规律写商。教材给出一组算式，让学生用计算器计算出结果，然后寻找商的规律——都是循环小数；循环节都是被除数的 9 倍。最后，根据发现的规律直接写出后面算式的商，从而培养学生归纳、推理的能力。

10 （1）妈妈要将 2.5 kg 香油分装在一些玻璃瓶里，需要准备几个瓶子？

阅读与理解

知道了……

要解决的问题是……

分析与解答

2.5÷0.4=6.25（个）

6个瓶子可以装：6×0.4=____（kg）

要装 2.5 kg 需要____个瓶子。

（2）王阿姨用一根 25 m 长的丝带包装礼盒，每包装一个礼盒要用 1.5 m 丝带。这根丝带可以包装多少个礼盒？

分析与解答

25÷1.5=16.666…（个）

包装 17 个礼盒需要：

1.5×17=25.5（m），丝带不够用。

回顾与反思

第（1）题，不管小数部分是多少，都要进一取整数。

第（2）题，不管小数部分是多少，都要舍去尾数取整数。

39

图 3.2-68　五年级上第三单元

（5）问题解决。

根据实际情况用“进一法”和“去尾法”取商的近似数。前面介绍了用“四舍五入”法求商的近似数，但实际应用中还会用到其他的方法（比如进一法和去尾法）。教材安排了例 10，强调“在解决实际问题时，要根据实际情况选择适当的方法取商的近似数”。另外安排了两道小题，分别教学：在解决问题时，需要根据实际用“进一法”（第 1 小题）和“去尾法”（第 2 小题）取商的近似数。两题算出的结果都是小数，由于要求的瓶子数和礼品盒数都必须是整数，因此都要取计算结果的近似值。教学中让学生明确：在取近似值时，不能机械地使用“四舍五入”法，而要根据具体情况确定是“舍”还是“入”。

3. 教学建议

（1）要让学生掌握小数除法的计算方法并能正确灵活的计算。

抓住新旧知识的连接点，在理解算理的基础上，引导学生通过讨论总结小数除法的计算方法。所学内容与旧知识联系十分紧密。小数除法的计算法则是以整数除法中“被除数和除数同时乘相同的数（0 除外），商不变”以及小数点位置移动规律等知识为基础来说明的。小数除法的试商方法、除的步骤和整数除法基本相同，不同的只是小数点的处理问题。因此，要注意复习和运用整数除法的有关知识，为新知识的学习奠定好基础。同小数乘法一样，教学中要让学生在理解算理的基础上，及时归纳、总结小数除法的计算方法，帮助学生形成良好的计算能力。

（2）要注意突出重点，攻破难点。

除数是整数的小数除法，要注意讲明商的小数点为什么要与被除数的小数点对齐。小数除以小数，要重点说明除数怎样转化为整数。讲清了一般的计算原理，注意克服难点：小数点的处理问题。学生在计算中经常出现只去掉除数的小数点，而不把被除数的小数点相应地向右移动，或者把小数点的位置移错，使商的小数点常常处理错。为了帮助学生攻破难点，可适当安排有针对性的单项练习。如学完小数除法后，学生计算“0.63÷0.6”的正确率较低，错误主要有两方面：第一，商的小数点位置不对。例题中没有单独安排“被除数比除数小数位数多”的类型，只是在“做一做”中以练习形式出现，而且如果将被除数、除数的位数多少的三种情况安排在一节课内，对一些学生来说掌握起来可能有困难。第二，商中间的 0 漏掉。商中间有 0 的除法仅在三年级“除数是一位数的除法”时出现过，而四年级“除数是两位数的除法”受到计算步数的制约，为避免计算的繁杂，没有将“除数是两位、商是三位”作为教学要求，因此，商中间有 0 的除法的学习基础是薄弱的。基于这两个原因，教学中一方面需要关注要点，重视“除数的小数位数与被除数的小数位数不同”这一除法类型；另一方面，需要加强商中间有 0 的除法的铺垫与练习，以弥补薄弱，突破难点。

（3）灵活选择、优化策略，发展思维。

运算能力中，“根据计算的具体情况，自觉地判断、选择算法”是重要的维度。这一意识与能力的形成是不断经历、不断反思、不断沉淀的结果。教学时，一方面，要善于挖掘内涵，捕捉教材例题、练习中关于能力培养的契机；另一方面，需要精心设计有关选择策略、发展思维的问题。首先，挖掘教材内涵，灵活选择算法。教材中有不少的练习，如果仅以计算出正确答案为主要目的，则大大减少了其“意识与能力培养”的价值。如第 37 页第 11 题中的“42÷28”“2.5 × 3.6”“19.8÷3.3”“18 × 0.45”，这些题目除了让学生根据法则正确列竖式计算之外，还应进一步思考：有更简洁的方法吗？可以引导学生将“42÷28”的被除数、除数同时除以 7，转化为“6÷4”，则可以口算得出结论。其余几题也是如此，适当地运用转化代换可以大大降低计算的繁杂程度。显然，这是培养学生计算灵活性的极好素材，教材题目要求中没有给出“怎样简便怎样算”的指向，也正可以真实地反映学生思维的灵活程度。通过对不同学生不同方法的比较，凸显“灵活选择方法意识”的重要性。其次，开发设计练习，优化解题策略。除了很好地捕捉利用教材的题目之外，教师可以设计一些用多种计算方法、多种运算形式、多种解决策略来解决的练习，将口算、笔算、估算、简算相互融合，从而优化策略，发展学生的思维。

四、分数的加减乘除运算

（一）分数的加法和减法

1. 课标要求

《义务教育数学课程标准（2022 年版）》第三学段“学段目标”中提出：能进行分数的四则运算，探索数运算的一致性，形成符号意识、运算能力和推理意识。

《义务教育数学课程标准（2022 年版）》第三学段“课程内容”中提出：能进行简单的分数四则运算和混合运算，感悟运算的一致性，发展运算能力和推理意识。

2. 教材分析

这里的内容是在学生掌握整数、小数的加、减法的意义及其计算方法，分数的意义和性质以及三年级上册学习的简单的同分母分数加、减法的基础上进行教学的。学习内容有同分母分数加、减法，异分母分数加、减法，分数加减混合运算以及整数加法的运算定律推广到分数。

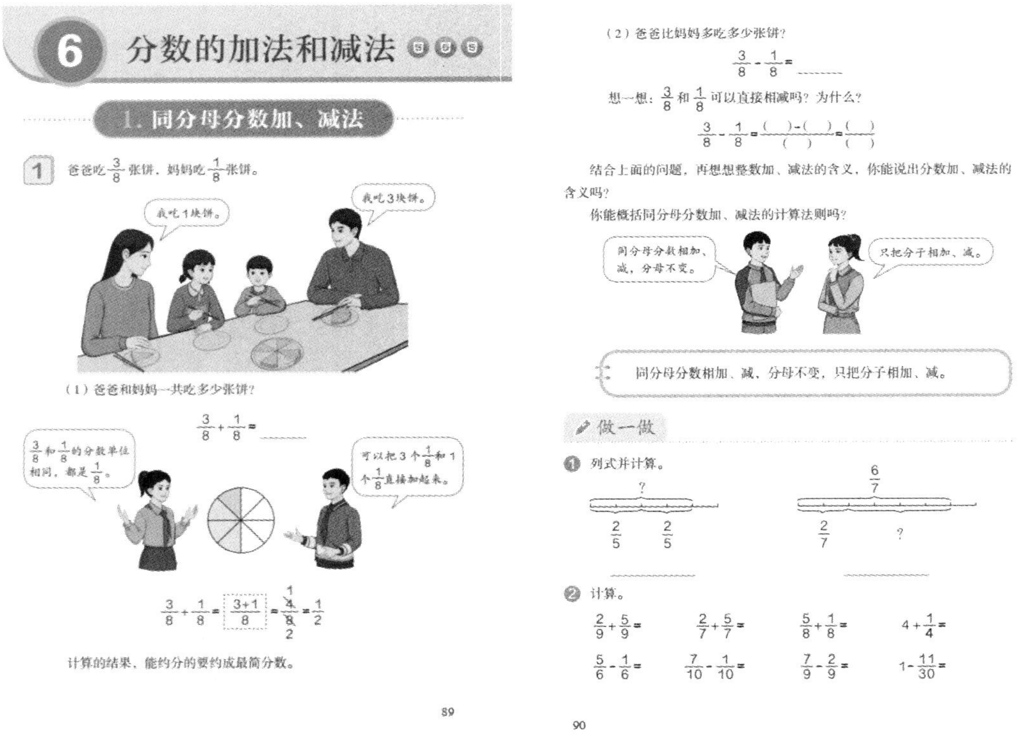

6 分数的加法和减法

1. 同分母分数加、减法

1 爸爸吃 $\frac{3}{8}$ 张饼，妈妈吃 $\frac{1}{8}$ 张饼。

（1）爸爸和妈妈一共吃多少张饼？

$\frac{3}{8}+\frac{1}{8}=$ ______

$\frac{3}{8}+\frac{1}{8}=\frac{3+1}{8}=\frac{4}{8}=\frac{1}{2}$

计算的结果，能约分的要约成最简分数。

89

（2）爸爸比妈妈多吃多少张饼？

$\frac{3}{8}-\frac{1}{8}=$ ______

想一想：$\frac{3}{8}$ 和 $\frac{1}{8}$ 可以直接相减吗？为什么？

$\frac{3}{8}-\frac{1}{8}=\frac{(\quad)-(\quad)}{(\quad)}=\frac{(\quad)}{(\quad)}$

结合上面的问题，再想想整数加、减法的含义，你能说出分数加、减法的含义吗？

你能概括同分母分数加、减法的计算法则吗？

同分母分数相加、减，分母不变，只把分子相加、减。

做一做

1 列式并计算。

2 计算。

$\frac{2}{9}+\frac{5}{9}=$　　$\frac{2}{7}+\frac{5}{7}=$　　$\frac{5}{8}+\frac{1}{8}=$　　$4+\frac{1}{4}=$

$\frac{5}{6}-\frac{1}{6}=$　　$\frac{7}{10}-\frac{1}{10}=$　　$\frac{7}{9}-\frac{2}{9}=$　　$1-\frac{11}{30}=$

90

图 3.2-69　五年级下第六单元

（1）同分母分数加、减法。

教材选择学生熟悉的日常生活（分吃圆形大饼）作为素材，引出两个问题，分别教学同分母分数加、减法。例 1 教学同分母分数加法，教材注意结合直观图示引导学生从分数意义的角度来理解算理，也就是明确"分数单位相同的分数可以直接相加"，在此基础上规范书写过程，从而实现学生计算由原来借助感性经验上升到理解算理的理性认识的飞跃。同时结合直观图，使学生清楚地看到，$\frac{4}{8}$就是$\frac{1}{2}$，由此引出："计算的结果，能约分的要约成最简分数。"例 2 教学同分母分数减法，基于之前的学习经验，这道题直接提出"$\frac{3}{8}$和$\frac{1}{8}$可以直接相减吗？"让学生在理解算理的基础上自主计算，同样计算的结果也要化为最简分数。结合例题和整数加减法的含义，让学生说出分数加减法的含义。最后让学生通过交流，总结两个算式的共同点，并用简洁的语言概括出同分母分数加、减法的计算法则。"做一做"第 1 题配合直观图，进一步强化对同分母分数加、减法算理的理解。第 2 题巩固同分母分数加、减法的计算方法。

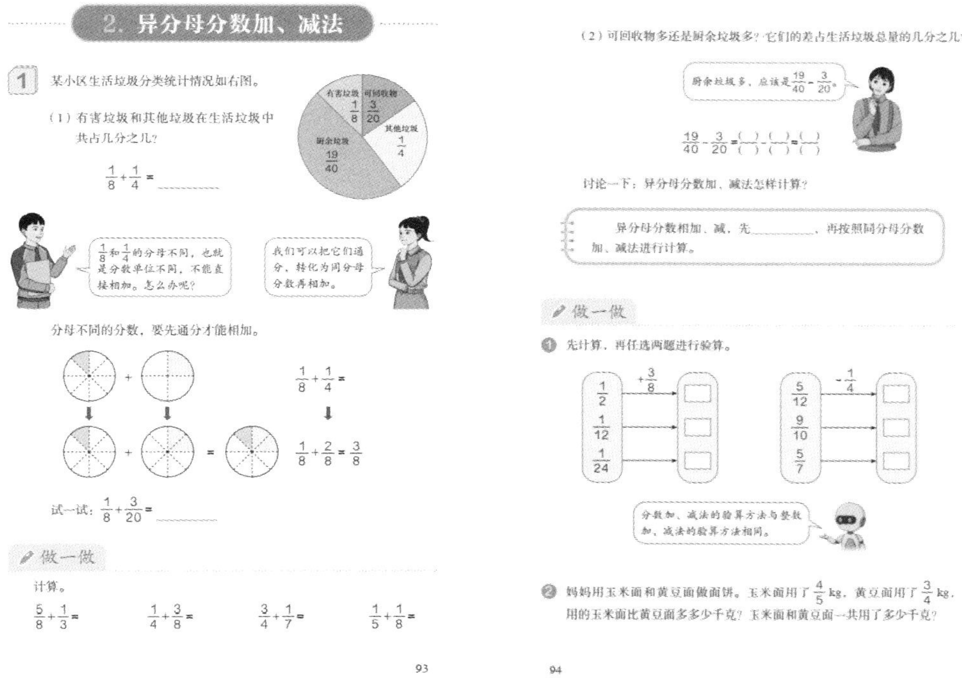

图 3.2-70　五年级下第六单元

（2）异分母分数加、减法。

异分母分数加、减法是学习的重点内容。教材特别突出转化的思想，即利用通分将异分母转化为同分母来计算。与同分母分数加、减法一样，教材也是选取"生活垃圾"这一素材引出两个问题，分别教学异分母分数加、减法。第（1）题教学异分母分数加法。教材通过机器人聪聪的提示，实际上是给学生指明探索的方向：转化为学过的知识来解决。学生经过交流发现：异分母分数虽然不能直接相加减，但可以通过通分转化为同分母，这样就能相加，从而明确异分配分数加法的计算方法。同时教材呈现了直观图和对应算式，帮助学生经历从直观到抽象的思维过程，帮助学生进一步理解异分母分数加法的算理。"做一做"目的是巩固异分母分数加法的计算方法。第（2）题教学异分母分数的减法。教材让学生在比较大小的基础上列出减法算式，借助之前异分母分数加法的学习经验，自主探索异分母减法的计算方法，在探索过程中让学生体会、理解异分母分数相减也要先通分，转化为同分母分数再相减，即转化为相同的分数单位后再相减。在理解算理的基础上掌握算法，避免机械、单纯记忆计算法则的弊端。最后通过讨论、交流，总结、概括出异分母分数加、减法的计算法则。“做一做”第 1 题是为了巩固异分母分数加、减法的计算方法，同时培养验算的意识。第 2 题应用异分母分数加、减法解决实际问题。

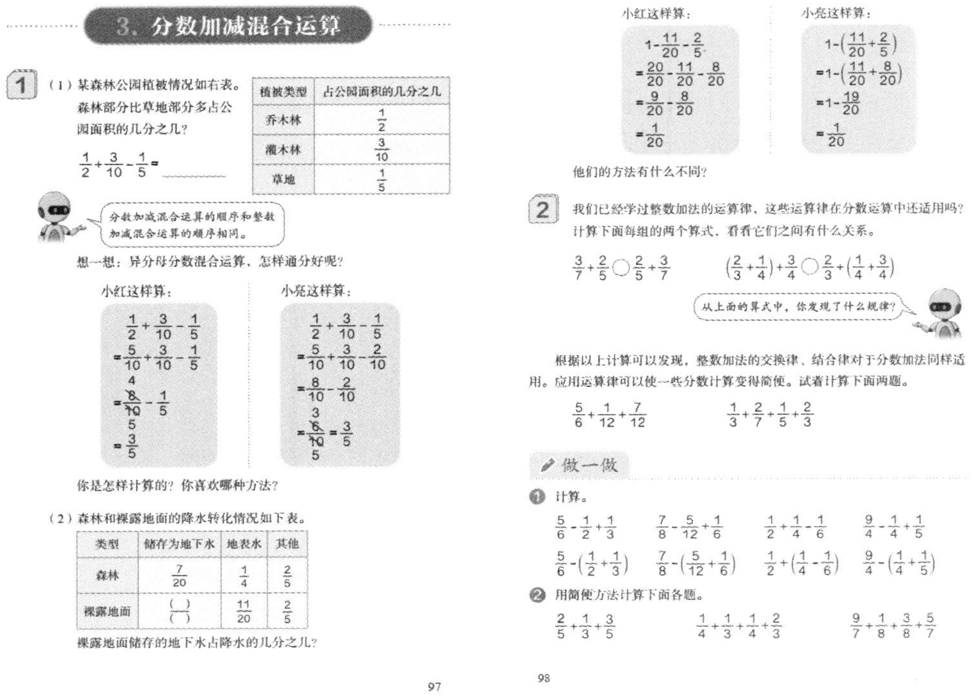

3. 分数加减混合运算

1 （1）某森林公园植被情况如右表。森林部分比草地部分多占公园面积的几分之几？

植被类型	占公园面积的几分之几
乔木林	$\frac{1}{2}$
灌木林	$\frac{3}{10}$
草地	$\frac{1}{5}$

$\frac{1}{2}+\frac{3}{10}-\frac{1}{5}=$______

想一想：异分母分数混合运算，怎样通分好呢？

小红这样算：

$\frac{1}{2}+\frac{3}{10}-\frac{1}{5}$
$=\frac{5}{10}+\frac{3}{10}-\frac{1}{5}$
$=\frac{8}{10}-\frac{1}{5}$
$=\frac{3}{5}$

小亮这样算：

$\frac{1}{2}+\frac{3}{10}-\frac{1}{5}$
$=\frac{5}{10}+\frac{3}{10}-\frac{2}{10}$
$=\frac{8}{10}-\frac{2}{10}$
$=\frac{6}{10}=\frac{3}{5}$

你是怎样计算的？你喜欢哪种方法？

（2）森林和裸露地面的降水转化情况如下表。

类型	储存为地下水	地表水	其他
森林	$\frac{7}{20}$	$\frac{1}{4}$	$\frac{2}{5}$
裸露地面	$\frac{(\ )}{(\ )}$	$\frac{11}{20}$	$\frac{2}{5}$

裸露地面储存的地下水占降水的几分之几？

97

小红这样算：

$1-\frac{11}{20}-\frac{2}{5}$
$=\frac{20}{20}-\frac{11}{20}-\frac{8}{20}$
$=\frac{9}{20}-\frac{8}{20}$
$=\frac{1}{20}$

小亮这样算：

$1-\left(\frac{11}{20}+\frac{2}{5}\right)$
$=1-\left(\frac{11}{20}+\frac{8}{20}\right)$
$=1-\frac{19}{20}$
$=\frac{1}{20}$

他们的方法有什么不同？

2 我们已经学过整数加法的运算律，这些运算律在分数运算中还适用吗？计算下面每组的两个算式，看看它们之间有什么关系。

$\frac{3}{7}+\frac{2}{5}\bigcirc\frac{2}{5}+\frac{3}{7}$　　$\left(\frac{2}{3}+\frac{1}{4}\right)+\frac{3}{4}\bigcirc\frac{2}{3}+\left(\frac{1}{4}+\frac{3}{4}\right)$

根据以上计算可以发现，整数加法的交换律、结合律对于分数加法同样适用。应用运算律可以使一些分数计算变得简便。试着计算下面两题。

$\frac{5}{6}+\frac{1}{12}+\frac{7}{12}$　　$\frac{1}{3}+\frac{2}{7}+\frac{1}{5}+\frac{2}{3}$

做一做

1. 计算。

$\frac{5}{6}-\frac{1}{2}+\frac{1}{3}$　$\frac{7}{8}-\frac{5}{12}+\frac{1}{6}$　$\frac{1}{2}+\frac{1}{4}-\frac{1}{6}$　$\frac{9}{4}-\frac{1}{4}+\frac{1}{5}$

$\frac{5}{6}-\left(\frac{1}{2}+\frac{1}{3}\right)$　$\frac{7}{8}-\left(\frac{5}{12}+\frac{1}{6}\right)$　$\frac{1}{2}+\left(\frac{1}{4}-\frac{1}{6}\right)$　$\frac{9}{4}-\left(\frac{1}{4}+\frac{1}{5}\right)$

2. 用简便方法计算下面各题。

$\frac{2}{5}+\frac{1}{3}+\frac{3}{5}$　$\frac{1}{4}+\frac{1}{3}+\frac{1}{4}+\frac{2}{3}$　$\frac{9}{7}+\frac{1}{8}+\frac{3}{8}+\frac{5}{7}$

98

图 3.2-71　五年级下第六单元

（3）分数加减混合运算。

例 1 教学分数加减混合运算的顺序和计算方法。教材根据问题引出 $\frac{1}{2}+\frac{3}{10}-\frac{1}{5}$ 的计算，直接提问：“你会算吗？”让学生通过讨论，借助整数运算的经验，将整数加减混合运算顺序推广到分数运算中。同时，通过对比的方式呈现分步通分计算以及一次通分计算的方法，让学生在交流中灵活选择合适的方法，逐步培养优化的思想方法。第（2）题教学带括号的分数加减混合运算，同时体现解决问题的不同思路。教材在提出问题后，让学生自主列式计算，引出带括号的分数加减混合运算。教材呈现了两种不同的解决问题的方法——连续减和带括号先加后减。通过对比，让学生体会解决问题的不同策略与方法，同时明确有括号分数加减混合运算的运算顺序。在上述基础上，引导学生自主归纳分数加减混合运算的运算顺序。

例 2 教学整数加法运算定律推广并应用到分数加法中。教材采用不完全归纳进行推广。通过让学生计算、观察两组算式，发现两组算式间的关系，从而得出整数加法的交换律、结合律对分数加法同样适用的结论。由于学生有了运算定律推广到小数计算的经验，这里可以让学生自主完成。同时，在运用运算定律的过程中让学生体会到计算的简洁性，重点是要让学生养成在计算中自觉运用运算定律的习惯。

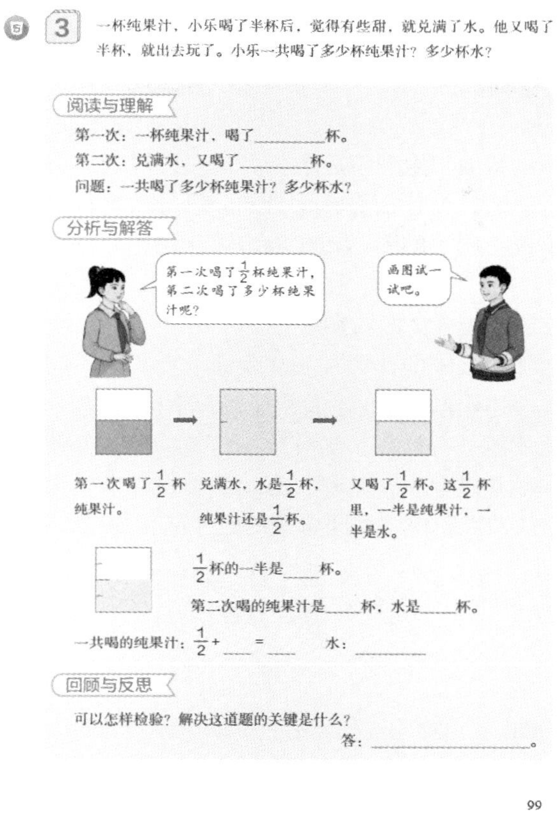
3 一杯纯果汁，小乐喝了半杯后，觉得有些甜，就兑满了水。他又喝了半杯，就出去玩了。小乐一共喝了多少杯纯果汁？多少杯水？

阅读与理解

第一次：一杯纯果汁，喝了______杯。

第二次：兑满水，又喝了______杯。

问题：一共喝了多少杯纯果汁？多少杯水？

分析与解答

$\frac{1}{2}$杯的一半是____杯。

第二次喝的纯果汁是____杯，水是____杯。

一共喝的纯果汁：$\frac{1}{2}$+____=____ 水：______

回顾与反思

可以怎样检验？解决这道题的关键是什么？

答：____________。

99

图 3.2-72 五年级下第六单元

（4）问题解决。

例 3 教学新增加的问题解决——“喝果汁问题”。这一问题涉及的分数比较抽象，常作为数学爱好者研究的智力问题。教材安排这一问题，主要是渗透用几何直观解决问题的策略。这里不仅紧密联系生活实际，更重要的是渗透用几何直观解决问题的策略。教材呈现了解决问题的一般步骤。首先，在“阅读与理解”中采用摘录信息或画示意图等方式渗透阅读理解题意的方法。接着，在“分析与解答”中展现学生分析、思考的过程。解决这个问题的关键是“第二次喝了多少杯纯果汁呢？”。由于学生还没学习分数乘法，无法用乘法来解决$\frac{1}{2}$杯纯果汁的一半是多少的问题。因此，教材突出借助图示解决问题的策略，通过画图帮助学生直观理解，并结合分数的意义找到解决问题的方法。最后，在“回顾与反思”中，通过回顾解决问题的关键和方法，使学生学习借助几何直观分析数量关系，找出解决问题的思路和方法，同时也为后面理解分数乘法的意义、解决问题积累一定的方法和经验。

3. 教学建议

（1）在理解算理的基础上抽象概括出分数加、减法的计算方法。

处理好算理与算法的关系。教师教学时，应通过观察、分析、说理、交流等活动，让学生经历理解算理并发现算法的过程，使学生明白计算同分母分数加、减法时，“分母不变”是因为分母相同，也就是分数单位相同，所以只需要把分子相加减即可；计算异分母分数加、减法时，只要将异分母分数转化为同分母分数，也就是转化为相同的分数单位就可以了。这样，不仅使学生认识到算理是算法的灵魂，而且避免机械、单纯地记忆计算法则，达到在概括计算法则的过程中理解算理、掌握算法的目的。

（2）重视数形结合。

教学时，可以结合图示帮助学生理解分数加、减法的算理，即相同的分数单位相加减。尤其是对于异分母分数加、减法，为什么要转化为同分母分数进行计算，更应通过数形结合，将分的份数不同（即分数单位不同）的图形转化为份数相同（即分数单位相同）的图形，帮助学生理解算理，掌握算法。

（3）沟通分数、整数加减法含义的内在联系。

分数加、减法与整数加、减法的计算方法从表面上看截然不同，但实质上含义完全相同。它们都有一个共同特点——相同单位的数才能相加减。不论是整数加、减法还是分数加、减法，都要统一成相同的单位后才能进行计算。当分数单位统一后，分数的加减运算也就归结为整数的加减运算了。因此，在教学过程中，教师要有意识地引导学生沟通分数加、减法与整数加、减法间的联系，紧扣学生认知经验中“相同单位的数才能相加减”的算理，逐步概括出分数加、减法的计算方法。

（二）分数的乘法

1. 课标要求

《义务教育数学课程标准（2022 年版）》第三学段“学段目标”中提出：能进行分数的四则运算，探索数运算的一致性，形成符号意识、运算能力和推理意识。

《义务教育数学课程标准（2022 年版）》第三学段“课程内容”中提出：能进行简单的分数四则运算和混合运算，感悟运算的一致性，发展运算能力和推理意识。

2. 教材分析

教材是在学生掌握了整数乘法、分数意义和性质以及分数加减法的计算等知识的基础上进行编排的。分数乘法学习内容包括分数乘法以及利用分数乘法解决实际问题。具体地说，教学内容主要有以下几方面：分数乘法的意义、分数乘法的计算方法、分数四则混合运算、问题解决。

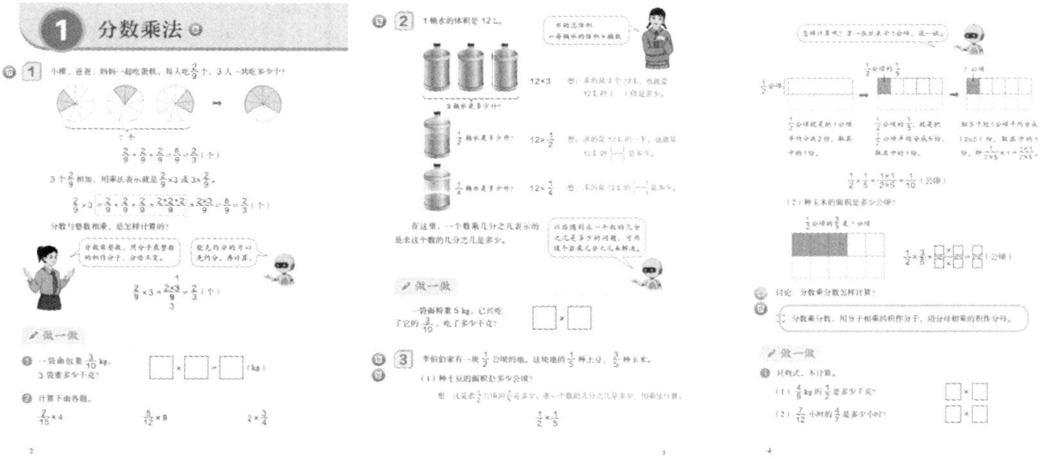

图 3.2-73　六年级上第一单元

（1）分数乘法的意义。

例 1 教学分数乘法意义的第一种形式是几个相同分数相加是多少，实际是整数乘法的意义、分数加法计算等已有知识经验在分数乘整数教学中的应用。因此，教学中尤其要充分利用学生已有的认知基础，并在此基础上引导学生自主推导，理解算理。

例 2 是例 3 教学的铺垫，只列式，不计算。根据已学数量关系“每桶水的体积×桶数=水的体积”，通过类比推理列式，只是桶数可以由整数扩展到分数。教材结合情境，说明求$\frac{1}{2}$桶水、$\frac{1}{4}$桶水的体积就是求 12 L 的$\frac{1}{2}$和 12 L 的$\frac{1}{4}$分别是多少。在此基础上，概括出“一个数乘几分之几，可以表示这个数的几分之几是多少”。由整数乘法的意义类推出分数乘法的意义和算式，在情境中理解分数乘法算式在这里表示“一个数的几分之几是多少”。

例 3 教学分数乘法意义的第二种形式是一个数的几分之几是多少，是学生在会利用“求一个数的几分之几是多少，用乘法计算”列式之后学习分数乘分数的计算方法。教材借助直观动态图及分数的意义，使学生在探索和理解分数乘分数算理的基础上，一步一步总结出分数乘分数的计算方法。在这里，有些分数是带单位的“量”，有些分数是不带单位的“率”，事实上，“量”与“率”也是可以互相转化的。例如，$\frac{1}{2}$公顷实际上就是 1 公顷的$\frac{1}{2}$；$\frac{1}{2}$公顷的$\frac{1}{5}$就是 1 公顷的$\frac{1}{10}$，即$\frac{1}{10}$公顷。这需要教师充分利用动态图帮助学生理解“量”与“率”之间的转换。

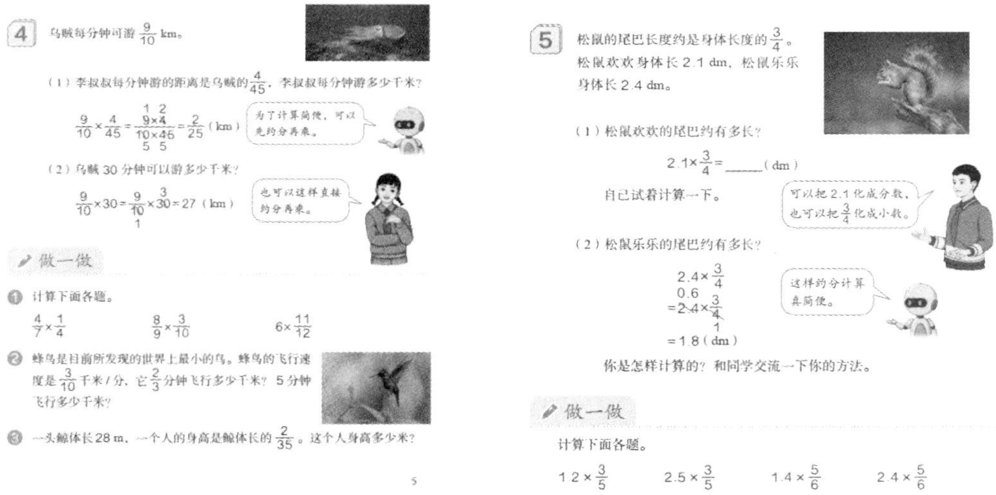
4 乌贼每分钟可游 $\frac{9}{10}$ km。

（1）李叔叔每分钟游的距离是乌贼的$\frac{4}{45}$，李叔叔每分钟游多少千米？

$\frac{9}{10}\times\frac{4}{45}=\frac{\overset{1}{\cancel{9}}\times\overset{2}{\cancel{4}}}{\underset{5}{\cancel{10}}\times\underset{5}{\cancel{45}}}=\frac{2}{25}$（km）

为了计算简便，可以先约分再乘。

（2）乌贼 30 分钟可以游多少千米？

$\frac{9}{10}\times30=\frac{9}{\underset{1}{\cancel{10}}}\times\overset{3}{\cancel{30}}=27$（km）

也可以这样直接约分再乘。

做一做

1. 计算下面各题。

$\frac{4}{7}\times\frac{1}{4}$　　$\frac{8}{9}\times\frac{3}{10}$　　$6\times\frac{11}{12}$

2. 蜂鸟是目前所发现的世界上最小的鸟。蜂鸟的飞行速度是$\frac{3}{10}$千米/分，它$\frac{2}{3}$分钟飞行多少千米？5 分钟飞行多少千米？

3. 一头鲸体长 28 m，一个人的身高是鲸体长的$\frac{2}{35}$。这个人身高多少米？

5

5 松鼠的尾巴长度约是身体长度的$\frac{3}{4}$。松鼠欢欢身体长 2.1 dm，松鼠乐乐身体长 2.4 dm。

（1）松鼠欢欢的尾巴约有多长？

$2.1\times\frac{3}{4}=$_____（dm）

自己试着计算一下。

可以把 2.1 化成分数，也可以把$\frac{3}{4}$化成小数。

（2）松鼠乐乐的尾巴约有多长？

$2.4\times\frac{3}{4}$

$=\overset{0.6}{\cancel{2.4}}\times\frac{3}{\underset{1}{\cancel{4}}}$

$=1.8$（dm）

这样约分计算真简便。

你是怎样计算的？和同学交流一下你的方法。

做一做

计算下面各题。

$1.2\times\frac{3}{5}$　　$2.5\times\frac{3}{5}$　　$1.4\times\frac{5}{6}$　　$2.4\times\frac{5}{6}$

图 3.2-74　六年级上第一单元

（2）分数乘法的简便方法。

例 4 教学分数乘法的简便约分方法。教材把分数乘法意义的两种形式混合编排在一起。第（1）小题是“求一个数的几分之几”，第（2）小题既可以根据“速度×时间=路程”列式，也可以根据“几个相同分数相加”列式。在数据处理上，例 4 既包含分数与分数相乘，又包含分数与整数相乘。学生可以通过此例，进一步掌握分数乘法的一般性算法。

例 5 教学分数与小数相乘。这是教材修订中增加的内容。分数和小数相乘，可把分数化成小数相乘（在分数可以化成有限小数的情况下），也可把小数化成分数相乘。不管哪种方法都是学生已学的知识，可以让学生自行解决。而当小数与分数的分母存在公共因数时，可以直接“约分”。这种约分虽然与以前学过的约分形式不同，但实质都是除以一个相同的数。在倡导算法多样化的同时，也要通过比较分析，帮助学生认清“通用方法”与“特殊方法”之间的相互关系，同时明确简便算法的局限性。

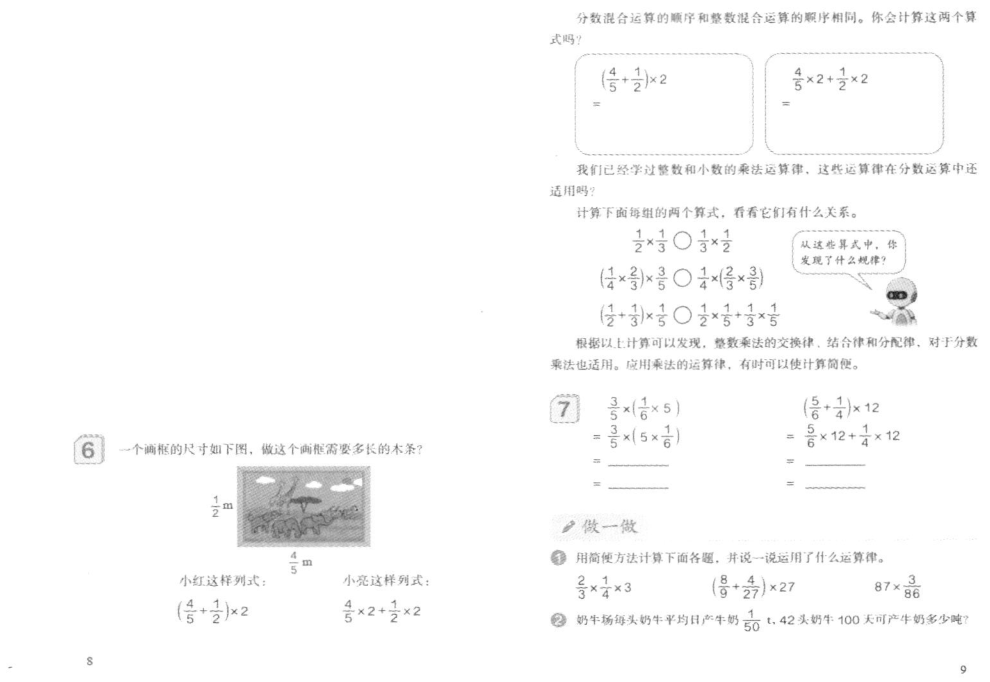

6 一个画框的尺寸如下图，做这个画框需要多长的木条？

$\frac{1}{2}$ m

$\frac{4}{5}$ m

小红这样列式：$\left(\frac{4}{5}+\frac{1}{2}\right)\times 2$

小亮这样列式：$\frac{4}{5}\times 2+\frac{1}{2}\times 2$

8

分数混合运算的顺序和整数混合运算的顺序相同。你会计算这两个算式吗？

$\left(\frac{4}{5}+\frac{1}{2}\right)\times 2$
$=$

$\frac{4}{5}\times 2+\frac{1}{2}\times 2$
$=$

我们已经学过整数和小数的乘法运算律，这些运算律在分数运算中还适用吗？

计算下面每组的两个算式，看看它们有什么关系。

$\frac{1}{2}\times\frac{1}{3}$ ○ $\frac{1}{3}\times\frac{1}{2}$

$\left(\frac{1}{4}\times\frac{2}{3}\right)\times\frac{3}{5}$ ○ $\frac{1}{4}\times\left(\frac{2}{3}\times\frac{3}{5}\right)$

$\left(\frac{1}{2}+\frac{1}{3}\right)\times\frac{1}{5}$ ○ $\frac{1}{2}\times\frac{1}{5}+\frac{1}{3}\times\frac{1}{5}$

从这些算式中，你发现了什么规律？

根据以上计算可以发现，整数乘法的交换律、结合律和分配律，对于分数乘法也适用。应用乘法的运算律，有时可以使计算简便。

7 $\frac{3}{5}\times\left(\frac{1}{6}\times 5\right)$
$=\frac{3}{5}\times\left(5\times\frac{1}{6}\right)$
$=$ ______
$=$ ______

$\left(\frac{5}{6}+\frac{1}{4}\right)\times 12$
$=\frac{5}{6}\times 12+\frac{1}{4}\times 12$
$=$ ______
$=$ ______

做一做

1. 用简便方法计算下面各题，并说一说运用了什么运算律。

$\frac{2}{3}\times\frac{1}{4}\times 3$　　$\left(\frac{8}{9}+\frac{4}{27}\right)\times 27$　　$87\times\frac{3}{86}$

2. 奶牛场每头奶牛平均日产牛奶 $\frac{1}{50}$ t，42 头奶牛 100 天可产牛奶多少吨？

9

图 3.2-75　六年级上第一单元

（3）分数乘法运算定律。

例 6 教学分数混合运算顺序。教材的编排是在学生会用不同方法计算长方形的周长的基础上自然引出分数四则混合运算，并直接说明分数混合运算的顺序和整数混合运算顺序相同，让学生自主解决。例 6 特意用两道有关联的算式讲解分数混合运算的顺序，为接下来把整数乘法运算定律推广到分数乘法的正式教学进行了很好的铺垫。

例 7 教学整数乘法运算定律扩展到分数。在例 6 教学的基础上，通过观察、计算，归纳得出“整数乘法的交换律、结合律和分配律，对于分数乘法也适用”的结论。结合具体计算，说明应用乘法运算定律可以使分数混合运算更加简便。

（4）问题解决。

例 8 教学连续求一个数的几分之几是多少，是让学生在会解决求一个数的几分之几是多少的基础上，进一步解决连续求一个数的几分之几是多少的实际问题。在这里，由于研究的是三个量之间的关系，在描述其中某两个量的数量关系时，单位“1”是在动态变化的。

教材编排通过折纸或画图等操作活动，借助直观图形帮助学生理清题中有几个量，这些量之间有什么样的数量关系，体会画图是分析问题、解决问题的重要策略。另外，教材的编排也体现了倡导学生探索多样化的解决问题的方法，既可以先求出萝卜地的面积，再求出红萝卜地的面积；也可以先求出红萝卜地占大棚面积的几分之几，再求出红萝卜地的面积。不同解题思路的呈现，可以提高学生思维的灵活性和发散性。

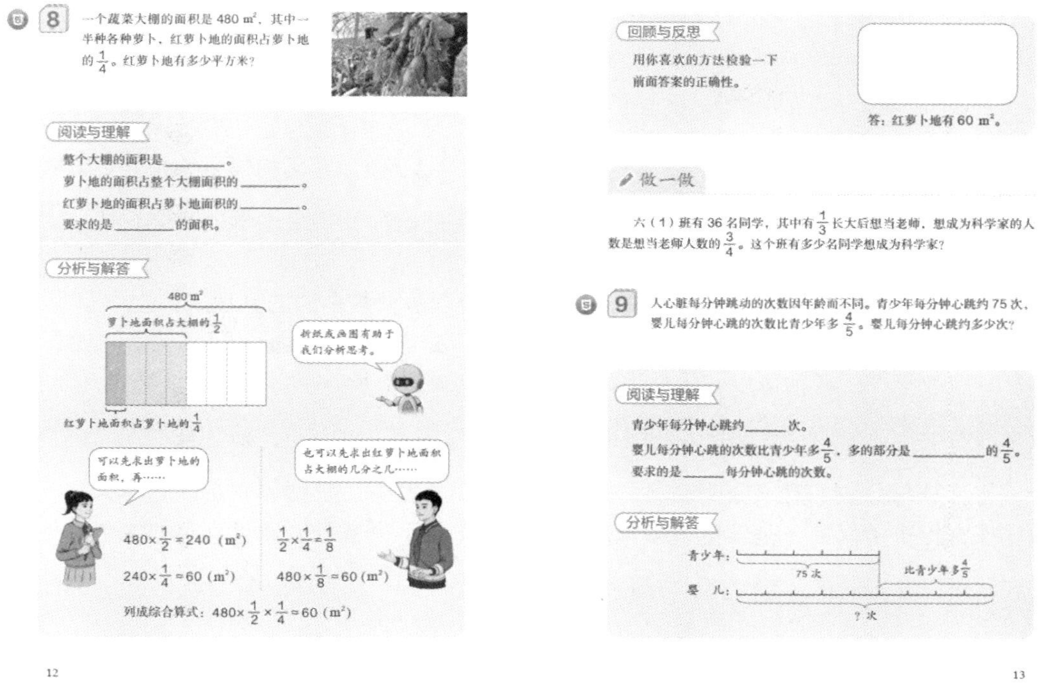

图 3.2-76　六年级上第一单元

例 9 教学求比一个数多（或少）几分之几的数是多少。这是“求一个数的几分之几的是多少”的发展题，其复杂性主要体现在没有直接给出“一个量是另一个量的几分之几”，需要先求出一个量比另一个量多（或少）的具体数量，或者先求出一个量是另一个量的几分之几。教材通过线段图直观地表示出“婴儿每分钟心跳的次数比青少年多$\frac{4}{5}$”的意思，揭示两个数量之间的关系，让学生明确“多（或少）几分之几”是“多（或少）谁的几分之几”。这对于学生理解题意、选择计算方法会起到关键性的作用。

3. 教学建议

（1）正确把握学生认知基础及知识的逻辑起点，运用迁移、类推，引导学生自主列出乘法算式。

分数乘法的意义是整数乘法意义的扩展，因此，在让学生学习表示“几个相同分数相加”的分数乘法时，可以完全放手让学生根据已学的分数加法进行推导。在此基础上，引出分数乘法的第二种意义——求一个数的几分之几是多少。在此过程中，教师同样可以充分挖掘学生的已有知识经验来教学。

例如讲到例 2 时，根据教材呈现的三幅图，在学生充分观察的基础上，引导学生根据第一图列出算式 12×3 后进行思考：你是根据什么列式的？使学生明确列式的依据是“单位量×数量=总量”。然后，在教学中紧紧抓住这个学生熟悉的数量关系，不断追问：如果把单位量换成分数，是什么情形？（即例 1 中几个相同分数相加的情况）；如果把数量换成分数，是否同样成立？引导学生根据整数乘法的数量关系列出分数乘法的算式。

借助图形直观，在“量”“率”转换中实现乘法意义的建构。根据“单位量×数量=总量”，

“每桶水 12 L，$\frac{1}{2}$桶水就是$\left(12\times\frac{1}{2}\right)$L”，再结合直观图强调，看到的$\frac{1}{2}$桶水就是半桶水，即 12 L 水的一半，用分数的语言，就是 12 L 的$\frac{1}{2}$。至此，“$12\times\frac{1}{2}$可以表示 12 的$\frac{1}{2}$”的教学难点就解决了。另一方面，再结合情境强调，“12 的$\frac{1}{2}$”和“$\frac{1}{2}$个 12”含义相同，只是表述方式不同而已，这样就能把分数乘法的意义与整数乘法的意义有机地统一起来，学生就能在迁移、类推、比较中自主地理解分数乘法的意义。

（2）借助动手操作，运用分数的意义、数形结合理解分数乘法的算理。

分数乘分数的计算方法并不复杂，记忆和应用算法也不难，但是，理解为什么这样计算却不容易。在教学中，教师可以先让学生用一张纸（或画一个长方形）来表示 1 公顷地，再利用涂色来理解求$\frac{1}{2}$公顷的$\frac{1}{5}$就是把$\frac{1}{2}$公顷平均分成 5 份，取其中的一份。像这样借助涂色将数与形结合，将计算与分数的意义紧密联系，充分展示知识的发生、发展和联系的教学方式，为学生的独立探究提供了保证，是学生理解算理的好方法。接下去就可以通过直观的涂色结果来让学生得到结果，并明确把 1 公顷看作单位“1”，求$\frac{1}{2}$公顷的$\frac{1}{5}$是多少，其实就是把 1 公顷平均分成（2×5）份，取其中的一份，也就是$\frac{1}{10}$，从而得出$\frac{1}{2}\times\frac{1}{5}=\frac{1\times1}{2\times5}=\frac{1}{10}$。当然，在动手操作探索的过程中，应该充分尊重学生的思考，允许学生用多种方法来对结果进行说明验证。鉴于学生的学习理解能力，教师也可以在讲课开始之时先提供一些图例，让学生们通过看图来直观感知“几分之一的几分之一”表示的是什么，感受两个分数相乘会产生一个新的分数，对学生的理解也会有很大的帮助。

引导学生观察、讨论、归纳推导出分数乘法的计算方法。计算方法的获取、表达如果来自学生自己的思考，学生会掌握得更扎实。在教学中，教师可以结合例题的教学，让学生通过画图对算法进行理解；从计算分子为 1 的乘法算式$\frac{1}{2}\times\frac{1}{5}$算理的理解，到$\frac{1}{2}\times\frac{1}{5}$的计算，由易到难逐步进行；在对$\frac{1}{2}\times\frac{1}{5}$算法理解的基础上进行大胆、合理的猜想并进行验证；让学生经历“观察—讨论—猜想—验证—得出结论”的过程，使得他们在不断观察、不断发现、不断归纳的过程中总结出分数乘分数的计算方法。

（3）紧密联系分数乘法的意义，引导学生在理解数量关系的基础上正确列式，解决实际问题。

分数乘法的意义有两种不同的表述，其中“求一个数的几分之几是多少用乘法计算”对学生而言是全新的。在解决相关实际问题时，教师要引导学生找出两个相比较的量，分析两个量之间的数量关系，弄清哪个量是单位“1”，要求的量是单位“1”的几分之几，再根据分数乘法的意义列式解答。对这类基本问题的解题思路的理解和掌握，为学生解决稍复杂的实际问题奠定了基础，同时也为“分数除法”单元解决实际问题提供了直接支持。

有效运用画图策略，帮助学生分析和解决问题。《义务教育数学课程标准（2022 年版）》指出：“借助几何直观可以把复杂的数学问题变得简明、形象，有助于探索解决问题的思路，预测结果。”画图既可以将学生对题意的理解外显，又可以将现实情境抽象为数学模型，帮助分析和解决问题。因此学生在问题解决的过程中，首先应明确题目中的信息和问题，并用图（表、符号或操作等）将题目中的信息和问题表示出来。如连续求一个数的几分之几是多少的问题和求比一个数多（或少）几分之几的数是多少的问题，数量关系比较复杂，用线段图等方式可以比较清晰、直观地表示出数量之间的关系。教学时，教师要有效运用画图策略，帮助学生理解题意，分析数量关系。可以先从会看示意图入手，逐步学会画图分析数量关系，不断提高学生分析问题和解决问题的能力。

（三）分数的除法

1. 课标要求

《义务教育数学课程标准（2022 年版）》第三学段“学段目标”中提出：能进行分数的四则运算，探索数运算的一致性，形成符号意识、运算能力和推理意识。

《义务教育数学课程标准（2022 年版）》第三学段“课程内容”中提出：能进行简单的分数四则运算和混合运算，感悟运算的一致性，发展运算能力和推理意识。

2. 教材分析

这是在学生已经掌握了分数乘法的意义、分数乘法计算及其应用以及整数除法的意义、解方程等知识的基础上教学分数除法。内容主要包括倒数的认识、分数除法的意义与计算以及解决相关的实际问题。

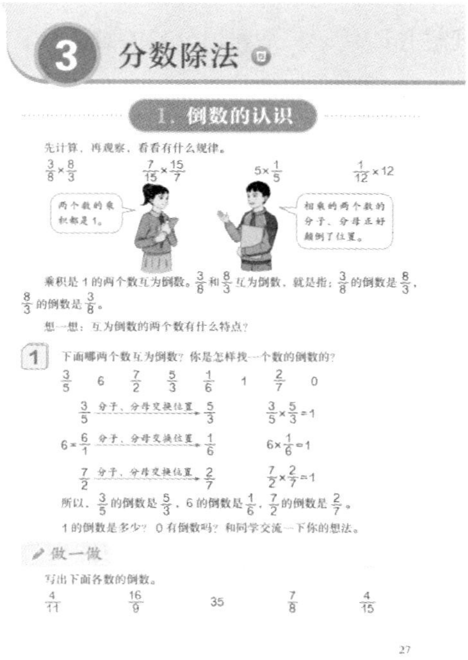

3 分数除法

1. 倒数的认识

先计算，再观察，看看有什么规律。

$\frac{3}{8}\times\frac{8}{3}$　$\frac{7}{15}\times\frac{15}{7}$　$5\times\frac{1}{5}$　$\frac{1}{12}\times12$

两个数的乘积都是1。

相乘的两个数的分子、分母正好颠倒了位置。

乘积是 1 的两个数互为倒数。$\frac{3}{8}$和$\frac{8}{3}$互为倒数，就是指：$\frac{3}{8}$的倒数是$\frac{8}{3}$，$\frac{8}{3}$的倒数是$\frac{3}{8}$。

想一想：互为倒数的两个数有什么特点？

1　下面哪两个数互为倒数？你是怎样找一个数的倒数的？

$\frac{3}{5}$　6　$\frac{7}{2}$　$\frac{5}{3}$　$\frac{1}{6}$　1　$\frac{2}{7}$　0

$\frac{3}{5}$ —分子、分母交换位置→ $\frac{5}{3}$　$\frac{3}{5}\times\frac{5}{3}=1$

$6=\frac{6}{1}$ —分子、分母交换位置→ $\frac{1}{6}$　$6\times\frac{1}{6}=1$

$\frac{7}{2}$ —分子、分母交换位置→ $\frac{2}{7}$　$\frac{7}{2}\times\frac{2}{7}=1$

所以，$\frac{3}{5}$的倒数是$\frac{5}{3}$，6 的倒数是$\frac{1}{6}$，$\frac{7}{2}$的倒数是$\frac{2}{7}$。

1 的倒数是多少？0 有倒数吗？和同学交流一下你的想法。

做一做

写出下面各数的倒数。

$\frac{4}{11}$　$\frac{16}{9}$　35　$\frac{7}{8}$　$\frac{4}{15}$

27

图 3.2-77　六年级下第三单元

（1）倒数的认识。

教材首先安排了几组有代表性的乘积为 1 的乘法算式，使学生通过计算、观察、讨论等活动，寻找归纳它们的共同特点，引出倒数的定义，并用实例突出理解“互为倒数”的含义。然后引导学生思考互为倒数的两个数有什么特点，为例 1 的学习做好铺垫。

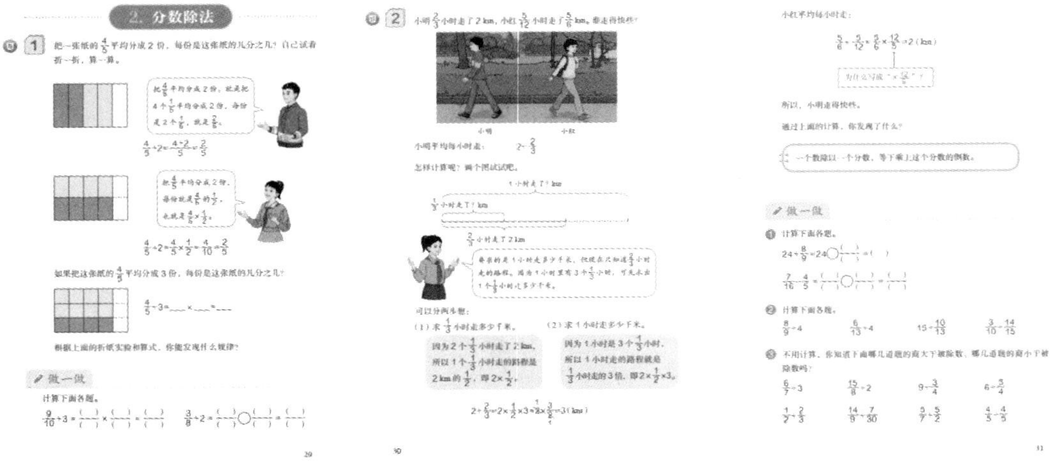

图 3.2-78　六年级下第三单元

（2）分数除法的算法。

教材以折纸活动为载体，利用数形结合的方法帮助学生直观理解分数除以整数的算理。教材分两个层次编排：先解决分数的分子能被整数整除的情况；再引出分子不能被整数整除的情况。第一个问题是分子能被整数整除的情况，有两种思考方法：一是利用整数除法的意义，将分数除法转化为整数除法理解并计算；二是利用分数的意义，将问题转化为求$\frac{4}{5}$的$\frac{1}{2}$来理解计算。在此基础上提出第二个问题，凸显方法一的局限性与方法二的一般适用性。教材这样编排的意图，一是让学生在折一折、涂一涂的过程中逐步发现体悟分数除法的计算方法；二是引导学生经历从特殊到一般的探索过程，从中领悟把一个数平均分成几份，求其中的一份就是求一个数的几分之一是多少，同时渗透转化的数学思想。在此基础上，教材提出问题："根据上面的折纸实验和算式，你能发现什么规律？"旨在启发学生通过思考总结出一般的计算方法。

例 2 研究一个数除以分数的计算，包括整数除以分数和分数除以分数两种情况。根据教材提供的情境，显然"路程÷时间=速度"这一数量关系成为列式的依据。由于学生对这一数量关系比较熟悉，所以列出分数除法算式不会感到困难，这有利于教师把教学重点集中于计算方法的探索与理解。

理解$2\div\frac{2}{3}$的算理是学习的重点。教材采用画线段图的直观方式呈现推算的思路：由于 1 小时里有 3 个$\frac{1}{3}$小时，所以可以先求出$\frac{1}{3}$小时走了多少千米，即先求出$\frac{2}{3}$小时走的 2 千米的一半（即$\frac{1}{2}$）。有了直观图的支持，降低了学生对$2\times\frac{1}{2}\times3$中每一部分含义的理解难度，顺利完成从"除以一个分数"到"乘以这个分数的倒数"的转化。

有了整数除以分数的算理的铺垫，教材在教学$\frac{5}{6}\div\frac{5}{12}$时没有呈现线段图，而是通过提问"为什么写成$\times\frac{12}{5}$"，引导学生通过迁移类推，自行阐述算理。

最后教材以提问的方式，引导学生总结分数除法的一般算法，并启发学生用自己的方式表示这一算法。

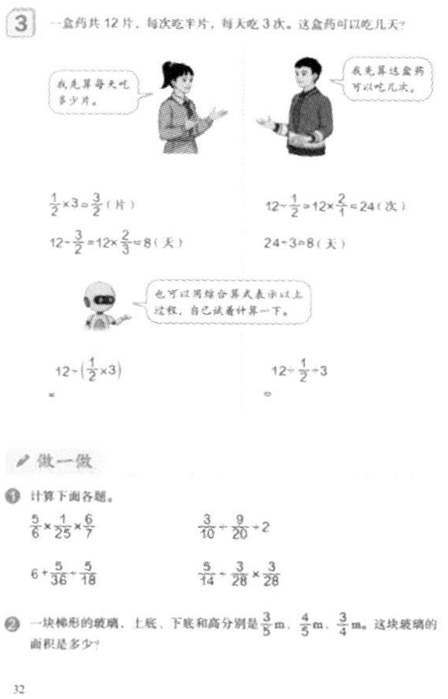

3 一盒药共 12 片，每次吃半片，每天吃 3 次。这盒药可以吃几天？

我先算每天吃多少片。

我先算这盒药可以吃几次。

$\frac{1}{2}\times3=\frac{3}{2}$（片）

$12\div\frac{3}{2}=12\times\frac{2}{3}=8$（天）

$12\div\frac{1}{2}=12\times\frac{2}{1}=24$（次）

$24\div3=8$（天）

也可以用综合算式表示以上过程，自己试着计算一下。

$12\div\left(\frac{1}{2}\times3\right)$

=

$12\div\frac{1}{2}\div3$

=

做一做

1 计算下面各题。

$\frac{5}{6}\times\frac{1}{25}\times\frac{6}{7}$　　$\frac{3}{10}\div\frac{9}{20}\div2$

$6\div\frac{5}{36}\div\frac{5}{18}$　　$\frac{5}{14}\div\frac{3}{28}\times\frac{3}{28}$

2 一块梯形的玻璃，上底、下底和高分别是 $\frac{3}{5}$ m、$\frac{4}{5}$ m、$\frac{3}{4}$ m。这块玻璃的面积是多少？

32

图 3.2-79　六年级下第三单元

（3）分数混合运算。

例 3 教学分数混合运算。分数混合运算的顺序问题已在“分数乘法”单元解决了，学生在此学习分数混合运算，既是分数四则运算的综合应用，也为后面学习利用分数四则运算解决实际问题打下基础。教材提供了两种不同的解决方法，体现了不同的分析思路。先分步列式，再列综合算式解答。对于不带括号的分数乘除法混合运算，既可以从左至右按步骤计算，也可以直接转化为分数连乘后同时约分计算。

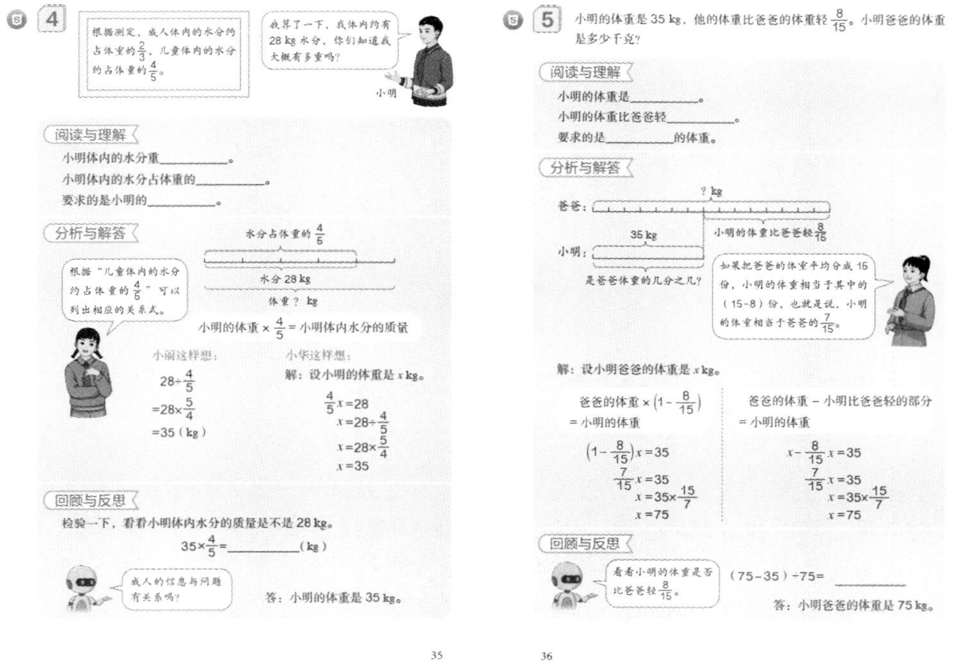

4 根据测定，成人体内的水分约占体重的 $\frac{2}{3}$，儿童体内的水分约占体重的 $\frac{4}{5}$。

我算了一下，我体内约有 28 kg 水分，你们知道我大概有多重吗？

小明

阅读与理解

小明体内的水分重__________。

小明体内的水分占体重的__________。

要求的是小明的__________。

分析与解答

水分占体重的 $\frac{4}{5}$

水分 28 kg

体重？kg

根据“儿童体内的水分约占体重的 $\frac{4}{5}$”可以列出相应的关系式。

小明的体重 $\times\frac{4}{5}=$ 小明体内水分的质量

小丽这样想：

$28\div\frac{4}{5}$

$=28\times\frac{5}{4}$

$=35$（kg）

小华这样想：

解：设小明的体重是 x kg。

$\frac{4}{5}x=28$

$x=28\div\frac{4}{5}$

$x=28\times\frac{5}{4}$

$x=35$

回顾与反思

检验一下，看看小明体内水分的质量是不是 28 kg。

$35\times\frac{4}{5}=$__________（kg）

成人的信息与问题有关系吗？

答：小明的体重是 35 kg。

35

5 小明的体重是 35 kg，他的体重比爸爸的体重轻 $\frac{8}{15}$。小明爸爸的体重是多少千克？

阅读与理解

小明的体重是__________。

小明的体重比爸爸轻__________。

要求的是__________的体重。

分析与解答

? kg

爸爸：

小明的体重比爸爸轻 $\frac{8}{15}$

35 kg

小明：

是爸爸体重的几分之几？

如果把爸爸的体重平均分成 15 份，小明的体重相当于其中的（15－8）份，也就是说，小明的体重相当于爸爸的 $\frac{7}{15}$。

解：设小明爸爸的体重是 x kg。

爸爸的体重 $\times\left(1-\frac{8}{15}\right)$ = 小明的体重

$\left(1-\frac{8}{15}\right)x=35$

$\frac{7}{15}x=35$

$x=35\times\frac{15}{7}$

$x=75$

爸爸的体重 － 小明比爸爸轻的部分 = 小明的体重

$x-\frac{8}{15}x=35$

$\frac{7}{15}x=35$

$x=35\times\frac{15}{7}$

$x=75$

回顾与反思

看看小明的体重是否比爸爸轻 $\frac{8}{15}$。

$(75-35)\div75=$__________

答：小明爸爸的体重是 75 kg。

36

图 3.2-80　六年级下第三单元

（4）问题解决。

例 4 教学“已知一个数的几分之几是多少，求这个数”的实际问题。这里所要解决的问题是分数乘法中“求一个数的几分之几是多少”的逆向问题。这类问题如果用算术方法解会较难理解，学生往往难以判断哪个量是单位“1”，数量关系也较复杂。因此，教材依据“儿童体内的水分约占体重的 $\frac{4}{5}$”，根据分数乘法的意义，利用已有知识画线段图，找到等量关系，列出方程并解出方程。这样思考问题的思路与相应的分数乘法问题完全一致，只是参与列式的是未知数而已，这就大大降低了学生理解的难度。“回顾与反思”部分中检验结果的合理性是相应乘法数量关系的二次应用。同时，对有效信息选取的反思，以及对列方程方法、价值的体会也是学生反思的重点。

例 5 教学“已知比一个数多（或少）几分之几是多少，求这个数”的实际问题是“求比一个数多（或少）几分之几的数是多少”的逆向问题，以例 4 为基础，把条件稍做改变，形成稍复杂的问题。显然，用算术方法解决这样的实际问题，抽象程度更高，思维难度更大。教材借助小女孩的设问，引导学生画线段图，并给出了完整的图示，为学生分析、理解等量关系提供直观辅助，让学生经历从“多（或少）几分之几”到“是几分之几”的转化，找到等量关系，列出形如 $\left(1\pm\frac{b}{a}\right)x=c$ 的方程。同样，教材利用小男孩的分析，借助线段图，引导学生找到“一个数加（或减）增加部分等于增加（或减少）后的数”这个更容易理解的数量关系，列出形如 $x\pm\frac{b}{a}x=c$ 的方程。因此，教材选择符合学生顺向思维的思路，给出多样化的解题方法。

图 3.2-81　六年级下第三单元

例 6 教学 “和倍、差倍”问题，包括两个未知量。题中给出了这两个未知量之间的两种关系，要求学生根据这样的关系列方程解答。由于这两种关系中一种是两个量之间的倍数关系，另一种是两个量之间的和或差的关系，因此，这样的问题过去被称为“和倍问题”“差倍问题”。

教材以篮球比赛上、下半场得分为素材，引出含有两个未知数的实际问题。在这里，两个未知量是指上半场得分、下半场得分；两种关系是指上半场得分+下半场得分=42，以及下半场得分是上半场得分的一半，或者上半场得分是下半场得分的 2 倍。

教材给出了两种解法，区别在于先设哪个量为未知数，然后利用两个量的数量关系，用代数式表示出另一个量。

例 7 教学可用抽象的“1”解决的实际问题。教材利用修路这一“工程问题”来引入，使学生经历发现和提出问题、分析和解答问题的过程。例如，学生会认为题中缺少解题的信息，此时，教师追问：缺少什么信息呢？学生会回答：不知道公路长多少千米。这样就很自然地引导学生假设公路总长为某个具体的长度，把新问题转化为旧问题加以解决。通过学生之间的交流，教师发现虽然假设的公路具体长度不同，得到的结果却是相同的，使学生产生探究原因的欲望。通过分析，发现不管公路总长是多少，两队每天修的长度分别占总长度的$\frac{1}{12}$和$\frac{1}{18}$是不变的，这也是能得到相同结果的内在原因。此基础上，进一步抽象，可用“1”来表示公路总长。

采用“工程问题”引出可用抽象的“1”来解决的问题，但并非对工程问题进行系统教学，而是要建立一种数量关系的模型。要让学生经历利用自主探究解决问题的过程，掌握用假设、验证等方法解决问题的基本策略，让学生体会模型思想。

在教学中特别要注意：不必要求学生死记硬背“工作时间=工作总量÷工作效率”等数量关系，可用线段图帮助学生理解数量关系，学生只要会用具体的语言描述出来就可以，并非说明用“1”表示总长的方法是最优的方法，在此例之后仍然允许学生用假设具体量的方法解决问题。

3. 教学建议

（1）重视分数除法意义的教学。

虽然现行教材删除了原实验教材有关分数除法意义教学的例题，但并不代表弱化了对分数除法意义的教学。因为运算意义既是建立计算法则的基础，又是判断在什么场合应用这种运算的依据。基于以上认识，对分数除法意义的理解应该成为分数除法教学的首要环节。在教学中，可通过练习七第 1 题（根据一个分数乘法算式自主独立写出相应的两个除法算式）、第 2 题（先看清左右两题的关系，再写出结果），引导学生通过分数乘法算式与分数除法算式的对照，明确这些算式都是已知积与一个因数，求另一个因数。由此得出分数除法的意义与整数除法的意义相同，都是乘法的逆运算。

引导学生通过操作、观察线段图等方式，直观理解算理。教学不仅要使学生“知其然”，更要使他们“知其所以然”，因此教师应该舍得花时间让学生经历计算方法的探索过程，这也是课程改革理念在计算教学中的具体表现。例如教学例 2，可采用画线段图的直观方式呈现推算的思路：由于 1 小时里有 3 个$\frac{1}{3}$小时，所以可以先求出$\frac{1}{3}$小时走了多少千米，即先求出$\frac{2}{3}$小时走的 2 千米的一半（即$\frac{1}{2}$），并适时追问：“$\frac{2}{3}$小时是把 1 小时平均分成几份，取了其中的几份，有几个$\frac{1}{3}$小时？”“求出 1 份的路程，就能求出 3 份的路程，而已知 2 份的路程，该怎么求其中的 1 份？”结合线段图分析，帮助学生通过对算理的理解，降低对$2\times\frac{1}{2}\times3$中每个步骤含义的理解难度，使学生直观地看到由“除以一个分数”到“乘以这个分数的倒数”的转化过程。

（2）引导类推，促进迁移，通过自主探究总结出分数除法的计算方法。

对于分数除法的计算方法，教材安排了分数除以整数、整数除以分数以及分数除以分数三类，内容由易到难、由简单到复杂逐步提升，各个例题既独立成题又相互联系，既承前启后又互为完善。这为学生自主学习探索分数除法计算方法提供了可能。此外，无论是哪种类型的分数除法，在具体计算方法的推理时都是结合分数的意义和直观图，实现分数除法由“除以一个分数（整数）”到“乘以这个分数（整数）的倒数”的转化。因此，在教学中，要注重引导学生通过迁移类推，充分运用原有的知识经验自行探究分数除法的计算方法。例如，在教学例 2 中分数除以分数这一题时，教师应放手让学生自己尝试，使学生在学习整数除以分数的基础上通过迁移类推，掌握分数除以分数的计算方法。反馈时，重点让学生说一说 $\times\frac{12}{5}$ 的理由，必要的时候也可以让学生画示意图说明，使得他们对算理的理解更为深刻。

开展充分的自主探究与合作交流，引导学生经历问题解决的全过程。教学时，要根据教材提供的一般步骤，借助线段图或主题图展开充分的讨论交流，厘清条件与问题分别是什么，条件与问题之间存在怎样的联系，可以建立怎样的等量关系等，回顾与反思环节可引导学生从多角度进行验证，如检验方程的解、检验是否符合题中的数量关系等。通过学生的自主探究与合作交流，经历解决问题的全过程。

（3）引导学生在充分地阅读与理解的基础上，通过合理猜想，理清数量关系。

完整地呈现例题信息，引导学生充分阅读，找出已知量与未知量，分析关键的信息，这是正确解决问题的前提与基础。如例 5 中两个量之间的数量关系比较复杂，通过引导学生充分阅读，可弄清楚是把爸爸的体重看作单位“1”，两人比较，小明的体重轻，轻的部分相当于爸爸体重 15 等份中的 8 份。在列数量关系时，再结合前面所学的分数乘法知识，形成顺向迁移，降低思维的难度。又如教学例 7，通过阅读引导学生自主表达“单独修”“合修”等关键信息的含义，并鼓励学生合理估计合修所用的天数，一方面加强估算意识的培养，另一方面帮助学生更清晰地理解各数量之间的关系，为顺利解决问题做好知识与思维策略方面的准备。

五、运算法则

（一）混合运算

1. 课标要求

《义务教育数学课程标准（2022 年版）》第一学段“学段目标”中提出：能进行简单的整数四则运算，形成初步的数感、符号意识和运算能力。

《义务教育数学课程标准（2022 年版）》第一学段“学段内容”中提出：在具体情景中，了解四则运算的意义，感悟运算之间的关系。在解决生活情景问题的过程中，体会数和运算的意义，形成初步的符号意识、数感、运算能力和推理意识。

2. 教材分析

例 1 创设了图书阅览室看书人数的情境，目的在于引导学生回顾、复习之前只有加减的混合运算，在学生已有知识经验的基础上，梳理同级运算的运算顺序。先分步计算，再将两个算式合成一个算式，引出综合算式的概念，重点突出脱式计算的书写过程，教师要做好示范，例如：通过下划线和箭头标出运算顺序，等号写在算式的左边，并上下对齐，每一步的第一个数也要对齐等，规范书写过程，养成良好的书写习惯。乘除混合的运算顺序则直接呈现了混合运算的算式，让学生先试算，最后得出结论：“在没有括号的算式里，只有加减法或只有乘除法，都要从左往右按顺序计算。”这样，将解决问题与混合运算顺序的教学适当分开，体现运算顺序的“规定性”。

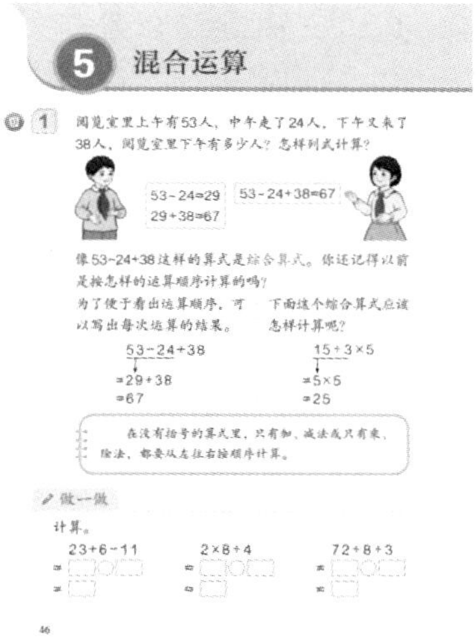

图 3.2-82　二年级下册第五单元

“做一做”以 3 道题分别巩固统计同级两步混合运算的脱式计算，基本涵盖了同级混合运算的所有形式。同时，教材还给出了脱式运算过程的每一步，以让学生将注意的重点放在运算顺序以及脱式计算每一步的内容上。

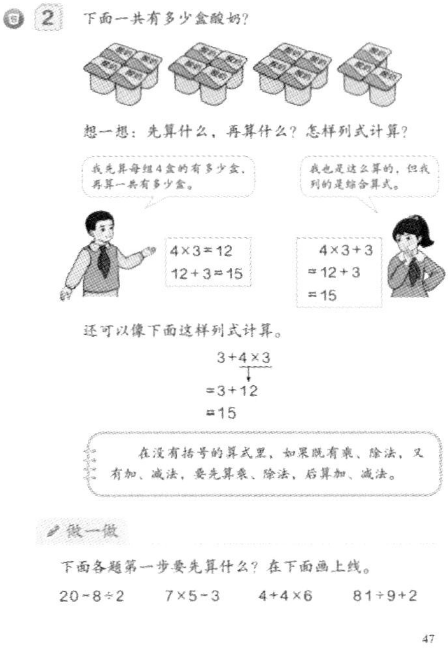

图 3.2-83　二年级下册第五单元

例 2 教学含有两级运算的混合运算的运算顺序，呈现了学生熟悉的感兴趣的乐园问题情境。由于学生之前有学习乘加、乘减的基础，再通过机器人聪聪的提示，学生列式解决并不困难。但由于学生较长时间都是按从左到右的顺序依次进行计算，开始做含有两级运算而没有小括号、乘除法在后面又需要先算的题目时，容易受到原来思维定式的影响，导致学习上的困难。教材呈现了学生列式的 3 种方式：一是分步；二是乘加综合算式；三是含小括号的加乘算式。其中重点在于对第三个算式的解读。基于学生的基础知识，学生这样列式是合理的，可通过含与不含小括号的两个算式的对比，使学生体会运算顺序的规定用以保证计算结果的唯一性及追求简洁的数学表达的目的。加、减法与除法的混合运算式题在“做一做”中加以呈现，并以“圈出第一步先算什么”的方式突出对运算顺序的练习。

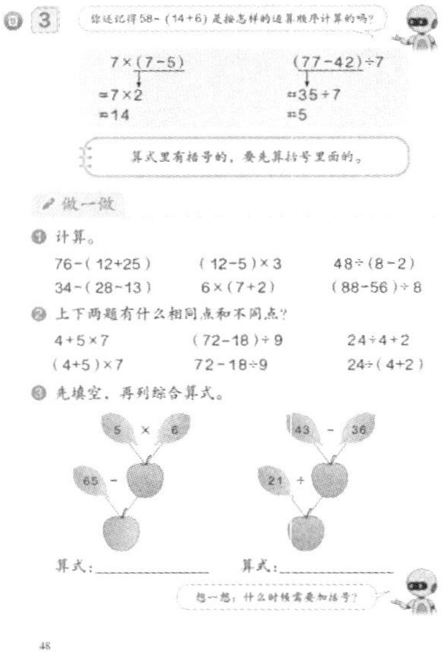

图 3.2-84　二年级下册第五单元

例 3 教学含括号的混合运算的运算顺序。通过机器人聪聪的提问“你还记得 58−(14+6)是按怎样的运算顺序计算的吗？”，引导学生复习一年级学过的含有小括号的加减混合运算的运算顺序，明确有小括号要先算小括号里面的。在此基础上，直接给出含小括号的两级混合运算的式题，让学生迁移类推，进行脱式计算，继续体现运算顺序的“规定性”。

“做一做”3 题各有侧重。第 1 题主要是巩固含有小括号的式题的运算。第 2 题以对比的形式呈现，且每组算式都含有两级运算，每组算式中的数和运算符号都相同，但因为加了小括号，运算顺序和结果就不同了。让学生认识到小括号的作用——改变运算顺序。第 3 题要求学生根据计算过程列出综合算式，并突出小括号的使用，既巩固了小括号的作用，又训练了学生列综合算式的能力，进而为例 4 用综合算式表达解决过程做铺垫。

例 4 教学需要两步计算才能解决的较简单的实际问题。这是在二年级上册关于“连续两问”问题基础上的提升。连续两问的问题是由两个相关联的用一步计算解决的问题构成的，解答第二个问题时需要将第一个问题解答的结果作为第二个问题的一个条件。而例 4 少了第一问，需要学生自己通过分析，发现并提出中间问题，找到解决问题的条件，这是一个非常重要的载体。这是学生第一次接触这类问题，其掌握得好坏会直接影响到后续解决问题能力的培养。教材用烤面包的情境提供了现实素材。目的是使学生在理解图意的基础上，发现问题，提出问题，同时结合已知条件分析问题，为后面列式解决问题奠定基础。教材仍然用“知道了什么？”“怎样解答？”“解答正确吗？”呈现解决问题的全过程，对于学生用数学解决问题的过程给予了指引。在“知道了什么？”环节，由于信息的复杂性，教材呈现了学生用色条图表示信息和问题的方法，以更好地理解问题，也为后面学习用线段图表示信息和问题做好铺垫。在“怎样解答”环节，进一步借助色条图分析数量之间的关系，简明而直观地了解要解决的问题，必须要先解决隐藏的问题（中间问题）——剩下多少个面包需要烤，即没有烤的面包有多少个。明确解题思路后，教材分两个层次呈现了解答方案：先以分步方式呈现了解题过程，并用文字说明每一步要解决的问题，以加深学生的理解，同时为后面列综合算式做好准备，然后通过教师的问题引导学生列综合算式表达解答过程，以培养学生用数学的语言进行表述的能力，同时体现了小括号的应用。“解答正确吗”环节引导学生将解决问题的结果作为已知条件，检验由此推出的结果是否符合情境图里呈现的意思，进而判断计算结果的合理性，提醒学生养成及时反思的好习惯。最后进行解决策略的总结——“想好先算什么”，即找出中间问题。线段图是色条图的进一步抽象，是学生在解决问题时分析数量关系的重要手段。教材从一年级开始就逐步渗透，并逐步抽象。至此，部分学生已初具画出线段图的能力。但对于学生来说，要实现由数到形的转换还是有难度的，因此不必要求学生画出严格规范的线段图，但要注意比例适当。

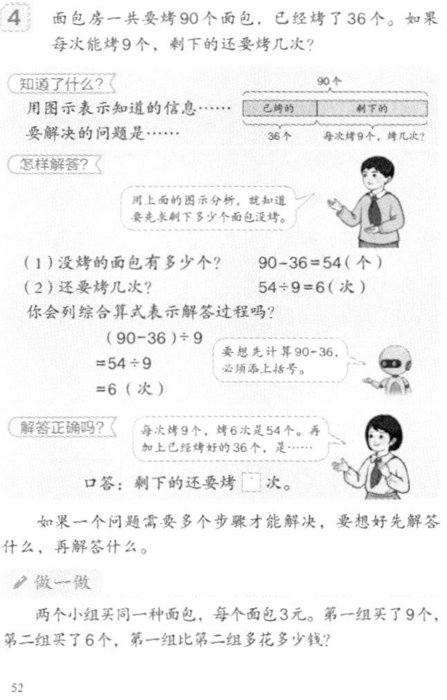
4　面包房一共要烤90个面包，已经烤了36个。如果每次能烤9个，剩下的还要烤几次？

知道了什么？
用图示表示知道的信息……
要解决的问题是……

怎样解答？

（1）没烤的面包有多少个？　　90−36=54（个）
（2）还要烤几次？　　54÷9=6（次）

你会列综合算式表示解答过程吗？

（90−36）÷9
=54÷9
=6（次）

解答正确吗？

口答：剩下的还要烤□次。

如果一个问题需要多个步骤才能解决，要想好先解答什么，再解答什么。

做一做

两个小组买同一种面包，每个面包3元。第一组买了9个，第二组买了6个，第一组比第二组多花多少钱？

52

图 3.2-85　二年级下册第五单元

3. 教学建议

（1）学生要正确理解和掌握同级运算混合算式的运算顺序。

结合具体情境理解每一步算式所表示的意义，并回忆以前的加减混合是怎么计算的。采用多种方式给学生以直观的支撑，作为学习的“拐杖”。例如：通过下划线和箭头标出运算顺序，或者圈出先算的一步算式。能正确按照运算顺序进行脱式计算。教师示范脱式运算的步骤，如等号对齐，数字对齐等。受以前直等的方式写出得数的影响，教师要提醒学生脱式计算的结果已经呈现了，就不需要在算式的后面直等了。布置一定量的不同形式的同级运算的算式进行脱式计算，例如：23+36+19（连加）、87−28−14（连减）、52−35+27（加减混合）、3×2×9（连乘）、72÷8÷3（连除）、4×9÷6（乘除混合），对错误较多的形式进行讲解、订正。

（2）掌握含有两级运算的运算顺序。

借助现实情境，掌握没有小括号的两级运算顺序。乘加是学生曾经接触过的知识，让学生根据情境在已有知识的基础上列出式子，例如："舞蹈班有 4 行同学在跳舞，每行 6 人，旁边有 7 人在观看，一共有多少人？"学生列式 4×6+7 或者 7+4×6，无论哪种列式，都是先算 4×6，引出数学上的规定：在没有括号的算式里，如果有乘除法，又有加减法，要先算乘除法，再算加减法。练习乘加、乘减、除加、除减的算式并交换位置，巩固不同级算式的运算顺序。在计算的过程中用符号标明运算顺序，加强对运算顺序的记忆。对于过程的书写，教师要做好示范，使学生在理解的基础上掌握运算顺序及格式。

（3）掌握有括号的综合算式的运算顺序。

回忆以往学过的带有小括号的运算知识：算式里有括号的，要先算括号里面的。通过知识的迁移类推，体现运算顺序的规定性。比较上下两题的相同点和不同点，明确小括号的作用与重要性。"做一做"的第 3 小题，要先让学生明白先做哪步，再做哪步。将第一步先算的算式做成活动的卡片，教师通过拖动卡片移至将要被替换的位置，使两个算式合成的过程清晰地呈现出来，这样能明显降低学习的难度，然后再考虑活动卡片（先算的算式）需要加小括号吗？如果不加也能先算，就不需要加小括号，否则就一定要加小括号。

（4）学会列综合算式解决需要用两步计算才能解决的问题。

学生根据已有信息自己提出要解决的问题，为寻找需要两步才能解决的隐藏问题奠定基础。从问题入手，分析要解决这个问题得需要哪些信息，哪个信息是已知的，哪个信息是需要自己列式解决的。先分步列式，降低难度，并明确每一个算式所表示的意义，使学生加深印象。最后将两个算式合成一个综合算式，并说说先算什么。

（二）四则运算

1. 课标要求

《义务教育数学课程标准（2022 年版）》第二学段"学段目标"中提出：能进行复杂的整数四则运算，形成数感、运算能力和初步的推理意识。

《义务教育数学课程标准（2022 年版）》第二学段"学段内容"中提出：在解决简单实际问题的过程中，理解四则运算的意义，能进行整数四则混合运算，逐步形成数感、运算能力和初步的推理意识。

2. 教材分析

通过前面学习，学生已经掌握整数四则运算，编排教材的目的是对以前知识进行较为系统概括和总结，完善学生认知结构，主要内容分为三个方面：四则运算的意义和各部分间的关系（例 1 ~ 例 3）、混合运算的顺序（例 4）、解决问题（例 5）。

例 1 至例 3 教学四则运算的意义和各部分间的关系。学生在前七册教材中，对整数四则运算已经有了较多的接触，积累了丰富的感性认识并掌握了相应的基础知识和技能。学生在前面已经学会加、减、乘、除的计算方法，积累了丰富的有关加、减、乘、除的意义的感性认识。在此基础上，通过解决简单的实际问题，激活学生已有的知识与经验，再以"为什么要用加（减、乘、除）法计算？"引导学生思考，概括运算的意义。例如教学加法的意义时，可放手让学生解决"西宁到拉萨的铁路长多少千米"这个问题。在解决问题中经历把 814 千米与 1142 千米合在一起，即把 814 与 1142 合成一个数的计算过程，唤起学生已有的知识和经验。之后，通过"为什么要用加法计算？”引导学生思考：加法是什么样的运算？在此基础上，概括加法的意义，进而概括说明加法算式各部分的名称。由解决问题到概括出加法的意义，使学生对加法的认识从感性上升到理性。

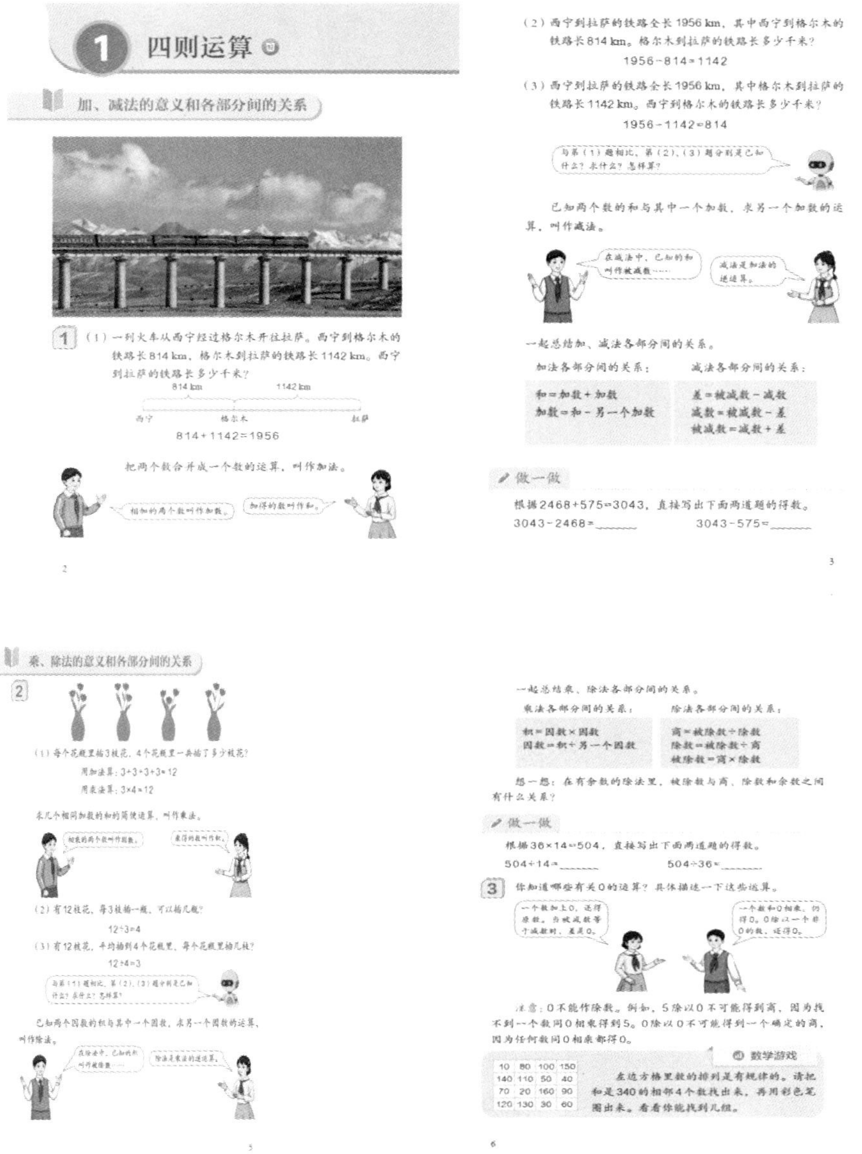

1 四则运算

加、减法的意义和各部分间的关系

1 （1）一列火车从西宁经过格尔木开往拉萨。西宁到格尔木的铁路长814 km，格尔木到拉萨的铁路长1142 km。西宁到拉萨的铁路长多少千米？

814+1142=1956

把两个数合并成一个数的运算，叫作加法。

2

（2）西宁到拉萨的铁路全长1956 km，其中西宁到格尔木的铁路长814 km。格尔木到拉萨的铁路长多少千米？

1956−814=1142

（3）西宁到拉萨的铁路全长1956 km，其中格尔木到拉萨的铁路长1142 km。西宁到格尔木的铁路长多少千米？

1956−1142=814

已知两个数的和与其中一个加数，求另一个加数的运算，叫作减法。

一起总结加、减法各部分间的关系。

加法各部分间的关系：	减法各部分间的关系：
和=加数+加数 加数=和−另一个加数	差=被减数−减数 减数=被减数−差 被减数=减数+差

做一做

根据2468+575=3043，直接写出下面两道题的得数。

3043−2468=______　　3043−575=______

3

乘、除法的意义和各部分间的关系

2

（1）每个花瓶里插3枝花，4个花瓶里一共插了多少枝花？

用加法算：3+3+3+3=12

用乘法算：3×4=12

求几个相同加数的和的简便运算，叫作乘法。

（2）有12枝花，每3枝插一瓶，可以插几瓶？

12÷3=4

（3）有12枝花，平均插到4个花瓶里，每个花瓶里插几枝？

12÷4=3

已知两个因数的积与其中一个因数，求另一个因数的运算，叫作除法。

5

一起总结乘、除法各部分间的关系。

乘法各部分间的关系：	除法各部分间的关系：
积=因数×因数 因数=积÷另一个因数	商=被除数÷除数 除数=被除数÷商 被除数=商×除数

想一想：在有余数的除法里，被除数与商、除数和余数之间有什么关系？

做一做

根据36×14=504，直接写出下面两道题的得数。

504÷14=______　　504÷36=______

3 你知道哪些有关0的运算？具体描述一下这些运算。

注意：0不能作除数。例如，5除以0不可能得到商，因为找不到一个数同0相乘得到5。0除以0不可能得到一个确定的商，因为任何数同0相乘都得0。

数学游戏

10	80	100	150
140	110	50	40
70	20	160	90
120	130	30	60

左边方格里数的排列是有规律的。请把和是340的相邻4个数找出来，再用彩色笔圈出来。看看你能找到几组。

6

图 3.2-86　四年级下册第一单元

在此基础上，对整数四则运算的意义和关系进行抽象、概括，使学生对每种运算的认识从感性上升到理性。教材设置了 4 道例题，依次教学加、减、乘、除法的意义及各部分间的关系，0 的运算特性，四则混合运算等教学内容。教学中，教师要纵观全局驾驭教材，适时引导学生把分散学习的知识串成线、结成网，逐步完善知识结构。例如，在概括四则运算的意义之后，可引导学生用图表的形式归纳整理知识，沟通知识间的内在联系，加深对知识的理解和掌握。

括号

我们学过的加、减、乘、除四种运算统称四则运算。通过前面的学习，我们已经知道了四则混合运算的顺序。下面我们来总结并继续学习有括号的混合运算的顺序。

4 （1）计算96÷12+4×2，说一说运算的顺序。

（2）在算式96÷12+4×2中加上小括号，变成96÷(12+4)×2，运算顺序变了吗？

要先算小括号里面的。

96÷(12+4)×2
=96÷16×2
=6×2
=12

（3）在算式96÷(12+4)×2中加上中括号“[ ]”，变成96÷[(12+4)×2]，运算顺序变了吗？

96÷[(12+4)×2]
=96÷[16×2]
=96÷32
=3

一个算式里，既有小括号，又有中括号，要先算小括号里面的，再算中括号里面的。

做一做

先说一说下面各题的运算顺序，再计算。

360÷(70−4×16)　　168÷[(28+44)÷9]

9

5 有32人要租船游玩1小时，怎样租船最省钱？

小船24元/时
大船30元/时

小船限乘4人，大船限乘6人。

阅读与理解

一共有___人租船游玩，小船和大船的租金不一样……

问题是……

分析与解答

32÷6=5（条）……2（人）
租5条大船，剩下2人还要租1条小船。
30×5+24×1=174（元）

大船每个座位5元，小船每个座位6元，租大船便宜。

会空出2个座位。如果不空座位，会不会更省钱？

安排小船上的2人和其中1条大船上的6人坐2条小船。
4条大船：30×4=120（元）
2条小船：24×2=48（元）
120+48=168（元）

回顾与反思

解决这类问题，要考虑租哪种船便宜，还要……

答：租4条大船和2条小船最省钱。

10

图 3.2-87　四年级下册第一单元

例 4 教学四则混合运算。四则混合运算和运算顺序是计算教学中的重要基础知识，是在学生已学过混合运算及运算顺序，初步认识小括号作用的基础上，认识中括号，对整数四则混合运算进行概括和总结。由此，学生不仅丰富了计算知识，提高了计算能力，也为列综合算式解决问题打好基础，为进一步学习代数运算做好准备。

例 5 是解决问题教学。教材设置了用两三步计算解决的实际问题，旨在让学生合理灵活地运用相关知识解决问题，感受、领悟优化思想，提高解决问题的能力。

3. 教学建议

（1）学生要明确加、减法的意义及各部分间的关系。

用好主题图展开教学活动。教学时可用课件呈现我国地图铁路建设的发展，随语言描述先定格在西宁至格尔木，再呈现格尔木至拉萨的铁路修通，让学生直观感受西宁至拉萨包括西宁到格尔木和格尔木到拉萨两段路程，同时了解我国铁路建设的发展，感受时代的发展。将现实情境引入教学，可以促使学生积极主动地参与到教学活动中来。

引导学生对加法的意义进行概括。解决“西宁到拉萨的铁路长多少千米”这个问题后，以“为什么用加法计算”来引导学生思考“加法是什么样的运算”，让学生经历从实际应用到抽象概括意义的过程。这个过程也是培养学生抽象概括能力的过程。

通过对比，突破教学难点。尽管学生对减法积累了丰富的感性认识，但离从本质上认识减法还有很大的距离。因此，教学中可组织好“对比”活动，让学生通过对比发现第 2、3 题和第 1 题的联系，即第 1 题是已知两个加数求它们的和，第 2、3 题是反过来，已知两个加数的和和其中一个加数，求另一个加数，帮助学生突破概括减法意义的难点。同时，通过对比有效帮助学生理解减法是加法的反向运算，建立逆运算概念，掌握加、减法的关系。

以“问题”引导学生整理出关系式。对加、减法各部分间关系的总结，以“加（减）法中最基本的数量关系式是什么？”“怎样求加法？”“怎样求被减数和减数？”等问题，引导学生思考、交流，整理出加、减法各部分间的关系式，由此提升学生对加、减法算式中各部分间关系的认识，使学生受到初步的辩证的思想熏陶。

（2）学生要明确乘、除法的意义及各部分间的关系。

让学生经历“过程”，提升认识。放手让学生独立解决问题，激活已有的知识和经验，在这个基础上，让学生比较加法算式与乘法算式，思考：乘法是什么样的运算？由解决问题到比较与思考，让学生经历“由 3+3+3+3=12 与 3×4=12，用乘法算比较简便→求几个相同加数的和用乘法算简便→概括出乘法的确切意义”的过程，使学生对乘法的认识从感性上升到理性。

突出除法和乘法的联系，概括除法的意义。除法是与乘法相反的运算。借助学生对除法意义的感性认识，以解决第（1）（2）（3）题为基础，组织比较活动。通过比较，弄清楚乘法算式与除法算式中已知数与未知数的变化，进而从除法算式和乘法算式的联系出发，思考、概括除法的意义。这样不仅利于用比较准确的数学语言概括除法的意义，还有助于学生理解除法和乘法的关系，认识除法是乘法的逆运算。

借助具体实例化解难点。学生对乘、除法各部分间的关系以及有关 0 的运算在前几年的学习中积累了比较丰富的认识和经验，重点是总结整理出关系式和把有关 0 的运算知识系统化。其中，概括有余数除法各部分间的关系，以及“0 为什么不能作除数”是教学的难点。教学中，可以借助具体实例，帮助学生想清楚、弄明白，化解难点。例如，呈现有余数除法算式 30÷4=7……2、185÷12=15……5，据此让学生思考“怎样求被除数”等问题，进而概括出关系式。再如，借一个非零的数除以 0（如：5÷0=□）与 0÷0 的例子，让学生对例子的讨论获得“0 不能作除数”的结论。这个过程，也让学生明白了 0 为什么不能作除数的道理。

（3）学生要明确含括号的混合运算的顺序。

教学例 4 时，首先借助基本式题 96÷12+4×2 与例 4（1）依次展开数学活动，让学生通过“说”和“计算”激活已有的混合运算的知识和经验，并把这些知识和经验自然运用到三步式题。然后结合例 4（2）引入中括号，要让学生凭借对小括号的认识，去判定其运算顺序，并完成计算，让学生在亲历中切实感受和认识中括号的作用，体验含有两重括号的混合运算的运算顺序。最后，请学生总结带有中、小括号的四则混合运算顺序。随着激活已有的知识和经验→认识中括号、完成计算→总结运算顺序，教学任务步步深入，利用好学生已有的知识和经验，充分发挥学生的主体作用。

借助复习，引出“加、减、乘、除四种运算统称四则运算”。在此基础上，还可以说明：加法和减法叫作第一级运算，乘法和除法叫作第二级运算。有第一级运算、第二级运算的概念，就为学生更科学地总结概括四则混合运算的运算顺序创造了条件，也为以后学习第三级运算（乘方、开方）做了准备。

（4）解决问题。

创设情境，激发兴趣、激活经验。用课件或挂图创设师生在公园准备租船游湖的情境，请学生用语言描述并提炼相关的信息，让学生切实感受问题的现实性，激发学生对问题的兴趣，激活学生的生活经验与相应的知识，促使学生积极探索租船的方案。

让学生经历解决问题的一般过程。首先，让学生自己弄懂题意，厘清已知信息数据和要解决的问题。“分析与解答”环节先引导学生凭借生活经验与数学知识发现“租大船便宜”，然后再以“空出两个座位”激发学生寻找最省钱的方案。“回顾与反思”环节应加强引导学生总结解决这类问题的一般策略，让学生通过思考探索、讨论交流等活动明确解决问题的基本步骤，积累解决问题的经验。

六、运算定律

1. 课标要求

《义务教育数学课程标准（2022 年版）》第二学段“学段目标”中提出：能进行复杂的整数四则运算，形成数感、运算能力和初步的推理意识。

《义务教育数学课程标准（2022 年版）》第二学段“学段内容”中提出：在解决简单实际问题的过程中，理解四则运算的意义，能进行整数四则混合运算，逐步形成数感、运算能力和初步的推理意识。

2. 教材分析

“运算定律”是小学阶段首次系统学习运算定律。教材分为两个小节，第一小节是加法运算定律及其应用，包括连减中的简便计算；第二小节是乘法运算定律及其应用，包括算法的合理选择与灵活应用。

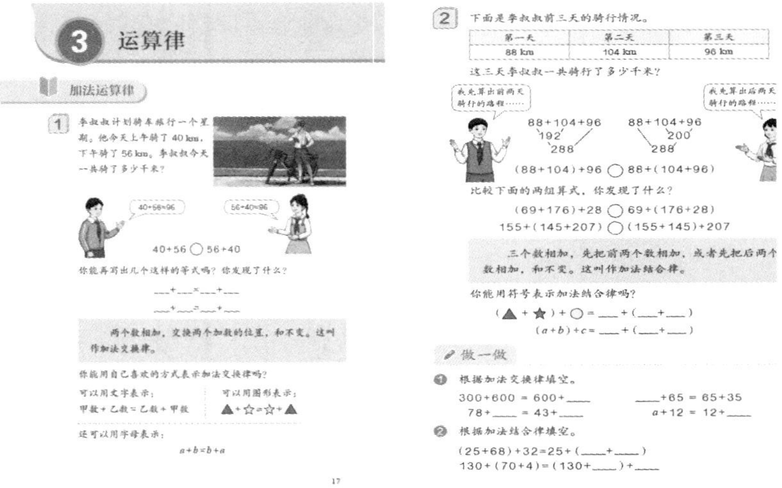
3 运算律

加法运算律

1 李叔叔计划骑车旅行一个星期。他今天上午骑了 40 km，下午骑了 56 km。李叔叔今天一共骑了多少千米？

40+56=96　56+40=96

40+56 ◯ 56+40

你能再写出几个这样的等式吗？你发现了什么？

___+___=___+___

___+___=___+___

两个数相加，交换两个加数的位置，和不变。这叫作加法交换律。

你能用自己喜欢的方式表示加法交换律吗？

可以用文字表示：甲数＋乙数＝乙数＋甲数

可以用图形表示：▲＋☆＝☆＋▲

还可以用字母表示：

$a+b=b+a$

17

2 下面是李叔叔前三天的骑行情况。

第一天	第二天	第三天
88 km	104 km	96 km

这三天李叔叔一共骑行了多少千米？

我先算出前两天骑行的路程……

我先算出后两天骑行的路程……

88+104+96，192，288

88+104+96，200，288

(88+104)+96 ◯ 88+(104+96)

比较下面的两组算式，你发现了什么？

(69+176)+28 ◯ 69+(176+28)

155+(145+207) ◯ (155+145)+207

三个数相加，先把前两个数相加，或者先把后两个数相加，和不变。这叫作加法结合律。

你能用符号表示加法结合律吗？

(▲＋★)＋◯＝___＋(___＋___)

$(a+b)+c=$ ___＋(___＋___)

做一做

1. 根据加法交换律填空。

300+600 = 600+___　　___+65 = 65+35

78+___ = 43+___　　a+12 = 12+___

2. 根据加法结合律填空。

(25+68)+32=25+(___+___)

130+(70+4)=(130+___)+___

图 3.2-88　四年级下册第三单元

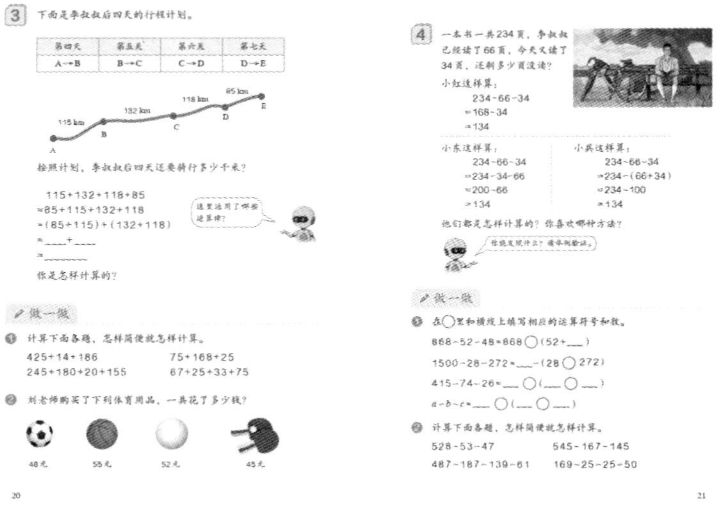
3 下面是李叔叔后四天的行程计划。

第四天	第五天	第六天	第七天
A→B	B→C	C→D	D→E

115 km　132 km　118 km　85 km

A　B　C　D　E

按照计划，李叔叔后四天还要骑行多少千米？

115+132+118+85

=85+115+132+118

=(85+115)+(132+118)

=___+___

=______

这里运用了哪些运算律？

你是怎样计算的？

做一做

1. 计算下面各题，怎样简便就怎样计算。

425+14+186　　75+168+25

245+180+20+155　　67+25+33+75

2. 刘老师购买了下列体育用品，一共花了多少钱？

48元　55元　52元　45元

20

4 一本书一共234页，李叔叔已经读了66页，今天又读了34页，还剩多少页没读？

小红这样算：

234-66-34

=168-34

=134

小东这样算：

234-66-34

=234-34-66

=200-66

=134

小兵这样算：

234-66-34

=234-(66+34)

=234-100

=134

他们都是怎样计算的？你喜欢哪种方法？

你能发现什么？请举例验证。

做一做

1. 在◯里和横线上填写相应的运算符号和数。

868-52-48=868◯(52+___)

1500-28-272=___-(28◯272)

415-74-26=___◯(___◯___)

$a-b-c=$___◯(___◯___)

2. 计算下面各题，怎样简便就怎样计算。

528-53-47　　545-167-145

487-187-139-61　　169-25-25-50

21

图 3.2-89　四年级下册第三单元

例 1 教学解决问题，抓住 40+56 和 56+40 两个不同的加法算式，计算结果相等且都能解决问题这一事实，引导学生从更多的“交换两个加数，和不变”的算式中发现规律，并关注运算定律的形式化表达，培养学生的抽象概括能力和模型思想。例 2 注重引导学生迁移运算定律的学习经验和基本策略，自主发现规律；培养学生用符号和字母对规律进行形式化的表达，形成相应的规律模型。例 3 在综合运用规律解决问题的过程中，重视算法背后的原理理解及灵活选择；体会运算定律的应用价值，形成数学的应用意识。例 4 突出加减运算间的联系，关注根据数据特征选择简便算法的意识培养。

乘法运算律

同学们参加植树活动，一共分成25个小组，每组中4人负责挖坑、种树，2人负责抬水、浇树。每组要种5棵树，每棵树要浇2桶水。

5 负责挖坑、种树的一共有多少人？

4×25=100

25×4=100

4×25=25×4

你能再写出几个这样的等式吗？你发现了什么？

___×___=___×___

___×___=___×___

两个数相乘，交换两个因数的位置，积不变。这叫作乘法交换律。

用字母表示：a×b=___×___

24

6 一共要浇多少桶水？

我先计算一共种了多少棵树。

我先计算每组要浇多少桶水，这样计算简便些。

(25×5)×2
=125×2
=250

25×(5×2)
=25×10
=250

(25×5)×2 ○ 25×(5×2)

请你再举出几个这样的例子。

(___×___)×___=___×(___×___)

___×(___×___)=(___×___)×___

从上面的等式中，你发现了什么？

三个数相乘，先乘前两个数，或者先乘后两个数，积不变。这叫作乘法结合律。

用字母怎样表示？

(a×b)×c=___×(___×___)

比较加法交换律和乘法交换律、加法结合律和乘法结合律，你发现了什么？

做一做

根据乘法运算律填空。

12×32=32×___　　108×75=___×___

30×6×7=30×(6×___)　　125×(8×40)=(___×___)×___

25

7 一共有多少名同学参加了这次植树活动？

我先计算……

我先分别计算……

(4+2)×25
=6×25
=150

4×25+2×25
=100+50
=150

所以，(4+2)×25=4×25+2×25

想一想：25×(4+2) ○ 25×4+25×2

两个数的和与一个数相乘，可以先把它们与这个数分别相乘，再相加。这叫作乘法分配律。

用字母怎样表示？ (a+b)×c=___×___+___×___

想一想：a×(b+c)=___×___+___×___

做一做

1 下面哪些算式是正确的？正确的画“√”，错误的画“×”。

56×(19+28)=56×19+28　（　）

32×(7×3)=32×7+32×3　（　）

64×64+36×64=(64+36)×64　（　）

2 观察右边的竖式，说说在计算的过程中运用了什么运算律。

```
   25
×  12
─────
   50
  250
─────
  300
```

26

图 3.2-90　四年级下册第三单元

例 5 通过不完全归纳法得到同样的性质，使学生学会用自己喜欢的方式表达运算定律，培养抽象概括能力，发展数学模型思想。例 6 培养学生运用已有学习经验自主探究的能力，树立数学模型的建构过程，积累探究活动经验。例 7 注重引导学生从乘法意义上理解乘法分配律的内涵，同时也从乘法意义上理解定律表达式中两部分的意义。例 8 借助几何直观、理解连除规律的内涵。在解决问题策略的选择上，既关注多样化，培养其思维的灵活性，也不能忽视方法背后的算理。

3. 教学建议

在“运算定律”中，教材对加法、乘法的五条运算定律及减法、除法的运算性质做了集中系统的编排。随着今后数的范围的进一步扩展，在小数分数的简便运算中，同样要依据这些运算定律或运算性质。因此，运算定律在小学阶段的计算教学中起到了极其重要的基石作用。学生在学习这部分知识前已经有大量实例储备，有一定学习经验，比如根据一句乘法口诀写出两个积相等的乘法算式，加法亦如此。又如，加减或乘除混合的同级运算的口算，许多学生在计算的过程中，能自觉地“带着符号搬家”进行简算。运算定律是学生在已有储备的基础上，相对集中地进行系统的、完整的认知。在学生自主探索的基础上发现规律，尝试概括，把知识模型化是这一单元所要突出的重点、突破的难点。

为了解决这一关键问题，我们不妨在日常教学中做好以下几点：

（1）加强对运算定律的理解。

“简算”是立足于运算定律基础上的算法简单化，因此运算定律教学的成败就尤为重要了。修订后的教材，立足于《义务教育数学课程标准（2022 年版）》，重视对运算定律的探索与理解；

依托实际情景，加深对运算定律本身意义的理解；运用不完全归纳法，理解定律模型的正确性。

《义务教育数学课程标准（2022 年版）》中强调计算教学与解决问题相结合，即算用结合。运算定律虽然是一种高度抽象的数学模型，但它与实际生活是有着密切联系的。小学阶段所学习的运算定律基本上能用相应的生活问题来呈现，不仅要将运算定律的产生置于现实背景中，在运算定律的应用中也要让学生借助生活经验来正确地解释缘由，这样才是很好地诠释了运算定律的意义。

（2）加强运算定律之间的对比。

在理解各运算定律含义的基础上，进行运算定律间的联系、对比、辨析，明确运算定律间的相同点不同点，为建模并应用定律解决实际问题提供了可能。

表 3.2-1　不同运算定律之间的相同点与不同点

运算定律	相同点	不同点
加法交换律	加法的同级运算	运算顺序不变，数的位置变化
加法结合律		运算顺序变化，数的位置不变
乘法交换律	乘法的同级运算	运算顺序不变，数的位置变化
乘法结合律		运算顺序变化，数的位置不变
乘法分配律		两级运算，运算顺序变化

（3）分散相似的教学内容，降低学习难度。

学习内容与教材所提供的学习情境有许多相似之处，同时教学难点还相对集中，所以为了减少学习内容之间的相互干扰，可以把教学内容分成三个层次以降低学习难度。第一层次：加法交换、结合率和减法的运算性质。加法的交换结合律相对于其他学习内容来说比较简单，学生又有一些知识经验，学习起来不会太费劲；减法性质涉及添加括号和变换符号，相对较难，但是加、减法的情境可以相通，联系比较密切，把加减法的知识一起学习，也便于灵活应用。第二层次：乘法交换、结合律和除法的运算性质。在第二层没有把与乘法交换律、结合律同属于乘法的乘法分配律放进来，是为了把非常容易混淆的乘法结合律和乘法分配律分开来教学，从而避免相近的模型形式给学习带来困难，减少学习材料的相互干扰，也帮助学生更好地对连乘、连除、乘除混合这一类的同级运算问题进行灵活处理。第三层次：乘法分配律。把乘法分配律单独分到第三层是为了让学生更清楚地认识到，随着原有运算顺序的变化，两级运算的运算形式也会发生较大的变化，从而降低了对比难度，分散了学习的难点，使教学更从容些。

第三节　数量关系

数量关系主要是用符号（包括数）或含有符号的式子表达数量之间的关系或规律。学生经历在具体情境中运用数量关系解决问题的过程，感悟加法模型和乘法模型的意义，提高发现和提出问题、分析和解决问题的能力，形成模型意识和初步的应用意识。

一、式与方程

简易方程引入的价值在于为学生提供用代数方法解决问题的途径。小学阶段解决问题的基本方式是算术方法。基本的数量关系模型，一是求和的关系（部分+部分=整体）；二是求积的关系（每份数×份数=总量）。具体表现为加、减、乘、除的意义。算术方法解决问题基本上是根据加减乘除四则运算的含义，分析问题中的数量关系，列出一个算式。这个算式的基本特征是将已知的数量关系构成算术式，并使其结果等于所求的数量。

在具体情境中能用字母表示数。结合简单的实际情境，了解等量关系，并能用字母表示。能用方程表示简单情境中的等量关系（如 $3x+2=5$，$2x-x=3$），了解方程的作用。了解等式的性质，能用等式的性质解简单的方程。

1. 课程要求

《义务教育数学课程标准（2022 年版）》第三学段“学段目标”中提出：经历用字母表示数的过程，形成符号意识、运算能力、推理意识。

《义务教育数学课程标准（2022 年版）》第三学段“课程内容”中提出：根据具体情景理解等式的基本性质。在具体情景中，探索用字母表示事物的关系、性质和规律的方法，感悟用字母表示的一般性，逐步形成模型意识和几何直观，提高解决问题的能力。

2. 教材分析

教学内容主要有用字母表示数和解简易方程。其中，解简易方程部分又包括以下四个方面内容：方程的意义、等式的性质、解方程、实际问题与方程。具体如下：

表 3.3-1　简易方程的主要内容

1. 用字母表示数		例 1	用字母表示数量关系 $a+30$
		例 2	用字母表示数量关系 $6x$
		例 3	用字母表示运算定律和计算公式
		例 4	用字母表示数量关系 $1200-3x$
		例 5	用字母表示数量关系 $3x+4x$
2. 解简易方程	方程的意义		方程的意义
	等式的性质		等式的性质 1
			等式的性质 2
	解方程	例 1	方程的解　解方程
		例 2～例 5	解不同类型的方程
	实际问题与方程	例 1	$x+b=c$ 的应用
		例 2	$ax-b=c$ 的应用
		例 3	$ax+ab=c$ 的应用
		例 4	$x+bx=c$ 的应用
		例 5	$ax+bx=c$ 的应用

这些内容是学生在具备一定的算术知识（如整数、小数的四则运算及其应用），已初步接触了一点代数知识（如用字母表示运算定律，用“○”“△”或“□”表示数）的基础上进行学习的。

（1）用字母表示数。

用字母表示数的内容充分体现了学生的认知规律：从具体到一般（抽象概括），再到具体（代入应用）的正、反两个思维过程，最后进行拓展应用，为数学归纳法的学习进行了很好的前期渗透。

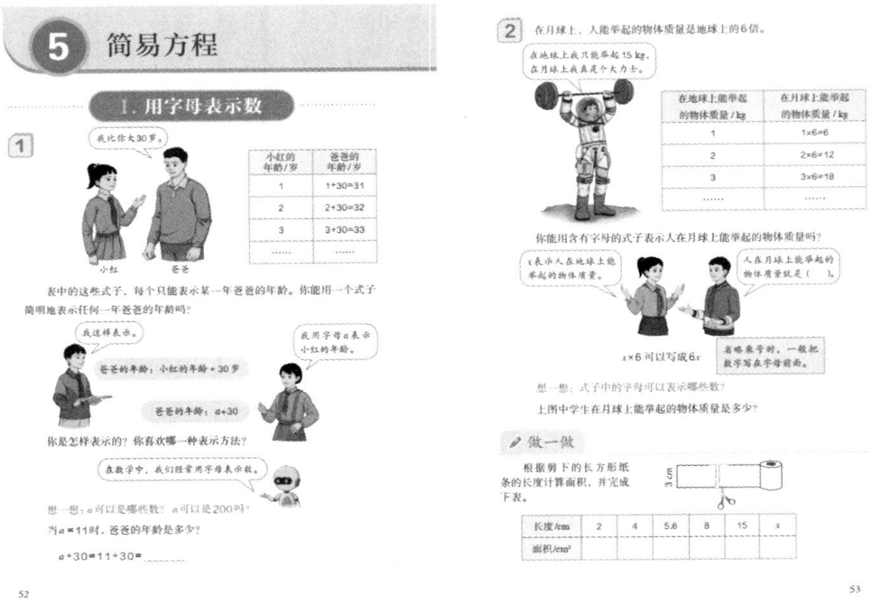

5 简易方程

1. 用字母表示数

1

小红的年龄/岁	爸爸的年龄/岁
1	1+30=31
2	2+30=32
3	3+30=33
……	……

表中的这些式子，每个只能表示某一年爸爸的年龄。你能用一个式子简明地表示任何一年爸爸的年龄吗？

你是怎样表示的？你喜欢哪一种表示方法？

想一想：a可以是哪些数？a可以是200吗？

当a=11时，爸爸的年龄是多少？

a+30=11+30=____

52

2 在月球上，人能举起的物体质量是地球上的6倍。

在地球上能举起的物体质量/kg	在月球上能举起的物体质量/kg
1	1×6=6
2	2×6=12
3	3×6=18
……	……

你能用含有字母的式子表示人在月球上能举起的物体质量吗？

想一想：式子中的字母可以表示哪些数？

上图中学生在月球上能举起的物体质量是多少？

做一做

根据剪下的长方形纸条的长度计算面积，并完成下表。

长度/cm	2	4	5.6	8	15	x
面积/cm²						

53

图 3.3-1　五年级上第七单元

例 1 所反映的两个数量之间的加减关系，更加充分地体现了学生“具体→一般→具体”的认知过程。同时，由于这是学生正式学习简易方程的第一个例题，其中渗透了学生学习代数知识所必备的抽象概括能力、函数思想及代入求值的解题方法。

例 2 反映的是两个数量之间的乘除关系，重点突出了从具体到一般的抽象概括能力，并使学生体会到了符号化的简洁性，进一步体现了数学归纳法的学习过程，同时强调了代数式的表示方法及书写习惯。

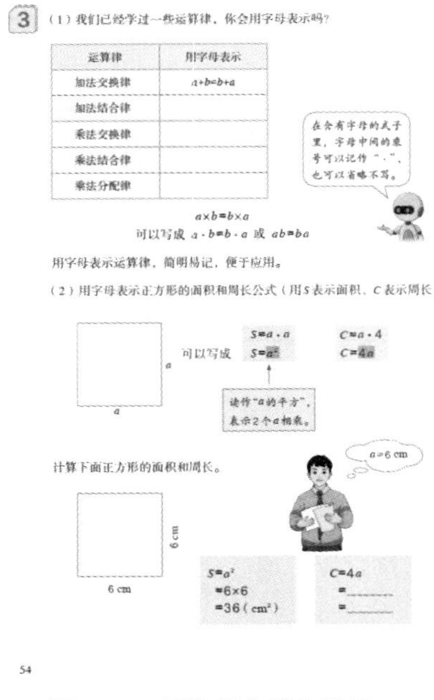

3 （1）我们已经学过一些运算律，你会用字母表示吗？

运算律	用字母表示
加法交换律	a+b=b+a
加法结合律	
乘法交换律	
乘法结合律	
乘法分配律	

a×b=b×a

可以写成 a·b=b·a 或 ab=ba

用字母表示运算律，简明易记，便于应用。

（2）用字母表示正方形的面积和周长公式（用S表示面积、C表示周长）。

计算下面正方形的面积和周长。

54

图 3.3-2　五年级上第七单元

例 3 是通过含有字母的代数式表示运算定律和计算公式，让学生体会到代数式可以表示两个量之间的任意数量关系，更加体会到代数式的优越性（或是符号化的优越性），同时向学生渗透代入法求值的解题方法。

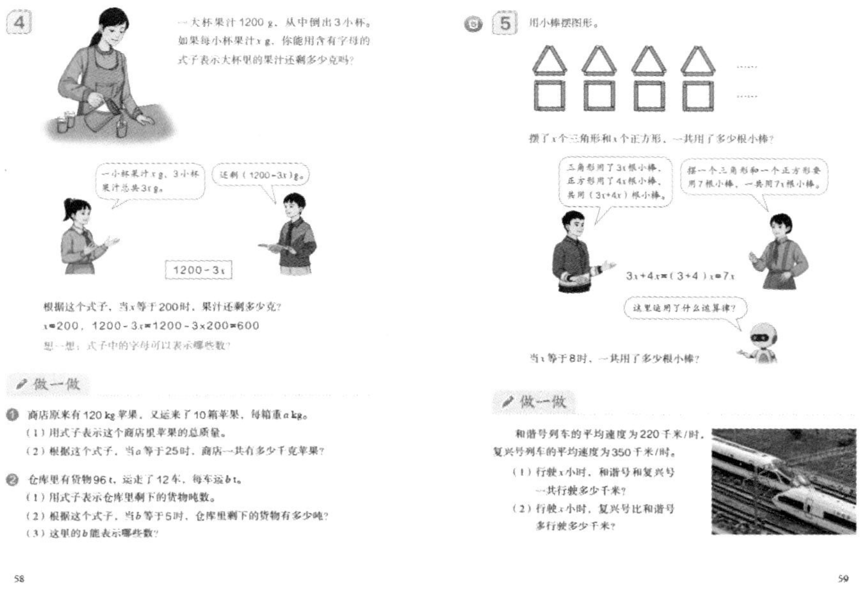

图 3.3-3　五年级上第七单元

前面三个例题，从两个量之间的数量关系入手，为学生学习用字母表示数、建立符号意识打下了基础。例 4、例 5 则从多个量之间的数量关系开始，对学生的符号化意识、代数思想进行拓展，让学生体会到代数式的功能性作用，为学生学习用方程解决实际问题奠定基础。

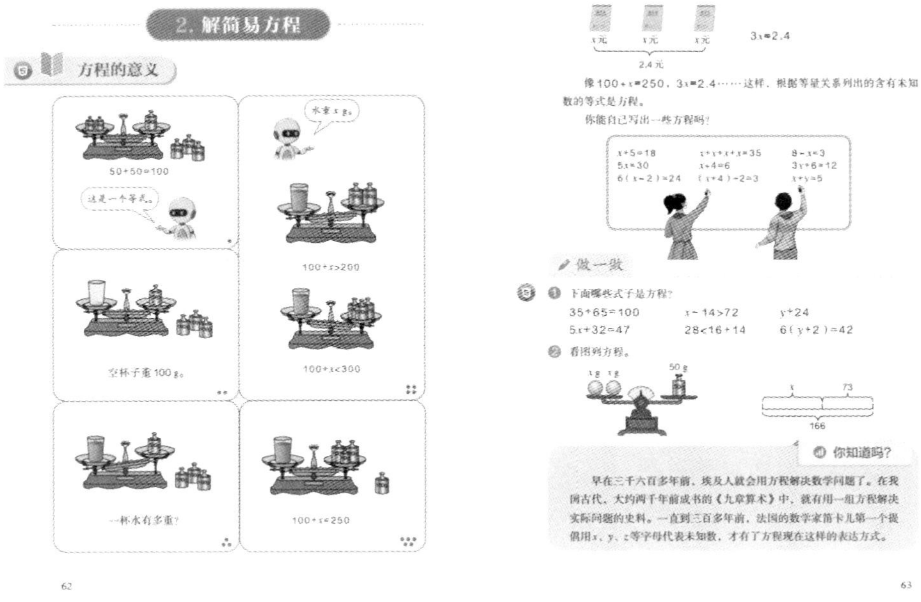

图 3.3-4　五年级上第七单元

（2）方程的意义。

使学生通过动手操作、直观体会、对比感知等，建立方程的概念，感知方程的多样性，能判断一个式子是否为方程。在这个过程中，一定要突出含有未知数、等式这两个必须满足的客观条件，从而进一步加深学生对方程的认识。

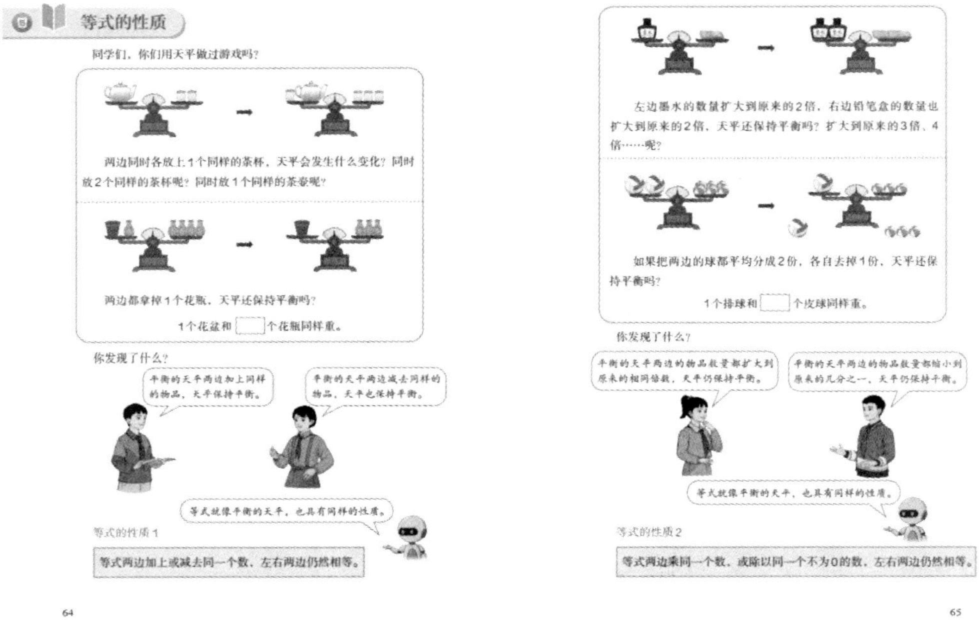

图 3.3-5　五年级上第七单元

（3）等式的性质。

等式的性质旨在通过两幅“天平游戏”的主题图向学生分别揭示等式的基本性质。因此，在进行这部分内容教学时，教师一定要让学生通过动手实验、双向观察、细致分析，从而使学生的思维从天平联想到等式，从同时增加、减少相同质量的砝码联想到同时加上或减去同一个数，从物体质量同时成倍扩大或缩小整数倍联想到同时乘或除以同一个不为 0 的数。通过这样一个个联系的纽带，水到渠成地总结出等式的基本性质。

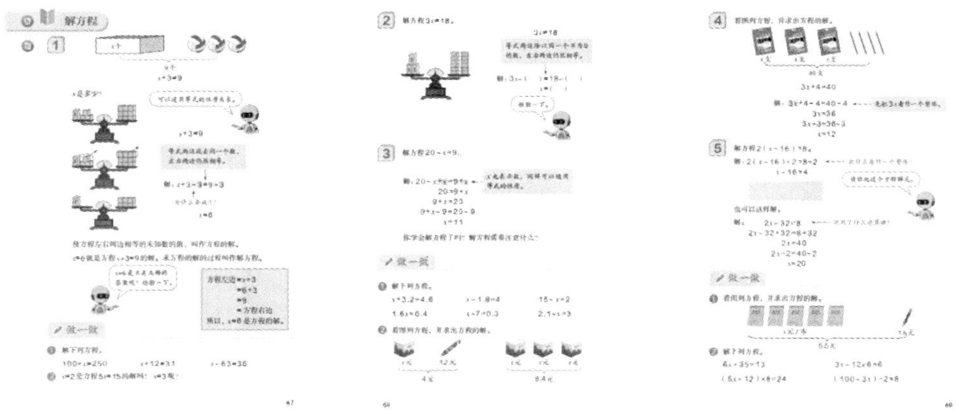

图 3.3-6　五年级上第七单元

（4）解方程。

这部分内容是学习方程的重点。教材首先向学生揭示的是方程的解、解方程这两个学生容易混淆的概念，然后用了 5 个不同的例题呈现出对五种不同类型方程的解答，从中不难发现解答方法是一致的：即运用等式的基本性质进行解答，并且这是教材中强调的小学生解方程的唯一方法，同时通过这 5 个例题也强调了用代入法的方式来进行验算。

例 1 强调用等式的加减性质解答形如 $x+b=c$ 的方程，并运用转化思想解答形如 $x-a=b$ 的方程，同时建立方程的解与解方程两个概念。教学例 2 强调用等式的乘除性质解答形如 $ax=b\ (a\neq 0)$ 的方程，同时要让学生尝试解答形如 $x\div a=b\ (a\neq 0)$ 的方程。教学例 3 强调解答形如 $a-x=b$ 的方程，但更重要的是让学生通过转化的思想，联系例 3 的解答，尝试解答形如 $a\div x=b$ 的方程。教学例 4、例 5 是转化思想、运用整体意识解答具有较复杂数量关系的方程。

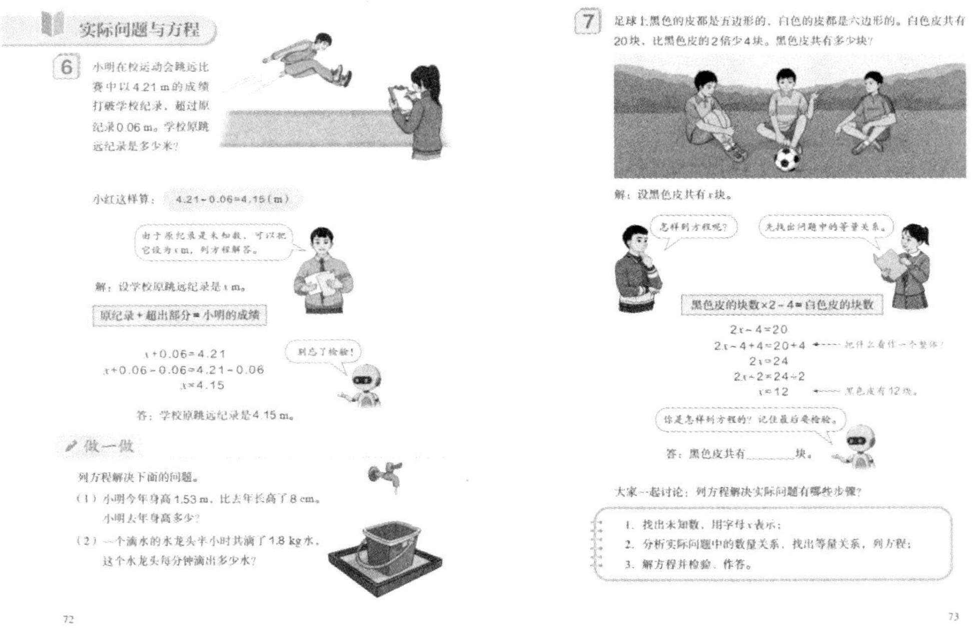
实际问题与方程

6 小明在校运动会跳远比赛中以 4.21 m 的成绩打破学校纪录，超过原纪录 0.06 m。学校原跳远纪录是多少米？

小红这样算：4.21－0.06＝4.15（m）

由于原纪录是未知数，可以把它设为 x m，列方程解答。

解：设学校原跳远纪录是 x m。

原纪录＋超出部分＝小明的成绩

$x+0.06=4.21$

$x+0.06-0.06=4.21-0.06$

$x=4.15$

别忘了检验！

答：学校原跳远纪录是 4.15 m。

做一做

列方程解决下面的问题。

（1）小明今年身高 1.53 m，比去年长高了 8 cm。小明去年身高多少？

（2）一个滴水的水龙头半小时共滴了 1.8 kg 水，这个水龙头每分钟滴出多少水？

72

7 足球上黑色的皮都是五边形的，白色的皮都是六边形的。白色皮共有 20 块，比黑色皮的 2 倍少 4 块。黑色皮共有多少块？

解：设黑色皮共有 x 块。

怎样列方程呢？

先找出问题中的等量关系。

黑色皮的块数×2－4＝白色皮的块数

$2x-4=20$

$2x-4+4=20+4$ ←把什么看作一个整体？

$2x=24$

$2x\div 2=24\div 2$

$x=12$ ←黑色皮有 12 块。

你是怎样列方程的？记住最后要检验。

答：黑色皮共有______块。

大家一起讨论：列方程解决实际问题有哪些步骤？

1. 找出未知数，用字母 x 表示；
2. 分析实际问题中的数量关系，找出等量关系，列方程；
3. 解方程并检验，作答。

73

图 3.3-7　五年级上第七单元

（5）实际问题与方程。

实际问题与方程的内容属于方程应用部分，也是方程的难点，通过学习培养学生运用数学知识解决实际问题能力。例 6 通过简单的数量关系教学形如 $x+b=c$ 的应用，同时告诉学生通过观察、运用，体会到列方程解题的基本方法和步骤，特别是要强调等量关系式对于列方程解题的重要性。例 7 通过对形如 $ax-b=c$ 的应用，使学生进一步体会到列方程解题的基本方法，更加体会到列方程解题的优越性。通过例 6、例 7，引导学生总结列方程解题的三个基本步骤，突出等量关系式对于列方程的重要性。

例 8、9、10 是列方程解答含有稍复杂数量关系的实际问题。例 8 解决的是运用形如 $ax\pm ab=c$ 这样的方程解决实际问题。在这部分可以鼓励学生通过几个不同的等量关系式列方程解题，体现出方程解题的多样性，也再一次突出等量关系式对于列方程的重要性。例 9 教学运用两个未知数列形如 $ax\pm bx=c$ 方程并进行解答。例 10 强调在列方程之前可以通过线段图帮助学生理解数量关系，在此基础上再列方程并解方程。

图 3.3-8　五年级上第七单元

3. 教学建议

（1）理解用字母表示数的意义和作用，掌握用字母表示数的一般方法。

关注由具体到一般的抽象概括过程。字母与方程的知识大多数都比较抽象，教学时要充分利用学生原有的认知经验和基础，关注到由具体实例到一般意义的抽象概括过程。如爸爸比小红大 30 岁，当小红是 1 岁、2 岁、3 岁……时，学生会用“1+30，2+30，3+30……”这样的式子表示爸爸的年龄，然后在教师的引导下，用一个式子来表示任何一年爸爸的年龄即“a+30”。之后教师可以继续追问：这里的 a 表示什么？a+30 又表示什么？让学生明白“a+30”既表示爸爸的年龄，还能反映出爸爸和小红年龄之间的关系，这样表示简明高度地概括了爸爸和小红的年龄情况，使学生体会由特殊到一般的认识需要，初步感知抽象的作用。

适当加强用含有字母的式子表示数量的训练。用含有字母的式子表示数量的训练，也就是写代数式的训练。例如：“一本书有 a 页，张华每天看 8 页，看了 b 天，用式子表示还没有看的页数”“商店原有 120 kg 苹果，又运来 10 箱，每箱重 a kg。用式子表示出商店一共有多少箱苹果。”这是列方程的基础。加强这方面的训练可以以书面作业的形式，也可以采用口答方式（个别口答、集体口答、小组互说、同桌互说均可），从而提高练习的效率。

（2）初步理解方程的意义和作用，掌握列方程的一般方法。

可由分类揭示方程的意义。对于方程概念的建立，教师可以引导学生通过观察式子 50+50=100、100+x>200、100+x<300、100+x=250 等，让学生自己分类，从中获得像 100+x=250，3x=2.4 等这样含有未知数的等式，这就是方程。

注意引导学生经历由生活语言到用数学语言逐步数学化的过程。当学生看到天平平衡时，会用生活语言“空杯子和水共重 250 克”来表述他们所看到的。教师引导：谁能用一个式子来表示？学生可能用“100 g+水的质量=250 g”来表示。教师进一步引导：你能用一个含有字母的式子来表示吗？学生可能用“100+x=250”，也可能用“100+A=250”等来表示。在教学“3 本练习本共用 2.4 元”时，也可以采用这样的方法。让学生经历数学化的过程，可以更好地帮助学生理解方程的意义和作用。

（3）理解等式的基本性质，学会用等式的基本性质解方程。

通过天平游戏，让学生充分感知天平等值变换的过程。关于天平游戏，教师可以用实物进行演示，让学生真真切切地看到天平游戏中平衡的天平两边加上（或减去）同样重量的物品，天平保持平衡。如果受到条件的限制，建议也要用动画来进行游戏，让学生对这一过程有充分的感知，从而确认这一事实。教材中两边加上的是杯子，教师也可改变一下物体（如两边同时加上一把茶壶等）。这样便于概括出平衡的天平两边加上（或减去）同样重量的物品，天平保持平衡。等式的性质 2 的教学也建议如此。

教学解方程时，可以由方程的意义入手，先让学生看图列出方程 $x+3=9$。再让学生明确所谓解方程实际上是这样一个问题：求 x 的值是多少时，方程左右两边才能相等？明确解题目标之后，可以先让学生自己思考、探索 x 的值，也可以组织小组讨论并交流。学生介绍自己的想法时，教师要注意引导学生不仅说出自己是怎样推算的，还要启发他们说出推算的依据，同时利用书上的图进行演示，加以论证。在学生确信 x 的值是 6 时，教师可以引出解方程的概念，明确指出方程的解是一个数，而解方程是一个推算的过程。随后教师一定要追问为什么要减去 3 而不是其他的数呢，让学生明确解方程的一般思路。

要重视对解题步骤和书写格式的指导，促进学生规范书写和自觉检验的良好学习习惯的形成。解方程实际上是进行一个方程的同解变形的过程，因此教师要强调解方程时一定要在原有的方程下面再写出一个方程来，不能连着写等号。学习解方程一定要强调解方程之后进行检验，一方面为后期继续学习打下坚实基础，另一方面在此培养学生良好的学习习惯。

对于稍复杂的方程，解答时可以采用化繁为简的策略，引导学生自主探索。例 4 的教学，首先要关注学生列方程的练习，根据数量关系列方程是教学重点，也是教学的难点。在进行方程的意义教学时要注意加强这方面的训练，随后的学习中要不断训练，这里的教学是一个很好的契机。解答 $3x+4=40$ 时，应先把 $3x$ 看成一个整体。至于为什么要把 $3x$ 看成一个整体？这是教学的难点。

（4）掌握列方程解决问题的基本思路和一般方法，学会用方程解决实际问题。

首次学习列方程解决问题应以四则运算和数量关系为基础，注意从算术思路到方程（代数）思路的过渡和对比，掌握列方程解决问题的思考方法和特点：将未知的数用字母表示，分析实际问题中的数量关系，找出等量关系并列出方程。要向学生明确说明这是一种新的解决问题的方法，今后的学习中会用得非常多。在“做一做”和后面的练习中不提倡用算术方法解答，要求学生用方程解答，以强化列方程解决问题的基本思路和一般方法。

列方程解决问题的关键是要会分析问题中的数量关系，找出等量关系。因此在开始学习时要加强根据具体问题情境，寻找等量关系的练习。① 要求学生在练习时像教材中那样写出等量关系。② 找等量关系可以做专项练习，也就是看问题情境写等量关系，列出方程不解答。然后同桌两位学生互相说一说，或者小组几位同学互相说一说。这样可以提高练习的效率。在这样的练习中，教师要注意学生列出的方程是否符合所写的等量关系。③ 将列方程解决实际问题的步骤融入解决问题的一般步骤之中。列方程解决问题除了要引导学生概括列方程解决问题的步骤，同时也要注意体现解决问题的一般步骤，即“阅读与理解”“分析与解答”和“回顾与反思”。

二、正比例与反比例

（一）比

1. 课标要求

《义务教育数学课程标准（2022 年版）》第三学段“学段目标”中提出：经历用字母表示数的过程，形成符号意识、运算能力、推理意识。

《义务教育数学课程标准（2022 年版）》第三学段“课程内容”中提出：在实际情景中理解比和比例以及按比例分配的含义，能解决简单的问题；通过具体情景，认识正比的量；能探索规律或变化趋势；能运用常见的数量关系解决实际问题，能合理解释结果的实际意义，逐步形成模型意识和几何直观，提高解决问题的能力。

2. 教材分析

这是在学生已经理解了除法的意义与基本性质、分数的意义与基本性质，以及分数与除法的关系等知识，掌握了分数乘除法的计算方法，会解答分数除法实际问题的基础上进行教学的，内容包括比的意义、比的基本性质。化简比、按比分配解决实际问题等。

（1）认识比的意义及其各部分名称。

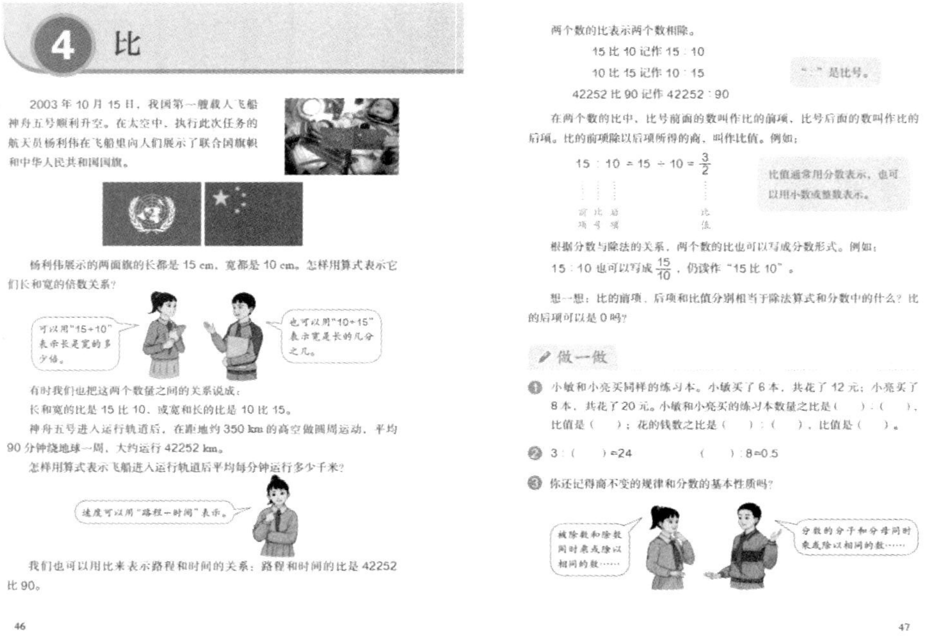

4 比

5 2003 年 10 月 15 日，我国第一艘载人飞船神舟五号顺利升空。在太空中，执行此次任务的航天员杨利伟在飞船里向人们展示了联合国旗帜和中华人民共和国国旗。

杨利伟展示的两面旗的长都是 15 cm，宽都是 10 cm。怎样用算式表示它们长和宽的倍数关系？

有时我们也把这两个数量之间的关系说成：

长和宽的比是 15 比 10，或宽和长的比是 10 比 15。

神舟五号进入运行轨道后，在距地约 350 km 的高空做圆周运动，平均 90 分钟绕地球一周，大约运行 42252 km。

怎样用算式表示飞船进入运行轨道后平均每分钟运行多少千米？

我们也可以用比来表示路程和时间的关系：路程和时间的比是 42252 比 90。

46

两个数的比表示两个数相除。

15 比 10 记作 15 : 10

10 比 15 记作 10 : 15

42252 比 90 记作 42252 : 90

“:”是比号。

在两个数的比中，比号前面的数叫作比的前项，比号后面的数叫作比的后项。比的前项除以后项所得的商，叫作比值。例如：

$15 : 10 = 15 \div 10 = \frac{3}{2}$

前项　比号　后项　　比值

比值通常用分数表示，也可以用小数或整数表示。

根据分数与除法的关系，两个数的比也可以写成分数形式。例如：

15 : 10 也可以写成 $\frac{15}{10}$，仍读作“15 比 10”。

想一想：比的前项、后项和比值分别相当于除法算式和分数中的什么？比的后项可以是 0 吗？

做一做

1. 小敏和小亮买同样的练习本。小敏买了 6 本，共花了 12 元；小亮买了 8 本，共花了 20 元。小敏和小亮买的练习本数量之比是（　）:（　），比值是（　）；花的钱数之比是（　）:（　），比值是（　）。

2. 3 :（　）=24　　（　）: 8=0.5

3. 你还记得商不变的规律和分数的基本性质吗？

47

图 3.3-9　六年级上第四单元

教材精心选取了“神舟”五号这一现实素材作为载体，先给出两面长方形小旗尺寸的相关数据，引导学生讨论长与宽的关系：怎样用算式表示它们长和宽倍数的关系？在此基础上直接指出：可以用比来表示它们之间的关系，由此引出同类量的比。如果仅从形式上看，比是除法关系的另一种表示方式，这为学生认识比和除法、分数之间的关系奠定了基础。

教材介绍飞船的运行路程与时间，用除法表示出飞船进入运行轨道后的速度。在此基础上，直接指出还可以用比来表示路程和时间的关系，引出非同类量的比，使学生进一步认识比的意义以及比和除法的关系。

接下来，给出比的写法、各部分名称以及比值的概念，并根据分数和除法的关系，给出比的分数形式的写法，并根据机器人聪聪的问题，进一步沟通比和除法、分数的联系。比和除法、分数有着密切的联系，但又不完全等同，比更强调的是量与量之间的倍比关系的直接描述，有时并不关注具体比值是多少，而除法、分数更多是强调两个量之间的一种运算关系，通常也会关注运算的结果。此外，我们用比可以同时表示两个、三个甚至更多的量之间的倍比关系，而除法、分数一般只能表示两个量之间的倍比关系。

（2）比的基本性质。

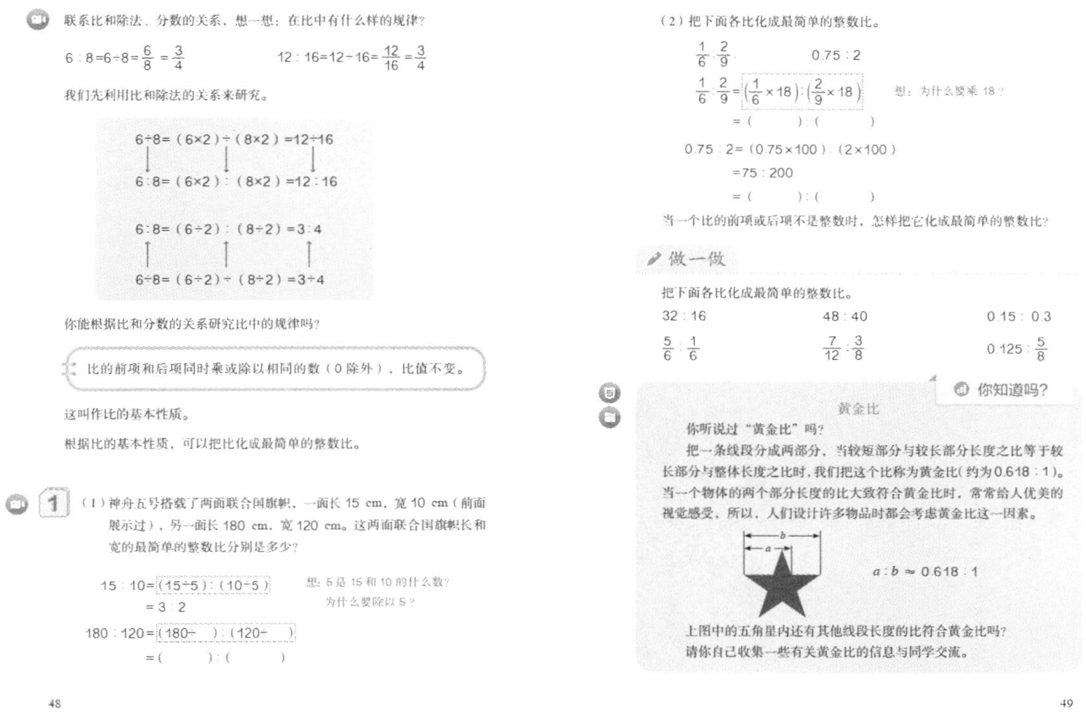
联系比和除法、分数的关系，想一想：在比中有什么样的规律？

$6:8=6\div8=\frac{6}{8}=\frac{3}{4}$　　$12:16=12\div16=\frac{12}{16}=\frac{3}{4}$

我们先利用比和除法的关系来研究。

$6\div8=(6\times2)\div(8\times2)=12\div16$

$6:8=(6\times2):(8\times2)=12:16$

$6:8=(6\div2):(8\div2)=3:4$

$6\div8=(6\div2)\div(8\div2)=3\div4$

你能根据比和分数的关系研究比中的规律吗？

比的前项和后项同时乘或除以相同的数（0除外），比值不变。

这叫作比的基本性质。

根据比的基本性质，可以把比化成最简单的整数比。

1　（1）神舟五号搭载了两面联合国旗帜，一面长15 cm，宽10 cm（前面展示过），另一面长180 cm，宽120 cm。这两面联合国旗帜长和宽的最简单的整数比分别是多少？

$15:10=(15\div5):(10\div5)$
$=3:2$

想：5是15和10的什么数？为什么要除以5？

$180:120=(180\div\ \ ):(120\div\ \ )$
$=(\ \ ):(\ \ )$

48

（2）把下面各比化成最简单的整数比。

$\frac{1}{6}:\frac{2}{9}$　　$0.75:2$

$\frac{1}{6}:\frac{2}{9}=\left(\frac{1}{6}\times18\right):\left(\frac{2}{9}\times18\right)$
$=(\ \ ):(\ \ )$

想：为什么要乘18？

$0.75:2=(0.75\times100):(2\times100)$
$=75:200$
$=(\ \ ):(\ \ )$

当一个比的前项或后项不是整数时，怎样把它化成最简单的整数比？

做一做

把下面各比化成最简单的整数比。

$32:16$　　$48:40$　　$0.15:0.3$

$\frac{5}{6}:\frac{1}{6}$　　$\frac{7}{12}:\frac{3}{8}$　　$0.125:\frac{5}{8}$

你知道吗？

黄金比

你听说过“黄金比”吗？

把一条线段分成两部分，当较短部分与较长部分长度之比等于较长部分与整体长度之比时，我们把这个比称为黄金比（约为0.618∶1）。当一个物体的两个部分长度的比大致符合黄金比时，常常给人优美的视觉感受，所以，人们设计许多物品时都会考虑黄金比这一因素。

上图中的五角星内还有其他线段长度的比符合黄金比吗？

请你自己收集一些有关黄金比的信息与同学交流。

49

图 3.3-10　六年级上第四单元

教材在第 49 页“做一做”第 3 题对商不变性质和分数的基本性质进行了回顾，在此基础上，启发学生根据比和除法、分数的关系思考：在比中有什么样的规律？首先通过比较比值，直接看出 6∶8 和 12∶16 这两个比的比值相等，同时也能看出这两个比的比值和 3∶4 的比值也是相等的。接下来，让学生探究两个比的比值相等的内在原因。教材给出了根据比和除法的关系类推的过程，再让学生根据比和分数的关系自主探究，在此基础上概括出比的基本性质。

（3）化简比。

例 1 运用比的基本性质化简比。化为最简整数比的常用方法是比的前项、后项同时除以它们的最大公约数；化简分数比、小数比的常用方法是把分数比、小数比转化为整数比，再化简。把分数比、小数比转化为整数比的方法，思路比较统一，易于理解与掌握。化简方法也可以是灵活多样，只要能化成最简单的整数比都是允许的。教材在具体编排上是根据化简方法的两个层次由易到难逐次提升编排的。第（1）题仍采用“神舟”五号的问题情境，给出两面旗的长和宽，要求这两面旗长和宽的最简整数比。其中 15∶10 的化简给出了完整的过程，并启发学生思考为什么这样化简；180∶120 的化简则让学生自己完成。化简的过程便于学生感悟化简的必要性，即能使量与量之间的关系更加简明、清晰。两个最简整数比的比值相等，也渗透了图形按比例缩放的相似变换思想。第（2）题的两个比中的前项、后项分别出现了分数和小数，教材同样提出了启发学生思考比的化简方法的问题，把前项或后项不是整数的情况首先转化为前项、后项都是整数的情况，再利用第（1）题的方法自行完成。

（4）按比分配解决实际问题。

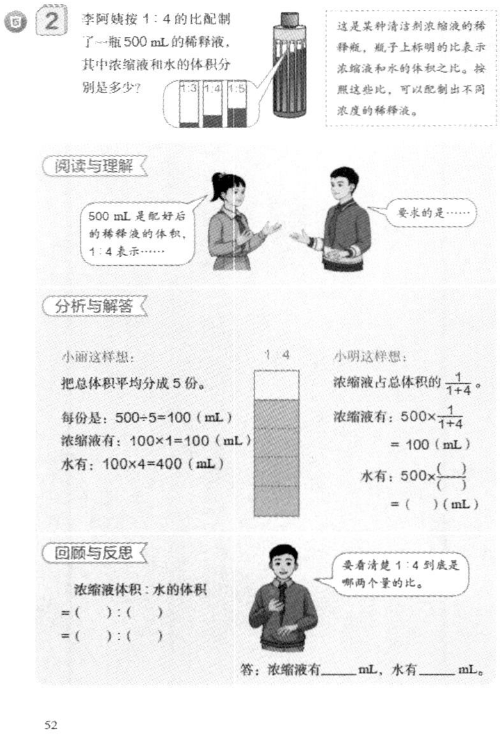

图 3.3-11　六年级上第四单元

例 2“平均分”是按比分配的一种特殊情况，也是解决按比分配的问题的主要方法。解决按比分配的问题主要有三种方法：一是把比的前项、后项看作分得的份数，先求出每一份，即把此问题转化为整数的“归一问题”来解决。二是求出前项、后项分别占总数的几分之几，即把问题转化为求一个数的几分之几是多少，用分数乘法解答。三是用比例知识来解答。教材介绍了前两种方法，而且一般以第二种方法为主，因为学生理解了比和分数的关系，并会利用分数乘法解决问题，对这种方法比较容易理解和接受，也有利于加强知识之间的联系。

让学生解决按比分配的实际问题，这一类问题与“和倍问题”实质相同。教材创设了一个日常生活中比较常见的配制清洁剂稀释液的问题情境，便于学生理解。

教材按问题解决的三个步骤编排，旨在使学生经历问题解决的完整过程，尤其是养成审题和反思的习惯。在问题情境图和解答过程中都借助直观图，使学生清楚地看到量与量之间的关系，理解稀释瓶上标明的比表示的含义。“回顾与反思”环节重新借助比的意义，看浓缩液体积与水的体积之比化简后是否与题目中所给信息相符。

此部分的教学重点是理解比的意义，比的基本性质，按比分配解决实际问题。

3. 教学建议

（1）理解比的意义。

引导学生经历从具体情境中抽象出比的意义的过程。要让学生真正理解比的意义是具有一定的难度的。教学时，应充分挖掘学生的生活经验和学习经验，通过情境设计引发学生思考和讨论，在已有的“长方形长和宽之间的关系”描述的基础上，引出同类量的比，结合“路程与时间的关系”认识不同类量的比；在理解了比的现实背景的基础上逐步抽象出比的概念，理解比的意义。

让学生感悟比与除法、分数之间的联系与区别，贯通新旧知识，进一步深入理解比的意义。比与除法、分数有着密切的联系，所以应当充分利用学生原有的知识基础，引导学生联系相关知识进行类比和推理。例如，比的前项、后项、比值与除法中的被除数、除数、商以及分数的分子、分母、分数值形成对应关系等，让学生自己思考、分析、解答，这不仅有利于加深对比的意义的理解，也能加深对除法与分数概念的理解，促进比与除法、分数的知识之间的融会贯通。在此基础上，应结合具体的练习与创设现实的情境，进一步明确比与除法、分数之间的区别，以进一步揭示比的意义的本质。例如，比更强调的是量与量之间的倍比关系的直接描述，有时并不关注具体比值是多少，而除法、分数更多是强调两个量之间的一种运算关系，通常也会关注运算的结果。此外，我们用比可以同时表示两个、三个甚至更多的量之间的倍比关系，而除法、分数一般只能表示两个量之间的倍比关系。

（2）理解并掌握比的基本性质。

引导学生利用已有知识进行比的基本性质的推导。商不变性质和分数的基本性质都是学生学过的知识，比与除法、分数之间的关系也已经形成进一步的理解，因此，教学要激发学生对已有知识的回忆，唤起对先前知识学习的经验与方法，引导学生自主探索，并逐步抽象概括出比的基本性质，建立起新的知识结构。例如在教学比的基本性质时，可直接提出问题：6∶8 和 12∶16 的比值相等吗？如何证明？组织学生自主探索、合作交流，利用已有知识进行类比推理。在具体例证的基础上，引导学生归纳出一般性的基本性质，并注意到相关的限制条件：同时乘或除以的数不能是 0。

灵活应用比的基本性质。在化简比时，要基于比的前项、后项数据的特点，灵活应用比的基本性质选择化简的方法。有时会利用比的基本性质，把非整数的比转化为整数比，再化简；有时也可直接利用比的意义，把比转化成分数，求出比值，把比值转化成最简分数。但这种方法只适用于化简两个数组成的比，对于三个数组成的连比就不适用。因此，利用比的基本性质化简更是一般的方法。在特殊方法与一般方法的比较中，灵活选择合理运用，既加强了学生思维的发散性，使其体会到方法的多样性，也加深了学生对比的基本性质的理解，进一步揭示了比的基本性质的本质。

（3）按比的分配解决实际问题。

认真审题，厘清关系，揭示问题的实质。按比的分配解决实际问题（例 2），这实际上是“平均分”方法的延伸和拓展。就问题与提供的信息条件来看，三个量（即稀释液、浓缩液和水的体积）之间存在两种关系：一是浓缩液和水的体积之间的关系，二是浓缩液体积+水的体积=稀释液体积。弄清这些关系，有助于正确理解 500 mL 表示哪个量以及稀释瓶上所示各个比的意义。

重视直观模型的作用，学会各种数学语言的转换。用图示直观地表示比的具体含义，对于引导学生理解这个比表示的是哪两个量之间的关系、是一种什么样的关系、如何进一步表示各部分量与总量的关系，具有十分重要的意义。同时，借助直观图引导学生运用数学语言转换各种信息，进行多元表征，有助于从本质上帮助学生理解数量关系，提高提出问题、分析问题、解决问题的能力。例如，教材例 2 中“按 1∶4 的比配置一瓶 500 mL 的稀释液”，指的就是“浓缩液体积有 1 份，水的体积有 4 份，稀释液的体积有 5 份”。这有助于学生对教材介绍的两种解答进行理解。又如“每个橡皮艇上有 1 名救生员和 7 名游客”，也就是说“救生员和游客的人数比是 1∶7”，将题目提供的两个数量关系用比的形式加以抽象概括，帮助学生进一步认清问题的结构特征，为正确解答提供清晰的解题思路。

（二）比例

1. 课标要求

《义务教育数学课程标准（2022 年版）》第三学段“学段目标”中提出：经历用字母表示数的过程，形成符号意识、运算能力、推理意识。

《义务教育数学课程标准（2022 年版）》第三学段“课程内容”中提出：在实际情景中理解比和比例以及按比例分配的含义，能解决简单的问题；通过具体情景，认识正比的量；能探索规律或变化趋势。能运用常见的数量关系解决实际问题，能合理解释结果的实际意义，逐步形成模型意识和几何直观，提高解决问题的能力。

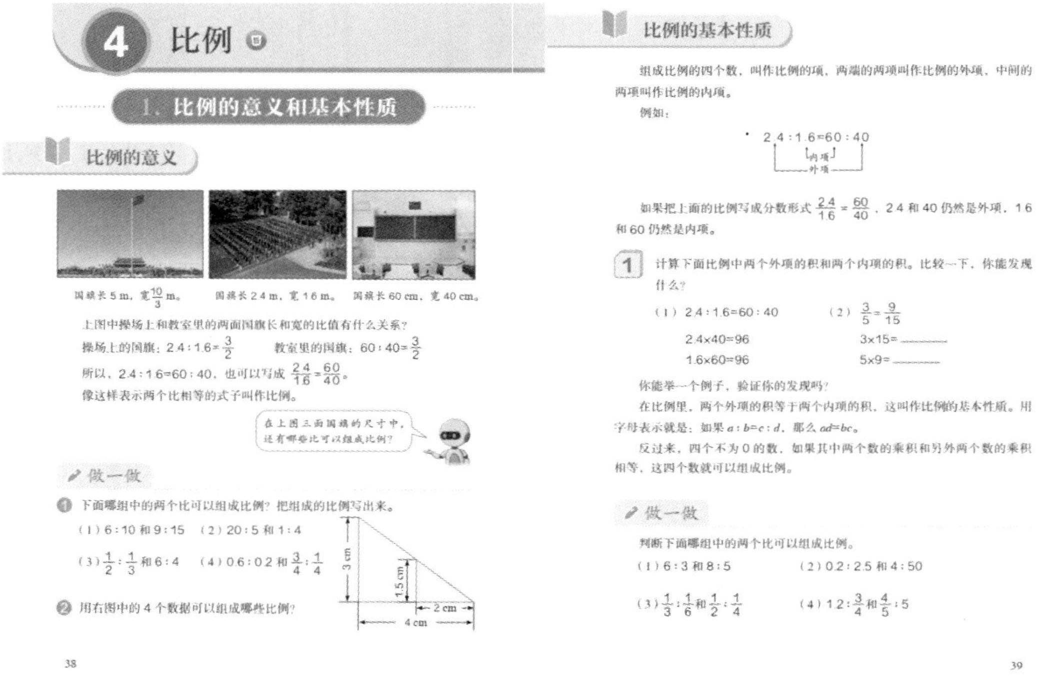
4 比例
1. 比例的意义和基本性质
比例的意义
国旗长 5 m，宽 $\frac{10}{3}$ m。 国旗长 2.4 m，宽 1.6 m。 国旗长 60 cm，宽 40 cm。
上图中操场上和教室里的两面国旗长和宽的比值有什么关系？
操场上的国旗：2.4∶1.6 = $\frac{3}{2}$ 教室里的国旗：60∶40 = $\frac{3}{2}$
所以，2.4∶1.6 = 60∶40，也可以写成 $\frac{2.4}{1.6}=\frac{60}{40}$。
像这样表示两个比相等的式子叫作比例。

做一做
1 下面哪组中的两个比可以组成比例？把组成的比例写出来。
（1）6∶10 和 9∶15 （2）20∶5 和 1∶4
（3）$\frac{1}{2}$∶$\frac{1}{3}$ 和 6∶4 （4）0.6∶0.2 和 $\frac{3}{4}$∶$\frac{1}{4}$
2 用右图中的 4 个数据可以组成哪些比例？

38

比例的基本性质
组成比例的四个数，叫作比例的项。两端的两项叫作比例的外项，中间的两项叫作比例的内项。
例如：
2.4∶1.6 = 60∶40

如果把上面的比例写成分数形式 $\frac{2.4}{1.6}=\frac{60}{40}$，2.4 和 40 仍然是外项，1.6 和 60 仍然是内项。
1 计算下面比例中两个外项的积和两个内项的积。比较一下，你能发现什么？
（1）2.4∶1.6 = 60∶40 （2）$\frac{3}{5}=\frac{9}{15}$
2.4×40 = 96 3×15 = ______
1.6×60 = 96 5×9 = ______
你能举一个例子，验证你的发现吗？
在比例里，两个外项的积等于两个内项的积，这叫作比例的基本性质。用字母表示就是：如果 $a:b=c:d$，那么 $ad=bc$。
反过来，四个不为 0 的数，如果其中两个数的乘积和另外两个数的乘积相等，这四个数就可以组成比例。
做一做
判断下面哪组中的两个比可以组成比例。
（1）6∶3 和 8∶5 （2）0.2∶2.5 和 4∶50
（3）$\frac{1}{3}$∶$\frac{1}{6}$ 和 $\frac{1}{2}$∶$\frac{1}{4}$ （4）1.2∶$\frac{3}{4}$ 和 $\frac{4}{5}$∶5
39

图 3.3-12　六年级下第四单元

2. 教材分析

（1）比例的意义与基本性质。

比例的意义，教材提供了天安门广场、学校操场的国旗以及教室里的国旗等一组有关国旗话题的真实情境，并分别标注出每个情境中国旗的长和宽。这些情境为学生所熟悉，自然促使学生运用经验和直观表象联想到这三种国旗虽然大小不同，但它们的形状却相同，隐含图形的相似特点。接着，在问题“上图中操场上和教室里的两面国旗长和宽的比值有什么关系？”的引导下，学生展开计算活动，求出每一面国旗长与宽的比值。“你能发现什么？”进一步促使学生对所得数据进行比较分析，得出比值相等的结论，在此基础上揭示比例的概念。之后，根据机器人聪聪提出的“在上图的三面国旗的尺寸中，还有哪些比可以组成比例？”，让学生利用比例的概念解决问题，以进一步经历比例知识的研究过程与研究方法：计算并观察相应量的比值是否相等。

例 1 教学比例的基本性质。与实验教材相比，修订版教材的编写分为比例各部分名称、比例形式的介绍以及比例的基本性质两部分。这样的编排使知识呈现的脉络更为清晰，更有利于学生自主探究学习，也更有利于抽象概括比例的基本性质。教材具体展开如下：首先，教材呈现了比例的典型形式，介绍了比例各部分的名称，然后介绍比例的分数形式及其内外项，使学生清晰地发现比例的内项与外项并不会因为比例形式的改变而变化，并且正好形成交叉关系。其次，在此基础上教材呈现例 1，进行比例的基本性质的教学。教材先提出要求与问题："计算下面比例中两个外项的积和两个内项的积。比较一下，你能发现什么？"引导学生通过计算发现这两个比例中两个外项之积等于两个内项之积，接着要求学生举例验证自己的发现。最后，在学生列举众多例子的验证中，通过合作交流与分享，自然抽象概括总结出比例的基本性质。用机器人聪聪的提问"你能用字母表示这个性质吗？"激发学生对比例的基本性质进行进一步的抽象概括：用字母表示比例的基本性质。

例 2 教学解比例。在教学例 2 之前，教材首先介绍了什么叫解比例，解比例的依据是什么，以提示解比例的方法是利用比例的基本性质，将比例转化为外项的积等于内项的积，再利用相应的方程求出未知数。例 2 的教学通过创设真实的情境引入，呈现了解答问题的全过程。根据问题设 x，引导学生根据相关量之间的关系列出比例，再根据比例的基本性质把比例转化为方程，最后进行解方程，求出未知数。

例 3 解分数形式的比例。教材只根据比例的基本性质把比例转化为方程，特别注意为学生自主探索提供空间，解方程让学生自己完成。

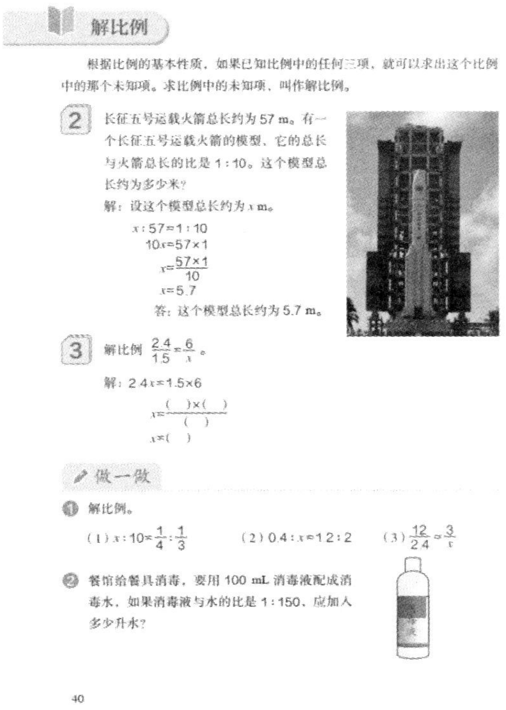

解比例

根据比例的基本性质，如果已知比例中的任何三项，就可以求出这个比例中的那个未知项。求比例中的未知项，叫作解比例。

2　长征五号运载火箭总长约为 57 m。有一个长征五号运载火箭的模型，它的总长与火箭总长的比是 1∶10。这个模型总长约为多少米？

解：设这个模型总长约为 x m。

$$x:57=1:10$$
$$10x=57\times1$$
$$x=\frac{57\times1}{10}$$
$$x=5.7$$

答：这个模型总长约为 5.7 m。

3　解比例 $\frac{2.4}{1.5}=\frac{6}{x}$。

解：$2.4x=1.5\times6$

$$x=\frac{(\quad)\times(\quad)}{(\quad)}$$
$$x=(\quad)$$

做一做

1. 解比例。

(1) $x:10=\frac{1}{4}:\frac{1}{3}$　　(2) $0.4:x=1.2:2$　　(3) $\frac{12}{2.4}=\frac{3}{x}$

2. 餐馆给餐具消毒，要用 100 mL 消毒液配成消毒水，如果消毒液与水的比是 1∶150，应加入多少升水？

40

图 3.3-13　六年级下第四单元

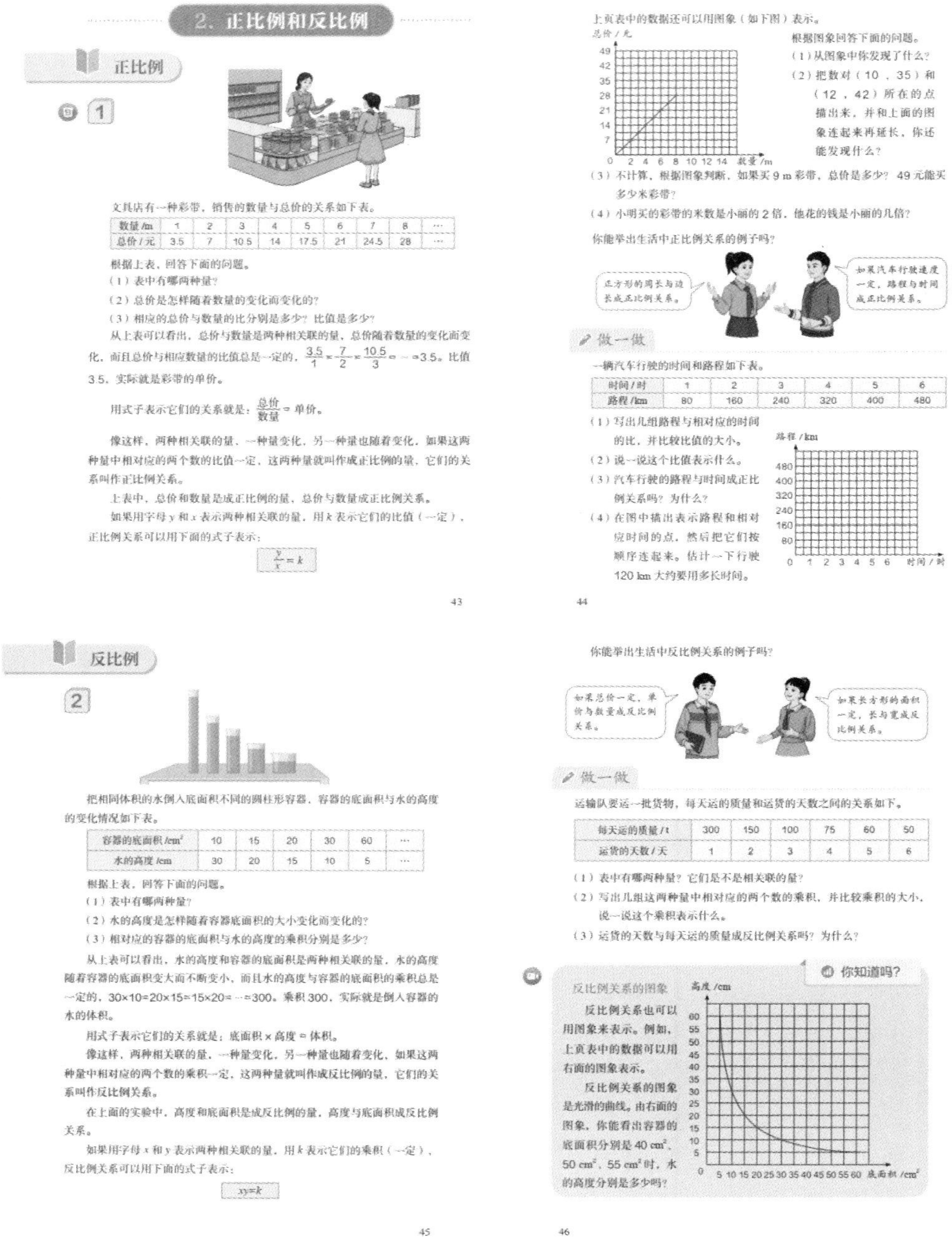

2. 正比例和反比例

正比例

1

文具店有一种彩带，销售的数量与总价的关系如下表。

数量/m	1	2	3	4	5	6	7	8	…
总价/元	3.5	7	10.5	14	17.5	21	24.5	28	…

根据上表，回答下面的问题。

（1）表中有哪两种量？

（2）总价是怎样随着数量的变化而变化的？

（3）相应的总价与数量的比分别是多少？比值是多少？

从上表可以看出，总价与数量是两种相关联的量，总价随着数量的变化而变化，而且总价与相应数量的比值总是一定的，$\frac{3.5}{1}=\frac{7}{2}=\frac{10.5}{3}=\cdots=3.5$。比值 3.5，实际就是彩带的单价。

用式子表示它们的关系就是：$\frac{总价}{数量}=$单价。

像这样，两种相关联的量，一种量变化，另一种量也随着变化，如果这两种量中相对应的两个数的比值一定，这两种量就叫作成正比例的量，它们的关系叫作正比例关系。

上表中，总价和数量是成正比例的量，总价与数量成正比例关系。

如果用字母 y 和 x 表示两种相关联的量，用 k 表示它们的比值（一定），正比例关系可以用下面的式子表示：

$$\frac{y}{x}=k$$

43

上页表中的数据还可以用图象（如下图）表示。

根据图象回答下面的问题。

（1）从图象中你发现了什么？

（2）把数对（10，35）和（12，42）所在的点描出来，并和上面的图象连起来再延长，你还能发现什么？

（3）不计算，根据图象判断，如果买 9 m 彩带，总价是多少？49 元能买多少米彩带？

（4）小明买的彩带的米数是小丽的 2 倍，他花的钱是小丽的几倍？

你能举出生活中正比例关系的例子吗？

做一做

一辆汽车行驶的时间和路程如下表。

时间/时	1	2	3	4	5	6
路程/km	80	160	240	320	400	480

（1）写出几组路程与相对应的时间的比，并比较比值的大小。

（2）说一说这个比值表示什么。

（3）汽车行驶的路程与时间成正比例关系吗？为什么？

（4）在图中描出表示路程和相对应时间的点，然后把它们按顺序连起来。估计一下行驶 120 km 大约要用多长时间。

44

反比例

2

把相同体积的水倒入底面积不同的圆柱形容器，容器的底面积与水的高度的变化情况如下表。

容器的底面积/cm^2	10	15	20	30	60	…
水的高度/cm	30	20	15	10	5	…

根据上表，回答下面的问题。

（1）表中有哪两种量？

（2）水的高度是怎样随着容器底面积的大小变化而变化的？

（3）相对应的容器的底面积与水的高度的乘积分别是多少？

从上表可以看出，水的高度和容器的底面积是两种相关联的量，水的高度随着容器的底面积变大而不断变小，而且水的高度与容器的底面积的乘积总是一定的，$30\times10=20\times15=15\times20=\cdots=300$。乘积 300，实际就是倒入容器的水的体积。

用式子表示它们的关系就是：底面积 × 高度 = 体积。

像这样，两种相关联的量，一种量变化，另一种量也随着变化，如果这两种量中相对应的两个数的乘积一定，这两种量就叫作成反比例的量，它们的关系叫作反比例关系。

在上面的实验中，高度和底面积是成反比例的量，高度与底面积成反比例关系。

如果用字母 x 和 y 表示两种相关联的量，用 k 表示它们的乘积（一定），反比例关系可以用下面的式子表示：

$$xy=k$$

45

你能举出生活中反比例关系的例子吗？

做一做

运输队要运一批货物，每天运的质量和运货的天数之间的关系如下。

每天运的质量/t	300	150	100	75	60	50
运货的天数/天	1	2	3	4	5	6

（1）表中有哪两种量？它们是不是相关联的量？

（2）写出几组这两种量中相对应的两个数的乘积，并比较乘积的大小，说一说这个乘积表示什么。

（3）运货的天数与每天运的质量成反比例关系吗？为什么？

你知道吗？

反比例关系的图象

反比例关系也可以用图象来表示。例如，上页表中的数据可以用右面的图象表示。

反比例关系的图象是光滑的曲线。由右面的图象，你能看出容器的底面积分别是 40 cm^2、50 cm^2、55 cm^2 时，水的高度分别是多少吗？

46

图 3.3-14　六年级下第四单元

（2）正比例和反比例。

例 1 教学正比例。教材将实验教材中的标题“成正比例的量”改为“正比例”，更加突出量与量之间的“关系”，充分体现函数思想。改编正比例的素材、着重探讨总价与数量两个量之间的关系主要是基于以下考虑：单价、数量、总价之间的数量关系是学生最为熟悉的。这样的引入方式既符合学生的认知经验，又揭示了正比例与日常生活的联系。教材通过表格中的数据和三个问题，在机器人聪聪提问“你能发现什么”的启示下，使学生认识了成正比例关系量的关系要点：有两个量，且是相关联的量，一个量随着另一个量的变化而变化；两个量之间的比值不变。在此基础上，教材揭示什么是成正比例的量（总价与数量），什么是正比例关系（总价与数量的关系）。最后，教材利用数学化的字母符号来表征这一变化规律，使学生体会抽象与模型的数学思想。

在理解正比例关系的意义之后，教材安排了让学生认识正比例关系图，并要求学生利用图解决简单的问题；让学生体会正比例图的特点和作用，加深对正比例的认识。同时，这也充分体现了函数思想和数形结合的思想。最后，教材让学生找一找生活中成正比例的量，找到变化的量与不变的量，使学生加深对正比例关系的理解。

例 2 教学反比例。这部分的内容是揭示反比例的意义。整个编排思路和正比例完全一致，所不同的是不要求学生认识反比例的图。

（3）比例的应用。

例 1 是教学比例尺及其求法。在教学例 1 之前，教材着重介绍了以下知识内容：比例尺的概念；比例尺的不同表示形式（数值比例尺和线段比例尺）及其线段比例尺转化为数值比例尺的方法（原实验教材以例 1 的形式编排）；沟通比例尺与分数的关系。除了用比例尺表示把实际距离缩小画在图纸上，还介绍了生活中把实际距离放大的情况等。其中，教材强调在线段比例尺转化为数值比例尺时要特别注意单位的统一，再化简成最简成数比。另外，在用数值比例尺表示时，为便于计算，教材对一般的表示形式也做了特别的说明，即一般把比例尺写成前项或后项是 1 的形式。之后的例 1 教学就是根据比例尺的定义，介绍了比例尺的求法：利用图上距离和相对应的实际距离，先统一长度单位，再相比、化简。

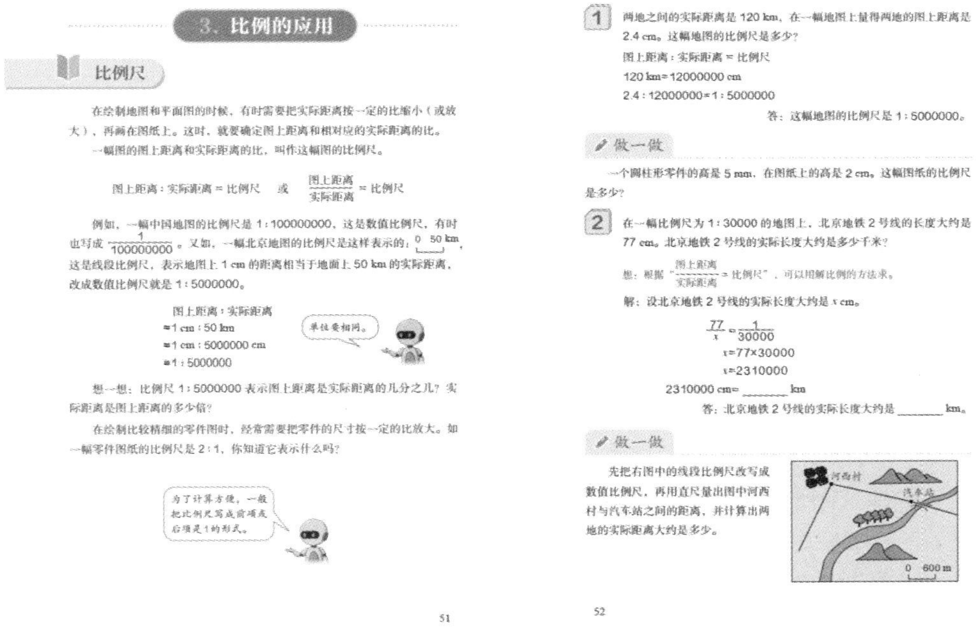
3. 比例的应用

比例尺

在绘制地图和平面图的时候，有时需要把实际距离按一定的比缩小（或放大），再画在图纸上。这时，就要确定图上距离和相对应的实际距离的比。

一幅图的图上距离和实际距离的比，叫作这幅图的比例尺。

图上距离：实际距离＝比例尺 或 $\frac{图上距离}{实际距离}$＝比例尺

例如，一幅中国地图的比例尺是 1∶100000000，这是数值比例尺，有时也写成 $\frac{1}{100000000}$。又如，一幅北京地图的比例尺是这样表示的：0 50 km，这是线段比例尺，表示地图上 1 cm 的距离相当于地面上 50 km 的实际距离，改成数值比例尺就是 1∶5000000。

图上距离：实际距离
＝1 cm∶50 km
＝1 cm∶5000000 cm
＝1∶5000000

想一想：比例尺 1∶5000000 表示图上距离是实际距离的几分之几？实际距离是图上距离的多少倍？

在绘制比较精细的零件图时，经常需要把零件的尺寸按一定的比放大。如一幅零件图纸的比例尺是 2∶1，你知道它表示什么吗？

51

1 两地之间的实际距离是 120 km，在一幅地图上量得两地的图上距离是 2.4 cm。这幅地图的比例尺是多少？

图上距离：实际距离＝比例尺
120 km＝12000000 cm
2.4∶12000000＝1∶5000000

答：这幅地图的比例尺是 1∶5000000。

做一做

一个圆柱形零件的高是 5 mm，在图纸上的高是 2 cm。这幅图纸的比例尺是多少？

2 在一幅比例尺为 1∶30000 的地图上，北京地铁 2 号线的长度大约是 77 cm。北京地铁 2 号线的实际长度大约是多少千米？

想：根据“$\frac{图上距离}{实际距离}$＝比例尺”，可以用解比例的方法求。

解：设北京地铁 2 号线的实际长度大约是 x cm。

$$\frac{77}{x}=\frac{1}{30000}$$
$$x=77\times30000$$
$$x=2310000$$

2310000 cm＝______ km

答：北京地铁 2 号线的实际长度大约是______km。

做一做

先把右图中的线段比例尺改写成数值比例尺，再用直尺量出图中河西村与汽车站之间的距离，并计算出两地的实际距离大约是多少。

52

图 3.3-15 六年级下第四单元

例 2 教学比例尺的应用。教材提供了一个真实的问题情境：根据北京轨道交通路线示意图，求两站之间的实际距离。教材给出了完整的解题过程：首先引导学生如何思考，再给出了从设未知数、列出比例以及解比例求出实际距离的具体过程。在教学的过程中，特别要注意培养学生以下几方面的技能：在示意图上寻找比例尺的信息；经历并能反思求实际距离的思维过程，即根据比例尺列出比例，解比例求出未知数的值，再换算成合适的单位。

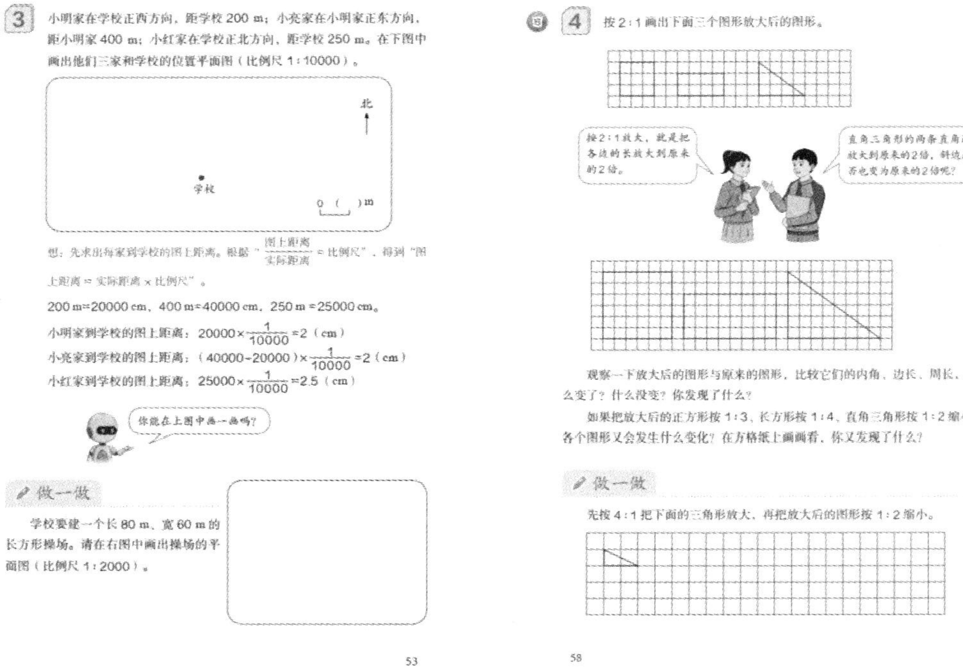
3 小明家在学校正西方向，距学校 200 m；小亮家在小明家正东方向，距小明家 400 m；小红家在学校正北方向，距学校 250 m。在下图中画出他们三家和学校的位置平面图（比例尺 1∶10000）。

想：先求出每家到学校的图上距离。根据“$\frac{图上距离}{实际距离}$=比例尺”，得到“图上距离=实际距离×比例尺”。

200 m=20000 cm，400 m=40000 cm，250 m=25000 cm。

小明家到学校的图上距离：$20000\times\frac{1}{10000}=2$（cm）

小亮家到学校的图上距离：$(40000-20000)\times\frac{1}{10000}=2$（cm）

小红家到学校的图上距离：$25000\times\frac{1}{10000}=2.5$（cm）

做一做

学校要建一个长 80 m、宽 60 m 的长方形操场。请在右图中画出操场的平面图（比例尺 1∶2000）。

53

4 按 2∶1 画出下面三个图形放大后的图形。

观察一下放大后的图形与原来的图形，比较它们的内角、边长、周长，什么变了？什么没变？你发现了什么？

如果把放大后的正方形按 1∶3、长方形按 1∶4、直角三角形按 1∶2 缩小，各个图形又会发生什么变化？在方格纸上画画看，你又发现了什么？

做一做

先按 4∶1 把下面的三角形放大，再把放大后的图形按 1∶2 缩小。

58

图 3.3-16　六年级下第四单元

例 3 教学应用比例尺画平面图，是综合运用比例尺、方位的有关知识解决实际问题。与原实验教材相比，修订版教材提供了绘制简易位置的平面图，给出了比例尺，这大大降低了学生学习的难度。

教材的编写体现了解决问题的基本过程：首先理清相关的信息，清楚要解决的问题；其次，确定方法，求出图上距离；最后，画出平面图，在图上标出相关的信息。其中，根据比例尺与实际距离求图上距离，教材提供的基本思路与例 2 相仿，即根据图上距离÷实际距离=比例尺，推导得到图上距离=实际距离×比例尺。但在教学过程中要特别注意，应允许学生采用别的解法。

另外，教材编写还特别注意将数值比例尺化成线段比例尺的知识点自然融合在画平面示意图的过程中。这一方面体现了综合运用知识解决问题，另一方面也渗透了制作平面图的一般要求以及培养学生良好的学习习惯。

例 4 教学探究图形的放大与缩小的特征。在例 4 之前，教材编排了一组图形放大与缩小的生活现象的图片。在这部分内容的教学中，教材突出强调通过对放大与缩小的生活现象（如照相、用放大镜看书、投影仪放大图表、人和影子等）观察比较分析，初步感知图形按一定的比放大或缩小后只是大小发生变化，形状没有变化，从而体会图形的相似变化特点。例 4 则是引导学生进一步研究图形放大与缩小的特点。教材先让学生按 2∶1 在方格纸上画出三个简单的平面图形的放大图。具体编写过程如下：在明确任务后，首先直接给出“按 2∶1 放大，就是把各边的长放大到原来的 2 倍”。在理解“按 2∶1 放大”的基础上，让学生自主完成放大图形。之后引导学生观察放大前后的图形，在“你能发现什么？”这一问题的启示下，比较它们的内角、边长、周长，发现放大前后的图形大小变了，形状没变。紧接着，再让学生把放大后三个的图形分别按 1∶3、1∶4、1∶2 缩小，在“你又发现了什么？”问题的引领下，使学生在具体的操作活动中，通过观察比较，进一步体会到尽管图形按一定的比缩小，但仍然发现“图形的大小变了，形状却没有变”。在这里，特别需说明的是，原实验教材是将放大后三个图形按 1∶3 的比缩小，而修订版教材则修改为“分别按 1∶3、1∶4、1∶2 的比缩小”，其编写的意图明显的是为学生提供尽可能多的“学”材，以有利于学生更好地进行抽象概括，从而有效实现教学的目标。

（4）问题解决。

例 5 教学用正比例意义解决问题。这是一题典型的解决问题的例题，教材的编写就是让学生经历问题解决的全过程。“阅读与理解”，无论是用算术法（归一先求水的单价）还是用正比例解（依据水的单价一定，建立比例），都需要明确要解决问题，就是要知道水的单价和用水量。两种解法的区别在于前者必须要先求出水的单价，而后者只需明确水的单价是一定的，不知水的单价具体是多少也不影响问题的解决。因此，此环节重在引导学生理解题意，理解问题解决的关键是明确单价是一定的，这是水费与用水量成正比例的前提。“分析与解答”，教材呈现了用算术法和用比例解答两种解答。其中，教材详细介绍了用正比例的方法解决问题的解题过程。教材编写中呈现了两种解法，一方面是让学生回顾算术解法，熟悉数量之间的关系，为用正比例解决问题做好铺垫；另一方面是通过对两种方法的比较，进一步帮助学生认清用正比例解决问题的实质：判断两个量的正比例关系的基础上列出比例式，再解比例。“回顾与反思”，帮助学生梳理用正比例解决问题的关键，提炼方法，总结经验。为巩固、强化这一解法，教材让学生自主解决一个变式问题，以进一步提升学生的应用水平。

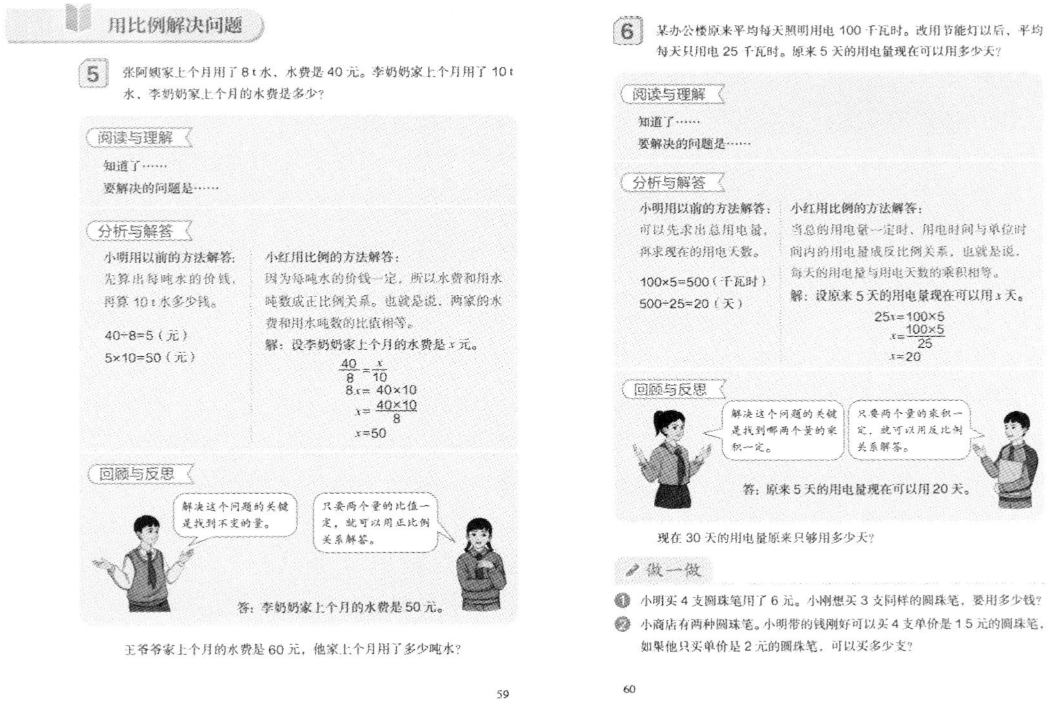

用比例解决问题

5　张阿姨家上个月用了 8 t 水，水费是 40 元。李奶奶家上个月用了 10 t 水，李奶奶家上个月的水费是多少？

阅读与理解

知道了……

要解决的问题是……

分析与解答

小明用以前的方法解答：先算出每吨水的价钱，再算 10 t 水多少钱。

40÷8=5（元）

5×10=50（元）

小红用比例的方法解答：因为每吨水的价钱一定，所以水费和用水吨数成正比例关系。也就是说，两家的水费和用水吨数的比值相等。

解：设李奶奶家上个月的水费是 x 元。

$$\frac{40}{8}=\frac{x}{10}$$
$$8x=40\times10$$
$$x=\frac{40\times10}{8}$$
$$x=50$$

回顾与反思

答：李奶奶家上个月的水费是 50 元。

王爷爷家上个月的水费是 60 元，他家上个月用了多少吨水？

59

6　某办公楼原来平均每天照明用电 100 千瓦时。改用节能灯以后，平均每天只用电 25 千瓦时。原来 5 天的用电量现在可以用多少天？

阅读与理解

知道了……

要解决的问题是……

分析与解答

小明用以前的方法解答：可以先求出总用电量，再求现在的用电天数。

100×5=500（千瓦时）

500÷25=20（天）

小红用比例的方法解答：当总的用电量一定时，用电时间与单位时间内的用电量成反比例关系，也就是说，每天的用电量与用电天数的乘积相等。

解：设原来 5 天的用电量现在可以用 x 天。

$$25x=100\times5$$
$$x=\frac{100\times5}{25}$$
$$x=20$$

回顾与反思

答：原来 5 天的用电量现在可以用 20 天。

现在 30 天的用电量原来只够用多少天？

做一做

1. 小明买 4 支圆珠笔用了 6 元。小刚想买 3 支同样的圆珠笔，要用多少钱？
2. 小商店有两种圆珠笔。小明带的钱刚好可以买 4 支单价是 1.5 元的圆珠笔，如果他只买单价是 2 元的圆珠笔，可以买多少支？

60

图 3.3-17　六年级下第四单元

例 6 教学用反比例意义解决问题。例 6 的总体编写思路与例 5 相似，让学生经历解决问题的完整过程，学会用反比例关系解决“归总”问题，提升学生分析问题、解决问题的能力。这里不再具体展开叙述。

教学重、难点是理解掌握比例、比例的基本性质、比例尺、正比例和反比例等概念和性质，特别是对正、反比例概念的理解与把握；教学的难点是能运用有关概念进行计算及解决问题。

3. 教学建议

（1）理解掌握比例、比例的基本性质、比例尺、正比例和反比例等概念和性质。

比例内容有许多重要的基础性概念，如比例的意义、比例的基本性质、比例尺、正比例的意义、反比例的意义等。这些概念揭示了数学中的重要规律或关系，并且与比例等技能或用比例解决问题密切相关。因此，教学中不仅仅需要记住概念的描述，更重要的是要理解这些概念，让学生经历概念的“形成过程”。概念的形成是通过对具体事物的感知、辨别而抽象、概括出概念的过程，是整个概念教学过程中最重要的一步，是教学的主要内容。因此，在教学中要特别重视帮助学生经历概念的形成，即帮助学生感受、体验发现事物本质属性或规律的过程，获得必需的数学基本思想和基本活动经验。

（2）运用有关概念进行计算及解决问题。

用比例的基本性质、比例尺以及正比例、反比例解决问题，都是比例知识的有效应用。在教学中，应创设真实的情境，让学生体会比例知识在生活中的广泛应用，为学生自主探索学习提供良好的平台。例如，用比例解决问题应让学生经历“阅读理解，理解题意，获取有效数学信息—分析数量关系，找到其中不变的量，判断相关联的两种量成什么比例，解答—检验，思路回顾和方法反思”这样一个完整的过程，以帮助学生牢固掌握分析的方法和解答的步骤，发展问题解决的能力，提升思维的条理性。特别是在教学的关键、难点之处，更应放手让学生展开讨论交流辨析。用正比例解决问题，其关键点是根据题目的情境列出数量关系，使学生发现数量关系中哪些量是变化的，哪个量是一定的，这个“一定的量”是怎么来的。围绕上述问题积极组织学生展开讨论与辨析，可以有效地引导学生把握这个关键点，判断出“两种相关联的量”成什么比例。又如在应用比例基本性质解比例的计算中，除要求掌握比例的基本性质知识之外，同样要引导学生经历根据实际情境中数量关系列出比例、解比例、检验的完整过程。尤其是在此过程中，要引导学生充分交流列比例、解比例的依据和方法，以使教学真正取得知识落实与能力培养的双丰收。

（3）加强方法指导，提高解题技能。

在教学的过程中，一方面教师要引导学生主动地进行自主探索学习；另一方面，在学生学习的过程中，有必要加强对学生学习过程的指导，以取得更好的实效。例如，在应用比例尺解决问题时，在引导学生用比例尺的意义列出比例的同时，应重点组织学生展开讨论：列出比例的依据是什么？算出的 x 的值是什么？单位是什么？为什么？经过这样的引导，学生对知识的学习不仅能“知其然”，而且能“知其所以然”，更能实现灵活应用，举一反三。

（4）适度组织变式练习，促进学生思维的提升。

数学学习中，适量的练习是形成技能、发展能力的必要途径，而练习的质量对学习的效率和思维水平的提高具有直接的意义。高质量的练习能有效促进对概念的理解，促进思维的发展，促进策略与方法的形成，因此教学中要重视练习设计，提高练习材料的有效性。一方面，练习材料的类型要丰富，要涉及各方面的知识。例如，用比例解决问题的练习，问题情境除了数与代数领域的内容之外，还应该创设图形与几何、统计与概率等领域的情境，让学生体会数学问题的普遍性和解决方法的一般性，以租金问题解决经验的积累。另一方面，有必要设计一些适度综合和变式的练习，以促进学生理解的深刻性和思维的灵活性。例如，像“从甲地到乙地，火车出发 6 小时以后，还剩下全程的 60%，还要再行多少小时才能到达目的地”这样的问题，将比例知识与分数、百分数的知识综合起来，具有一定的思维难度。学生解答时既可以用分数、百分数的知识来思考，也可以用正比例的知识和思路来解决，方法与策略非常丰富。

第四章　图形与几何内容分析与教学建议

【本章知识结构图】

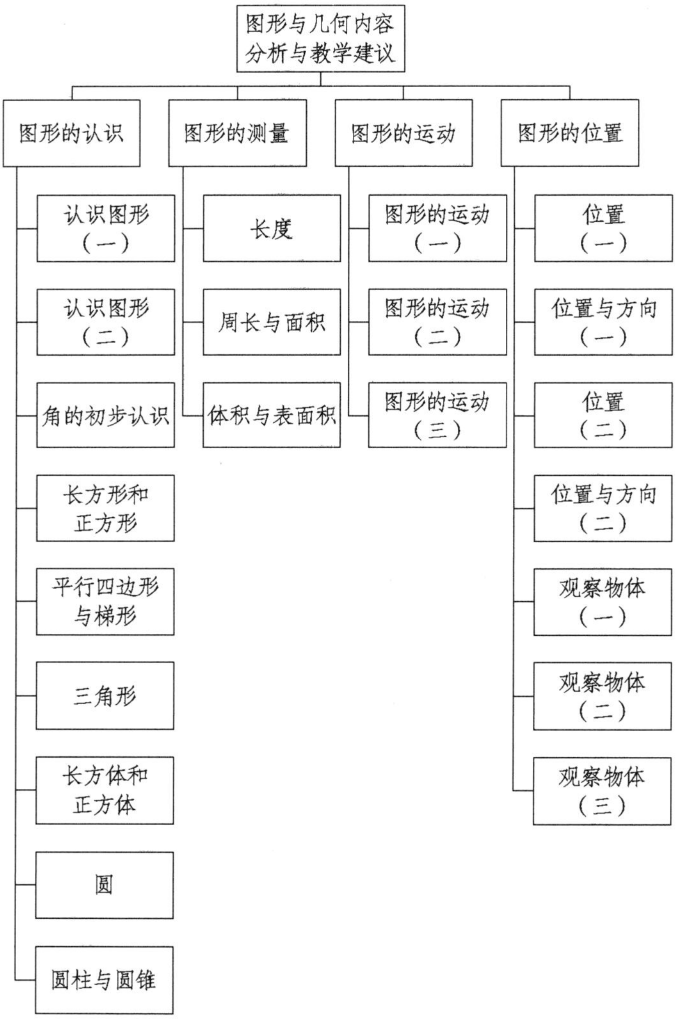

图形与几何是义务教育阶段学生数学学习的重要领域，在小学阶段包括“图形的认识与测量”和“图形的位置与运动”两个主题。学段之间的内容相互关联，螺旋上升，逐段递进。“图形的认识与测量”包括立体图形和平面图形的认识、线段长度的测量，以及图形的周长、面积和体积的计算。“图形的位置与运动”包括确定点的位置，认识图形的平移、旋转、轴对称。

第一节　图形的认识

图形的认识主要是对图形的抽象。学生经历从实际物体抽象出几何图形的过程，认识图形的特征，感悟点、线、面、体的关系；积累观察和思考的经验，逐步形成空间观念。

一、认识图形（一）

1. 课标要求

《义务教育数学课程标准（2022 年）》第一学段“学段目标”中提出：能辨认简单的立体图形，形成初步的量感和空间观念。

《义务教育数学课程标准（2022 年）》第一学段“课程内容”中提出：通过实物和模型辨认简单的立体图形和平面图形，能对图形分类，会用简单图形拼图。在图形认识的过程中，形成初步的空间观念和量感。

2. 教材分析

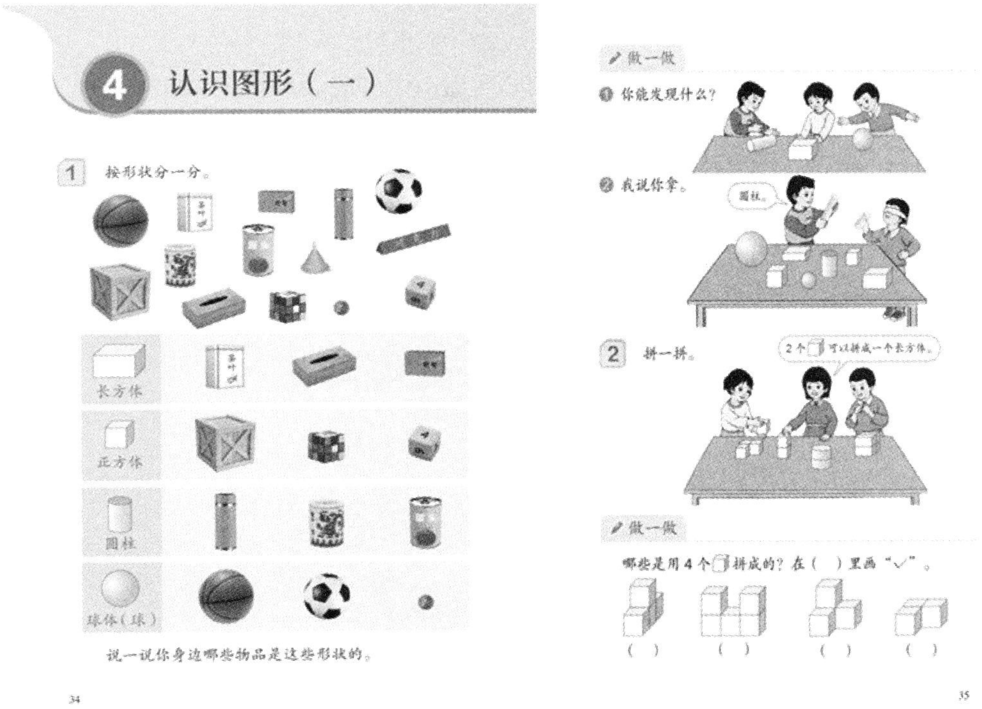

图 4.1-1　一年级上册第四单元

（1）主题图。

主题图出示了学生熟悉的、日常生活中的物品，让学生把形状相同的物体放在一起，既可以借助学生已有的生活经验引导学生进行学习，也渗透了分类的思想，使学生在分类的过程中初步感受几何形体的特征，感受数学与生活的联系。

通过列表的方式让学生把不同的物品归为 4 类，并在此基础上抽象出 4 种图形的模型图，并给出模型图的名称。在每一个表格中，由实物图到模型图，最后给出名称，这一系列呈现，不仅为学生提供认知依据，同时也是认知抽象的过程，为学生的认知提供了丰富的表象，目的是让学生将生活中的物体（生活原型）抽象成数学模型，让学生经历生活现象数学化的过程。

生活中的立体图形并非严格意义上的数学模型，在教学中，教师要去其非本质性的属性，取其本质的要素，将生活中具有共性的要素概括出来。

（2）例题分析。

例 1 是认识四种立体图形。在初步认识了四种立体图形后，“做一做”安排了两个活动，让学生在活动中感受立体图形的特征。

对于这种活动素材，老师们既可以利用，也可以加以改造，如有老师把它改造成摸实物、猜形状的活动。总之应该通过多种形式的活动，让学生充分感受立体图形的特征，以便建立清晰的表象。

例 2 教学立体图形的拼组，通过让学生用所学的立体图形进行拼组活动，初步体会各种立体图形之间的关系，一方面进一步体会所学立体图形的特征，另一方面为以后的学习积累一些感性经验。

图 4.1-2　一年级上册第四单元

（3）问题解决。

教材介绍了长方体、正方体、圆柱体和球的知识。在学生初步掌握长方体、正方体、圆柱体和球基本特征之后，教材设计了例 3。例 3 以学生的活动为主线，在具体要求“看谁搭得又稳又高（所有积木都要用上）”下，使学生了解活动过程。关于学生的活动过程，教材是这样引导的：“知道了什么”“怎样搭呢”“看谁搭得高”。

“知道了什么”是要求学生认真审题，清楚要做的是什么事。“用上所有的积木”和“又稳又高”是活动的要求和目的。

“怎样搭”是学生在完成任务时要思考的问题。搭得稳是前提，只有稳才能保证搭得高。怎么才能实现“稳”呢？就要依据积木的形体特征，利用物体的特征“不能滚动”和“相对稳定”。怎样实现高的要求呢？问题集中在长方体上，长方体怎样摆放会高一点是学生要思考的问题。

“看谁搭得高”是对活动之后的评价。它不仅仅是对“小小建筑物”的评价，也是对活动过程的回顾和完成任务的进一步思考。

整个教学活动过程不仅仅是学生动手实践的过程，也是对立体图形再认识的过程，更是利用立体图形解决问题的过程，是学生为完成任务不断思考、寻求解决问题策略的过程。通过这样的活动，学生经历解决问题的全过程，深化了对立体图形特征的认识，同时培养了解决问题的能力。教材突出了波利亚解决问题的四个步骤：弄清问题—拟定计划—实现计划—回顾，从而梳理了学生思考问题、解决问题的思路，让学生经历解决问题的全过程，获得相应的解决问题活动的基本经验。

此部分教学重点是让学生初步认识长方体、正方体、圆柱、球，能够正确识别这几种图形；教学难点是正确区分长方体和正方体。

3. 教学建议

（1）使学生能够初步认识长方体、正方体、圆柱、球，能够正确识别这几种图形。

让学生展现真实想法，教师应有重点地指导。学生对生活中的立体图形有一定的认识，在教学中教师可以利用学生资源，让学生暴露真实想法，教师再进行重点引导。例如，让学生为准备的学具进行分类，学生会有很多想法，出现不同的分类标准，有不同分类结果。有的学生会将球和圆柱分为一类，将正方体和长方体分为一类，还可能将球分为一类，将圆柱分为一类，将长方体和正方体分为一类。

在调整分类的过程中，教师应积极引导学生思考：为什么把它们分为一类，它们有共同的特点吗？（突出图形的共同特点）球和圆柱都有滚动的功能，为什么不把他们放在一起？（从中分离出球和圆柱的不同之处）让学生在一次又一次分辨和不断的自我更正中逐步认识立体图形。

帮助学生根据图形的特征辨别不同的图形，并了解它们的名称。当学生对这几种立体图形有了初步的了解之后，就要通过不断的辨析来加深学生对图形特征的认识。可以设计各种小游戏，使学生通过手、耳、眼等多感官参与图形的辨认活动。如摸一摸的活动，教师将各种立体图形放在一个密闭的袋子里，让学生按照要求摸出相应的图形，也就是让学生通过摸出图形的特征来辨认是什么图形。再如猜一猜的活动，让一个学生在密闭的袋子里摸出一个图形，描述这个图形的特征，让其他同学猜这是什么图形，并说出它的名称。

（2）正确区分长方体和正方体。

用大量实物丰富学生的认知。在学生认识了各种立体图形之后，教师还要准备一些非教材内的立体图形，如三棱柱、六棱柱等让学生辨认，说一说它们为什么不是长方体、正方体。还可以准备一些易错易混的实物让学生进行辨认。例如，辨认腰鼓和纸杯是不是圆柱，并说明理由。还可以组织学生讨论：乒乓球、篮球、足球、羽毛球、网球、高尔夫球和橄榄球都是“球类运动”的工具，是否属于今天学习的球类？并让学生畅所欲言表明自己的观点。

让实物与图形名称建立起联系。在辨认中，让学生不断地用图形的特征，证实自己判断的观点是否正确，形成思维的自动化，听到图形的名字，在头脑中产生表象，看到实物、图形，立刻在头脑中反射出名称，使学生在实物、立体图形示意图和图形的名称中建立反应链。例如，教师说出长方体，学生能举出长方体的实物、立体图形实例等；教师举起圆柱形茶叶桶，学生能举出圆柱的玩具、积木或有名称的卡片实例等。在不断辨认中，使学生进一步加深对所学这 4 种图形特征的认识，强化理解，加深记忆。

二、认识图形（二）

1. 课标要求

《义务教育数学课程标准（2022 年）》第一学段“学段目标”中提出：能辨认简单的平面图形，认识长方形和正方形的特征，形成初步的量感和空间观念。

《义务教育数学课程标准（2022 年）》第一学段“课程内容”中提出：通过实物和模型辨认简单的平面图形，能对图形分类，会用简单图形拼图。在图形认识的过程中，形成初步的空间观念和量感。

2. 教材分析

图 4.1-3　一年级下册第一单元

（1）例 1 分析。

例 1 上半部分主题图中的学生借助长方体、正方体、圆柱、三棱柱等立体图形，以描、画、印、拓等方式画出长方形、正方形、三角形、圆等平面图形，帮助学生体会“面在体上”，感受平面图形和简单立体图形之间的关系，在了解立体图形各表面的特征的同时，引入平面图形的认识。例 1 下半部分通过列表的方式，让学生把不同的平面图形归类，并抽象出一般图形，介绍其名称。在正方形、圆的表格中，所画的图形大小不同、形状相同；在长方形、平行四边形、三角形中的表格中，所画的图形大小不同、形状也不同，但都是同一类图形，为学生提供了丰富的表象支撑。

做一做的第 1 题是让学生在辨认中巩固对平面图形的认识，进一步感受“面在体上”，体会到立体图形与平面图形的关系；还可以激发学生学习的积极性，提高学生在生活中观察和探究数学现象的意识和能力。第 2 题是让学生利用立体图形画出自己喜欢的图形，并进行展览，继续使学生经历由立体图形得到平面图形的过程，再次感受平面图形和立体图形之间的关系，提高动手能力，培养学生学习的主动性，体验创作的乐趣。

在教学时要精心设计各种操作活动，给学生提供充分的动手操作的机会，让学生在活动中掌握知识，同时积累关于图形认识的基本活动经验。

教学重点是使学生直观认识长方形、正方形、平行四边形、三角形和圆；教学难点是从立体图形的表面抽象出平面图形，体验面和体的不同。

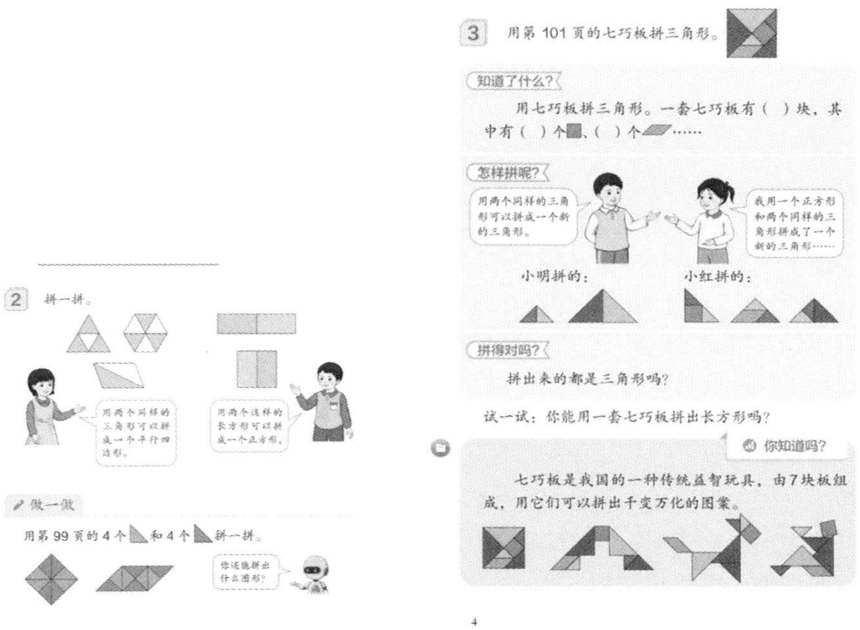

图 4.1-4　一年级下册第一单元

（2）例 2、例 3 分析。

例 2 是一个拼组图形的活动。通过用学过的、同样的平面图形拼成学过的或没有学过的其他平面图形，使学生进一步体会平面图形的特征，初步感受平面图形之间的关系，并为以后的学习积累一些感性经验。教材呈现了用等边三角形、一般三角形、宽为长的一半的长方形拼组的例子。“做一做”用两种颜色、形状大小相同的等腰直角三角形拼组图形，使学生进一步了解图形的特征，培养学习兴趣，增强想象力。

教学要精心设计各种操作活动，为学生提供充分的动手操作的机会，让学生在活动中掌握知识，同时积累关于图形认识的基本活动经验。

此部分教学重点是使学生进一步直观感知所学平面图形的特征，初步体会平面图形之间的关系；教学难点是让学生在活动中掌握知识，同时积累关于图形认识的基本活动经验。

例 3 正式引入了七巧板，并让学生先用一套七巧板拼三角形，再比一比看谁拼得多，既渗透了数学文化，又为学生提供了认识平面图形的丰富的素材，使学生借此进一步感知平面图形的特征，发展学生的空间观念、操作能力，培养创新意识。教材通过 3 个问题让学生继续经历解决问题的完整过程，有目的、有计划地培养学生的理解问题、分析问题、解决问题及反思的能力，使学生逐步获得解决问题的一般方法。如果说例 2 是学生自由拼组，例 3 则是学生有目的地（拼三角形）拼组，解决问题的具体方法就是利用之前的经验去“拼”。教材分别展示了学生用七巧板中的 2 个、3 个图形拼组三角形的结果，也暗示了解决问题的基本思路——从用 2 个图形开始拼，再到用 3 个图形拼。

“做一做”让学生用一套七巧板拼长方形，而且要看能拼几个，与例 3 的要求是相似的。“你知道吗？”介绍了七巧板的由来，使学生了解祖国的数学文化，感受七巧板的神奇魅力。

此部分教学重点是使学生进一步感知平面图形的特征；教学难点是发展学生的空间观念、操作能力，培养创新意识。

3. 教学建议

（1）从立体图形的表面抽象出平面图形，体验面和体的不同。

由于生活中的图形以立体的形态存在，学生难以在现实生活中找到与平面图形相似的物体的某一部分，因而学生学习平面图形要比学习立体图形困难。

教学前要准备丰富的、日常生活用的物品（长方形、正方形、圆柱、直三棱柱等）和白纸，为学生描、画、印、拓平面图形做好充分的准备。教学时，教师可以通过创设学生喜闻乐见的童话情境启发学生描画出立体图形的面。如“立体图形”中在雪地里留下脚印，教师提问学生：“这些脚印分别是谁留下的呢？”在学生发表自己的意见后，教师通过“同学们想不想留下这些立体图形的脚印？”等启发性语言引导学生描画立体图形的面。教师也可以由引导学生关注立体图形的面的不同，启发学生将这些面描画出来。

给予学生充分的时间和空间交流日常生活中哪些物体的面是长方形、正方形、三角形、圆和平行四边形等平面图形，使学生感受“面在体上”，体会立体图形与平面图形的关系。

让学生利用立体图形画出自己喜欢的图形。这一活动给予学生的空间较大，学生有很高的兴趣。教师可以先向学生展示一幅由不同形状的平面图形组成的简笔画，让学生明白操作过程后自主操作。操作中，学生因需要某种平面图形而去思考、查找立体图形的面，或由立体图形的面思考是不是自己想要的平面图形。学生自然地经历着由立体图形得到平面图形的过程，感受着平面图形和立体图形之间的关系。

（2）直观认识长方形、正方形、平行四边形、三角形和圆，能够辨认和区分这些图形。

数学的学习是一个抽象的过程，学生需要经历从某一图形的众多形象中抽象出这个图形的一般图形。学生需要从这一图形的众多表象中剔除这一类图形非本质的特征，才能真正认识图形。教学时，教师要向学生提供图形的众多形象：大小不同、形状相同的正方形和圆，大小不同、形状不同的长方形、三角形和平行四边形。首先让学生将这些不同的平面图形归类，接着教师提问：“这些图形大小不同、形状也不同，怎么都是长方形（三角形、平行四边形）？”引导学生思考这一类图形的本质特征。

让学生分类计数不同平面图形所组成图案的图形数量。这一过程根据学生根据自己所形成的对图形的认识去辨认具体的图形，这一过程既可以巩固学生对平面图形的认识，也可以衡量学生的认识是否正确。

（3）进一步直观感知所学平面图形的特征，初步体会平面图形之间的关系。

教材提供的是一个让学生体会平面图形特征和初步感受平面图形之间关系的思路，具体活动时，不应该完全要求学生按书上的拼、摆。教师可以创造性地设计操作活动：能不能用几个相同的正方形拼成一个长方形？能不能用几个长方形拼成一个正方形？让学生动手拼、摆，既可以用几个相同的图形拼学过的图形，也可以拼出没学过的图形。拼完之后交流一下拼的情况。

教学中可以分为以下 4 步：① 提问，能不能用两个同样的长方形拼成一个新的长方形或正方形？② 分组拼，自选平面图形，并用所选的同样的图形拼出其他平面图形。③ 交流，说一说用了几个什么样的平面图形拼成了一个新的什么图形，怎么拼的。④ 自由拼，利用平面图形的特征自主拼图。

（4）让学生在活动中掌握知识，同时积累关于图形认识的基本活动经验。

教师要精心设计操作活动，给学生提供充分的动手操作的机会，一方面调动学生触觉、视觉等多感官的投入，形成对平面图形的充分感知，为抽象平面图形的特征和关系奠定基础；另一方面利于调动学生学习兴趣，并促使学生形成初步的动手操作能力。教学中不应依赖教师的演示或信息技术的运用，不应以演示替代学生的实际操作。学生所接触到的平面图形的实物越丰富，学生的感受和体验就越深刻，对图形的认识就越清晰。

（5）进一步感知平面图形的特征。

设计多层次的拼摆活动，帮助学生理解要解决的问题。先让学生自由拼摆图案，体验七巧板所拼图案的千变万化。再摆出三角形，然后提出例 3 中要解决的问题——用一套七巧板拼三角形，看谁拼得多。明白要解决的问题后，让学生动手拼一拼，边拼边思考怎样拼出更多的三角形。可以先各人拼三角形，在组内交流用了几个图形，拼出了什么样的三角形；也可以先组内讨论应该怎样拼、怎样思考，然后再动手拼。在学生充分动手操作之后，教师组织全班交流，梳理用七巧板拼三角形的基本方法，再看看谁拼得多。

（6）发展学生的空间观念、操作能力，培养创新意识。

精心设计操作活动，给学生提供充分的动手操作的机会，获得数学基本活动经验是培养小学生空间观念的一种有效途径。应利用例 3 和“做一做”所设计的操作活动，让学生充分动手操作，通过操作活动让学生有所感受、有所体验。

充分发挥学生的自主意识和自主能力，让学生能动地拼摆和思考怎样拼出更多的三角形（长方形），切忌由教师给出拼摆结果让学生进行模仿。

三、角的初步认识

1. 课标要求

《义务教育数学课程标准（2022 年）》第一学段“学段目标”中提出：能辨认简单的平面图形特征，形成初步的量感和空间观念。

《义务教育数学课程标准（2022 年）》第一学段“课程内容”中提出：会比较角的大小；能说出直角、锐角、钝角的特征，形成初步的空间观念和量感。

2. 教材分析

教材从校园生活情景中引出角和直角，从实物中分别抽象出角和直角，使学生经历从生活实际中抽象出数学知识的过程，学会从数学化的角度观察周围的世界。学生认识了角和直角以后，教材让学生说说周围哪儿有角和直角，此外，还安排了“生活中的数学”，使学生了解数学知识在生活中的存在以及应用。教材利用以纸折角、做活动角、用三角板比角、画角等活动帮助学生认识角。

（1）主题图。

这是一幅校园情景图，先让学生感性、直观地看到角在生活中无处不在：足球门、足球场的边界、教师手中的三角板、远处钟楼的时针与分针，这些物体上都有角。

图 4.1-5　二年级上册第三单元

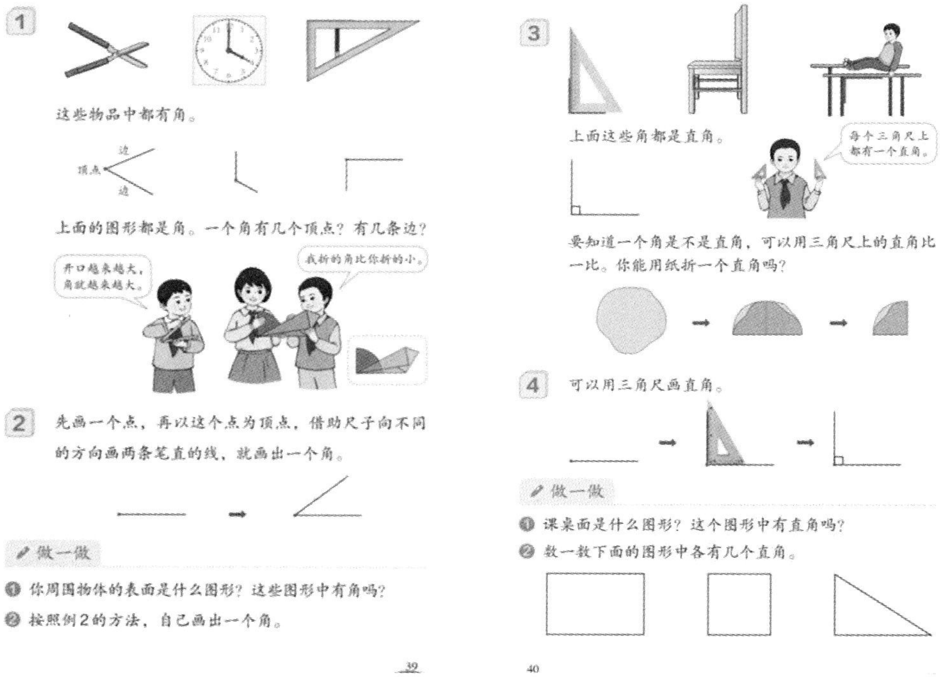

图 4.1-6　二年级上册第三单元

（2）认识一般的角。

例 1 是认识角。

① 从剪刀、钟表、三角板等实物中抽象出角的一般模型，包括锐角、钝角、直角，体现了从直观到抽象的过程。

② 直接用图形描述角的概念，并在图上标出顶点和边（类似于线段概念的引出），使学生通过直观、形象的观察初步感知什么是角以及角有什么特征。

③ 通过操作活动进一步认识角。通过制作活动角、用纸折出大小不同的角，使学生再一次感受角的顶点和边的特征，并直观地认识到角是有大小的。

例 2 是画角。教材中给出的是一种最基本的画角方法（其中一条边是水平的），实际教学中，学生画的时候，可以不要求其中一条边是水平的。

（3）认识直角。

例 3 是认识直角，编排与“角的认识”一致，也是从国旗、椅子等实物抽象出直角的一般模型，再用纸折出一个直角来，要让学生理解直角是一种特殊的角。

例 4 是用三角板判断直角和画直角。

① 教材上利用学生手头最容易找到的直角、锐角、钝角（书本、红领巾），让学生用三角板比较，让学生自己说说应该怎样比较（顶点和一条边重合，看另一条边）。这也是为以后正式学习锐角和钝角做准备。

② 教学时可以让学生再找一些东西来判断。画直角，教材上给出了画的过程。学生自己画的直角的两条边不一定是水平的和竖直的。

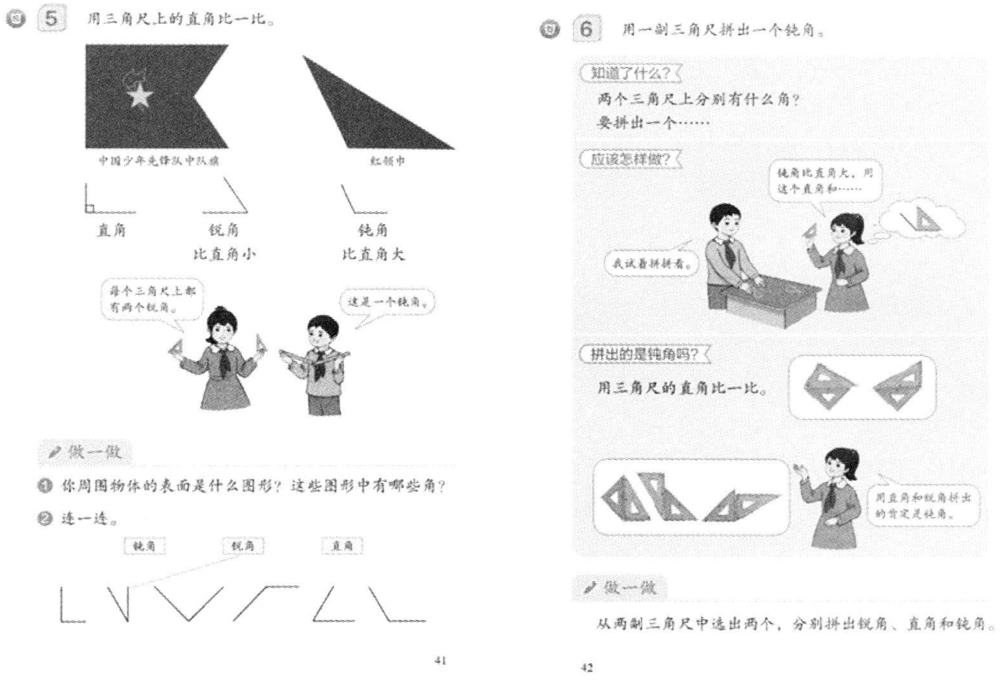

图 4.1-7　二年级上册 第三单元

例 5 通过让学生用三角尺上的直角比实物上的角的活动，抽象出锐角、钝角的图形，说明角的名称，让学生从分类的角度初步认识锐角和钝角。但由于二年级学生还没有学习有关角的度量的知识，这部分内容的学习有一个显著的特点，就是以三角尺上的直角作为标准，基于“比一比”这样的操作活动来判定一个角是锐角、直角还是钝角。在比较时，要让学生明白，此时正是在比较角的两边张开的程度。但对于一些明显大于直角或明显小于直角的角，学生可以直接依据直角的表象得出结论，不一定非得通过操作去比，所以要强化直角表象，充分利用直角表象提高判定角的类型的效率。

例 6 是一项内涵丰富的用三角尺拼角的学习活动。它既能巩固学生对直角、锐角、钝角的认识，加深对直角、锐角和钝角之间关系的理解，又能培养学生的动手能力，积累数学活动经验和解决问题的经验，还能使学生更加熟悉三角尺上角的特点，为后续学习做好铺垫。解决的问题为“用一副三角尺拼出一个钝角”，首先要理解“一副三角尺”的含义，知道自己可利用的都有哪种角。在“怎样解答”中，教材呈现了两种策略：一种是通过直接拼的方式去尝试；一种是根据钝角与直角的关系，以直角为基础和锐角去拼。后者体现了有理、有序的思考，能够找到较多的、保证正确的答案。在“解答正确吗”中，学生可以通过用三角尺的直角比一比的方式对拼出的角进行检验，也可以加以说明：用直角和锐角拼出的角肯定比直角大，那就是钝角。

此部分教学重难点是认识角，知道角的各部分的名称，学会用尺画角，认识直角、锐角、钝角，会用三角尺判断各角；难点是探究角的大小跟什么有关，运用角的知识解决简单的问题（用一副三角尺有序拼出钝角）。

3. 教学建议

（1）通过各种途径使学生初步认识角。

抽象出角的图形。通过多媒体呈现同学们非常熟悉的、简单明了的、容易突出角的本质特征的物品或图形，如剪刀、钟面、三角尺等，抽象出角的图形来，知道角是由一个顶点和两条边组成的，开口方向可以是任意的。这些角既有静态的，如三角尺；也有动态的，如剪刀、钟面，感知动态角的存在。

结合生活情境找一找角。角与实际生活有着密切的联系，生活中很多物体的表面上都有角。除了在情境图上找角，还可以结合教室里的物体找一找角，如桌角、墙角、窗角等。

通过操作活动进一步认识角。拿出一张长方形的纸，指一指上面的角，再任意折一折，指出自己折的角。同桌位的还可以拼一拼，知道角可以“相加”；还可以重叠着比一比，知道角还可以“相减”，并为后面“用三角尺的直角比一比”做好铺垫。

（2）引导学生自主探究角的大小。

出示一个活动角，让学生想一想，如果想把角变大一些，应该怎么操作。通过操作，让学生明白角的开口张大了，角就大了。那想角小点呢？可以请学生上台操作试一试，知道角的大小跟角的开口度有关。

（3）充分利用三角尺上的直角辨认直角、钝角和锐角。

要知道一个角是不是直角，不能光靠眼睛看，特别是与直角接近的角，一定要用三角尺的直角去比一比，养成严谨的学习态度。

用三角尺上的直角判断一个角是否是直角的方法，实际上向学生渗透了比较角的大小的一种重要方法——叠合法。教师要做具体的指导和说明：先将三角尺上直角的顶点和要判断的角的顶点对齐，再将三角尺上直角的一条边和角的一条边重合，看看三角尺上直角的另一条边是不是也和角的另一条边重合。如果重合，这个角就是直角；如果没有重合，这个角就不是直角。

用三角尺的直角判断锐角。先顶点与顶点对齐，再将三角尺上直角的一条边和角的一条边对齐，再看另一条边，让学生仔细观察，说说自己看到了什么。（角的另一条边在三角尺直角的另一条边的里面）说明什么？（说明这个角比三角尺的直角小，得出比直角小的角是锐角）

学习用三角尺的直角判断钝角。与判断锐角的方法相同，关键要再次提醒学生一条边一定要与三角尺的一条直角边对齐，再看另一条边，如果角的边在直角边的外面，说明比直角大，得出比直角大的角是钝角。

四、长方形和正方形

1. 课标要求

《义务教育数学课程标准（2022 年）》第一学段“学段目标”中提出：认识长方形和正方形的特征，形成初步的量感和空间观念。

《义务教育数学课程标准（2022 年）》第一学段“课程内容”中提出：能说出长方形和正方形的特征，形成初步的空间观念和量感。

2. 教材分析

教学内容包括四边形的初步认识；长方形、正方形的特征。这部分内容的教学十分重要，因为长方形和正方形是最基本的平面图形。它们的形状较简单，特征较明显，应用也十分广泛。

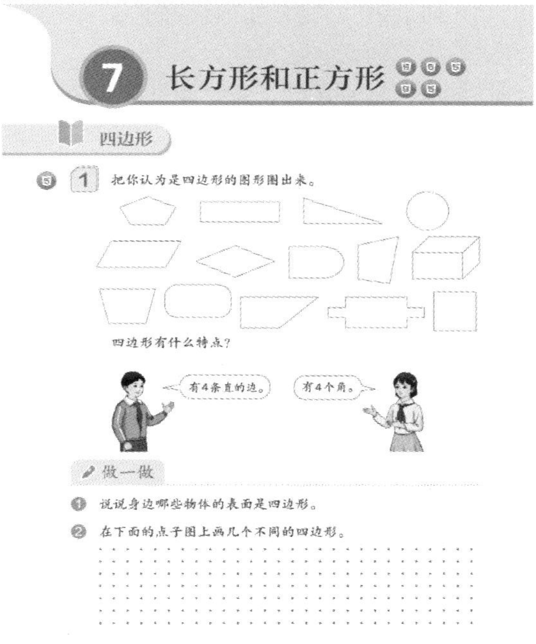

图 4.1-8　二年级上册 第七单元

例 1 让学生从众多的图形中区分出四边形，发现并概括出四边形的特征：有四条直的边和四个角。教材给出了丰富的图形，有立体图形、平面图形，有凸多边形、凹多边形，有直线图形、曲线图形等，不仅为学生通过分类认识四边形创设了情境，而且提供了直观认识各种四边形的机会，为以后的学习做准备。例 1 中“做一做”的两个题目，旨在让学生进一步认识四边形。第 2 题通过画图操作，突出了画四边形时的要素“边”和“顶点”，同时让学生了解各种四边形的共性和各自的特点。

例 2 给出长方形和正方形各边的名称，为教学周长和面积做准备。让学生通过亲手量一量、折一折等活动，发现并尝试归纳出长方形和正方形的特征。例 2 中“做一做”的两个题目，旨在巩固对长方形和正方形特征的认识。

3. 教学建议

（1）通过观察、猜想、验证等自主探究活动认识四边形、长方形和正方形的特征。

四边形的知识是在学生已经直观认识了长方形、正方形、平行四边形、三角形和圆等平面图形的基础上学习的。教材引导学生从已有的知识和经验出发，通过辨一辨、找一找、画一画、连一连、说一说等系列活动，让学生通过折、量、比等形式的操作活动主动探究，在活动中充分积累探究经验，从而探索发现并归纳出长方形和正方形的特征。要注意通过对比和表达加深对图形的认识。当学生对长方形和正方形有了初步理解，需要进一步深化时，需要提供一些变式图形，如斜放的长、正方形，帮助学生排除非本质属性的干扰，抓住图形的本质属性进行判断，更好地掌握图形的概念。

引导学生经历在具体事物中抽象出图形的认识过程。认识四边形，主要是让学生运用分类的思想，在众多图形中区分出四边形，从而发现四边形的特征。教学长方形和正方形时，主要运用类比思想，在比较中发现异同，加深认识。要将学生的生活经验作为发展他们空间观念、认识图形的宝贵资源。借助“几何直观”，充分发挥素材的作用，引导学生逐步学会用数学的眼光看待丰富的图形世界，促进学生空间观念的发展。

（2）充分运用多媒体创设情境，精心设计，通过课件直观演示做到数形结合。

数形结合能有效地为学生提供恰当的形象材料，可以将抽象的数量关系具体化，把无形的解题思路形象化，帮助学生理解和掌握知识，有效激发学生的求知欲望和学习兴趣，从而有利于突破课堂教学中的重点和难点，既优化了解题途径，又提高了教学效率。如“四边形”一课，制作课件可增加一些平面图形正反例来加深学生对四边形的认识，如不封闭的、边是弯曲的、凹的四边形，斜摆的四边形，圆形，五边形等，这样可丰富学生对图形的认识。课尾“连一连”中，小猫要沿着由四边形连起来的路线走才能吃到鱼，请你帮助小猫画出路线，通过图形游戏来激发学生学习的兴趣，让学生把已经建立的四边形的表象以具象的形式表达出来，让学生在动手操作的体验中再一次丰富对四边形的感知，进一步强化和巩固四边形的特征，加深对四边形内涵的认识。

（3）注重数学实践活动，突出几何探究过程。

空间观念是在活动的过程中逐步建立起来的。应在多样的实践中让学生主动探究、认识图形的特征，如把长方形、正方形比一比、折一折、量一量，发现它们边、角的特征。但在操作过程中，应注意让学生明确实践的目的性，如把长方形纸左右对折、上下对折，这么做说明了什么等。另外，在验证正方形四条边都相等时，学生往往只注意对边相等，忽视沿对角线对折来验证邻边相等。教学中应多留些时间让学生思考，最后得出先对折成三角形再对折，再把正方形的四条边都折合到一起的好方法。为了让大家看清楚，可把四条边都涂上不同的颜色，效果会更好。在这种情况下，除了对折，还可以选择适当的四根纸条拼摆图形来排除长方形、正方形面的干扰，突出边的对比，使学生思路更明晰，便于总结归纳、完整阐述。

（4）提炼核心问题，注重小组合作交流、动手操作、自主探究突破各课重难点。

核心问题是达成教学目标的关键，它能改变冗长、烦琐、低效的情况。一堂课其他问题都是由这个核心问题派生出来的，或与这个核心问题息息相关。找准核心问题，教学就会有的放矢。围绕核心问题展开，学生的思维就有了聚焦点，学习主线就非常明晰，同时简单明了。小组合作学习，动手操作，学生在操作过程中会用多种方法进行研究，有助于培养观察、分析、归纳及猜想、验证等数学思维能力，感受学习空间与图形的意义，增强空间观念，体验探索数学的乐趣，具体如表 4.1-1 所示。

表 4.1-1　四边形、长方形、正方形核心问题及验证方法

课题	核心问题	验证方法	结论
四边形	四边形有什么特点？	对比、辨析、分类	4 条直边 4 个角
长方形、正方形	长方形和正方形有什么特点？	量一量、折一折、比一比	长方形对边相等、4 个直角，正方形 4 边相等、4 个直角

五、平行四边形与梯形

1. 课标要求

《义务教育数学课程标准（2022 年）》第二学段“学段目标”中提出：认识常见的平面图形，形成量感、空间观念和初步的几何直观。

《义务教育数学课程标准（2022 年）》第二学段“课程内容”中提出：了解平面上两条直线的平行和相交（包括垂直）关系；能说出平行四边形和梯形的特征，形成空间观念和初步的几何直观。

2. 教材分析

教材的具体编排结构如下：

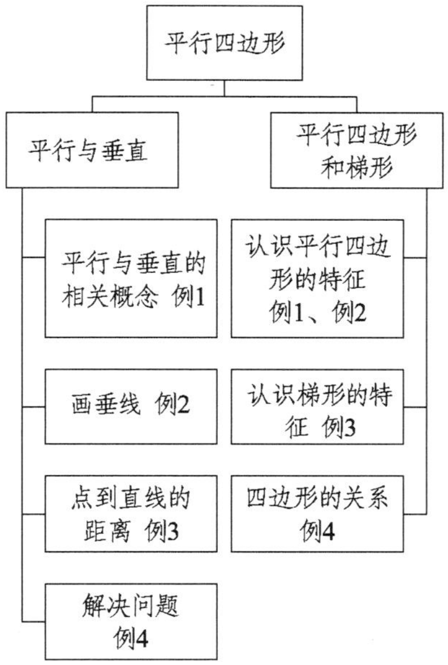

（1）平行与垂直。

例 1 为认识平行与垂直。教材去掉了情境引入，直接通过让学生在平面上画任意两条直线来引入，这样编排可引导学生体会在同一平面内两条直线位置关系有相交和不相交两种情况，就能比较好地回避“重合”这种情况。分别教学平行和垂直，重点更突出、线索更清楚。

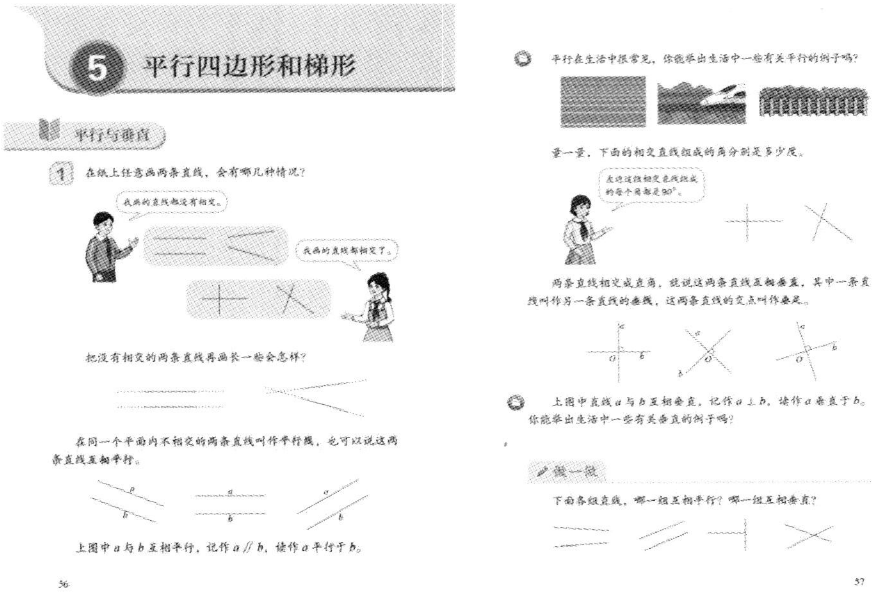

5 平行四边形和梯形

平行与垂直

1 在纸上任意画两条直线，会有哪几种情况？

把没有相交的两条直线再画长一些会怎样？

在同一个平面内不相交的两条直线叫作平行线，也可以说这两条直线互相平行。

上图中 a 与 b 互相平行，记作 $a // b$，读作 a 平行于 b。

56

平行在生活中很常见，你能举出生活中一些有关平行的例子吗？

量一量，下面的相交直线组成的角分别是多少度。

两条直线相交成直角，就说这两条直线互相垂直，其中一条直线叫作另一条直线的垂线，这两条直线的交点叫作垂足。

上图中直线 a 与 b 互相垂直，记作 $a \perp b$，读作 a 垂直于 b。你能举出生活中一些有关垂直的例子吗？

做一做

下面各组直线，哪一组互相平行？哪一组互相垂直？

57

图 4.1-9　四年级上册第五单元

教材第一次给出了平行的记法与读法，不但可以培养学生的符号意识，而且体现了数学的简洁美，能够与第三学段的学习做好对接。后面“量一量”的活动意在通过测量，引导学生发现两条直线相交的两种情况，认识到垂直是相交中的一种特殊的位置关系，从而在感知与体验中建构垂直的概念。

教材呈现了三组不同方向的垂直情况图，意在使学生通过观察、比较、思考，加深对垂直特征的理解，帮助学生建立垂直的表象。

此外还通过一些生活中的事例来加深学生对平行和垂直的认识，感受数学与生活的密切联系。

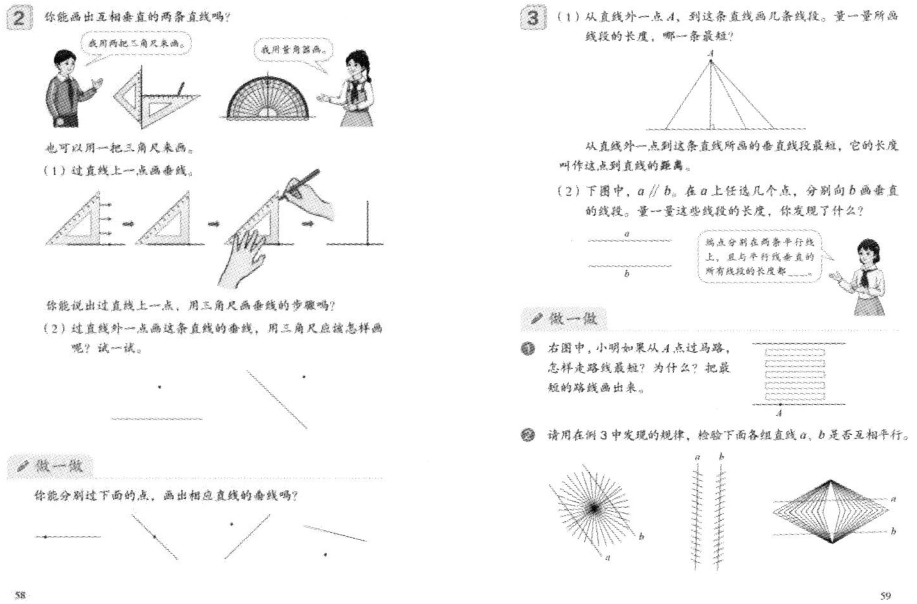

2 你能画出互相垂直的两条直线吗？

也可以用一把三角尺来画。

（1）过直线上一点画垂线。

你能说出过直线上一点，用三角尺画垂线的步骤吗？

（2）过直线外一点画这条直线的垂线，用三角尺应该怎样画呢？试一试。

做一做

你能分别过下面的点，画出相应直线的垂线吗？

58

3 （1）从直线外一点 A，到这条直线画几条线段。量一量所画线段的长度，哪一条最短？

从直线外一点到这条直线所画的垂直线段最短，它的长度叫作这点到直线的距离。

（2）下图中，$a // b$。在 a 上任选几个点，分别向 b 画垂直的线段。量一量这些线段的长度，你发现了什么？

做一做

1 右图中，小明如果从 A 点过马路，怎样走路线最短？为什么？把最短的路线画出来。

2 请用在例 3 中发现的规律，检验下面各组直线 a、b 是否互相平行。

59

图 4.1-10　四年级上册第五单元

例 2 画垂线。修订后的教材删去了平行线的画法，但保留了垂线的画法，是后边画高的基础。教材首先呈现了学生用两把三角尺或量角器来画垂线的方法，意在尊重学生已有的知识和经验，放手让学生自己来探索画法。接下来，通过三幅连续的动态图描述了用三角尺过直线上一点画已知直线的垂线的方法，重点突出了画的过程，使学生初步体会用三角尺作图的规范性，获得基本的活动经验。画法教材没有给出具体的文字说明，要让学生自己尝试总结，意在培养学生思维的有序性。如何用三角尺过直线外一点画已知直线的垂线，则让学生自主尝试运用前面积累的经验来探索。

例 3 教学点到直线的距离和平行线间的距离。首先通过让学生自主尝试，亲身经历画、量、比、想的过程，从而发现点到直线间垂线段最短这一性质，培养学生的观察与发现的能力。然后让学生在两条平行线间画垂线。使学生在画的过程中通过测量活动自主发现平行线间的距离相等这一特点。“做一做”第 1 题以生活中走斑马线为素材，让学生运用规律解决问题，使学生体验数学与生活的密切联系。第 2 题给出的三组图都是图形错觉的经典实例。三幅图中的 a 与 b 两条直线看起来中间有凹、凸现象，并不平行，实际上却是笔直而平行的。此练习意在使学生体验到仅仅依靠视觉观察是不够的，有时要通过亲自测量去检验。

图 4.1-11　四年级下册 第五单元

例 4 是解决问题的教学，意图是让学生综合运用垂直、长方形特征、垂线的画法等知识来解决实际问题，有助于提高学生综合运用所学知识分析问题、解决问题的能力。

（2）平行四边形和梯形。

例 1 是认识平行四边形。教材把平行四边形和梯形分别安排认识，以便教学主线更清晰。学生在一年级下册已初步认识了平行四边形，这里主要是从对边平行的角度来进一步认识平行四边形的特征。教材去掉了情境图，从平行四边形的生活原型出发，抽象成位置、方向、大小都不同的平行四边形的几何图形，使学生在头脑中形成图形表象，经历数学化的过程。接下来通过研究平行四边形的边的特点，为抽象出平行四边形的概念奠定基础。教材采用图示加文字说明的方式给出了平行四边形的高和底的概念，突出体现了高与底的相对性，并为后面学习梯形及面积计算做了铺垫。

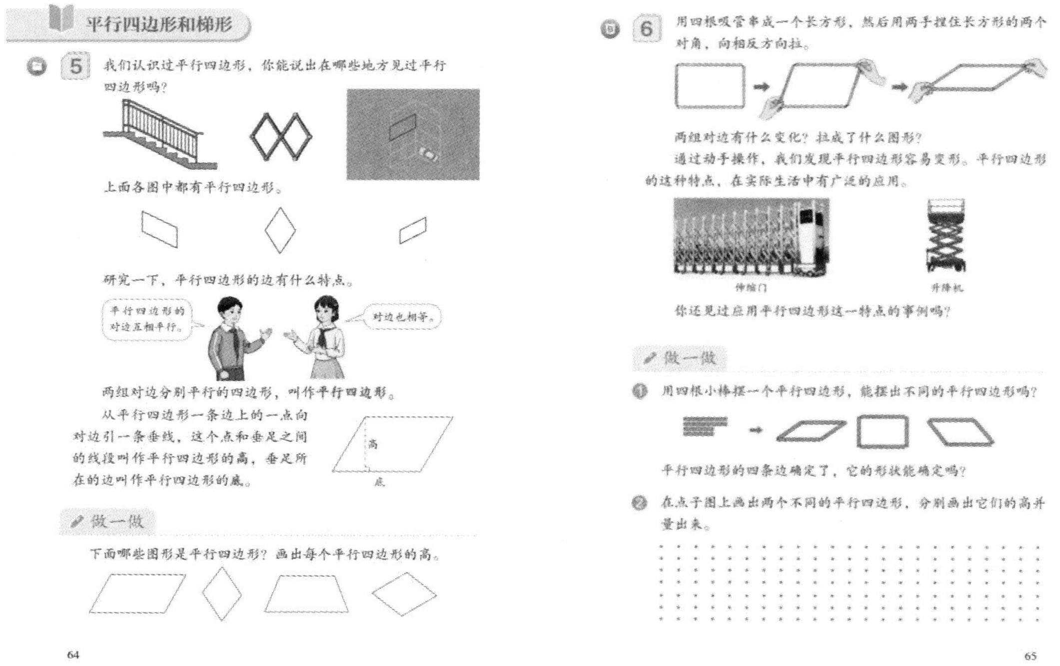
平行四边形和梯形

5 我们认识过平行四边形，你能说出在哪些地方见过平行四边形吗？

上面各图中都有平行四边形。

研究一下，平行四边形的边有什么特点。

平行四边形的对边互相平行。

对边也相等。

两组对边分别平行的四边形，叫作平行四边形。

从平行四边形一条边上的一点向对边引一条垂线，这个点和垂足之间的线段叫作平行四边形的高，垂足所在的边叫作平行四边形的底。

高

底

做一做

下面哪些图形是平行四边形？画出每个平行四边形的高。

64

6 用四根吸管串成一个长方形，然后用两手捏住长方形的两个对角，向相反方向拉。

两组对边有什么变化？拉成了什么图形？

通过动手操作，我们发现平行四边形容易变形。平行四边形的这种特点，在实际生活中有广泛的应用。

伸缩门

升降机

你还见过应用平行四边形这一特点的事例吗？

做一做

1. 用四根小棒摆一个平行四边形，能摆出不同的平行四边形吗？

平行四边形的四条边确定了，它的形状能确定吗？

2. 在点子图上画出两个不同的平行四边形，分别画出它们的高并量出来。

65

图 4.1-12　四年级下册 第五单元

例 6 认识平行四边形易变形的性质。教材是从两个方面来体现这一特性的。例题通过拉动四根吸管串成的长方形这一操作活动，引导学生发现平行四边形易变形、不稳定的特性。“做一做”通过用小棒摆平行四边形的活动，让学生发现在平行四边形的边确定的情况下，形状还是不能确定，从形状的不唯一性说明平行四边形的不稳定性。

不论是用四根吸管来拉动，还是用小棒来摆，都需要让学生经历操作、观察、比较等过程，从而发现规律，概括特点，在活动中体验到变与不变的数学原理。最后，教材通过伸缩门、升降机这样的生活实例，使学生体会平行四边形的这一特性在生活中的广泛应用，培养学生的应用意识。

例 7 认识梯形。教材先提供生活中的实例，然后抽象、提炼出梯形的定义，再认识梯形各部分名称，意在引导学生经历数学化的过程，从直观到抽象建构梯形的概念。接下来给出了等腰梯形、直角梯形的定义和直观图，让学生在直观感知的基础上理解定义，同时形成对梯形的完整认识。

“做一做”通过梯形的定义去辨析，从而巩固梯形的概念，强化表象，并进一步巩固画高的方法，通过变式凸显梯形的本质特征。

例 8 教学四边形的关系。通过回顾已学过的四边形，引导学生探讨长方形、正方形、平行四边形和梯形之间的关系，最后整理出四边形关系的集合圈，目的在于从整体上建构知识网络，使学生借助直观形象的几何图理解图形间的关系，也是集合思想的体现。

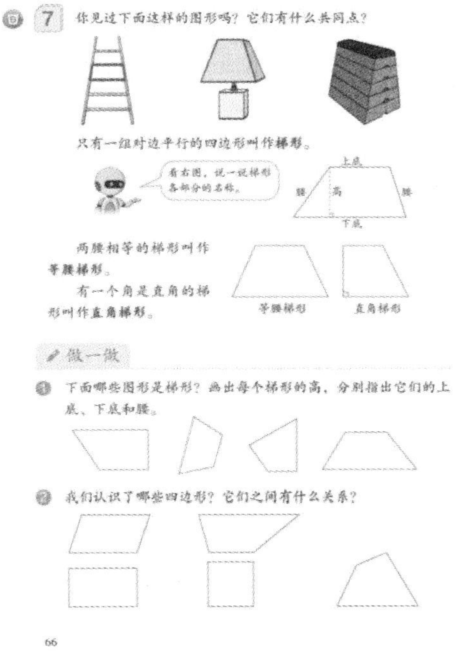
四 7 你见过下面这样的图形吗？它们有什么共同点？

只有一组对边平行的四边形叫作梯形。

两腰相等的梯形叫作等腰梯形。

有一个角是直角的梯形叫作直角梯形。

做一做

1 下面哪些图形是梯形？画出每个梯形的高，分别指出它们的上底、下底和腰。

2 我们认识了哪些四边形？它们之间有什么关系？

66

图 4.1-13　四年级下册 第五单元

3. 教学建议

（1）抓住图形本质特征，帮助学生正确理解概念。

教师要充分估计学生理解这些概念时可能出现的问题。如有的学生会孤立地说某直线是垂线或平行线，也有的学生会认为只有水平线和铅垂线的关系才叫垂直。这就需要教师在课堂上对这两点加以点拨和说明：一是垂直和平行所说的都是两条直线之间的位置关系，不能孤立地说某直线是垂线或平行线。二是看两条直线是否互相垂直的关键是看它们相交所成的角是否是直角，与两条直线放置的方向无关。在教学中，可以结合举例等方法，使学生体验到这种相互依存的关系，也要注意呈现出各种不同方向的垂直情况，以克服思维定式。

（2）加强作图步骤的具体指导。

平行与垂直涉及许多作图的内容，如画垂线、画长方形或正方形、画平行四边形和梯形的高等，但教材中很少呈现文字的作图步骤与方法，所以教学时要加强对作图的训练和指导，重视作图能力的培养。例如，用三角尺过直线上一点画已知直线的垂线的步骤：把三角尺的一条直角边与已知直线重合；沿着直线移动三角尺，使三角尺的直角顶点和直线上的已知点重合；从直角的顶点起，沿着另一条直角边画出的一条直线，就是已知直线的垂线（直角顶点是垂足）。而过直线外一点画已知直线的垂线，则可在前面的基础上，引导学生进行迁移类推，让他们自主去尝试画，并用自己的语言尝试概括画图的步骤和方法，使学生在学习过程中获得成功的体验。又如在“做一做”中画已知直线的垂线的练习，教学时要呈现不同位置的直线，让学生自己尝试去画，提高学生作图的灵活性。

（3）注重联系生活，感受数学在生活中的应用，拓展教学资源。

教材编排有意识地将数学学习与生活实际结合起来，提供了大量的现实素材，设计了不少学以致用的习题。如借助生活实物或原型分别引出平行四边形和梯形，要求学生思考和讨论怎样测定立定跳远的成绩、怎样挂画又快又正、怎样修路最近等，这些都能使学生体验到数学与生活的密切联系，感受到数学的应用价值。但由于教材的容量有限，还需要教师在教学过程中一方面充分发挥这些素材的作用，另一方面做好必要的充实和拓展，注重学生已有的生活经验，将视野从课堂拓宽到生活的空间，并引导他们去观察生活，运用所学知识解决生活中的问题，进一步认识和体会数学知识的重要用途，增强数学应用意识。

六、三角形

1. 课标要求

《义务教育数学课程标准（2022 年）》第二学段“学段目标”中提出：认识常见的平面图形，形成量感、空间观念和初步的几何直观。

《义务教育数学课程标准（2022 年）》第二学段“课程内容”中提出：会根据角的特征对三角形分类，认识直角三角形、锐角三角形和钝角三角形；能根据边的关系，认识等腰三角形和等边三角形，形成空间观念和初步的几何直观。

2. 教材分析

三角形教学内容分为三小节：第一小节是三角形的特性，第二小节是三角形的分类，第三小节是三角形的内角和。

（1）三角形的特性。

主题图呈现出两幅图片，一幅是有着几千年历史的古埃及金字塔，另一幅是现代气息浓厚的跨河大桥，目的是让学生感受古代文明与现代生活气息，通过机器人聪聪的“你能从图中找出三角形吗？”激发学生学习三角形的内驱力和兴趣。

5 三角形

三角形的特性

57

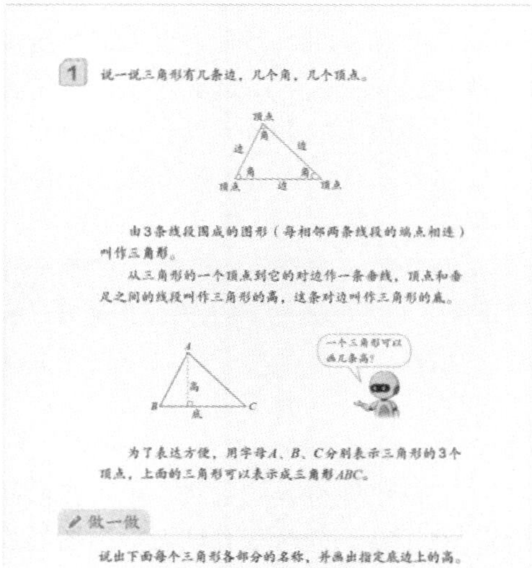
1 说一说三角形有几条边，几个角，几个顶点。

由3条线段围成的图形（每相邻两条线段的端点相连）叫作三角形。

从三角形的一个顶点到它的对边作一条垂线，顶点和垂足之间的线段叫作三角形的高，这条对边叫作三角形的底。

为了表达方便，用字母A、B、C分别表示三角形的3个顶点，上面的三角形可以表示成三角形ABC。

做一做

说出下面每个三角形各部分的名称，并画出指定底边上的高。

58

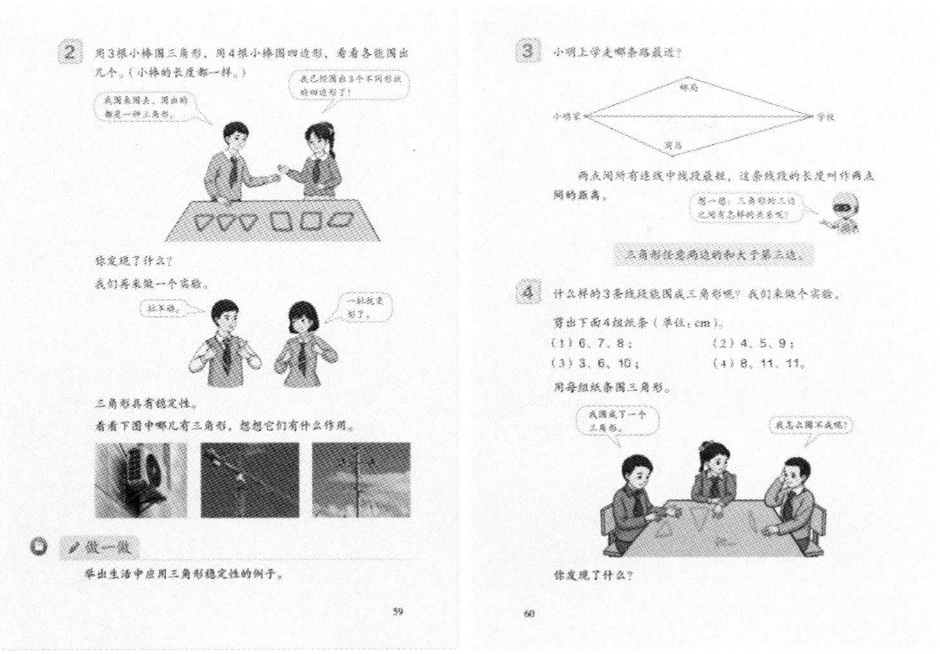

图 4.1-14　四年级下册 第五单元

例 1 先通过“画一个三角形”的操作活动，唤起学生对三角形的回忆。教材采用定义式的方式介绍三角形的概念，在已学过垂直概念的基础上，引出三角形的底和高，为学习三角形面积的计算奠定基础。

例 2 突出三角形稳定性的本质。在探索三角形稳定性时，教材除保留了实验教材中两人分别拉动三角形和平行四边形，让学生通过动手操作发现三角形具有稳定性、不易变形外，还增加了一个探索活动（例 2），让学生分别用 3 根小棒摆三角形，用 4 根小棒摆四边形。通过动手操作，学生会发现：用 3 根小棒只能摆出一种形状的三角形，而用 4 根小棒摆四边形时有多种可能，也就是四边形的形状是不唯一的。通过小棒拼摆的过程，让学生认识到三角形的三条边确定了，那么它的形状也就唯一确定了。从另一方面验证了三角形不易变形，突出了三角形稳定性的数学本质。

例 3 在探索三角形三边关系之前，通过探索小明上学的三条路线，使学生明确“两点间所有连线中线段最短”，并明确给出了“两点间的距离”这一概念。

例 4 教学三角形的三边关系，教材借助实验材料引导学生探究具备什么条件的三张纸能摆出三角形。通过研讨活动，让学生明确“三角形两边之和大于第三边”，体现数学的严谨性，同时也提高学生全面思考数学问题的能力。

（2）三角形的分类。

例 5 教学三角形的分类。教材在研究三角形分类时，明确提出“可以先按照角来分”，而在研究等腰三角形和等边三角形时，问题变为“再按照边来分一分”，引导学生观察三角形的边有什么特点，让学生通过观察、测量等活动认识边长比较特殊的等腰三角形和等边三角形，认识到等边三角形是特殊的等腰三角形。在让学生按角把三角形进行分类后，教材给出了直角三角形直角边、斜边的概念，并且有意识地让学生通过测量来探讨直角边和斜边的关系，引导学生用不完全归纳法得到结论“斜边大于任意一条直角边”，丰富学生对三角形的认识。

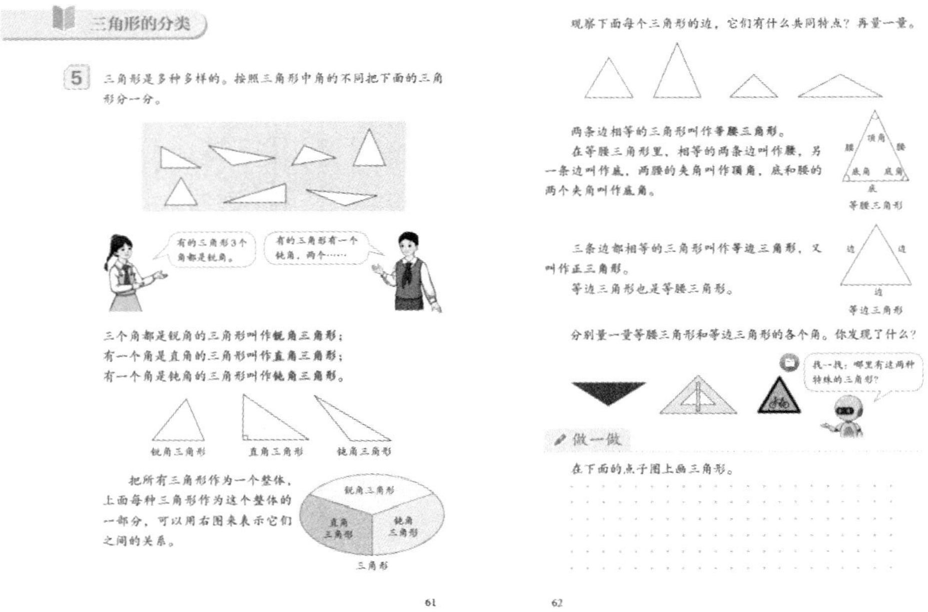

图 4.1-15　四年级下册第五单元

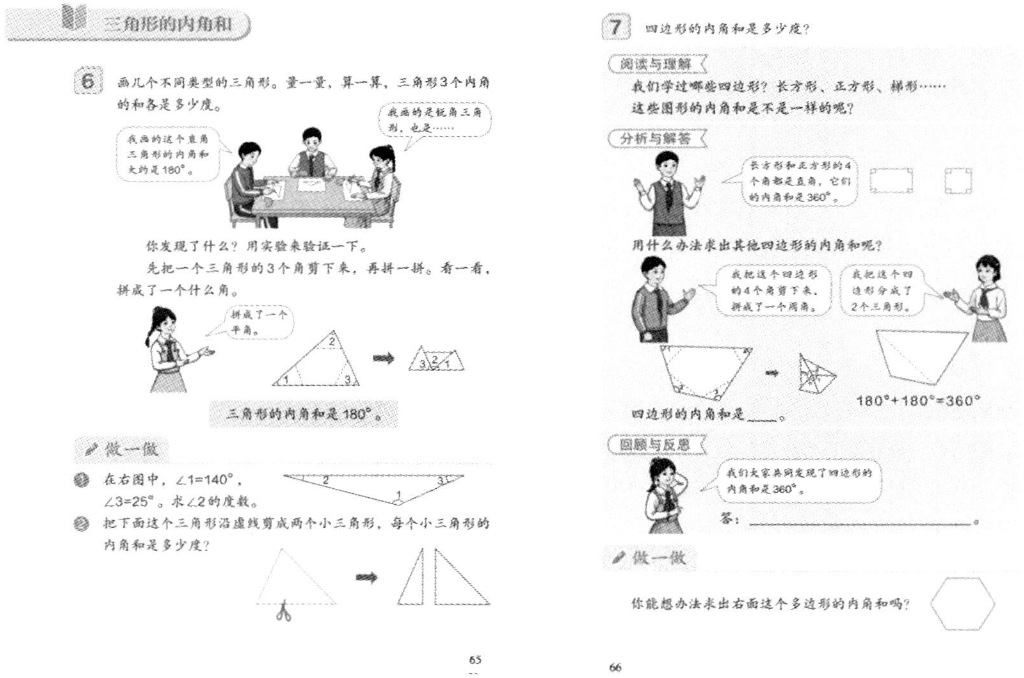

图 4.1-16　四年级下册第五单元

（3）三角形的内角和。

例 6 教学三角形的内角和。教材呈现出“量一量”“算一算”“剪一剪”“拼一拼”等活动，求出了三角形内角和是 180°。“做一做”编排了利用三角形内角和 180°求第三个角的度数。例 7 主要是让学生利用探索三角形内角和的经验探索四边形内角和。在探索过程中，有的学生会连接对角线，把求四边形内角和的问题转化为求 2 个三角形内角和的问题，渗透了转化的思想。

3. 教学建议

学生通过第一学段以及四年级上册对空间与图形内容的学习，对三角形已经有了直观的认识，能够从平面图形中分辨出三角形。在此基础上，教材安排了三小节内容：三角形的特性、三角形的分类和三角形的内角和，使学生认识三角形的特征；会根据三角形角的特点给三角形分类，认识直角三角形、钝角三角形、锐角三角形、等腰三角形和等边三角形；知道三角形任意两边的和大于第三边；三角形的内角和是 180°；在发现问题、提出问题、分析问题和解决问题的过程中，在边数增加变化中，感悟数学研究方法，发现多边形的内角和规律，渗透合情推理。此部分通过教学使学生获得有关三角形的系统知识，促进空间观念的发展。

（1）在画图的过程中理解三角形的含义，认识三角形各部分名称，会画三角形的高。

在画三角形、说画法、辨析交流的过程中理解“围成”的含义，概括三角形的含义，培养学生的观察能力和语言表达能力。在说一说、指一指、写一写三角形各部分名称的活动中认识三角形的基本特征，形成三角形表象。

让学生在尝试画高、辨析交流、演示和再尝试的过程中学会画三角形的高。画三角形的高，实际上与学生已学过的过直线外一点画已知直线的垂线段一样。因此，在学习画高前应先使学生清楚什么是三角形的底，什么是三角形的高。这些可以由学生阅读教材自主学习，在此基础上可以安排两次画高的活动。

第一次：学生尝试画高后，展示出他们的作品；教师引导学生辨析；在辨析交流中，与已学过的旧知建立联系，掌握画高的方法。

第二次：画出三角形所有的高，使学生认识到任意三角形都有 3 条高。

在尝试中，学生可以画出锐角三角形的三条高，而直角三角形和钝角三角形部分，学生可能只能画出在三角形内的那一条高，可以通过教师的讲解和演示，使学生知道到这两种三角形也有三条高，进而总结出任意三角形都有 3 条高。

（2）给足时间，让学生在操作中充分感受三角形稳定性，体会三角形的本质。

从学生生活常见的物品引入，引导学生自己提出问题：为什么有些地方要用三角形，而有些地方要用四边形？激发学生的探究欲望。培养学生“发现问题—提出问题”的能力。

在用小棒摆三角形、四边形的过程中，使学生体会到三角形的 3 条边确定了，其相应的形状也就唯一确定了，了解三角形稳定性的数学本质。

在摆小棒后，安排学生拉动三角形框架和四边形框架，学生发现：用三根小棒摆三角形时，只能摆出一种，做成三角形框架后，拉动框架，也没有改变形状，还是原来的三角形，说明三角形具有稳定性；而当用四根小棒摆四边形时，两条邻边的夹角稍有变化，就是一个新的四边形，做成框架后，拉动框架，也会出现不同的四边形，说明四边形具有不稳定性。在操作中，引导学生将摆出的三角形、四边形分别与三角形框架和四边形框架建立联系，并在三角形与四边形的对比中，进一步感受三角形具有稳定性。

（3）通过画、量、折、分等操作活动，发现三角形内角和是 180°，会把多边形转化成三角形来探究多边形内角和。

用学生熟悉的两个特殊的直角三角形，引出内角、内角和的概念，让学生初步感知三角形内角和，通过计算学生很容易发现直角三角形内角和是 180°，为学生进一步猜想做好准备。

在学生动手操作前，先引导学生思考“我想用什么方法验证”，使学生相互启发，便于指导自己的操作活动。学生能够想到的方法有测量、剪拼、拆分这三种方法。在操作中，注意引导学生用不同种类的三角形进行验证，同时要有科学严谨的态度。

给予学生足够的时间和空间，利用探究“三角形内角和”的方法求“四边形内角和”，并让学生用自己的语言清楚地表达解决问题的过程，提高学生的迁移类推能力和语言表达能力。特别是“将四边形转化成三角形求内角和”的方法，先让学生指指四边形的内角，连接对角线后，再指指两个三角形的内角，引导学生观察发现：四边形的内角和就是两个三角形的内角和，进而把求四边形内角和的问题转化成求两个三角形内角和的问题，用旧知识解决新问题。引导学生在操作、观察、分析中理解这种方法，渗透转化思想，培养学生分析问题、解决问题的能力和推理能力。

探究“六边形内角和”是对转化思想方法的巩固。可能还有部分学生使用剪拼法，但这时很快发现拼的过程中出现了重叠，再次经历转化的过程，体会转化方法的优势。在此过程中，可以加深对转化思想方法的理解。在探索的过程中，学生会发现不同的转化成三角形的方法。引导学生在观察、分析、比较的过程中理解这些方法，并发现利用从同一顶点引出对角线的方法将六边形转化成三角形比较简单，发展学生的观察能力、分析能力、推理能力和表达能力。在此基础上，求五边形、七边形……的内角和，并引导学生发现规律：多边形内角和=（边数－2）×180°。

七、长方体和正方体

1. 课标要求

《义务教育数学课程标准（2022 年）》第三学段“学段目标”中提出：认识几何体的基本特征，形成量感、空间观念和几何直观。

《义务教育数学课程标准（2022 年）》第三学段“课程内容”中提出：认识长方体、正方体，了解图形的展开图，进一步形成量感、空间观念和几何直观。

2. 教材分析

（1）长方体的认识。

主题图。引导学生观察长方体或正方体形状的建筑物和生活用品，让学生感受到生活中很多物体的形状都是长方体和正方体，然后从这些实物中抽象出几何直观图，并介绍长方体各部分名称：面、棱、顶点。“面”采用直观认识的方式；“棱”与“顶点”则分别结合图采用文字描述进行定义：棱是面和面相交的线段，顶点是指棱和棱的交点。

例 1 重点研究长方体的特征。 教材引导学生观察长方体的物品，通过看一看、摸一摸、量一量、数一数等方式，引导学生从面、棱、顶点三个角度去观察、分析，在学生观察、讨论、交流的基础上初步概括出长方体的特征；再利用表格从面、棱长、顶点三个方面帮助学生梳理长方体的特征，最后完整、规范地概括出长方体的概念：长方体一般是由 6 个长方形围成的立体图形，并指出特殊情况有两个相对的面是正方形；进一步概括出长方体中相对的面完全相同，相对的棱长度相等。

3 长方体和正方体

1. 长方体和正方体的认识

生活中许多物体的形状都是长方体或正方体（正方体也叫立方体）。

国家游泳中心　　联合国总部大楼

长方体

1 拿几个长方体的物品来观察，并将小组同学的发现填在下页的表中。

18

（1）长方体有______个面。 （2）每个面是什么形状的？ ______ （3）哪些面是完全相同的？ ______	（4）长方体有______条棱。 （5）哪些棱长度相等？ ______ （6）长方体有______个顶点。

通过以上的观察和讨论可以知道：长方体一般是由6个长方形（特殊情况有两个相对的面是正方形）围成的立体图形。在一个长方体中，相对的面完全相同，相对的棱长度相等。

2 用细木条和橡皮泥做一个长方体框架。

根据制作过程，回答下面的问题。

（1）长方体的12条棱可以分成几组？

（2）相交于同一顶点的3条棱的长度相等吗？

相交于同一顶点的3条棱的长度分别叫作长方体的长、宽、高。

做一做

剪下本书附页中图1的图样，按要求做一做。

（1）把图样中完全相同的长方形涂上同样的颜色。

（2）用这个图样做一个长方体。

（3）量一量所做长方体的长、宽、高各是多少厘米。

（4）观察这个长方体，最多能看到几个面？

19

图 4.1-17　五年级下册第三单元

例 2 重点研究“棱”的特征。通过小组合作学习，用细木条和橡皮泥制作一个长方体框架的活动，让学生发现长方体棱的特征：12 条棱一般可以分为 3 组，每组 4 条，长度相等。相交于同一顶点的 3 条棱一般情况下长度不相等，由此引出长、宽、高的概念。“做一做”让学生用本书附页中的图样制作长方体模型，加深对长方体特征的认识。同时，第（3）题通过测量长方体的长、宽、高，为后面的表面积和体积学习做准备。第（4）题是增加题：观察这个长方体，最多能看到几个面？和前面学习的观察物体相呼应，从一个方向最多只能看到长方体的三个面。让学生用教材后的附页制作长方体模型，加深对长方体特征的认识，同时为以后学习表面积做准备。

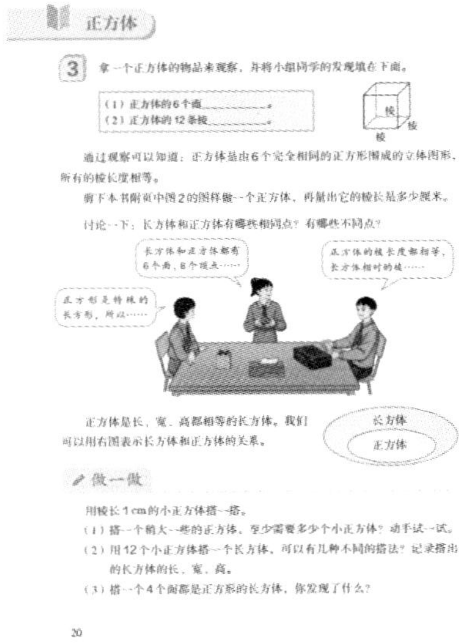

正方体

3 拿一个正方体的物品来观察，并将小组同学的发现填在下面。

（1）正方体的6个面______。
（2）正方体的12条棱______。

通过观察可以知道：正方体是由6个完全相同的正方形围成的立体图形，所有的棱长度相等。

剪下本书附页中图2的图样做一个正方体，再量出它的棱长是多少厘米。

讨论一下：长方体和正方体有哪些相同点？有哪些不同点？

正方体是长、宽、高都相等的长方体。我们可以用右图表示长方体和正方体的关系。

做一做

用棱长 1 cm 的小正方体搭一搭。

（1）搭一个稍大一些的正方体，至少需要多少个小正方体？动手试一试。

（2）用12个小正方体搭一个长方体，可以有几种不同的搭法？记录搭出的长方体的长、宽、高。

（3）搭一个4个面都是正方形的长方体，你发现了什么？

20

图 4.1-18　五年级下册第三单元

（2）正方体的认识。

例 3 认识正方体特征。教材编排同长方体认识，先让学生观察正方体物品，并将自己的发现从面、棱两个方面进行梳理并填入表格，最后概括出正方体的特征：正方体是由 6 个完全相同的正方形围成的立体图形，所有的棱长度相等。接下来，把原实验教材中“做一做”提前到新授课内容：让学生用本书附页提供的图样制作正方体模型，加深对正方体特征的认识，同时也为学习表面积做准备。在此基础上，引导学生从面、棱、顶点三个方面比较长方体和正方体的异同，并揭示正方体可以看成是长、宽、高都相等的长方体，最后用集合图形式帮助学生理解它们的关系。“做一做”：把原实验教材练习五第 8 题提前到“做一做”，第（1）题进一步巩固正方体特征；第（2）题为体积的学习积累相应的经验，体会出搭成的长方体中小正方体的个数与长、宽、高有关；与实验教材相比，新教材增加第（3）个问题：搭一个四个面都是正方形的长方体，你发现了什么？此题目的是加深对长、正方体特征及关系的认识，培养学生的想象、推理能力。

3. 教学建议

（1）给足学生活动的时间和空间，发展学生的空间观念。

充分调动学生已有的知识经验，利用学生熟悉的教学资源，通过指、摸、比、剪、倒、估等操作、实验活动，认识长方体、正方体特征，建立体积、容积单位表象，培养、发展学生的空间观念。

（2）重视讨论交流，巩固对特征的认识。

在认识长、正方体特征时，充分利用学生已有的知识经验，重点研究“棱”的特征。学生在第一学段已接触过长、正方体，对长、正方体有 6 个面、8 个顶点及每个面是什么形状都能很快地概括出来，而对于棱及它的特征则是第一次接触，因此，应将对棱的研究作为教学重点。让学生通过小组合作，用细木条和橡皮泥制作一个长方体框架的活动，发现长方体棱的特征：12 条棱一般可分为三组，每组 4 条，长度相等；相交于同一个顶点的 3 条棱一般情况下长度不等，并由此引出长、宽、高概念。

（3）注重所学知识的实际应用。

长方形和正方形各部分知识讲授中，教材都注重用所学知识解决实际问题。教师要充分利用书本练习资源，巩固学生学以致用的意识，如在认识长方体、正方体时，设计了计算俱乐部四周要安多长的彩灯线、计算小卖部柜台需要多少米角铁等练习。

八、圆

1. 课标要求

《义务教育数学课程标准（2022 年）》第三学段“学段目标”中提出：认识几何体的基本特征，形成量感、空间观念和几何直观。

《义务教育数学课程标准（2022 年）》第三学段“课程内容”中提出：认识圆和扇形，会用圆规画圆，认识圆周率，进一步形成量感、空间观念和几何直观。

2. 教材分析

（1）圆的认识。

教材设计问题“你能想办法在纸上画一个圆吗？”，呈现用茶杯盖、三角尺上的圆洞等圆形物体进行描摹以及用圆规画圆的情境。学生在课外应该都尝试过用圆规画圆，但是如何画得标准，画得轻松，还需教师进一步指导。利用圆规画圆，引出圆的各部分名称。一方面，与前面的活动自然衔接；另一方面，画圆的过程非常切合“圆是到定点的距离等于定长的所有点的集合”这一几何学的定义。通过这一过程引出圆心、半径、直径等概念，将动手操作、观察思考、概念引出融为一体，自然流畅。

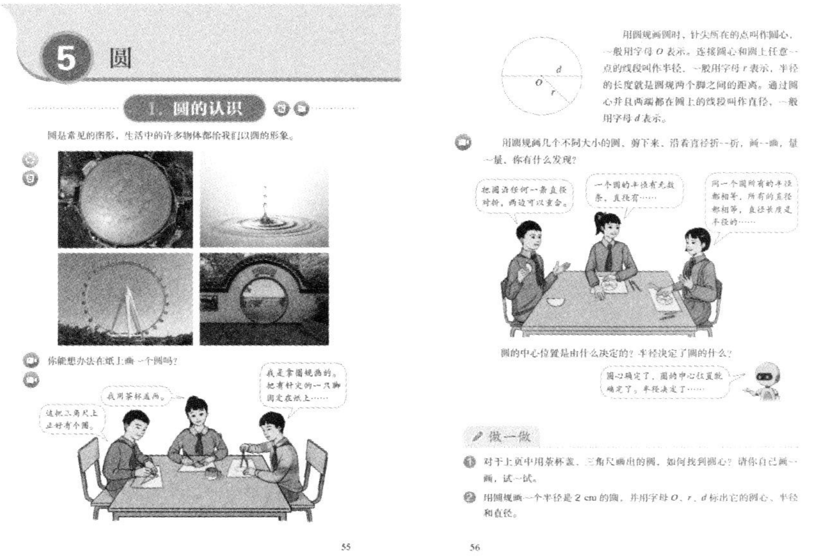

图 4.1-19　六年级上第五单元

对圆特征的认识分四个层次编排：第一，让学生将画好的圆折一折、画一画、量一量，发现沿着任意一条直径对折，两边可以重合，说明了圆是轴对称图形。第二，通过对折痕的观察和想象，让学生理解半径和直径都有无数条。第三，通过测量与比较，让学生认识到同一圆内所有的半径都相等，所有的直径也都相等，并且直径的长度是半径的 2 倍。第四，结合画圆的经验，理解圆心可决定圆的位置，半径可决定圆的大小。

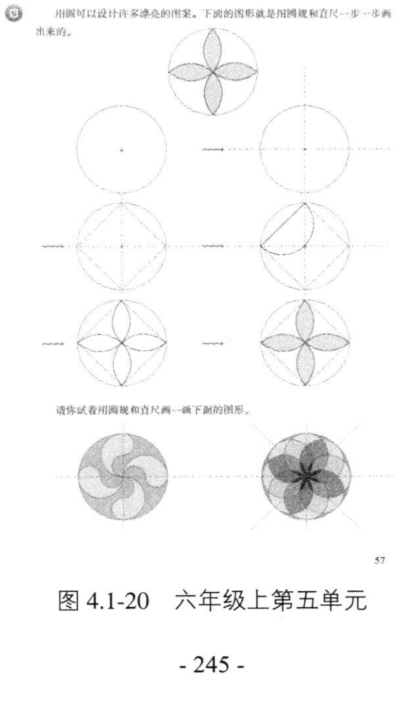

图 4.1-20　六年级上第五单元

利用圆设计图案是一个实践性内容。在画圆设计图案过程中，涉及充分利用圆的对称性，需要学生学会确定某个圆或半圆的圆心和半径，这也是圆心和半径分别确定圆的位置与大小的最直接应用。此外，还需要学生添加一些辅助线。因此，这样的活动体现了很强的综合性。

通过教学，既可以让学生进一步熟练用圆规画圆的技能，促进学生对圆的特征的进一步认识，又能让学生在用尺规画出漂亮图案的过程中提高动手操作的能力，学会欣赏数学的美，培养热爱数学学习的情感。

（2）扇形的认识。

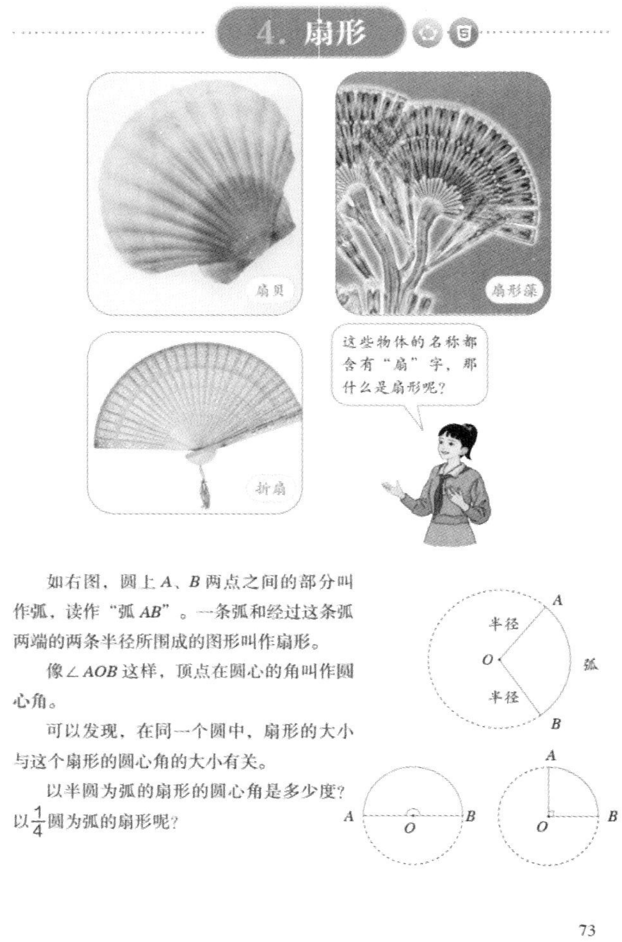

4. 扇形

如右图，圆上 A、B 两点之间的部分叫作弧，读作“弧 AB”。一条弧和经过这条弧两端的两条半径所围成的图形叫作扇形。

像 $\angle AOB$ 这样，顶点在圆心的角叫作圆心角。

可以发现，在同一个圆中，扇形的大小与这个扇形的圆心角的大小有关。

以半圆为弧的扇形的圆心角是多少度？以 $\frac{1}{4}$ 圆为弧的扇形呢？

73

图 4.1-21　六年级上第五单元

教材结合图示，以直接介绍的方式，揭示了“弧”“扇形”“圆心角”等术语的含义。事实上，扇形就是弧和圆心角所组成的图形。《几何原本》中这样定义扇形：由顶点在圆心的角的两边和这两边所截一段圆弧围成的图形叫作扇形。扇形的大小与圆心角的大小紧密相关，也与所在圆的半径大小有关。教材上还列出了两类特殊的扇形：半圆为弧的扇形对应的圆心角是 180°，$\frac{1}{4}$ 圆为弧的扇形对应的圆心角是 90°。

此部分教学重点是圆的认识以及圆的周长、面积计算及其应用；教学难点是圆的面积公式的推导。

3. 教学建议

（1）为学生提供丰富的圆的素材。

数学上的圆是抽象后的产物，与生活中所见到的圆形物体既有联系又有区别。由此，教学时应提供丰富的圆的生活素材，利用多媒体或事物展示的同时，适时描述、刻画数学上的圆，也可以让学生介绍、举例数学上的圆，以进一步帮助学生建立圆的表象，为学生学习后续知识打下良好的基础。

（2）加强用圆规画圆的方法指导，帮助学生加深对圆的本质特征的认识。

教学时要对学生画圆方法进行具体指导，在规范的方法示范的同时，引导学生画出位置、大小各不相同的圆，并着重指明画圆方法中的一些数学要素：圆规的“脚尖”“两脚之间距离”在画圆时起什么作用？揭示圆的本质，帮助学生清楚地认识到圆的圆心和半径分别决定圆的位置与大小。

（3）加强动手操作活动，引导学生自主探索圆的特征。

教学时，应以问题导向为主线，放手让学生有序展开活动，通过折一折、画一画、量一量等方式，建立清晰的表象，探究圆的各种特征。例如：“圆有多少条半径？”“半径与直径的长度有什么样的关系？”“圆心决定圆的什么？”“半径又决定圆的什么？”……最后，在学生探究的基础上，引导学生对圆的有关概念和基本特征进行归纳和整理，以形成系统的、科学的概念体系。

九、圆柱与圆锥

1. 课标要求

《义务教育数学课程标准（2022 年）》第三学段“学段目标”中提出：认识几何体的基本特征，形成量感、空间观念和几何直观。

《义务教育数学课程标准（2022 年）》第三学段“课程内容”中提出：认识圆柱和圆锥，了解图形的展开图，进一步形成量感、空间观念和几何直观。

2. 教材分析

（1）圆柱。

在第一学段直观认识圆柱的基础上，教材从特征、表面积、体积三方面进一步丰富学生对圆柱的认识。

教材在教学例 1 之前，先安排“圆柱的认识”。在这一层次的教学中，教材遵循一般概念教学的认知过程，并在编排中充分考虑如何借助学生原有知识经验来展开学习。首先，教材呈现了现实生活中的圆柱形建筑物和生活用品，让学生观察。同时提出问题：“这些物体的形状有什么共同特点？”引导学生思考。其次，从众多圆柱体实物中抽象出圆柱的一般性直观模型，给出这一模型的名称，使学生对圆柱的认识经历由具体到表象的抽象过程。最后，让学生说说生活中还见到过哪些圆柱形的物体，丰富学生头脑中圆柱形象的储备，把抽象的“圆柱”具体化，同时让学生感受生活中圆柱的运用是非常广泛的。

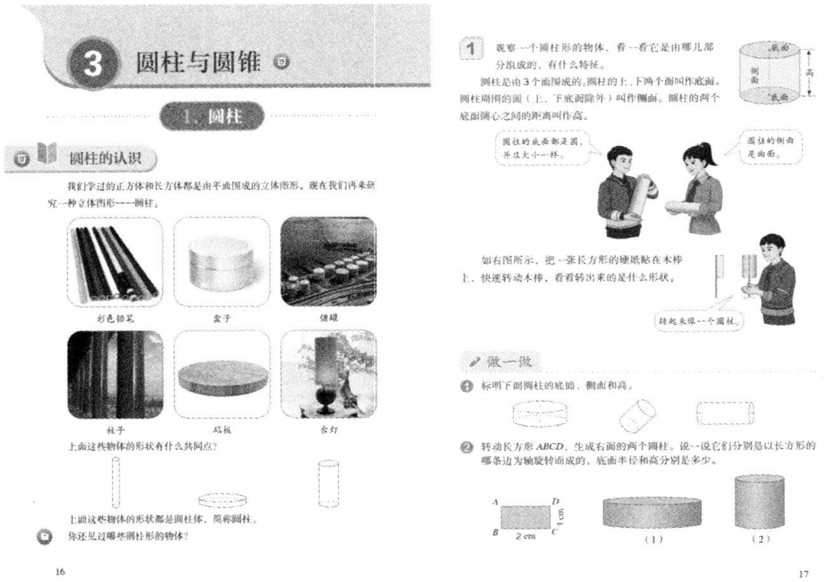
3 圆柱与圆锥

1. 圆柱

圆柱的认识

我们学过的正方体和长方体都是由平面围成的立体图形。现在我们再来研究一种立体图形——圆柱。

上面这些物体的形状有什么共同点？

上面这些物体的形状都是圆柱体，简称圆柱。

你还见过哪些圆柱形的物体？

16

1 观察一个圆柱形的物体，看一看它是由哪儿部分组成的，有什么特征。

圆柱是由3个面围成的。圆柱的上、下两个面叫作底面。圆柱周围的面（上、下底面除外）叫作侧面。圆柱的两个底面圆心之间的距离叫作高。

如右图所示，把一张长方形的硬纸贴在木棒上，快速转动木棒，看看转出来的是什么形状。

做一做

1. 标明下面圆柱的底面、侧面和高。

2. 转动长方形 ABCD，生成右面的两个圆柱。说一说它们分别是以长方形的哪条边为轴旋转而成的，底面半径和高分别是多少。

17

图 4.1-22　六年级下册第三单元

例 1 教学圆柱的组成及其特征。在引导学生观察圆柱形实物的基础之上，认识圆柱的底面、侧面和高。接着组织学生对圆柱的观察、触摸以及交流讨论，了解圆柱的特征，为后续学习圆柱表面积、体积做准备。在探究圆柱的特征之后，教材还安排了一个有趣的活动：拿一张长方形硬纸，在某一边贴上一小棒，快速转动小棒，看转出来的是什么形状。使学生从旋转的角度认识圆柱，使学生了解长方形的长、宽与圆柱的底面半径、高之间的关系，并感受平面图形与立体图形的转换。

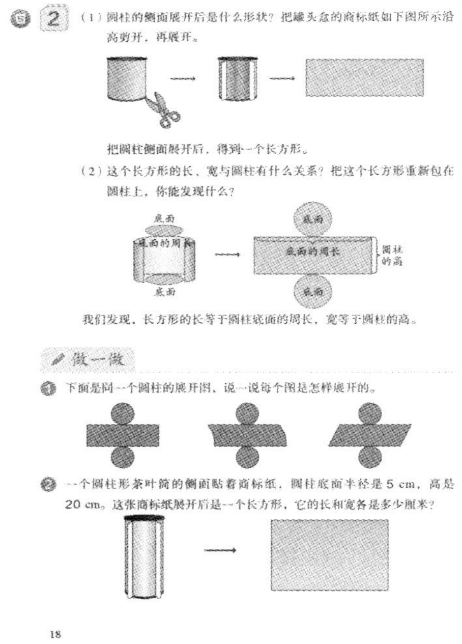
2 （1）圆柱的侧面展开后是什么形状？把罐头盒的商标纸如下图所示沿高剪开，再展开。

把圆柱侧面展开后，得到一个长方形。

（2）这个长方形的长、宽与圆柱有什么关系？把这个长方形重新包在圆柱上，你能发现什么？

我们发现，长方形的长等于圆柱底面的周长，宽等于圆柱的高。

做一做

1. 下面是同一个圆柱的展开图，说一说每个图是怎样展开的。

2. 一个圆柱形茶叶筒的侧面贴着商标纸，圆柱底面半径是 5 cm，高是 20 cm。这张商标纸展开后是一个长方形，它的长和宽各是多少厘米？

18

图 4.1-23　六年级下册第三单元

例 2 教学认识圆柱侧面展开图。教材的编写围绕三个层次分明、前后紧密相连的三个问题而展开。首先让学生猜想圆柱的侧面展开后是什么形状，引导学生动手实践，自主探究，发现圆柱侧面是一个长方形。之后，在问题“这个长方形的长、宽与圆柱有什么联系？”“把这个长方形重新包在圆柱上，你能发现什么？”等的引领下，进一步激发学生探究的欲望。学生通过操作、验证、比较等，进一步发现长方形的长、宽与圆柱的底面周长、高之间的关系，实现平面与曲面之间的转换。显然，教材的编写充分体现了让学生自主探究的学习过程。

（2）圆锥。

图 4.1-24　六年级下册第三单元

圆锥的认识是在学生学习掌握了圆和圆柱的相关知识基础之上进行教学的，安排在例 1 教学之前，其编排思路与圆柱的认识基本相同，教材从展示生活中常见的圆锥形实物图入手，提出问题：“这些物体的形状有什么共同的特点？”引导学生经历对圆锥概念的感知—抽象—应用等过程，建立圆锥的几何表象，给出圆锥的名称。

例 1 教学认识圆锥的底面、侧面和高及其特征。首先，教材借助圆锥几何模型，引导学生观察认识圆锥的底面、侧面和高，并给出这些概念的定义及其主要特征。其次，着重介绍圆锥高的测量方法，并指出测量时需要注意的问题。这个过程尤其要放手让学生亲手操作实践，并展开交流讨论，以获得测量高的基本活动经验，使学生加深对圆锥高的认识。最后，与圆柱的认识编排相似，为加深对圆锥的认识，安排了一个快速转动自制的“三角形”，看转出来的是什么形状，从旋转的角度认识圆锥，以促进学生空间观念的发展。

3. 教学建议

（1）唤醒原有认知经验，促进新知生长。

认知经验主要指学生已经具备的与新知有关的知识经验、能力水平，学习过程是在学生原有认知基础之上，形成新的认知结构的过程，即新知总是在相关旧知的基础上生发、延伸和发展的。因此，在教学新知前，必须先在学生原有认知结构中探明：新知需要哪些已知支撑，其中哪些是关键，学生掌握、再现这些“已知”的程度如何，由此来确定新知生长点。但学生记忆中起固定作用的经验、知识点自身往往不会主动再现。这就需要教师帮助学生在数学学习中激活和调适好相关的生活经验及知识点，确立新知生长点，以促进学生在把握已知的基础上学习未知。

如“圆柱”一课的教学，学生的已有知识、经验主要是能直观辨认圆柱几何形体，初步感受圆柱的一般特性。教学就应在此基础上来激活已知，帮助学生促进新知生长。教学过程不妨如下展开：① 观察具体实物并思考：这些物体的形状有什么共同特征？引导学生回忆、观察、联想，在分享交流活动的过程中逐步提高对圆柱特征的理解与把握。② 依据特征，从实物图形中抽象出圆柱的几何形体，建立表象。生活中的圆柱形实物并非标准的圆柱，在不断举例和描述中，逐步引导学生从圆柱的几何特征去刻画、描述、判断、抽象，以进一步揭示圆柱共同特征，形成圆柱的表象。③ 依据圆柱的几何形体（或思维表象），列举圆柱形实物。组织学生展开交流：生活中你还见到过哪些圆柱形的物体？追问：你是通过哪些特征判断出来的？由此，学生在自主表征中加深对圆柱的认识。这样可以使新知建立在已有的认知基础之上，同已知建立实质性联系，从而更好地促进知识的迁移。

（2）加强直观演示和动手操作，丰富学习素材。

新知的学习实际是学生实现知识再创造的过程。它既是新知生长、发展、形成的逻辑过程，也是学生不断积淀经验、自主建构新知的认识过程。要使学生较好地获得几何与图形的新知的学习，关键的一步就是使学生经历丰富的亲自实践操作。因此，加强直观演示和动手操作，积累丰富的学习素材，获得亲身经历的活动经验，成为概念学习的重要环节。如在教学之前或之中，可以让学生收集一些圆柱形实物，也可以与学生一起（或独立）做一些圆柱模型，甚至做一些圆柱模型的课件。引导学生观察思考：“这些物体的形状有什么共同特点？”“把这些圆柱形物体的形状刻画下来会是什么样子？”然后结合多媒体演示，从实物中抽象出圆柱的几何图形，帮助学生建立圆柱的表象。

第二节　图形的测量

图形的测量重点是确定图形的大小。学生经历统一度量单位的过程，感受统一度量单位的意义，基于度量单位理解图形长度、角度、周长、面积、体积。在推导一些常见图形周长、面积、体积计算方法的过程中，感悟数学度量方法，逐步形成量感和推理意识。

一、长度

（一）米、厘米

1. 课标要求

《义务教育数学课程标准（2022 版）》第一学段“学段目标”中提出：体验物体长度测量的过程，认识常见的长度单位，形成初步的量感和空间观念。

《义务教育数学课程标准（2022 版）》第一学段“课程内容”中提出：结合生活实际，体会建立统一度量单位的重要性，认识长度单位米、厘米。能估测一些物体的长度，并进行测量，形成初步的空间观念和量感。

2. 教材分析

在实际生活中，虽然学生对长、短的概念有了初步的认识，并会直观比较一些物体的长短，但不一定能进行量化比较。长度单位的认识是在认识厘米和米的前提下，学习测量长度的方法，从而对物体的长度进行量化把握，在此基础上认识线段。线段的认识对后续知识的学习有很重要的作用。

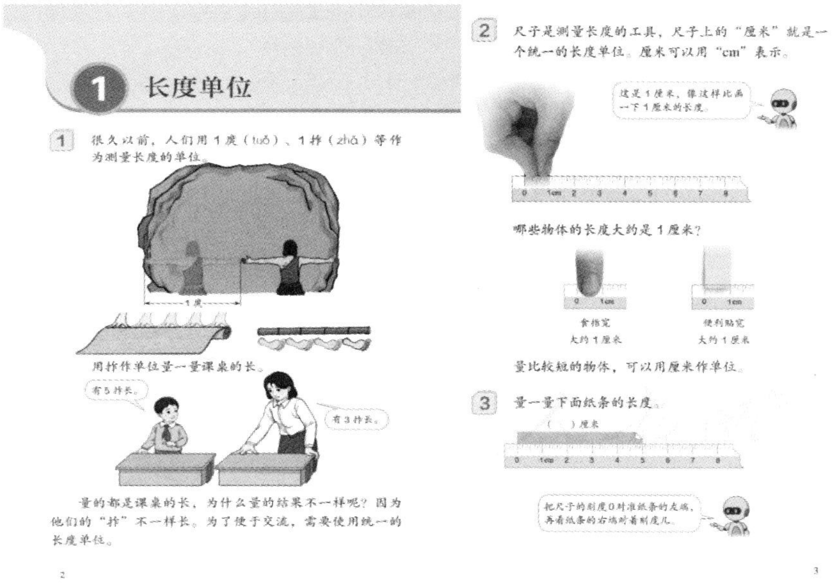
1 长度单位

1 很久以前，人们用 1 庹（tuǒ）、1 拃（zhǎ）等作为测量长度的单位。

1 庹

用拃作单位量一量课桌的长。

有 5 拃长。

有 3 拃长。

量的都是课桌的长，为什么量的结果不一样呢？因为他们的“拃”不一样长。为了便于交流，需要使用统一的长度单位。

2

2 尺子是测量长度的工具，尺子上的“厘米”就是一个统一的长度单位。厘米可以用“cm”表示。

这是 1 厘米，像这样比画一下 1 厘米的长度。

0 1cm 2 3 4 5 6 7 8

哪些物体的长度大约是 1 厘米？

食指宽大约 1 厘米

便利贴宽大约 1 厘米

量比较短的物体，可以用厘米作单位。

3 量一量下面纸条的长度。

（　）厘米

0 1cm 2 3 4 5 6 7 8

把尺子的刻度 0 对准纸条的左端，再看纸条的右端对着刻度几。

3

图 4.2-1　二年级上册第一单元

（1）认识长度单位厘米。

例 1 的教学目标是认识统一长度单位的必要性，介绍了测量是人们在生产和生活中产生的实际需求。原教材安排的是用硬币、曲别针、方木块等作为长度标准进行测量活动，得到的结果不统一，从而引出统一长度单位的需求。教材更尊重知识本源，采用真实的事例：古人曾用身体的一部分如“庹（tuǒ）”“拃（zhǎ）”“脚长”作为“长度单位”。由于不同的人测量的结果会不同，由此引起认知冲突，使学生感受到统一长度单位是必要的。

例 2 介绍了我们最常见的长度单位之一——“厘米”。直尺是我们最常见的测量长度的工具，学生观察直尺发现，尺子上有若干长度单位，而且都是统一的，每一个单位就是 1 厘米。学生用手比画感受 1 厘米的长度，再通过实物比较，如田字格的长度、图钉的长度大约都是 1 厘米，加深对 1 厘米的认识。知道“厘米”是比较小的长度单位，测量比较短的物体时，可以用它作单位。如果使用课件，不能用放大的 1 厘米长度作为标准来建立 1 厘米的表象，一定要以手中尺子上 1 厘米的实际长度为准，形成清晰的表象。教材给出厘米可以用“cm”符号表示，只要求认识，不要求实际运用。

认识了长度单位与测量长度的工具，例 3 就是用尺子学习测量长度的方法，从而促进学生对物体的长度进行量化的把握。测量时强调以尺子的 0 刻度对准物体的左端，尺子的边缘与物体重合，再看尺子的右端对准几，就是几厘米，体会测量长度的本质就是确定一段长度里包含几个长度单位。

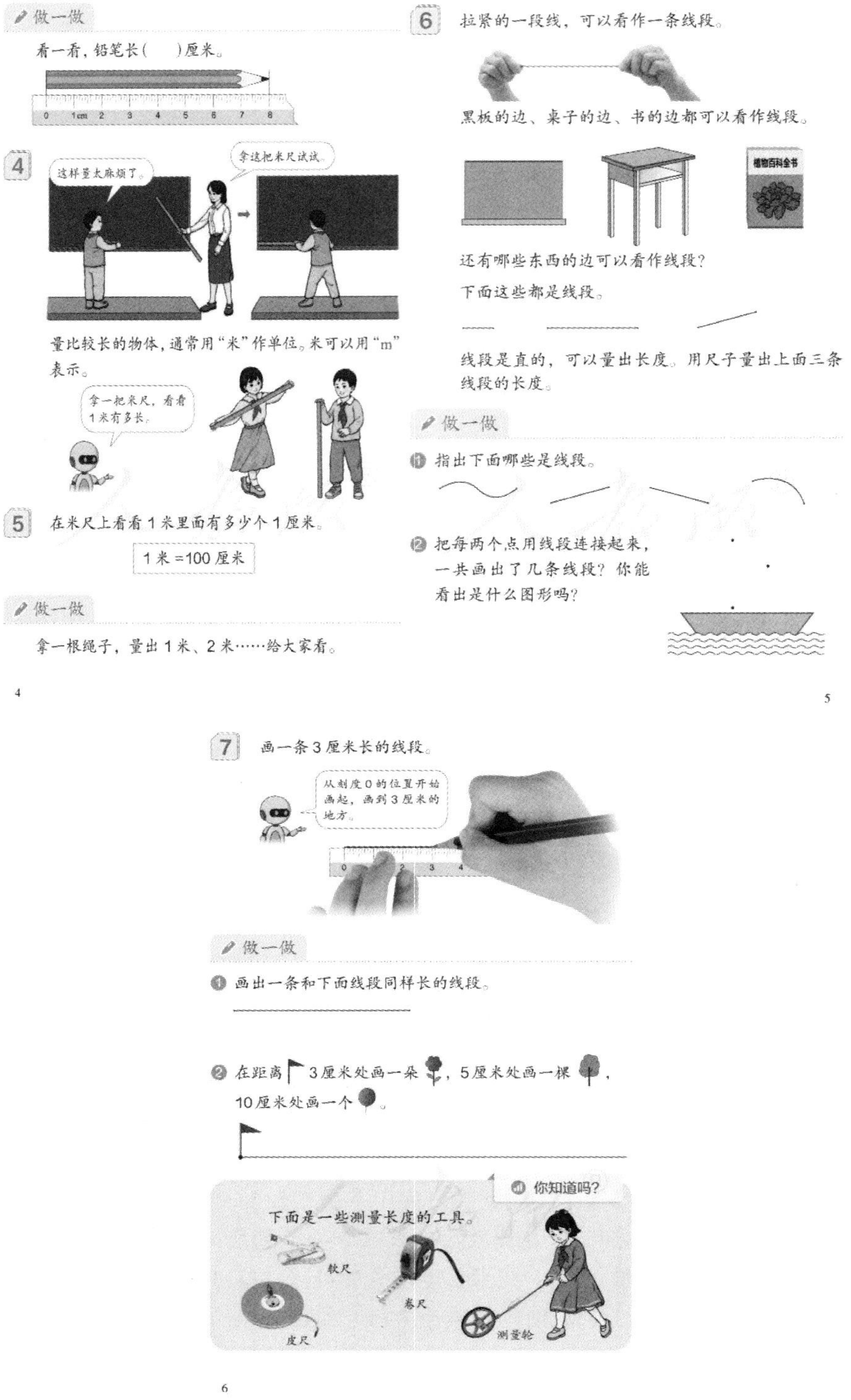
做一做

看一看，铅笔长(　　)厘米。

4 这样量太麻烦了。 拿这把米尺试试。

量比较长的物体，通常用“米”作单位。米可以用“m”表示。

拿一把米尺，看看1米有多长。

5 在米尺上看看1米里面有多少个1厘米。

1米=100厘米

做一做

拿一根绳子，量出1米、2米……给大家看。

4

6 拉紧的一段线，可以看作一条线段。

黑板的边、桌子的边、书的边都可以看作线段。

植物百科全书

还有哪些东西的边可以看作线段？

下面这些都是线段。

线段是直的，可以量出长度。用尺子量出上面三条线段的长度。

做一做

1 指出下面哪些是线段。

2 把每两个点用线段连接起来，一共画出了几条线段？你能看出是什么图形吗？

5

7 画一条3厘米长的线段。

从刻度0的位置开始画起，画到3厘米的地方。

做一做

1 画出一条和下面线段同样长的线段。

2 在距离 3厘米处画一朵，5厘米处画一棵，10厘米处画一个。

你知道吗？

下面是一些测量长度的工具。

软尺　卷尺　皮尺　测量轮

6

图 4.2-2　二年级上册第一单元

（2）认识米尺和米。

例 4 认识米尺和米。因为学会了用厘米尺测量，因此指定一名学生用学过的知识来测量黑板的长度，一是巩固前一课时的知识，同时让学生立刻感受到这样的测量很麻烦，体现了测量时应该选择合适的长度单位的重要性，自然引出米尺。通过观察米尺，知道米尺的特点：刻度都是以 10 厘米为单位的。比划米尺，知道一个米尺大约有一庹那么长，逐步形成 1 米的实际表象。教材给出米可以用“m”符号表示，只要求认识，不要求实际运用。

例 5 认识米与厘米的关系。通过观察米尺，数出一米里面有多少个厘米，得出米与厘米的关系。知道 1 米=100 厘米，100 厘米=1 米。

线段比较抽象，二年级的学生抽象思维水平较低，教学时应注意让学生经历从具体到抽象的认识过程。教材例 6 首先安排的是“一根拉直的线，可以看作一条线段”。需要注意的是，一根直线可以“看作”一条线段，但它不能等同于线段，观察拉紧的线后问：你看到的这根线是什么样的？让学生抽象出线段的直观图，形象地感受线段“直的”特点。其次借助学生身边的一些熟悉的物体的边，如黑板边、桌子边、书边等，知道这些也可以看成线段，进一步感知线段“直的”特点，也抽象出线段的直观图。再根据这几条线段找出线段共同的特点：直的、可以量出长度（至于线段与直线的关系，如线段有两个端点，直线没有端点等，在以后的学习中会予以介绍，这里先不涉及）。接着用尺子量一量，标出线段的实际长度，加深对线段的认识。教材中有一线段是斜着画的，意在说明只要符合线段的特点，跟方向是没有关系的。

了解了线段的特点，例 7 就是借助直尺按要求画出线段（限整厘米数），这可以让学生与前面的测量长度联系起来。测量一般以 0 刻度对准物体的左边，画线段也是从尺的 0 刻度开始画起，需要几厘米，就画到刻度几。

（3）问题解决。

图 4.2-3　二年级上册第一单元

例 8 安排的是解决问题的内容："旗杆的高度是 13 厘米还是 13 米？"意在巩固学生初步建立的厘米与米的长度表象，以培养学生实际运用长度单位的能力。但由于学生只学过"米"与"厘米"，很容易产生非此即彼的简单判断，教学时要避免这种现象。想要选择合适的长度单位，必须建立在估测的基础上，采取合理的方式，做出正确的判断，提高学生的估测能力。

教材以阅读与理解、分析与解答、反思与回顾三个步骤呈现解决问题的完整过程。通过读题知道需要解决的问题是"判断旗杆高是 13 厘米还是 13 米"，接着进行分析，运用自己熟悉的一定长度去估测，如通过 1 厘米的长度推测出 13 厘米的大约长度，判断出旗杆不可能是 13 厘米；再如通过一个学生的身高有 1 米多，只在旗杆的下面，一根旗杆大约有 10 个小朋友那么高，判断出应该是 13 米，而不是 13 厘米…… 学生还可以根据自己熟悉的其他长度作为标准，判断旗杆的高度。这样既有方法上的引领，又有思想上的渗透。反思与回顾环节则是以学生熟悉的物体的长度为标准，回到情境中对解答的结论进行验证：我们熟悉的铅笔的长度都超过了 13 厘米，那么旗杆的高度应该就是 13 米。

教学重点是建立 1 厘米、1 米的长度观念，知道 1 米=100 厘米，初步认识线段，学会用尺子量线段的长度，并按给定长度画线段（限整厘米数）；难点是估测物体长度，培养学生估量物体长度的意识和能力，会根据物体长度填上合适的单位。

3. 教学建议

（1）建立厘米、米的长度观念，估测物体长度，培养学生估量物体长度的意识和能力。

学生通过对直尺的查看，能知道 1 厘米的长度，但离开直尺，在生活中估算时，往往与实际长度相差较大。这就需要用多种方法加强学生对厘米的认知。创设活动：直接用手在直尺上比划 1 厘米的长度，找一找身边哪些物体大约是 1 厘米；给学生提供利用尺子测量物体长度的机会。相对于厘米来说，学生更难以把控米的长度，需要通过比画、比较、实际测量等多种操作活动帮助学生建立米的长度表象，积累测量长度的活动经验。通过比画 1 厘米与 1 米的长度，使学生对这两个长度单位的实际"大小"形成鲜明的表象，就可以正确地运用它们进行估测，不至于产生"1 米=10 厘米"的错误。对于 1 米=100 厘米，学生不难理解，也不难记忆，但在具体的转化过程中容易产生错误，特别是对它们之间的逆推：100 厘米=1 米，学生往往掌握不够熟练。在平时的学习中需要通过不同的转化形式加强练习。

学生分析问题的过程就是运用知识解决问题的过程。选择合适的长度单位，必须建立在长度估测的基础上，还可以从不同的角度去估测。例如：课桌的宽是 60 米还是 60 厘米？方法一：一张课桌的宽还不到 1 米，所以不可能是 60 米。方法二：根据 1 厘米的长度估计出 10 厘米的长度，再根据 10 厘米的长度估测出 60 厘米的长度，跟实际情况比较吻合，因此是 60 厘米。千万不能简单地判断，不是 60 米就是 60 厘米，这样不利于培养学生掌握正确的分析方法，也不利于今后长度单位的学习。

（2）初步学会用尺子量物体的长度（限整厘米数）。

平时测量时我们大多用完好的直尺，只要物体的左端对准 0 刻度，再看物体的右端对准几，就是几厘米。但如果 0 刻度没有了，学生在测量物体的长度时就会出现问题。让学生通过观察尺和用尺量体会测量的本质就是确定一段长度里包含多少个长度单位。引导学生领会为什么测量时，尺的刻度"0"要与所测量物体的左端对齐。用有破损的直尺（没有刻度"0"）测量物体的长度，进一步让学生体会测量的本质。

（3）认识并画出线段。

理解线段的特点。学生通过自己的观察从多种物体中抽象出线段的直观图，然后归纳出线段的特点：直的、可以量出长度。学生对线段的特征有一个明确的认识，再从各种不同的线中找出线段，通过对比，加深对线段特征的理解。

按给定长度画线段。从 0 刻度开始画起，笔一定要沿着尺子的一边，要求几厘米就画到几，画好将两端画上点，并标上线段的长度。

（二）毫米、分米

1. 课标要求

《义务教育数学课程标准（2022 版）》第二学段“学段目标”中提出：体验物体长度测量的过程，认识常见的长度单位，形成量感、空间观念和初步的几何直观。

《义务教育数学课程标准（2022 版）》第二学段“课程内容”中提出：认识长度单位千米，知道分米、毫米，能恰当选择单位估测一些物体的长度，增强空间观念和量感。

2. 教材分析

内容包括毫米、分米的认识，千米的认识，吨的认识和用列表法解决问题。这部分内容是在二年级学生初步认识长度单位“厘米”和“米”及质量单位“克”和“千克”基础上教学的。

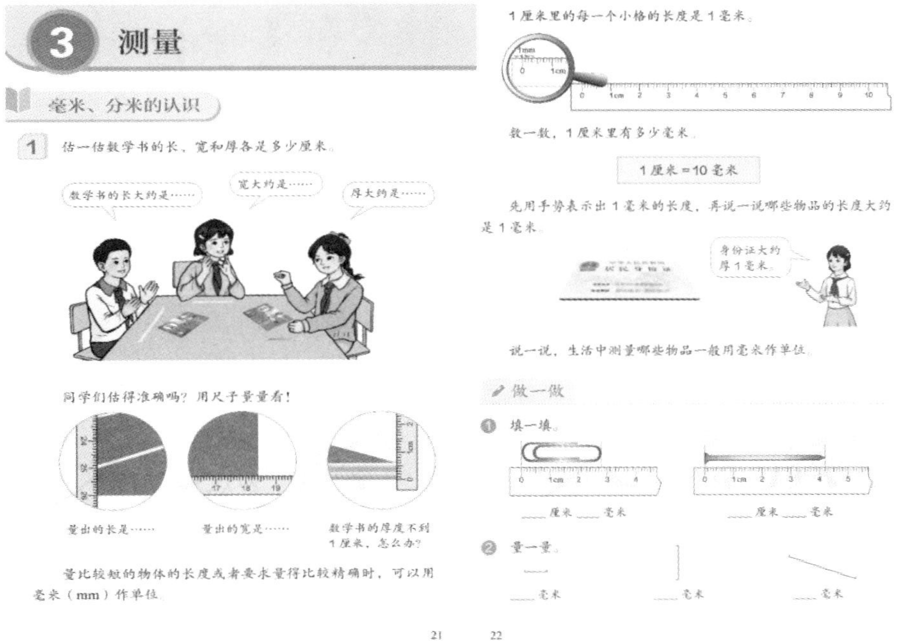

图 4.2-4　三年级上册第三单元

（1）分米和千米的认识。

内容共有 9 个例题，分别呈现了不同的内容，承载着不同的目标。例 1 分 3 个步骤呈现，让学生在活动中感知毫米的产生，在观察直尺中体验 1 毫米的长度及毫米与厘米的关系，在列举中建立 1 毫米的长度观念，体会毫米这个长度单位在生活中的广泛应用。具体而言，通过估计数学课本的长、宽、厚的活动，唤起学生已有的旧知，即已学厘米的知识；根据判断估计结果是否准确，引出精确测量的活动。测量中发现，数学书的厚度不到 1 厘米，宽不能用整厘米数表示，从而体会毫米产生的意义。使学生明确，比厘米更小的长度单位是毫米，并给出表示毫米的符号“mm”，让学生了解。利用直尺上的毫米刻度直观告诉学生 1 毫米有多长。通过数一数 1 厘米长度里有几小格，引出“1 厘米=10 毫米”。用手势表示出 1 毫米的长度，增强直观感知。给出生活中长度是 1 毫米的实物，如 1 分硬币的厚度、身份证的厚度等，帮助学生建立 1 毫米的长度观念。

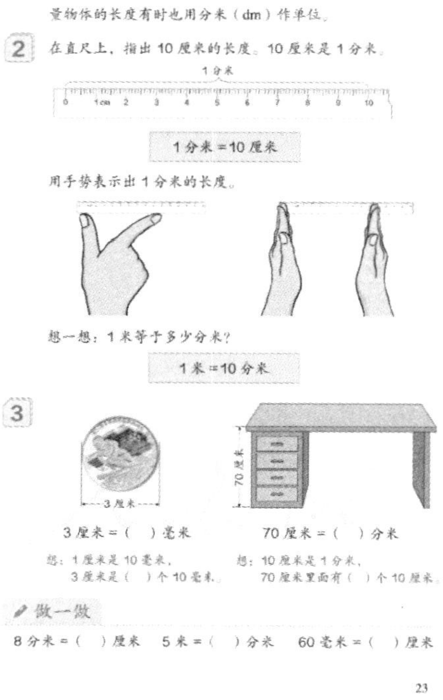
量物体的长度有时也用分米（dm）作单位。

2 在直尺上，指出 10 厘米的长度。10 厘米是 1 分米。

1 分米 =10 厘米

用手势表示出 1 分米的长度。

想一想：1 米等于多少分米？

1 米 =10 分米

3

3 厘米 =（ ）毫米

想：1 厘米是 10 毫米，
3 厘米是（ ）个 10 毫米。

70 厘米 =（ ）分米

想：10 厘米是 1 分米，
70 厘米里面有（ ）个 10 厘米。

做一做

8 分米 =（ ）厘米　5 米 =（ ）分米　60 毫米 =（ ）厘米

23

图 4.2-5　三年级上册第三单元

例 2 和例 3 主要介绍分米的认识、分米与米的关系以及常见长度单位间的换算。例 2 首先介绍长度单位“分米”，并给出表示分米的符号“dm”，让学生了解。其次，利用米尺直观呈现 10 厘米长度，让学生明确 1 分米=10 厘米，并借助直尺用手势表示 1 分米的长度，帮助学生建立 1 分米的长度观念。最后，通过想一想、数一数，利用米尺让学生探索分米和米之间的关系，明确 1 米=10 分米。例 3 中，由于学生还未学习两位数的乘除法计算，因此在教学长度单位毫米、厘米、分米和米之间的换算时，教材通过推理掌握换算的方法，引导学生思考。

（2）千米和米的认识。

例 4 直接向学生介绍了计量比较长的路程以千米为单位，然后呈现了两幅情境图，一幅是学校操场跑道的全景图，一幅是测量操场上 100 米距离的情境图。第一幅全景图旨在激起学生的生活经验，将 1 千米与他们的经验建立联系，说明 1 千米有多长。第二幅情境图旨在通过活动形式增强学生对 1 千米直线距离的感受，掌握估计的标准和方法。引导学生以生活经验为基础，以推理形式为手段，认识 1 千米，以活动为主，讲授为辅，体验 1 千米。

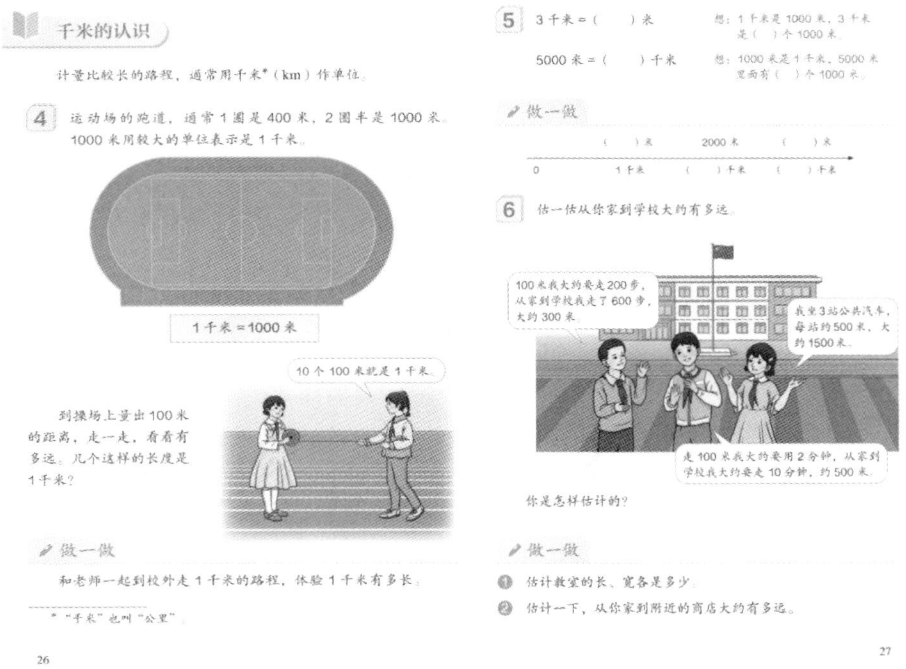
千米的认识

计量比较长的路程，通常用千米*（km）作单位。

4　运动场的跑道，通常1圈是400米，2圈半是1000米。1000米用较大的单位表示是1千米。

1千米=1000米

10个100米就是1千米。

到操场上量出100米的距离，走一走，看看有多远。几个这样的长度是1千米？

做一做

和老师一起到校外走1千米的路程，体验1千米有多长。

* “千米”也叫“公里”。

26

5　3千米=（　　）米　　想：1千米是1000米，3千米是（　）个1000米。

5000米=（　　）千米　　想：1000米是1千米，5000米里面有（　）个1000米。

做一做

（　　）米　2000米　（　　）米

0　1千米　（　　）千米　（　　）千米

6　估一估从你家到学校大约有多远。

100米我大约要走200步，从家到学校我走了600步，大约300米。

我坐3站公共汽车，每站约500米，大约1500米。

走100米我大约要用2分钟，从家到学校我大约要走10分钟，约500米。

你是怎样估计的？

做一做

1. 估计教室的长、宽各是多少。
2. 估计一下，从你家到附近的商店大约有多远。

27

图 4.2-6　三年级上册第三单元

例 5 和例 6 教学千米与米之间的换算及估测活动。前者在内容上呈现两类换算，即高级单位化低级单位和低级单位化高级单位。学生在之前已经有了长度单位换算的经验。因此可以放手让学生独立探究，而后交流方法。后者内容是修订后的教材新增加的。可鼓励学生运用自己的经验总结估计的方法，在交流中体会解决问题的多种策略。

3. 教学建议

（1）在操作中认识长度单位毫米、分米和千米，丰富表象，建立长度观念。

建立 1 毫米的长度观念。在数直尺上 1 厘米有多少个 1 毫米的小格时，初步感知 1 毫米的长度。通过多样的形式让学生建立 1 毫米的表象。例如：用手势比划 1 毫米的长度；说出长度是 1 毫米的实物，除了教材中给出的物品外，还可以让学生多举一些例子；通过从一叠纸中量出 1 毫米，让学生看一看，捏一捏，丰富学生的感知。

建立 1 分米的长度观念。让学生数一数米尺上 10 厘米的一段，体会这个长度就是 1 分米。用手势先估一估 1 分米的长度，比划出来后，再用直尺验证。这样既提高了估测的能力，又强化了 1 分米的表象。说一说生活中大约 1 分米长的物体，以此来加强学生对 1 分米长度的认识。学生动手在纸上画出 1 分米的长度，直观感受 1 分米有多长。

建立 1 千米的长度观念。充分运用操场跑道，引导学生根据跑道 1 圈的长度推导出 1000 米的长度，从而认识 1000 米=1 千米。让学生说说 1 千米里面有几个 100 米、几个 200 米或几个 500 米等，帮助学生认识 1 千米。

（2）在推理中掌握单位换算的方法，知道单位间的关系。

注意交流思考过程，培养推理能力。教材中的单位换算分为两类，即高级单位化低级单位和低级单位化高级单位。教学时，要引导学生充分思考，例如：想 1 厘米是 10 毫米和 10 厘米是 1 分米，从而推导出几个厘米里面有多少个 10 毫米和几十个厘米里面有多少个 10 厘米。

重视让学生进行系统梳理，内化新知。在学生初步掌握单位换算的思考方法后，教师要及时放手让学生在尝试练习时互相说一说推理过程，在表达中训练学生的逻辑推理能力。最后引导学生们梳理毫米、厘米、分米和米之间的关系，为综合应用奠定基础。

（3）在估算中感受方法的多样性，培养估测意识和能力。

体会解决问题策略的多样性，了解不同的估测方法。“估一估，从你家到学校大约有多远？”对于不同的学生来说，上学方式不同，估测的方法也不一样。教材中呈现了 3 种不同的估测方式，可以让学生根据自己的实际情况互相说一说。尤其对步行上学的学生，可以借助例 4 中得到的走 100 米的时间和步数为标准进行估计；对于家长骑电瓶车或开车接送的孩子，也可以让他们说说自己的想法。

先估计，后验证，提高估测能力的同时培养长度观念。教学中，可以让学生估计教室的长和宽，借助一定的标准（如步数、桌宽等）来估一估。然后实际测量一下，以帮助学生提高估测能力。

二、周长与面积

（一）长方形、正方形周长

1. 课标要求

《义务教育数学课程标准（2022 版）》在第二学段“学段目标”中提出：经历平面图形的周长的测量过程，探索长方形周长的计算方法，形成量感、空间观念和初步的几何直观。

《义务教育数学课程标准（2022 版）》在第二学段“课程内容”中提出：结合实例认识周长，探索并掌握长方形、正方形的周长计算公式，增强空间观念和量感。

2. 教材分析

长方形和正方形的教学内容包括周长的含义，长方形、正方形的周长计算，解决实际问题。正方形是表示面积单位的形状，而长方形面积的计算方法则是其他平面几何图形计算方法的基础。教材内容分为两个阶段，第一段主要教学周长的含义及长方形和正方形周长的计算；第二段教学如何运用四边形及周长的知识解决生活中的实际问题。

（1）周长的概念和计算。

例 3 教学周长的概念。教材呈现了一些规则或不规则的实物和图形：树叶、三角尺、数学书的封面、钟面等实物图以及五角星、三角形、长方形、正方形等图形，旨在帮助学生直观理解周长的一般含义，即封闭图形一周的长度。提出“有办法知道上面这些图形的周长吗”的问题，呈现探索图形周长的活动情境，目的是让学生实际动手探索一般图形的周长，进一步感悟周长的实际含义，体现知识的形成过程，为求规则图形的周长做准备。例 3“做一做”让学生通过测量、计算和交流，进一步明确多边形的周长就是围成这个图形的所有线段的长度之和。

例 4 是在学生了解了周长的一般意义及长方形、正方形的特征基础上教学正方形和长方形的周长。这里给出两种计算的方法：一种是直接应用周长的含义将各边的长度连加；另一种是根据长方形、正方形边的特征列出简便的计算方法。这不仅体现了算法的多样化，而且体现了思维的不同水平。在探索活动的基础上进行归纳总结，概括长方形、正方形周长的计算公式，以便在解决问题中灵活运用，体会数学的抽象和简洁。例 4 中“做一做”的两个题目都是应用长方形、正方形的周长公式解决生活中的实际问题。

周长

3

封闭图形一周的长度，是它的周长。
你有办法知道上面这些图形的周长吗？

做一做

先量一量，再算出下面图形的周长各是多少。

83

4 计算下面长方形和正方形的周长。

长方形的周长：
6+4+6+4=20（厘米）
正方形的周长：
5+5+5+5=20（厘米）

长方形的周长：
(6+4)×2=20（厘米）
正方形的周长：
5×4=20（厘米）

你喜欢哪种方法？

长方形的周长＝______
正方形的周长＝______

做一做

1. 一个长方形花坛的长是5米，宽是3米。这个花坛的周长是多少米？
2. 一块正方形桌布（如右图），要在它的四周缝上花边，花边的长是多少分米？

85

图 4.2-7　三年级上册第七单元

5 用16张边长是1分米的正方形纸拼长方形和正方形。怎样拼才能使拼成的图形周长最短？

阅读与理解

要解决的问题是什么？

分析与解答

怎样拼使周长最短？画图试一试。

______拼出的图形周长最短。

回顾与反思

如果用36张正方形纸拼呢？你有什么发现？

86

图 4.2-8　三年级上册第七单元

（2）问题解决。

例 5 是问题解决的教学，是一个通过自主探究解决问题的活动，旨在帮助学生巩固长方形、正方形的特征及周长的计算方法，进一步发展数学思考，提高问题解决的能力。用 16 个边长是

1 分米的正方形可以拼成三种不同的长方形，分别为长 16 厘米、宽 1 厘米和长 8 厘米、宽 2 厘米的长方形，边长 4 厘米的正方形。其中，正方形的周长最短。一般来说，拼成的长方形的长和宽越接近，其周长越短。在“分析与解答”环节，教材呈现了画出所有可能的结果来解决问题的策略。“回顾与反思”环节通过提问“只有这三种拼法吗”，提示应用此策略时需要检查是否做到了不重复、不遗漏，这样才能确保正确解决问题。例 5 中“做一做”让学生探索“给 12 盒保鲜膜捆胶带怎样最省”的实际问题，需要转化为“将 12 个边长 5 厘米的正方形拼组后的图形周长最短”的数学问题，进一步发现规律，同时培养学生将生活中的实际问题转化为数学问题的能力。

3. 教学建议

（1）理解周长的含义，探究周长的测量方法，以及长方形、正方形的周长计算公式，能熟练地计算长方形、正方形的周长。

周长的概念中有三个关键词：封闭图形、一周、长度。教学时我们通常将封闭图形及一周的理解作为周长概念的重点，很容易把“长度”这个关键词忽略。周长的本质就是“长度”，因此教学中要让学生通过指一指、找一找、说一说、描一描等一系列体验活动，使学生经历丰富的感知过程，获得对周长的感性认识，建立丰富的表象。另外，在初步感知周长概念时，要注意从一般性的角度引入，从任意图形入手，避免学生产生只有长方形、正方形等规则图形才有周长的思维定式，这样才能更好地帮助学生全面地建立起周长的概念。

长方形、正方形的周长是在学生认识了长方形、正方形各部分名称和特征，理解了周长概念，掌握了简单的测量方法的基础上进行教学的。在周长的认识教学中，学生已经对长方形、正方形的周长有了初步的认识，可以通过旧知复习来进行。学生在探究周长公式的推导过程中不可忽视周长的测量环节，测量图形的周长不仅是推导公式的重要教学手段，而且是教学目标。应注重引导学生运用正确的学习方式和方法，结合尝试计算、探索验证、比较优化、合作交流等活动，引导学生经历自主构建新知的完整过程。在经历不同图形周长求法的知识形成过程中，充分感知周长是长度单位，认识周长是可以测量的，同时感受“化曲为直”的数学思想方法。也可通过对比、辨析加深学生对周长含义的理解，体会图形的转化思想。

（2）通过探究，运用画图策略解决问题，总结出解决这类问题的一般方法。

综合运用长方形和正方形的特征及周长来解决问题，对学生来说有一定的难度。教师要引导学生分析问题，明确解决问题的一般步骤（阅读与理解、分析与解答、回顾与反思），提高学生探究能力和解决问题能力。

在教学中，教师应引导学生明确要求，提高探究的有效性，根据学生目前所有的认知水平进行不同的操作，让学生在解决具体问题的过程中形成数形结合的思想方法，并养成一定要找到所有可能出现的结果，做到不重、不漏的良好数学学习思维习惯。通过解决这些问题，进一步使学生体会所学知识的广泛应用，积累解决问题的经验，发展创新意识，提高实践能力。

（3）充分运用多媒体精心创设情境，通过课件直观演示，做到数形结合。

数形结合能有效地为学生提供恰当的形象材料，可以将抽象的数量关系具体化，把无形的解题思路形象化，帮助学生理解和掌握知识，有效激发学生的求知欲望和学习兴趣，从而有利于突破课堂教学中的重点和难点。《四边形》一课，制作课件可增加一些平面图形正反例来加深学生对四边形的认识，例如不封闭的、边是弯曲的、凹的四边形，斜摆的四边形，圆形，五边形等，丰富学生对图形的认识。通过图形游戏，可以激发学生学习的兴趣，让学生把已经建立的四边形的表象以物化的形式表达出来，在动手操作的体验中丰富对四边形的感知，强化和巩固四边形的特征，加深对四边形内涵的认识。

（4）注重数学实践活动，突出几何探究过程，培养学生的空间观念。

空间观念是在活动的过程中逐步建立起来的。教学时，应在多样的实践中让学生主动探究认识图形的特征。如把长方形、正方形比一比、折一折、量一量，发现它们边、角的特征。但在操作过程中，应注意让学生明确实践的目的性，如把长方形纸左右对折、上下对折，这么做说明了什么等。另外，在验证正方形四条边都相等时，学生往往只注意对边相等，忽视沿对角线对折来验证邻边相等。教学中应多留些时间让学生思考，最后得出先对折成三角形再对折，再把正方形的四条边都折合到一起的好方法。为了让大家看清楚，可把四条边都涂上不同的颜色，效果更好。在这种情况下，除了对折还可以选择适当的四根纸条拼摆图形来排除长方形、正方形面的干扰，突出边的对比，使学生思路更明晰，便于总结归纳、完整阐述。

信封里装着一个四边形，猜一猜可能是什么形状。通过抽出这个图形的一部分，三次操作分别让学生猜测验证。层层深入，每次都让学生充分地表达自己判断的理由，从不同层次、不同角度发现长方形和正方形之间的动态关系，始终让学生在对比中充分感知长方形和正方形本质的区别和练习巩固长方形和正方形特征的认识，培养了学生空间观念和逻辑思维能力。

（5）提炼核心问题，发挥学生的自主性，突破各课重难点。

核心问题是达成教学目标的关键，它能改变冗长、烦琐、低效的情况。一堂课其他问题都是由这个核心问题派生出来的，或与这个核心问题息息相关。找准核心问题，教学就会有的放矢，围绕核心问题展开，学生的思维就有了聚焦点，学习主线就非常明晰、同时简单明了。通过小组合作学习，动手操作，学生在探索过程中会用多种方法进行研究，有助于培养观察、分析、归纳及猜想、验证等数学思维能力；感受学习空间与图形的价值，增强空间观念，体验探索数学的乐趣。具体见表 4.2-1：

表 4.2-1　“周长的计算”核心问题及验证方法

<table>
<tr><th>课题</th><th>核心问题</th><th colspan="2">验证方法</th><th>结论</th></tr>
<tr><td>周长</td><td>有办法知道上面这些图形的周长吗？</td><td colspan="2">绳测、尺量、滚动一圈量、数方格纸等</td><td>封闭图形一周的长度</td></tr>
<tr><td rowspan="2">周长的计算</td><td rowspan="2">你喜欢哪种方法？</td><td>长方形的周长计算方法</td><td>①长+宽+长+宽；
②长+长+宽+宽；
③长×2+宽×2；
④（长+宽）×2</td><td>长方形周长公式：长方形的周长=（长+宽）×2</td></tr>
<tr><td>正方形的周长计算方法</td><td>①边+边+边+边；
②边×2+边×2；
③（边+边）×2；
④边×4</td><td>正方形周长公式：正方形的周长=边长××4</td></tr>
<tr><td>解决问题</td><td>这道题要我们做什么事？</td><td colspan="2">拼图形、求周长、比周长</td><td>越接近正方形，周长越短</td></tr>
</table>

（二）长方形、正方形面积

1. 课标要求

《义务教育数学课程标准（2022 版）》第二学段“学段目标”中提出：经历平面图形的面积

的测量过程，探索长方形面积的计算方法，形成量感、空间观念和初步的几何直观。

《义务教育数学课程标准（2022 版）》第二学段“课程内容”中提出：结合实例认识面积，探索并掌握长方形、正方形的面积计算公式，增强空间观念和量感。

2. 教材分析

长方形和正方形的面积是在学生已经掌握了长方形和正方形的特征，并会计算长方形和正方形周长的基础上进行的，主要内容包括四部分：面积和面积单位，长方形、正方形的面积计算，面积单位之间的进率，用所学的知识解决简单的实际问题。

图 4.2-9　三年级下册第五单元

（1）情境图。

为了更好地建立面积的概念，教材在修订过程中删去了面积的定义，一是避免学生死记硬背；二是避免教师将功夫用在指导学生叙述面积的定义上，从而忽视了学生对面积含义的真正理解。以往的教学实践表明，学生往往更关注“面”，而忽视“面”的大小，将“面”等同于面积。因此，教材从让学生观察身边熟悉的一些物体的表面入手，明确“面”的概念，然后让学生通过观察比较两个面的大小，进而形成对“面”的大小的直观感受。在此基础上，教材采用描述的方式，借助具体事例说明“面积”的概念，并让学生依此说出其他一些物体表面的面积。

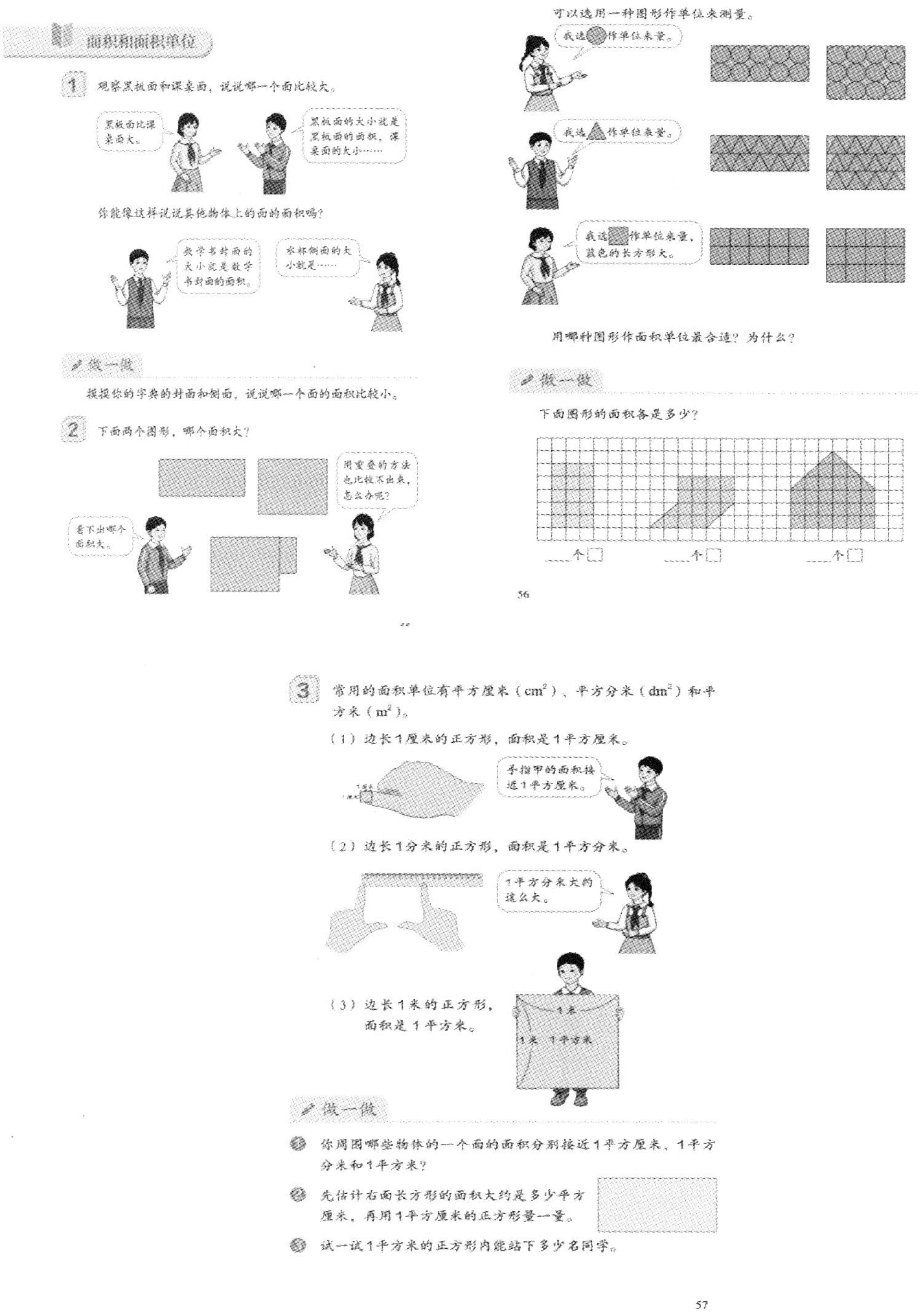

面积和面积单位

1 观察黑板面和课桌面，说说哪一个面比较大。

黑板面比课桌面大。

黑板面的大小就是黑板面的面积，课桌面的大小……

你能像这样说说其他物体上的面的面积吗？

数学书封面的大小就是数学书封面的面积。

水杯侧面的大小就是……

做一做

摸摸你的字典的封面和侧面，说说哪一个面的面积比较小。

2 下面两个图形，哪个面积大？

用重叠的方法也比较不出来，怎么办呢？

看不出哪个面积大。

可以选用一种图形作单位来测量。

我选〇作单位来量。

我选△作单位来量。

我选□作单位来量，蓝色的长方形大。

用哪种图形作面积单位最合适？为什么？

做一做

下面图形的面积各是多少？

____个□　____个□　____个□

56

3 常用的面积单位有平方厘米（cm^2）、平方分米（dm^2）和平方米（m^2）。

（1）边长1厘米的正方形，面积是1平方厘米。

手指甲的面积接近1平方厘米。

（2）边长1分米的正方形，面积是1平方分米。

1平方分米大约这么大。

（3）边长1米的正方形，面积是1平方米。

1米　1米　1平方米

做一做

1. 你周围哪些物体的一个面的面积分别接近1平方厘米、1平方分米和1平方米？
2. 先估计右面长方形的面积大约是多少平方厘米，再用1平方厘米的正方形量一量。
3. 试一试1平方米的正方形内能站下多少名同学。

57

图 4.2-10　三年级下册第五单元

（2）面积和面积单位。

例 1 中呈现的 4 个说明面积的样例都是学生身边的事物，其目的就是用丰富的实例让学生在观察（看一看）、动手感知（摸一摸）的基础上，就认识物体的“面”及“面”的大小积累充足的感性经验，进而更好地理解面积的含义。在“做一做”中，通过摸一摸字典的封面和侧面，使学生认识到侧面也有面积，从而完善对面积概念的认识。

例 2 的教学目标是让学生理解引入面积单位的必要性，为什么要有单位以及用什么图形作面积单位。教材由比较两个长方形面积大小引入，由于形状不同，用重叠的方法也难以比较出大小，促使学生尝试用间接比较的方法。通过机器人聪聪的话，引导学生“选用一种图形作单位来测量”，从而达到唤起学生对面积单位的需求。教材提供了圆形、正三角形、正方形这三种图形作为面积单位，让学生经历拼摆和选择的过程，体会到正方形“既能密铺所测图形，且拼摆方便”的特点，感悟用正方形作面积单位的合理性。

例 3 介绍了常用的面积单位平方厘米、平方分米、平方米的规定。平方厘米、平方分米、平方米是最基本的面积单位，学生最容易感知，在日常生活中也最常用。教材对 1 平方厘米、1 平方分米、1 平方米认识的编排基本相同，都是先用文字介绍数学上是如何规定的，再通过一系列如“手指甲的面积接近 1 平方厘米”“用手比划 1 平方分米的大小”“用纸制作 1 平方米的正方形”“在 1 平方米的正方形内站满学生”等数学活动让学生感知这些面积单位的大小。这样安排既可建立面积单位的表象，又为今后进行面积的估测奠定了基础。

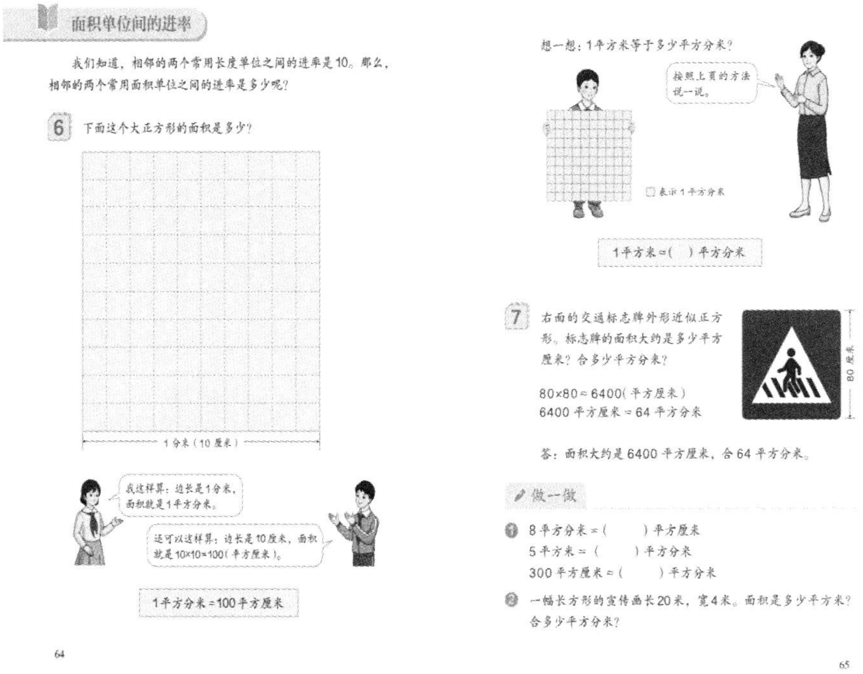
面积单位间的进率

我们知道，相邻的两个常用长度单位之间的进率是10。那么，相邻的两个常用面积单位之间的进率是多少呢？

6 下面这个大正方形的面积是多少？

1平方分米=100平方厘米

64

想一想：1平方米等于多少平方分米？

1平方米=(　)平方分米

7 右面的交通标志牌外形近似正方形。标志牌的面积大约是多少平方厘米？合多少平方分米？

80×80=6400（平方厘米）
6400平方厘米=64平方分米

答：面积大约是6400平方厘米，合64平方分米。

做一做

1. 8平方分米=(　　)平方厘米
5平方米=(　　)平方分米
300平方厘米=(　　)平方分米
2. 一幅长方形的宣传画长20米，宽4米。面积是多少平方米？合多少平方分米？

65

图 4.2-11　三年级下册第五单元

（3）面积单位之间的进率。

例 6 和例 7 是教学面积单位之间的进率。例 6 在编排上包括四个层次，首先采用由旧引新的方式，明确提出需要探究的问题。接着呈现 1 个 1 平方分米的正方形，并在正方形内用虚线画出了 1 平方厘米的小方格，用不同的长度单位标出边长。这样既为学生直观认识 1 平方分米和 1 平方厘米的关系提供了形象支撑，又为计算和推理做好了铺垫。然后，展示学生选择不同的单位计算面积，体现了针对同一个图形面积不同、观察不同的视角。最后，得出结论，直接呈现了面积单位间的关系。例 7 是简单的两个面积单位间换算的实际问题，让学生体会，对同一个物品的面积可以用不同的面积单位表示，初步认识面积单位越大数据越小，但所表示的面积大小是一样的，从而体会单位换算的价值。

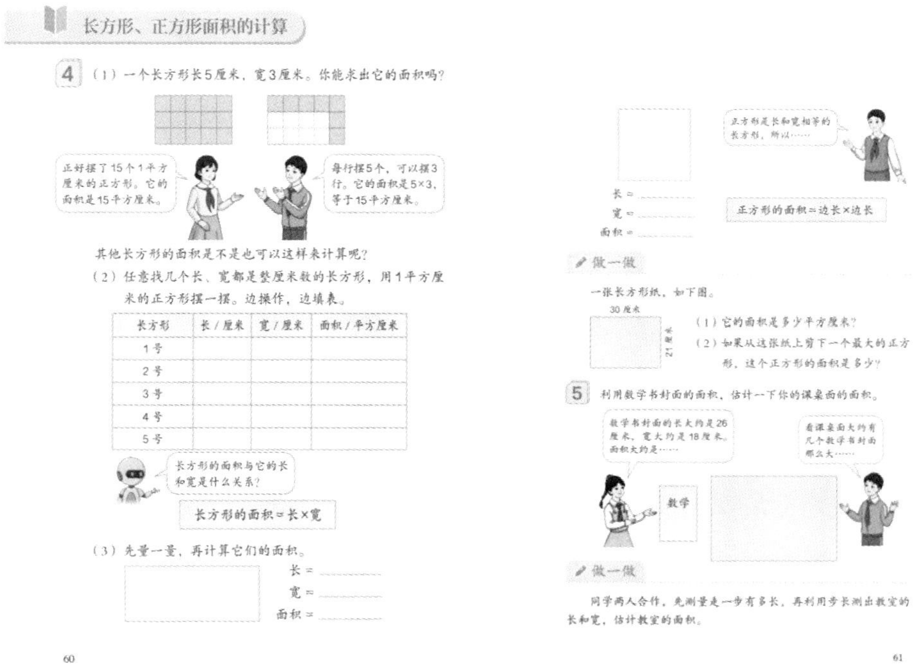

长方形、正方形面积的计算

4 （1）一个长方形长5厘米，宽3厘米。你能求出它的面积吗？

正好摆了15个1平方厘米的正方形。它的面积是15平方厘米。

每行摆5个，可以摆3行。它的面积是5×3，等于15平方厘米。

其他长方形的面积是不是也可以这样来计算呢？

（2）任意找几个长、宽都是整厘米数的长方形，用1平方厘米的正方形摆一摆。边操作，边填表。

长方形	长 / 厘米	宽 / 厘米	面积 / 平方厘米
1号			
2号			
3号			
4号			
5号			

长方形的面积与它的长和宽是什么关系？

长方形的面积＝长×宽

（3）先量一量，再计算它们的面积。

长＝______

宽＝______

面积＝______

60

正方形是长和宽相等的长方形，所以……

长＝______

宽＝______

面积＝______

正方形的面积＝边长×边长

做一做

一张长方形纸，如下图。

30 厘米

21 厘米

（1）它的面积是多少平方厘米？

（2）如果从这张纸上剪下一个最大的正方形，这个正方形的面积是多少？

5 利用数学书封面的面积，估计一下你的课桌面的面积。

数学书封面的长大约是26厘米，宽大约是18厘米。面积大约是……

看课桌面大约有几个数学书封面那么大……

数学

做一做

同学两人合作，先测量走一步有多长，再利用步长测出教室的长和宽，估计教室的面积。

61

图 4.2-12　三年级下册第五单元

（4）长方形和正方形面积的计算。

例 4 是教学长方形、正方形面积的计算。为了做好从度量这个本质到公式计算的过渡，教材在编排时安排了三个层次。首先是用面积单位测量长方形面积，在计数所用面积单位的个数时，教材呈现了两种方法：一是直接数出面积单位的个数；二是数出行数与每行的个数，用乘法计算出面积单位的个数，为面积公式的形成提供了直接经验。接着安排了用面积单位拼摆多个长方形的活动，探索长方形面积与它的长和宽之间的关系，并以表格的方式进行记录，进而概括出长方形面积公式。最后，在应用长方形面积公式解决问题的过程中，先将正方形看作特殊的长方形，再通过推理，得出正方形面积公式。在整个探究过程中，学生经历了“动手实践、初步感知是什么—深入探究、理解为什么—沟通联系、形成认知结构”的全过程，从而激发探究欲望，培养探究能力。

例 5 是对长方形面积公式的简单应用，既可以提高学生用长方形面积公式解决实际问题的能力，又可以通过计算知道这些常见物品的面积是多少，丰富感性经验，为以后估计其他物品的面积提供参考依据。在计算数学书封面面积后，安排利用计算结果估计课桌面积的活动。这是教材新增的内容，不仅体现了计算结果的应用价值，还让学生用自己熟悉的物品面积作为“非标准”面积单位，估计其他面积，从而发展学生的估测意识与能力。

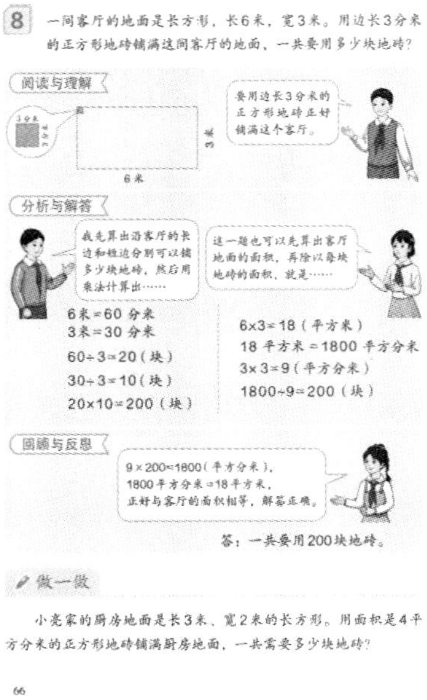

图 4.2-13　三年级下册第五单元

（5）问题解决。

例 8 是教学应用长方形、正方形面积计算知识解决简单的实际问题，通过“阅读与理解”“分析与解答”“回顾与反思”三个环节让学生经历解决问题的一般过程，体会“制定的计划不同，解决问题的方法也不同”，逐步提高学生分析和解决问题的能力。“阅读与理解”是让学生将零散的数学信息提炼为数学问题，将生活中的现实问题转化为数学问题的过程。“分析与解答”展现了两种不同的解题思路，再相应呈现不同的解题方法，引导学生在解决问题的过程中，先制定清晰的解题计划，再执行计划。“回顾与反思”环节把所求结果当作已知条件进行检验，对检验方法进行指导，同时帮助学生形成检验的良好习惯。

3. 教学建议

（1）教师要重视学生的实践活动，帮助学生理解面积的含义。

帮助学生利用已有的生活经验，通过看一看、摸一摸数学书、课桌、黑板等熟悉的物体的面，感知物体的“面”及“面的大小”。借助具体事物，采用描述的方式说明“面积”的概念。例如，黑板表面的大小就是黑板面的面积。通过摸一摸字典的封面和侧面，使学生认识到侧面也有面积，从而完善对面积概念的认识。通过“描周长、涂面积”“填上适当的单位名称”“计数不同图形的周长与面积”“解决实际问题”等练习，进一步加深学生对面积含义的理解。

（2）帮助学生建立常用面积单位的表象。

通过“观察接近 1 平方厘米手指甲面的面积”“用手比划 1 平方分米的大小”“在 1 平方米的正方形内站满学生”等数学活动，帮助学生初步建立面积单位的表象。

通过让学生选择合适的面积单位测量扑克牌、课桌面和教室面积等活动，丰富学生实际测量的经验并巩固面积单位观念。

通过让学生估计手帕、黑板等物体表面的面积，再通过测量计算出实际面积，并通过比较估测与实际测量计算所得的结果，修正自己的估测策略，逐步建立常用面积单位的表象。

通过组织学生脱离参照物，动手画、用剪刀剪或手拉手围出所认识的面积单位，再对照标准学具进行调整，帮助学生逐步形成清晰的表象。

（3）要让学生自主探究长方形和正方形面积的计算公式。

让学生经历用面积单位度量长方形面积的过程。例如，在例 4 的教学中，可以组织学生用面积单位度量或拼摆不同长方形，重视学生计数面积单位个数的方法，允许一个一个计数，也可以用乘法计数，明确每行面积单位的个数与行数的乘积就是面积单位的总个数，即多少个面积单位。

要沟通长方形的长、宽与每行面积单位个数和行数之间的对应关系。例如，在教学例 4 时，在学生充分操作的基础上，借助信息技术手段，将长方形的长、宽与每行面积单位个数和行数之间的对应关系清晰地展现出来：长是 5 厘米，每行就是可以摆 5 个 1 平方厘米的面积单位，宽 3 厘米，可以摆这样的 3 行。这可以使学生体会到数的意义不同，数值的大小是一致的，为面积公式的形成做好充分的准备。

适时进行长方形面积公式的抽象概括，避免过早进入形式化计算阶段。如求边长是 2 米的正方形的面积时，可以先用 2 米×2 米=4 平方米的形式进行表征，使学生对这个算式及面积单位的实际意义有更好的理解。在学生有了一定认识并认可面积单位后，再逐步抽象简写为 2×2=4（平方米）。

（三）多边形的面积（平行四边形、梯形、三角形）

1. 课标要求

《义务教育数学课程标准（2022 版）》第三学段“学段目标”中提出：探索几何图形面积的计算方法，会计算常见平面图形的面积，形成量感、空间观念和几何直观。

《义务教育数学课程标准（2022 版）》第三学段“课程内容”中提出：会计算平行四边形、三角形、梯形的面积，能用相应公式解决实际问题，进一步形成量感、空间观念和几何直观。

2. 教材分析

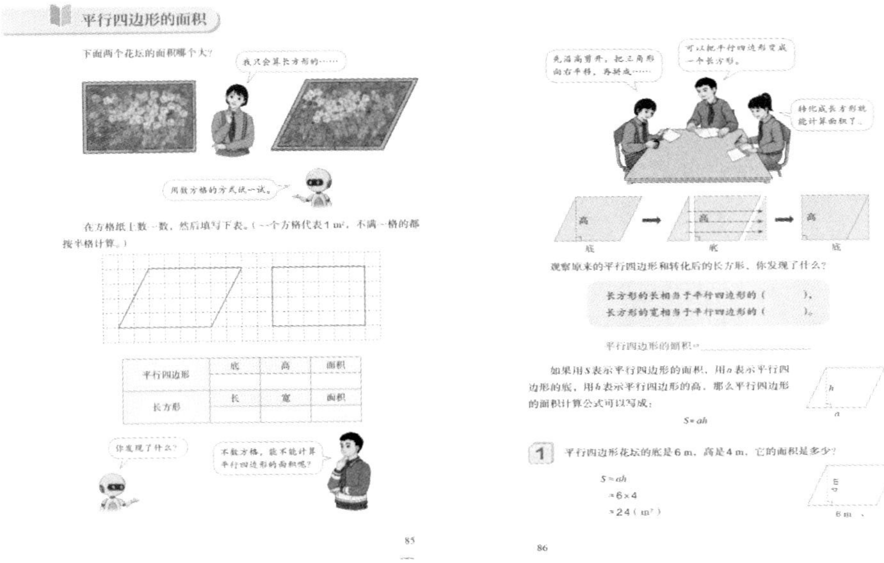
平行四边形的面积

下面两个花坛的面积哪个大？

在方格纸上数一数，然后填写下表。（一个方格代表 1 m²，不满一格的都按半格计算。）

平行四边形	底	高	面积
长方形	长	宽	面积

85

观察原来的平行四边形和转化后的长方形，你发现了什么？

长方形的长相当于平行四边形的（　　）。
长方形的宽相当于平行四边形的（　　）。

平行四边形的面积＝＿＿＿＿

如果用 S 表示平行四边形的面积，用 a 表示平行四边形的底，用 h 表示平行四边形的高，那么平行四边形的面积计算公式可以写成：

$$S=ah$$

1　平行四边形花坛的底是 6 m，高是 4 m，它的面积是多少？

$S=ah$
$=6\times4$
$=24$（m^2）

86

图 4.2-14　五年级上册第六单元

（1）平行四边形的面积。

平行四边形面积的计算，先借助机器人聪聪提示的“用数方格的方法试一试”，旨在渗透度量单位的应用意识，引导学生想到面积和面积单位的关系，用面积单位来测量面积（本质），即用数方格的方法来计算面积（表面）。教材紧接着设计了一个表格，引导学生记录平行四边形的底、高、面积和长方形的长、宽、面积数据，然后对所得的数据进行比较和分析，从中发现两个图形之间的内在联系，也为探究平行四边形面积计算公式做了思维和方法的铺垫。

教材对于平行四边形面积公式的推导过程主要分四个层次呈现：第一个层次，用学生的对话初步展现了思考、转化的过程；第二个层次，用一组示意图让刚才操作的过程更直观明了；第三个层次，通过一组问题让学生抽象出平行四边形和长方形之间的关系，发展了学生的思维，这一组问题是教材新增加的，非常明确、具体，从底、高、面积三个角度给学生指明了思考的方向，为顺利总结公式奠定基础；第四个层次，让学生独立总结平行四边形的面积公式和用字母表示公式，其中在用字母表示公式时，教材新增了一幅直观图，体现用字母 a 和 h 分别表示平行四边形的底和高，沟通了字母与图形之间的对应关系，更利于学生直观掌握面积公式。

例 1 是源于情境的实际问题，既可以指导学生应用计算公式解决实际问题，又可以验证计算公式的正确性（与数方格所得的面积相等）。对于例 1 的解答过程，新教材特别注意规范书写格式，即先用字母表示计算公式，再将数据代入公式求值，有利于培养学生良好的学习习惯。

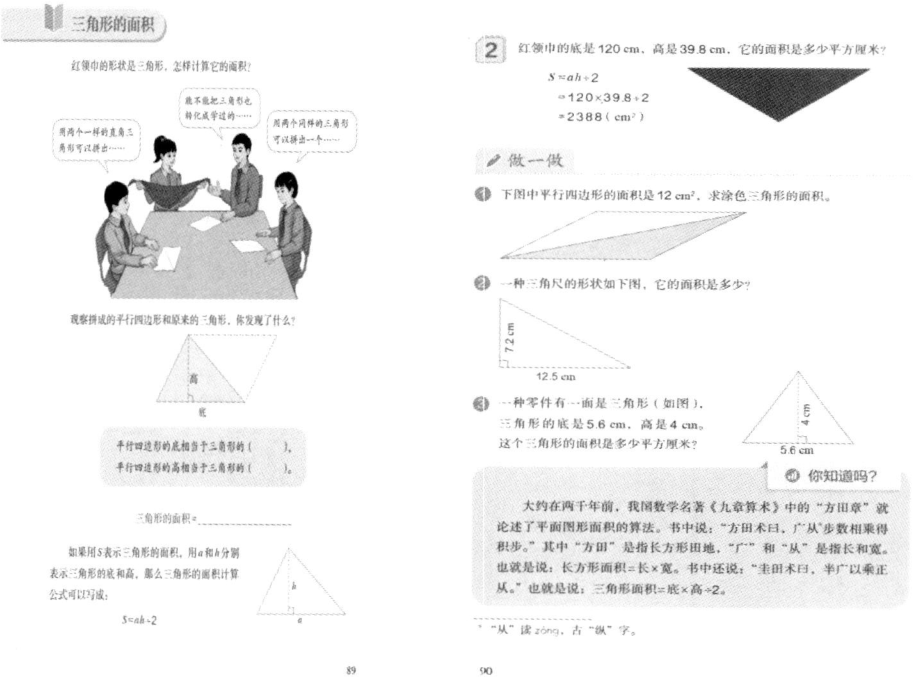

图 4.2-15　五年级上册第六单元

（2）三角形的面积。

有了平行四边形面积计算的推导基础，三角形的面积计算就直接要求学生将三角形转化为已学过的图形推导出面积计算公式。主题图呈现了学生两次小组活动的思维过程：第一次活动以小女孩手中的红领巾引出问题："怎样算出红领巾的面积呢？"这一问题充分体现了数学源于生活的思想。由于学生刚研究过平行四边形的面积，所以自然而然就能想到"转化"的方法，将三角形转化成学过的图形。主题图中的第二次活动就呈现了学生们用三角形进行"转化"的操作过程。两次活动之后，教材出示问题："观察拼成的平行四边形和原来的三角形，你发现了什么？"这个问题较之前推导平行四边形面积公式时更抽象些，主要是考虑到学生在推导平行四边形面积时已经具备一定的比较经验，他们借助具体的图形可以发现其中的等量关系，从而自己总结出三角形的面积公式，培养思维能力和总结概括能力。

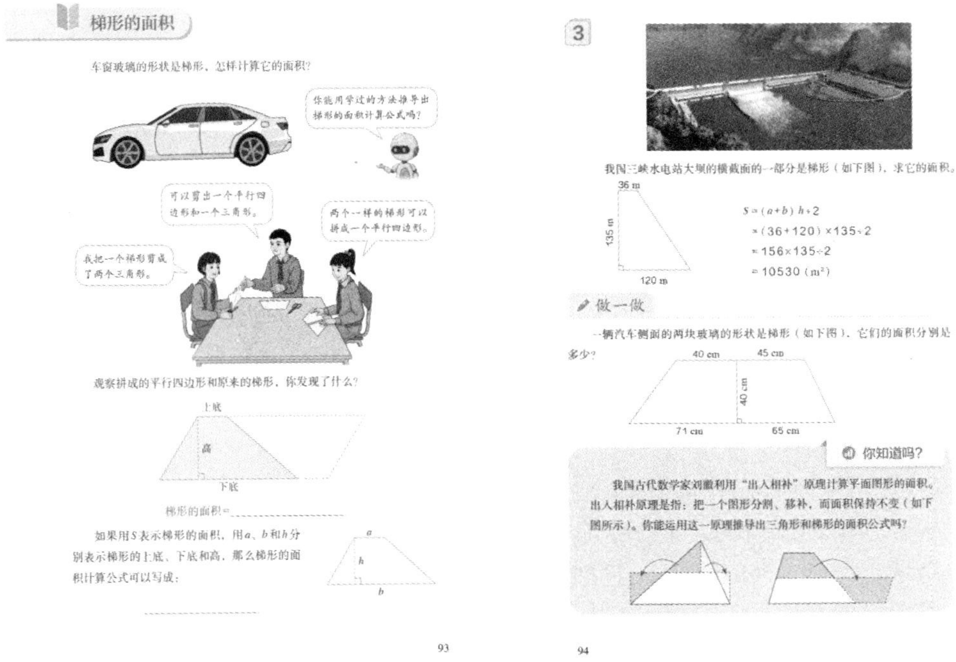

图 4.2-16　五年级上册第六单元

（3）梯形的面积。

到梯形面积的计算，由于学生已经经历、探索了平行四边形和三角形面积计算的推导过程，并形成了一定空间观念，因此教材的编排更加直接，通过提问"你能用学过的方法推导出梯形的面积计算公式吗？"引导学生把梯形转化为已学过的图形来计算面积，进一步巩固"转化"的数学方法，培养迁移能力、推理能力和解决实际问题的能力。

在教材中，每一种图形的面积计算均没有给出推导的过程和文字计算公式，以便于学生从多种途径探索，自己得出结论，从而给教师和学生都留有较大的创造空间。

教材练习具有探索性，形式多样化，以促进学生对计算公式的理解和灵活运用，教材练习的编排减少了直接用公式计算的习题，安排了较多的应用问题、变式题、用间接条件求面积及画一画、分一分的操作性习题，并安排了一定数量的思考题。习题的探索性也得到了加强（例如，过去直接要求量出图形底和高的长度求出面积，现在则要求学生自己想办法求出图形的面积）。

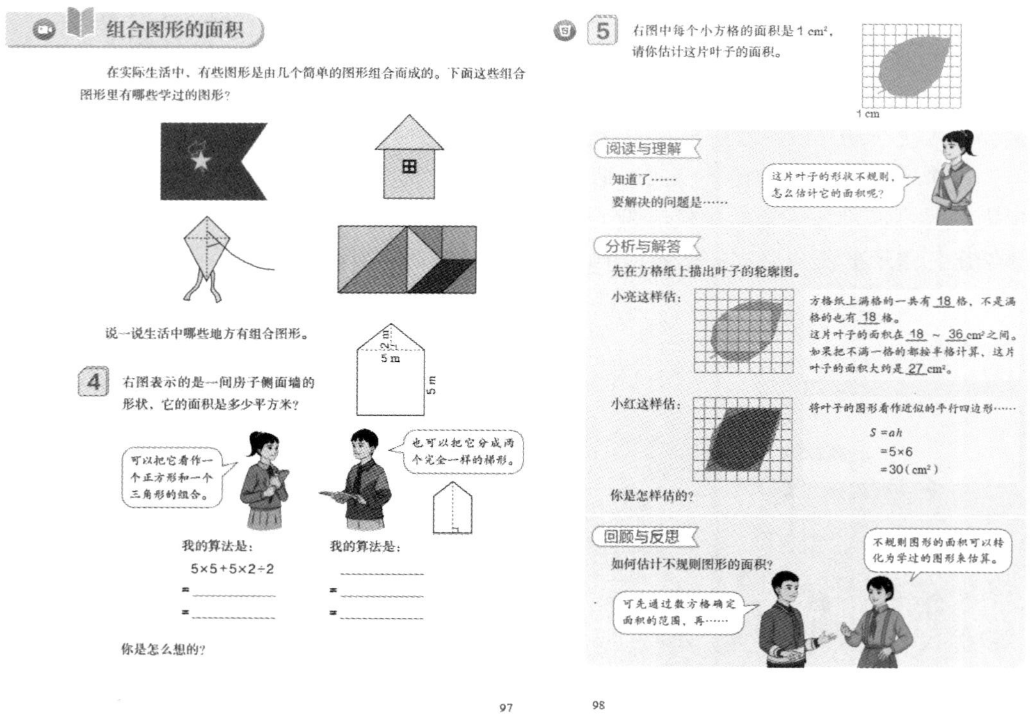

图 4.2-17　五年级上册第六单元

（4）组合图形面积计算。

例 4 是探索组合图形面积计算的方法。教材以“房子的侧面墙”为例，引导学生自主探究图形不同的组合方式。教材展示了两种，即“可以把它看成一个正方形和一个三角形的组合”“也可以把它分成两个完全一样的梯形”，同时提出问题：“你是怎么想的？”鼓励学生想出其他的方法。学生在尝试、交流、讨论等学习活动中，明确计算组合图形面积的基本思路，理解和掌握组合图形面积的计算方法。

此部分的教学重点是掌握组合图形面积计算的方法；教学难点是会根据已知条件把组合图形转化成简单图形来计算面积。

（5）不规则图形面积的估计。

在生活实际中，我们经常会接触到不规则图形，它们的面积无法直接用面积公式计算。那么如何估测它们的面积呢？教材编排了借助方格纸估计不规则图形（树叶）面积的内容，培养学生估测的意识和解决实际问题的能力。

教材首先呈现了一片树叶在方格纸上（每小格面积为 1 cm^2）的图示，提出了“请你估计这片叶子的面积”的要求。这样的呈现方式为学生探究叶子的面积提供了数学方法的提示（根据面积单位估计面积），也渗透了面积的本质。

例 5 为解决一个现实问题，仍然采用解决问题的一般步骤（阅读与理解、分析与解答、回顾与反思），有助学生养成解决问题的良好习惯。

在“阅读与理解”环节，通过对话的形式引导学生理解并呈现出两种不同的思路：一是“知道小方格的面积，求叶子的面积”，即用面积单位估计面积；二是“这片叶子的形状不规则，怎么计算面积呢？”，即通过将其看成某个简单图形，再用公式计算面积。

“分析与解答”环节结合以上两种思路，用两种方法进行了解决：一是覆盖方格纸（面积单位）数方格来估计面积；二是转化成某个近似图形用公式计算面积。教材通过提问“你是怎样估的？”为学生提供了继续思考的空间，启发学生交流其他的估计方法。

在“回顾与反思”环节，为了帮助学生获得必要的估算策略和方法，可着重引导学生交流总结解决问题过程中用到的估算方法以及估算策略。

此部分教学重点是正确估计不规则图形的面积；教学难点是形成不规则图形面积的估算策略。

3. 教学建议

（1）渗透“转化”思想，理解面积计算公式的推导，掌握面积计算的方法。

“转化”是数学学习和研究的一种重要思想方法，面积公式的推导都采用了转化的方法。在教学中，教师一方面要启发学生设法把所研究的图形转化为已经会计算面积的图形，渗透“转化”的思想方法。另一方面要引导学生主动探究所研究的图形与转化后的图形之间有什么联系，从而找到面积的计算方法。要利用讨论和交流等形式，让学生把自己操作—转化—推导的过程叙述出来，以发展学生的思维和表达能力。

教学梯形的面积时，可以放手让学生用不同的方法将梯形转化成已经会计算面积的图形（教学中分层处理），但同样要提出操作和探究的要求：转化后是什么图形？转化后图形的面积会不会计算？转化后图形的面积与原来梯形的面积有什么关系？引导学生根据自己的转化方法交流计算公式的推导过程（以拼摆的方法为重点），发展学生的推理能力和创新意识。

运用转化的方法推导平行四边形、三角形、梯形等面积计算公式时可以有多种途径和方法。教师要注意不要把学生的思维限制在一种固定或简单的途径或方法上，要尊重学生的想法，鼓励学生从不同的途径和角度去思考和探索解决问题。

（2）重视动手操作与实验，发展空间观念。

面积公式的推导都是建立在学生数、剪、拼、摆的操作活动之上的，所以操作是教学的重要环节。教师既要做好引导，又要注意不要包办代替，一定要学生在独立思考和合作交流的基础上进行操作，通过实际操作活动，发展学生的空间观念，培养动手操作能力。

在“数”与“比”中发展数学思维。在教学平行四边形时，“数方格”环节后是平行四边形与长方形的表格对比。在数一数、比一比中，教师要引导学生发现平行四边形的底、高、面积与长方形的长、宽、面积之间的等量关系，为后面的一系列转化奠定基础。这一过程应让学生独立完成，有助于发展学生的思维。

在“剪”“拼”“摆”“画”等活动中让学生发现图形之间的关系，培养空间观念。例如，平行四边形转化为长方形，是通过动手剪、平移、旋转等一系列操作活动得到的；三角形转化为平行四边形，则是让学生在“画”“拼”中发现原三角形与拼成的平行四边形等底等高，从而得出面积关系；在将梯形转化为已经会计算面积的图形时，更要放手让学生用拼、剪等不同的方法进行转化，揭示不同图形之间的关系以及位置关系，有效地发展学生的空间观念。

（3）理解和掌握组合图形面积计算的方法。

教师教学时可以先出示一些不规则图形，引导学生找找这些图形的特点，建立组合图形的表象。接着对这些图形进行具体分析，着重引导学生意识到组合图形不仅仅可以看成是简单图形“拼组”而成，还可以看成是从一个图形中“剪去”另一个图形。同样的简单图形可以组成不同形状的组合图形。同一个组合图形可以有不同的分解方法。

分析图形的组合方式，找准计算面积需要的数据。计算组合图形的面积时，教师要让学生明确步骤：第一步是对组合图形进行分解，即将“组合图形的面积”转化为“简单图形面积之和或差”；第二步是找计算面积时需要的条件。教学中要着重对学生进行“分解方法”与“寻找数据”两方面的指导：指导“分解方法”时，应使学生意识到分解要尽量简单，即分的图形越少，计算越简便；配合“寻找数据”，让学生体会到有些分解方法虽然可行、简便，但在已知条件中却找不到计算时需要的数据，从而淘汰不合理的分解方法。

（4）形成不规则图形面积的估算策略。

学生在估计不规则图形的面积时，往往受图形“形状不规则”这一表征的影响，忽视了对面积计算本质的理解。教学时，教师要引导学生认识到，无论求什么图形的面积，其实质就是看它包含多少个面积单位，即面积的本质，从而顺利想到求面积的第一种基本方法——数方格。此外，也可以借助学生已有的知识经验（会计算各种图形的面积），启发学生将已有图形近似看成某个规则图形，用面积计算公式予以解决。

在对“数方格”的估算方法进行深入探讨时，要注意体会方法的多样化：方法一，数出图形内包含的完整方格数，估计这个图形的面积。方法二，在完整方格数的基础上，再加上不完整的方格数，估计这个图形的面积。在此基础上可以进一步引导学生发现，第一种方法估计的比实际面积小，第二种方法估计的比实际面积大，实际面积应在这两个估计值之间。方法三，将不满一格的都算半格，从而得到较为准确的估计值。

此外，学生获得的估算策略、估算方法并不是对每个图形都适用的，要让学生体会到不同的估算策略各有其优劣。如用“数方格”的方法，不仅可以估计图形的面积，还可以确定面积范围。但当图形过大时，这种方法就显得比较麻烦了，这时转化成近似的规则图形，用公式计算面积就比较方便。教学中，教师要注意引导学生通过不同估算策略的对比，体会不同估算策略的价值。

（四）圆的周长与面积

1. 课标要求

《义务教育数学课程标准（2022 版）》第三学段“学段目标”中提出：探索圆的周长和面积的计算方法，会计算圆的周长和面积，形成量感、空间观念和几何直观。

《义务教育数学课程标准（2022 版）》第三学段“课程内容”中提出：会计算圆的周长和面积，进一步形成量感、空间观念和几何直观。

2. 教材分析

（1）圆的周长。

教材从“要在圆桌和菜板的边缘箍上一圈铁皮，求铁皮的长度”这一学生熟悉的实际情境引入，帮助学生理解圆的周长的概念。

学生已经具备了测量一般图形（物体）周长的技能，因此，面对“分别需要多长的铁皮”的问题，引导学生得出了绕、滚、围等策略的测量方法。显然，在解决实际问题的过程中，学生感受到了方法的多样性和“化曲为直”的转化思想。更重要的是，圆周长概念的内涵，就在这样的过程中得以清晰化、直观化。教材在此基础上提出“除了上面的方法，还可以怎样求圆的周长呢？”要求学生跳出绕、滚、围等策略的测量方法，找到一种更为一般化的方法。通过“圆的周长和圆的大小有关系，圆的大小取决于……”，启发学生将问题解决的方向放在从圆本身的特征去想办法突破。引导学生通过测量几组圆的直径和周长，自主发现周长和直径的比值是一个固定值，从而引出圆周率的概念，并总结出圆的周长计算公式。

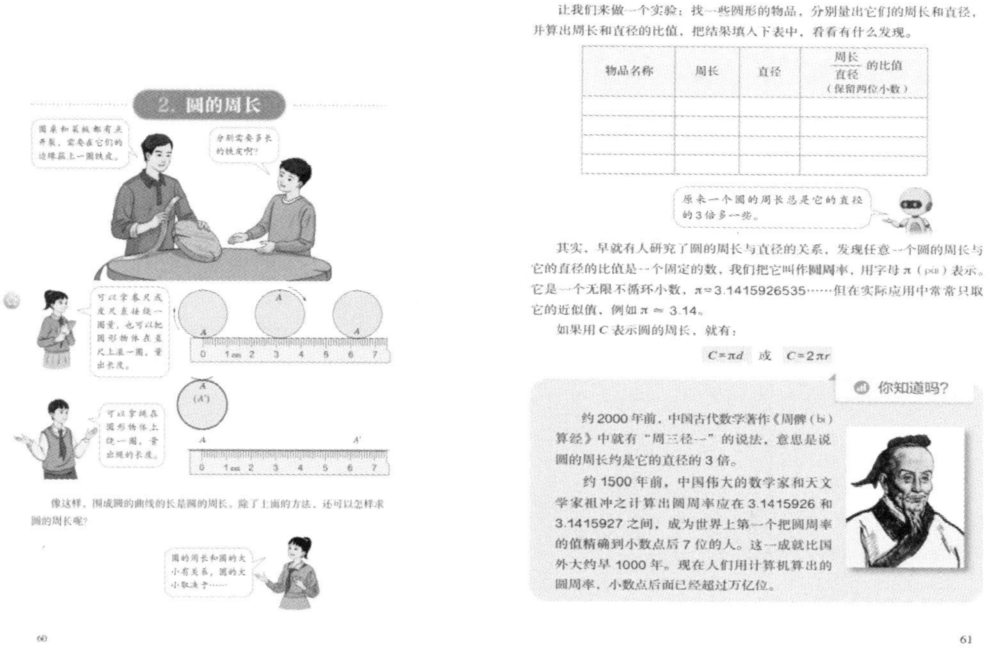

2. 圆的周长

像这样，围成圆的曲线的长是圆的周长。除了上面的方法，还可以怎样求圆的周长呢？

60

让我们来做一个实验：找一些圆形的物品，分别量出它们的周长和直径，并算出周长和直径的比值，把结果填入下表中，看看有什么发现。

物品名称	周长	直径	$\frac{周长}{直径}$ 的比值（保留两位小数）

其实，早就有人研究了圆的周长与直径的关系，发现任意一个圆的周长与它的直径的比值是一个固定的数，我们把它叫作圆周率，用字母 π（pài）表示。它是一个无限不循环小数，π=3.1415926535……但在实际应用中常常只取它的近似值，例如 $\pi\approx3.14$。

如果用 C 表示圆的周长，就有：

$C=\pi d$　或　$C=2\pi r$

你知道吗？

约2000年前，中国古代数学著作《周髀（bì）算经》中就有"周三径一"的说法，意思是说圆的周长约是它的直径的3倍。

约1500年前，中国伟大的数学家和天文学家祖冲之计算出圆周率应在3.1415926和3.1415927之间，成为世界上第一个把圆周率的值精确到小数点后7位的人。这一成就比国外大约早1000年。现在人们用计算机算出的圆周率，小数点后面已经超过万亿位。

61

图 4.2-18　六年级上册第五单元

在这个内容中，教学的重点是让学生利用实验的手段，通过测量、计算、猜测圆的周长和直径的关系以及验证猜测等过程，理解并掌握圆的周长计算方法。

1　小明的自行车轮子的半径大约是33 cm。这辆自行车轮子转1圈，大约可以走多远？（结果保留整米数。）小明家离学校1 km，骑车从家到学校，轮子大约转了多少圈？

$C=2\pi r$

$2\times3.14\times33=207.24$（cm）$\approx2$（m）

1 km=1000 m

$1000\div2=500$（圈）

答：这辆自行车轮子转1圈，大约可以走2 m。骑车从家到学校，轮子大约转了500圈。

做一做

1. 求下面各圆的周长。

2.

这个圆桌面的直径是多少？

62

图 4.2-19　六年级上册第五单元

例 1 计算圆的周长是一个与圆的周长计算有关的实际问题。通过学生经常看到或使用的自行车引出问题，能让学生体会到数学知识的广泛应用。自行车的后轮半径是 33 cm，它滚一圈能走多远，那就是求它的周长。这样的问题，是“化曲为直”思想的应用——用曲的车轮周长计量自行车前进的距离。第二个问题带有更强的现实性，“小明从家到学校 1 km，轮子大约转了多少圈？”学生必须通过计算，才能解决这个问题，得出的相关结果也能加强学生的生活经验。

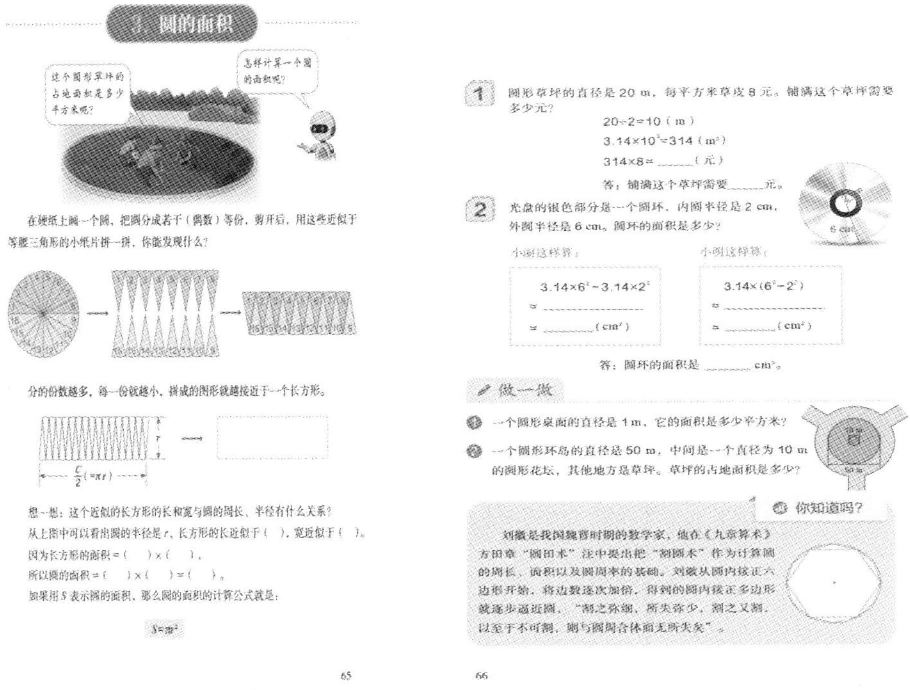
3. 圆的面积

在硬纸上画一个圆，把圆分成若干（偶数）等份，剪开后，用这些近似于等腰三角形的小纸片拼一拼，你能发现什么？

分的份数越多，每一份就越小，拼成的图形就越接近于一个长方形。

想一想：这个近似的长方形的长和宽与圆的周长、半径有什么关系？

从上图中可以看出圆的半径是 r，长方形的长近似于（ ），宽近似于（ ）。

因为长方形的面积 =（ ）×（ ），

所以圆的面积 =（ ）×（ ）=（ ）。

如果用 S 表示圆的面积，那么圆的面积的计算公式就是：

$S=\pi r^2$

65

1 圆形草坪的直径是 20 m，每平方米草皮 8 元。铺满这个草坪需要多少元？

20÷2=10（m）

$3.14\times10^2=314$（m²）

314×8= ______（元）

答：铺满这个草坪需要______元。

2 光盘的银色部分是一个圆环，内圆半径是 2 cm，外圆半径是 6 cm。圆环的面积是多少？

小丽这样算：

$3.14\times6^2-3.14\times2^2$

= ______

≈ ______（cm²）

小明这样算：

$3.14\times(6^2-2^2)$

= ______

≈ ______（cm²）

答：圆环的面积是 ______ cm²。

做一做

1. 一个圆形桌面的直径是 1 m，它的面积是多少平方米？
2. 一个圆形环岛的直径是 50 m，中间是一个直径为 10 m 的圆形花坛，其他地方是草坪。草坪的占地面积是多少？

你知道吗？

刘徽是我国魏晋时期的数学家，他在《九章算术》方田章“圆田术”注中提出把“割圆术”作为计算圆的周长、面积以及圆周率的基础。刘徽从圆内接正六边形开始，将边数逐次加倍，得到的圆内接正多边形就逐步逼近圆，“割之弥细，所失弥少，割之又割，以至于不可割，则与圆周合体而无所失矣”。

66

图 4.2-20 六年级上册第五单元

（2）圆的面积。

通过把圆分割成若干等份后拼成近似的长方形的方法，推导圆的面积计算公式，学生很难自主发现，因此，教材直接给出明确的提示，让学生把圆分成若干等份，拼一拼。接下来的过程，则主要交给学生自主探索。

教材让学生通过观察，看到拼出的是近似的长方形（或平行四边形），随着分的份数越来越多，拼出的图形越来越接近于长方形，体会“无限逼近”的极限思想。这个近似的长方形的长和宽与圆的周长、半径有着紧密的联系。引导学生通过观察、对比，利用圆与长方形之间的关系，自行推导出圆的面积计算公式。

例 1 计算圆的面积是在学生推导出了圆面积计算公式以后，用此公式解决情境图中的实际问题，求的是“铺满草皮需要多少钱”，这一问题比“求草皮面积是多少”更有现实意义、更自然。要求铺满草皮需要多少钱，首先要求出圆形草皮的面积。

例 2 求圆环的面积，教材通过插图帮助学生了解什么叫圆环，理解求圆环的面积是用外圆面积减去内圆面积。教材给出了两种算法：$3.14\times6^2-3.14\times2^2$ 和 $3.14\times(6^2-2^2)$。教材也有意引导学生根据乘法分配律，采用相对简便的算法，这样可以大大减少计算的繁杂程度，减少计算出错的可能性。

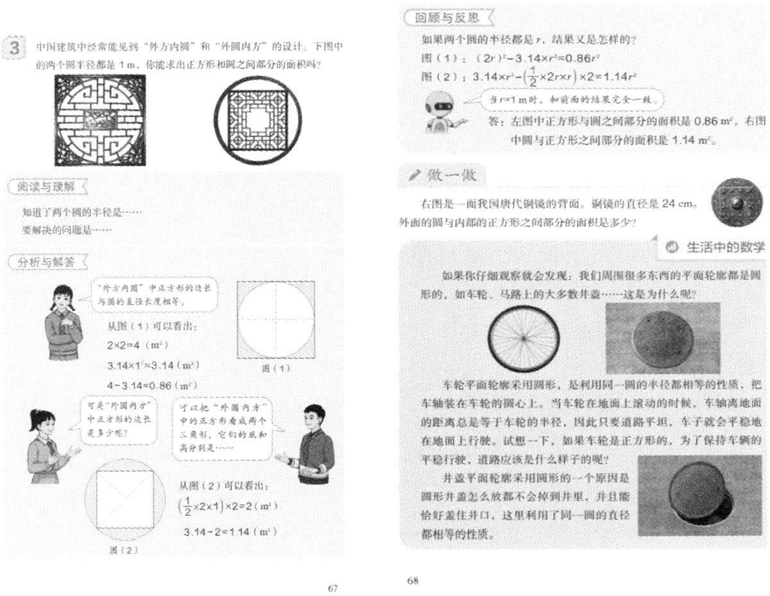

3 中国建筑中经常能见到“外方内圆”和“外圆内方”的设计。下图中的两个圆半径都是 1 m，你能求出正方形和圆之间部分的面积吗？

阅读与理解

知道了两个圆的半径是……

要解决的问题是……

分析与解答

“外方内圆”中正方形的边长与圆的直径长度相等。

从图（1）可以看出：

$2\times2=4$（m^2）

$3.14\times1^2=3.14$（m^2）

$4-3.14=0.86$（m^2）

图（1）

可是“外圆内方”中正方形的边长是多少呢？

可以把“外圆内方”中的正方形看成两个三角形，它们的底和高分别是……

从图（2）可以看出：

$\left(\frac{1}{2}\times2\times1\right)\times2=2$（$m^2$）

$3.14-2=1.14$（m^2）

图（2）

67

回顾与反思

如果两个圆的半径都是 r，结果又是怎样的？

图（1）：$(2r)^2-3.14\times r^2=0.86r^2$

图（2）：$3.14\times r^2-\left(\frac{1}{2}\times2r\times r\right)\times2=1.14r^2$

当 $r=1$ m 时，和前面的结果完全一致。

答：左图中正方形与圆之间部分的面积是 0.86 m^2，右图中圆与正方形之间部分的面积是 1.14 m^2。

做一做

右图是一面我国唐代铜镜的背面。铜镜的直径是 24 cm。外面的圆与内部的正方形之间部分的面积是多少？

生活中的数学

如果你仔细观察就会发现：我们周围很多东西的平面轮廓都是圆形的，如车轮、马路上的大多数井盖……这是为什么呢？

车轮平面轮廓采用圆形，是利用同一圆的半径都相等的性质，把车轴装在车轮的圆心上。当车轮在地面上滚动的时候，车轴离地面的距离总是等于车轮的半径，因此只要道路平坦，车子就会平稳地在地面上行驶。试想一下，如果车轮是正方形的，为了保持车辆的平稳行驶，道路应该是什么样子的呢？

井盖平面轮廓采用圆形的一个原因是圆形井盖怎么放都不会掉到井里，并且能恰好盖住井口，这里利用了同一圆的直径都相等的性质。

68

图 4.2-21　六年级上册第五单元

（3）问题解决。

例 3 圆与内接正方形、外切正方形之间面积的计算。例题以中国古建筑中“外方内圆”和“外圆内方”两种经典设计为情境，直观清晰地提出了需要解决的数学问题——求正方形与圆之间的那部分面积。两个图中的圆大小相同，但正方形位置与大小都不同。很自然地引出一个问题：中间部分的面积与圆的面积有没有关系？有什么样的关系？例 3 给出一个特殊的圆半径，先解决特殊问题，在“回顾与反思”部分再讨论一般性的规律。

“分析与解答”引导学生根据图示寻找正方形与圆之间的关系。第一个图，很容易看出正方形的边长就是圆的直径；第二个图，正方形的边长不知道，不能用边长的平方直接计算面积。此时就需要转换思路，将正方形看成两个底是圆的直径、高是圆的半径的三角形（或四个小三角形）。

在前面的解题环节，学生发现正方形与圆之间的面积与圆的半径是有关的，那到底有什么样的关系呢？因此，“回顾与反思”这一环节需要继续延伸讨论，进一步探讨一般化的结论。让学生利用刚才的方法，得到一个代数式的结果。把 $r=1$ m 代入，与前面的结果相符，以此检验这个代数式的正确性。

3. 教学建议

（1）以问题为导向，组织学生合作与交流，自主归纳圆周长计算公式。

教学圆的周长，首先可根据“怎样求出圆桌和菜板边缘所箍铁皮的长度？”引导学生自己想出各种方法，再动手试一试。教师在对“绕”“滚”方法进行必要指导的同时，组织学生讨论比较这些方法的异同，使学生明白这些方法都是将一个未曾学过的曲线图形的长度转化为可以直接测量的直线线段的长度，渗透“化曲为直”的转化思想。进而，在“还可以怎样求圆的周长？”这一问题的引领下，引导学生讨论：圆的周长和什么有关？圆的周长与半径（直径）到底有怎样的关系？我们又该怎样去研究？再次激发起学生探究的欲望，提升学生的思维层次，促进学生有的放矢，寻求更为一般化的求圆周长的方法，为学生自主归纳圆周长的计算公式做好了策略与技术上的准备。

引导学生理解题意，正确灵活地解决问题。简单地利用圆周长计算公式进行计算对学生来说并非一件难事，难的是学生在具体的情境中不理解题意，不知怎样使用公式。为此，在教学中要引导学生采取读一读、说一说、画一画、想一想等多种方法理解题意。例如，呈现例 1 后，先引导学生思考“轮子滚动一周可以走多远”求的是什么。再把这一问题和之前的将圆形物体放在直尺上滚动测量周长进行对比。这样既渗透了“化曲为直”的思想，又揭示了问题的实质，使学生最终顺利利用公式解决问题。

（3）激发学生原有知识经验，促进正迁移，实现圆面积公式的推导。

教学时要充分激发学生原有的知识经验，为学习新知提供铺垫与准备。例如，新课一开始，就可围绕“怎样计算一个圆的面积呢”引导学生回忆已学过的一般图形的面积的含义，促进对圆面积概念的理解。同时，再引导学生回顾以前研究的多边形面积时是采取怎样的办法，将多边形转化为已学的图形来求面积，为学生学习圆面积公式的推导提供思维策略的支撑。在此基础上提出：“是否也可以把圆转化为已学的图形呢？”后续的教学便顺理成章，水到渠成，有助于学生展开自主探索、合作交流，进而抽象概括归纳出圆的面积公式。

（4）借助有关圆知识的学习，在“做”和“思考”的过程中体悟掌握“转化、推理、极限”等数学思想方法。

圆这一单元的学习，除了有关圆知识的概念、公式、计算外，还包含着“化曲为直”“转化”“推理”“极限”等数学思想方法，充分显示学生“做”的过程和“思考”的过程是渗透数学思想方法、引导学生体会掌握的有效途径。因此，学生在理解知识的同时，更要充分感受和掌握这些数学思想方法。例如，在要求学生用剪开后的近似于等腰三角形的小纸片拼一拼时，提出“你发现了什么”，引导学生对比圆与长方形，发现形变的过程面积不变，再通过寻找长方形的长、宽与圆的周长、半径的关系，推导圆的面积计算公式，这一过程就很好地培养了学生的推理能力。利用信息技术手段，展示把圆分成 32 份、64 份甚至更多份的情况，让学生直观地看到图形的变化趋势，并不断启发引导学生展开想象。经历这些过程，学生自然地感受体会到极限的思想，也积累了一定的活动经验。又如，在教学例 3 时，当学生经历问题解决的全过程，在顺利解决外切正方形与圆之间的面积时，接着求圆与内接正方形之间的面积，发现无法直接求出圆内正方形的边长，怎么办？引导学生思考：能与正方形发生关系的只有圆的直径与半径，该如何充分利用这些已知信息呢？学生在比照、观察、分析中发现，直径恰好是正方形的对角线，虽然仍然不能求出长方形的边长，但添上这根辅助线后，发现可以把正方形的面积转化为两个三角形的面积之和。对比三角形与圆的关系，这两个三角形的底和高又分别是圆的直径与半径，问题因此得到解决。利用问题中的可用信息“顺藤摸瓜”，一点点找到解题线索的过程，便是学生感悟转化、推理、抽象的过程。学生提出问题、分析问题、解决问题的能力也得到有效提升。

三、体积与表面积

（一）长方体和正方体

1. 课标要求

《义务教育数学课程标准（2022 版）》第三学段“学段目标”中提出：探索几何图形体积与

表面积的计算方法，会计算常见立体图形的体积和表面积，形成量感、空间观念和几何直观。

《义务教育数学课程标准（2022 版）》第三学段“课程内容”中提出：会计算长方体、正方体的体积和表面积，能用相应公式解决实际问题，形成空间观念和初步的应用意识。

2. 教材分析

长方体和正方体体积的内容分两小节编排：长方体和正方体的表面积；长方体和正方体的体积。长方体和正方体的体积一节中还介绍了容积的概念及体积单位、容积单位间的进率、名数的换算，并探索了某些实物体积的测量方法。

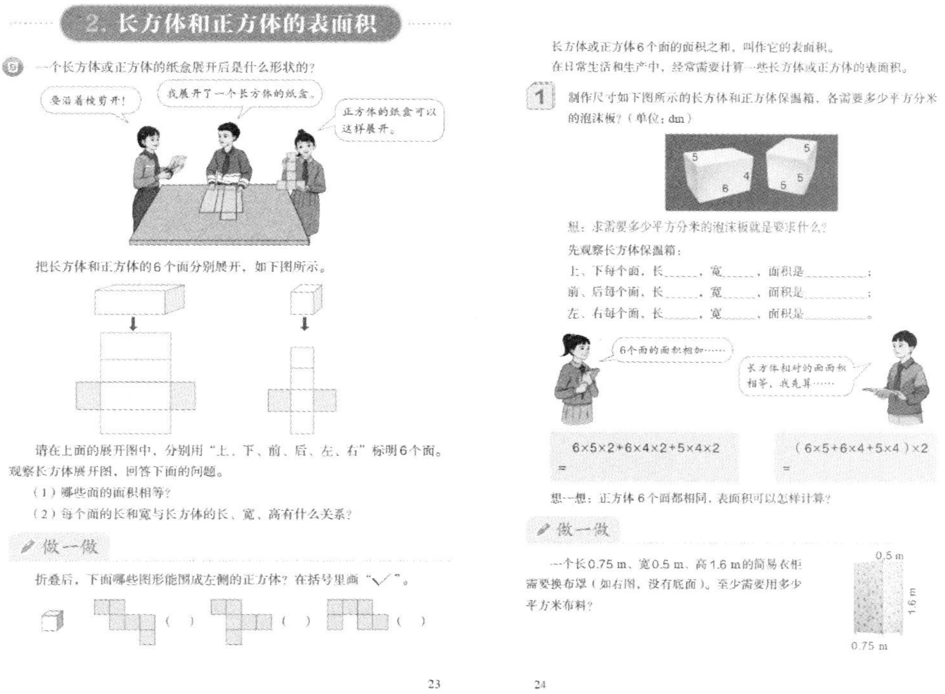
2. 长方体和正方体的表面积

一个长方体或正方体的纸盒展开后是什么形状的？

把长方体和正方体的6个面分别展开，如下图所示。

请在上面的展开图中，分别用“上、下、前、后、左、右”标明6个面。观察长方体展开图，回答下面的问题。

（1）哪些面的面积相等？

（2）每个面的长和宽与长方体的长、宽、高有什么关系？

做一做

折叠后，下面哪些图形能围成左侧的正方体？在括号里画“√”。

（　）　（　）　（　）

23

长方体或正方体6个面的面积之和，叫作它的表面积。

在日常生活和生产中，经常需要计算一些长方体或正方体的表面积。

1 制作尺寸如下图所示的长方体和正方体保温箱，各需要多少平方分米的泡沫板？（单位：dm）

想：求需要多少平方分米的泡沫板就是要求什么？

先观察长方体保温箱：

上、下每个面，长_____，宽_____，面积是_________；

前、后每个面，长_____，宽_____，面积是_________；

左、右每个面，长_____，宽_____，面积是_________。

$6\times5\times2+6\times4\times2+5\times4\times2$
$=$

$(6\times5+6\times4+5\times4)\times2$
$=$

想一想：正方体 6 个面都相同，表面积可以怎样计算？

做一做

一个长0.75 m、宽0.5 m、高 1.6 m的简易衣柜需要换布罩（如右图，没有底面）。至少需要用多少平方米布料？

24

图 4.2-22　五年级下册第三单元

（1）长方体和正方体的表面积。

表面积教学的难点在于，学生往往不能根据给定的长方体的长、宽、高，想象出每个面的长和宽各是多少，以致在计算中出现错误。为了使学生更好地建立表面积的概念，教材把长、正方体展开图与表面积概念教学相结合，引导学生动手操作，加强几何直观。教材首先让学生将长方体或正方体纸盒沿棱剪开，再展开，然后，让学生在展开图中，分别标“上”“下”“前”“后”“左”“右”。这样，便于把展开后每个面与展开前的每个面的位置联系起来，更清楚地看出长方体相对面的面积相等，每个面的长和宽与长方体的长、宽、高之间的关系，为下面学习计算长方体的表面积做好准备。在此基础上，概括出表面积的含义。“做一做”通过辨认正方体的展开图，培养学生的想象力与空间观念，同时让学生知道，正方体的展开图不是唯一的。前两个能围成正方体，最后一个不能。

例 1 计算长方体表面积。教材以制作微波炉包装箱所需硬纸板为任务，引导学生根据表面积的意义，将实际问题转化为求 6 个面的总面积，并根据长方体的长、宽、高，确定每个长方形面的长和宽。同时，为了避免计算过于机械，教材没有总结长方体表面积的计算公式，而是让学生用自己喜欢的方法进行计算。

例 2 计算正方体表面积，启发学生自己根据正方体的特征，自己探索正方体表面积的计算方法。实际生活中经常遇到不需要算出长方体 6 个面的总面积的情况。例如，制作没有盖的鱼缸、粉刷房间的墙壁等，就需要根据具体情况考虑应该计算哪几个面的面积，培养学生解决实际问题的能力。

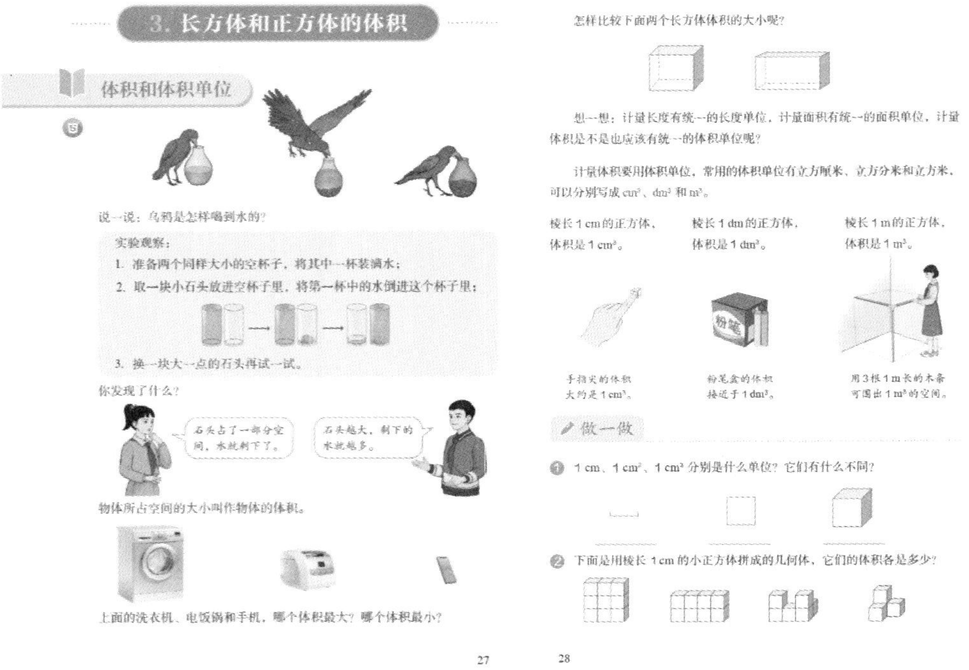
3. 长方体和正方体的体积

体积和体积单位

5

说一说：乌鸦是怎样喝到水的？

实验观察：

1. 准备两个同样大小的空杯子，将其中一杯装满水；
2. 取一块小石头放进空杯子里，将第一杯中的水倒进这个杯子里；
3. 换一块大一点的石头再试一试。

你发现了什么？

物体所占空间的大小叫作物体的体积。

上面的洗衣机、电饭锅和手机，哪个体积最大？哪个体积最小？

27

怎样比较下面两个长方体体积的大小呢？

想一想：计量长度有统一的长度单位，计量面积有统一的面积单位，计量体积是不是也应该有统一的体积单位呢？

计量体积要用体积单位，常用的体积单位有立方厘米、立方分米和立方米，可以分别写成 cm^3、dm^3 和 m^3。

棱长 1 cm 的正方体，体积是 1 cm^3。

棱长 1 dm 的正方体，体积是 1 dm^3。

棱长 1 m 的正方体，体积是 1 m^3。

手指尖的体积大约是 1 cm^3。

粉笔盒的体积接近于 1 dm^3。

用 3 根 1 m 长的木条可围出 1 m^3 的空间。

做一做

1. 1 cm、1 cm^2、1 cm^3 分别是什么单位？它们有什么不同？

2. 下面是用棱长 1 cm 的小正方体拼成的几何体，它们的体积各是多少？

28

图 4.2-23　五年级下册第三单元

（2）长方体和正方体的体积单位。

体积的概念是学生后续学习长方体、正方体体积计算、体积单位的进率的基础。关于体积概念的教学，教材分三个步骤进行：故事、实验、比较。先通过“乌鸦喝水”的故事，让学生在讨论和交流中感悟到物体占有空间。接下来通过实验：两个完全一样的玻璃杯，先往一个玻璃杯里倒满水，取一块鹅卵石放入另一个杯子，再把第一个杯子里的水倒进第二个杯子里，这时第二个杯子装不下这些水了，这说明石头占有空间。最后引导学生比较洗衣机、影碟机和手机所占空间的大小，说明不同物体所占空间大小不同，从而提示出体积的概念。

体积单位的教学分三个层次：一是必要性；二是体积单位的定义；三是表象的建立。教材首先让学生体会引入体积单位的必要性。呈现两个不易看出大小的长方体，引导学生思考怎样比较它们的体积大小。学生有之前长度单位和面积单位的学习经验，类推想到要比较物体体积的大小，也需统一的体积单位来进行。教材在介绍 1 立方厘米、1 立方分米、1 立方米的体积单位时，十分注重这些体积单位表象的建立，借助学生熟悉的事物如 1 个手指尖的体积大约是 1 立方厘米、粉笔盒的体积接近 1 立方分米等，帮助学生建立体积单位的实际大小观念。

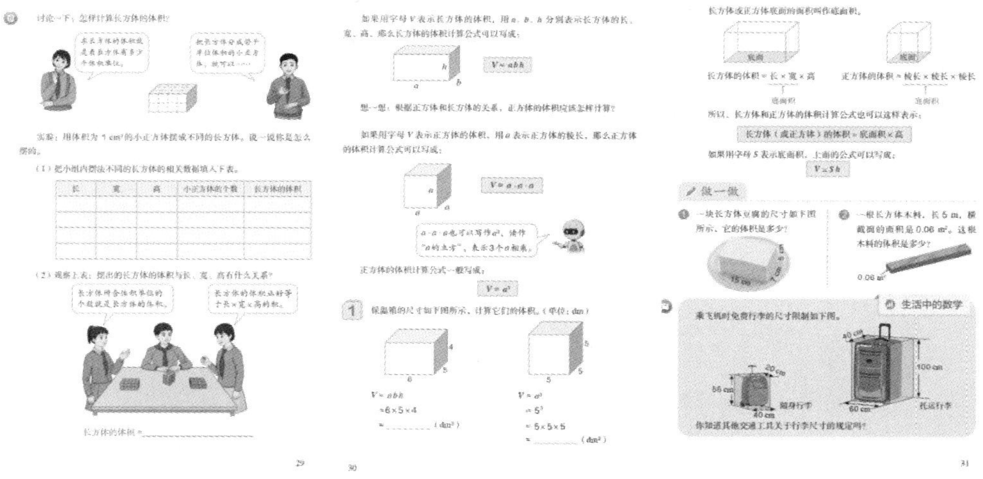

图 4.2-24　五年级下册第三单元

（3）长方体和正方体的体积公式。

教材以“用体积 1 立方厘米的小正方体摆成不同的长方体”为任务展开活动。通过对摆法不同的长方体长、宽、高、小正方体个数、所摆长方体体积等相关数据的分析，一方面帮助学生进一步理解长方体的体积就是长方体所含体积单位数量的多少，另一方面引导学生找出长方体中所含体积单位的数量与它的长、宽、高的关系，从而总结出长方体体积的计算公式。在理解公式含义、总结出长方体体积计算公式之后，引导学生用字母表示体积计算公式，注重公式的提炼、表达。教学正方体体积公式，教材启发学生根据长方体和正方体的关系，利用推理的方法自主探索推导得出。在介绍用字母表示正方体体积公式时，教材介绍了“立方”的含义：三个相同的数连乘就是这个数的立方。

例 1 教学体积公式的应用。在实验教材只求一个正方体图形体积的基础上，新教材增加了求一个长方体图形的体积。根据已知条件，运用公式计算长、正方体体积，以巩固方法。在此基础上，教材首先说明什么是底面积，然后引导学生将长、正方体的体积公式统一成“底面积×高”，让学生理解长方体、正方体体积公式间的内在联系。“做一做”第 1 题将原实验教材分别求一个长方体、正方体体积题改为求长方体肥皂的体积，进一步巩固长方体体积计算公式。第 2 题是“长方体体积=底面积×高”的应用，可以将木料的横截面看成“底面积”，将木料的长看成“高”。新教材增加“生活中的数学”，介绍机场行李托运的规格要求，旨在让学生感受长方体体积在日常生活中的应用，增加生活常识。

（4）体积单位间的进率。

例 2 教学体积单位间的进率。教材教学立方分米和立方厘米间的进率时，呈现了两种方法。一是把棱长 1 分米看作棱长 10 厘米，由正方体体积计算公式算出体积是 1000 立方厘米；二是用“底面积×高”的思路，底面积 1 平方分米=100 平方厘米，高 10 厘米，100×10 也得出 1 立方分米=1000 立方厘米。接下来利用类推的思路让学生自主推导 1 立方米=1000 立方分米。最后引导学生将长度单位、面积单位、体积单位及相邻单位间的进率整理成表格，通过对比，促进知识的系统化。

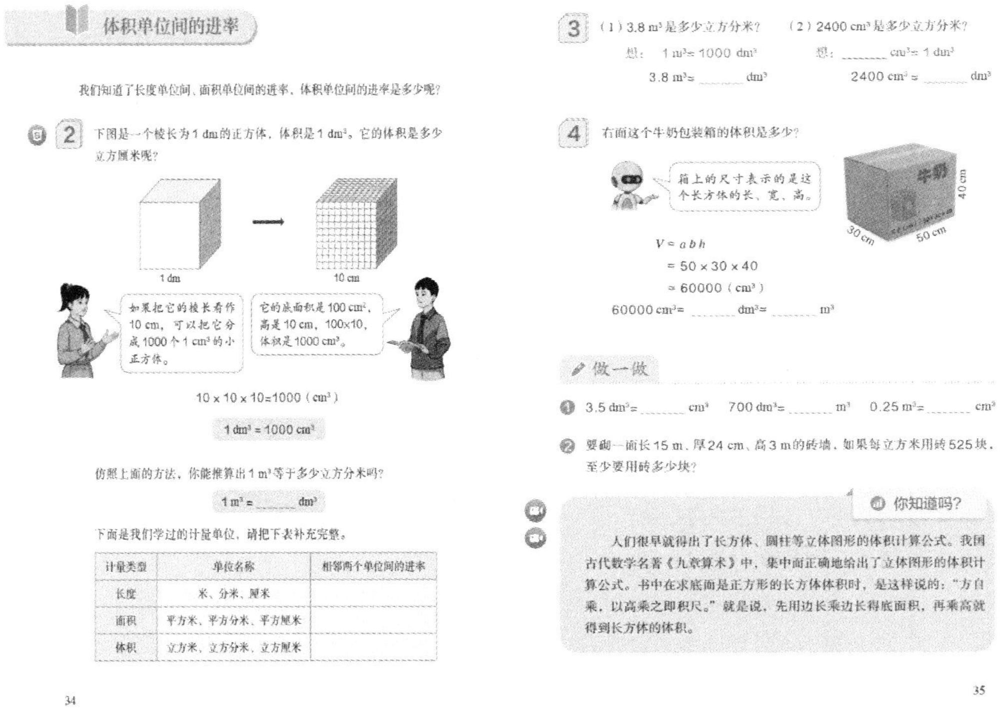

体积单位间的进率

我们知道了长度单位间、面积单位间的进率，体积单位间的进率是多少呢？

2 下图是一个棱长为 1 dm 的正方体，体积是 1 dm^3。它的体积是多少立方厘米呢？

1 dm　　10 cm

如果把它的棱长看作 10 cm，可以把它分成 1000 个 1 cm^3 的小正方体。

它的底面积是 100 cm^2，高是 10 cm，100×10，体积是 1000 cm^3。

$10 \times 10 \times 10 = 1000$（$cm^3$）

1 dm^3 = 1000 cm^3

仿照上面的方法，你能推算出 1 m^3 等于多少立方分米吗？

1 m^3 = ______ dm^3

下面是我们学过的计量单位，请把下表补充完整。

计量类型	单位名称	相邻两个单位间的进率
长度	米、分米、厘米	
面积	平方米、平方分米、平方厘米	
体积	立方米、立方分米、立方厘米	

34

3 （1）3.8 m^3 是多少立方分米？　（2）2400 cm^3 是多少立方分米？

想：1 m^3 = 1000 dm^3　　想：______ cm^3 = 1 dm^3

3.8 m^3 = ______ dm^3　　2400 cm^3 = ______ dm^3

4 右面这个牛奶包装箱的体积是多少？

箱上的尺寸表示的是这个长方体的长、宽、高。

牛奶　40 cm　30 cm　50 cm

$V = abh$

$= 50 \times 30 \times 40$

$= 60000$（cm^3）

60000 cm^3 = ______ dm^3 = ______ m^3

做一做

1. 3.5 dm^3 = ______ cm^3　700 dm^3 = ______ m^3　0.25 m^3 = ______ cm^3
2. 要砌一面长 15 m、厚 24 cm、高 3 m 的砖墙，如果每立方米用砖 525 块，至少要用砖多少块？

你知道吗？

人们很早就得出了长方体、圆柱等立体图形的体积计算公式。我国古代数学名著《九章算术》中，集中而正确地给出了立体图形的体积计算公式。书中在求底面是正方形的长方体体积时，是这样说的：“方自乘，以高乘之即积尺。”就是说，先用边长乘边长得底面积，再乘高就得到长方体的体积。

35

图 4.2-25　五年级下册第三单元

例 3 教学体积单位间的换算。第（1）题把高级单位名数换算成低级单位名数，第（2）题是把低级单位名数换算成高级单位名数。体积单位名数的换算与以前学过的长度、面积单位名数换算方法相同，只是体积相邻单位间的进率是 1000。这也为以后计算实际问题时灵活处理体积单位做了准备。

例 4 教学体积单位换算的实际应用。教材给出牛奶包装箱的真实情境，一方面让学生理解包装箱上“50 × 30 × 40”的意思；另一方面，结合具体情境，让学生感受单位换算不是题目的规定与要求，而是有换算的必要，因此利用公式计算体积后，自觉将 6000 立方厘米进位单位变换，使单位运用更为合理。

（5）容积和容积单位。

例 5 为容积计算。计算小汽车油箱的容积，容积的计算方法和体积一样，只是需要将体积单位与容积单位进行转换。

例 6 为不规则物体的体积计算。教材编排这一内容作为问题解决，意在突破传统意义上解决问题等同于应用题的认识，将解决问题视作把先前获得的知识应用于新的、不熟悉的情境的过程。求不规则物体体积用到的基本策略有两个：一是将不规则物体转化为规则物体；二是用排水法来测量不规则物体体积，其基本数量关系是“水的体积+物体的体积=总体积”，则“物体体积=总体积-水的体积”。两种方法本质上都运用了转化思想。回顾与反思，一方面是对解决问题过程的反思，即我们是怎么解决这个问题的；另一方面思考这些解决问题的策略与方法是否适用所有情况，进一步明确解决这类问题的方法。

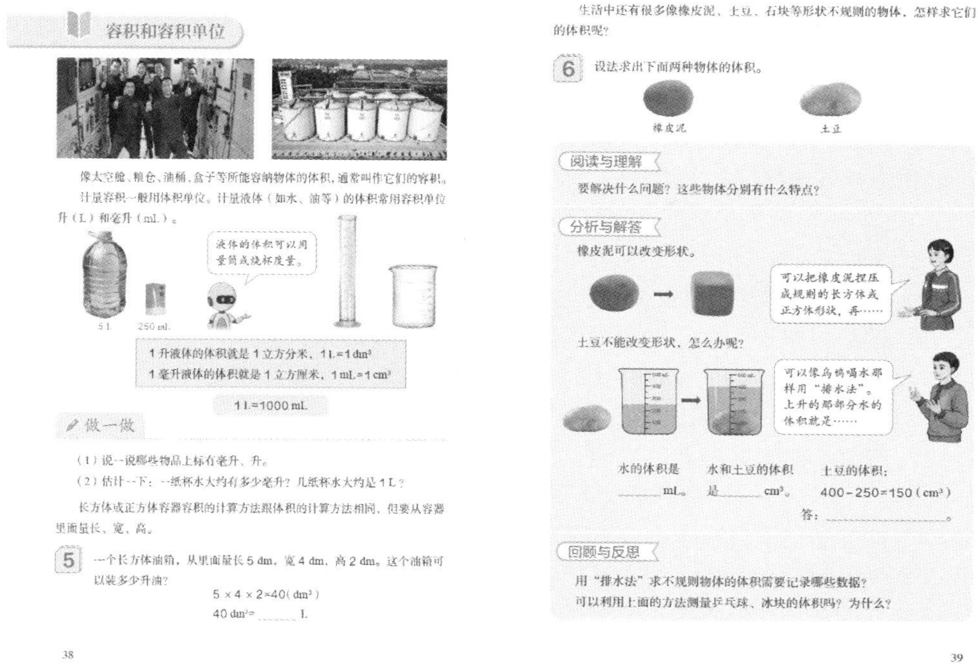

容积和容积单位

像太空舱、粮仓、油桶、盒子等所能容纳物体的体积，通常叫作它们的容积。

计量容积一般用体积单位。计量液体（如水、油等）的体积常用容积单位升（L）和毫升（mL）。

5 L　250 mL

液体的体积可以用量筒或烧杯度量。

1 升液体的体积就是 1 立方分米，1 L = 1 dm^3

1 毫升液体的体积就是 1 立方厘米，1 mL = 1 cm^3

1 L = 1000 mL

做一做

（1）说一说哪些物品上标有毫升、升。

（2）估计一下：一纸杯水大约有多少毫升？几纸杯水大约是 1 L？

长方体或正方体容器容积的计算方法跟体积的计算方法相同，但要从容器里面量长、宽、高。

5　一个长方体油箱，从里面量长 5 dm，宽 4 dm，高 2 dm，这个油箱可以装多少升油？

$5 \times 4 \times 2 = 40$（dm^3）

40 dm^3 = ______ L

38

生活中还有很多像橡皮泥、土豆、石块等形状不规则的物体，怎样求它们的体积呢？

6　设法求出下面两种物体的体积。

橡皮泥　土豆

阅读与理解

要解决什么问题？这些物体分别有什么特点？

分析与解答

橡皮泥可以改变形状。

可以把橡皮泥捏压成规则的长方体或正方体形状，再……

土豆不能改变形状，怎么办呢？

可以像乌鸦喝水那样用“排水法”。上升的那部分水的体积就是……

水的体积是 ______ mL。　水和土豆的体积是 ______ cm^3。　土豆的体积：$400 - 250 = 150$（cm^3）

答：______________。

回顾与反思

用“排水法”求不规则物体的体积需要记录哪些数据？

可以利用上面的方法测量乒乓球、冰块的体积吗？为什么？

39

图 4.2-26　五年级下册第三单元

此部分教学重点是认识长方体和正方体的特征，理解表面积、体积、容积概念，掌握长方体和正方体的表面积、体积的计算方法，建立体积、容积单位表象，灵活运用所学知识解决实际问题。

3. 教学建议

（1）充分调动学生已有的知识经验，认识长方体、正方体特征，建立体积、容积单位表象，培养、发展学生的空间概念。

充分利用学生已有知识经验，认识长、正方体特征，重点研究“棱”的特征。学生在第一学段已接触过长、正方体，对长、正方体有 6 个面、8 个顶点及每个面是什么形状都能很快地概括出来，而对于“棱”及其特征则是第一次接触，因此，应将对“棱”的研究作为教学重点。让学生通过小组合作，用细木条和橡皮泥制作一个长方体框架的活动，发现长方体棱的特征：12 条棱一般可分为三组，每组 4 条，长度相等；相交于同一个顶点的 3 条棱一般情况下长度不等，并由此引出长、宽、高概念。

引导学生动手操作，把长、正方体沿棱剪开、展开，在展开后的图形上标“上”“下”“前”“后”“左”“右”，便于学生把展开后的每个面与展开前的每个面一一对应，这样把长、正方体的展开图与表面积的概念教学相结合，不仅加强几何直观，更利于学生对表面积概念的理解。

体积、容积对学生来说更是全新的概念，不仅要让学生理解单位的含义，更要关注实际表象的建立。教学时要充分利用故事、实验、比较等方法，让学生切实感悟到物体占有空间，理解体积含义；还要重视活动体验，让学生建立 1 cm^3、1 dm^3、1 m^3、1 L、1 mL 等单位的实际表象。如容积与容积单位的教学，让学生通过将一瓶矿泉水倒入纸杯，看看能倒满几杯，估计几杯水大约是 1 L 等活动，体验 500 mL、200 mL、100 mL、1 L 的液体大约有多少，建立起容积概念。

（2）以概念理解为支撑点，探究表面积、体积计算方法，理解计算公式的意义。

表面积、体积的概念是学习长方体、正方体表面积、体积计算公式的基础。如表面积计算方法，应着眼于对表面积概念的理解：长方体（或正方体）的表面积指长方体（或正方体）6 个面的总面积。基于这样的理解，学生在自主探索表面积计算方法时，自然想到把 6 个面面积相加，也可以根据长方体特征，求出其中一组三个面的面积再乘 2。有了上面的基础，学生就不难理解这一公式：$(ab+ah+bh)\times 2$，不仅仅是乘法分配律的运用，而是图形特征的具体体现。

同样，体积计算公式的推导也应着眼于体积概念的理解：求一个物体的体积，就是求这个物体中含有多少个体积单位。在此基础上，让学生用 1 cm^3 的正方体摆出不同的长方体，通过观察所摆长方体体积与其长、宽、高的关系，推导出长方体的体积计算公式，并运用“每排的个数、排数、层数”来解释体积计算公式的含义，从而理解长方体体积计算为什么用“长×宽×高”，使学生知其然，并知其所以然。

（3）结合解决生活实际问题，巩固、加深对所学概念、公式的理解，提高灵活解决问题的能力。

在教学各部分知识的过程中，注重用所学知识解决实际问题。教师要充分利用书本练习资源，巩固学生学以致用的意识。如在认识长方体、正方体时，设计计算俱乐部四周要安多长的彩灯线、计算小卖部柜台需要多少米角铁等练习；学习表面积时，安排大量根据具体情况计算物体表面积的练习，在练习中不仅巩固、加深了对所学概念、公式的理解，而且提高了学生灵活解决问题的能力。

（二）圆柱与圆锥

1. 课标要求

《义务教育数学课程标准（2022 版）》第三学段“学段目标”中提出：探索几何图形体积与表面积的计算方法，会计算常见立体图形的体积和表面积，形成量感、空间观念和几何直观。

《义务教育数学课程标准（2022 版）》第三学段“课程内容”中提出：会计算圆柱与圆锥的体积和表面积，能用相应公式解决实际问题，形成空间观念和初步的应用意识。

2. 教材分析

（1）圆柱。

例 2 认识圆柱侧面展开图。教材的编写围绕三个层次分明、前后紧密相连的三个问题展开。首先让学生猜想圆柱的侧面展开后是什么形状，引导学生动手实践，自主探究，发现圆柱侧面是一个长方形。之后，在问题“这个长方形的长、宽与圆柱有什么联系？”“把这个长方形重新包在圆柱上，你能发现什么？”等的引导下，进一步激发学生探究的欲望。学生通过操作、验证、比较等，进一步发现长方形的长、宽与圆柱的底面周长、高之间的关系，实现平面与曲面之间的转换。显然，教材的编写充分体现了学生自主探究的学习过程。

例 3 圆柱的表面积及其计算方法。教材一开始就直接提出：圆柱的表面积指的是什么？引导学生在回忆、观察和交流中逐步理解圆柱表面积的含义。接着，教材提示并呈现以前学过的圆柱展开图，及时提出：观察上图，你能发现什么？教材借助学生对圆柱各部分组成的认识，引导学生自主探求圆柱的表面积有哪些，得出圆柱表面积=圆柱的侧面积+两个底面的面积。之后，教材依据机器人聪聪的提问“圆柱的侧面积你会计算吗？圆柱的底面积呢？”进一步提示学生如何解决圆柱表面积的计算问题。针对计算过程中可能出现的困难，教材重点提示了圆柱的侧面积的计算，即实际就是求图中长方形的面积，以帮助学生将圆柱的底面半径（或直径）及圆柱的高同圆柱侧面图形的长、宽建立联系，自行推导总结圆柱的侧面积=底面周长×高。总之，从教材整个课例的编排来看，教材的编排既十分重视新知识与已有知识的联系，又注重学生自主探求、归纳推理等能力的培养。

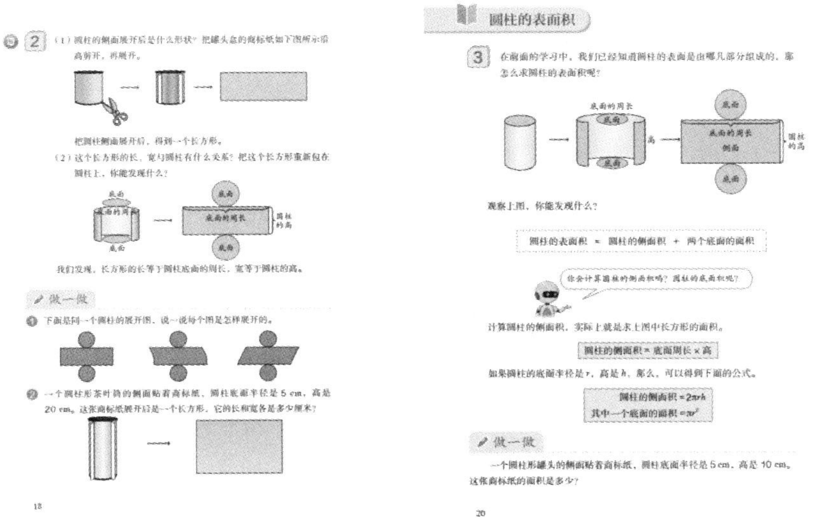

图 4.2-27　六年级下册第三单元

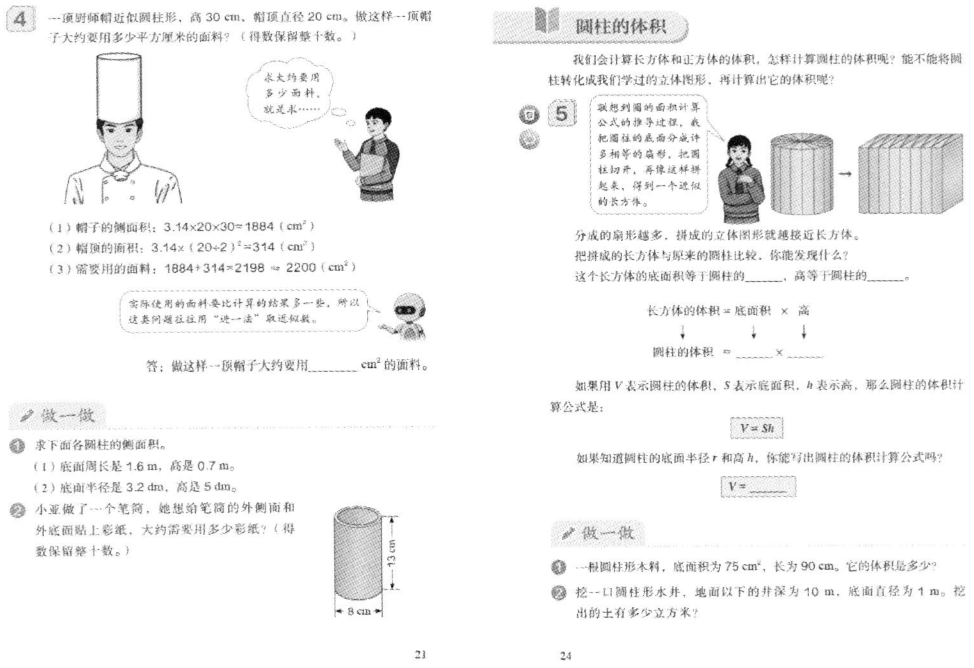

图 4.2-28　六年级下册第三单元

例 4 教学圆柱表面积计算的应用。现实生活中有关圆柱表面积计算的情形复杂多变，需要根据具体的情况，确定求哪些面的面积之和。对于学生来说，首要的问题是能否将现实的具体的物体抽象转化为“标准”的圆柱。例 4 的关键是学生能否将圆柱形厨师帽抽象为一个只有一个底的圆柱。尽管教材里没有直接给出，但在教学时应积极引导学生自主分析与集体交流分享，以揭示解决问题的本质，在此基础上再去独立解答。这道题的计算结果，在取近似值时采用的是“进一法”，而非用“四舍五入”取近似值，因为求所需的材料首先要考虑够用，所需的材料只可比计算结果多而不能少。

例 5 推导圆柱体积公式。教材首先从回顾旧知（长方体、正方体的体积计算）入手，引出圆柱体积的计算问题，并提出圆柱能否转化为已学过的立体图形来计算体积。如何转化？教材以将圆等分若干等份，再拼成近似长方形这一原有知识经验为思维的生长点，引导学生从平面的知识类推到立体的图形，即先将圆柱的底面分成许多相等的扇形，再把圆柱切开，拼成一个近似的长方体。继而让学生想象，等分成的份数越多，拼成的形体越接近长方体。整个教学过程，通过让学生观察、操作与想象，使极限思想、转化思想有机地渗透在活动之中。紧接着，根据机器人聪聪的提示“把拼成的长方体与原来的圆柱比较，你能发现什么？”引导学生观察与推理，得出转化前后的圆柱与长方体各部分之间的对应关系，推导出圆柱体积计算公式的两种形式。

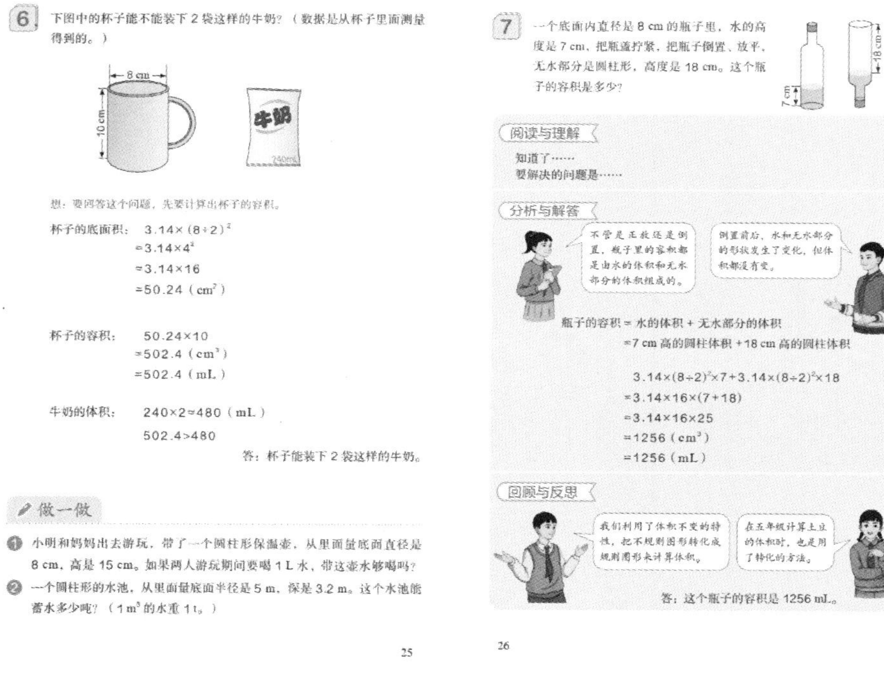
6 下图中的杯子能不能装下 2 袋这样的牛奶？（数据是从杯子里面测量得到的。）

想：要回答这个问题，先要计算出杯子的容积。

杯子的底面积：3.14×(8÷2)²
=3.14×4²
=3.14×16
=50.24（cm²）

杯子的容积：50.24×10
=502.4（cm³）
=502.4（mL）

牛奶的体积：240×2=480（mL）
502.4>480

答：杯子能装下 2 袋这样的牛奶。

做一做

1 小明和妈妈出去游玩，带了一个圆柱形保温壶，从里面量底面直径是 8 cm，高是 15 cm。如果两人游玩期间要喝 1 L 水，带这壶水够喝吗？

2 一个圆柱形的水池，从里面量底面半径是 5 m，深是 3.2 m。这个水池能蓄水多少吨？（1 m³ 的水重 1 t。）

25

7 一个底面内直径是 8 cm 的瓶子里，水的高度是 7 cm，把瓶盖拧紧，把瓶子倒置、放平，无水部分是圆柱形，高度是 18 cm。这个瓶子的容积是多少？

阅读与理解

知道了……
要解决的问题是……

分析与解答

瓶子的容积 = 水的体积 + 无水部分的体积
=7 cm 高的圆柱体积 +18 cm 高的圆柱体积

3.14×(8÷2)²×7+3.14×(8÷2)²×18
=3.14×16×(7+18)
=3.14×16×25
=1256（cm³）
=1256（mL）

回顾与反思

答：这个瓶子的容积是 1256 mL。

26

图 4.2-29　六年级下册第三单元

例 6 用圆柱体积的计算公式解决实际问题。教材创设了一个生活中的问题情境“这个杯子能不能装下这袋牛奶”，要解决这个问题，就先要计算杯子的容积，使学生感受计算的必要性。如何计算杯子的容积呢？教学时应设法让学生回忆先前的有关容器容积计算的一些相关知识，使学生明白容器容积计算的方法与相应立体图形的体积计算方法相同，只是要注意从容器的内部去测量相关数值。至于具体如何应用公式计算，则可放手让学生自主选择计算方法。

例 7 用圆柱体积计算公式解决问题。教材呈现了一个装了小半瓶水的矿泉水瓶，下部是圆柱形，上部是一个不规则的立体图形。已知瓶子平置时水的高度和倒置时无水部分的高度，要求的是这个瓶子的容积。这是一个非常规数学问题，不是简单套用公式就可以解决的，但例题素材的选用更有利于培养学生发现问题、提出问题、分析问题、解决问题等诸方面的能力。教材在“阅读与理解”环节，在理解题意的基础上，提炼出“这个瓶子不是一个完整的圆柱，无法直接计算容积”这一问题情境，促进学生进一步思考提出问题“能不能转化成圆柱呢”。“分析与解答”环节承接前面提出的问题，引导学生通过观察，比较水瓶倒置前后的水瓶内的变化情况，发现水瓶的容积在倒置前、后，总是等于瓶内水的体积加无水部分的体积。进一步发现，水瓶倒置前后，水的体积与无水部分（即空气）的体积都是不变的，并且倒置前，瓶内水的形状是一个圆柱，而倒置后，无水部分（即空气）的形状是一个圆柱，这两个圆柱的体积之和就是瓶子的容积。教材呈现了两种不同的表达分析结果的方式，以帮助学生更好地理解解决问题的实质。整个教学过程，学生经历了将不规则形状转化为规则形状、把未知知识转化为已学知识的过程，感受了发现过程中的“变”与“不变”，揭示了解决问题的本质。这有利于提高学生的分析问题与解决问题的能力。“回顾与反思”部分是与以前计算不规则图形体积的方法进行比较，对转化的思想和方法适度抽象概括，有利于丰富完善学生的认知结构，提高解决问题的能力。

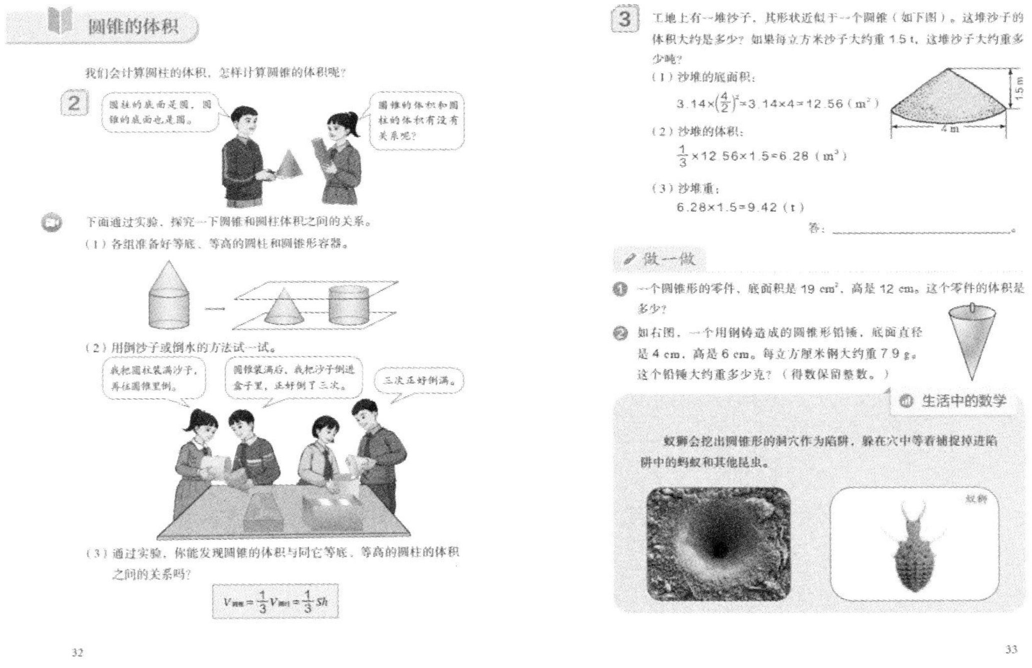
圆锥的体积

我们会计算圆柱的体积，怎样计算圆锥的体积呢？

2

下面通过实验，探究一下圆锥和圆柱体积之间的关系。

（1）各组准备好等底、等高的圆柱和圆锥形容器。

（2）用倒沙子或倒水的方法试一试。

（3）通过实验，你能发现圆锥的体积与同它等底、等高的圆柱的体积之间的关系吗？

$V_{圆锥}=\frac{1}{3}V_{圆柱}=\frac{1}{3}Sh$

32

3　工地上有一堆沙子，其形状近似于一个圆锥（如下图）。这堆沙子的体积大约是多少？如果每立方米沙子大约重 1.5 t，这堆沙子大约重多少吨？

（1）沙堆的底面积：

$3.14\times(\frac{4}{2})^2=3.14\times4=12.56$（$m^2$）

（2）沙堆的体积：

$\frac{1}{3}\times12.56\times1.5=6.28$（$m^3$）

（3）沙堆重：

$6.28\times1.5=9.42$（t）

答：________________。

做一做

1. 一个圆锥形的零件，底面积是 19 cm^2，高是 12 cm。这个零件的体积是多少？
2. 如右图，一个用钢铸造成的圆锥形铅锤，底面直径是 4 cm，高是 6 cm。每立方厘米钢大约重 7.9 g。这个铅锤大约重多少克？（得数保留整数。）

生活中的数学

蚁狮会挖出圆锥形的洞穴作为陷阱，躲在穴中等着捕捉掉进陷阱中的蚂蚁和其他昆虫。

33

图 4.2-30　六年级下册第三单元

（2）圆锥。

圆锥的认识和体积两部分内容是在学生学习掌握了圆和圆柱的相关知识基础之上进行教学的。

例 2 为圆锥体积计算公式的推导。教材按引出问题—实验探究—导出公式三个层次进行编排。首先，教材提出问题“我们已经会计算圆柱的体积，如何计算圆锥的体积呢”，引导学生思考，通过寻找圆柱、圆锥的共同点如底面都是圆等，启发学生将圆锥的体积与圆柱的体积联系起来，激发学生对两者体积大小关系进行猜测、探究。教材在这一环节删除了实验教材中利用排水法测体积等有关内容，这样编排直接揭示问题的研究对象，使得研究的问题更为清晰，学生探究、思考的路径也更为明确。其次，教材安排了实验探究。教材让学生准备好等底、等高的圆锥和圆柱，通过圆柱、圆锥相互倒沙子或水的实验，探究圆锥和圆柱体积之间的关系。最后，导出公式。通过实验，学生发现等底等高的圆锥和圆柱，圆锥的体积是圆柱体积的三分之一，由此得出圆锥体积的计算公式。

例 3 圆锥体积的计算。与原实验教材相比，例 3 所求问题由求体积改为求体积、求质量两个问题。因此，在教学时应特别注意合理、正确利用题目中给出的信息，弄清所求问题。通过这个例子的教学，使学生初步学会解决一些与计算圆锥形物体的体积有关的实际问题。

此部分教学重点是圆柱、圆锥的认识，圆柱表面积计算，圆柱和圆锥体积计算；教学难点是在实践活动中发展学生的空间观念，体会有关数学思想。

3. 教学建议

（1）引导学生学会观察、想象，发展空间观念。

在教学过程中，教材十分重视引导学生对所学知识进行观察，让学生自己去分析、去比较，以获得空间观念的生成。想象活动是培养空间观念的主要途径。因此，在仔细观察的基础上引导学生进行合理的想象是教学的着力点。例如：圆柱侧面展开图的教学，首先可以让学生猜想“圆柱的侧面展开后是什么形状？”继而引导学生动手操作，沿着高剪开圆柱形罐头盒的商标纸，自主发现圆柱侧面展开图是一个长方形。接下来，通过操作、验证、比较，引导学生进一步想象思考：这个长方形的长、宽与圆柱有什么关系？把这个长方形重新包在圆柱上，你能发现什么？以帮助学生建立对圆柱侧面的清晰表象，实现“曲面”与“平面”的相互逆转，揭示长方形的长和宽与圆柱底面周长和高的对应关系。这一系列符合学生认知规律、层层推进的想象活动，有利于促进学生空间观念和空间想象力的发展。

（2）直面问题，有序展开自主探究，提高解决问题的能力。

有意义的学习应是以积极的心态，在自己已有的知识经验上对新问题积极主动建构的过程。有效的教学设计应是根据学生的需要，适时提出探究问题，做到难易有度，层层推进，循序渐进，有序展开，通过合作交流、及时反馈得到思维的进步。例如，在教学例 7 时，可以设计如下环节：

① 教师直接出示一个空的矿泉水瓶，提问：这个矿泉水瓶的容积是多少？（学生可能无处着手，也可能会通过寻找标签上的“净含量”来代替矿泉水瓶的容积）教师可在肯定学生思路的基础上，引导学生回顾容积的概念，并找到解决问题的方向：假如瓶子里灌满了水，把这些水倒出来，用量杯或量筒测出水的体积就可以求出瓶子的容积。

② 教师进一步提出要求：要是没有这些工具，甚至连一个玻璃杯都没有，只提供水和直尺，怎么办？通过出示存了一部分水的瓶子，引导学生思考：此时瓶子的容积可由哪两部分组成？使学生观察到瓶子的容积由水的体积和空气的体积两部分组成，其中水的体积可以通过测量出水的高度和瓶子的底面直径并计算得到，可是空气部分是一个不规则的立体图形，无法直接求出体积。

③ 再让学生思考：能否将空气部分变成一个规则的立体图形呢？引导学生把瓶子倒置，利用水和空气的易变形性，把空气部分变成一个规则的立体图形。在瓶子倒置前后，水的体积不变，空气的体积不变，因此，瓶子的容积等于倒置前水的体积加上倒置后空气的体积，这两部分体积都可以通过测量相关数据求得。

第三节　图形的运动

图形的运动包括认识图形的平移、旋转、轴对称。学生经历对现实生活中图形运动的抽象过程，认识平移、旋转、轴对称的特征，体会运动前后图形的变与不变，感受数学美，逐步形成空间观念和几何直观。

一、图形的运动（一）

1. 课标要求

《义务教育数学课程标准（2022 年版）》第一学段“学段目标”中提出：了解图形的平移、旋转和轴对称，形成初步的量感和空间观念。

《义务教育数学课程标准（2022 年版）》第一学段“课程内容”中提出：结合实例，感受平移、旋转、轴对称现象，形成空间观念和初步的几何直观。

2. 教材分析

对称是一种最基本的图形变换，包括轴对称、中心对称、平移对称、旋转对称和镜面对称等多种形式。教材中的对称仅限于轴对称，内容是认识轴对称图形。

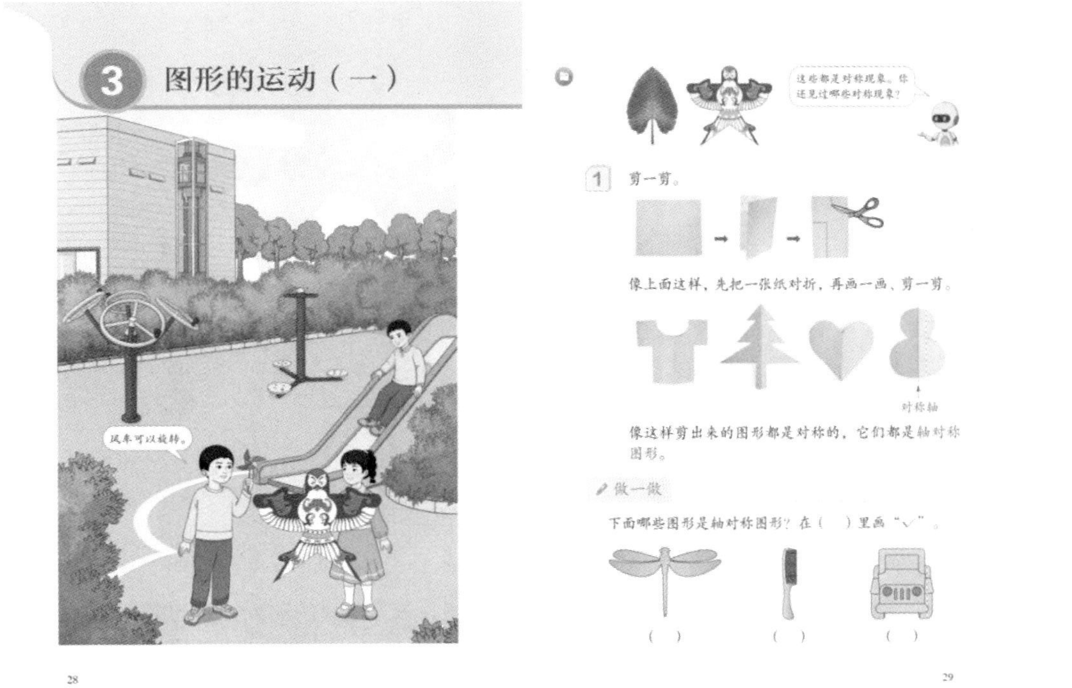

图 4.3-1　二年级下册第三单元

（1）实物情境图。

主题图是学生最感兴趣的公园的场景。对称的图形有燕子风筝；平移的现象有滑滑梯、观光梯；旋转的现象有运动器械。同学们将自己观察到的场景表述出来，还可以借助肢体语言演示，切实感受到每个实例的运动方式，再找一找与它运动方式相同的事物，初步体会对称、平移和旋转现象，并感受数学与生活的密切联系。

（2）例 1 操作应用体验。

例 1 以动态操作的方式教学轴对称图形。教材提供了一个剪纸片的活动。教材通过剪纸片，以图文结合的方式给出折纸片、画图和剪纸片的过程，展现了形成一个轴对称图形的过程，进而达到以下 3 个目的：首先，使学生明确这样剪出来的图形都是轴对称图形；其次，使学生通过折痕认识对称轴；最后，使学生明确用对折的方法可以判断一个图形是否是轴对称图形。让学生先仿照书上的步骤随便剪一剪，使学生看到，在剪的过程中，只要把一张纸对折，两边完全重合，剪出来的就是轴对称图形，从而通过折痕引出“对称轴”的概念。最后，让学生说一说生活中哪些东西是对称的，使学生了解对称在生活中的应用性。

“做一做”要求学生通过观察，判断哪些图形是轴对称图形。其中第四幅图较难些，必要时可通过折一折的方式判断。

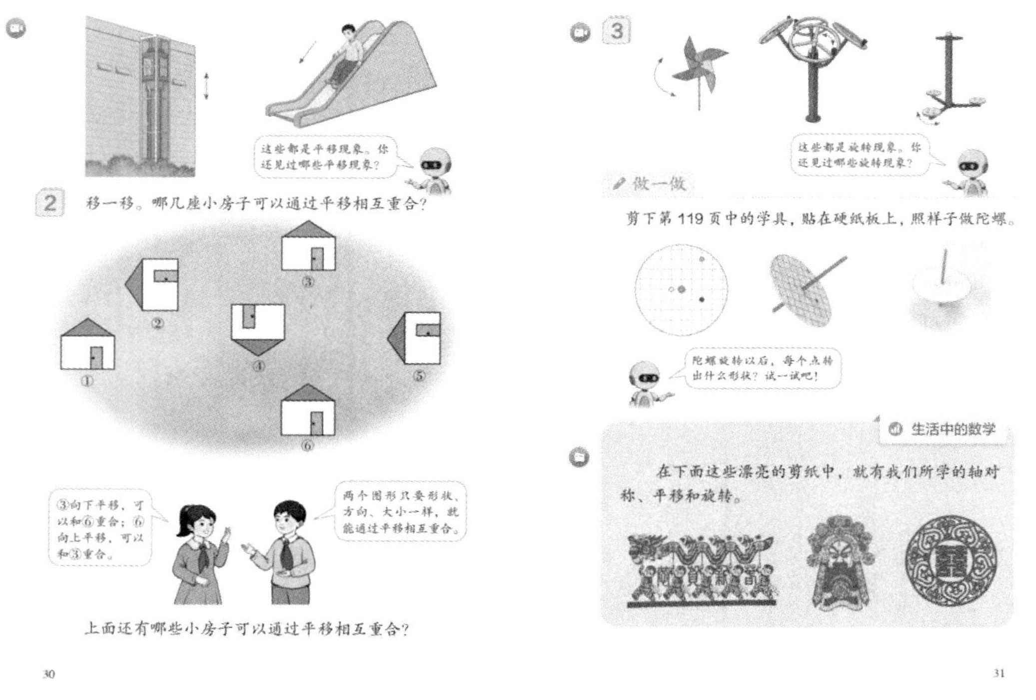

图 4.3-2　二年级下册第三单元

（3）例 2 平移。

教材呈现了观光电梯、滑滑梯，让学生通过观察，发现这些物体运动的共同特点：都是沿着直的路线移动，物体在移动的过程中没有改变大小和方向，从而认识平移现象。再根据机器人聪聪的提示寻找生活中的平移现象，巩固对平移的认知。

例 2 教学图形的平移。教材呈现了一幅静态的、小房子图形运动之后所形成的画面。通过机器人聪聪的问题，让学生判断哪几座小房子图形能够通过平移相互重合。突出了两点：一是给学生想象的空间，在头脑中模拟小房子图形曾经发生的平移，也可通过操作（移一移）进行判断。二是突出平移的特点，即平移时图形的方向和大小没有变化，只是位置发生了变化；可以上下、左右、斜着移动，但一定要沿着直线方向移动。基于平移的要求不能改变图形的大小，可在此图中增加两幅房子图，一幅图大于原图，一幅图小于原图，通过制造思维冲突，让学生清楚地理解什么是图形的平移。

“做一做”让学生利用小汽车图形的平移画出一排小汽车。在画的过程中，由于使用模型（图片）在直线上画，保证了图形的大小不变，同时要求车的方向一致和内部元素一致，这样降低了画的难度。在以前的教学中，对于小汽车的运动方式有不少争议，通过这样的设计就能自然地解决教师的困惑与争议。

由于日常生活中的物体运动大多是复合运动（两种或两种以上运动叫复合运动，这两种运动形式可以是相同的）。例 3 在选取生活中的实例时注意了其运动特点的典型性，尽量呈现生活中单一运动形式的实例，例如风车、旋转小飞机和直升机螺旋桨的转动，让学生通过观察，发现它们运动的共同点：物体的每个部分都绕一个点（或一条直线）转动。从而认识旋转现象，再让学生列举一些生活中的旋转现象以巩固认识，把数学和生活紧密联系起来。

教材对这部分内容的要求较低，只要求学生从日常生活中的典型实例初步感受旋转运动的特点即可，并通过“做一做”玩陀螺的游戏体会点的旋转，定位也只是在直观认识上。这样的安排意在达到以下目的：使学生初步学会用数学的眼光观察现实生活中存在着的大量运动现象，感受数学与生活的联系；为今后学习抽象的图形的运动积累感性体验，发展几何直觉；为今后从图形运动的角度认识图形（如圆柱体、圆锥体）、理解度量（平行四边形、三角形面积的推导等）做好铺垫；通过依据描述想象出图形的运动，逐步培养空间想象力。本教学重点是初步理解图形的平移和旋转；教学难点是能辨认简单图形平移后的图形，感知旋转运动的特点。

图 4.3-3　二年级下册第三单元

（4）问题解决。

例 4 以中国民间传统的手工艺“剪纸”为素材，让学生探索如何剪出手拉手的 4 个小人。学生一次性成功的概率很小，教师要引导学生寻找原因，逐步调整策略解决问题。重点突出以下两点：一是突出折纸的方法，以保证剪出的图形是轴对称图形；二是在对折之后的纸上画图时，要注意保证剪出的图形是手拉手的。

教材呈现了解决问题的全过程，并在各个环节均有突破：在“知道了什么？”环节，重在通过理解题意迅速调动有关轴对称的知识，进而抽象出数学问题；在“应该怎么做？”环节，利用已有的剪一个小人的经验进行迁移，同时将问题转化为简单的剪两个手拉手的小人的问题，以操作的方式探索折纸方法、画图方法，并经过不断的调整解决剪 4 个小人的问题；在“成功了吗”环节，教材呈现了解决问题时应注意的事项，借以培养学生的反思能力。这样既培养学生解决问题的能力，又培养学生动手实践的能力，同时鼓励学生在操作的过程中积极思考，发展学生的空间观念。

此部分教学重点是用轴对称图形的知识解决简单的实际问题；教学难点是培养学生解决问题的能力。

3. 教学建议

（1）轴对称教学建议。

① 唤醒学生的原有认知基础。

由于学生在美术课上已经学习过剪纸片，生活中也存在大量的对称现象，学生对此并不陌生。教学轴对称时，教师应准备一些轴对称图形的图片或剪纸（如窗花），让学生结合教材上的实物图进行观察、分析，找出这些图形有什么共同特点。学生在描述时，使用的语言可能是不规范、不科学的，如“这些图形两边都是一样的”，不必刻意纠正，只要学生对轴对称现象有一个感性认识就可以了。最后，让学生说一说生活中哪些东西是对称的，问题是开放性的，可能并不是严格地在同一平面范围内描述，只要大致准确，都是可以的。

② 思考与操作相结合，体现数学化。

教学例 1 时，可以向学生提出任务：“你可以剪出一个对称的图形吗？”让学生先自己探索剪对称图形的方法，再进行交流。一开始时，学生可能想不到把长方形纸对折，虽然尽量按照对称的思路去剪，但剪出来的东西并不对称，此时，可以让学生看看教科书上是怎样做的。然后凭自己的想象随便剪一剪，想剪什么就剪什么，只要剪出来的图形是对称的就可以了。最后让学生把自己剪的作品给全班学生展示一下，并让学生试着说说怎样剪出来的图形对称，很自然地让学生说出要把长方形纸对折，从而引出“对称轴”的概念。为保证操作的有效性，应通过合适的问题使学生体会其教学目的。如以“为什么要将纸对折？”使学生体会到是为了使剪出的图形是轴对称图形；以“为什么只在一边画图？”使学生体会到因为对折了的原因，剪出来的两部分是同样的；以“观察展开的剪纸上的折痕，你能发现什么？”使学生理解对称轴的含义。

③ 关注学生对“完全重合”的理解。

学生对“完全重合”的理解，直接影响着对轴对称图形的认识。为此应指导学生细致观察图形的轮廓及内部元素，确定对折后完全重合才是轴对称图形。这是学生认知的难点，要给予重视。

（2）平移教学建议。

① 初步理解图形的平移。

让学生认真观察一物体的平移运动，说一说什么没变（大小、形状没变），什么变了（位置变了）。将教材呈现的物体平移的轨迹画一画，发现平移的轨迹是一条直线，可以上下，可以左右，还可以斜着移动，但一定要是直线。学生拿一身边的物体，按照老师的要求平移，进一步感受平移时物体的方向不变，只是位置发生了改变。说一说身边平移的现象，例如开关窗户、推拉抽屉、擦黑板、用笔沿着尺子画线、学校推拉大门、滑滑梯等，感知平移在生活中无处不在。

② 辨认简单图形平移后的图形。

选择一图形进行操作，如房子。将平移后的房子图形与原图形进行比较，重点突出方向没有改变（以区别后面将要学习的旋转），如房顶朝下还是朝上。明确平移后的图形和原来是一模一样的。从众多图形中选择一幅平移后的图形。受轴对称图形的影响，有部分同学容易将朝向相反的图形视作平移后的图形，如下面哪幅图是小鱼平移后的图形？

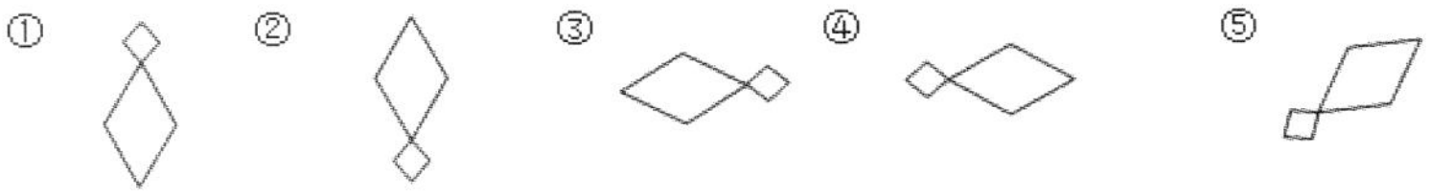

①②⑤三幅图中小鱼的方向发生了明显的改变，学生能够很快判断出它们不属于平移后的图形，但③④两幅图看起来似乎差不多，不少学生难以判断，需要认真分析。

（3）旋转教学建议。

初步理解旋转，感知其运动特点。观察生活中旋转的实例。提供生活中单一旋转运动的实例，如电风扇转动、门的转动，使学生明白旋转就是物体以一个点或一个轴为中心进行圆周运动，它与平移的特点刚好相反：平移不改变方向，而旋转的方向在不停地改变。

借助肢体语言进行形象的表达。二年级的学生在用严谨的数学语言表述方面存在困难。通过肢体语言的表述可以降低理解的难度，又能提高学习的兴趣。

可以让同学说一说还在哪见过物体的旋转运动。运用身边的物体，让它做旋转运动，进一步感受旋转要改变物体的方向。

（4）问题解决。

① 用轴对称图形的知识剪出 4 个完全一样的手拉手的小人。

利用轴对称知识剪出一个小人。明确只需要对折一次，画半个小人，使折线是“小人”的对称轴。

利用轴对称知识剪出两个一样的小人。引导学生根据剪一个小人的经验迁移到剪两小人，说一说需要对折几次，为什么？强调画小人的位置。

继续利用轴对称知识剪出四个一样的小人。引导学生想一想：需要对折几次？（需要注意的是，对折一次剪出一个小人，对折两次剪出两个小人，对折三次有学生误认为是三个小人，要让学生明白每对折一次的小人个数应是上一次个数的 2 倍）半个小人应该怎么画？

教师呈现剪错的作品，让学生分析原因出在哪。例如：两头出现半个小人的情况（画在不是对折的那一边），出现单个的小人（小人的手没有连起来。）

展示作品。将成功的作品展现出来或者贴起来，提供让学生互相学习的机会，并激发学生学习的兴趣与自豪感。

② 培养学生解决问题的能力。

剪出手拉手的四个小人的问题是“图形与几何”领域的一个突破，为培养学生“分析问题、解决问题”的能力提供了更丰富的素材。在学生操作尝试解决问题时，教师要引导学生通过自己的观察寻找问题的原因，找到解决问题的关键，并逐步调整策略。对于能力强的学生，可引导其在剪出手拉手的四个小人后尝试剪出手拉手的八个小人，或者根据自己的爱好画出别的图形试着剪一剪，在不断操作中领悟解决问题的方法，提高解决问题的能力，同时培养发散思维与挑战意识。

二、图形的运动（二）

1. 课标要求

《义务教育数学课程标准（2022 年版）》第二学段“学段目标”中提出：了解图形的平移、旋转和轴对称，形成量感、空间观念和初步的几何直观。

《义务教育数学课程标准（2022 年版）》第二学段“课程内容”中提出：结合实例，感受平移、旋转、轴对称现象，形成空间观念和初步的几何直观。

2. 教材分析

教学内容分为两个小节：第一小节是对于轴对称图形的再认识，第二小节是对于平移的再认识。每个小节都安排了两个例题：第一小节由轴对称和轴对称图形的性质和补全轴对称图形组成；第二个小节是由画平移后的图形和运用平移知识解决问题组成。

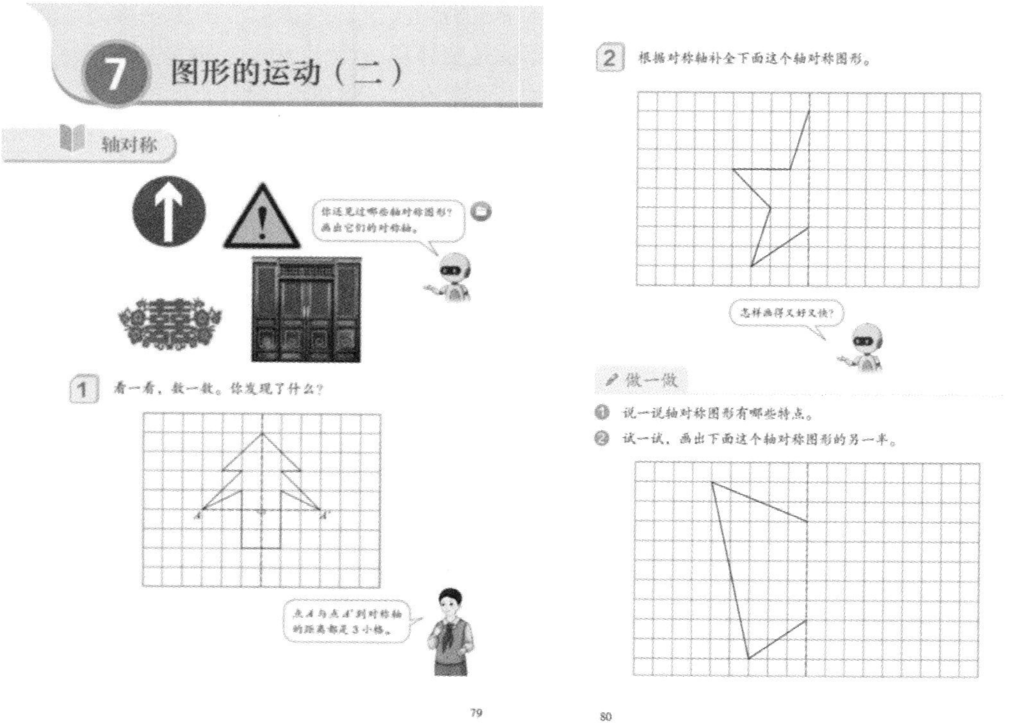

图 4.3-4　四年级下册第七单元

结合学生熟悉的生活、学习情境，为学生主动地进行观察、实验、猜测、推理与交流等数学活动提供适宜的学习素材。教学时要全面分析，重视教材的变化，确定教学目标，把握核心问题，落实课标的核心理念。

（1）轴对称。

方格图是学生学习轴对称、平移两种图形变换的重要工具。方格图上一条条水平和竖直的线，为学生建立方位感、感受距离提供有力的参照，是发展学生空间观念的重要途径和组成部分。例 1 是利用方格图发现对应点到对称轴的距离都是 3 小格；例 2 是借助方格图，根据对称轴补全轴对称图形。

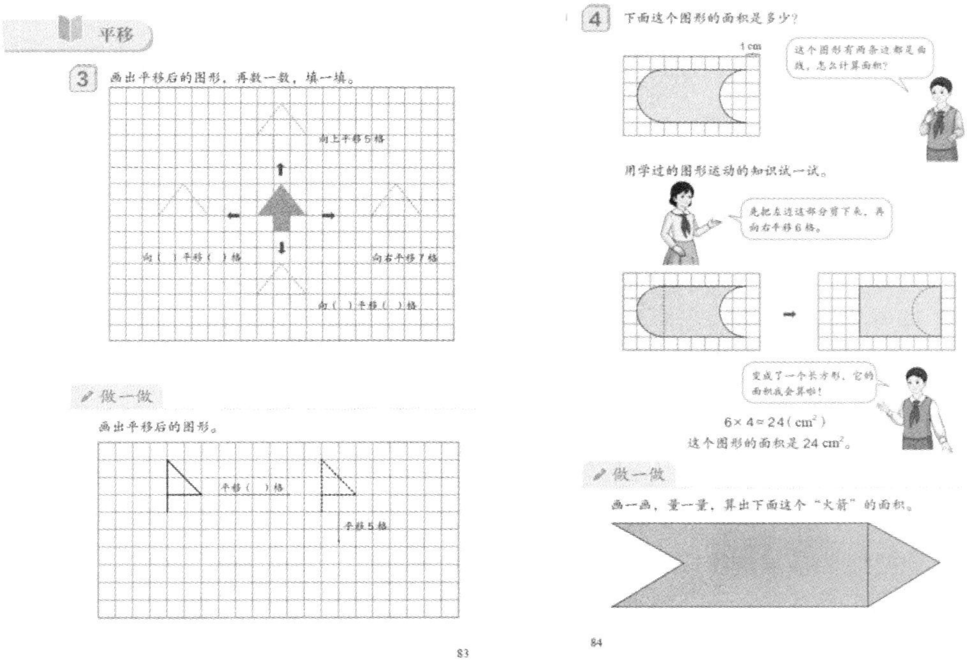

图 4.3-5　四年级下册第七单元

（2）平移。

例 3 是在方格图中画出平移后的图形；例 4 是借助方格图求出简单的不规则图形的面积。这里的方格图不仅仅可以提供给学生简单的数据提示，以便成功地发现规律，还能够帮助学生在计算的基础上建立图形的表象，帮助学生建立空间概念。方格图发挥了测量标准的重要作用，除了帮助学生发现和总结计算方法，更为学生理解和感受图形之间的联系起到了重要的作用。同时，方格图为学生提供实践的空间，使学生有了“做”数学、体验数学、经历数学的机会，有助于学生更好地学习数学知识，掌握数学学习方法。学生在这样的活动中不仅仅收获了知识，也积累了测量的意识和方法，发展了空间概念。

例 4 中，小男孩问“这个图形有两条边都是曲线，怎么计算面积呀？”引发学生思考，这是该例题的核心问题；机器人聪聪以“用学过的图形运动知识试一试”点明了要解决的问题和单元学习的联系，指明了解决问题的思考方向。

3. 教学建议

（1）轴对称和轴对称图形的性质。

用好生活中的对称现象。在学生再次学习轴对称现象时，教材中给出了许多生活中的例子。在让学生观察生活中的对称现象时，要注意引导他们忽略一些无关紧要的细节，着重从图形运动的角度去观察、去思考。例如：观察对称现象时，常常使用蝴蝶、天安门等照片。就实物而言，他们除了关于直线对称，还有其他对称，因此，有必要把它们简化、抽象成图案，再来对折、研究。

在操作中理解轴对称图形的对称点到对称轴的距离相等。一“看”，明白松树图是一个轴对称图形。二“找”，找到对称点 A 和 A'，并将这两个对称点连接起来，发现对称点的连线与对称轴垂直。三“数”，数一数点 A 和点 A'到对称轴的距离，知道点 A 和点 A'到对称轴的距离都是 3 小格。

通过几次操作活动，使学生明白轴对称图形上两个对称点到对称轴的方格数（距离）相等，加深学生对轴对称图形特征的认识。

（2）根据对称轴补全轴对称图形。

经历“做”数学的过程，感受知识间的联系。在方格纸上根据对称轴补全轴对称图形，可以先让学生观察方格纸上给出的图形，想象补全的对称图形的样子，找出图上每条线段的端点，然后引导学生利用对称点到对称轴距离相等这个规律找到每一个端点的对称点后，再尝试补全图形。课堂上可以通过同学间的交流，让他们自己总结画轴对称图形的经验，得出较为合理的步骤：先定点，再画出对称点，最后连点成形。

梳理补全轴对称图形的方法。一“找”，找出图形上每条线段的端点。二“定”，根据对称轴确定每一个端点的对称点。三“连”，依次连接这些对称点，得到轴对称图形的另一半。

（3）画出平移后的图形。

动态呈现平移过程，明白移动几格的意思。在平移的过程中，学生很容易对移动几格产生错觉，会错误地把移动 7 格理解成两个图形中间的空格是 7 格。教学中可以通过课件动态地展示平移过程，使学生通过观察，了解平移的方向和平移的距离分表示什么意思，也可以利用实物模型，按平移的要求实际操作，让学生体会平移的过程是整个图形按照要求进行平移，平移的距离是对应点之间的方格数，而不是平移前后两个图形之间的方格数。

探索图形平移的画法，发展学生在方格纸上画平移图形的能力。第一，选点，也就是在原图形上选择几个能决定图形形状和大小的点。第二，移点，也就是按要求把选择的点向规定的方向平移规定的格数。第三，连点成形。

（4）运用平移知识解决问题。

和学生一起思考。启发学生思考的最好办法是教师和学生一起思考。教学中，教师要能暴露自己的思考路径。比如，为什么提出这些问题让学生思考，遇到情境可以从哪些方面提出问题，遇到这些问题可以从哪些角度进行分析，解决了这个问题又可以提出哪些新的问题等，帮助学生形成从头到尾思考问题的习惯和意识。

给足时间让学生充分思考。教学中，要认真研究学生是如何思考的、怎样研究的，就必须给学生充分的时间，让学生先独立思考，再和同伴交流，最后在全班分享。在这样的过程中，使学生经历解决问题的过程，获得解决问题的方法，提升解决问题的能力，积累数学活动经验。

注重转化思想的渗透。教学中，应结合题目特点，注意引导学生思考如何将不规则图形转化为规则图形，如何将新知识转化为已学知识来解决问题。转化思想的有效渗透，也可以为以后探索多边形的面积计算做好铺垫。

三、图形的运动（三）

1. 课标要求

《义务教育数学课程标准（2022 年版）》第二学段“学段目标”中提出：进一步认识图形的平移、旋转和轴对称，形成量感、空间观念和初步的几何直观。

《义务教育数学课程标准（2022 年版）》第二学段“课程内容”中提出：能在方格纸上进行简单图形的平移和旋转，感受数学美，形成空间观念。

2. 教材分析

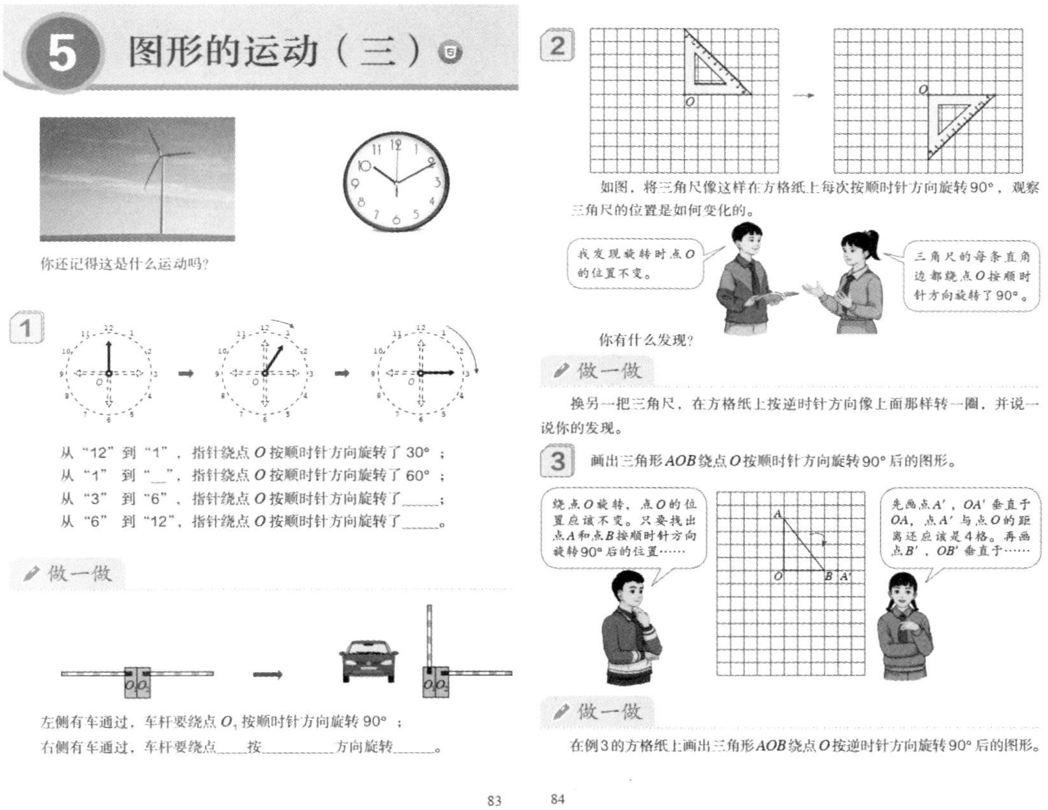

图 4.3-6　五年级下册第五单元

例 1 旋转的含义。教材借助钟面指针的运动，明确旋转的三要素：旋转中心、旋转方向与旋转角度。教学中要注意通过观察、想象、操作、描述等多种活动帮助学生认识旋转变化。比如，先让学生观察钟表的指针，独立思考如何准确地描述指针从“12”到“1”的旋转过程，然后通过交流，使学生明确顺时针和逆时针的含义，明确要想表述清楚指针的旋转，一定要说清“指针是绕哪个点旋转”“是向什么方向旋转”“转动了多少度”这几点。也可以将操作和描述结合起来，让学生在钟表上边拨指针边用三要素描述其运动过程，体会旋转的含义。

例 2 认识图形旋转的特点。教材引导学生观察图中旋转前后的三角尺位置变化，明确图形旋转的特征：旋转中心的位置不变，三角形的边都绕 O 点逆时针旋转了 90°。还要让学生知道旋转后的三角形的形状、大小不变，并且引导学生进一步观察发现，每个顶点旋转前后到 O 点的距离都没变，为例 3 的教学画图做好铺垫。

例 3 把一个简单图形旋转 90°。教材借助前面图形旋转的特征，让学生交流讨论，逐步引出画图的方法。可以让学生小组合作完成，如果有困难，可以提示只要找到三角形 AOB 的几个顶点的对应点，再连线就可以了。在确定对应点的位置的时候，可以利用已经掌握的图形旋转的特征和性质，把图形的旋转分解为顶点与点 O 的连线的旋转，先把 OA 旋转 90°，再把 OB 旋转 90°，连接 AB 即可。

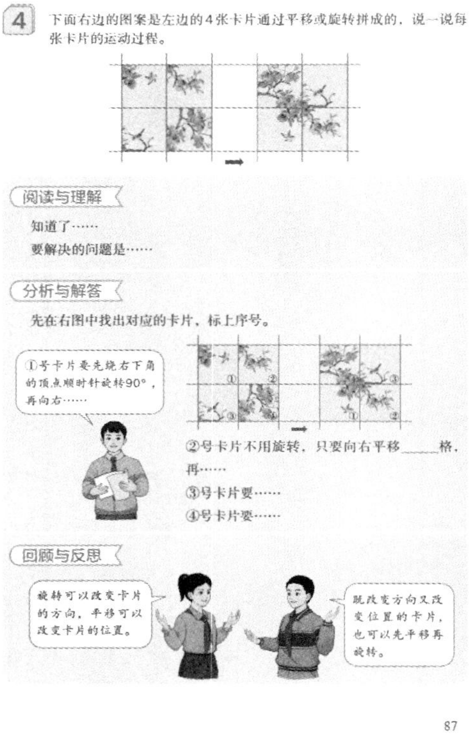

图 4.3-7 五年级下册第五单元

例 4 是解决问题。教材以解决问题的形式，编排了拼图活动，让学生探索多个图形拼组的运动变化。“阅读与理解”重在让学生明确要解决的数学问题：每块板是怎样平移或旋转得到最终图案的。“分析与解答”通过对话展现了学生探索解决问题的不同方法。一种是先动手拼拼看，拼出后再看看每块板是怎样平移和旋转到相应位置的；另一种是直接在最终图案上分解，把图案按图形进行分解，找出拼组的方案再移动。基本思路都是要先完成最终图案的构成，再进行图形的运动。“回顾与反思”引导学生交流解决问题的方法，体会答案的不唯一性，这里可以有不同的拼组方案。

此部分教学重点是旋转的含义，把一个简单图形旋转 90°，解决问题；教学难点是能用数学语言描述物体的旋转过程，能在方格纸上画出简单图形旋转 90°后的图形以及探索多个图形拼组的运动变化。

3. 教学建议

（1）注重选取学生熟悉的实例作为研究素材，帮助学生认知旋转的含义。

联系学生生活实际，选取风车、道闸、秋千，尤其是像道闸和秋千这样旋转角度不是360°的实例，丰富学生的认知，有意识地引导学生探讨。关于“道闸”和“秋千”有明显的争议，由此产生认知冲突，引发探究的欲望，让学生充分感知旋转想象。

可在观察的基础上，想象、操作、描述图形的旋转。先让学生观察钟表的指针，独立思考如何准确地描述指针从“12”到“1”的旋转过程。然后让学生利用准备好的学具钟表，边拨指针边交流，让学生明确顺时针和逆时针旋转的含义，明确想要表述清楚指针的旋转，一定要说清楚“指针是绕哪个点旋转”“是向什么方向旋转”“转动了多少度”这几点。让想象与操作有机结合，在操作过程中，鼓励学生用数学语言描述物体的旋转过程，初步体会图形旋转的基本要素。

（2）通过实践操作，帮助学生掌握把一个简单图形旋转90°的方法。

可以让学生把三角板放在方格纸上，按要求转一转，通过讨论交流明白：旋转前后的图形，旋转中心的位置不变，三角形的边都绕着 O 点顺时针旋转了90°。还要让学生知道旋转后的三角形的形状、大小不变，并且引导学生进一步观察发现，每个顶点旋转前后到 O 点的距离都没变，为接下来的画图做好准备。

从线段的旋转过渡到整个三角形的旋转。首先，还是规定在方格纸上画图，方格纸能帮助学生更准确地认识和理解图形的基本特征，能更好地使学生认识和描述空间图形的变化过程，可以有效地促进学生空间概念的建立。在方格纸上画出线段旋转 90°后的图形，先模拟“转”，再“画”。通过操作，看清楚旋转后的图形位置，再讨论怎么画，这样学生比较容易找到画图方法。线段的旋转承载了深入理解旋转要素的作用，又为后续学习图形的旋转做好铺垫。有了扎实的铺垫，三角形的旋转可以让学生小组合作完成，把图形的旋转分解为顶点与点 O 连线的旋转，问题也就迎刃而解了。最后可以再次展开想象，如果依次绕点 O 顺时针旋转90°三次，最后会旋转成一个怎样的图案。这一方面为下一节课做了知识与技能上的铺垫，另一方面将想象与操作结合，有效地激发了学生的空间想象力。

（3）经历解决问题的一般过程，探索多个图形拼组的运动变化。

问题解决要组织学生进行小组合作探究。“阅读与理解”环节要让学生自己学会审题，发现要解决的数学问题是“拼图是如何拼出来的”“每一块板是怎样平移或旋转得到最终图案的”，可以让学生给每一块板编上序号，便于接下来进行交流。在“分析与解答”环节，要给予学生充分的时间进行思考、操作、探索。引导学生发现最终图形只有一个外形的轮廓，要先判断每一块板平移或旋转后的位置，也就是找出最终图案构成方案。然后鼓励学生自主探索，利用七巧板动手拼摆，尝试找出解决问题的方法，再汇报交流。在这个过程中，可以让学生先讨论，确定一个大概的运动路线，然后操作验证，这里需要学生不断尝试，同时也需要根据图形的特点进行判断和推理，在此过程中增强学生的空间观念。“回顾与反思”鼓励学生回顾解决问题的步骤和方法，用自己的语言回顾总结，体会答案的不唯一性。

（4）借助信息技术，感受图形旋转的应用。

学习图形的运动的一个重要目的是使学生能运用数学的眼光看待现实世界，教学时可以动态呈现一些基本图形旋转或平移后形成的美丽图形、图案及其生活中的应用，鼓励学生从变化的角度去欣赏，感受其中蕴含的美，体会数学的应用价值。教师应鼓励学生从不同角度观察图形，识别不同的基本图形经过怎样的变化之后形成了一个漂亮的图形，为学生自主设计、制作图案做好铺垫。

第四节　图形的位置

图形的位置包括位置、位置与方向、确定点的位置。学生结合实际情境判断物体的位置，探索用数对表示平面上点的位置，增强空间观念和应用意识。

一、位置（一）

1. 课标要求

《义务教育数学课程标准（2022 年版）》第一学段“学段目标”中提出：能辨认图形的位置，形成初步的量感和空间观念。

《义务教育数学课程标准（2022 年版）》第一学段“课程内容”中提出：在感受图形的位置过程中，形成空间观念和初步的几何直观。

2. 教材分析

“上、下、前、后”是学生学习“图形与几何”知识的起始课。这部分内容是学生在生活中辨认方向的基础，是学生学习“图形与几何”知识的起始阶段。在第一学段中有简单几何形体和常见的平面图形，有图形的平移、旋转、轴对称现象，有认识物体的相对位置，有初步的测量、识图和画图等内容，这些内容是第二学段几何知识学习的重要基础。

图 4.4-1　一年级上册第二单元

（1）上、下、前、后。

教材中的主题图是江上大桥，图中有丰富的关于“上、下”“前、后”的素材。在对这幅情景图的观察和表述中，学生可以分成两个层次进行观察表述：一是根据轮船、火车、汽车三者的位置关系，认识上、下方位；二是根据轿车、卡车、大客车三者的位置关系，认识前、后方位。在学生表述物体所在的位置过程中，自然地运用到上、下、前、后四个方位词，初步感受到两个物体之间具有相对的位置关系。

情境图下的文字分别示范了如何表达物体的上下或前后位置关系。图中呈现“上、下”“前、后”关系时，分别运用了三个不同的事物，学生在表述时可能会出现一会儿说火车在上面，一会儿又说火车在下面的情况，因此让学生按一定的示范用准确的语言对两个物体的位置关系进行表达，有助于学生对物体之间位置关系的相对性进行理解。左边的第三句话提出了一个开放性的问题，还让学生“再看图说一说”，给学生的表述和交流留出了空间，加深学生对空间方位的理解。

“做一做”让学生把课桌上的文具按要求的上下位置关系摆放，加深对上下位置关系的认识。同时整理好桌面，使之整洁有序，也能使学生感受确定的位置关系能够带来“秩序”。

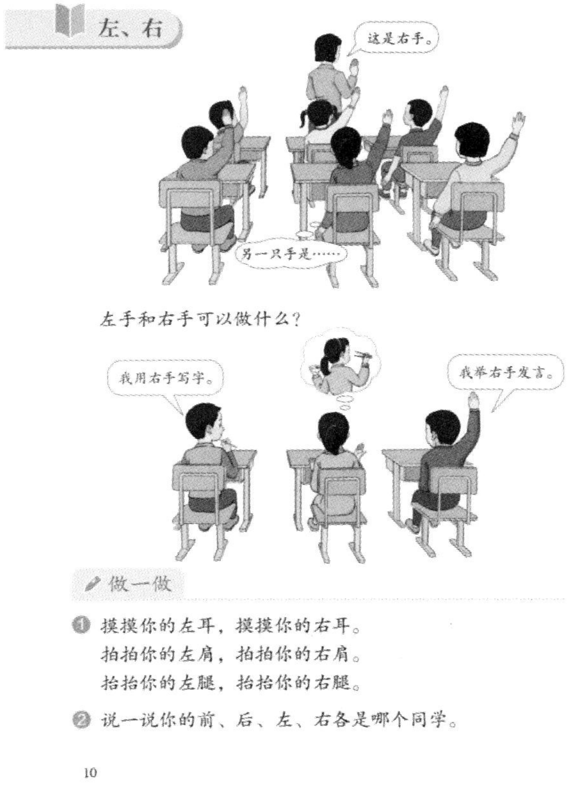

图 4.4-2　一年级上册第二单元

（2）左、右。

主题图以“课堂学习”为活动情境，展示了学生在课堂上和老师共同认识左右的学习场景。这个活动提供了两个方面的信息：一是结合上课举右手回答问题这个上课常规的活动，达到分清左、右手的目的。二是学生在说左右手、分工的过程中理解左右，并把左、右与自己的左右手对应起来，从而建立起左右的标准。因为与左手同侧的就是左边，与右手同侧的就是右边。

主题图下安排的“做一做”有两个问题：① 求学生按照“指令”做动作，从而辨别身体上其他的左右之分，目的是进一步认识左右。② 利用学生熟悉的空间，即教室的位置，练习在二维空间里，以自己为中心，表述其他同学的位置。

3. 教学建议

（1）正确辨认“上、下”“前、后”的基本含义，会用“上、下”“前、后”描述物体的相对位置。

在游戏活动中引导学生辨认位置关系。结合日常生活实例、游戏及学生熟悉的童话故事，如在桌面上摆放物品的活动、老鹰捉小鸡的游戏、龟兔赛跑和拔萝卜的童话故事等，让学生在动手操作和活动中，理解“上、下”“前、后”的基本含义。

创设认知冲突，激发学生主动探索、交流运用所学习的知识。在认识“上、下”“前、后”时，可以创设或利用主题图中物体相同但位置关系不同的情境，让学生在交流讨论中，因为“答案”不同，引发“冲突”，进而对比分析，深入理解“上、下”“前、后”的基本含义，并学会用比较准确的语言描述物体的相对位置。例如：描述主题图中轿车、卡车、大客车三者的位置关系，借助学生的回答不同，通过设问“大家一会儿说卡车在后面，一会儿又说卡车在前面，这是怎么回事啊？”引发学生的思考，在对比分析中，完善对“前、后”的认识，能够用比较规范的语言，如“大卡车在大客车的前面”“大卡车在小轿车的后面”等来表述物体的位置关系。

（2）在具体的情境中理解“上、下”“前、后”的相对性。

在现实空间中练习判断“上、下”“前、后”。结合固定的“平面图”，让学生辨认图上两个物体的位置关系时，要让学生在现实空间的活动中完成。因为学生在具体的生活情境中能说清楚位置关系，但是将生活中的事物画在平面图上，学生辨认位置比较吃力，这是因为将立体空间的情景转化为平面图，对学生的视觉和想象是一种挑战。例如：让学生说一说图上某一个小朋友的前面、后面是谁，学生会感到比较困难，但是转化为现实情境，变成“说说你的前面是谁？后面是谁？”等问题，学生在完成时就没有难度了。因此，理解“上、下”“前、后”要通过一些活动，在具体的情境中进行。

（3）建立左右的标准，以左、右标准描述物体所在的位置。

注重从学生的实际经验出发，利用生活实例建立左右的概念。利用谜语引出双手。进而引导学生说说左右手的分工，学生边做动作，边说清左右手都可以做哪些事情。例如，左手压本，右手写字；左手扶碗，右手拿筷子……，学生在做动作的过程中，不断区分左右手，为能正确地描述左右奠定基础。

利用汉字演变，加深对左右的理解。板书汉字“左、右”，让学生说一说怎样区分两个字，然后出示“左、右”两个汉字的演变过程，借助“左”和“右”两个象形字的字形和字义加以区分，帮助学生进一步建立左右的标准，即在左手的一边就叫“左边”，在右手的一边就叫“右边”。

培养学生的数学应用意识。练习中设计了 3 个生活中关于左右的实际情境，其一是上楼右行；其二是北京和香港行车规定的区分；其三是识别交通标志。这三个练习的安排注重从学生实际的生活经验出发，利用生活实例让他们在进一步感受左右之分的同时，也感受到数学与生活间的联系。

（4）能准确用左、右描述物体的位置。

借助学生熟悉的教室空间安排两个活动活动：一是让学生说说自己前、后、左、右的同学都是谁，活动二是说说好朋友左边是谁，右边是谁，让大家根据学生对方位的描述猜他的朋友是谁。通过以上两个活动使学生掌握以自己为参照点，正确描述其他同学的位置的方法。

利用一组水果卡片，按照老师的指令有序摆放，使学生在操作中进一步加深对左右的理解。在此基础上，学生自由发言，用“左右”来描述这些水果的位置。

二、位置与方向（一）

1. 课标要求

《义务教育数学课程标准（2022 年版）》第二学段“学段目标”中提出：能辨认图形的位置，形成初步的量感和空间观念。

《义务教育数学课程标准（2022 年版）》第二学段“课程内容”中提出：在感受图形的位置过程中，形成空间观念和初步的几何直观。

2. 教材分析

学生通过第一学年的学习，已经会用上、下、前、后、左、右描述物体的相对位置（这与观察者和参照物都有关系），同时学生在日常生活中关于东、南、西、北等方向的知识也积累了一些感性的经验（这不受观察者的影响，只与参照物有关）。在此基础上，让学生辨认东、南、西、北、东北、西北、东南、西南八个方向，并能用这些方位词表述物体相互之间的位置关系。

图 4.4-3　三年级下册第一单元

教材首先呈现了首都北京天安门广场及四周建筑的航拍照片和相应的平面示意图，目的是从现实生活的场景引入，使学生体验数学与日常生活的紧密联系，渗透爱国主义教育。再让学生用已有的方位知识（前、后、左、右）描述它们之间的位置关系，感受这些方位概念的相对性与不确定性，引起认知冲突，从而引出对教材内容的学习。

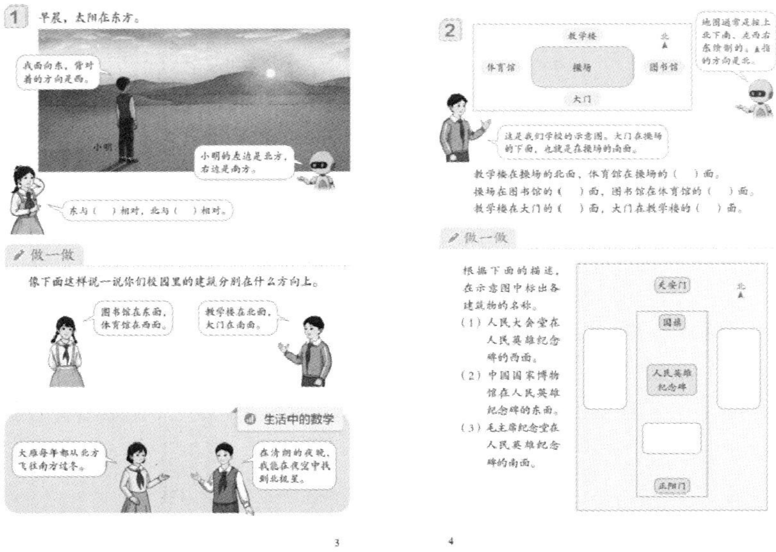

图 4.4-4　三年级下册第一单元

教材例 1 呈现了学生辨认东、南、西、北四个方向的活动情境，因为儿童学会辨认地图上的东西南北方位和他们掌握空间方位之间是有联系的，应该先根据自身的方位来形成辨认东西南北的技能，再把这些方位和地图方位联系起来。将学生带到操场，用学生最熟悉的知识“太阳从东方升起”来激起学生的兴趣，并面朝东，再确定与东相反的方向是西，然后伸开双臂，左手指的方向是北，右手指的方向是南。让学生在熟悉的环境中，在观察、描述和交流的过程中体验方位的知识，能根据其中的一个方向确定其他三个方向。

例 2 在例 1 基础上的继续学习。学生在操场上，先复习东西南北四个方向，有了这一基础，学生再辨认东北、东南、西北、西南四个方向就很简单了，然后指出操场或者教室各个方向分别有什么，或者什么物体在哪个方向上。与实验教材相比，不再要求根据一个方向（东、南、西或北）来辨认这四个方向，只要知道这四个方向即可。

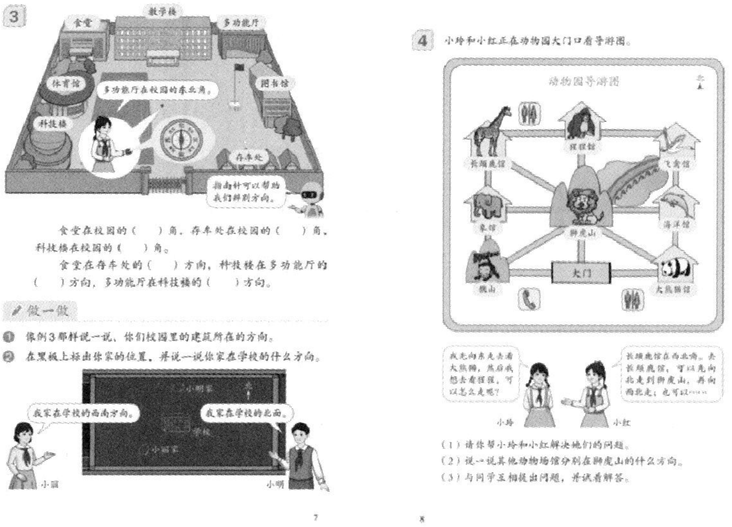

图 4.4-5　三年级下册第一单元

例 3 在例 2 的基础上，先回忆、记录操场四个方向的主要建筑。再按照自己的想法将各建筑示意图绘制出来。然后在班内选择有代表性的学生作品进行集体展示，比较哪种方式记录更简便、更清楚，同时明白无论哪种画法，东南西北都是按顺时针方向排列的，都有两组方向分别相对。最后告知学生，为了统一方式，方便生活，地图通常是按照上北下南左西右东的方式绘制。

例 4 呈现“动物园导游图”的情境，用八个方位词描述各场馆所在位置，并描述行走路线，也可进行实地演习，培养学生的空间概念并提高学生的学习兴趣。

本部分教学重点是让学生辨认东、南、西、北、东北、西北、东南、西南八个方向，了解在平面图上如何表示方向；教学难点是根据一个方向确定其余七个方向，描述物体之间的相互位置关系。

3. 教学建议

（1）让学生辨认东、南、西、北、东北、西北、东南、西南八个方向。

认识东、南、西、北。以“太阳从东边升起”这句话，引导学生找到东，与之相反的方向则为西；面朝东方，伸开双臂，左手指的方向是北，右手指的方向为南。分别说说自己的东、南、西、北都有什么建筑，或者什么建筑在自己的什么方向。教师出口令：向东转，向西转……学生根据老师的口令迅速转向指定的方向，以加强对各方向的认识。

认识东北、西北、东南、西南。复习东、南、西、北。明白东北、西北、东南、西南位置名称的由来，即在东与北之间则称为“东北”，西与北之间则称为“西北”。分别说说自己的东北、西北、东南、西南各个方向都有什么物体。以别的物体为中心，说说它的东北、西北、东南、西南又有什么物体。

（2）了解在平面图上如何表示方向。

以操场为中心，将东、南、西、北四个方向的建筑物确定好，学生根据自己的理解画出示意图，展示作品。在同学的观察、描述、比较与交流中优化绘图方式，确定上北下南的绘图方法。再次出示四个方向的不同建筑物，运用上北下南的绘图方法绘制示意图，以达到巩固的作用。

（3）描述物体之间的相互位置和行走的路线。

描述物体之间的相互位置关系。指名两位同学上台，让大家说一说甲在乙的什么位置，再想一想乙在甲的什么位置。思考：为什么这两位同学描述用的方位词却不一样呢？这两句话设定的参照物不一样。每个同学随意确定两个物体，说说它们的相互位置关系，先同桌交流，再全班汇报、评价。

描述行走的路线。出示公共汽车行车路线图，用方向词语描述汽车行走的路线。再让学生试着说一说逆向（从植物园到火车站）该怎么走，充分利用学习资源，培养学生的逆向思维能力。

三、位置（二）

1. 课标要求

《义务教育数学课程标准（2022 年版）》第三学段“学段目标”中提出：了解确定物体位置的一些基本方法，形成量感、空间观念和几何直观。

《义务教育数学课程标准（2022 年版）》第三学段“课程内容”中提出：在具体情境中，能在方格纸上用数对（限于正整数）表示位置，知道数对与方格纸上点的对应，感受数学美，形成空间观念。

2. 教材分析

学生已经积累了一些关于描述物体位置的学习经验和生活经验。认识了上、下、前、后、左、右六个方位，并能用这六个方位确定位置，描述简单的位置关系；认识了东、南、西、北和东南、西南、东北、西北八个方向，并能用这些词语描述物体的方向。在此基础上，进一步学习用数对确定物体的位置。位置的教学内容主要有用数对表示具体情境中物体的位置，在方格纸上用数对确定物体的位置。

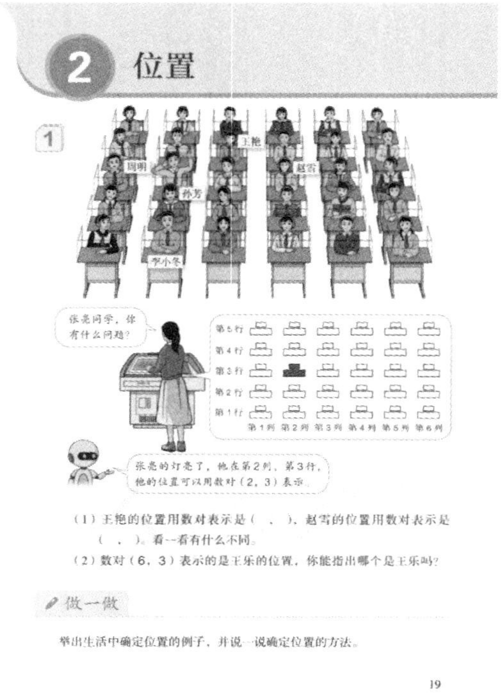

图 4.4-6　五年级上第二单元

（1）用数对表示具体情境中物体的位置。

例 1 是用数对表示具体情境中物体的位置。教材通过创设多媒体教室中学生座位的情境，借助教师操作台上的学生座位图，将实际的具体情境数学化，抽象成在平面图上确定物体的位置，引出学习内容。在编排上从具体情境出发，不断地提出问题，不断地解决问题，通过一个又一个连续问题的提出和解决，既使学生在探究过程中掌握用数对确定位置的方法，又使学生的数学思考和推理能力得到发展。例 1 的编排具有以下四个层次：

① 明确“列”“行”的含义及确定第几列、第几行的一般规则。教材借助情境让学生找出坐在第 2 列、第 3 行的张亮同学，这一看似简单的、似乎是纯情境的问题，其实蕴含着三个意图：一是体会在教室平面内确定某个同学的位置必须要有两个数，即在平面上确定位置必须要有两个数据；二是明确竖排叫作“列”，横排叫作“行”，将学生的生活经验与数学规定相融合；三是统一“列”“行”的顺序及方向，明确第几列一般是从左往右数，第几行一般是从前往后（或从下往上）数。教师应采取合适的教学策略体现这三个意图，使学生有所体会和理解。

② 认识数对，明确用数对表示第几列、第几行的一般方法。在上一教学环节，学生解决关于张亮同学的位置的问题时，已经用“列”“行”的语言描述了张亮同学的位置，很自然地就提出了新的问题：用什么样的方法来书写、记录、表示第几列、第几行？教材中由机器人聪聪直接给出用数对表示第几列、第几行的方法。实际教学中，可以引导学生经历用数对表示位置的过程，先让学生自主探索表示位置的方法，在交流中感受到需要统一，再来呈现机器人聪聪用数对表示位置的方法，使学生认识数对，明确数对中每个数的含义，感受用数对表示位置的简洁性和合理性，掌握用数对表示位置的一般方法。这既尊重教材的编排意图，又将静态的教材灵活地化为学生的思维活动。

③ 巩固用数对确定位置的方法。教材在例 1 中编排了两方面的应用：① 根据两位同学的位置，用相应的数对表示出来（即用数对表示位置）。② 根据给出的某位同学的数对，找到这位同学的位置（即给出数对找位置）。通过这样两方面的练习，使学生感悟数对与物体位置的一一对应关系。

④ 比较相关数对的位置关系和数据特点。教材的座位情境图中只有少数几位同学给出了名字，这几位注有名字的同学承担着引导我们观察和思考的任务：王艳同学的位置用数对表示是什么，赵雪同学的位置用数对表示是什么，看一看有什么不同。用数对表示周明、张亮、赵雪三个同学的位置，能发现什么？用数对表示出李小冬、孙芳、张亮三个同学的位置，能发现什么？通过上面这些观察与思考，使学生体会到数对中两个数的顺序的重要性，探索和发现同行或同列数对的特点以及它们在位置关系上的密切联系，感受数形结合的思想。

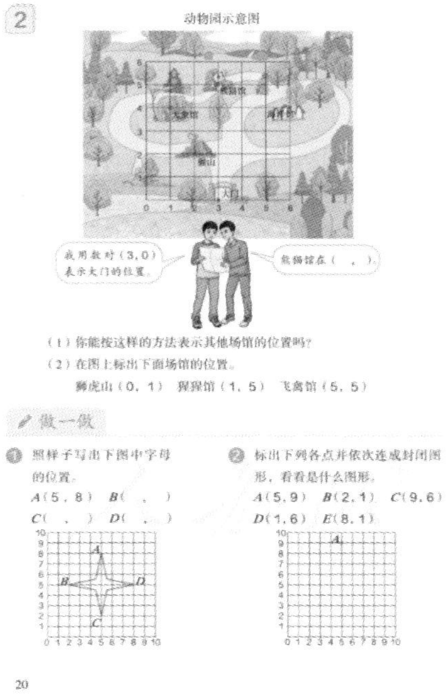

图 4.4-7　五年级上第二单元

（2）用数对确定物体的位置。

例 2 是在方格纸上用数对确定物体的位置。教材创设在动物园示意图上确定各场馆位置的情境，通过学生熟悉的方格纸把用数对表示位置的实际问题转化成用数对表示平面上点的位置的数学问题，使学生明确如何在方格纸上用数对确定点的位置，进一步体会数形结合的思想，感悟数对与物体位置的一一对应关系，直观感受直角坐标系的思想。编排层次和例 1 是相同的，也具有类似的四个层次：

① 理解在方格纸上用数对表示位置的含义。教材通过“动物园示意图”直观呈现了在方格纸上用数对表示物体位置的作用和特点：一是用一定大小的方格统一距离（用数对描述行走路线时就需要用小方格表示统一的距离）；二是用方格纸上竖线和横线的交点（格点）表示场馆；三是用方格纸上的竖线表示“列”，横线表示“行”；四是方格纸上每条竖线和每条横线的交点都能用数对确定其位置。“0”既是列的起点，也是行的起点，“0”所在的列、行分别是起始列、起始行。通过对以上特点的认识，学生能理解在方格纸上用数对表示位置的含义，即把用数对表示物体位置的实际问题转化成用数对表示平面上点的位置的数学问题，同时使学生初步感受到直角坐标系的思想。

② 理解数对的含义，明确如何在方格纸上用数对确定位置。在方格纸上用数对确定位置，无论是根据点写出表示其位置的数对，还是根据点的数对寻找该点的相应位置，都要遵循“先列后行”的规则。教材为了帮助学生更好地理解这一规则，在编排上采取了“分两步走”的策略：第一步，确定所在列；第二步，确定所在行。教材先以“大门”（“大门”最具新课特点，其位置是第 3 列的起始行）为例，说明按照“先列后行”的规则，怎样从列的起点（0）出发确定所在列；再以熊猫馆（熊猫馆与大门最有联系，其位置是第 3 列的第 5 行）为指定练习，说明继“先列”之后，再如何“后行”，说明如何从所在列的起始行出发，继而确定所在行。通过“大门”与熊猫馆“分两步走”的教学，既引导学生理解数对的含义，明确在方格纸上用数对确定位置的方法（“先列后行”的规则），又沟通特殊点（大门）与一般点（熊猫馆）的位置关系。

③ 巩固在方格纸上用数对确定位置的方法。教材在例 2 中同样编排了两方面的应用，一是根据点（场馆）写出表示它们位置的数对（即用数对表示位置）；二是根据点（场馆）的数对寻找该点（场馆）的相应位置（即给出数对找位置）。通过这样两方面的应用练习，既帮助学生提高在方格纸上用数对确定位置的熟练程度，又使学生进一步体会数对与物体位置的一一对应关系。

④ 比较相关点（场馆）的位置关系和数对特点。在借用“大门”和熊猫馆明确“先列后行”的规则时，学生结合示意图明确了它们在方格纸上同列的位置关系，初步感知了它们的数对表示的特点。教材在编排上有意加强了这方面的引导和练习，在示意图中还有意“设置”了两组具有特殊位置关系的场馆：一组是位于同一行的大象馆和海洋馆，另一组是交换了列数和行数的“大门”和猩猩馆（即关于对角线对称）。教材精心细致的编排为我们引导学生结合示意图比较它们的位置关系，探究它们的数对表示的特点，强调数对表示的顺序提供了充分、现成的教学资源，在教学中随手可取，信手拈来。通过这样一些具有拓展性的应用练习，不仅可以帮助学生感受数形结合的思想，更可以帮助学生巩固知识，掌握方法，加深对在方格纸上用数对确定位置的理解。

3. 教学建议

（1）在具体情境中用数对确定物体的位置。

教学时，教师应该充分利用好教材中呈现的各种具体情境图，引导学生探究（在平面中）确定一个物体的位置的方法。在熟悉的教室座位情境中，引导学生明确“行、列的含义”“行、列的一般规则”“用数对表示某个同学的位置”，体会到唯一性，一步一步，层层推进。

在经历“数对”这一概念的建模过程中，要让学生展开“数学化”的探索和数学思考，而行、列的含义以及确定行、列的一般规则等则需要教师揭示。在建立数学概念的同时，让学生感受数的顺序及一一对应（数对与物体位置的对应关系）。

（2）在具体情境中理解要用两个数表示物体在平面上的位置。

例 1 是学习用数对（两个数）来确定一个物体在平面中的位置。在此之前，学生已经积累了一些关于描述物体位置的学习经验和生活经验：在一年级的“位置”单元，学生认识上、下、前、后、左、右这几个方位，并能描述简单的位置关系；在三年级下册的“位置和方向（一）”单元，学生会辨认八个方向等。所以教学时可设计复习铺垫，明确“确定一个物体在直线上的位置只需要一个数”，那“确定一个物体在平面中的位置”需要几个数呢？由“线”推广到“面”，从而为引出数对做好充分的铺垫。

数对的表示方式和含义都是有着统一规定的，但教师也不可让学生死背硬记，要耐心给足时间，创设三次矛盾冲突，让学生一次次体会到“统一规则”的必要性，从而自然理解数对的规则和含义，将用生活经验描述位置上升为用数学方法确定位置，发展应用意识和空间观念。

（3）在方格图上用数对准确表示点的位置。

通过与例 1 对比，例 2 要使学生直观看到异同，相同的地方可以作为今天学习的基础，不同的地方是今天对于位置知识点内涵的进一步探究，体现新旧知识的衔接。学生很快找到运用旧知尝试解决新问题的方法，同时进一步理解数对与方格图上的点一一对应关系。

针对各馆所位置，可以让教师指导示范大象馆的位置，学生讨论具有特点的大门的位置，独立思考其他馆所的位置。这样层层递进、逐步放手的方式使学生逐步明确：怎样用数对表示？为什么这样表示？知其然，更知其所以然。大门位置的讨论，让学生明确了 0 既是列的起点，又是行的起点，同时渗透了原点的含义，构建起直角坐标系的原型。

（4）发现同一行同一列等特殊数对的特征。

例 2 教学时要结合主题图中各馆所的位置以及数对，引导学生观察第一个数相同的数对，点的位置有什么特点；第二个数相同的数对，点的位置有什么特点。让学生由无意地观察到有意地思考，从而抽象概括出特殊数对的特征。

四、位置与方向（二）

1. 课标要求

《义务教育数学课程标准（2022 年版）》第三学段“学段目标”中提出：能用有序数对确定点的位置，进一步认识图形的平移、旋转和轴对称，形成量感、空间观念和几何直观。

《义务教育数学课程标准（2022 年版）》第三学段“课程内容”中提出：通过图形位置的表达，理解坐标的意义，增强应用意识和创新意识。

2. 教材分析

通过之前的学习，学生已经能够使用上、下、前、后、左、右和东、南、西、北、东北、东南、西北、西南等方位名词描述物体的大致位置，能够利用数对精确地表示平面内一个点或一个区域的位置。在此基础上，让学生学会利用方向与距离这两个参数确定平面上一个点的位置。

教材主题图以“台风中心的行进”为情境，素材更充分体现了对位置与方向的学习具有现实意义的理念。教材中的 3 个例题以“台风中心的行进”为背景连续推进，很自然地提出一个又一个数学问题，使学生在解决问题的过程中学会用方向和距离确定位置的基本方法。这样的编排设计把各知识点有机地融合在解决实际问题的过程之中，使学生在一个大的情境背景下学习，思路连贯，层层递进，通过自主探索顺利达成目标。

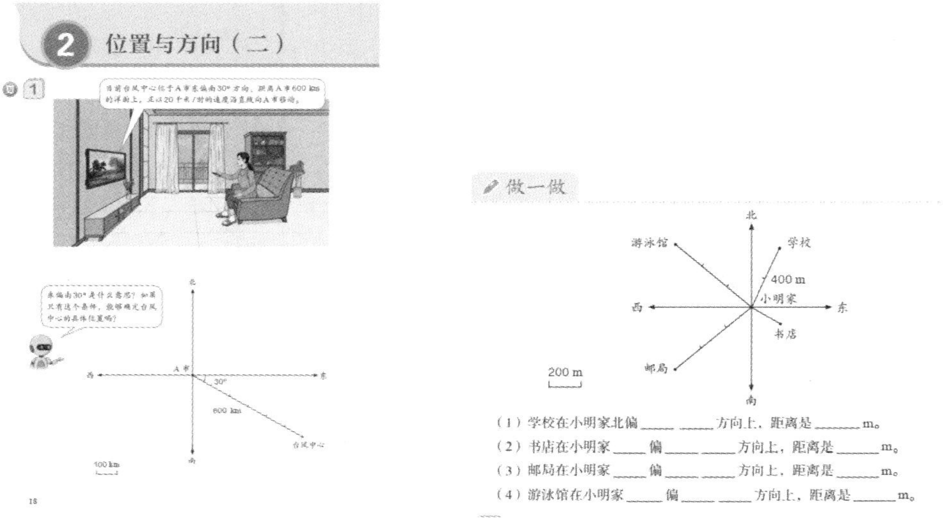

图 4.4-8 六年级上册第二单元

例 1 是教学根据平面示意图，用方向和距离描述某个点的位置。教材将电视播报台风警报作为情境引入，直接给出标出台风中心和 A 市的方位图，让学生利用图示理解台风中心“位于 A 市东偏南 30°方向、距离 A 市 600 km”所表示的含义。“位于 A 市东偏南 30°”就是以 A 为顶点，以正东方向为起始边，向南旋转 30°所在射线的方向。同样，“位于南偏东 60°”方向，就是以 A 为顶点，以正南方向为起始边，向东旋转 60°所在射线的方向。显然，“东偏南 30°”与“南偏东 60°”表示的是同一条射线，但在实际生活中，我们一般先说与点（或物体）所在方向离得较近（夹角较小）的方位。教材的图示中用一条线段表示 100 km，由于学生还没学习比例尺，只要能说出 6 条这样的线段相连表示 600 km 就可以了，不必涉及比例尺。

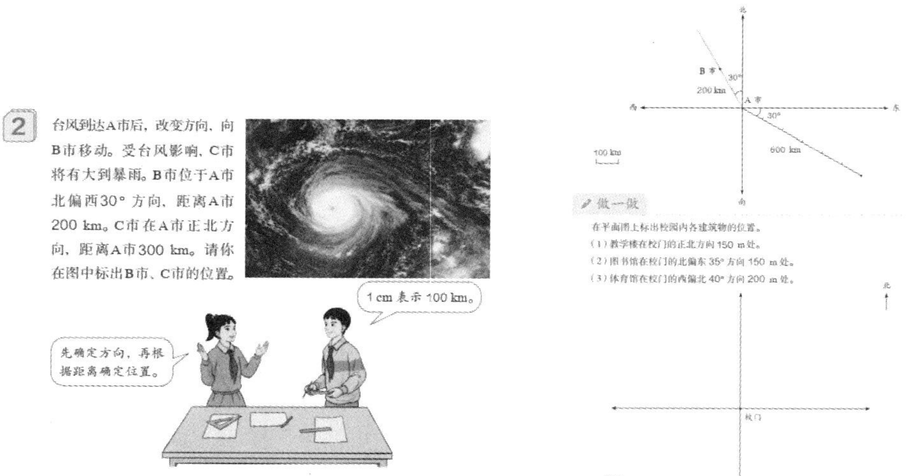

图 4.4-9 六年级上册第二单元

例 2 是教学根据方向和距离描述，在图上确定某个点的位置。例 2 中的图保留了例 1 中台风的行进轨迹，承上启下，为例 3 学习路线图打下基础。会根据某点相对于参照点的方向与距离在方位图上找到该点，这是教学重点。教材借助同学之间的对话，明确要在图上标出点应先做什么（确定方向），再干什么（表示距离），需要注意什么等。同时，编者对参照点、量角、用图上 1 cm 表示多少实际距离等操作方面的关键点也做了很好的渗透与强调。结合以上编排，教材先示范如何确定 *B* 点，再要求学生自行确定 *C* 点。

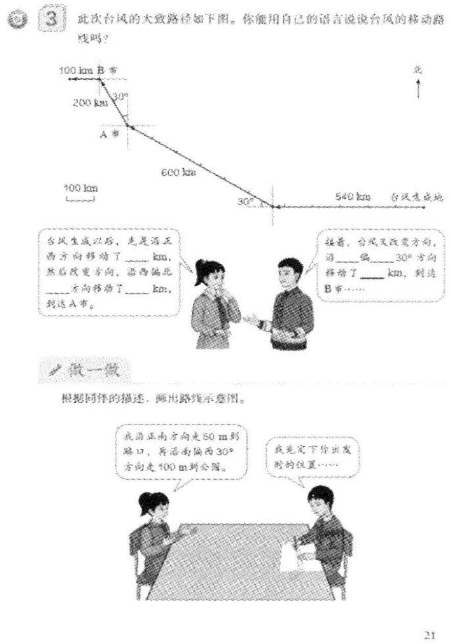

图 4.4-10　六年级上册第二单元

例 3 是教学描述简单的路线。教材呈现了台风从生成地出发、经过四次方向改变的大致路径，让学生用数学的语言来描述简单的路线图。例 3 的路线图中包括了例 1 和例 2 中台风的移动路线，体现了情境的整体性和知识的综合性。

路线图描述的不仅仅是两个点的静态关系，而且是物体在多个点之间的运动关系。除了整条路线的起点和终点之外，其他点都既是某一段路线的终点，也是下一段路线的起点。教材通过学生对话的方式，给出了分段描述的示范，使学生明白方向与距离的描述是具有相对性的，并掌握在描述每一段路线时要注意的几个关键点：起点在哪儿？终点在哪儿？沿着什么方向？移动了多少距离？

此部分教学重点、难点是精确描述位置与路线，以及两个点位置的相对性。

3. 教学建议

（1）精确地描述位置与路线。

关注学生已有生活经验与知识，创设问题情境，在“认识冲突”中引导学生逐步掌握知识。三年级学生已经能用东、南、西、北等八个方位名词描述物体的位置，认识简单的路线图。现在继续学习用方向和距离两个条件确定位置，从原有一个大概方向的范围精确到具体的一个点上对学生来说仍有一定难度。因此，在教学时，教师利用教材呈现台风来袭情境，先让学生尝试在平面图上指出台风中心的位置，然后制造认知冲突，引导学生发现“东南方向”是一个大概的方向范围，无法精确地找到物体位置。接着用“你能描述出它的具体位置吗？”“有了方向，位置确定了吗？”等问题，逐步引导学生理解方向和距离的具体含义，经历用方向和距离确定位置这一知识的形成过程。

（2）以问题为导向，借助操作活动，理解“方位角”的含义。

在用方向与距离描述物体位置时，方向的确定有点复杂，一方面，学生对量角方法可能有遗忘；另一方面，测量的角度需考虑哪个方位与物体所在方向离得较近（夹角较小），对量角器摆放有一定影响。因此，教学时教师可针对学情适时提问与追问，借助有趣的操作活动，将静态角度转变为动态角度，帮助学生充分理解方向角度的形成。例如，用肢体动作表出东偏北 30° 的方向。让学生先面向正东方向，伸出两臂，左臂慢慢向北偏出约 30°。通过这样的活动，让学生对“方位角”有更深刻的认识，更有利于用方位和距离确定物体位置这一技能的形成。

（3）运用观察比较，发展学生的空间观念，促进方法的理解内化。

位置与方向的内容是发展学生空间观念的一个重要部分。因此，教学时要不断地引导学生去观察、比较、想象，内化知识理解，掌握确定位置的方法，发展空间观念。例如，教师在教学例 1 后“做一做”时，可以先让学生描述小明家附近各建筑物的位置，再比较它们位置之间的区别与联系，使学生加深对方向与距离的理解，直观感悟用方向与距离确定物体位置的科学性和唯一性，并可进一步延伸拓展，让学生思考像这样所有同方位或等距离的物体在平面图上会呈现怎样的图像，产生直观的认识。

（4）体悟两个点位置的相对性。

物体之间的位置是相对的，物体之间的位置关系是随着观测点的变化而变化的。教师要认识到理解这个知识点对学生而言仍是有一定难度的。教学时，可以引导学生利用情境体验的方式，从不同的观测点确定位置，使学生在思考、想象中感悟到物体之间位置关系的相对性。例如练习五中第 4 题，教师可以先让学生独立完成书上小刚家与学校位置关系的练习，通过想一想、说一说、演一演交流自己的想法，再让学生观察、讨论两个物体间的相对位置关系有什么特点，进而引导学生发现在描述两个物体的相对位置时，它们的观测点不同，所以方向相对，角度相同，距离相等。

五、观察物体（一）

1. 课标要求

《义务教育数学课程标准（2022 版）》第一学段“学段目标”中提出：在感受图形的位置过程中，形成初步的几何直观和量感。

《义务教育数学课程标准（2022 版）》第一学段“课程内容”中提出：在感受图形的位置过程中，初步形成量感。

2. 教材分析

例 1 展示 4 名学生分别从前面、后面、左面、右面观察一个熊猫玩偶的情境图，并在情境图下面给出了从这 4 个方向观察到的形状，让学生判断分别是谁看到的。从熊猫前面、后面看到的形状有较大差别，学生很容易辨认，但从左、右两个侧面看到的形状基本相同，只是脸、胳膊等的朝向不同，学生辨认起来有一定难度（学生在一年级认识左、右时，只要求以“自我”

的方向为参照点辨认左右，对与自己方向相反的人或物为参照点辨认左、右不做要求）。因此，教材在熊猫的一只耳朵上戴上了一个蝴蝶结作为“标示性标志”，利用这一形象特征降低难度，帮助学生区分左、右两个侧面。通过例 1 的学习，可以使学生初步体会到：从不同的角度观察同一个物体，看到物体的形状可能是不同的，进而使学生初步体会到局部和整体的关系。

图 4.4-11　二年级上第五单元

教材在编排时有以下意图：① 熊猫的位置、方向固定不动，学生要从不同位置进行观察，并就在不同位置看到的图形形成表象。② 图中分别标出了 4 名学生的名字，表明用学生所在的位置代替前面、后面、左面、右面等方位词，例如：“从前面看到的图形是……”可以说成“小明看到的图形是……”，降低了学生学习的难度，因为“前、后、左、右”这些方位词都是相对而言的，描述起来容易出现分歧。③ 让学生想象自己在不同位置看到的形状，从而判断不同的形状分别是哪名学生看到的。

例 2 的编排层次与例 1 基本相同，只是所观察的物体有所变化，由实物变成了立体图形。学生从不同的角度观察学过的立体几何图形，初步渗透三视图的知识。学生观察到的几何体分为 3 种情况：第一种是对平面围成的几何体进行观察，如长方体和正方体；第二种是几何体中有平面也有曲面，如圆柱；三是对曲面围成的几何体进行观察，如球。通过观察，使学生对所学过的立体图形从整体到局部特征形成进一步的认识，并建立了立体图形与平面图形之间的关系。

例 3 的编排体现了解决问题的一般步骤。在根据一个面的形状猜想几何体的过程中，学生可以有不同的方法，通过交流，使学生逐步由根据直觉进行猜想发展到有序思考，培养学生的空间观念和推理能力。

此部分教学重点是让学生知道从不同位置观察到的物体的形状可能是不同的，能辨认从不同位置看到的简单物体和简单几何形体的形状，用推理解决简单的问题，发展学生的空间观念和推理能力；教学难点是让学生辨认从侧面看到简单物体和几何图形的形状，感受局部与整体的关系。

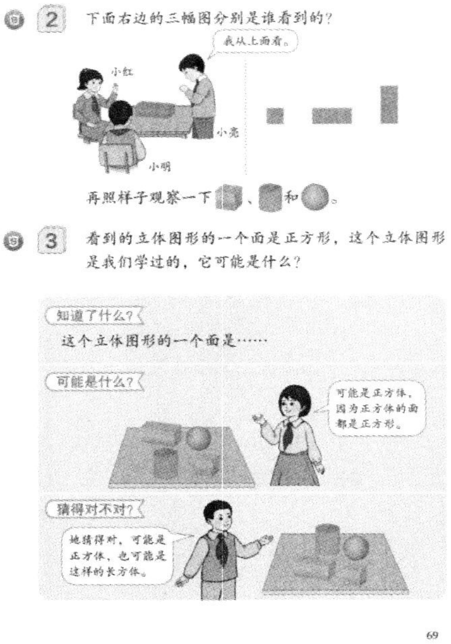

图 4.4-12　二年级上第五单元

3. 教学建议

（1）知道从不同位置观察到同一物体的形状可能是不同的。

每组中间摆放一小熊玩具，学生分四个方位围着坐，仔细观察后，让学生说一说从自己的角度分别看到了什么，可以顺时针调换位置，让学生感受到不同的位置看到的形状是不一样的（注意玩具大小适中，玩具的几个面区分也要明显，这样初学者可以更好地把握）。

（2）正确辨认从简单物体的不同侧面观察到的形状。

提问：在观察小熊的时候，从哪两个位置看到的形状比较相似？它们的区别在哪里？将小熊玩具放在讲台上，请一同学站在小熊的一个侧面，其他同学把自己想象成小熊侧面的同学，并想象小熊脸的朝向应该在他的左边还是右边。学生猜测后，由台上的同学进行验证，然后将这一方向拍的照片出示在黑板上；再请一同学站在小熊的另一侧面，方法同上。将左右的图片进行比较，发现其异同点，突破从侧面观察物体形状的难点。

（3）正确辨认立体图形从不同的角度观察到的形状，发展学生的空间观念。

每组的中间放一长方体（要求上面、正面、侧面形状都不相同）。教师将事先拍好的三个图形出示在黑板上，指定某名学生说一说自己看到的是哪一个，再同组互相讨论。同组顺时针调换位置，让学生感受到不同的位置看到的长方体的形状是不同的。

分组观察圆柱体。知道上下两个面是一样大的圆形，从而明白有的物体从不同的角度看形状是相同的。

集体观察球体。知道从自己的角度看是圆形的，然后教师不停地改变球的位置与方向，发现无论从哪个角度观察，看到的球都是圆形的。教师总结从不同位置观察到同一物体的形状可能是不同的，强调“可能”一词的必要性。

六、观察物体（二）

1. 课标要求

《义务教育数学课程标准（2022 年版）》在第二学段“学段目标”中提出：在感受图形的位置过程中，形成空间观念和初步的几何直观。

《义务教育数学课程标准（2022 年版）》在第二学段“课程内容”中提出：在感受图形的位置过程中，形成空间观念。

2. 教材分析

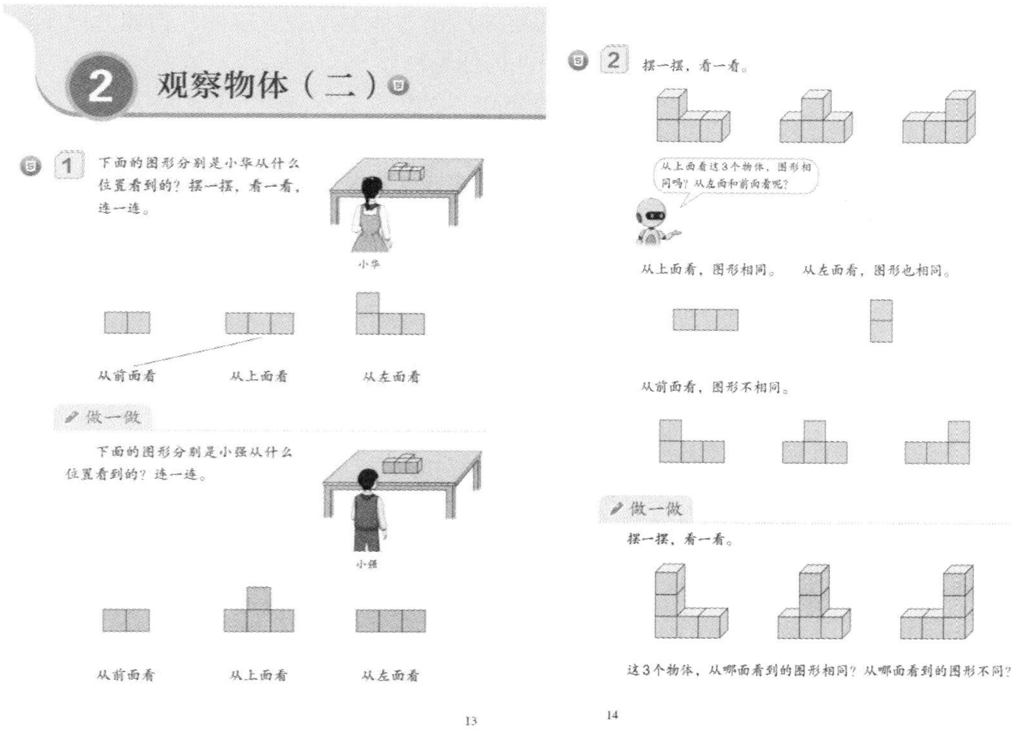

图 4.4-13　四年级下册第二单元

教材包含两个内容：例 1 教学从 3 个不同的位置观察同一个几何组合体，这一内容是从实验教材五年级上册移过来的。例 2 教学从 3 个位置观察 3 个不同的几何组合体，这是新编的内容。这些内容都是后续学习的基础，并且对于帮助学生形成空间观念、培养学生的空间想象力和思维能力有重要的作用。

3. 教学建议

“观察物体（二）”是在第一学段学习了从不同角度观察实物、几何体的基础上学习的、主要内容有辨认从不同的位置观察到的几何组合体的形状；从同一位置观察不同的几何组合体。这些内容都是进一步学习的基础，对于培养学生的空间想象力和推理能力有重要的作用。

（1）从不同位置观察一个用正方体搭成的几何组合体的形状。

放手让学生动手拼搭，生成观察资源。教学例 1 时，请学生用 4 个正方体拼搭出不同的几何组合体并进行充分的观察，通过分组活动，进行全员观察。

引导学生从立体图形中抽象出平面图形。让学生以小组为单位，从不同方向观察拼搭的几何体。如例 1，让学生依次从前面、上面、左面认真看一看，还可以用手摸摸提问到的面：说一说看到的面的形状；闭眼想一想看到的图形是什么样；动手画出从不同方位看到的图形（可以是草图）并与伙伴交流，通过看→想→画帮助学生建立各个不同方向看到的形状表象。

通过比较，丰富认识。例 1 与“做一做”的几何体不同，但从正面、左面观察看到的形状一样。因此，可以从两个方面进行对比，让学生初步体会到从同一方向观察不同的几何体，看到的形状可能相同。

（2）从同一位置观察用正方体搭成的 3 个几何体的形状。

发挥学生的主体作用。教学时，可请学生按要求用正方体摆出要观察的几何体，以小组为单位进行观察，还可以画出从各方向看到的每个几何体的形状。

认真组织比较和交流活动。让学生在观察的基础上，交流从不同方向观察各几何体得到的形状，并归纳出从哪个方向看到的形状是相同的，是什么样子的图形；从哪个方向看到的图形是不同的，各是什么样子的。帮助学生形成观察得到的形状表象，切实认识到从同一方向观察不同的几何体，看到的形状可能相同，也可能不同。

七、观察物体（三）

1. 课标要求

《义务教育数学课程标准（2022 版）》第三学段“学段目标”中提出：在感受图形的位置过程中，形成量感、几何直观、空间观念。

《义务教育数学课程标准（2022 版）》第三学段“课程内容”中提出：在辨认从不同方向（前面、侧面、上面）看到的物体的形状图过程中，形成空间观念。

2. 教材分析

在学习内容之前，学生已学习了从不同角度观察实物和单个立体图形以及几何组合体，在此基础上，后面将进一步学习依据从一个或多个方向观察到的图形拼搭出相应的几何组合体，即根据平面图形还原立体图形，包括用给出的一个或三个方向观察到的图形拼搭出相应的几何组合体。

例 1 是教学根据从一个方向看到的形状图，用给定数量的小正方体摆出相应的几何组合体。教材一方面通过让学生动手操作实现从平面图形到立体图形的转化；另一方面让学生体会只根据一个方位看到的形状图，摆出不同的几何组合体。同时，在增加小正方体数量的摆法中，进一步体会并发现其中的规律，也就是保证从正面看有 3 个小正方形，为后面进一步学习进行铺垫。

例 2 是教学根据给出的从三个方向看到的形状图，用小正方体摆出相应的几何组合体。

有了例 1 的活动经验，这里可放手让学生自主探索，学生可以有不同的尝试方法。例如：根据从一个方向看到的图形进行摆放，再根据其他两个方向进行调整。也可以借助表象直接尝试摆出一个立体图形，再验证和调整。通过交流，学生体会到最终的摆法都是一样的。

需要注意的是，教材所有要摆的立体图形都是组合的小正方体，它们中间是没有分开的，并且都是边对边地拼摆，不涉及错开的情形。如果学生出现分开摆放的情况，可适当说明。另外，根据三个方向看到的形状图还原该立体组合，有时候摆法也不是唯一的。

此部分教学重、难点是根据看的形状图按要求摆出几何组合体。

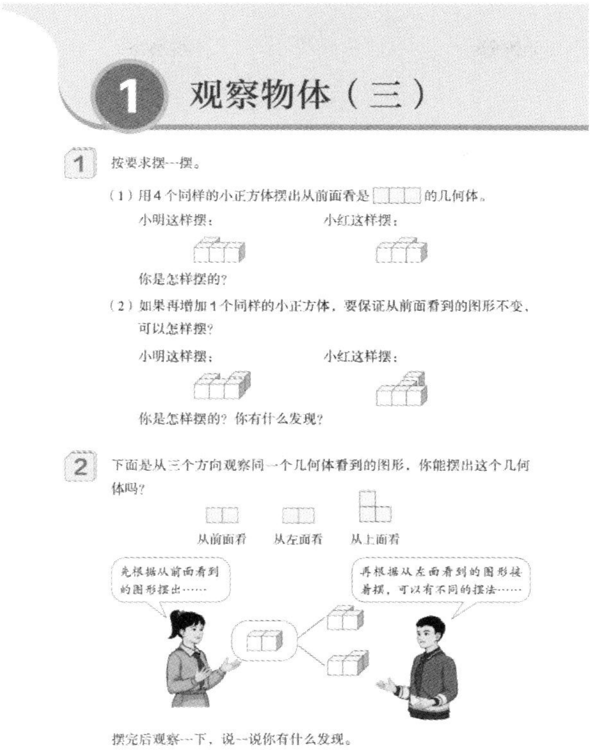
1 观察物体（三）

1 按要求摆一摆。

（1）用4个同样的小正方体摆出从前面看是 的几何体。

小明这样摆：　小红这样摆：

你是怎样摆的？

（2）如果再增加1个同样的小正方体，要保证从前面看到的图形不变，可以怎样摆？

小明这样摆：　小红这样摆：

你是怎样摆的？你有什么发现？

2 下面是从三个方向观察同一个几何体看到的图形，你能摆出这个几何体吗？

从前面看　从左面看　从上面看

先根据从前面看到的图形摆出……

再根据从左面看到的图形接着摆，可以有不同的摆法……

摆完后观察一下，说一说你有什么发现。

图 4.4-14　五年级下册第一单元

3. 教学建议

（1）培养空间想象力，发展空间观念。

从二维到三维空间的转化，必须借助学生空间想象力和动手操作。因此，如何发展学生的空间想象力成为教学的重中之中，也成为教学能否取得成效的关键点。教学时，应提供丰富的学具（小正方体），帮助学生从直观观察立体图形，头脑中建立表象，到最终能够根据直观立体图形进行想象，进而分辨不同方向观察立体图形得到的形状图，为从二维到三维空间的转换打下坚实的直观表象基础。例如，在例 1 教学的操作探索中，可及时引导学生交流，分享经验，充分经历“猜一猜：至少需要几块小正方体？有四块小正方体，可以怎么放？”“搭一搭：呈现各自拼搭的直观立体图”“辨一辨：它们搭的立体图从正面看都是三个小正方形吗？每个立体图形都用上了四块小正方体吗？”“想一想：从正面看每个立体图，看到的都是三个小正方形吗？根据这些你现在能想到哪些组合立体图？”等类似的活动，帮助学生积累丰富的活动经验，为更好地完成后面的探索奠定坚实的基础。

（2）引导学生充分参与观察、操作过程，充分进行活动与交流。

心理学家认为：“智慧出在手指尖上。”《荀子・儒效篇》中有这样的记录：“不闻不若闻之，闻之不若见之，见之不若知之，知之不若行之。”教学中，应创设适应学生认知需要的操作活动，引导学生开展观察、操作、想象、推理等活动，促进学生空间观念的发展。因此，无论是在新课探索、验证阶段，还是在练习巩固中，教师要始终把学生放在第一位，使每名学生积极主动地参与学习活动，力求在各个环节上体现“想象”，即观察中想象、操作中想象、应用中想象，让学生在活动中不断经历认知错觉与真实图形之间的矛盾冲突，经历不断“自我否定”的过程，从而帮助学生建立起三维立体图形与二维平面图形之间的联系，促进数学知识的理解，发展空间观念。

（3）注重方法的引导与交流，切实提高课堂实效。

奥苏贝尔认为：“有意义学习过程的实质，就是符号所代表的新知识与学习者认知结构中已有的适当观念建立非人为的和实质性的联系。”学生在日常生活和学习中积累起来的经验是学习新事物的基础，此时，教学时教师需精心组织教学，充分注重方法的引导与交流，在师生共同的学习探讨中相互取长补短，相互促进，在学生已有的经验方法与所学知识之间搭建桥梁，促进学生理解和掌握新知，以实现真正“有意义”的学习。例如，教学例 2 时，适时回忆例 1 学习的经验，或者通过立体图形与相应平面图形的连线练习，然后充分借助学生的空间想象和动手操作，引导学生看立体图（或平面图）想象相应的平面图（或立体图）等，为学习例 2 做好充分的认知准备。在此基础上，组织展开交流不同的思考方法：一是先根据一个方向看到的图形摆放，再根据其他两个方向进行调整；另一种是借助表象尝试摆出一个立体图形，再验证和调整。学生在经历各自的表述与辨析中，思维得到了升华，方法得到了掌握。进一步，学生明晰无论按什么方法摆，最后的结果虽都是一样的，但方法还是有优劣之分的，从而体会最终的摆法。

第五章　统计与概率内容分析与教学建议

【本章知识结构图】

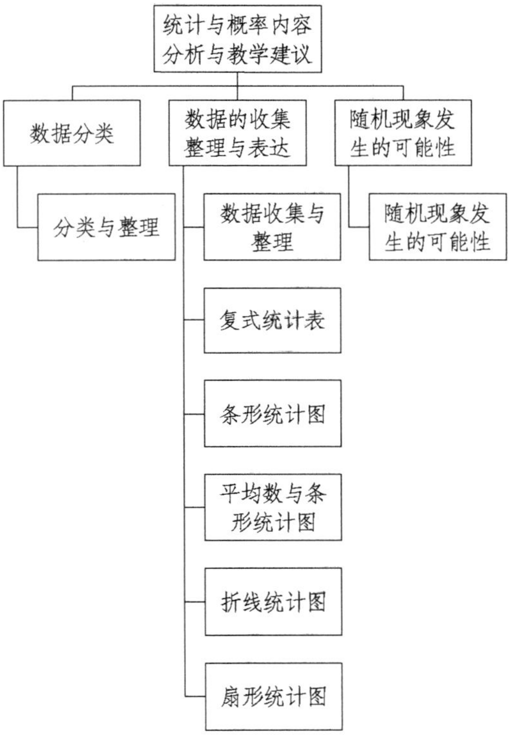

统计与概率是义务教育阶段数学学习的重要领域之一，在小学阶段包括“数据分类、数据的收集整理与表达、随机现象发生的可能性”三个主题。这些内容分布在三个学段，由浅入深，相互联系。学生在学习过程中，了解统计与概率的基础知识，感悟数据分析的过程，形成数据意识。

第一节　数据分类与整理

“数据分类”的本质是根据信息对事物进行分类。学生经历从事物分类到数据分类的过程，感悟如何根据事物的不同属性确定标准，依据标准区分事物，形成不同的类。在学习统计图表时，学生将进一步认识数据的分类，从中感悟对事物共性的抽象过程，不仅为统计学习，也为数学学习奠定基础。

1. 课标要求

《课程标准（2022 年版）》第一学段“学段目标”中提出：经历从事物分类到数据分类的过程，感悟如何根据事物的不同属性确定标准，形成初步的量感和应用意识。

《课程标准（2022 年版）》第一学段“课程内容”中提出：会对物体、图形或数据进行分类，初步了解分类与分类标准的关系，形成初步的数据意识。

2. 教材分析

图 5.1-1　一年级下册第三单元

例 1 将分类的教学与计数（统计）紧密地结合在一起，由解决简单而又熟悉的实际问题“有这么多气球，可以怎样分类呢”引入，在给出了具体的解决问题的过程后再分析计数的结果，解决一些简单的问题，体现了分类与统计的密切联系，既让学生体会到了分类的含义、方法及目的，又使学生完整地体验到了统计的全过程。情境图和机器人聪聪的话揭示了分类的含义，同时给出了分类的标准（不同的形状），更重要的是揭示了分类的目的——计数，从而体现出分类是收集、整理、描述数据的基础。例 1 呈现了 3 种分类计数的方法：一是先分类再计数；二是边分边数同时画象形统计图；三是以图文结合的方式呈现分类结果（类似于统计表）。虽然这里的呈现形式是多样的，但计数的结果是相同的，体现了分类结果在单一标准下的一致性。在分类计数后，让学生对计数结果进行简单的分析，体现了完整的统计过程。教材最后提出“还可以怎样分”的问题，让学生自选标准分类计数，渗透不同标准下分类结果的多样性，同时起到了“做一做”的巩固作用。

教材通过这样的编排，将分类与统计紧密地结合在了一起，强调在分类的基础上收集、整理并呈现分类的结果（收集到的数据），突出分类是收集、整理、描述数据的基础，同时也将统计工作中最基础、最重要的一环——收集、整理数据简单地渗透给了学生。

例 2 同样将分类与统计结合起来编排，突出分类与统计的密切关系。统计过程本身就是一个解决问题的过程，教材在编排上注重体现了这一点，让学生体会用统计解决问题的全过程。

例 2 从做游戏分组的问题“分两组做游戏，他们可以怎么分组呢”出发，让学生自选标准分组（分类），并将分类的结果整理在简单的统计表中，让学生经历完整的解决问题与分类统计的过程。由于学生已经理解了分类的含义，学会了分类的方法，例 2 只提示了两个分类的标准，重点是让学生认识并理解简单的统计表，并会用简单的统计表呈现分类的结果，同时使学生看到，分类标准不同，分类的结果也不同，从而体会不同分类标准下分类结果的多样性。这里的“统计表”是非常简单的、非正规的，它是在例 1 中所呈现的第三种方法的基础上画上线以后得出来的，表头并不完整。教学时要注意把握“度”。“做一做”是让学生自选标准把全班同学分成两组（两类），并将分类的结果整理在简单的统计表中，从而巩固所学内容。

3. 教学建议

（1）让学生根据给定的标准进行分类，并经历简单的数据整理过程，能够用文字、图画、表格等呈现分类的结果。

在“按不同的形状分一分”时，教师要组织学生进行充分的探究和交流，使学生充分体验分类。对气球分类计数结果的呈现是学生通过自由探索而得出来的，学生呈现分类计数结果的方式或多于教材上列举出来的，只要学生的呈现方式能体现分类的结果，教师应给予肯定。“还可以怎样分”也应该让学生充分地、自由地去进行探究，从而使学生经历完整的分类和收集、整理、描述数据的过程，为后面的统计教学积累基本的数学活动经验。

（2）让学生体验分类结果在单一标准下的一致性和不同标准下的多样性。

在学生根据自选标准进行分类的探究活动之后，教师要结合学生呈现的分类计数结果组织学生进行讨论、对比。一是针对不同的分类标准进行对比，教师可以展示依据不同分类标准分类后所呈现的分类结果，并引导学生就“同样是这些人，为什么分类结果不同”进行讨论；二是针对相同分类标准进行对比，教师同样可以展示依据同一分类标准分类后所呈现的分类结果，并引导学生就“为什么他们分类结果相同呢”展开讨论。教师还可以引导学生就“按不同的标准分类，结果有没有相同的地方”讨论，让学生在对比中体会到：分类标准一致，分类的结果就一致；不同分类标准，分类结果多样。虽然分类标准不同，分类结果就不同，但在每一种分类标准下划分的结果数据加起来总数是一样的。

（3）让学生根据自己选定的标准进行分类，并经历简单的数据整理过程，会用简单统计表呈现分类的结果。

为学生提供充分开展数学活动和交流的时间和空间，提供充分的“分”的机会，使学生充分体验“分类”，经历数据收集和整理的全过程。不应将数据直接提供给学生。要重视学生的经验和体验，紧密结合学生的日常生活组织分类活动，如整理书包、整理自己的房间，让学生感受分类在生活中的作用——使生活变得整洁、方便，从而养成良好的生活习惯，建立分类思想。在结合生活实际分类时，要注意突出分类的实际意义。在分类过程中，标准可有多个，具体选择哪个标准，应引导学生理解分类的实际需要是什么，再根据实际需要选择标准。还可以多设置一些与数学相关的分类活动，如立体、平面图形等，让学生体会分类的作用。

引导学生经历利用简单统计表呈现分类结果的生成过程。在学生自选标准进行分类并用自己的方式呈现分类结果的基础上，有选择地利用学生中出现的用文字呈现分类结果的方式（例 1 的第三种呈现方式），给该方式加上线，把单位统一写在前面，从而变成简单的统计表。通过让学生经历简单的统计表的生成过程，使学生感受用它记录分类结果的优势，即简单、清楚。

第二节　数据的收集、整理与表达

数据的收集、整理与表达包括数据的收集，用统计图表、平均数、百分数表达数据。在学习过程中，让学生初步感受现实生活中存在大量数据，其中蕴含着有价值的信息。利用统计图表和统计量可以呈现和刻画这些信息，形成初步的数据意识。

一、数据收集与整理

1. 课标要求

《课程标准（2022 年版）》在第一学段“学段目标”中提出：初步感受现实生活中存在大量数据，利用统计图和统计量呈现和刻画信息，形成初步的数据意识。

《课程标准（2022 年版）》在第一学段“课程内容”中提出：通过对数据的简单分析，感受数据蕴含着信息，感知事物的共性与差异，形成初步的数据意识。

2. 教材分析

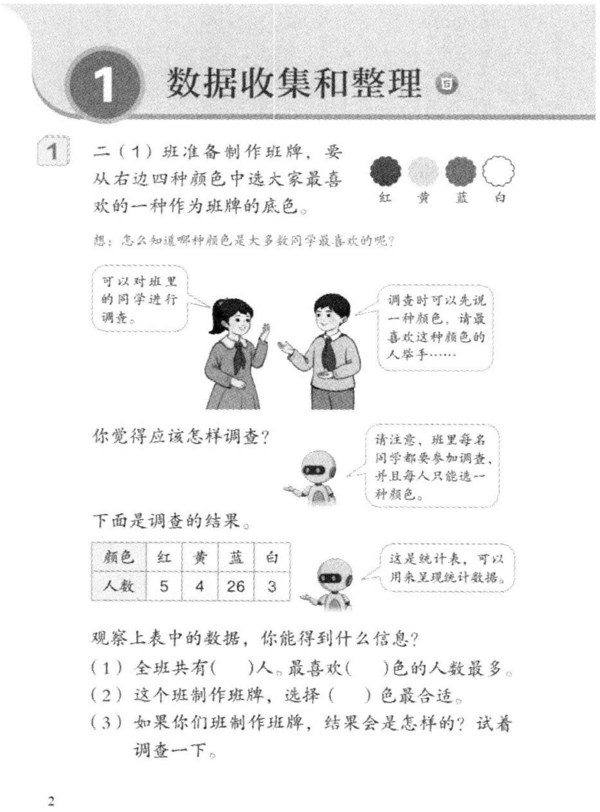

1 数据收集和整理

1 二（1）班准备制作班牌，要从右边四种颜色中选大家最喜欢的一种作为班牌的底色。

红　黄　蓝　白

想：怎么知道哪种颜色是大多数同学最喜欢的呢？

可以对班里的同学进行调查。

调查时可以先说一种颜色，请最喜欢这种颜色的人举手……

你觉得应该怎样调查？

请注意，班里每名同学都要参加调查，并且每人只能选一种颜色。

下面是调查的结果。

颜色	红	黄	蓝	白
人数	5	4	26	3

这是统计表，可以用来呈现统计数据。

观察上表中的数据，你能得到什么信息？

（1）全班共有（　）人。最喜欢（　）色的人数最多。

（2）这个班制作班牌，选择（　）色最合适。

（3）如果你们班制作班牌，结果会是怎样的？试着调查一下。

2

图 5.2-1　二年级下册第一单元

例 1 从学生生活中的实际问题引入，创设了班牌选颜色的情景，引出“选哪种颜色合适？”这一问题。然后做出判断：应该选大多数同学最喜欢的颜色。接着出示“怎么知道哪种颜色是大多数同学最喜欢的呢？”这一需要解决的问题，从而引发学生思考，引入新知的学习。教材中首先出现了两个孩子正在针对“怎么知道哪种颜色是大多数同学最喜欢的呢？”这个问题进行研讨，情境图中学生的对话揭示了解决问题的方案——调查（统计）。第一次对话，一个学生说：“可以在全校进行调查。”另一学生说：“全校学生那么多，怎样调查呢？哦，可以先在班里调查。”这里不仅确立了调查的对象，而且渗透了抽样的思想。第二次对话，一个学生说在班里用举手的方式进行调查，另一个学生说可以用其他的方式进行调查。对话中展示了调查的方式（举手、投票等），以开放的方式体现了对学生其他调查方法的尊重。还有一名老师正在让学生用举手的方法收集数据，并提示应注意的事项：每人只能举一次手（即只能选一种颜色或不能重复计数）。图下有一个统计表，表明了呈现数据的方式。教材呈现了三个问题，让学生对调查所得的数据进行分析，体会数据中蕴含的信息，进而判断是否能解决问题。如第（3）题，某班学生最喜欢的颜色，不宜代表全校学生最喜欢的颜色。为了解决问题，可调整方案，如每个年级随便选一个班调查，或调查全校学生等。

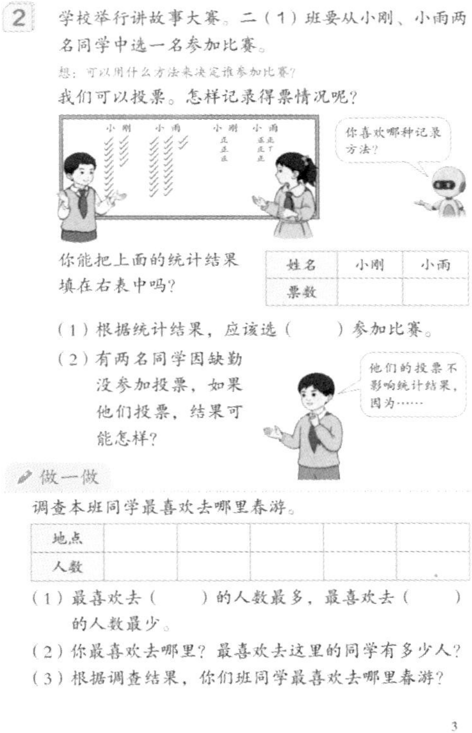
2　学校举行讲故事大赛。二（1）班要从小刚、小雨两名同学中选一名参加比赛。

想：可以用什么方法来决定谁参加比赛？

我们可以投票。怎样记录得票情况呢？

你能把上面的统计结果填在右表中吗？

姓名	小刚	小雨
票数		

（1）根据统计结果，应该选（　　）参加比赛。

（2）有两名同学因缺勤没参加投票，如果他们投票，结果可能怎样？

做一做

调查本班同学最喜欢去哪里春游。

地点					
人数					

（1）最喜欢去（　　）的人数最多，最喜欢去（　　）的人数最少。

（2）你最喜欢去哪里？最喜欢去这里的同学有多少人？

（3）根据调查结果，你们班同学最喜欢去哪里春游？

3

图 5.2-2　二年级下册第一单元

例 2 是从实际问题出发，通过投票调查的方式进行统计。创设“学校要举办讲故事大赛。我们班要从小刚和小雨这两位同学中选一位参加比赛”这样的情境，提出问题：想一想应该怎样选好呢？之后师生共同讨论出“投票”选举的方法。怎样统计选票数呢？教材编排了三个步骤：

（1）记录数据活动。呈现记录数据的方法。引导学生亲身体验记录数据方法的多样性。学生发表各种统计数据的方法，如画“√”或“○”，写“正”字等。比一比哪种记录方法好。

（2）优化方法。呈现记录数据方法后，突出写“正”字方法的好处——简便易数。整理和呈现数据，进行简单的数据分析。小组合作，交流讨论，共同探讨出用写“正”字方法记录数据的好处。根据统计表，进行简单的数据分析，并体会到：当两人得票结果相差较大时，少数数据的缺失并不太能影响统计结果。这里是运用学到的知识解决实际问题。

（3）做一做。通过对周围现实生活中有关事例的调查，收集数据，用最简单、最基础的方法记录、整理和呈现数据，再次体会用写“正”字方法记录数据的好处，并对数据进行简单的分析，回答问题。同时激发学生学习的兴趣，使其感受到数学应用的价值。师生进行数据收集、记录和整理，并填写表格及回答问题。教学建议：学习记录数据的方法，体会用“正”字记录数据的优点。

3. 教学建议

（1）挖掘情境内涵，理解“选择校服”的本质。

教学这部分内容时，教师首先要创设定校服的情境，在叙述情境的过程中出示例 1 红、黄、蓝、白四种颜色，然后提问：“选哪种颜色合适？”回答这个问题时，要让学生充分进入情境，真正参与进来。

首先让学生自己观察、思考、交流。在交流中，可能大部分学生会选自己喜欢的颜色，因此答案五花八门。然后教师要注意引导学生：刚才同学们是针对自己喜欢的颜色来确定校服的。谁来说一说什么是校服？从而引发学生思考、讨论。最后使学生明确校服的颜色不是以个人的观点为主的，它需要统筹大家的意见，使学生明白，最合理的是选择大部分同学都喜欢的颜色。到底是什么颜色呢？这就需要确定 4 种颜色中哪种颜色是大多数学生最喜欢的，引出用统计解决问题的方法，既体现了统计的必要，也体现了统计的作用与价值，同时引发下一个研讨内容。

（2）抓住问题冲突，引出收集信息的方法。

教材解决问题的方法是抽样调查法，调查法是学生首次运用，学生没有这部分知识经验。因此在教学时先通过小组研讨制定解决问题的方案，然后全班交流，教师适时引导，从而制定好调查计划。从研讨到制定计划，教师要注意倾听学生的发言，在顺应学生思维的前提下，引导学生总结解决问题的方法，即调查法。比如：当学生知道校服的颜色不是以个人的观点为主的，它需要统筹大家的意见后，教师可引导学生思考：如何听取大家的意见呢？学生的意见可能很多，预设的答案可能包括：在学校门口挨个询问，打电话询问，听老师的……

当出现这么多答案时，教师不要立刻回答。而是把多种方法都呈现给孩子，让他们针对这些方法进行讨论，指出不足并提出修改的方案。在这样的前提下，教师抓住学生的一些有用信息进行引导：全校人数太多不好操作，我们可以划分成班级来统计，然后根据各班级同学的想法来确定校服颜色。这样，虽然抽样调查这一术语学生说不出，但是他们会用自己的语言来描述，即先调查人数少的同学的意见，再慢慢到人数多的同学的意见，从而把这种方法具体形象地让学生理解。

在学生懂得调查班级同学的意见后，会思考用什么方式来记录选不同颜色的人数。一般的方法有举手、起立、投票等。让学生充分地想、说。可以引导学生多说几种方式，使其体会到调查方式的多样化。在认同这些方法后想一想：哪种方法又快又准确？让学生明白数据少，可采用举手的方式收集数据，比较方便。教师注意提示学生应注意的事项：每人只能举一次手（即只能选一种颜色或不能重复计数）。

（3）学生亲身实践，完善统计表。

统计数据时，可以师生共同统计一种颜色的人数，以此作为样子。然后让一名学生充当教师角色来统计，其余学生充当验证官，一是再次验证数据的正确否，同时也是让全员参与统计数据的过程。统计后，可以让学生用语言描述统计数据、方法的大体过程。其目的是让学生对此方法有完整的认知。

（4）帮助学生体会统计的价值。

在用统计表整理、呈现数据后，引导学生根据统计的数据多说自己的发现，并进行简单的数据分析，解决实际问题。在解决“有两位同学缺勤没能参加投票，如果他们也投了票，结果可能会怎样？”这一问题时，教师注意引导，学生思考不同的情况，生生互动，互相补充，引导学生把三种可能（两票都投给小刚；两票投给小刚和小雨各一票；两票都投给小雨）都呈现出来，并得出“这两票无论给谁都不会影响小雨参赛的结果，因为小雨比小刚多 7 票”的结论，这样学生们就能很自然地理解：当两人得票结果相差较大时，少数数据的缺失并不太能影响统计结果，使学生体会到统计数据的意义。

二、复式统计表

1. 课标要求

《义务教育数学课程标准（2022 年版）》第二学段“学段目标”中提出：经历简单的数据收集过程，了解数据收集、整理和呈现的简单方法，理解平均数的意义，会用平均数解决问题，形成初步的数据意识。

《义务教育数学课程标准（2022 年版）》第二学段“课程内容”中提出：经历简单的数据收集和整理、描述和分析的过程，了解简单的数据收集方法，会呈现数据整理的结果，形成初步的数据意识和应用意识。

2. 教材分析

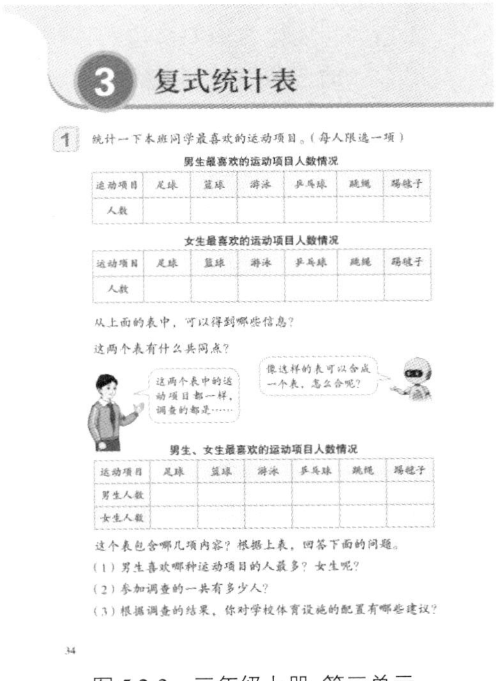

3 复式统计表

1 统计一下本班同学最喜欢的运动项目。（每人限选一项）

男生最喜欢的运动项目人数情况

运动项目	足球	篮球	游泳	乒乓球	跳绳	踢毽子
人数						

女生最喜欢的运动项目人数情况

运动项目	足球	篮球	游泳	乒乓球	跳绳	踢毽子
人数						

从上面的表中，可以得到哪些信息？

这两个表有什么共同点？

这两个表中的运动项目都一样，调查的都是……

像这样的表可以合成一个表，怎么合呢？

男生、女生最喜欢的运动项目人数情况

运动项目	足球	篮球	游泳	乒乓球	跳绳	踢毽子
男生人数						
女生人数						

这个表包含哪几项内容？根据上表，回答下面的问题。

（1）男生喜欢哪种运动项目的人最多？女生呢？

（2）参加调查的一共有多少人？

（3）根据调查的结果，你对学校体育设施的配置有哪些建议？

34

图 5.2-3　三年级上册 第三单元

例 1 首先提出活动任务是“调查班级同学最喜欢的活动”，需要进行调查，获取数据。接着让学生用以前学习过的知识（单式统计表）来呈现数据，讨论两个统计表的共同点，发现还有更简洁的形式——合成一个表，形成复式统计表。最后通过回答问题，让学生感受复式统计表的优越性——表中包含的信息内涵更丰富，可直接看出男、女每一项活动喜欢的人数，更便于比较，并可从不同角度去解读和分析问题。

此部分教学重点是认识复式统计表的结构，会填写复式统计表，并对复式统计表作简单的分析；教学难点是提高学生收集、学习数据的能力。

3. 教学建议

（1）结合情境，充分借助学生的学习经验进行比较，从而加深对复式统计表的理解。

例 1 的教学是建立在二年级下册单式统计表学习基础上的，教学中应放手让学生自己开展统计，单式统计表完成后，可让学生观察比较两个单式统计表，找出其共同点，通过讨论发现可以用更简洁的形式来表达。接着提出合并表格的任务，明确解决问题的方向。让学生自主“创造”出功能更强的复式统计表。

（2）教师要注重对复式统计表的格式进行解读。

合并出复式统计表后，可提问“这个表包含哪几项内容”等，引导学生对复式统计表的格式进行解读。复式统计表中横栏、纵栏内容，学生不难看懂，但分栏格（表头）是学生第一次看到，需要教师讲清含义。

（3）教学中注重学生数据解读能力的培养。

讲解过程中注意引导学生根据表格的结构有序地阅读信息。鼓励学生说说从复式统计表中可发现哪些有价值的信息，可解决哪些有意义的问题。尤其是能否通过数据表面，得到更深层次的信息。鼓励学生发表基于数据的、有独特思考的观点，有利于学生数据解读能力的培养。

（4）加强数学知识与现实生活的联系，关注学生的生活经验。

教材所选取的素材都是学生熟悉的、发生在他们身边的事例。教师在教学中应充分利用课本的例题及习题，让学生采取分工合作的方式参与数据收集、整理、分析的全过程。这样不仅有效地激发了学生的学习兴趣，培养了学生的统计意识和能力，还有利于提升学生的合作意识和实践能力。

三、条形统计图

1. 课标要求

《义务教育数学课程标准（2022 年版）》在第二学段“学段目标”中提出：经历数据的收集、整理和分析的过程，掌握一些简单的数据处理技能；进一步认识到数据中蕴含着信息，发展数据分析观念。

《义务教育数学课程标准（2022 年版）》在第二学段“课程内容”中提出：经历简单的收集、整理、描述和分析数据的过程（可使用计算器），认识条形统计图，直观且有效的表示数据，能解释统计结果，根据结果做出简单的判断和预测，并能进行交流。

2. 教材分析

例 3 是集中认识条形统计图。通过第一段的学习，学生已经会用简单的方式来描述数据了。教材利用学生已有的知识经验来引入新知的教学。如教学条形图时，教材先让学生把给出的某个月的天气情况清楚地表示出来。由此呈现学生的表示方式：统计表、画圆圈的象形图，在此基础上给出条形图，通过条形图与象形图的对比，感受条形图的特点及优势。通过条形图与统计表的对比，体会各自不同的特点。

例 1 认识 1 格表示 1 个单位的条形统计图，例 2 认识 1 格表示 2 个单位的条形统计图，例 3 认识 1 格表示 5 个单位或多个单位的条形统计图。教材的例题在选材上都注意了生活现实，一是学习生活现实，二是日常生活现实；在呈现方式上都采用了表、图结合，统计表提供统计数据，统计图反映其直观优势；在引导学生学习方式上，都通过对话框的形式，引导学生经历为什么要用条形统计图表示数量、条形统计图的特点以及如何制作统计图；怎样用 1 格表示 1 个单位的数量，为什么用 1 格表示多个单位，怎样确定 1 格表示多少个单位等。例 1 侧重于由象形统计图过渡到条形统计图，使学生初步认识条形统计图（1 格代表 1 个单位）；例 2 突出“以一当二”的条形图及图的必要性及其特点；例 3 除让学生进一步认识用 1 格表示多个单位的条形统计图外，还侧重于展示，当更大的统计数据用条形统计图表示时，1 格表示多个单位的优势显而易见。

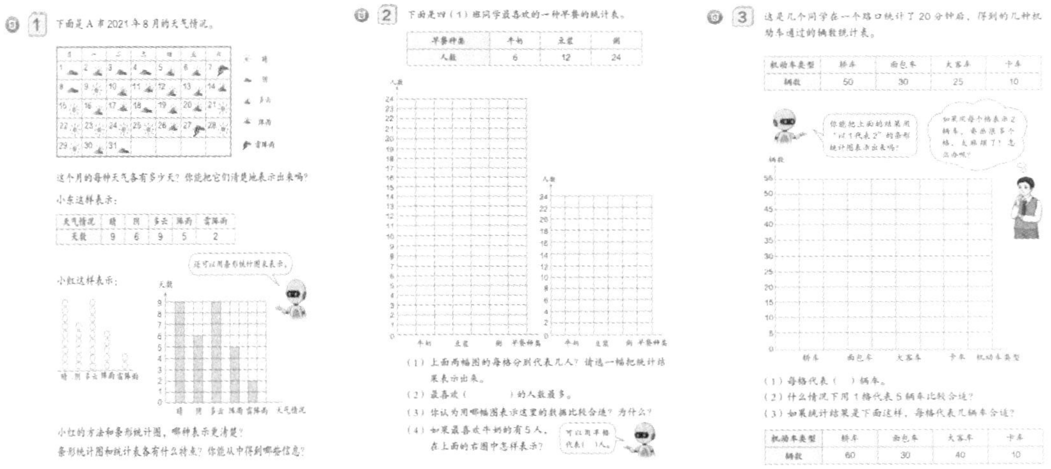

图 5.2-4　四年级上册第七单元

3. 教学建议

（1）利用学生已有的知识和经验学习新的统计知识，体会条形统计图的特点。

教学时，应从两个方面来体现条形统计图的特点：一是与统计表、象形图的对比；二是不同条形图之间的对比。例如，教学例 1 时，通过与统计表、象形图的对比，让学生认识到条形图可以直观清楚看出各类数据的多少。又如，在条形统计图中，1 格是表示 1 个单位还是 2 个、5 个、10 个甚至更多单位，需要根据收集数据的具体大小而定。再如，采用纵向条形图还是横向条形图需要根据实际问题的具体要求来决定：有时为了版面安排的需要，有时为了更准确地描述数据。这样，结合具体实例，让学生在对比中加深对条形统计图特点的认识，学会灵活运用统计知识来分析问题、解决问题。

（2）鼓励学生从统计图本身获取更多有用信息，培养学生的数据分析观念。

统计的核心是数据分析，教学中应鼓励学生从数据中提取尽可能多的有效信息。学生对数据的读取可分为三个层次：① 数据本身的读取，包括用能够得到的信息来回答具体的问题。这些问题图表中有明显的答案。② 数据之间的读取，包括插入和找到图表中数据的关系，如做比较（比较好、最好、最高、最小等）和对数据进行操作（加、减、乘、除）等。③超越数据本身的读取，包括通过数据来进行推断、预测、推理，并回答具体的问题。教学时，应结合条形统计图呈现数据的特点，引导学生从不同角度提取有用信息，逐步提高学生从统计图中获取数据信息的能力。

数据分析的观念可以从三方面来体现，一是体会数据中蕴涵着信息；二是根据问题的背景选择合适的方法描述；三是通过数据分析体验随机性。条形统计图主要是通过数据的特点，让学生通过探究体会以一代多的必要性。如教学以一代二时，给出一些数据，让学生在1格表示1和以一代二的条形图中选择一个进行表示，切身体会在数据比较大时以一代多的好处。同时通过各种形式的练习，引导学生思考什么情况下以一代一、以一代二或五等，知道以一代几要根据具体数据来确定。同时，在练习中还注意开放性和灵活性，如让学生自选条形图表示数据，确定不同数据在以一代几的条形图中的表示；自选数据确定以一代几表示数据等。

（3）设计贴近学生生活实际的学习活动，让学生感受统计的现实意义。

统计这部分内容涉及的知识背景十分广阔，且与生活实际密切相关。因此，教材的内容应尽量结合学生的生活实际。如让学生统计本班同学的生日在几月份；调查班里同学的睡眠时间；统计班里同学的上学交通方式等。现实生活中的学习素材更易让学生体会统计的意义和作用。同时教材还注重让学生经历数据的收集、整理、描述、分析的过程，使学生在这个过程中既学习到一些简单的统计知识，又初步了解统计的方法。如通过统计学生喜欢什么交通工具、喜欢哪个卡通形象等，了解到大家的兴趣和爱好，使学生体验到统计在现实生活中的作用和价值。

四、平均数与条形统计图

1. 课标要求

《义务教育数学课程标准（2022年版）》在第二学段“学段目标”中提出：理解平均数的意义，会用平均数解决问题，形成初步的数据意识。

《义务教育数学课程标准（2022年版）》在第二学段“课程内容”中提出：认识条形统计图，会用条形统计图合理表示和分析数据，探索平均数的意义，能解决有关的简单实际问题，形成初步的数据意识和应用意识。

2. 教材分析

平均数作为反映一组数据的集中趋势的量数，是统计学中应用最普遍的概念。它既可以描述一组数据本身的总体情况，也可以作为不同组数据比较的一个指标。教材安排了不少让学生理解平均数统计意义的题目，如例1、例2和练习二十二的第2题至第6题。这些题目并不单纯是计算平均数，更多是运用平均数的统计含义来解决问题，帮助学生进一步理解平均数的意义。教学时要注意体现这一点。例如，坐公共汽车时，身高在110厘米以下的儿童可以免票，这里的“110厘米”就是根据某一年龄儿童的平均身高得到的，体现了平均数在制定政策中的作用。又如例2通过将两队的平均成绩进行比较，让学生认识到，在人数不等的情况下，用平均数表示各队的成绩更合适。在统计中，平均数的优点是能充分利用所有数据的信息刻画一组数据的集中趋势，但它也有自身的缺点——容易受极端数据的影响。针对这一缺点，教材在练习二十三第6题以选做题的形式让学生在解决问题中有所体会，进一步丰富学生对平均数特点的认识。

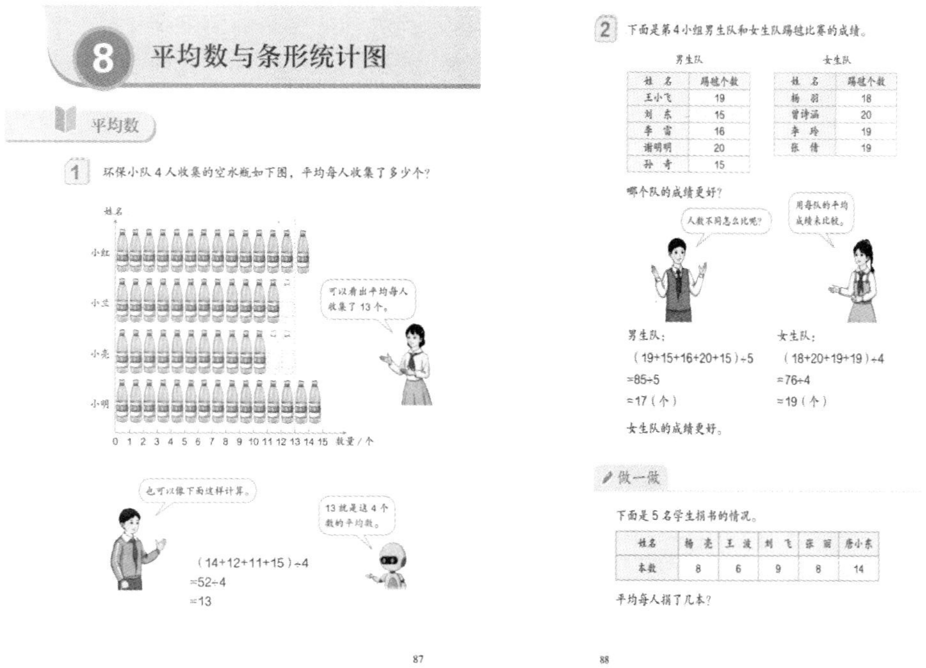

8 平均数与条形统计图

平均数

1 环保小队4人收集的空水瓶如下图，平均每人收集了多少个？

（14+12+11+15）÷4
=52÷4
=13

87

2 下面是第4小组男生队和女生队踢毽比赛的成绩。

男生队

姓名	踢毽个数
王小飞	19
刘东	15
李雷	16
谢明明	20
孙奇	15

女生队

姓名	踢毽个数
杨羽	18
曾诗涵	20
李玲	19
张倩	19

哪个队的成绩更好？

男生队：
（19+15+16+20+15）÷5
=85÷5
=17（个）

女生队：
（18+20+19+19）÷4
=76÷4
=19（个）

女生队的成绩更好。

做一做

下面是5名学生捐书的情况。

姓名	杨亮	王波	刘飞	张丽	唐小东
本数	8	6	9	8	14

平均每人捐了几本？

88

图 5.2-5　四年级下册第八单元

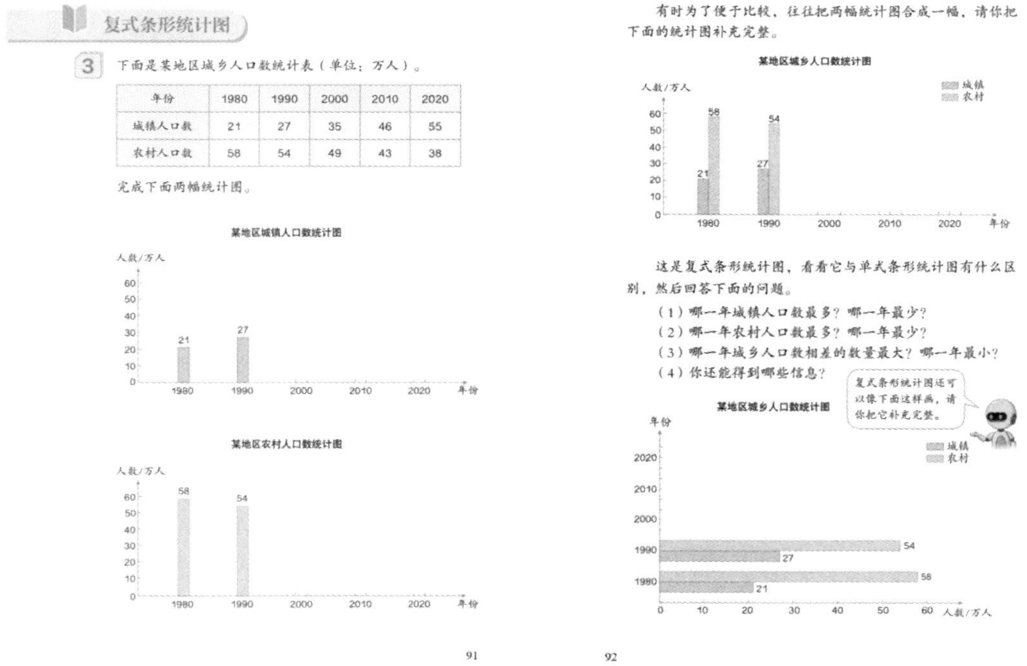

复式条形统计图

3 下面是某地区城乡人口数统计表（单位：万人）。

年份	1980	1990	2000	2010	2020
城镇人口数	21	27	35	46	55
农村人口数	58	54	49	43	38

完成下面两幅统计图。

91

有时为了便于比较，往往把两幅统计图合成一幅，请你把下面的统计图补充完整。

这是复式条形统计图，看看它与单式条形统计图有什么区别，然后回答下面的问题。

（1）哪一年城镇人口数最多？哪一年最少？

（2）哪一年农村人口数最多？哪一年最少？

（3）哪一年城乡人口数相差的数量最大？哪一年最小？

（4）你还能得到哪些信息？

92

图 5.2-6　四年级下册第八单元

学生在第一学段学习了较多单式条形统计图和复式统计表，已经积累了大量统计知识，会看统计图表，并能根据统计图表进行简单的数据分析，所以，教材在编排上本文注意突显复式条形统计图便于直观比较两类事物的特点。例如，例 3 引导学生画出复式条形统计图后，引导学生观察并讨论：“它与单式条形统计图有什么区别，然后回答下面的问题。”接下来，后面的几个问题中进一步凸显复式条形统计图便于比较这一优势，从更高的角度让学生加深对复式条形统计图特点的认识，进一步发展统计观念。此外，教材还在例题和“做一做”中呈现了复式条形统计图的3种画法，帮助学生了解统计图呈现方式的多样性。

3. 教学建议

（1）理解平均数的意义，强化平均数计算的方法。

关注平均数的现实背景和学生已有的生活经验。平均数是统计中的一个重要概念。从现实生活情境出发，自然引出平均数概念，巧妙渗透平均数的含义，让学生初步感知平均数是表示一组数据的一般情况，并不表示一个实际存在的数量，为后面深化学生对平均数意义的理解和把握做好预设。

放手让学生探索平均数的计算方法。求平均数作为一种统计方法，在日常生活中应用很广。在数学教学活动中，教师应激发学生的学习积极性，鼓励学生主动参与观察、估计、验证、推理与交流等数学活动，帮助他们在自主探索和合作交流的过程中自主探索求平均数的方法。这既可以让学生观察教材提供的统计图，直观发现求平均数可以用移多补少的方法，也可以用数据总和平均分成几份的方法。

重视平均数的意义教学。教学时，教师要注意引导学生借助平均分的意义，理解平均数不是指每个学生实际收集到的瓶子数量，而是“相当于”把4个学生收集到的瓶子总数平均分成4份，体会平均数只是一个表示中间状态的抽象数量。

（2）体现复式条形统计图的特点，丰富其呈现形式。

借助已有的学习经验自主探索复式条形统计图的绘制方法。学生在第一学段学习了单式条形统计图和复式统计表，经历了把两个单式统计表合并成一个复式统计表的过程。因此，教学时要注意引导学生在已有的知识和经验的基础上自主探索复式条形统计图的绘制方法，交流复式条形统计图与单式条形统计图的联系与区别，体会复式条形统计图的特点和呈现方式的多样性。

课内外结合，培养学生的应用意识。由于课堂时间的限制，教师很难完整地展现统计调查全过程，教学时可适当地设计一些实践活动，如从报纸、书籍、网络上找到各种形式的复式条形统计图，丰富学生的认知，也可根据学校、班级等开展的各项比赛、活动，调查了解同学们的参与程度、爱好和特长。可将课内外结合起来，培养学生的数学应用意识。

（3）结合实际问题，根据统计图表进行简单的数据分析，进一步体会统计的作用。

选材注意联系实际，提供丰富的实际素材。一方面，应注意联系学生的生活实际，如学生课外小组人数、学生喜欢的运动项目等；另一方面，注意选取与学生关系较密切的社会生活实际，如城乡人口、人均寿命、人均住房面积等，在潜移默化中使学生关心人口、健康和环保等社会问题。

培养学生分析解读数据的能力。把数据分析与解决问题结合在一起，让学生经历“运用数据进行推断”的思考过程，体会统计对于事物发展趋势的判断作用，使学生更好地理解统计在解决问题中的作用，逐步使学生理解在日常生活中为什么要使用统计，进一步体会统计的意义。

五、折线统计图

1. 课标要求

《义务教育数学课程标准（2022年版）》第三学段“学段目标”中提出：经历收集、整理和表达数据的过程，会用折线统计图表达数据，并做出简单的判断，形成数据意义和初步的应用意识。

《义务教育数学课程标准（2022年版）》第三学段“课程内容”中提出：认识折线统计图，

会用折线统计图呈现相关数据，解释所表达的意义，形成初步的数据意识和初步的应用意识。

2. 教材分析

例 1 教学单式折线统计图。“做一做”中的第②题以中国青少年机器人大赛为题材，用统计表给出了 2012—2021 年此项大赛参赛队伍的数据，并用条形统计图呈现出来。通过提问“参赛队伍的数量有怎样的变化？”引出并介绍新的统计图——折线统计图。通过观察两种不同的统计图，体会折线统计图的特点，并引导学生观察折线统计图，发现问题，提出问题并尝试解决问题，体会统计的价值。

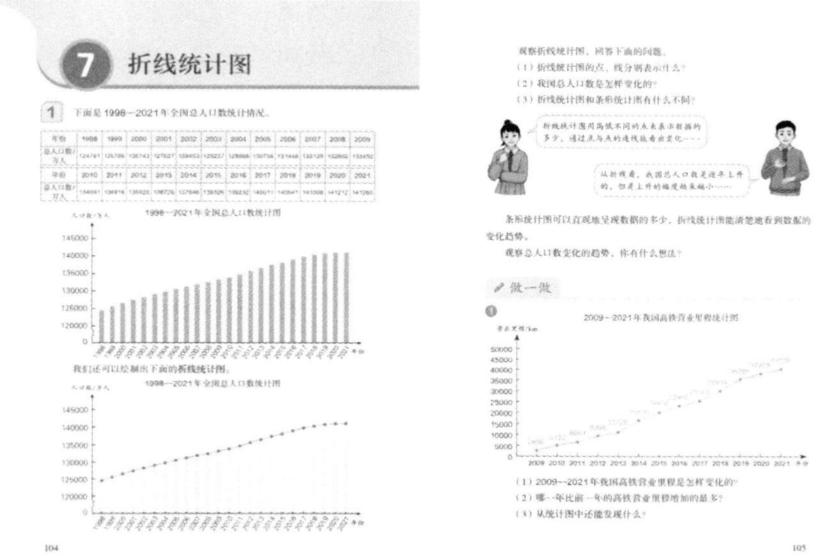

图 5.2-7　五年级下册第七单元

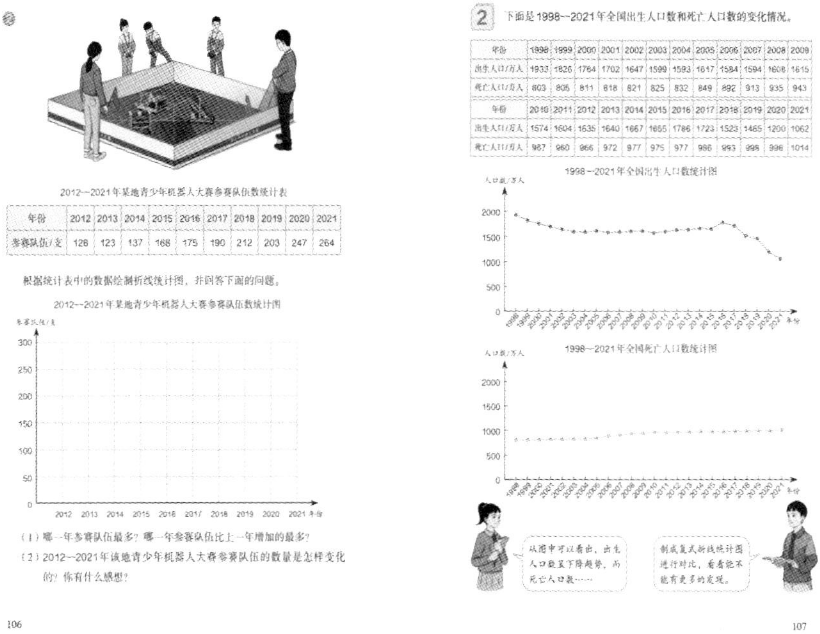

年份	2012	2013	2014	2015	2016	2017	2018	2019	2020	2021
参赛队伍/支	128	123	137	168	175	190	212	203	247	264

年份	1998	1999	2000	2001	2002	2003	2004	2005	2006	2007	2008	2009
出生人口/万人	1933	1826	1764	1702	1647	1599	1593	1617	1584	1594	1608	1615
死亡人口/万人	803	805	811	818	821	825	832	849	892	913	935	943
年份	2010	2011	2012	2013	2014	2015	2016	2017	2018	2019	2020	2021
出生人口/万人	1574	1604	1635	1640	1667	1655	1786	1723	1523	1465	1200	1062
死亡人口/万人	967	960	966	972	977	975	977	986	993	998	996	1014

图 5.2-8　五年级下册第七单元

例 2 教学复式折线统计图。教材用单式统计图分别呈现 1998—2021 年全国的出生人口数和死亡人口数，让学生在比较两组数据的过程中感受到单式折线统计图的局限性，从而产生用复式折线统计图表示数据的需要。通过对复式折线统计图的数据分析，可以看到全国人口自然增长数逐渐减少，说明人口增长缓慢，老龄化现象日趋严重。最后，引导学生分析全国的人口数据，进一步感受全国人口的变化特点，体会统计的实际应用价值。

3. 教学建议

（1）单式折线统计图教学建议。

选取富有现实意义的生活素材，将统计知识与生活紧密联系起来。教材采用青少年机器人大赛参赛队伍的统计数据，使学生感受到科技发展的趋势和影响力。教师也可以选取其他合适的素材（比如一年中月平均气温变化、学校近十年入学人数变化情况等）体现数据变化趋势，使学生感受到统计图的运用相当广泛，作用也非常重要，真切感受到数学就在身边。如此一来，学生才能在和谐、自主的环境中进行探究学习。

注重知识的迁移，充分利用已有的知识经验。先利用条形统计图和统计表表示数据，回顾条形统计图能直观反映数据的多少的特点。教学时，让学生观察条形统计图并思考：参赛队伍有怎样的变化？学生可以从数据的大小或者条形统计图的高低感受数据的变化情况，老师接下来引出并介绍折线统计图。然后，通过对比、观察两种不同的统计图，让学生充分比较和交流，体会折线统计图的特点，在这样的对比过程中，折线统计图的优势凸显。

学生自主探索，从事简单的统计活动。教材将画单式折线统计图的内容编排在了“做一做”栏目中，教师授课时可以放手让学生自主探索，在描点、连线的过程中进一步体会折线统计图能更清晰地反映数据的增减变化情况。接下来继续让学生收集、整理自己的身高数据，收集的过程可以让学生课前完成，绘制成折线统计图后对照陈东的身高数据进行分析比较，还可以对陈东或自己的未来身高进行预测，这样的过程也为复式折线统计图的教学做好了铺垫。

（2）复式折线统计图教学建议。

让学生在依据单式折线统计图对比两组数据的过程中感受使用复式折线统计图的必要性。之前所学的单式折线统计图可以清楚地反映一组数据的变化情况，但在对两组或两组以上的数据进行分析时就不方便了，这样就可以让学生感受到单式折现统计图的局限性，从而体会到引入复式折线统计图的必要性。

绘制复式折线统计图，感受复式折线统计图的特点。引导学生重点讨论：为什么要用不同的颜色区分两条折线？图例的作用是什么？明确绘制复式折线统计图时应注意的问题。在感受复式折线统计图的过程中，可以引导学生结合具体问题讨论，如哪一年出生人口数相差最多？哪一年最少？哪段时间相差比较大？哪段时间相差比较小？学生对照单式折线统计图和复式折线统计图进行回答。教师在此过程中应该起到引领、指导的作用。

在充分解读折线统计图信息的过程中，应培养学生的数据分析观念。统计仅停留在收集、整理和描述数据的层面是不够的，分析数据以及根据分析的结果做出简单的判断和预测更为关键，这对于增强学生的统计观念、发展学生的统计能力是非常重要的。那么在分析数据时，既要注意对显性数据进行分析，又要重视对隐性数据进行挖掘。例如，通过观察例 2 的两条折线，可以明显看到出生人口数、死亡人口数的变化趋势。通过分析出生人口数和死亡人口数之间的关系，将隐性数据挖掘出来，那就是数据之差越来越小，说明人口增长的速度缓慢。

六、扇形统计图

1. 课标要求

《义务教育数学课程标准（2022 年版）》第三学段“学段目标”中提出：会用扇形统计图表达数据，并做出简单的判断，形成数据意识和初步的应用意识。

《义务教育数学课程标准（2022 年版）》第三学段“课程内容”中提出：认识扇形统计图，会用统计图呈现相关数据，解释所表达的意义，探索平均数的意义，形成数据意识和应用意识。

2. 教材分析

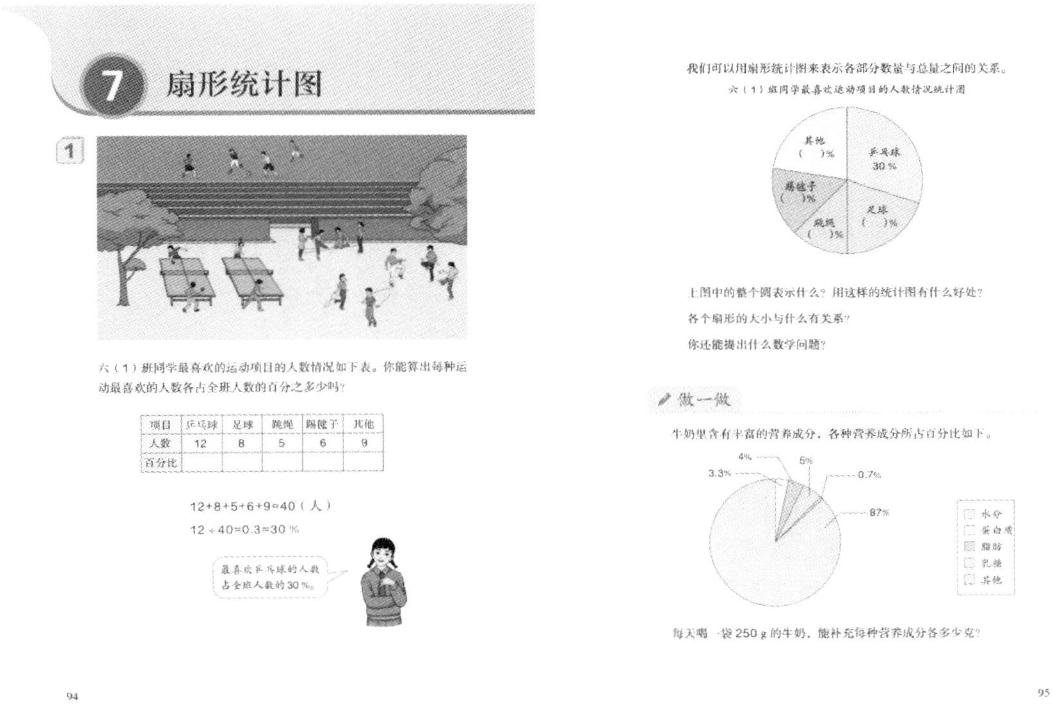
7 扇形统计图

1

六（1）班同学最喜欢的运动项目的人数情况如下表。你能算出每种运动最喜欢的人数各占全班人数的百分之多少吗？

项目	乒乓球	足球	跳绳	踢毽子	其他
人数	12	8	5	6	9
百分比					

12+8+5+6+9=40（人）

12÷40=0.3=30%

94

我们可以用扇形统计图来表示各部分数量与总量之间的关系。

六（1）班同学最喜欢运动项目的人数情况统计图

上图中的整个圆表示什么？用这样的统计图有什么好处？

各个扇形的大小与什么有关系？

你还能提出什么数学问题？

做一做

牛奶里含有丰富的营养成分，各种营养成分所占百分比如下。

每天喝一袋 250 g 的牛奶，能补充每种营养成分各多少克？

95

图 5.2-9　六年级上册第七单元

（1）扇形统计图。

例 1 教学扇形统计图。教材联系学生的生活实际，创设了学生在校园里参加各种体育活动的情境，为引入有关统计数据提供现实背景，并提出对数据的进一步处理要求：你能算出喜欢每种运动的人数各占全班人数的百分之多少吗？以对百分数意义的理解引出扇形统计图的教学。教材让学生将统计表中的数据填入未完成的扇形统计图，让学生经历用面积大小不同的扇形表示各部分数量占总数百分比的过程，初步了解扇形统计图的特点。

在完成了扇形统计图后，通过对三个问题的思考（即“上图中的整个圆表示什么？”“用这样的统计图有什么好处？”“各个扇形的大小与什么有关系？”），进一步引导学生在观察的基础上得出扇形统计图的特点：用扇形可以清楚地表示出喜欢各种运动项目的人数占全班总人数的百分比。例 1 教学只要求能看懂扇形统计图，会解决一些简单的问题，不要求绘制扇形统计图。

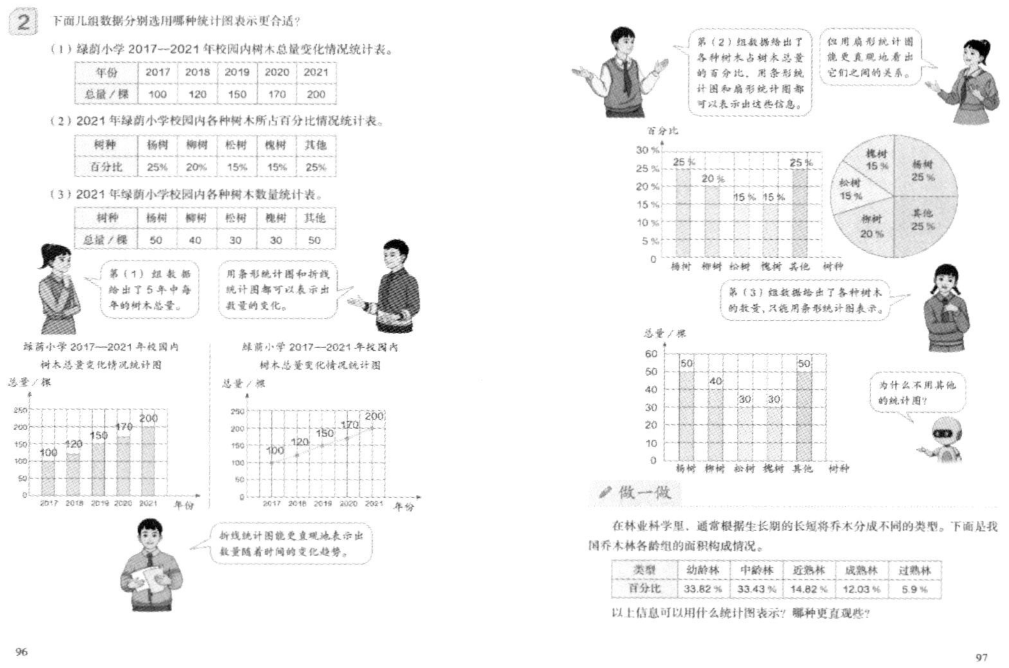
2 下面几组数据分别选用哪种统计图表示更合适？

（1）绿荫小学2017—2021年校园内树木总量变化情况统计表。

年份	2017	2018	2019	2020	2021
总量/棵	100	120	150	170	200

（2）2021年绿荫小学校园内各种树木所占百分比情况统计表。

树种	杨树	柳树	松树	槐树	其他
百分比	25%	20%	15%	15%	25%

（3）2021年绿荫小学校园内各种树木数量统计表。

树种	杨树	柳树	松树	槐树	其他
总量/棵	50	40	30	30	50

在林业科学里，通常根据生长期的长短将乔木分成不同的类型。下面是我国乔木林各龄组的面积构成情况。

类型	幼龄林	中龄林	近熟林	成熟林	过熟林
百分比	33.82%	33.43%	14.82%	12.03%	5.9%

以上信息可以用什么统计图表示？哪种更直观些？

97

图 5.2-10　六年级上册第七单元

（2）统计图的选择。

例 2 教学如何选择合适的统计图。条形统计图、折线统计图和扇形统计图的特点各异，在实际应用中的适用条件也不一样。例 2 基于三组校园树木数量相关数据，通过不同的统计内容让学生选择合适的统计图，在统计图的多样化与优化中进一步认识各统计图的特点。同时，体会对于相同的统计对象，当需要表达的信息不同时，选择的统计图也不同，让学生进一步感受统计的价值，发展数据分析观念。

第（1）小题统计的是树木总量在 2017—2021 年之间的变化情况，既可用条形统计图，也可以用折线统计图。这一题对比的意图在于让学生体会条形统计图、折线统计图的特点，突出选择折线统计图的一般条件，即表示数据变化趋势时用折线统计图更直观。

第（2）小题统计的是各种树木占树木总量的百分比，既可以用扇形统计图，也可以用条形统计图表示。条形统计图只是直观呈现了各种树木数量占总数的百分之几，而扇形统计图能更直观、有效地反映出校园树木数量的分布情况，突出选择扇形统计图的一般条件：当需要了解部分与整体之间的关系时，选择扇形统计图更合适。

第（3）小题统计的是各种树木的数量，教材中只出现条形统计图，引导学生思考“为什么不用其他的统计图”，在对比三种统计图特点的基础上突出选择条形统计图的一般条件：当只需要表示各项目的数据时，用条形统计图就可以了。

此部分教学重点是认识扇形统计图，难点是能根据实际需要选择合适的统计图。

3. 教学建议

（1）扇形统计图的教学建议。

在学生熟悉的现实生活情境中教学扇形统计图。借助教材主题图或者因地制宜，根据班级的情况实际调查引入。从学生非常熟悉的生活情境展开教学，一则可以使学生体会到统计的真实意义，二则有利于学生理解扇形统计图的特点与用途。此外，教学过程中充分利用学生已有的知识经验，更有利于学生加深对扇形统计图的本质理解。例如，通过百分数意义引入扇形统计图，由数到形，引导学生根据百分数的意义理解扇形统计图中每一部分的含义，体会扇形统计图可以直观地描述各部分占总体百分比的特点。

引导学生利用分数的意义理解扇形统计图的特点。扇形统计图的模型和认识分数的意义所用的圆的模型完全一致，因此，要充分利用已有知识促进学生迁移类推。例如，整个圆表示全体人数，相当于单位“1”。喜欢乒乓球的占 30%，就相当于把整个圆平均分成 100 份，喜欢乒乓球的占了其中的 30 份。继而让学生在理解每个扇形具体含义的基础上，理解扇形统计图的特点。例如，不仅可以直观比较各个扇形的相对大小，还能清楚地看出各部分与整体之间的关系。

注重从统计的意义和作用出发，体会扇形统计图的特点和用途。扇形统计图的优势是能够直观、清楚地反映出各部分数量占总数的百分比。因此，在教学时，教师应该通过比较、分析、应用等活动，使学生体会到根据各种统计图的不同特点，从不同的角度反映数据的特征，从而从整体上对扇形统计图进行认识与理解。

（2）统计图的选择教学建议。

引导学生明确统计内容，分析数据信息的特点，尝试用统计图自主描述统计信息。教学例 2，可同时呈现三个统计表，引导学生分别观察三个统计表中的数据特点，并进行交流，明确各统计表中数据所表达的信息，再结合引导学生回忆不同统计图各自的特点，让学生尝试用学过的统计图来表示每个统计表中的信息。这样，一则可以清楚地了解学生的真实的学习状况；二则为接下来的比较分析提供了现实的素材，便于有的放矢地展开教学。

引导比较分析不同统计图的特点，使学生辩证合理地认识不同统计图的优点与不足。不同的统计图既有各自的特点，又有共性的因素。如何帮学生克服思维定式（认为一张统计表的数据只能用一种统计图来表示），全面地、整体地认识用统计图表示统计表中的数据的优势与不足？只有让学生在实际教学中不断地对比辨析，在辨别分析的过程中逐步体会与感受。例如，在教学例 2 的第（1）题时，由于受到思维定式的影响，或许学生会认为只能用折线统计图表示。此时，教师可以追问：可以用其他的统计图（如条形统计图）表示吗？使学生明确，虽然条形统计图在表示变化趋势时不如折线统计图那么直观，但也可以达到两个目标：第一，可以把每年的树木总量表示出来；第二，可以通过条形的起伏看出大致的变化趋势。通过这一过程，使学生避免思维固化，更深刻地感受到有时不能简单地以对或错来比较不同的统计方法，只能说某种方法相对好一些，某种方法有一定的局限性。

引导学生根据不同的统计目的和数据特点，科学合理地使用统计图。同一组数据信息往往可以用不同的统计图表示，如何根据不同的统计目的和数据特点，科学合理地使用统计图？这同样需要引导学生认真分析，不断比较，在深刻理解不同统计图的特点的基础上，科学合理地做出选择。例如，教学例 2 的第（2）题，要帮助学生克服百分比只能用扇形统计图表示这一思维定式，引导学生理解这样的数据也可以用条形统计图来描述。但用条形统计图描述时，只能对各种树木所占百分比进行互相比较，而扇形统计图则更具优势，还能直观地表示出每种树木数量与树木总量之间的关系。教学第（3）题时，如果用折线统计图和扇形统计图来描述数据，则是不科学、不合理的。通过这样的对比，使学生看到，由于统计内容的不同，选择不同的统计图来描述数据时，有时是“好”与“更好”的区别，有时却是“可以”和“不可以”的区别，进而促使学生从整体上深刻认识各种统计图的特点和适用条件。

第三节　随机现象发生的可能性

“随机现象发生的可能性”是通过试验、游戏等活动，让学生了解简单的随机现象，感受并定性描述随机现象发生可能性的大小，感悟数据的随机性，形成数据意识。

1. 课标要求

《义务教育数学课程标准（2022 年版）》第三学段“学段目标”中提出：了解随机现象发生的可能性，并做出简单的判断，形成数据意义和初步的应用意识。

《义务教育数学课程标准（2022 年版）》第三学段“课程内容”中提出：通过实例感受简单的随机现象及其结果发生的可能性。在实际情境中，对一些简单随机现象发生可能性的大小做出定性描述，形成数据意义和初步的应用意识。

2. 教材分析

4 可能性

1 联欢会上小丽、小红、小明三名同学抽签表演节目，三张卡片上分别写着唱歌、跳舞、朗诵。

小明第一个抽签，他可能会抽到什么节目？

小明抽到了跳舞，接下来小丽可能会抽到什么？

小丽抽到了朗诵，最后只有一张了。小红会抽到什么？

44

做一做

分别从右面两个盒子里摸棋子。

（1）哪个盒子里肯定能摸出红棋子？

（2）哪个盒子里可能摸出绿棋子？

（3）哪个盒子里不可能摸出绿棋子？

2 小组活动：在右面这样的盒子里轮流摸棋子，每次摸出一个，记录下它的颜色，再放回去摇匀，重复20次。

颜色	记录	次数
	正正正	16
	正	4

交流各组的记录结果，你发现了什么？

做一做

转动指针。

指针停在哪种颜色上的可能性大？　指针停在哪种颜色上的可能性小？

45

图 5.3-1　五年级上第四单元

主题图从学生已有的生活经验出发，呈现了学生熟悉的“联欢会上抽签表演节目”的场景，使学生体验在现实生活中存在着不确定现象，充分感受数学与生活的联系。例 1 以“小明可能会抽到什么节目”“小丽可能会抽到什么”“小红会抽到什么”为线索，逐步引导学生体验事件发生的确定性和不确定性。通过学生的回答“三种情况都有可能”“不可能是跳舞”等，使学生初步感受简单随机事件中所有可能发生的结果都是有限的，每个结果发生的可能性都是相同的。“最后只有一张了，小红会抽到什么？”给学生留下了思考、讨论、交流的时间和空间，有利于学生对知识的理解。“做一做”是通过从两个装有不同棋子的盒子里摸棋子的活动，让学生进一步体验有些事情的发生是确定的，有些事情的发生是不确定的。

例 2 是一个摸棋子活动，例题先呈现一个装有两种颜色棋子的盒子并提出问题：“摸出一个棋子，可能是什么颜色？”目的是让学生通过动手试验列出所有可能发生的结果，感受到每个棋子都可能被摸到，并且每个棋子被摸到的可能性是一样的。接着，呈现两组学生摸棋子的记录表，使学生在收集、分析数据以及讨论交流统计结果的活动中初步感受随机事件发生的统计规律性，并知道事件发生的可能性是有大小的。机器人聪聪的问题“再摸一次，摸出哪种颜色棋子的可能性大”，旨在引导学生根据试验的统计结果对下一次试验的结果做出推测，使学生进一步感受不确定现象的特点。“做一做”是对例 2 的巩固，使学生在不同的活动中体验事件发生的可能性是有大小的。

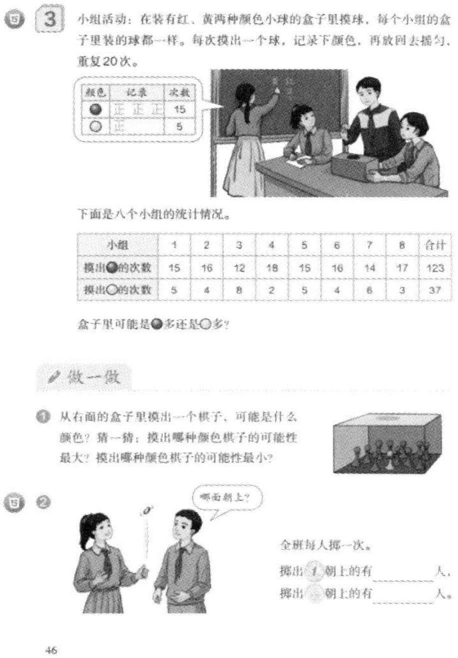
3 小组活动：在装有红、黄两种颜色小球的盒子里摸球，每个小组的盒子里装的球都一样。每次摸出一个球，记录下颜色，再放回去摇匀，重复20次。

颜色	记录	次数
●	正 正 正	15
○	正	5

下面是八个小组的统计情况。

小组	1	2	3	4	5	6	7	8	合计
摸出●的次数	15	16	12	18	15	16	14	17	123
摸出○的次数	5	4	8	2	5	4	6	3	37

盒子里可能是●多还是○多？

做一做

1 从右面的盒子里摸出一个棋子，可能是什么颜色？猜一猜：摸出哪种颜色棋子的可能性最大？摸出哪种颜色棋子的可能性最小？

2

全班每人掷一次。

掷出 1 朝上的有______人，

掷出 ○ 朝上的有______人。

46

图 5.3-2　五年级上第四单元

例 3 的重点是让学生根据摸球的实验结果来推测盒子里何种颜色的球多，并实际验证，进一步体会随机事件发生的统计规律性。例题提供了活动的场景、要求，呈现了小组统计的数据，提示教师指导学生进行小组合作学习，使学生感知和理解在试验次数足够多时试验数据呈现出的统计规律性。在学生试验的基础上，机器人聪聪提出问题：“盒子里是红球多还是黄球多？”目的是让学生根据试验的结果进行推测。教学时可让学生猜测后再倒出盒子里的球看一看，验证自己的猜测并思考：再摸一次，摸出哪种颜色的球可能性大？为什么？摸出的一定是红色的球吗？“做一做”第 1 题是在例 2 的基础上增加了一种颜色的棋子，使学生进一步体会不确定现象的特点及事件发生的可能性的大小。第 2 题是一个掷硬币游戏，重在使学生初步感受事件发生的可能性。

3. 教学建议

（1）重视学生的经验和体验，创设贴近学生实际的问题情境。

对于不确定性现象和可能性，第二学段的学生在生活中已经有了一定的经验和体验。在教学中，不管是在学生熟悉的生活情境还是感兴趣的游戏活动中（如掷硬币、玩转盘、摸卡片等），教师都应注意创设各种问题情境，充分调动学生的主动性和积极性，鼓励学生亲自动手试验，在实验中体验事件发生的可能性，让学生在具体的操作活动中进行独立思考并主动与同伴交换自己的想法，引导学生在观察、猜测、实验与交流等数学活动中，充分感受和体验不确定现象和事件发生的可能性，经历知识的形成过程。

（2）引导学生收集和积累不确定现象和可能性的例子。

修订后的教材中，本单元是学生第一次正式学习“概率”，因此，提供丰富的随机现象实例无疑能有效地促进学生充分感受和体验不确定现象和事件发生的可能性。教学本单元时，教师应鼓励学生在课前、课中、课后收集和积累一些教材上和生活中遇到的不确定现象的例子，并引导学生进行展示交流。例如，现在很多超市或商店在节假日时都会设计一些抽奖和转盘游戏，教师可以把它们引入课堂教学中，组织学生交流、思考，引导学生正确地认识生活中的一些现象。

（3）组织开展简单的实践活动，培养学生的应用意识。

为了培养学生主动发现生活中的数学问题并有意识利用所学数学知识进行解释和解决的能力，《义务教育数学课程标准（2011 年版）》中增加了核心概念——应用意识。但课堂教学由于时间和空间的限制，对培养学生应用意识的作用是有限的，所以在教学本单元时，教师可以适当地设计一些简单的实践活动（如为班级或学校元旦联欢会设计一个抽奖转盘等），将课内外学习结合起来，使学生感受数学与生活的联系，从而培养学生的应用意识。

（4）把握好教学要求。

本单元主要是让学生对随机现象有“初步体验”和“感受”，因此，教师在引导学生感受“确定事件”“不确定事件”以及“事件发生的可能性大小”时，只要让学生能够结合具体的问题情境，用“一定（肯定）”“不可能”“可能”“经常”“偶尔”等词语来描述事件发生的可能性就可以了，不必要求学生使用有关术语进行解释，也不必要求学生求出可能性的具体大小。

第六章　综合与实践内容分析与教学建议

【本章知识结构图】

课程标准在教学内容中设置了四个部分，综合与实践是其中一个重要内容，其主要目的和要求是让学生综合运用已有的知识和经验，经过自主探索和合作学习，解决与生活经验联系密切、具有一定挑战性和综合性问题的过程，以提高学生解决问题的能力，加深对所学知识的理解，体会各部分内容之间的联系。一至六年级共安排了 21 个主题活动，其中一至三册每册安排

了 1 个活动，其他册每册安排了 2 个活动。这些活动设计强调所学知识与现实生活的联系以及在生活中的应用，关注学生参与活动以及与同伴合作的情况，重视学生数学活动经验的获得和多样化、灵活的解决问题策略的制定。

第一节　常见的量

常见量的内容在小学是一个重要的内容，它和数量关系有密切联系，也和学生的生活实际密切联系。它包括认识了解元、角、分、年、月、日等结果性量词，也包括时、分、秒、克、千克、吨等经历体验、感受的过程目标量词。这两类目标对常见量的认识是非常重要的。一般常见的量在数量运算和几何测量中都有所体现，而与几何测量有关的单位都安排在“图形与几何”内容中，这里涉及的都是与数量运算有关的计量单位，主要有货币单位、时间单位和质量单位。

一、认识时间

（一）认识钟表

1. 课标要求

《义务教育数学课程标准（2022 年版）》第一学段“学段目标”中提出：在主题活动中认识时间单位，尝试用数学方法解决问题，积累数学活动经验，形成初步的量感和应用意识。

《义务教育数学课程标准（2022 年版）》第一学段“课程内容”中提出：在认识时间单位主题活动学习中，积累数学活动经验。

2. 教材分析

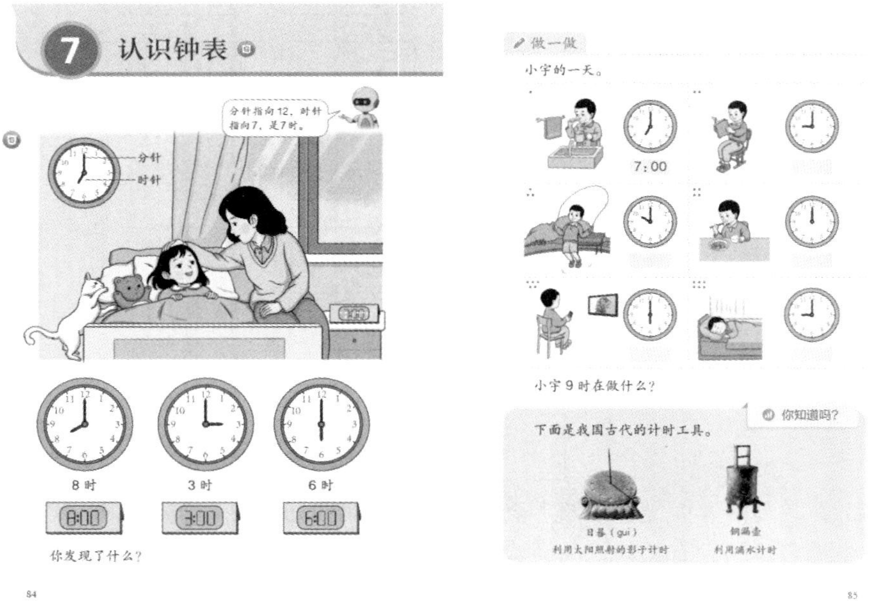

图 6.1-1　一年级上第七单元

“认识钟表”是新人教版一年级上册第七单元的内容。教材结合学生的生活实际，将时间（准确的地说是时刻）与学生熟悉的活动对应起来，让学生不仅会看钟面和电子表认整时（这一点对学生来说并不困难），还会对看不见、摸不着的时间有所感觉。知道什么时间该做什么，培养学生良好的作息习惯。一年级上册“认识钟表”原来包括认识整时和半时。由于学生对半时的认识比较困难，所以把“半时”的认识移到了二年级上册，暂时认识“整时”，对学生的后继学习起到重要作用。

教材通过妈妈叫小女孩起床图，结合学生的生活经验，说明在日常生活中要用钟表看时间。主题图下面并排呈现了 3 个钟表，显示了 3 个时刻，同时用中文和电子表的形式表明了它们的时刻。通过对这 3 个时刻的观察以及机器人聪聪的问题，使学生学会认整时，同时知道如何记录（写）整时。“做一做”按时间发展的顺序，将小明一天的主要活动呈现出来，让学生根据每个钟面上的时间，学习写出整时，巩固对整时的认识。这里出现了比较特殊的 6 时、12 时。教材还通过小明一天的作息时间，渗透给学生应学会合理安排自己每天的生活和学习，养成遵守和珍惜时间的好习惯。“你知道吗”向学生介绍了我国古代的计时工具：日冕和铜漏壶。在学生了解计时工具的同时感受古代人的聪明才智。

3. 教学建议

（1）认识钟面，在钟面上认识整时、书写整时，并总结出看整时的方法。

课前，让学生自备一个小钟表，课堂上引导学生讨论钟面上有什么，达到正确认识钟面的目的。在教学过程中，教师要引导学生关注分针、时针转动的方向及快慢。在观察时间中，教师要让学生充分地参与活动，在拨钟表认识时间的过程中，让学生意识到时间的表示方式，不仅要看分针、时针，还要看分针、时针所指的数，并总结出整数的表达方式。教师要用好教材上“你知道吗？”板块，让学生简单介绍我国古代的计时工具，增加学生的学习兴趣。

（2）关于对“几时过了一点”和“快到几时”的理解。

“快到几时”和“几时过一点”是学生的认知难点。整时有固定的模式，接近整时没有固定的模式。在教学中，可利用实物钟表、课件帮助学生认识近似的时间。例如，钟面出现 10：00 之后，让分针继续旋转一点，出现 10：05 的现象，这时钟面显示的时间就是“整时过一点”。让分针再继续旋转，当分针指向钟面 11 时，教师要向学生介绍，这个时刻就是“快 11：00”了。让学生清楚接近整时，分针指向的数是在“12”的附近。

（二）认识时间

1. 课标要求

《义务教育数学课程标准（2022 年版）》第一学段“学段目标”中提出：在主题活动中，认识时间单位，尝试用数学方法解决问题，积累数学活动经验，形成初步的量感和应用意识。

《义务教育数学课程标准（2022 年版）》第一学段“课程内容”中提出：在认识时间单位主题活动学习中，积累数学活动经验。

2. 教材分析

（1）认识时和分。

这里是在一年级上册认识钟面和整时的基础上，让学生进一步认识几时几分与几时半。修订后的教材只让学生从钟面上读出以 5 分数出的几时几分，不再安排读出 8：47、10：13 等这样的时刻，避免了教学上的困难。它为学生以后学习时、分、秒及相关计算打下基础。

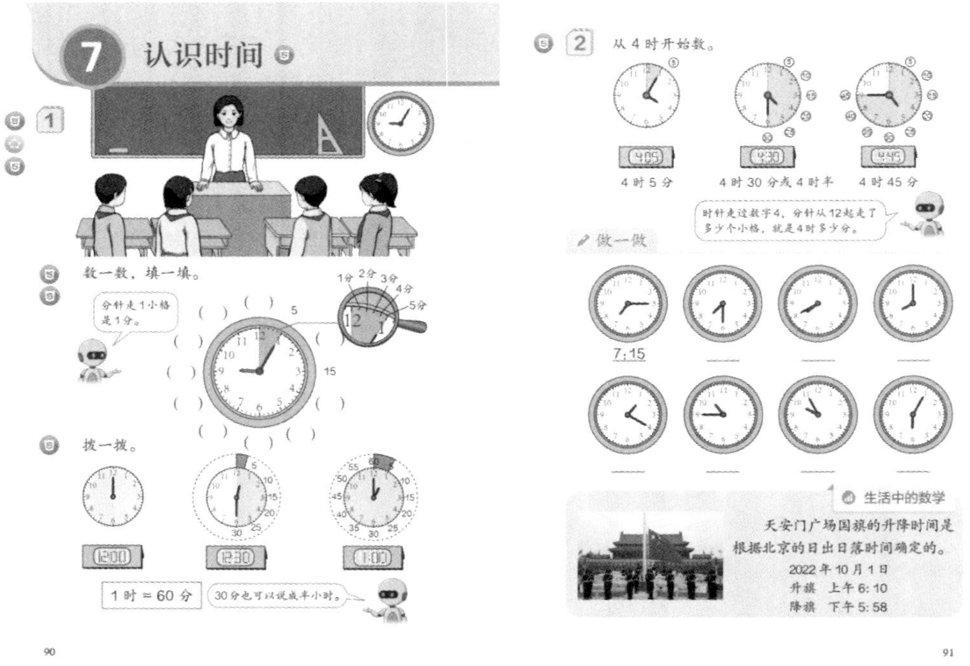

图 6.1-2　二年级上第七单元

例 1 呈现了学生熟悉的上课起立图，由 8：05 的钟面引入学习，同时使学生认识到时间与生活的联系，生活中处处有数学。引入教学后，教材设计了“数一数、填一填”和“拨一拨”两个数学活动，让学生在多样的活动过程中直观认识时间单位“分”以及“时”与“分”这两个时间单位间的关系。

“数一数、填一填”引导学生观察钟面上的刻度，分为两个层次。左图为第一个层次，使学生知道钟面上 1 个大格中有 5 个小格，分针走 1 小格是 1 分钟。右图为第二层次，在前面的基础上通过 5 分 5 分地数并填数，认识钟面上每个大格对应的是几分。“拨一拨”3 幅连续的钟面图中，由分针和时针都指向 12 的钟面开始，动态地呈现了分针的运动与时针运动间的关系，同时以电子表为对照，引导学生通过操作、观察，发现钟面上分针和时针位置的变化，以及二者反映出的时间上的变化，直观地认识“1 时=60 分”。

“生活中的数学”通过升旗、降旗时间及火车票，使学生感受到时间在生活中的作用。注意，这里没有用 24 时计时法，火车票的时间是上午的。

例 2 利用例 1“5 分 5 分地数”的基础，让学生从 4 时开始数起，并以电子表对照的 3 个钟面，呈现了连续变化的时间中的 3 个时刻。让学生由易到难、循序渐进地认识时间。注意，如果分钟数不到 10，在分钟数的前面加 0，如 4 时 5 分，以电子表表示法写成 4：05。

从呈现方式上来说，教材用阴影直观地表示出每个钟面上分针走过的区域及指针转动的方向，便于学生通过观察、比较，归纳、概括出读出时间的方法，教材用机器人聪聪的话加以提示。同时，这样呈现也解决了学生难以说出是几时半的学习难点。教材将钟面表示时间与中文“几时几分”对应呈现，实际上就将读出时间与写出时间结合在了一起，从而起到很好的直观引导作用。

图 6.1-3　二年级上第七单元

（2）问题解决。

例 3 安排的是“解决问题”，这是修订后教材新增的内容。教材通过编排，打破了原来时间的认识偏重计算的现象，体现了编者对学生学习过程中思维活动和数学思考的关注。情境图分为两个层次：第一个层次结合学生生活实际，以两幅连续的画面提供了时间先后顺序的信息；第二个层次以钟面的形式呈现了备选答案，让学生从中选择。教材呈现了完整地引导学生展开思考的思维步骤。在“知道什么”中，重在理解“可能”的含义，它是指备选答案中，能够去踢球的时间。“怎样解答”中的“我来写一写”“我来想想”呈现了解决问题的两种具体方法：“我来写一写”是先按时间先后顺序理顺相关联的 3 个事件，再看备选答案中哪个时间合适；“我来想想”是在综合考虑已知信息的基础上，采用排除法推理的方式确定答案。“解答正确吗”中，按时间先后顺序排列了 3 个事件，判断答案的合理性。

此部分教学重点是借助钟面认识时间单位“分”，知道分针走 1“小格”是 1 分钟，1 时=60 分，能准确数分（5 分 5 分地数），会读写几时几分和几时；教学难点是会用时间的有关知识解决一些简单的实际问题，建立时、分的时间观念，形成初步的推理能力。

3. 教学建议

（1）能准确地数、认、读分钟数。

出示钟面，教师指数字，学生按顺序说出当分针指向这些数时是几分（即 5 分 5 个地数数）。再任意指一数，学生说说自己是怎么想的。（利用 5 的乘法口诀来算出是几分，例如：当分针指向 7，口诀“五七三十五”，就是 35 分）区分分针与时针在数时的不同。分针从 3 走到 7，走了几分？时针从 3 走到 7，走了几时？

（2）认、读、写几时几分，重点认识“几时差几分”的时间。

认识一般时间。先说一说时针在几与几的中间，应是几时，再说一说分针指向几，应是几分，最后合起来写出具体的时间 6：25，读作 6 时 25 分。认识分钟数是一位数的时间。分钟数如果不到 10，在分钟数的前面加 0，写作 9：05，但读的时候“0”不读出来，读作 9 时 5 分。认识几时半时，让学生先数出分针所指的时间，再观察它在钟面所处的位置：刚好走了一半，因此“几时 30 分”也可以说成是“几时半”。认识分针超过半时的时间，知道“几时差几分”。对于这样的时间，学生容易出现将 12：45 看成 1：45，要引导学生认真观察时针的位置，它没有到达“1”，所以应该是 12 时多。思考：它离 1 时还差几大格或者多少分钟？建立时、分的时间观念。静静地感受 1 分钟的长短。利用 1 分钟的时间认真写汉字，数一数大约能写多少个。说一说 1 分钟还可以做点什么，说说生活中做哪些事情大约需要 1 小时，与一堂课的时间进行比较。

（3）合理推测事件发生的时间。

说说一天时间的先后顺序，并按顺序说说自己平时在某个时间一般会做些什么。尝试用“先……再……然后……最后……”这样的句式表达，体现通过语言进行思维的训练。例如，练习二十三第 4 题（如下图）。此题配合例 3，但提供的选项有 4 个。

① 说说你获得的信息，并把事件按时间先后排列。（大扫除→摘西红柿→去小文家玩）

② 认识 4 个钟面呈现的时间，进行分析，说说你是怎么想的？（摘西红柿的时间应该在 8:30～12:30，所以第 1 个时间和第 4 个时间是不可能的）

（三）时、分、秒

1. 课标要求

《义务教育数学课程标准（2022 年版）》第一学段“学段目标”中提出：在主题活动中，进一步认识时间单位，尝试应用数学和其他学科知识和方法解决问题，积累数学活动经验，形成量感、推理意识和应用意识。

《义务教育数学课程标准（2022 年版）》第一学段“课程内容”中提出：在认识时间单位主题活动学习中，综合运用数学与其他学科知识解决问题。

2. 教材分析

第一学段中“常见的量”是关于时间的知识。学生在一年级上册第七单元《认识钟表》中学会了看整时和半时；在二年级上册第七单元《认识时间》中会读写几时几分，初步认识了钟面上的时针和分针，知道了 1 时=60 分。这个单元主要是学习时间单位“秒”，以及有关时间的简单计算。时间单位不像长度、重量单位那样容易用具体的物体表现出来，比较抽象，单位之间的进率也比较复杂。但是时间又时时伴随着人们的生活。因此，教材从教学材料的选择到呈现方式，都十分注意结合学生的生活经验，力求让学生在实际情境中体会时、分、秒的实际意义，掌握有关时间的知识。

3. 教学建议

（1）关注学生的生活经验，尽可能使数学学习活动与学生的生活实际相联系。

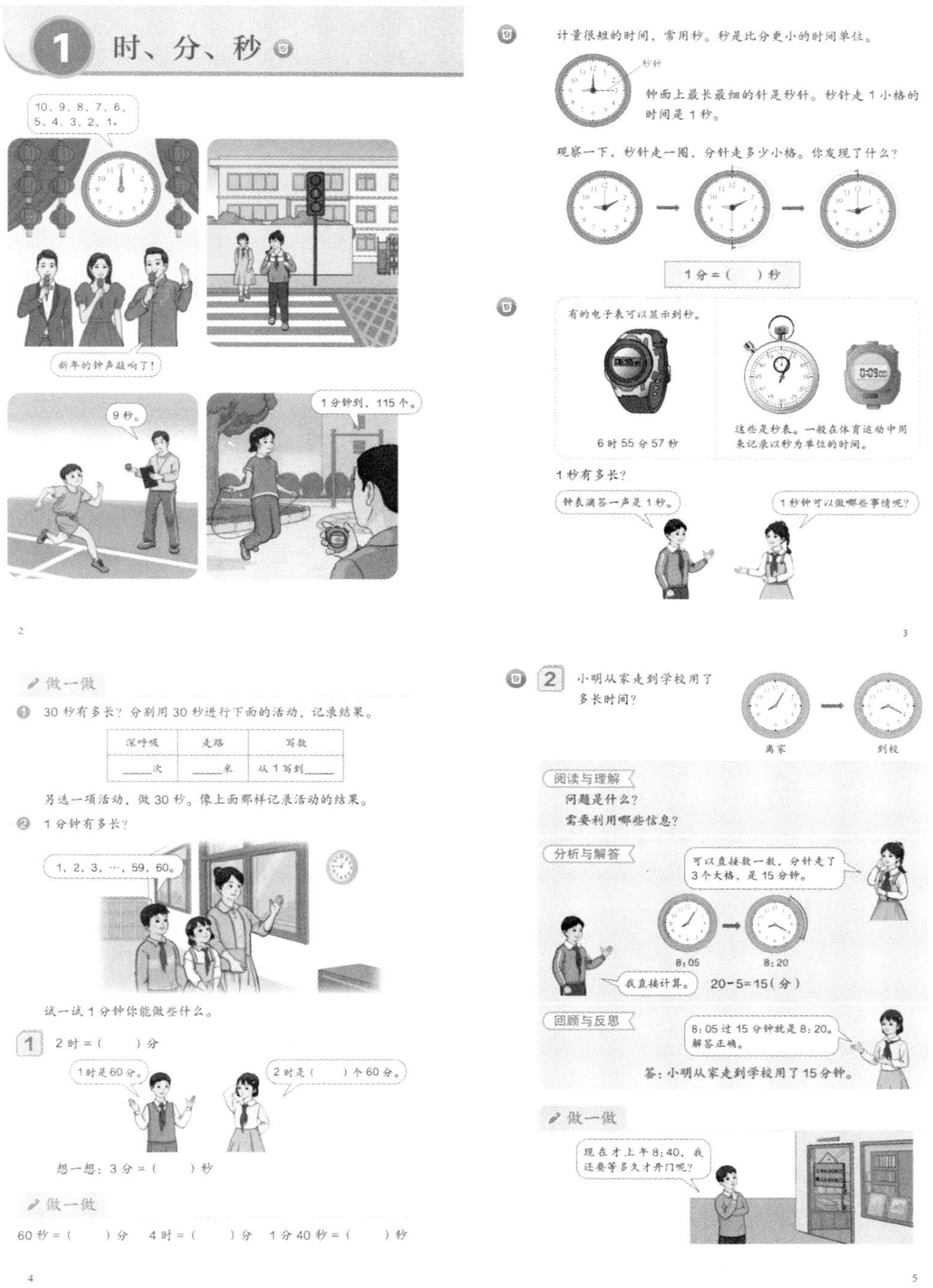
1 时、分、秒

10、9、8、7、6、5、4、3、2、1。

新年的钟声敲响了！

9 秒。

1 分钟到，115 个。

计量很短的时间，常用秒。秒是比分更小的时间单位。

秒针

钟面上最长最细的针是秒针。秒针走 1 小格的时间是 1 秒。

观察一下，秒针走一圈，分针走多少小格。你发现了什么？

1 分 =（　　）秒

有的电子表可以显示到秒。

6 时 55 分 57 秒

这些是秒表。一般在体育运动中用来记录以秒为单位的时间。

1 秒有多长？

钟表滴答一声是 1 秒。

1 秒钟可以做哪些事情呢？

2

3

做一做

1. 30 秒有多长？分别用 30 秒进行下面的活动，记录结果。

深呼吸	走路	写数
____次	____米	从 1 写到____

另选一项活动，做 30 秒。像上面那样记录活动的结果。

2. 1 分钟有多长？

1，2，3，…，59，60。

试一试 1 分钟你能做些什么。

1　2 时 =（　　）分

1 时是 60 分。

2 时是（　　）个 60 分。

想一想：3 分 =（　　）秒

做一做

60 秒 =（　　）分　　4 时 =（　　）分　　1 分 40 秒 =（　　）秒

4

2　小明从家走到学校用了多长时间？

离家　　到校

阅读与理解

问题是什么？

需要利用哪些信息？

分析与解答

可以直接数一数，分针走了 3 个大格，是 15 分钟。

8:05　　8:20

我直接计算。　20－5＝15（分）

回顾与反思

8:05 过 15 分钟就是 8:20。解答正确。

答：小明从家走到学校用了 15 分钟。

做一做

现在才上午 8:40，我还要等多久才开门呢？

5

图 6.1-4　三年级上第一单元

初步建立对秒的直观感知。可动态出示春节联欢晚会倒计时等待新年钟声敲响的那一刻，让学生体会“秒”是比分还小的时间单位，经常会在“倒计时”中出现，借助这一情境可以导出“秒的认识”这一课题。再依次出示第 2、3、4 幅主题图，唤醒学生关于时间的生活经验，让学生体会秒在生活中的运用。结合前面的情境图，直接说明：计量很短的时间，常用比分更小的单位——秒，并出示钟面，直观地观察秒针走 1 小格就是 1 秒，走 1 大格就是 5 秒，8 秒就是走了 8 小格。再通过动态演示 3 幅连续的钟面，分针走 1 大格，秒针走了 60 小格。帮助学生理解分与秒的关系，即 1 分=60 秒。体验 1 秒有多长。通过亲身体验，如眨眼、听滴答声、击掌等方式让学生体验 1 秒的长度。

（2）加强数学知识与现实生活的联系，让学生感受数学就在身边，并帮助学生掌握解决问题的基本方法。

巩固时间单位间的进率。复习 1 分=60 秒，1 时=60 分，让学生自己通过观察、归纳得出相邻两个时间单位之间的进率是 60。由于学生没有学习两位数的乘除法计算，所以时间单位的换算只出现数字较小的，以及整十倍数的换算，如 600 秒等于多少分？

（3）突破“时间的简单计算”这一难点。

先复习简单的整时的经过时间的计算。课件出示学生熟悉的生活情境，如早上 7 时起床，8 时上课，经过了多少时间？唤起学生对经过时间计算的经验，建立简单的经过时间计算模型：终点时间-起点时间=经过的时间，不是整时的经过时间的计算。出示例 2，动态演示钟面从离家时刻到到校时刻经过的时间。让学生观察画面，分析相关信息。通过呈现解决这一问题的三个步骤：阅读与理解、分析与解答、回顾与反思，帮助学生掌握解决问题基本方法。鼓励解决问题方法的多样化。解决经过时间的问题可以让学生自主选择喜欢的方法，可以是数格子的方式，直观、实用；也可以选择计算的方法，抽象、高效；还可以将曲线的分针转动转化为直线的数轴，便于学生算出经过的时间。

（四）年、月、日

1. 课标要求

《义务教育数学课程标准（2022 年版）》第二学段“学段目标”中提出：在主题活动中，进一步认识时间单位，尝试应用数学和其他学科知识和方法解决问题，积累数学活动经验，形成量感、推理意识和应用意识。

《义务教育数学课程标准（2022 年版）》第二学段“课程内容”中提出：在认识时间单位主题活动学习中，综合运用数学与其他学科知识解决问题。

2. 教材分析

学生已经在三年级上学期学习了“时、分、秒”，并在实际生活中积累了“年、月、日”方面的感性经验，有关年、月、日的知识也越来越多地出现在他们的生活和学习中，因此，关于“年、月、日”的概念，学生是有一定的生活经验和知识基础的。教材注意选取和学生生活联系紧密的素材，首先从学生熟悉的一些有意义的日子引入，让学生初步认识年、月、日。然后利用年历和月历组织学生进行一系列的探究活动，让学生在探索、思考、合作交流的过程中，了解年、月、日和平年、闰年的含义等相关知识。教材还介绍了拳头点数和记忆大月的歌诀，有助于帮助学生利用生动有趣的方式记忆月和日的有关知识。

在前面的学习中，学生已经对一日（一昼夜）有了概念，并能用 12 时计时法表示一天中的某个时刻，这为学习 24 时计时法做好了充分的准备。在此基础上，教材安排了 24 时计时法的相关学习内容，让学生结合具体情境，体会一天 24 小时的周期变化，从而引入 24 时计时法。此外，教材还介绍了简单的计算经过时间的方法，并区分了时间与时刻的不同含义。最后让学生用年、月、日的相关知识去解决实际问题，既能加深学生对知识的理解，又能帮助他们提高学以致用的能力。

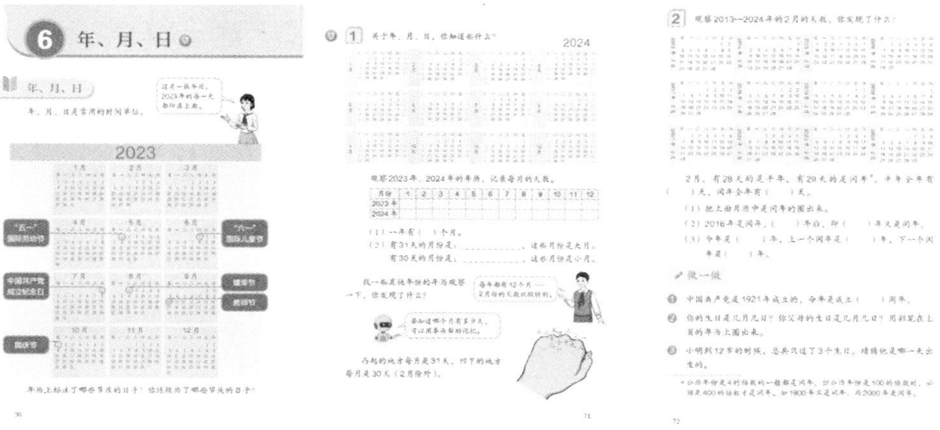

图 6.1-5　三年级下第六单元

精心选取和学生生活联系密切的素材。年、月、日这些时间单位与生活息息相关，如生日、节日、开学日期等。在日常生活中，孩子们已经积累起对年、月、日的初步印象，某些日子更是在孩子的心中拥有特殊的地位。因此，教材有意识地选取了一些与学生生活联系密切的素材，引导学生主动观察、探究、发现其中的知识。例如，主题图中直接在年历上标注出一些特殊的日子，让学生说说自己经历过的特别日子；“做一做”中，学生需要在年历上圈出自己与父母的生日；还有选取学生一天中比较典型的学习、生活场景，配以钟表表示各场景的时刻。这些素材都可以让学生直观地感受到时间与人们的生活密不可分，这对学生的学习起到了有效的促进作用。

为学生创设自主建构知识的活动和思考空间。年、月、日各自的特点和相互之间的关系较为复杂，学生虽然在实际生活中有过一些感受和初步的经验，但仍缺乏清晰的、全面的认识。因此，为了使学生更好地了解年、月、日之间的关系，教材为学生搭建自主学习、主动建构知识的平台。例如，观察 2023 年和 2024 年的年历，记录每月的天数；对 2013—2024 年的 2 月份月历进行记录，探究 2 月份天数的规律。这为学生亲历知识的形成过程提供了机会，通过观察、记录、对比、分析等数学活动，得到大月、小月、2 月的相关知识，了解年、月、日和平年、闰年的含义以及相互关系。借助几何直观，帮助学生理解抽象的概念。24 时计时法比较抽象，教材借助多种直观方法帮助学生理解。原实验教材在钟面上标出内、外圈数，呈现 24 时计时法，这里增加了“时间轴”，将一日经过的时间展开，在时间轴上对比给出一日内 12 时计时法和 24 时计时法所表示的整点时间，将抽象的、不断流逝的时间与直观的数轴建立起联系，将“时刻”与数轴上的点建立联系，借助几何直观进一步帮助学生理解抽象的 24 时计时法。

3. 教学建议

此部分教学重点是认识年、月、日，知道平年、闰年的有关知识，会用 24 时计时法表示时刻，计算简单的经过时间；教学难点是会用 24 时计时法表示时刻和计算简单的经过时间。

（1）认识年、月、日及其之间的关系。

说说自己生活中特别的日期，如生日、节日、纪念日等，激活生活经验，总体感知年、月、日，激发学习兴趣。认真观察一份年历，了解年、月、日的含义及其关系。例如：这是一份哪一年的年历，一年有 12 个月，每个月的天数都差不多，大约都是 30 天，再数出每个月的具体天数记录在相应的表格中，归纳出大月、小月。介绍利用拳头和歌诀记忆大小月的方法。

（2）了解平年、闰年的有关知识。

提供 2013—2024 年 2 月份的月历，按年份将每个 2 月的天数记录下来。

思考：你发现了什么？（2 月的天数并不都是一样的，有的 28 天，有的 29 天，而且都是连续 3 年的 2 月是 28 天，后面一年的 2 月就是 29 天，即 4 年一变化。）

表 6.1-1　2001—2012 年二月份天数统计表

年份	二月天数	年份	二月天数	年份	二月天数
2013		2017		2021	
2014		2018		2022	
2015		2019		2023	
2016		2020		2024	

教师说明 2 月是 28 天的那一年叫平年，有 29 天的那一年叫闰年。公历年份是 4 的倍数的年份是闰年，4 年一变化。给出几个年份，如 1996、1980，算一算是闰年还是平年。

简单介绍平年、闰年产生的原因，并说明公历年份是整百数的，必须是 400 的倍数才是闰年。例如：1600 年是闰年，而 1800 年则不是。你能举出整百年份是闰年的年份吗？

（3）用 24 时计时法表示时刻。

观察时针转动，一天有 24 时，时针转动 2 圈。呈现一个有内、外两圈刻度的钟面，将时针一天表示的各个时刻进行对比呈现，帮助学生理解 12 时计时法与 24 时计时法之间的关系。将一天的 24 时以时间轴的方式呈现，直观呈现 12 时计时法与 24 时计时法之间的关系，进一步帮助学生理解 24 时计时法。教学 12 时计时法与 24 时计时法的互相转化。

（4）计算简单的经过时间。

经过的时间是一个时间段，可以借助数轴的几何直观图帮助理解，将抽象的时刻与直线上的点对应起来，并将“经过时间”与两点间的距离建立联系，帮助学生思考，降低难度，再利用“结束时刻-开始时刻=经过时间”的等量关系得到。

二、认识人民币

1. 课标要求

《义务教育数学课程标准（2022 年版）》第一学段“学段目标”中提出：在主题活动中，认识货币单位，尝试用数学方法解决问题，积累数学活动经验，形成初步的量感和应用意识。

《义务教育数学课程标准（2022 年版）》第一学段“课程内容”中提出：在认识货币单位主题活动学习中，帮助学生积累数学活动经验。

2. 教材分析

教材内容是在学生已有生活经验和掌握 100 以内数的认识的基础上进行教学的。教材将人民币的认识分为小面额人民币的认识和大面额人民币的认识两个层次进行编排，并以小面额人民币的认识为主，这样编排既使学生对我国正在流通的法定货币有一个整体的了解，又突出了教学重点。

（1）小面额人民币的认识

主题图呈现的是不同面值的人民币。可通过和学生讨论购买文具、乘火车买票、买食物等使用人民币的例子，让学生知道“买东西要用人民币”，以此揭示人民币在商品流通过程中的功能以及在人们生活中的重要作用，同时对学生进行一些理财方面的教育，让学生合理用钱，明白积少成多的道理，同时还渗透了爱护人民币、爱国教育。

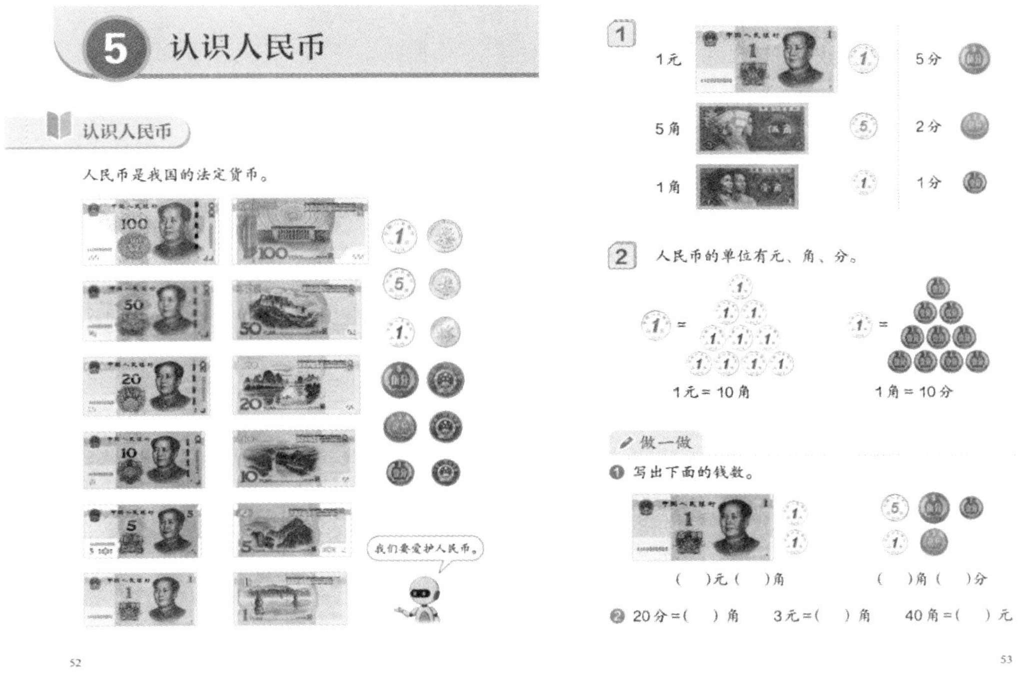

图 6.1-6　一年级下第五单元

例 1 认识面值为 1 元及 1 元以下的人民币，包括硬币和纸币。这里从学生最熟悉的小面额人民币开始学习，更贴近学生的生活经验，便于学生掌握。其中，对于分币的认识是为了使学生完整地认识人民币的单位体系，并为后续学习做必要的铺垫，学生能够认识即可。

例 2 通过换钱活动教学人民币的单位以及单位间的关系。这里，元和角的关系、角和分的关系集中编排，便于学生从整体上把握，也为后面的学习做好铺垫。教材中硬币摆放成“三角状”只作为换钱活动的提示，不必作为研究内容。

“做一做”第 1 题配合例 1，要求学生能够准确地写出总钱数，既巩固对人民币的认识，又为人民币的换算奠定基础。第 2 题配合例 2，通过人民币单名数之间的简单兑换（以元和角的兑换为主），加深学生对人民币单位间的十进关系的认识，为后面的学习做好铺垫。

此部分教学重点是认识各种小面额的人民币及人民币的单位（元、角、分），知道人民币单位间的进率，能够进行简单的人民币兑换；教学难点是能够进行简单的人民币兑换，感受人民币在社会生活、商品交换中的作用。

（2）大面额人民币的认识。

大面额人民币的认识是在学生掌握了 100 以内数的认识、认识了小面额人民币和人民币单位的基础上进行的。教材在编排中注重利用学生的已有的生活经验并让学生在活动中认识、了解人民币，学会使用人民币。

例 3 认识生活中常用的 5 元及 5 元以上面值的人民币，使学生认识到以“元”为单位的人民币在生活中占主导地位。教材除明确给出 5 元人民币的面值，并在该人民币的下面标明外，其余四种以元为单位的人民币只给出了该人民币的面值单位“元”，由学生根据已有的生活经验将面值填写完整。

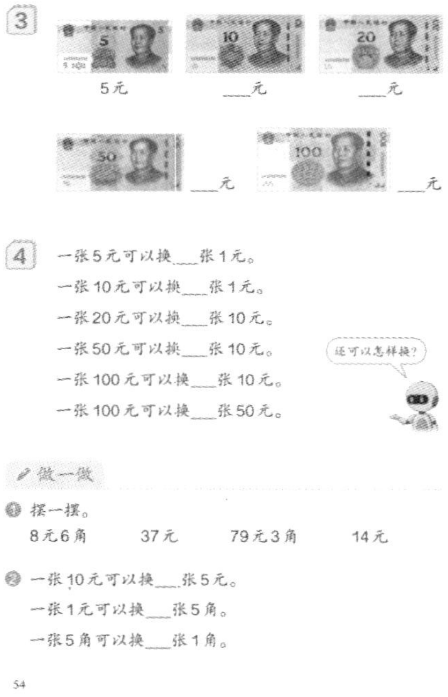

图 6.1-7　一年级下第五单元

例 4 进一步教学不同面值的元币之间的兑换。这种情况在生活中经常会遇到，可以提高学生的社会实践能力，同时也可以使学生进一步认识各种面值的元币，加深学生对 100 以内数的理解，体会数的概念与实际生活的密切联系。

“做一做”第 1 题配合例 3，通过模拟付钱的活动，让学生进一步熟悉人民币。同时，由于同样的钱数可以通过不同面值人民币的组合得到，也可以借此培养学生思维的灵活性，并使学生逐步感受到“元”是日常生活中常用的人民币单位。“做一做”第 2 题囊括了例 2、例 4 中未涉及的人民币兑换的所有情况（除兑换分币外），综合了例 1 与例 3 中所认识的主要人民币，使学生对人民币有一个完整的认识。

此部分教学重点是认识各种大面额的人民币，了解各面值人民币之间的关系并能够进行简单的人民币兑换；教学难点是感受“元”是人民币单位中最常用的主要单位以及人民币在社会生活、商品交换中的作用。

（3）简单的计算。

简单的计算是在学生认识了各种常用面值的人民币及人民币的单位（元、角、分），知道了人民币单位间的进率的基础上进行教学的。

例 5 教学人民币复名数和单名数之间的换算（主要涉及元和角两个单位），教材从最简单的数据入手，分为两个层次编排：复名数转化为单名数；单名数转化为复名数。第一个层次中，教材以直观形式呈现并提示了基本方法，即先将“1 元”转化成“10 角”再与“几角”合起来。在此基础上，第二层次直接借助逆向思考得出“18 角=（　）元（　）角”，使学生学会有条理地思考，为后续计算的教学做好准备。

例 6 从学生熟悉的买气球的情境引入，教学关于元和角的简单计算。这里的元和角的计算只包括进行简单的单位换算的单名数加、减法和不退位、不进位的复名数加、减法计算，不涉及名数多样化的复杂计算，大大降低了计算的难度。

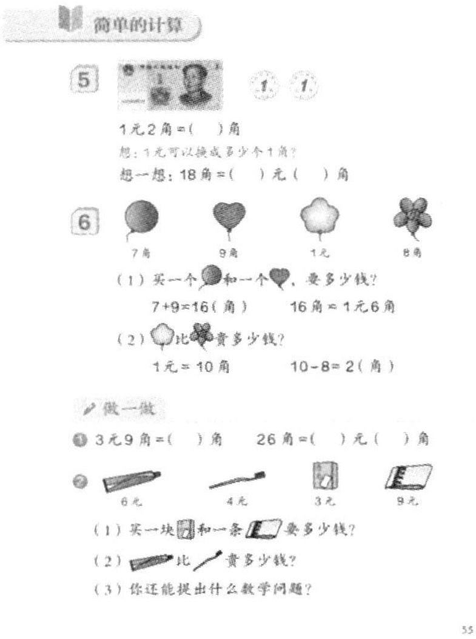

图 6.1-8　一年级下第五单元

“做一做”第 1 题配合例 5，编排了两道人民币复名数和单名数之间的换算题。“做一做”第 2 题让学生在购物的情境中进行元和角的简单计算，其中第（3）小题“你还能提出什么数学问题？”是一道开放题，利于提高学生的兴趣。学生所提问题可以是计算购买的商品总价，也可以是进行商品单价之间的比较。

图 6.1-9　一年级下第五单元

此部分教学重、难点是能进行人民币单位间的简单换算，并会进行简单计算，进一步感受人民币在社会生活、商品交换中的作用。

（4）问题解决。

问题解决内容是在学生认识了常用的人民币，并会进行简单的人民币计算的基础上进行教学的。教材编排这部分内容时，将人民币的认识、计算等相关知识综合运用其中，在让学生继续体验解决问题的一般过程中巩固相关知识并接受思维训练、提升能力。同时，教材所编排的问题在生活中经常会遇到，由此让学生感受到数学学习与生活的密切联系。

例 7 编排的要解决的问题数量关系比较简单，但在生活中会经常遇到：在钱数限定的条件下买需要的东西。这里主要是让学生继续体验解决问题的一般过程，重点在于解决问题策略的教学：罗列和尝试—调整策略。

例 7 在解决问题的“知道了什么”环节，体现了关键词“正好”对于解决问题的重要性，知道“正好”就是所买的两种杂志价格总和为 13 元。在“怎样解答”环节，突出了解决问题的两种最基本的策略：尝试和罗列。这里重点教学调整的方向性和罗列的有序性，指导学生有序思考。前者体现为先随便选两本算，再根据结果调整，结果大于 13 元，就应将其中一本换为便宜些的；结果小于 13 元，则将一本换为贵一些的。后者体现为先任选一本，再有顺序地“试算”。

“做一做”巩固所学的策略，让学生体会有序思考的优势。由于学生还未学习 100 以内的加、减法，大大限制了数据的选择，计算略显简单，但计算不是重点，重在策略，只要学生能够有序地思考，并找到一种结论即可。教师也可根据学生的实际情况调整数据进行教学。

3. 教学建议

（1）认识各种小面额的人民币及人民币的单位（元、角、分），知道人民币单位间的进率。

课前教师应指导学生准备好模拟人民币供学习时使用。教学中，教师应注意把握小面额人民币的认识层次：可以先让学生在已有的经验基础上，充分利用模拟的人民币相互交流自己能够识别的小面额人民币，教师着重引导学生了解每种小面额人民币的面值和图案、色彩等特点，交流时可将“纸币”和“硬币”两个名称介绍给学生并让学生认识到同一种面值的纸币和硬币是等值的，对于人民币上的繁体字（壹、贰、伍），教师应适度指导学生了解；在学生能够识别小面额人民币的基础上，让学生尝试对这些小面额人民币进行分类，在汇报交流中教师应突出按人民币的单位分类，让学生认识人民币的单位“元”“角”“分”。

让每个学生都有机会参与到探究人民币单位间关系的活动中，以调动学生的积极性，把教学目标落到实处。教师可创设“换钱游戏”的情境，如用角币跟教师换 1 元的人民币，让每个学生均利用模拟人民币摆一摆，可以按照“可以用几个 1 角的硬币跟老师换 1 元人民币？”“如果任选角币，应该用几张纸币、几个硬币？”进行，让学生认识到不管用哪种面值的人民币来换 1 元人民币，换出的人民币的总数都是 10 角，从而让学生认识 1 元=10 角。

（2）能够进行简单的人民币兑换，感受人民币在社会生活、商品交换中的作用。

教学时可结合主题图，让学生观察主题图的内容并相互说说图意，使学生知道买东西要用钱，这些钱就是我国发行的法定货币——人民币。然后让学生结合自己的生活经验说说什么时候会用到人民币，使学生体会到人民币的功能和在生活中的重要作用。创设购物的情境，模拟购物活动调动学生的生活经验，让学生在真实的情境中掌握简单的人民币兑换，进而解决简单的生活问题。

学生在“1 元钱能买些什么”中需要思考“元”和“角”之间的关系；在“摆出你应拿出的

1元钱”中，学生既可以拿元币，也可以拿出不同的角币，从而加深对“元”和“角”之间的关系和人民币兑换的认识。教师也可以利用填空，如30角=（ ）元，进行人民币单名数之间的简单兑换的练习。当学生遇到困难时，教师可以让学生用模拟人民币进行具体兑换和操作，以加深学生的理解。

（3）认识各种大面额的人民币，了解各面值人民币之间的关系并能够进行简单的人民币兑换。

教师应努力为学生设计必要的学习活动，并为学生提供充分地参与活动的机会，避免枯燥的记忆。教师可以设计一些模拟情境，让每个学生都有机会进行辨一辨、换一换等活动，在活动中不断丰富认识、深化理解。大面额人民币的认识可以让学生以小组为单位，在已有的经验基础上，充分利用模拟人民币相互交流自己能够识别的大面额人民币，了解每种大面额人民币的面值和图案、色彩甚至大小等特点。不同面值元币之间的兑换的教学，教师可以设计成“换钱活动”，如教师先出示一张面值是10元的人民币，并提问“用面值是1元的人民币和老师兑换，应该用几张？”，让学生将换的结果摆在桌子上，并请学生展示自己换的结果，说说自己的思考过程。在换钱活动中，学生不仅能了解各面值人民币之间的关系，而且能加深对各面值人民币的认识。

准确把握不同面值元币之间兑换的教学要求。不同面值元币之间的兑换重点是让学生明确如下关系：一张10元可以换10张1元；一张100元可以换10张10元。此外就是加深学生对每种面值人民币的认识，理解不同面值人民币间最直接的兑换关系。在换钱活动中，要根据学生的实际情况提出恰当的兑换要求，换的方法不必求全，也不必追求多样而复杂的兑换过程。

（4）感受“元”是人民币单位中最常用的单位以及人民币在社会生活、商品交换中的作用。

创设购物付钱的情境，让学生根据自己所“购买”的某种商品价钱摆出相应的钱数。教师也可以通过出示超市购物所买商品的总钱数，让学生用模拟人民币摆出来。在此过程中，既使学生逐步感受到人民币单位“元”在日常生活中是最常用的单位，又使学生感受到人民币在社会生活、商品交换中的作用。

（5）能进行人民币单位间的简单换算（主要涉及元和角两个单位）。

教学中，教师要让学生充分经历操作体验的过程，在此基础上引导学生抽象出换算的一般方法。教师可以让学生先摆出1张1元的纸币（或1个1元的硬币）和2个1角的硬币，请学生说出是多少钱；接着教师提问“1元2角等于多少角？”，让每个学生借助自己的模拟人民币进行操作和思考，再同桌相互交流；之后请学生演示自己的操作过程。在学生操作的基础上，教师提问“不摆学具，怎样想1元2角等于多少角？”引导学生抽象出思考的一般方法：1元等于10角，1元2角就是10角加上2角，等于12角。在引导学生逆向思考时，教师可以先让学生思考12角=（ ）元（ ）角，让学生理解10角等于1元，还有2角，所以12角=1元2角，然后再想想18角=（ ）元（ ）角。在这部分内容教学中，教师应注意与100以内数的概念的密切联系，加深学生对人民币单位间的十进关系和100以内数的概念的理解。教会学生进行人民币的简单计算，并进一步感受人民币在社会生活、商品交换中的作用。在教学中，教师应创设购物活动的情境，通过模拟购物活动调动学生的生活经验，让学生在真实的情境中掌握关于人民币的简单计算，进而学习解决简单的生活问题，也由此让学生感受人民币在社会生活、商品交换中的作用。教师要注重对过程的指导，从直观到抽象。学生在这里是第一次接触对单位不同的两个数量进行计算，可能会存在一定的困难。教师应注重对计算过程的细致指导，刚开始可以让学生借助直观学具，并调动学生已有的兑换经验完成计算，引导学生逐步完成从直观演示到抽象计算的过渡，让学生在充分理解的基础上掌握计算的方法。在教学中要让学生认识到计算加、减法时，在计数（量）单位相同的前提下才能对计数（量）单位的个数进行加、减。例如："单价 1 元的气球比单价 6 角的气球贵多少钱？""1 元-6 角"使学生产生认知冲突：1 怎么减 6？教师再引导学生观察它们的单位，让学生意识到它们的单位不同，并让学生说说自己的解决办法。在此基础上，引导学生认识到对于不同单位的量进行计算时，只有单位相同才能直接相加、减，这就需要在计算过程中根据情况进行单位的换算。

（6）能运用尝试和罗列的策略解决问题，初步学会有序思考。

从实际问题引入，抓住"关键词"理解问题。在教学中，教师应创设学生熟悉的购物情境引入。例如：用 13 元钱正好可以买下面哪两种杂志？引入后，重在让学生抓住关键词"正好"正确地理解问题。重在展示思维过程，让学生了解解决问题的不同策略。因为数量关系简单，数据比较小，有些学生可能很容易找到答案，此时，应引导学生展示自己的思维过程。由于学过了 20 以内的进位加法和退位减法，学生对计算很熟练，答案很可能是脱口而出的，在让学生说说自己的思考过程时，学生会直接说"因为 6+7=13（或 5+8=13）"或者有的学生干脆说"我一眼就看出来了"。这样一来，必然有碍于学生对解题策略的体验和学习。教师在教学中，首先要注意利用学生展示过程中的有益信息：学生虽然对计算很熟练，但学生最多的是"看数凑 13"，而其中很可能就进行了一两个数的尝试，教师可以问"有没有不是第一次就找对的"，并引导这样的学生说说自己的调整过程，让学生感受解题的策略。其次，如果教学中学生没有展示出"尝试、罗列"的策略，教师可以通过展示卡通人物的解题策略，进而使学生明白解决问题有不同的策略。尝试、罗列，并重点让学生明白尝试策略中调整的方向以及罗列策略中有序思考的优势。

三、认识质量单位

（一）克与千克

1. 课标要求

《义务教育数学课程标准（2022 年版）》第一学段"学段目标"中提出：在主题活动中，认识质量单位，尝试用数学方法解决问题，积累数学活动经验，形成初步的量感和应用意识。

《义务教育数学课程标准（2022 年版）》第一学段"课程内容"中提出：在认识质量单位主题活动学习中，帮助学生积累数学活动经验。

2. 教材分析

测量（计量、度量）产生于人们在生产和生活中的实际需要，是人们对客观事物进行量化把握的手段和方法。对物体质量的把握离不开质量单位。在实际生活中，学生对轻、重的概念已经有了一定的认识，并会直观比较一些物体的轻重，但不一定能进行量化比较。

（1）主题图。

主题图呈现了学生熟悉的在超市购物称重的情境，由此引出质量单位，使学生在具体的现实情境中明确"表示物品有多重可以用克或千克作单位"，从而理解质量单位在描述物品质量时的功能和在日常生活中的重要作用。由于日常生活中通常将"质量"称为"重量"，因此，学生对"质量"这个词比较陌生。为避免理解上的困难，教材尽量以日常生活的语言"有多重"替代"质量"，即从学生熟悉的生活经验入手引出"质量"概念。

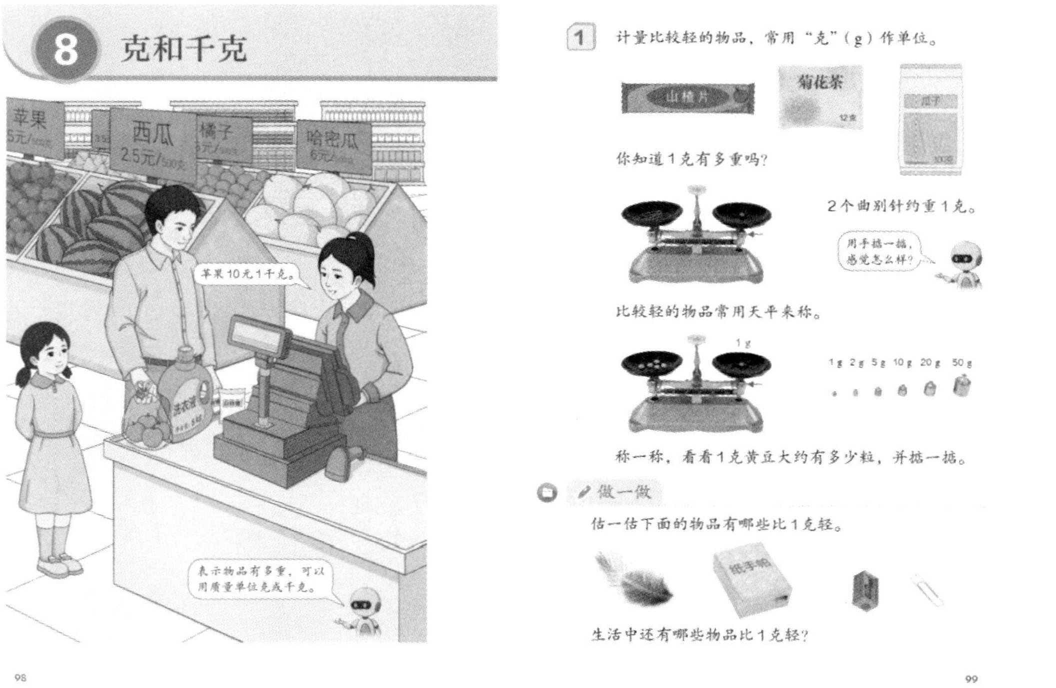

图 6.1-10　二年级下第八单元

主题图是对所学知识的总体概述，因此，除了引出质量单位克与千克外，还呈现了得到物品质量的方法：可以通过看包装上的标示来获知；没有外包装的就得用秤来称量。同时，教材通过 5 个苹果重 1 千克的称量，为例 3 用估量解决问题做了铺垫。

（2）认识克。

例 1 教学生认识质量单位“克”。教材借助一包口香糖、一包菊花茶和一袋瓜子这些常见、带有质量标示的物品，使学生直观认识克的作用——用来计量比较轻的物品。同时，教材给出了表示克的符号“g”，让学生了解。建立 1 克的质量观念，是用克进行测量的基础。为此，教材借助 1 个 2 分硬币的质量，通过让学生动手掂一掂，实际感受 1 克有多重，也为学生后面进行估计做好准备。

为了准确、方便地测量物品的轻重，人们发明了测量质量的工具。天平就是用来测量比较轻的物品的工具。教材借助让学生称 1 克黄豆的活动达到两个目的：一是介绍用天平称重的方法；二是通过 1 克黄豆的数量及掂 1 克黄豆的活动，帮助学生建立 1 克的质量观念。

“做一做”让学生以 1 克为标准，估量物品的轻重，以此使学生初步掌握估量的方法，以选定的标准去比较。最后通过说出生活中比 1 克轻的物品，进一步巩固对 1 克的认识。

（3）认识千克。

例 2 教学生认识质量单位千克，与例 1 编排思路相同，同样借助生活中常见的物品，使学生直观地看到质量单位千克的作用——计量比较重的物品的质量。同时，教材给出了表示千克的符号“kg”，结合具体实物给出了净含量的含义，让学生了解。由于克与千克的关系是单位制内的一种规定，不需要学生进行探索，教材直接呈现出来让学生了解。之后，通过学生熟悉的两袋盐达到两个目的：一是通过掂一掂帮助学生初步建立 1 千克的质量观念；二是深化学生对克与千克关系的理解。

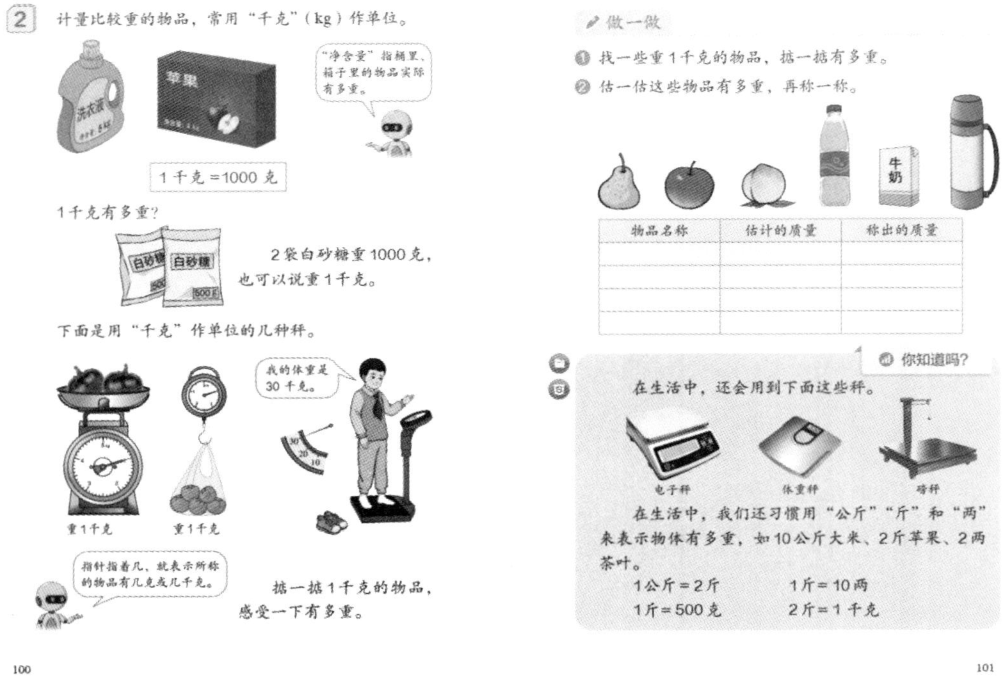

2 计量比较重的物品，常用“千克”（kg）作单位。

“净含量”指桶里、箱子里的物品实际有多重。

1千克=1000克

1千克有多重？

2袋白砂糖重1000克，也可以说重1千克。

下面是用“千克”作单位的几种秤。

我的体重是30千克。

重1千克　重1千克

指针指着几，就表示所称的物品有几克或几千克。

掂一掂1千克的物品，感受一下有多重。

100

做一做

1 找一些重1千克的物品，掂一掂有多重。

2 估一估这些物品有多重，再称一称。

物品名称	估计的质量	称出的质量

你知道吗？

在生活中，还会用到下面这些秤。

电子秤　体重秤　磅秤

在生活中，我们还习惯用“公斤”“斤”和“两”来表示物体有多重，如10公斤大米、2斤苹果、2两茶叶。

1公斤=2斤　1斤=10两

1斤=500克　2斤=1千克

101

图 6.1-11　二年级下第八单元

认识千克之后，教材呈现了生活中常用的 3 种以“千克”作单位的秤，以达到 4 个目的：一是体现千克是日常生活中常用的质量单位；二是了解秤的使用方法，知道指针指着几，就表示所称的物品有多重；三是了解每种秤都有它的称量范围，如果超过了，就容易对秤造成损坏，导致不准；四是通过称量积累学生的基本经验，进一步帮助学生建立 1 千克的质量观念。

“做一做”编排了两道相互联系的习题。其中第 1 题让学生找出生活中重 1 千克的物品并掂一掂，重在巩固学生所建立的 1 千克的质量观念，同时感受数学在生活中的应用。第 2 题通过让学生估重再称重的活动，达到如下教学目的：一是以第 1 题中形成的 1 千克的质量观念为标准估量，培养学生的估量能力；二是通过称重对自己的估计结果进行调整，积累估量的经验；三是为学生进一步估量积累丰富的、可以作为估量标准的素材，以逐步使学生形成估量的策略，为例 3 的教学做准备。

“你知道吗？”向学生介绍了生活中常用的其他秤，用以拓展学生的视野，并且更好地与实际生活相联系。同时，为了使学生更全面地认识质量单位，教材还联系生活实际介绍了我国常用的两个质量单位“斤”和“两”，以及它们同国际通用的质量单位“克”与“千克”之间的关系，体现了教材编排“量的认识”时“学以致用”的编排思路。

此部分教学重点是让学生认识质量单位“克”与“千克”，知道“克”与“千克”的关系，并进行简单的换算；教学难点是在初步建立 1 克和 1 千克的质量观念的基础上，教学生学会以此为标准估量物体的质量。

3. 教学建议

（1）注重联系生活实际教学，激活学生的生活经验。

克与千克虽然在日常生活中普遍运用并且经常出现在学生的视野中，但对于学生来说可能就是一种生活现象，并没有引起足够的重视和真切的关注。在教学时，需要将这种生活经验变成教学资源，将学生置入与学习新知相关的生活情境中，让学生自然地实现由生活到数学的转化。例如，教师可以充分地利用教材主题图，或让学生在课前进行相关的收集工作，引导学生结合生活中的素材去认识克和千克的不同作用，使课内、课外互补，以更好地达成教学目标。

（2）注重设计各种有效的活动，让学生具体感知 1 克、1 千克的物品实际有多重，逐步形成 1 克和 1 千克的概念。

“1 克和 1 千克的物品实际有多重”是教学的重难点，为了让学生建立相应的质量观念，教材设计了掂一掂、称一称、找一找等活动，教学时，教师应在明确教学目的的基础上加以充分的利用。同时，教师也应该根据具体情况，选择合适的活动素材，例如，让学生感受克时找不到 2 分硬币，可以用当地常见的、学生熟悉的 1 克东西代替，如 1 克黄豆等。这样不仅有身体的感受，还有对物品数量的感受，对 1 克质量的感受就更加生动了。因此，教师在设计体验活动时，能否很好地落实教学目标是确定活动是否有效的标准。

（3）在初步建立 1 克和 1 千克质量观念的基础上，会以此为标准估量其他物体的质量。

以 2 袋盐为 1 千克的质量为标准，估一估自己书包的质量，再用弹簧秤来称一称，验证估算的结果。或者设计游戏活动猜一猜：出示一物体，教师知道它的准确质量，让学生猜一猜，在猜的过程中，教师根据学生猜的数据运用“重一些”“重得多”“轻一些”“轻得多”来进行提示，并适当请学生说一说是怎么猜的，引导学生运用参照物对比着来猜物体的质量，提高估量的准确性，必要时可以设计给出估计标准与不给估计标准的形式，使学生通过对比体会标准的作用。并且，通过多次这样的活动，让学生经历不断调整的过程，同时丰富学生心目中可以用来作为估量标准的“质量表象”，逐步形成估测的策略，培养估量能力。

（二）吨与千克

1. 课标要求

《义务教育数学课程标准（2022 年版）》第二学段“学段目标”中提出：在主题活动中，进一步认识质量单位，尝试应用数学和其他学科知识和方法解决问题，积累数学活动经验，形成量感、推理意识和应用意识。

《义务教育数学课程标准（2022 年版）》第二学段“课程内容”中提出：在认识质量单位主题活动学习中，综合运用数学与其他学科知识解决问题。

2. 教材分析

例 7 和例 8 教学吨的认识、吨与千克的关系以及吨与千克之间的单位换算。例 7 分为 3 个环节，即在生活情境中感知“吨”，教材呈现两幅情境图，通过生活实际说明“吨”的实际应用，并给出表示吨的符号“t”，让学生了解；在推理计算中认识“1 吨=1000 千克”，结合大米的质量，说明 10 个 100 千克是 1000 千克，也就是 1 吨，形象具体地引出了 1 吨以及吨和千克之间的进率“1 吨=1000 千克”；在实践活动中体验“1 吨”有多重，结合生活实际，以学生熟悉的“体重”为参照物来比较，丰富学生对质量单位吨的具体感性的认识，并通过推算，加深学生对 1 吨=1000 千克的认识。例 8 在呈现形式上与之前的长度单位间的换算相同，因此可以放手让学生说说换算的方法。

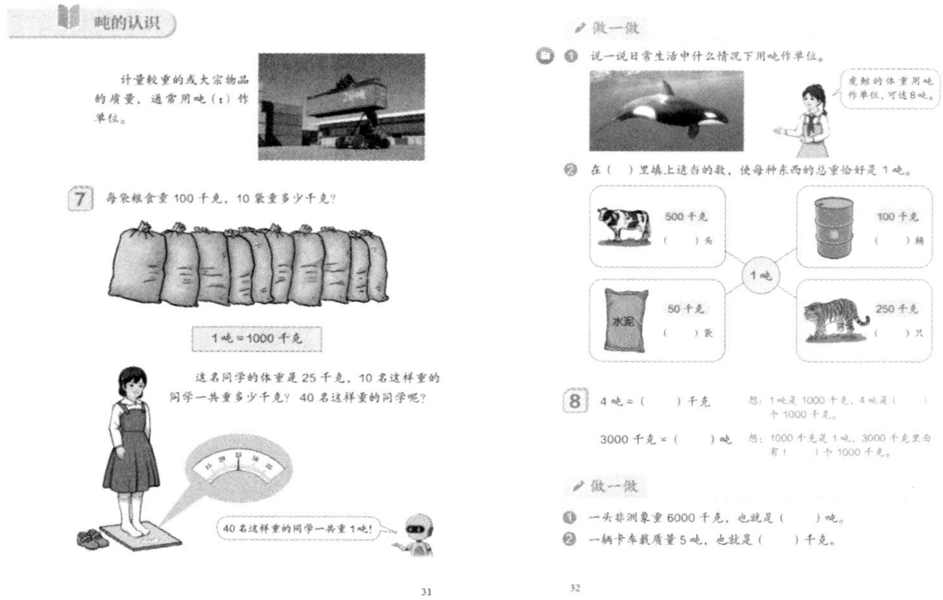

吨的认识

计量较重的或大宗物品的质量，通常用吨（t）作单位。

7 每袋粮食重 100 千克，10 袋重多少千克？

1 吨 = 1000 千克

这名同学的体重是 25 千克，10 名这样重的同学一共重多少千克？40 名这样重的同学呢？

40 名这样重的同学一共重 1 吨！

31

做一做

1 说一说日常生活中什么情况下用吨作单位。

虎鲸的体重用吨作单位，可达 8 吨。

2 在（ ）里填上适当的数，使每种东西的总重恰好是 1 吨。

500 千克（ ）头

100 千克（ ）桶

1 吨

水泥 50 千克（ ）袋

250 千克（ ）只

8 4 吨 =（ ）千克　　想：1 吨是 1000 千克，4 吨是（ ）个 1000 千克。

3000 千克 =（ ）吨　　想：1000 千克是 1 吨，3000 千克里面有（ ）个 1000 千克。

做一做

1 一头非洲象重 6000 千克，也就是（ ）吨。

2 一辆卡车载质量 5 吨，也就是（ ）千克。

32

图 6.1-12　三年级上第三单元

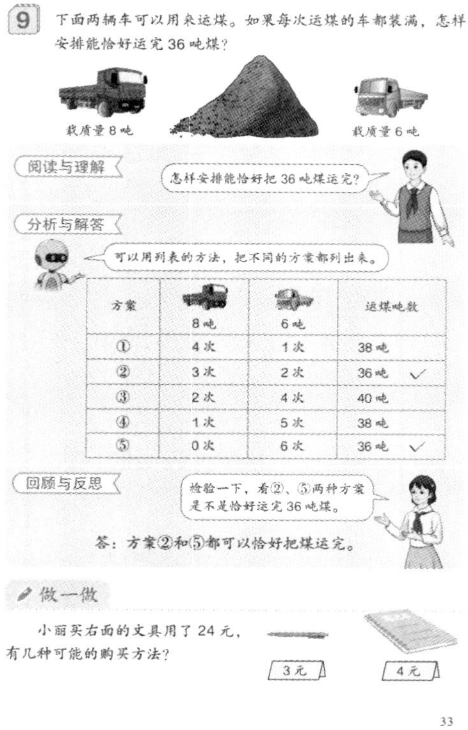

9 下面两辆车可以用来运煤。如果每次运煤的车都装满，怎样安排能恰好运完 36 吨煤？

载质量 8 吨　　载质量 6 吨

阅读与理解

怎样安排能恰好把 36 吨煤运完？

分析与解答

可以用列表的方法，把不同的方案都列出来。

方案	8 吨	6 吨	运煤吨数
①	4 次	1 次	38 吨
②	3 次	2 次	36 吨 ✓
③	2 次	4 次	40 吨
④	1 次	5 次	38 吨
⑤	0 次	6 次	36 吨 ✓

回顾与反思

检验一下，看②、⑤两种方案是不是恰好运完 36 吨煤。

答：方案②和⑤都可以恰好把煤运完。

做一做

小丽买右面的文具用了 24 元，有几种可能的购买方法？

3 元　　4 元

33

图 6.1-13　三年级上第三单元

例 9 解决与吨有关的实际问题，介绍列表法的运用。呈现完整的解决问题的流程，突出一一列举的方法。在观察和交流中指导学生有序思考，培养学生的有序思维。

3. 教学建议

（1）在情境中感受1吨的质量，丰富体验，建立质量观念。

在教学时，充分利用生活素材，帮助学生体会1吨的含义。例如：引导学生观察书中10袋大米的插图，每袋重100千克，同样的2袋重200千克……10袋就是1000千克。这样的10袋大米才够1吨。根据实际需要，教师还可以借助其他素材进行推理教学。

吨这个质量单位比较抽象，不像长度单位那样直观、具体，因此，在教学时应创设各种情境帮助学生体验和感受。例如，可以抬一抬25千克的大米，然后推算多少袋有1吨，可以利用多媒体课件展示1吨货物的多少，还可以组织学生互相背一背，感受一名学生的体重，然后估一估、算一算多少名学生的体重是1吨。

（2）在列表中感悟基本的数学思想方法，培养学生解决问题的能力。

引导学生弄清题意。通过说一说，想一想，让学生明白例题传达了什么信息，要解决什么问题，留给学生充分的时间，让学生思考解决问题的方法，而不是直接让学生进行列举。从不同角度思考列举的方法。通过机器人聪聪的提示，体会列举方法解决问题的有效性。

在学生列举时，教师注意从两个角度引导：如果只用2吨的车，正好运几次？或如果只用3吨的车，要运几次完成任务？当学生列出表格后，可能有遗漏或重复，此时，教师可以提出以下问题："图表给人看时，怎样才能更容易发现其中的规律呢？"最终帮助学生得出有序性结果，掌握一一列举解决问题的方法。

第二节　数学广角

"数学广角"是小学数学教科书从二年级上册开始新增设的一个单元。教材以学生熟悉而又感兴趣的生活场景为依托，向学生渗透数学思想方法，将学习活动置于模拟情景中，给学生提供操作和活动的机会，初步培养学生有顺序地、全面地思考问题的意识。

一、搭配（一）

1. 课标要求

《义务教育数学课程标准（2022版）》第一学段"学段目标"中提出：在主题活动中尝试用数学方法解决问题，积累数学活动经验，形成初步的量感和应用意识。

《义务教育数学课程标准（2022版）》第一学段"课程内容"中提出：在简单的生活情景中，能解决问题，能解释结果的实际意义，形成初步的应用意识。

2. 教材分析

例1要探索用非0的3个数字组成没有重复数字的两位数的个数。这是一个排列问题（与数字的排列顺序有关）。教材分两个层次编排：第一个层次是找出所有满足条件的两位数，第二个层次是数出满足条件的两位数的个数。其中第一个层次是关键，教材以两幅连续的图加以呈现。第一幅图呈现了两名学生独立思考、动手寻找的情境：摆数字卡片无序寻找；借助数位表，按照规律交换两个数字的位置寻找。第二幅图呈现了学生进行组内交流的情况，体现了学生对于自己解决问题过程的反思，渗透了有序思考问题的方法。第二个层次以一句话呈现，同时作为解决问题的结论。机器人聪聪的话体现了全班交流的焦点问题，并再次引导学生梳理思考过程，进一步感受有序思考的好处。“做一做”与例题思考过程相同，只是所排列的对象发生变化——3 种不同的颜色，这一方面有助于巩固解题方法与思路；另一方面可以体会虽然排列的对象不同，但解决问题的思路完全相同。

图 6.2-1　二年级上“搭配（一）”

例 2 紧密结合学生已有知识，让学生从 3 个数中任取 2 个求和，确定得数的种类数。两个数相加之和与数的位置无关，是组合问题。其编排层次与例 1 相同，不再赘述。第一幅图呈现了两名学生独立思考、动手探索的情境：男生用列表的方法有序思考，女生用两两连线的方法有序思考。这两种解决问题的方式，虽然表达方式不同，但思维过程是相同的。从第二幅图的角度来说，这两种表达方式都有助于学生理解组合问题，利于揭示组合的内涵：与顺序无关。“做一做”第 1 题为典型的组合问题，是借助学生的生活经验，巩固学生对于组合的认识，同时使学生感受生活中的组合问题随处可见。第 2 题也是组合问题，要求学生能有序地找出所有的榨汁方法。

3. 教学建议

（1）精心构建符合学生认知特点的数学学习活动，培养学生从生活中发现并提出数学问题的能力。

由于排列与组合的思想方法在现实生活中有着广泛的运用，教学时要注意结合学生的实际生活引入，使学生感受数学与现实生活的联系，逐步培养学生善于从生活中发现数学问题的能力，并积累这方面的经验。

（2）注重运用多种形式表征思维过程，帮助学生形成有序、全面思考问题的习惯。

这部分内容的活动性和操作性比较强，应处理好学生动手实践与小组合作学习的关系。教学时先让学生独立思考，然后用自己喜欢的方式表达出来，如可以写一写，也可以画一画，还可以列举。还需要让他人看清楚、看明白，最后通过组内交流、全班交流，感受他人的思考，明晰排列、组合的相同点和不同点，感受怎样才能进行有序、全面地思考，并逐步学会这种思考方式。

（3）注意教学的层次性，把握好教学要求。

了解了整套教材中关于排列、组合的编排结构后，教师要把握好教学要求。这里只要求学生能根据实际问题采用罗列、连线、列表等方式，找出最简单事物的排列数和组合数，并能感受到有的与排列顺序有关、有的与排列顺序无关。教学时，注意所教内容不要超出教材要求的水平。同时，在教学中也应尽量避免出现排列、组合这些术语，也不需要跟学生解释这些术语的意思。

二、推理

1. 课标要求

《义务教育数学课程标准（2022 版）》第一学段“学段目标”中提出：在主题活动中尝试用数学方法解决问题，积累数学活动经验，形成初步的量感和应用意识。

《义务教育数学课程标准（2022 版）》第一学段“课程内容”中提出：在简单的生活情景中，能解决问题，能解释结果的实际意义，形成初步的应用意识。

2. 教材分析

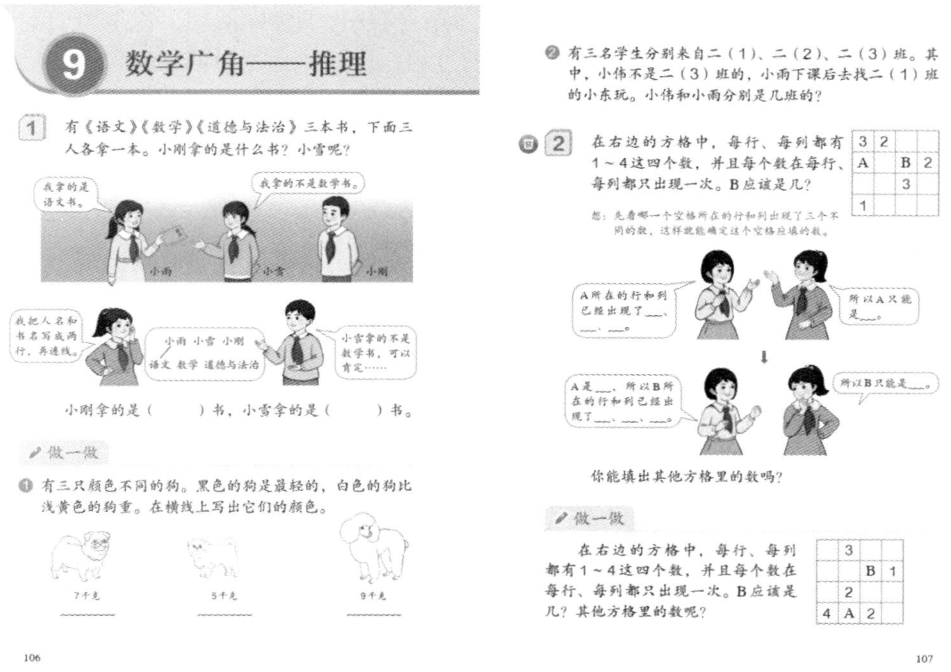
9 数学广角——推理

1 有《语文》《数学》《道德与法治》三本书，下面三人各拿一本。小刚拿的是什么书？小雪呢？

小刚拿的是（　　）书，小雪拿的是（　　）书。

做一做

① 有三只颜色不同的狗。黑色的狗是最轻的，白色的狗比浅黄色的狗重。在横线上写出它们的颜色。

106

② 有三名学生分别来自二（1）、二（2）、二（3）班。其中，小伟不是二（3）班的，小雨下课后去找二（1）班的小东玩。小伟和小雨分别是几班的？

2 在右边的方格中，每行、每列都有1～4这四个数，并且每个数在每行、每列都只出现一次。B应该是几？

3	2		
A		B	2
		3	
1			

想：先看哪一个空格所在的行和列出现了三个不同的数，这样就能确定这个空格应填的数。

你能填出其他方格里的数吗？

做一做

在右边的方格中，每行、每列都有1～4这四个数，并且每个数在每行、每列都只出现一次。B应该是几？其他方格里的数呢？

	3		
		B	1
	2		
4	A	2	

107

图 6.2-2　二年级下“推理”

例 1 通过猜书的游戏活动，让学生体验推理的过程，理解推理的含义，即根据已知条件推出结论，同时初步获得一些简单推理的经验。题目中包含 3 个条件，即 3 本书每人各拿一本，小雨拿的是语文书，小雪拿的不是数学书。学生在理解题意的基础上需要梳理信息之间的关系，即左侧学生所列摘录的内容，其解决问题的关键在于由“小雨拿的是语文书”的条件将问题转化为最简单的推理问题——小雪和小刚拿数学书和品德书，小雪拿的不是数学书。对于推理时采用的辅助方法，教材呈现了摘录信息再连线的方法和综合排除法，其中右侧学生的方法又体现了一定的开放性，可以肯定小雪拿的应该是道德与法治书，也可以肯定小刚拿的是数学书，这里也可以采用列表的方法辅助推理。“做一做”利用现实而有趣的素材使学生进一步体验简单推理的过程。

例 2 是让学生利用推理解决按要求在方格内填数的问题，既可巩固推理的知识，感受推理的作用，也可培养学生解决问题、有序思考的能力。在例 2 的呈现上，教材体现了以下几个特点：一是通过字母标示，对于解决问题的关键步骤进行了提示，降低了问题的难度；二是通过机器人聪聪的提示，给出解决问题的关键，降低了思考的难度；三是以两幅连续的学生交流图呈现了完整的推理思路，突出了学生对推理过程的体验和表述。“你能填出其他方格里的数吗？”和“做一做”是对例 2 所学知识的巩固与应用。“做一做”仍以在方格中标示 A 的方式对学生的解题思路进行提示。与例题相比，思考题因其中一个条件需要通过推理才能得出，难度稍有增加，供学有余力的学生尝试练习。

3. 教学建议

（1）利用学生熟悉的素材设计富有趣味性的活动，让学生切实理解逻辑推理。

在日常的生活与学习中，学生经常会自发地使用三段论法进行推理，只不过常常省略大前提。如一年级利用数的组成进行猜数的游戏中就有推理的运用，只不过学生没有明确地意识到。为此，在教学时，教师应利用好教材上的内容，设计有层次的趣味活动，让学生切实参与进活动中，体验用已知条件推出结论进而解决问题的过程，以此体会逻辑推理的含义，学会推理的方法。当然，除了利用好教材上的相关素材外，教师还应充分重视本班学生已有的经验和体验设计一些有趣的数学活动，如利用数的组成猜数的游戏、填竖式中的未知数的游戏等，既让学生在趣味中体验什么是推理的过程，又能感受推理的重要作用。

（2）把握教学的重点，落实教学目标。

本单元的教学主要是让学生在解决问题的过程中理解并体验什么是逻辑推理，并能用一定方式（如连线、列表等）辅助推理，有条理地表述自己推理的过程。为此，在设计教学时就在这些方面加以突出。如例 1 的教学就应重在让学生读题后梳理信息并提炼出关键信息，后放手让学生去解答问题，之后留出充足的时间让学生交流，使学生会借助口头语言表述自己推理的过程，并在此过程中体验推理的含义。例 2 的教学更是如此，为突出一般的思考过程，教师还可以先简化题目，改成 3×3 的方格，在使学生有所体会后再呈现例题的素材，后续练习中还可去掉有提示作用的字母，让学生充分体会用推理解决问题的一般思路。

（3）注重学生有条理地阐述推理过程，但要把握好教学的“度”。

二年级的学生对简单推理知识的理解难度不是很大，但是用简洁的语言有条理地表达推理的过程还是有一定难度，所以推理过程的叙述是本节课的难点。为此，教师在教学中要注意引导学生表述清楚自己的推理过程，如通过“你是怎样想的？”“通过小雨的话，你能得出什么结论？”“你是怎样确定 A（或 B）是几的？”等让学生进行表述，并在学生表达不畅的地方加以辅助。但同时要注意对学生的语言表述要求不要过高，更不要求学生用严格的语言推理的方式进行叙述。只要学生能像教材中的学生那样，能表达清楚即可。语言是思维的外壳，只有想得清，才能说得明。所以反过来，注重数学语言表达的条理性，就能有效地培养学生思维的逻辑性。

三、集合

1. 课标要求

《义务教育数学课程标准（2022 版）》第二学段“学段目标”中提出：在主题活动中，尝试应用数学和其他学科知识与方法解决问题，积累数学活动经验，形成量感、推理意识和应用意识。

《义务教育数学课程标准（2022 版）》第二学段“课程内容”中提出：能解决生活中的简单问题，并对结果的实际意义做出解释，形成初步的模型意识和应用意识。

2. 教材分析

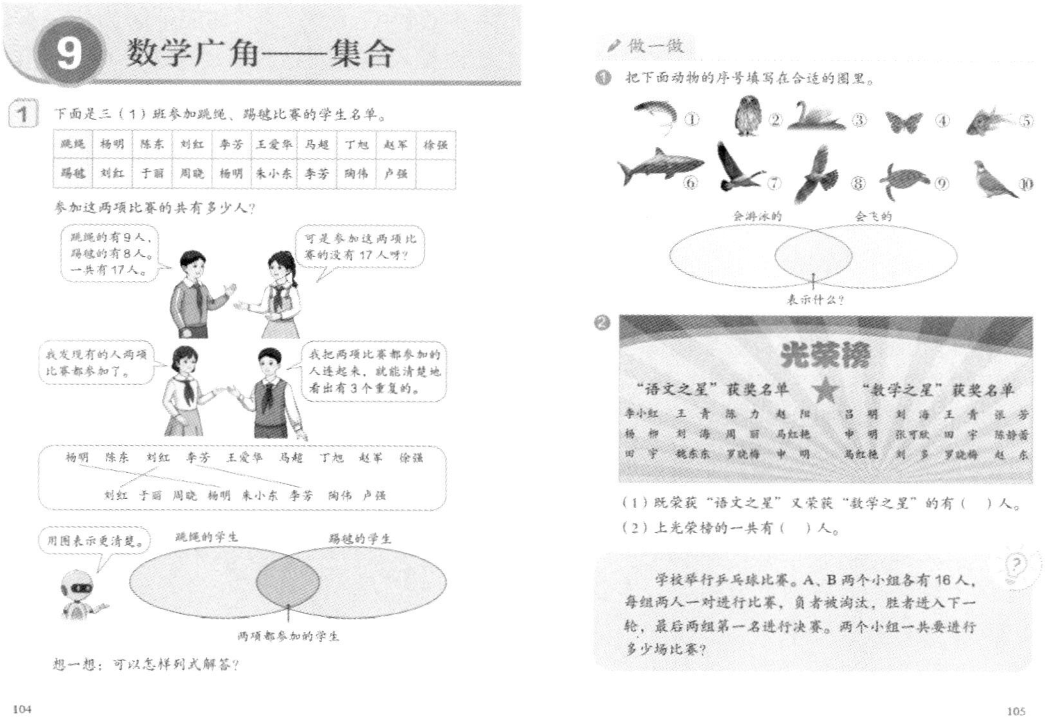

图 6.2-3　三年级上“集合”

例 1 通过解决生活中的实际问题（求两个集合的并集的元素个数），让学生体会集合概念的含义及有关计算，学习用集合的思想方法解决简单的实际问题。教材用统计表的形式给出三（1）班参加跳绳、踢毽比赛的学生名单，提出要解决的问题；呈现学生小组讨论如何解决问题的场景，提示教师要让学生自主探索，思考解决问题的方法。随即，教材呈现了一一列举出参加两项比赛的学生姓名（两个集合的元素），再把重复出现的姓名连起来（找到交集的元素）的解决问题的方法，让学生体会在求两个集合的并集时，它们的公共元素在并集中只能出现一次。教材介绍用维恩图表示集合及其交、并的方法，让学生体会集合元素的特性：互异性和无序性，体会集合的交集、并集；提出问题“可以怎样列式解答”，让学生用计算解决两个集合的并集的元素个数问题，脱离具体的集合元素，从集合的元素个数的角度思考解决问题的方法。“做一做”第 1 题要求学生根据集合元素的特征填写维恩图，巩固对维恩图的认识，进一步体会集合概念的含义和交集、并集，突出强调中间部分表示什么，让学生用语言表达“既会游泳的，又会飞的”，加深对交集含义的认识。“做一做”第 2 题的（1）用表达逻辑关系的语言“既……又……”提出关于交集的元素个数问题，让学生体会如何用生活语言表述两个集合的交集（由属于集合 A 且属于集合 B 的所有元素组成的集合称为集合 A 与 B 的交集）。“思考题”渗透利用一一对应的思想解决问题的方法。A 组和 B 组的小组赛都需要淘汰 15 人，都需要进行 15 场比赛，因此一共要进行 30 场比赛。

3. 教学建议

（1）关注“冲突”，激发学生主动探究。

提出需要解决的问题“参加这两项比赛的共有多少人”后，学生的不同答案有可能引发“冲突”。教师应抓住这一“冲突”，在此处追问：“你能确定有 17 人吗”　“你能证明为什么不是 17 人吗”，以此激发学生探究的欲望，让学生积极主动地投入解决问题的活动中去，用个性化的思考和处理问题的方式解决问题，为他们自主建构知识的意义提供时空保障。

（2）重视多元表征，感悟集合思想。

在学生解决“求两个集合的并集的元素个数”问题时会用到多种方法，如画图示或列算式等。应放手让学生尝试解决，并充分展示学生的方法。学生画的图示并不一定是标准的维恩图，只要能清楚地表示出两个集合的关系，都应给予充分的肯定。另外，要注重通过语言描述，让学生在图示与算式这两种表征之间进行转换，感受集合的知识。当让学生列式解答时，学生会有多种算法。应让学生结合维恩图说一说算式所表示的意思，借助直观深刻理解维恩图中每一部分的含义，加深对集合知识的理解。例如，当学生列式为 9+8-3=14 后，让学生结合维恩图说一说求出的是哪一部分，体会两个集合的并集，再说一说这样列式的理由，体会“求两个集合的并集的元素个数，就是用两个集合的元素个数的和减去它们的交集的元素个数”这一基本方法。再如，学生列式为 8-3=5，9+5=14 时，让学生说明“8-3 表示只参加踢毽比赛的”，在维恩图上指一指是哪两部分相减，在说明“9+5 表示参加跳绳比赛的加上只参加踢毽比赛的”的同时，在维恩图上指一指是哪两部分相加，体会并集。

（3）把握好教学要求。

集合思想虽然在小学数学教学中有广泛的渗透，但并不是必须掌握的内容。本单元教学的落脚点不是掌握与集合有关的概念，也不是熟练掌握计算的方法，而是让学生经历探究的过程，在解决问题的过程中理解集合的思想，并获得有价值的数学活动经验。因此，在教学中要注意把握好知识的难度和要求，尽量用通俗易懂的语言渗透集合思想。例如，对于集合的术语，如集合、元素、交集、并集等，虽然在教学中可以介绍给学生，但并不需要让学生掌握，只要学生能用自己的语言表达和交流就可以了。教材中出现的需解决的问题都是计算集合并集或交集的元素个数，但重点不是熟练计算，而是让学生通过解决此类问题，了解、体会集合概念及运算的道理。另外，教材中只给出了利用维恩图表示两个集合的交和并的问题，没有出现三个集合的情况。如果学生在解答练习二十三第 4 题和第 6 题的时候，尝试用维恩图表示三个集合的交、并，应给予鼓励和指导。

四、搭配（二）

1. 课标要求

《义务教育数学课程标准（2022 版）》第二学段“学段目标”中提出：在主题活动中，尝试应用数学和其他学科知识与方法解决问题，积累数学活动经验，形成量感、推理意识和应用意识。

《义务教育数学课程标准（2022 版）》第二学段“课程内容”中提出：能解决生活中的简单问题，并对结果的实际意义做出解释，形成初步的模型意识和应用意识。

2. 教材分析

图 6.2-4　三年级下“搭配（二）”

例 1 教学排列问题，这是用 4 个数字（含 0）组成两位数的问题。在二年级上册探索非 0 的 3 个数字组合两位数的基础上，增加了数字 0，通过两名学生探索能写出多少个两位数的过程，体现了思维的有序和全面性——从十位写 1 开始，按从小到大的顺序选择数字，“按顺序”“不重不漏”是思考的关键，还体现了分类讨论的方法。用自己的方式表达思考过程。“做一做”第 1 题的问题结构与例 1 相同，巩固所学方法。第 2 题比例 1 稍复杂，解决问题的方法也比较多样。可以让学生思考：先把 5 块巧克力分成 3 份，有两组分法，即（1，1，3）和（1，2，2）。再就每组分法分别讨论怎样分给小丽、小明、小红，有几种排列的结果。最后将所有结果相加。也可以让学生思考：先分给小丽 1 块，再将剩下的 4 块分给小明和小红，有 3 种分法。先分给小丽 2 块，剩下的 3 块给小明和小红，有 2 种分法。先分给小丽 3 块，剩下的 2 块分给小明和小红，有 1 种分法。最后将所有结果相加。

例 2 选取解决服装搭配的问题，用以培养学生有序、全面思考的能力。所创设的问题情境贴近学生的生活，且易于理解和探究。女生和男生分别呈现了两种解决问题的思路及表达方式。两种方法都脱离了用实物进行操作，而是借助图形和符号表达思考过程。其中男生的方法既可以看成每件上装搭配不同下装（A→B），也可以看成每件下装搭配不同上装（B→A）。为巩固此类问题的解决方法，“做一做”中编排了两个与例 2 结构相同的题目。第 1 题用“拉动纸条”的方式限定了十位只能从“2、4、9”选择，个位只能从“3、6、8”选择，使问题结构与例题相同。

3. 教学建议

（1）创设学生熟悉的情境和活动，经历知识的形成过程，培养“四能”。

数学教学要让学生经历知识的形成过程，这是新课程所倡导的理念之一。所谓“经历”是指“在特定的数学活动中，获得一些初步的经验”。要“经历”就必须有一个特定的现实的活动情境，因此，要有意识地创设学生熟悉的情境，帮助他们联系自己身边具体的事物发现并提出问题，通过观察、操作、猜想等活动，感受数学与生活的密切联系，积累这方面的经验。

（2）借助多种学习方式和关键性问题引导学生的思维活动逐步走向深入，掌握有序、全面思考问题的方法。

排列和组合是很抽象的数学知识，教学中需要通过多种活动把这些抽象的知识直观化、具体化。要用写一写、画一画、摆一摆等多种形式表示思维过程，在教学中可以采用独立思考表达想法、动手实践体验思考、同伴互助分享思维、小组合作相互读懂等多种形式，促进学生的思考与交流，展示多种解决问题的方法，让学生在个体与小组、团体的思维碰撞中不断感受提升，找出排列数和组合数，最终掌握有序、全面的思考方法。

要想引导学生思维活动逐步深入，在教学中可提出以下三个问题。第一，同学们能用自己想到的方法，把找到全部“搭配”的过程表示出来吗？此问题意在把学生从仅仅关注答案引导到关注寻找答案的过程上，从而生成丰富的教学资源。第二，学生寻找有多少种搭配方法时，表达的形式不同（画图、文字、符号等），但是都做到了不重不漏，这中间一定有共同的经验。想一想是什么？此问题意在从不同的方法中揭示出问题的本质——有序思考，引导学生体会有序思考的价值。第三，科学家们都十分看重有序思考，如爱因斯坦就说过：“对称和有序是宇宙间的根本大法。”有序思考在我们生活和学习中也经常用到，能举个例子说说吗？此问题意在深化学生对有序思考的认识，并让学生经历认识的完整过程：实践—认识—再实践。

（3）把握教学要求，“到位”而不“越位”。

教学中，既要指导学生根据实际问题采取枚举、连线等形式有序地、不重不漏地找出事物的排列数和组合数，还要注意：只要求学生用图示的方式把所有的排列或组合情况列举出来（即有哪些排列或组合），不要求抽象地计算出一共有多少种排列数或组合数，不要拔高要求。教学中应鼓励学生用自己喜欢的方式表达思维过程和结果，但是，诸如排列、组合、分类计数原理、分步计数原理等名词，不必出现，也不用向学生进行解释。

五、优化

1. 课标要求

《义务教育数学课程标准（2022 版）》第二学段“学段目标”中提出：在主题活动中，尝试应用数学和其他学科知识与方法解决问题，积累数学活动经验，形成量感、推理意识和应用意识。

《义务教育数学课程标准（2022 版）》第二学段“课程内容”中提出：能解决生活中的简单问题，并对结果的实际意义做出解释，形成初步的模型意识和应用意识。

2. 教材分析

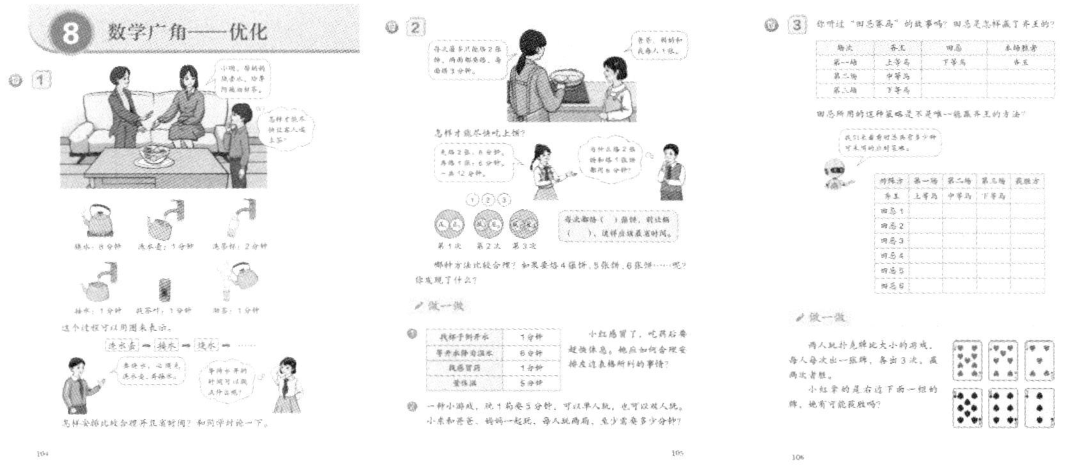

图 6.2-5　四年级上“优化”

例 1 结合沏茶的实际问题，让学生体会优化思想的作用。以家里来客人要沏茶为背景，提出“怎样才能尽快让客人喝上茶”的问题。在情境图下，教材给出了沏茶所要做的各种工序，以及实施每种工序所需要的时间。教材呈现了学生们讨论怎样安排的场景，提示了解决这一问题的思考方法：沏茶的顺序是什么？怎样安排节省时间？哪些事情可同时做？教材提示用流程图的方式表示解决问题的顺序或方案，教给学生设计方案的具体方法。此外，不完整的流程图为学生预留了思考和创造的空间。

例 2 讨论烙饼时怎样合理安排操作最节省时间，让学生体会在解决问题中优化思想的应用，教材呈现了学习过程中的学生想法和问题，反映了学生的认知基础和学习起点。烙饼的图示则凸显了直观优势，有助于学生理解最优的烙饼方法。“做一做”第 1 题与例 1 配合，让学生通过解决小红吃药的实际问题，进一步体会优化思想在现实生活中的作用。第 2 题与例 2 配合，问题中的“至少”体现需从优化角度来安排 3 人玩游戏的活动。

3. 教学建议

本单元教学难点在于如何让学生在具体问题的解决中感悟抽象的数学思想。解决这个难点的关键就是将“做”与“思”有机结合，循序渐进，发展学生的抽象能力和推理能力。如何让学生经历由具体到抽象这一循序渐进的过程呢？一方面，为学生营造实践感悟的空间，实践中体验解决问题的多种策略，比较中寻求最优策略，体验中感悟优化思想，避免只有直观没有抽象或直接阐述数学思想而疏漏体验感悟的过程。另一方面，可利用图表将外化的“做”浓缩为内隐的“思”，在动手操作中提升思维活动，将行为的感知升华为理性的思维认知，使学生在发展思维能力的同时理解抽象的数学思想。

六、鸡兔同笼

1. 课标要求

《义务教育数学课程标准（2022 版）》第三学段“学段目标”中提出：在主题活动中，应用数学和其他学科知识与方法解决问题，积累数学活动经验，形成数感、量感、模型意识、应用意识和创新意识。

《义务教育数学课程标准（2022 版）》第二学段“课程内容”中提出：能解决生活中的简单问题，并对结果的实际意义做出解释，形成初步的模型意识和应用意识。

2. 教材分析

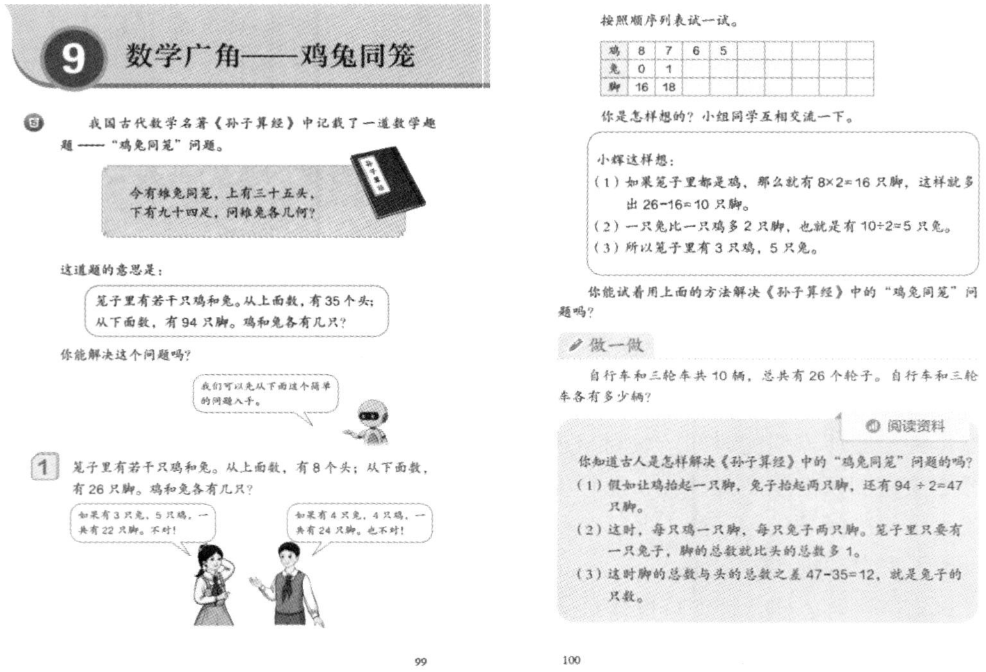

9 数学广角——鸡兔同笼

我国古代数学名著《孙子算经》中记载了一道数学趣题——“鸡兔同笼”问题。

今有雉兔同笼，上有三十五头，下有九十四足，问雉兔各几何？

这道题的意思是：

笼子里有若干只鸡和兔。从上面数，有 35 个头；从下面数，有 94 只脚。鸡和兔各有几只？

你能解决这个问题吗？

1 笼子里有若干只鸡和兔。从上面数，有 8 个头；从下面数，有 26 只脚。鸡和兔各有几只？

99

按照顺序列表试一试。

鸡	8	7	6	5						
兔	0	1								
脚	16	18								

你是怎样想的？小组同学互相交流一下。

小辉这样想：
（1）如果笼子里都是鸡，那么就有 8×2=16 只脚，这样就多出 26−16=10 只脚。
（2）一只兔比一只鸡多 2 只脚，也就是有 10÷2=5 只兔。
（3）所以笼子里有 3 只鸡，5 只兔。

你能试着用上面的方法解决《孙子算经》中的“鸡兔同笼”问题吗？

做一做

自行车和三轮车共 10 辆，总共有 26 个轮子。自行车和三轮车各有多少辆？

阅读资料

你知道古人是怎样解决《孙子算经》中的“鸡兔同笼”问题的吗？
（1）假如让鸡抬起一只脚，兔子抬起两只脚，还有 94÷2=47 只脚。
（2）这时，每只鸡一只脚，每只兔子两只脚。笼子里只要有一只兔子，脚的总数就比头的总数多 1。
（3）这时脚的总数与头的总数之差 47−35=12，就是兔子的只数。

100

图 6.2-6 四年级下“鸡兔同笼”

“鸡兔同笼”问题是我国古代著名的数学问题，主题图借助古代课堂的情境对《孙子算经》中记载的“鸡兔同笼”原题进行了介绍，并通过呈现课堂上学生冥思苦想的画面激发学生解决该类问题的兴趣。“鸡兔同笼”原题的数据较大，对学生猜测、验证的过程提出了挑战，从而使学生体会到化繁为简是探究解决问题策略的有效途径之一。

例 1 是在古代趣题的基础上呈现了一道数据较小的“鸡兔同笼”问题，在引导学生探索解决问题方法的过程中，呈现了猜测、列表、假设等方法。首先呈现学生最“朴素”的想法——猜测，分别猜测鸡、兔各有多少只，然后验证脚的只数是否能对应题目的条件。学生通过这种不断的猜测、尝试最终找到答案。接着呈现了列表法，不仅渗透了有序思考，而且还是运用假设法解决问题的基础。以上两种方法体现了让学生经历直觉猜测和有序思考的过程，可使学生对这一问题形成较为深刻的理解和认识。假设法是更具逻辑性和一般性的解法，是解决此类问题的算术解法中较为普遍的一种解法。解题过程要经历假设—计算推理—解答的过程。例 1 就是通过假设笼子里都是鸡，然后通过计算实际与假设情况下总脚数之差，进而推理得出鸡、兔的只数。

3. 教学建议

（1）注意渗透化繁为简的思想。

“鸡兔同笼”的原题数据比较大，不利于首次接触该类问题的学生进行探究，因此教材先编排了例 1，通过化繁为简的思想帮助学生先探索出解决该问题的一般方法后，再解决《孙子算经》中的原题。教学时，教师应注意使学生体会到这一点。

（2）引导学生探索解决问题的策略和方法。

在解决“鸡兔同笼”问题的方法中，猜测是探究解决此类问题的基础，列表法则有助于通过有序思考找到问题的答案，假设法则有利于培养学生的逻辑推理能力，且是解决此类问题的一般方法。教学中，教师要给学生充分的空间、足够的时间探究、讨论解决此类问题的方法，并在小组交流、合作学习的过程中了解不同方法的特点，积累解决问题的经验。当然，解决这类问题，学生选用哪种方法均可，不强求用某一种方法。

七、植树问题

1. 课标要求

《义务教育数学课程标准（2022 版）》在第三学段“学段目标”中提出：在主题活动中，应用数学和其他学科知识与方法解决问题，积累数学活动经验，形成数感、量感、模型意识、应用意识和创新意识。

《义务教育数学课程标准（2022 版）》在第三学段“课程内容”中提出：能运用常见的数学关系解决实际问题，能理解结果的实际意义，逐步形成模型意识和几何直观。

2. 教材分析

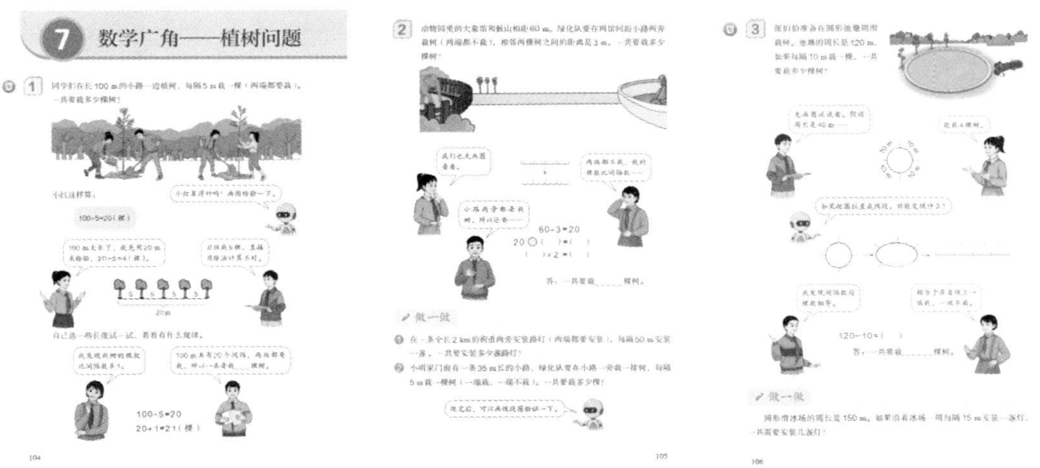

图 6.2-7　五年级上“植树问题”

例 1 是关于在一条线段上的植树问题并且两端都要栽树的情况，意在让学生在解决这个问题的过程中发现规律，找到解决问题的有效方法，经历解决问题的过程。教材从具体到抽象，从特殊到一般，呈现分析、思考、解决问题的全过程。教材先由一个男孩说出容易出错的想法："每隔 5 m 栽一棵，共栽 100÷5=20（棵）"，接着由"对吗？检验一下"引出解决问题常用的方法——从简单的情况入手解决复杂的问题，渗透简单的化归思想。然后，呈现同学们用示意图和线段图分析问题的过程。通过画图先解决 20 m 和 25 m 的植树情况，并从中发现它们共同的规律：栽树的棵数比间隔数多 1，接下来应用所发现的规律猜想 30 m 和 35 m 的植树情况，并加以验证。最后，引导学生概括出一条线段两端栽树的植树问题的一般规律，并据此解决数据更大的问题。

例 2 是关于一条线段上的植树问题的另一种情况，即两端都不栽树的情况。教材继续通过画线段图的方法帮助学生分析、理解，找出一般规律来解决例题提出的问题。教材以文字配情境图的方式呈现问题，以帮助学生理解题意。由于有了前面探索的经验，学生自然会想到借助线段图来分析，所以教材呈现了 3 位同学的分析和思考过程，引导学生继续画线段图进行分析，从而发现当两端都不栽树时，植树的棵数比间隔数少 1，然后利用发现的规律解决例题的问题。"做一做"第 1 题和例 1 对应，主要是帮助学生利用规律解决生活中"两端都栽树"的实际问题。"做一做"第 2 题仍是植树问题，是一端栽另一端不栽的情况，通过画线段图，再与例 1、例 2 对比来获得对这一基本模型的理解，并运用发现的规律解决要求的问题。

例 3 是在一条首尾封闭的曲线上植树的问题，进一步培养学生在解决实际问题中探索规律、找出解决问题的有效方法的能力，以及抽取数学模型的能力。和前面的编排类似，教材呈现了 4 名同学探索解决问题的过程。首先，通过女孩的话"先画图试试看。假设周长是 40 m……"，引导学生从简单的情况入手进行探究。接着，通过机器人聪聪的问题"如果把圆拉直成线段，你能发现什么"，启发学生联系已有的知识找出这种植树问题的规律，即栽树的棵数正好等于间隔数，并渗透转化的数学思想。"做一做"是对例 3 的巩固，同时使学生体会到用发现的规律能很方便地解决生活中的植树问题。

3. 教学建议

（1）让学生经历和体验知识的形成过程，感悟重要的数学思想和方法。

"数学广角"的教学目的主要是让学生体验知识的形成过程和感悟数学思想方法。具体到本单元，教学时，教师应从实际问题入手，引导学生在解决问题的分析、思考过程中逐步发现隐含于不同情形中的规律，经历抽取出数学模型的过程，体验数学思想方法在解决实际问题中的应用。以例 1 为例，教科书以"对吗？检验一下""可以画线段图来验证"为线索，让学生经历猜想、试验、归纳、推理的过程，先后向学生渗透简单的化归、数形结合、一一对应、模型、推理等数学思想，激发学生对数学的好奇心和求知欲，增强学生学习数学的兴趣。

（2）强调画图的策略，引导学生有效地解决生活中的植树问题。

标准把几何直观作为核心概念之一，并且指出：在日常教学中，在指导学生学习数学过程中，帮助学生养成画图的习惯是非常重要的。因此，在教学中应引导学生用画图的方法解决植树问题，如"公共汽车站""架设电线杆""敲钟问题""设置饮水点""锯木头""项链上的水晶"等问题，可以引导学生借助示意图或线段图进行分析，在直观理解的基础上解答。

（3）把握好教学的度。

"数学广角"主要是通过简单的事例渗透一些重要的数学思想方法。因此，在教学时注意对例题不要有过多的变式，或者提高问题的难度。

八、找次品

1. 课标要求

《义务教育数学课程标准（2022 版）》在第三学段“学段目标”中提出：在主题活动中，应用数学和其他学科知识与方法解决问题，积累数学活动经验，形成数感、量感、模型意识、应用意识和创新意识。

《义务教育数学课程标准（2022 版）》在第三学段“课程内容”中提出：能运用常见的数学关系解决实际问题，能理解结果的实际意义，逐步形成模型意识和几何直观。

2. 教材分析

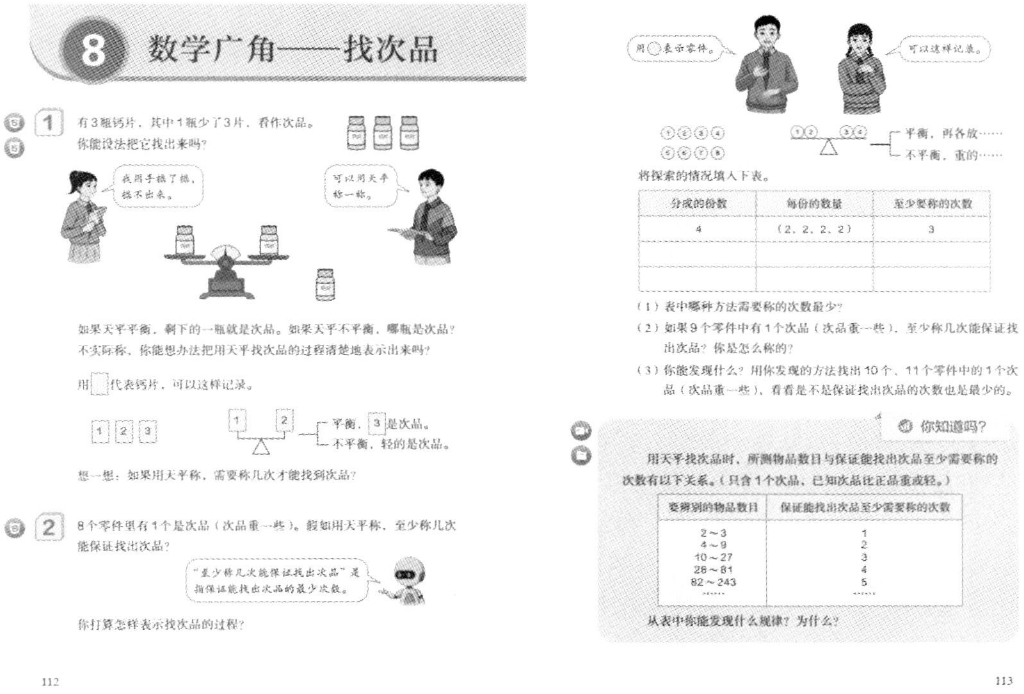
8 数学广角——找次品

1 有3瓶钙片，其中1瓶少了3片，看作次品。你能设法把它找出来吗？

我用手掂了掂，掂不出来。

可以用天平称一称。

如果天平平衡，剩下的一瓶就是次品。如果天平不平衡，哪瓶是次品？不实际称，你能想办法把用天平找次品的过程清楚地表示出来吗？

用□代表钙片，可以这样记录。

1 2 3　1 2 —— 平衡，3 是次品。不平衡，轻的是次品。

想一想：如果用天平称，需要称几次才能找到次品？

2 8个零件里有1个是次品（次品重一些）。假如用天平称，至少称几次能保证找出次品？

“至少称几次能保证找出次品”是指保证能找出次品的最少次数。

你打算怎样表示找次品的过程？

112

用○表示零件。

可以这样记录。

①②③④ ⑤⑥⑦⑧　①② ③④ —— 平衡，再各放……　不平衡，重的……

将探索的情况填入下表。

分成的份数	每份的数量	至少要称的次数
4	（2，2，2，2）	3

（1）表中哪种方法需要称的次数最少？

（2）如果9个零件中有1个次品（次品重一些），至少称几次能保证找出次品？你是怎么称的？

（3）你能发现什么？用你发现的方法找出10个、11个零件中的1个次品（次品重一些），看看是不是保证找出次品的次数也是最少的。

你知道吗？

用天平找次品时，所测物品数目与保证能找出次品至少需要称的次数有以下关系。（只含1个次品，已知次品比正品重或轻。）

要辨别的物品数目	保证能找出次品至少需要称的次数
2～3	1
4～9	2
10～27	3
28～81	4
82～243	5
……	……

从表中你能发现什么规律？为什么？

113

图 6.2-8　五年级下“找次品”

例 1 主要目的是让学生从最简单的问题入手，初步理解“找次品”的含义，明确找次品的基本思路。教材先让学生讨论找次品的方法，通过交流聚焦到用天平找次品的方法上来，通过用天平直观演示，说明基本推理过程：如果天平平衡……如果天平不平衡……为后面探索“找次品”问题的策略提供依据。为了便于沟通和交流，教材通过机器人聪聪提出用适当的方式把找次品的过程清楚地表示出来的要求，引导学生用直观的方式记录找次品的思维过程，为后面利用形式化的天平进行推理做好铺垫。这里，可以让学生初步体会：天平称一次，可以判断出次品在两个托盘上或者是天平外的那个。也就是说，通过推理，可以将次品确定在这三份中的一份。这就为分三份提供了直观的经验，为后面的探索做准备。

例 2 教学找次品的一般方法：由 8 个零件开始探索，再用 9 个研究，发现称的次数最少的方法的特点；然后用 10 个、11 个验证，最后总结出找次品的最优策略。有了例 1 的基础，学生已经知道找次品的基本推理思路。这里教材在让学生理解了“至少称几次能保证找出次品”的含义后，直接提出“你们打算怎样表示找次品的过程”，让学生自己探索。为引导学生探索，教材采取了下列措施：一是让学生将推理的过程用直观、简洁的方式表示出来，并给出“直观图”示例加以引导。二是让学生把不同的方案记录在表格中，以便进行分析、猜测。三是通过上面教材中的表格，给出探究的线索，即通过第（1）题，找出称的次数最少的方法；通过第（2）题并结合第（1）题，归纳出方法；最后用 10 个、11 个验证，进一步明确找次品的最优方法。“做一做”让学生进一步巩固和应用发现的最优方法解决找次品问题。

3. 教学建议

（1）重视小组合作与交流。

本单元内容的探究性比较强，可以采取小组讨论探究的方式教学。教学时，可先给学生充足的探究时间和空间，让他们充分地比较、观察、讨论，找到解决问题的多种策略。在探索中，教师应提醒学生把所有的可能性都考虑进去。小组讨论后，教师可要求学生分组汇报结果，并在黑板（投影屏幕）上逐一展示，让学生感受到同一问题有多种解决方案，为后面寻求最优的解决策略打下研究、分析的基础。

（2）让学生充分经历“比较—猜想—验证”的过程，寻求找次品的方法。

“找次品”的最优策略有两个要点：一是把待测物品分成 3 份；二是尽量平均分。这是本单元教学的重点，也是难点。如何遵循学生的认知特点，引导学生突破这一难点呢？教学中可以按照教材的编排，通过有层次的、丰富的探究活动，让学生在自主探索中体会，逐步地进行归纳。如先通过例 1，研究“3 个”的情形，让学生感知基本的推理过程：如果天平平衡……如果天平不平衡……再通过例 2 研究“8 个”“9 个”的情形，对比分析，寻找出规律，最后用“10 个、11 个”进行验证，概括出找次品的最优方法。也可以在教材提供的基本教学思路的前提下，进行一些调整。如可以从 2 个开始，再重点探究 3、8、9 个的情形。通过解决“2 个”的情形与“3 个”形成次数的对比：为什么数量多了 1 个而次数没有增加？让学生感受到找次品并不是都要称，可以通过推理将其找出，为“分组推理”的研究埋下伏笔。再如，将“8 个”“9 个”的情形结合起来研究，通过对比分析总结分组的优化方法：分三组，尽可能平均分，如不能平均分，让每组数量尽可能接近，且 3 份中有 2 份的数量相等。

（3）有意识地进行数学思维过程表达的教学。

逻辑推理是贯穿本节课始终的重要的思想方法。在“找次品”的过程中，为了使别人明白自己是怎么解决问题的，学生需要清晰、有条理地表示出逻辑推理的过程，而这也正是本单元的重点和难点。虽然口头和文字表达可以说明思维过程，但如前所述，当零件总量增多，推理的步骤也相应增加，再用这种方式表述会冗长烦琐，因此，要有意识地引导学生尝试用画直观图、流程图，并配以文字说明的方式表示逻辑推理的过程，使学生逐步学会用数学化的方式表达思维过程。

九、数与形

1. 课标要求

《义务教育数学课程标准（2022 版）》第三学段“学段目标”中提出：在主题活动中，应用数学和其他学科知识与方法解决问题，积累数学活动经验，形成数感、量感、模型意识、应用意识和创新意识。

《义务教育数学课程标准（2022 版）》第三学段“课程内容”中提出：能运用常见的数学关系解决实际问题，能理解结果的实际意义，逐步形成模型意识和几何直观。

2. 教材分析

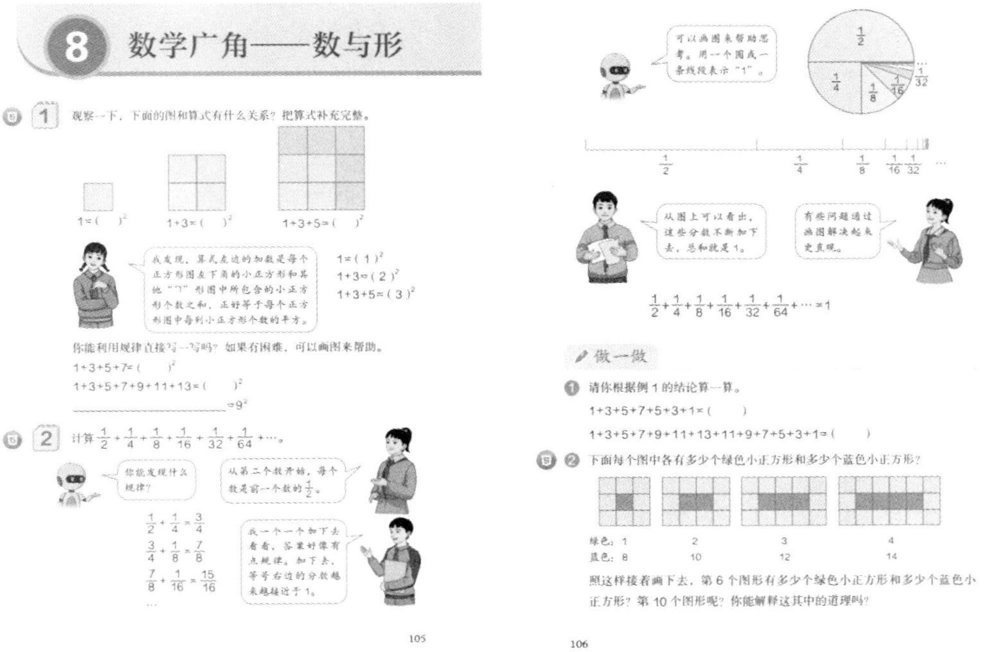

图 6.2-9　六年级上“数与形”

例 1 是通过数形结合，让学生探索从 1 开始的连续奇数之和与“正方形数”（即平方数）之间的关系。教材引导学生观察正方形图中的小正方形数的规律，并把正方形图与下面的算式对照，寻找它们之间的关系。使学生通过观察，发现算式左边的加数正好与正方形图中以颜色区分的“¬ ”形图形中的小正方形数相对应。把这些加数加起来，和就是正方形图中包含的小正方形数，即每边小正方形数的平方。有几个奇数相加，每边的小正方形数就是几。在学生发现这一规律以后，让学生学会应用这一规律继续填下去，即从 1 开始，几个连续奇数相加，和即是几的平方。例 2 中，先观察发现加数的规律，即第一个加数是 $\frac{1}{2}$，后面每个加数都是前一个加数的 $\frac{1}{2}$。接下来，让学生通过计算，发现和的规律，即和为 1 减去最后一个加数，随着加数越来越多，和越来越接近 1。

3. 教学建议

（1）引导学生数形结合，相互印证。

形的问题中包含着数的规律，数的问题也可以用形来帮助解决，教学时，要让学生通过解决问题体会到数与形的这种完美结合。既可以从数的角度出发，让学生看看可以怎样用图形来表示数的规律，也可以让学生寻找图形中所包含的数的规律。通过数与形的对应关系，互相印证结果，感受数学的魅力。例如，在例 1 中可以先让学生计算 1+3+5⋯的得数，使学生发现得到的和都是“平方数”，再通过图形的规律理解“平方数”和“正方形数”的含义。也就是说，如果用 1 个小正方形、3 个小正方形、5 个小正方形……可以共同拼出一些大小不一的大正方形图。也可以有规律地呈现由小正方形拼成的大小不一的大正方形图，让学生看看前后两个大正方形图相差多少个小正方形，例如，边长是 2 的大正方形和边长是 1 的大正方形，相差的是 3 个小正方形；边长是 3 的大正方形和边长是 2 的大正方形，相差的是 5 个小正方形……相差的小正方形数正好是“¬ ”形中的小正方形数。因此，每个大正方形图中都隐藏着一个算式，即 $1+3+5+\cdots+(2n-1)=n^2$。

（2）使学生感受用形来解决数的有关问题的直观性与简捷性。

图形的直观、形象的特点，决定了化数为形往往能够达到以简驭繁的目的。例如，例 2 中，用举例的方法求出等比数列的有限和，都不能证明无限多项相加的结果为 1。但是如果用圆或线段的图形加以说明，学生则比较容易理解当一个数无限趋近于 1 时，其结果就是 1，一个极其抽象的极限问题，由于用图形来解决，就变得十分直观和便捷了。

（3）引导学生从不同的角度探索数与形的通用模式。

小学阶段，虽然不要求写出一个数列的通式，但可以通过数形结合的方法，利用图形的规律，从不同的角度，用自己的语言描述出数列的通用模式。例如，第 109 页第 1 题，根据例 1 的结论，很容易得到第 n 个图形中最外围的小正方形数为 $(2n+1)2-(2n-1)2$，也可以从结果看到第一个图最外圈有 8 个小正方形，第二个图最外圈有 8×2 个小正方形，第三个图最外圈有 8×3 个小正方形……通过推理，可知第 n 个图最外圈就有 $8\times n$ 个小正方形，每次都是在前一个图的基础上增加 8 个小正方形。还可以引导学生进一步思考：每次多的这 8 个小正方形都是怎么来的？使学生观察到是每边增加 2 个小正方形产生的。

十、鸽巢问题

1. 课标要求

《义务教育数学课程标准（2022 版）》在第三学段“学段目标”中提出：在主题活动中，应用数学和其他学科知识与方法解决问题，积累数学活动经验，形成数感、量感、模型意识、应用意识和创新意识。

《义务教育数学课程标准（2022 版）》在第三学段“课程内容”中提出：能运用常见的数学关系解决实际问题，能理解结果的实际意义，逐步形成模型意识和几何直观。

2. 教材分析

抽扑克牌“魔术”是为了激发学生的学习兴趣，引出新知。例 1 借助把 4 支铅笔放进 3 个笔筒中的操作情境，介绍“抽屉原理”的最基本形式。教材呈现了 2 种思考方法。第一种方法是用操作的方法进行枚举。通过直观地摆铅笔，发现把 4 支铅笔放进 3 个笔筒中一共只有 4 种情况。在每一种情况中，都一定有一个笔筒中至少有 2 支铅笔。通过罗列实验的所有结果，就可以得出结论。第二种方法是采用“假设”的思路进行推理：先放 3 支，假设没有任何笔筒里有 2 支，即每个笔筒里只放 1 支，剩下 1 支放入任意一个笔筒中，这个笔筒中就有 2 支铅笔了。这种方法比第一种方法更为抽象，更具一般性。例如，如果要回答“为什么把 $(n+1)$ 支铅笔放进 n 个笔筒里，总有一个笔筒里至少放进 2 支铅笔”的问题，用枚举的方法就很难解释，但用“假设法”来说明就很容易了。“做一做”安排了一个“鸽巢问题”，以此呼应单元标题。此题是例 1 的扩展，引导学生理解余数大于 1 时该怎么思考。

图 6.2-10　六年级下“鸽巢问题”

例 2 介绍了另一种类型的“抽屉问题”，即“把多于 kn（k 是正整数）个的物体任意分放进 n 个空抽屉，那么一定有一个抽屉中放进了至少（k+1）个物体”。教材提供了让学生把 7 本书放进 3 个抽屉的情境。学生仍然可以采用图示、分解数、假设等方法，理解并确认“总有一个抽屉至少放进 3 本书”的结论，教材呈现的“如果每个抽屉最多放 2 本……”的提示，实际上已是反证法的形式了，但仅仅是“就事论事”式的“说理”。教材还以算式 7÷3=2……1，引导学生更数学化地理解假设法的核心思路，加深对思考过程的理解。在此基础上，又进一步提出“如果有 8 本书会怎样？10 本书呢？”，让学生利用前面的方法进行类推。最后，借助对算式的对比分析，引导学生对这一类“抽屉问题”形成一般性的理解。“做一做”第 1 题，继续采用“鸽巢问题”的情境，要求学生通过例 2 类推解决。

本例是“抽屉原理”的具体应用，也是运用“抽屉原理”进行逆向思维的一个典型例子。要解决这类问题，可以把 2 种“颜色”看成 2 个“抽屉”。“同色”意味着“同一抽屉”。这样就可以把“摸球问题”转化成“抽屉问题”。教材通过学生的对话，指出了可以通过先猜测再验证的方法来解决问题，也反映了学生在解决这个问题时有可能会遇到的困难。例题中的“4 个红球和 4 个蓝球”很容易给学生造成干扰。教材引导学生把这个结论进一步推广，指出“只要摸出的球比它们的颜色种数多 1，就能保证有 2 个球同色”而和每种颜色的球的个数无关。例如，球的颜色有 3 种，至少要摸出 4 个球，才能保证摸出的球里有 2 个同色。“做一做”第 2 题描述的就是这种情形。“做一做”第 1 题也是“抽屉原理”的典型例子，其中“367 名学生中一定有 2 个人的生日是同一天”与例中的“抽屉原理”是一类，49 名学生中一定有 5 人的出生月份相同，则与例 2 的类型相同。

3. 教学建议

（1）要恰当把握教学要求。

总体而言，“抽屉原理”的内容（尤其它的具体应用）是有难度的。尽管在素材选择、编排细节上，教材做了很多策略性的处理，但在实际教学中，教师还是会面临诸多问题，如有些学生理解较困难，思路不清，在面对变式时束手无策等。对此，教师要有心理准备，要有应对策略。一方面，教师要认识到这是正常的现象，认识到学生思维能力的差异性和思维发展的阶段性，对理解能力较弱的学生，教学时多让他们借助实物操作等直观方式进行学习，允许他们在力所能及的范围内理解和掌握知识。另一方面，不能拔高要求，过于追求推理的严密性和规范性。如在具体的应用中，学生有时要找到实际问题与“抽屉问题”之间的联系很不容易，即使找到了，也很难确定用什么作为“抽屉”，要用几个，以及如何思考。此时，教师不必过于追求学生“说理”的严密性，学生只要能结合具体问题把大致意思说出来，或者有一些个性化的思考和表达，教师就都应该予以肯定。

（2）应让学生初步经历“数学证明”的过程。

在数学上，一般是用反证法对“抽屉原理”进行严格证明的。如要证明“有多于 n 个元素分成 n 个集合，那么一定有一个集合中，至少含有 2 个元素”，证法为“如果每个集合中至多只有 1 个元素，那么元素的总数至多是 n 个，而不是题设的多于 n 个，所以这不可能”。在小学阶段，虽然并不需要学生对涉及“抽屉原理”的相关现象给出如此严格的、形式化的证明，但仍可引导学生用直观的方式对某一具体现象进行“就事论事”式的解释。本单元的习题，一般都是以“为什么”为问题要学生来解释原因的。这样的形式，学生很少经历，他们的回答方式可能不规范。对此，教师可以鼓励学生借助学具、实物操作或画草图的方式进行“说理”。实际上，通过“说理”的方式来理解“抽屉原理”的过程就是一种数学证明的雏形。这样的方式有助于逐步提高学生的逻辑思维能力，为以后学习较严密的数学证明做准备。

（3）要有意识地培养学生的“模型思想”。

“抽屉问题”的变式很多，应用更具灵活性。当我们面对一个具体问题时，能否将这个具体问题和“抽屉问题”联系起来，能否找到该问题中的具体情境和“抽屉问题”的一般化模型之间的内在关系，能否找出该问题中什么是“待分的东西”、什么是“抽屉”，是能否解决该问题的关键。教学时，要引导学生先判断某个问题是否属于用“抽屉原理”可以解决的范畴，如果可以，再思考如何寻找隐藏在其背后的“抽屉问题”的一般化模型。这个过程实际上是学生经历将具体问题“数学化”的过程，是从复杂的现实素材中找出最本质的数学模型的过程。这样的过程可有效地发展学生的数学思维能力，尤其是可增强学生对“模型思想”的体验，增强运用能力，需要引起教师的重视。

第三节　数学园地

数学园地是小学数学“综合与实践”的一项重要内容，目标是既要满足学生已有的兴趣和爱好，又要激发和培养学生兴趣和爱好，鼓励学生投入生活，亲身实践体验，从而更好地培养学生提出问题、分析问题、解决问题的能力。

一、数学乐园

1. 教材分析

“数学乐园”的一系列活动意在帮助学生复习巩固 10 以内数的顺序，序数和基数；巩固 10 的组成，10 以内的加减法计算。在游戏活动中培养学生的创新思维能力和合作意识，有助于培养学生对数学学习的兴趣和信心；培养学生初步分析数据、提取数学信息的能力，形成简单的统计观念。

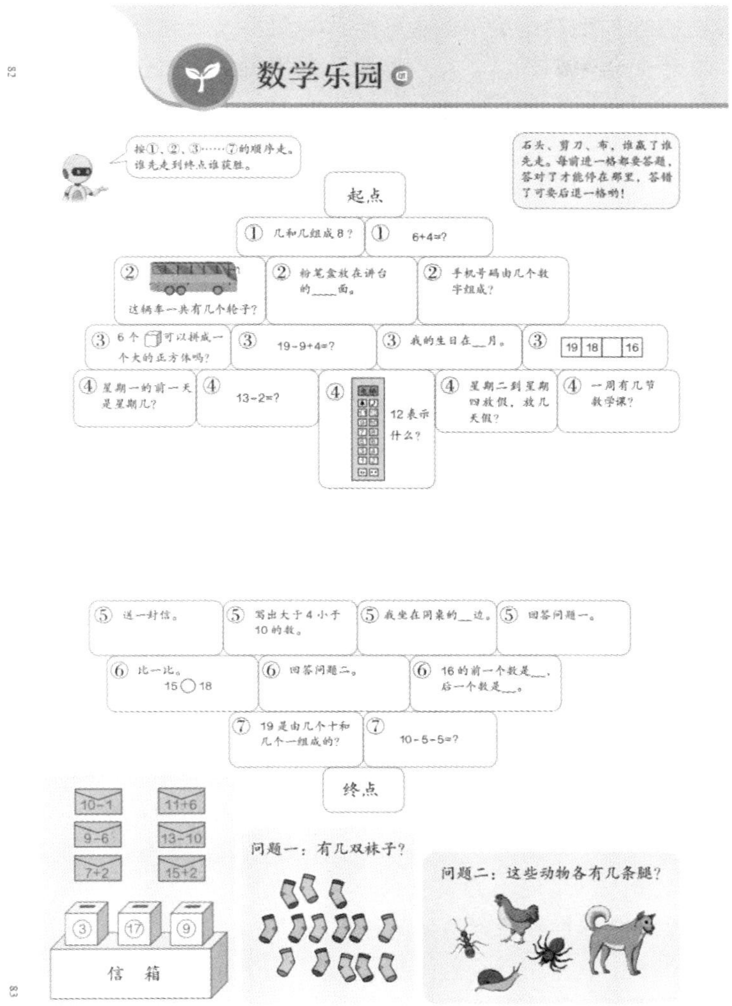

图 6.3-1　一年级上数学乐园

这部分是根据学生的年龄特征，联系学生的生活实际设计的一种数学实践活动情境，其内容是一些具有现实性和趣味性的活动材料，因此教材将课题名称定为“数学乐园”。这部分内容包括以下五个活动。

数学迷宫：教材利用学生熟悉而且感兴趣的“走迷宫”游戏形式，用 10 以内的数组成一个数字迷宫，要求学生按照 1、2、3、4……9 的顺序走，以此复习 10 以内数的顺序。数字迷宫有一个进口、两个出口，要求按规定的顺序走。满足要求的走法很多，通过这个游戏，不仅可以帮学生巩固 10 以内数的顺序，更重要的是能为学生学习多角度思考问题、多途径地探索解决问题的方法提供丰富的资源。

对口令：教材在这里安排了 10 以内的数对口令组成的数学游戏，有利于学生进一步感受数的组成，加深对 10 以内数的组成的理解。教材只写了 8 的组成，它只为学生进行对口令说数的组成活动提供一个线索，其余各数的组成则由教师根据活动需要引导学生进行选择。

送信游戏：送信游戏是通过邮递员送信活动帮学生复习巩固 10 以内数的加、减法，这实际上是一种根据算式找得数的活动。为了避免学生认为每一张卡片都能送到相应的信箱里，其中有的卡片上面的得数不是信箱的标号，是一些没法送出去的信。教材这样安排，更有利于学生经历正确的“送信”过程。

起立游戏：这是一个所有学生都非常熟悉的学习生活事例，这个事例中包含着基数和序数知识。通过这个活动，一方面可以使学生感受数学与自己学习生活的密切联系；另一方面，这个活动过程能直接促进学生对基数序数意义的理解，使他们更具体地感受自然数两方面的意义。

投掷游戏：这是一种学生都非常感兴趣的游戏，游戏蕴含了数数和比多少等知识。游戏让学生往一定距离的筐里投掷实物，启发学生运用所学的数学知识来解决游戏中出现的问题。教材还结合比多少的内容安排了简单的实物统计图，让学生在活动中直观地比较谁多、谁少和两个数相差多少，使学生体会到比多少的知识在实际生活中的应用，同时还让学生初步学习简单数据整理的方法。

2. 教学建议

数学乐园是一种数学实践活动内容，它要求创设相应的学习情境，让学生实际参与活动。因此，在教学中最好把这一内容设计成学生的活动过程，不要把它变成一种单纯的看图说话或看图回答数学问题的学习材料。另外，教材提供的主要是一种供学生活动的资源或线索，在教学中教师可根据实际情况进行删减或增添，从而使活动从内容到形式更加适合所在地区儿童的生活实际。

组织学生进行走数字迷宫的活动时，重点让学生知道可供选择的路线很多，只要是按照 1、2、3……9 的顺序走，不管怎么走都可以。教师在讲解中不要对走的路线进行暗示，以免限制了学生的多种选择。应鼓励学生尽量选择多种不同的路线，从中感受同一问题答案的多样性。如果因场地等客观条件的制约不能进行实际操作活动，也可让学生在书上画出所走的路线，然后在小组内或全班进行交流。活动时不必要求每个学生把所有路线都选出来，主要是让学生参与选择的活动，感受答案的多样性和探索答案的过程。

对口令的活动可让学生分组进行，3 个同学一组，1 个同学出题，另外 2 个同学对口令，对口令的同时用手势表示所对的数。教材只出示了 8 的组成，实际活动时可让学生自行任意选择所学过的数进行对口令的练习。对口令时可适当进行一些由一个数的一组组成去推想它的另一组组成的练习，以此减少学生对数的组成的机械记忆，增强意义识记。

教学“送信”游戏仓游戏前，教师尽可能多准备一些写有 10 以内数的加减法算式的卡片（其中有些算式的得数不是信箱的标号），游戏可分组进行。对于投不出去的卡片，注意让学生说一说投不出去的理由。

起立游戏可以分组进行，每组参与起立的学生不超过 11 人。活动时每组选一名同学发口令，其余同学按口令起令。进行起立游戏时应注意渗透以下两方面内容：① 感受方位。除让前面几位同学站起来和从前往后第几位同学站起来外，还可适当进行一些让后面几位同学站起来或从后往前第几位同学站起来的练习，让学生在游戏中对前、后方向有具体的感知。② 适当对数的基数意义和序数意义进行区别。如让学生完成“前面 4 位同学站起来”的动作后，马上又进行“从前往后第 4 位同学站起来”的游戏，游戏后让学生简单说说两个“4”所表示的意义有什么不同。

投掷游戏也可以分组进行，在组内再进行个人或小组投掷比赛。进行这一游戏时，注意向学生渗透以下两方面内容。① 渗透统计思想。首先，让学生切实参与记录并统计投进个数的过程。然后，引导学生对照直观统计图直观比较谁比谁多投进几个，谁比谁少投进几个，使学生从中初步了解直观比较两数相差多少的方法。② 让学生在投掷的过程中初步感受事件发生的可能性和不确定性，如让学生在投掷时猜一猜能不能投进，使他们从中感受到能不能投进具有不确定性，既有投进的可能性，也有投不进的可能性。

二、摆一摆、想一想

1. 教材分析

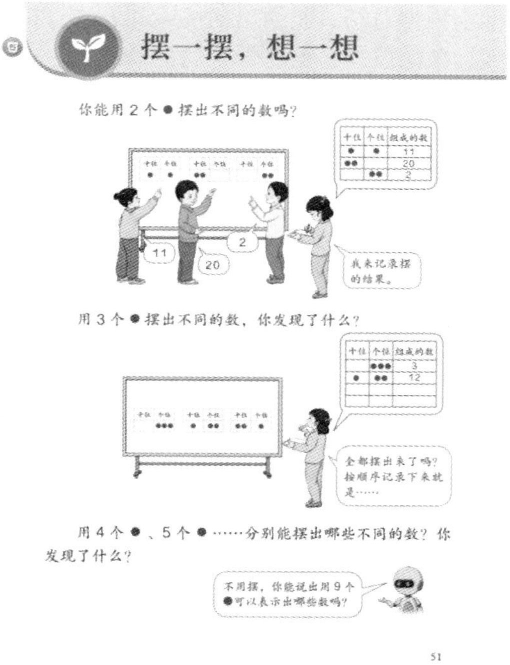

图 6.3-2　一年级下“摆一摆、想一想”

这节“综合与实践”活动课从“你们能用 2 个小圆片摆出不同的数吗”这个问题入手，通过让学生把一定数量的圆片分别摆在数位表的十位和个位上，得到不同的数的活动过程，巩固学生对 100 以内数的认识，体验位值制思想。同时，让学生有所发现，并利用发现的规律解决一些简单的问题。在课程实施中，要重在实践，重在综合，培养学生的形象思维、抽象思维能力，培养学生的应用意识和创新意识，积累数学活动经验，提高学生解决问题的能力。

这是一节“综合与实践”的主题活动课，是在学生学习了 100 以内数的认识基础上进行的。通过让学生把一定数量的圆片分别摆在数位表的十位和个位上，得到不同的数的活动过程，巩固学生对 100 以内数的认识，体验位值制思想。同时，让学生有所发现，并利用发现的规律解决一些简单的问题。此外，活动中还渗透了一些统计的内容。可以看出，这一活动综合性强，可以很好地培养学生的形象思维、抽象思维能力。

教材在编排时，将活动分为四个层次：第一层次是用 2 个圆片摆出不同的数（由于到目前为止，学生学过的数只限于 100 以内，所以这里的数是指一位数和两位数）。由机器人聪聪的问题引入，并呈现了 4 名学生合作，用 2 个圆片摆不同的数的情境——其中 3 名学生在数位表中摆数，并读出摆的数；1 名学生检查并综合记录在简单的统计表中。通过这个层次的探索操作，让学生知道圆片摆在不同的位置上就表示不同的数，初步感受“位值”。第二层次让学生在第一层级活动基础上用 3 个圆片摆出并读出不同的数，进而发现运用圆片个数 3 的组成（和是 3 的加法），即 3=0+3、3=1+2、3=2+1、3=3+0，就能不重复不遗漏地摆出、说出所有答案。这体现在按顺序记录的摆数结果表中。通过这一层次的探索操作，学生进一步感受“位值”，感受所摆的数之间的关系，学会有序思考。第三层次是让学生用 4 个、5 个乃至更多的圆片摆出不同的数，并观察结果表，发现、总结圆片的个数与所摆出的数的个数之间的关系（摆出的不同的数的个数比圆片的个数多 1）及其他规律。第四层次综合运用所发现的规律解决“用 9 个圆片可以表示出哪些数？”的问题，让学生根据总结、归纳出的规律和方法直接说出用 9 个圆片能摆出的数及其个数，体现了由直观到抽象的层次，培养学生的抽象思维。

此部分教学重点是加深学生对 100 以内数的认识，进一步巩固数位和位值的概念；教学难点是在活动中感受有序思考的价值，培养学生初步的归纳能力，获得数学活动经验。

2. 教学建议

（1）加深学生对 100 以内数的认识，进一步巩固数位和位值的概念。

活动要求学生对数位和位值的概念比较熟悉，所以在开始活动前，教师可以利用数位表和计数器对相关知识进行复习，以唤起学生的相关知识经验。例如，在计数器的十位和个位分别放两个珠子，让学生说一说这两个珠子分别表示多少。

教师要给予学生充分的时间和空间进行相关的实际操作（摆圆片和记录），让学生经历有层次的“用圆片在数位表上摆出不同的数” 活动过程，并通过记录，以表格的形式将抽象的数位、位值概念直观地展示在学生面前，使学生深刻地体会到同样数量的圆片摆在不数位上，表示的数不同，从而加深学生对数位及位值概念的理解。

沟通百数表与所摆出数之间的关系。引导学生观察所摆出的数在百数表中所在的位置，哪些数可以用 2 个圆片表示出来，哪些数可以用 3 个圆片表示出来……使学生进一步探索摆出的各组数之间存在的规律，更深刻地了解 100 以内数的特点。

（2）在活动中感受有序思考的价值，培养学生初步的归纳能力，获得数学活动经验。

创设“用圆片在数位表上摆出不同的数”的问题情境，教师可以让学生独立操作，边说、边摆、边记录，也可以让几个学生合作，一名学生记录，其他几名学生在数位表上摆圆片。学生经历活动的 4 个层次，通过操作、观察，交流、讨论逐步发现规律、总结规律并运用规律解决新的问题，从而积累数学活动经验。

在活动过程中，要充分发挥学生自主探索的精神，学生的操作一开始可能是无序的，教师可以引导学生思考“怎样摆才能不重复、不遗漏”“记录摆出的数时要注意什么”，鼓励学生通过观察和不断探索，自己发现摆圆片的方法和规律，使操作走向有序。例如，有的学生认为先把所有的圆片摆在个位上，然后依次从个位上拿出一个圆片摆在十位上，直到所有的圆片都摆在十位上，就得到了所有不同的数。也有的学生认为可以根据数的组成（和是所摆圆片个数的加法）来摆圆片，例如得数是 3 的加法有 4 个：3=0+3、3=1+2、3=2+1、3=3+0，相应的数也有 4 个：3、12、21、30。教师要尊重和保护这种多样性，培养学生的想象力和创造力，使学生体验成功的喜悦。

在活动的第二层次和第三层次，应适时引导学生发现、总结并总结规律。在活动的第二层次（用 3 个圆片摆出不同的数），引导学生发现并归纳出有序地摆圆片的规律。在活动的第三层次（用 4、5 乃至更多的圆片摆出不同的数），引导学生观察，发现并归纳出圆片的个数与所摆的数的个数之间的关系。

教师要注重对学生操作过程的指导。实践活动是让学生小组合作探究，放手让学生活动，教师的指导尤为重要，什么时候指导、如何指导，教师都要提前想到。例如：用 2 个圆片摆数时，教师是否应带着学生，在学生明白之后，再放手让学生操作；当圆片个数增多时，教师应该在什么时候进行提示和指导等。另外，教材中没有出现用 10 个圆片摆数的要求（10 个圆片摆数所出现的情况与前面所得到的规律不同），如果教师要求学生用 10 个圆片摆数，教师要及时加以指导：在个位上、十位上摆 10 个圆片，这样的数是读不出来的，使学生明白个位和十位上的数都不能超过 10。

三、量一量、比一比

1. 教材分析

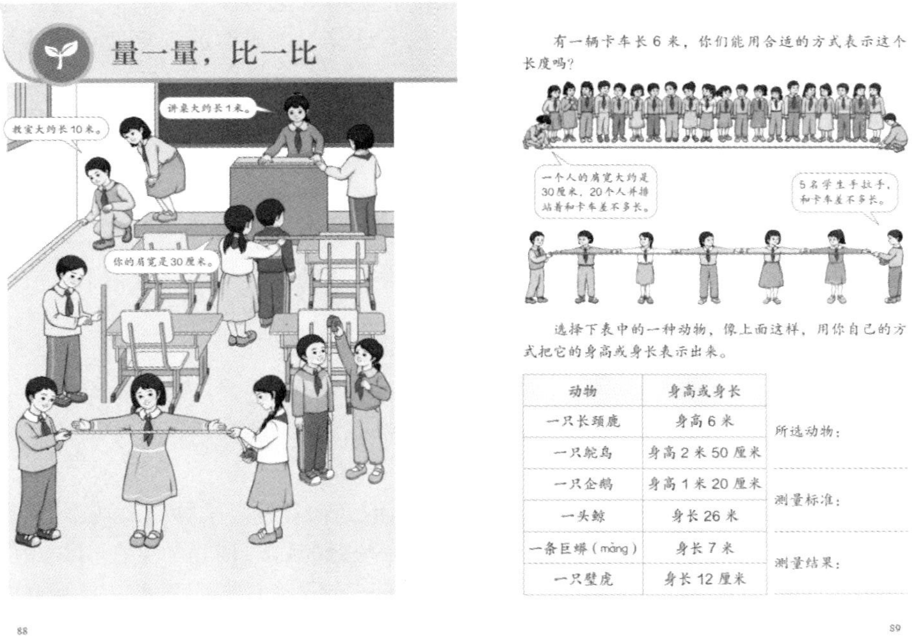

图 6.3-3　二年级上“量一量、比一比”

通过实践活动进一步加深学生对厘米和米的认识，建立长度单位的观念；体会度量的思想和方法，用不同的方式描述物体长度的过程，实质上是用不同的长度单位进行度量的过程；在实践操作活动中，积累丰富的测量经验，为后续学习奠定基础。学生在第一单元已经认识了线段，形成了 1 厘米和 1 米的长度表象，完成了对线段、厘米和米的认识。因此，教学目标就不能仅满足于通过测量加深对米和厘米这两个长度单位的认识，而是注重让学生结合生活实际，经历实际测量物体长度的过程，认识身边物体的长度，并在实践活动中，能够用比较合适的方式描述物体的长度，体会测量本质，培养估测能力，构建不同物体之间的长度关系，发展长度观念，体验数学带来的乐趣。教学活动分主要分为两部分，一是量一量，二是比一比。量是比的基础，量为比提供了可靠的数据支持；比是量的升华，在比的过程中让学生构建物体与物体之间的长度关系，体会量的本质，发展长度观念。

2. 教学建议

注重学生动手实践能力的培养。有效的数学学习活动不能单纯地依赖模仿与记忆，动手实践、自主探索与合作交流是学生学习数学的重要方式。这节课是关于测量的实践活动课，教师把学生的动手实践能力作为重点。在课上安排了量一庹的长度；量自己的肩宽、步长，量身边常见物体的长度。一系列活动都是让学生在亲手操作中感受、体验着测量过程。在这些活动中，学生直观地感受了测量的方法与步骤。活动后学生交流了测量的数据，反思在测量中遇到的问题。这些活动让学生经历了测量的过程，培养了学生动手操作的能力。

注重学生估测能力的培养。估测是在日常生活和生产中，在没有测量工具的情况下，对一些无法或没有必要进行精确测量的数量进行的粗略估计，如目测、步测等。它实际是学生估算能力在测量活动中的体现，对于培养学生的估算意识、发展估算能力、拥有良好的数感都具有重要的价值。在教学中，教师应注重学生估测能力的培养，在学生测量后分析数据，让学生选择代表平均范围的数值，比出身边常见物体的长度。整节课通过反复量和估，逐步培养了学生估测意识和估测能力，对构建学生良好的认知结构、培养学生思维的深刻性和灵活性都将起到积极的促进作用。

注重学生合作意识的培养。学生之间的合作与交流是学习数学的一个重要方式。在教学中，教师多次为学生提供合作交流的时间和空间，例如：在活动中，小组四人分工明确，合作测量一庹的长度以及同桌的肩宽、步长，在小组中交流估测各种动物的长度。教师通过对合作学习的指导及合作中的反馈与评价，增强了学生的自我反思意识和能力。通过给学生提供较多的机会去展示自己的数学才干，同时认真倾听别人的想法，帮助学生学会进行数学交流与思辨，增强整体交往合作意识。

四、小小设计师

1. 教材分析

在“小小设计师”活动课之前，学生已经直观认识到轴对称、平移、旋转等图形运动现象，能辨认轴对称图形和简单图形平移后的图形。这节活动课的目的是让学生在实践操作活动中，能运用所学过的平移、旋转、轴对称等图形运动的知识，欣赏并创造图案，能用自己的语言描述图形的运动，逐步发展空间观念，感受生活中的数学美，培养创新精神和实践能力。

教材的编排包括两个方面的活动：一是观察生活中的图案；二是贴出自己喜欢的图案。

观察生活中的图案包括三方面内容：一是从整体进行观察，感受图案的美；二是从局部观察，确定基本图形；三是观察图形与图形之间的关系，借助想象明确基本图形是怎样运动得到图案的。此环节目的在于巩固学生已有的关于图形运动的知识（轴对称、平移与旋转），积累运用图形的运动设计图案的感性经验。

贴出自己喜欢的图案活动也包括三方面内容：一是剪下附页提供的图形，观察图形并建立直观表现；二是想象图形运动后拼出的图案；三是在正方形里贴出图案，体会图形是怎样运动的。此活动的目的是让学生经历图案设计的过程，进一步积累用图形运动设计图案的经验，体验设计的乐趣。

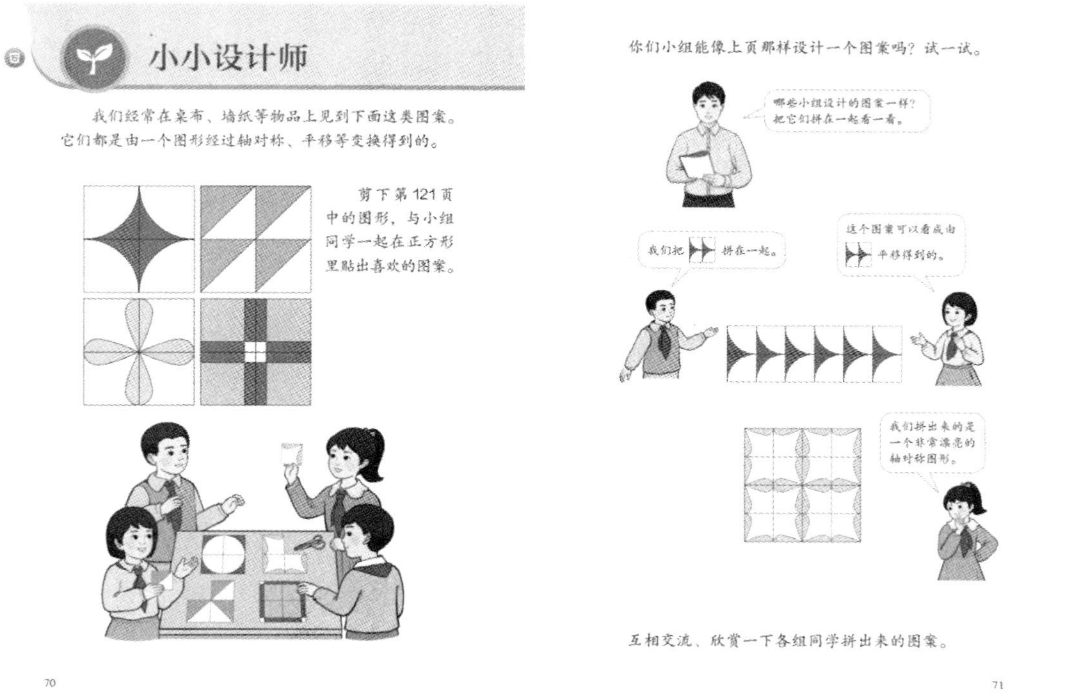

图 6.3-4　二年级下“小小设计师”

教材编排了两个层次的数学实践活动：一是在正方形中自己设计图案；二是将同学设计出的同样的图案拼在一起，并交流欣赏。

第一个层次的活动让学生像前一页那样设计，既为学生提供了创造的空间，又提供了学习的范例。需要提出的是，学生首先设计的应是基本图形，再用基本图形以摹画、拼贴方式设计图案。第二层次的活动包括以下三个方面的内容：一是让学生将同样的图案运用不同的运动方式拼在一起；二是交流、欣赏同学拼成的图案，用数学语言表述图形的运动（这里需要注意让学生体会到，基本图形可以有多种，既可以是单个的图形，也可以是拼好的图案）；三是增加一些拓展性的练习，可与乘法、除法、简单推理等内容结合起来，这里由于篇幅有限，没有体现出来，可在实际教学中加以落实。

此部分的教学重、难点是将一个图形或一幅图案进行变换，设计出很多有趣的图案。

2. 教学建议

将一个图形或一幅图案进行变换，可设计出很多有趣的图案。欣赏生活中美丽的图案，初步感知这些图案的特点。让学生认真观察桌布、墙纸、手绢、围巾、窗花等美丽的图案，找出其中的轴对称、平移或旋转现象，并找出基本图形。将课前剪下来的附页 2 的图片利用图形的运动动手拼摆，体验设计的乐趣。展示交流，用数学语言表述图形的运动，增加相互学习的机会。

动手实践，尝试创新。先在正方形里画出自己喜欢的图形，然后想象要进行的运动，画到其他正方形里应该是什么形状的，再尝试画出来。小组合作，把设计相同的一组图案利用图形的运动摆一摆。

五、数字编码

1. 教材分析

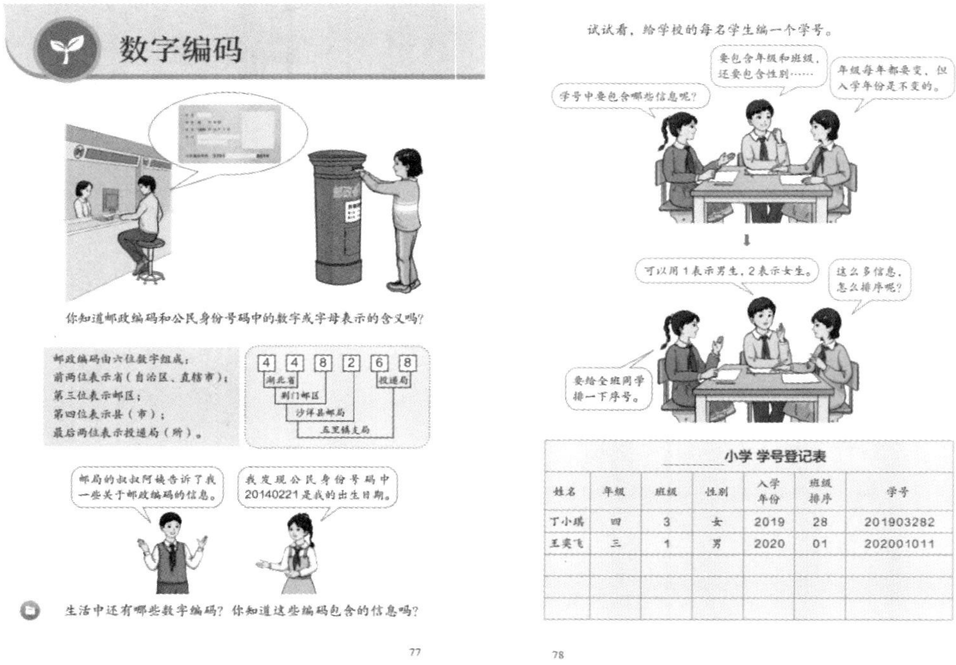

图 6.3-5　三年级上“数字编码”

这是一节主题活动课，目的是通过日常生活中的一些事例，使学生初步体会数字编码思想在解决问题中的应用，并通过观察、比较、猜测来探索数字编码的简单方法，让学生学会运用数字进行编码。

选取学生身边熟悉的素材。生活中用到数字编码的事例很多，教材选取了学生身边最常见的车牌号、邮政编码和身份证号码作为素材，便于教师在孩子已有经验的基础上展开教学。

素材的呈现给学生留足了思考和探索的空间。机器人聪聪提出问题：“你知道邮政编码和身份证号码中的数字或字母表示的含义吗？”接着教材详略有别地处理了这两则素材。教材将邮政编码的解读作为重点，全面给出了六个数字背后所蕴含的信息；身份证号码则通过两名学生对话的方式给出了其中表示出生日期的信息，其余的让学生自己调查了解。最后安排了让学生自己尝试编码的活动。这样的编排方式无疑给学生的自主探索留出了时间和空间。

研究生活中常见的数字编码，初步体会编码的思想和方法。教材首先呈现了邮政编码和身份证号码等生活中常见的数字编码的事例。由机器人聪聪提出问题，展开对邮政编码和身份证号码中的数字及字母表示的含义的探索。以邮政编码为例，可让学生了解邮政编码的结构和含义，初步体会编码的方法。身份证号码只通过两个学生的对话，以截取“出生日期码”和“倒数第 2 位表示性别”为引子，引导学生通过观察、比较、猜测等探索身份证号码中蕴含的一些基本信息和编码的含义。

让学生给学校的每名学生编一个学号，目的是通过这个实践活动让学生运用数字编码的简单方法进行编码，加深对数字编码思想的理解。机器人聪聪针对这一任务提出了一个问题：学号中要包含哪些信息呢？需要注意的是，机器人聪聪的问题是统领后面整个讨论过程的核心问题。这一张学号登记表是综合了讨论过程中达成的共识汇总形成的。教材在这里只是提供了一个范例，学生可以有各自不同的设计方案。

2. 教学建议

（1）注重培养学生从给定图案中选取和确定基本图形的能力。

只有从复杂的图案中确定出基本图形，才能去研究这个图案是怎样由基本图形经过运动得到的。同时，观察的角度不同，所确定的基本图形也可能不同。因此，教师在呈现复杂的图案后，应先让学生观察该图案是由哪个基本图形变换而成的，允许学生有不同的看法，只要合理即可。在肯定学生不同看法的基础上，可对大多数学生选定的基本图形进行观察，研究它是如何运动的。

（2）注重培养学生的空间观念。

从运动的角度观察图形，不但可加深对图形特征的认识，更重要的是可以培养学生的空间观念。因此，教师要留给学生更多想象的空间，在观察、设计或拼摆图形时，不急于操作，先让学生想象经过运动后的图形是怎样的，再动手操作。在操作之后，让学生看拼后的图形与自己想象的是否一样。同时，允许并鼓励学生从不同的角度进行观察、想象，用不同的运动方法创造出相同的图案。鉴于学生拼摆图形的数量有限，还可以让学生发挥想象，想象很多图形经过运动拼摆出的图形是什么样子的，发展学生的空间想象能力。

（3）促使学生欣赏和感受生活中的数学美。

能否领悟和欣赏数学美反映了一个人的数学素养，能够领悟和欣赏数学美也是进行数学研究和数学学习的重要动力和方法。数学美的核心是简洁、对称、奇异，其中“对称”是数学美的核心。“小小设计师”的活动为学生感受数学美提供了很好的素材。教学时，教师不仅要引导学生从图形运动的角度进行观察（变换的过程），还要引导学生从整体上观察经过运动的图形带给大家怎样的视觉感受（变换的结果），增强对数学美的体验，感受数学学习的价值。

（4）注重活动后的反思和内化。

经历了数学活动，未必就获得了数学活动经验，这需要学生对实践活动有内悟和反思的过程。因此，在活动后，教师应及时组织学生进行回顾和反思，交流设计图案的经验，提炼图形运动的基本方法，谈自己对所设计图案的情感体验等。同时应将活动延伸至课外，让学生有意识地去观察生活中有趣的图案，发现其中图形运动的规律。也可以让学生自己再设计一些图案，并组织展览交流，使学生在生活中发现美、欣赏美和创造美。

六、制作活动日历

1. 教材分析

在学生学习完“年、月、日”这一单元之后，教材安排了制作年历的活动，一方面能使学生巩固对年月日的认识，另一方面，可以加强数学知识与现实生活的联系，体验数学知识在实际生活中的应用，培养学生对数学的兴趣。

从活动的进程来看，教材中制作年历的活动大致可以分为四个部分：

（1）调查。由于现实生活中的年历多种多样，为了能让学生充分认识它们，安排学生在制作年历以前交流年历的样式是必要的。教材展示了具有代表性的四种不同种类的年历，分别是整本年历、单张年历、台历、书历。这四种类型的年历只是一个线索，实际教学时，学生可根据自己的实际情况加以补充和展示。

图 6.3-6　三年级下“制作活动日历”

通过这一部分活动，可以继续培养学生收集、整理、分析信息的能力，并培养学生之间交流借鉴、资源共享的合作意识。

（2）讨论与制作。教材让学生通过小组合作的形式进行年历的制作活动。教材中以单张年历为例，展示了一种制作方法。首先要确定 1 月 1 日是星期几，然后确定整体布局的形式——每行 4 个月，排 3 行，最后用颜色区别出休息日。接下来小组制作，制作方法要具体到每一个月以及学生所知道的重要的节日。这个活动使学生直接体验到生活中的年月日，同时在合作中获得成功的愉悦。

教材中提供的年历制作方法仅是一个范例，实际教学中，可以引导学生进行探索与创新，制作出多种样式的年历。

（3）展示与交流。在制作完成之后，教材安排了小组间的年历展示和交流。教材中仅仅展示了月历和整张年历两种形式，并明确告诉学生用月历合成年历的方法。在实际教学中教师可根据本班的制作情况进行引导，使学生发现不同小组制作的年历的优点，同时通过小组间的交流和借鉴，使学生获得成就感，培养学生向他人学习、与人沟通和交流的习惯。

（4）运用。最后教材提出了一个问题：“制作的年历还能做什么？”这个问题的提出，可以使学生更进一步思考和体验年历（以及年月日知识）在生活中的应用。教材中列出了两种应用：了解时间与记录事件。这两种应用也只是一个线索，在实际教学中，教师要引导学生讨论，积极地去发现和体验年历的其他应用。

在上述制作活动的四个部分中，制作方法是活动的重点部分。在制作过程中，从年具体到月再具体到日，体现了年月日之间的内在关系，不仅有利于巩固学生所学的“年月日”的有关知识，而且可以使学生初步学会用这些知识解决相关的日常生活中的简单问题，感受到数学知识在日常生活中的应用。

2. 教学建议

在正式教学之前，可以让学生事先进行一些准备，例如，观察一下家里的年历，收集一些自己见到过的年历，等等。教学时，教师可先提出问题引导全班学生思考："你都见到过哪些年历？"在学生回答的过程中，教师可以拿出年历实物展示给学生，也可以让学生自己拿出所搜集的年历。通过观察，让学生熟悉年历的一般结构，同时请学生思考这些年历都是怎么做的，并做简单的总结。

接着，教师提出思考题：你们能自己做一个年历吗？制作一个年历有哪些步骤？然后让学生以小组的形式进行讨论，放手让学生自己去探索，去研究如何制作年历。小组讨论后，教师可请每个小组发表本组讨论的结果，最后面对全体学生做一个总体的总结。同时各小组也可以根据小组间交流的情况发现自己的不足，修改本组的制作方案。也可以不进行全班总结，让各小组间自己交流，教师对各小组进行指导。

在各小组制作年历的活动中，教师要注意引导他们根据自己的特长进行分工合作，如教材上展示的"谁设计花边""谁写每一月份的日期""谁标重要节日"等等。制作年历固然是活动的本身，但学习到解决问题的方法，学会合作，学会交流才是更重要的。因此，在制作活动完成之后，应进行制作成果的展示与交流，在展示中，学生既可以体验到成功的喜悦，又学会欣赏、学习别人的优点，形成承认他人、向他人学习的意识。

制作年历最终是为了使用，也让学生体会到数学知识与实际生活的密切联系。教学时，教师要引导学生体验年历在现实生活中的作用。可以通过教师的提问来进行，如教材上所举的"你们的年历还能做什么"，引起学生的讨论与思考。除书上提到的两个方面应用外，还可引导学生去探索更多的应用，训练学生思维的发散性。

七、我们的校园

1. 教材分析

在学生学习了位置与方向、面积等有关知识的基础上，教材安排了"设计校园"的实践活动。通过设计学生熟悉的环境——"校园"，进一步巩固学生已经学习的有关知识，让学生学会应用数学知识解决实际生活中的问题，培养收集、整理、分析信息的意识和能力，以及爱学校的良好情感。教材以重新设计校园为主题，从收集信息、分析信息、设计方案三个方面安排了整个实践活动。

调查本学校和其他学校都有什么学生收集信息和比较信息的过程，教材中通过画出整个校园的直观图来表现学生所收集的本学校的所有信息，为下面重新设计新校园打下了基础。比较信息是比较本学校和其他学校的具体情况，为设计新校园提供了更全面的信息，通过活动让学生学习收集和选择所需要的信息的方法。

讨论学校应添设什么是分析信息的活动，教材展示了小组学生以合作交流的方式进行。教材的讨论是从两个角度进行的，一是根据学生自己或教师的日常需要，二是与其他学校相比较。教材中具体举了四个例子，如操场应该扩大，操场旁边应有一个厕所，应该给老师准备一个车棚，希望有一些乒乓球台等。当然，教材中提到的仅是一些范例，实际讨论不必限制在这些方面，可以根据本学校的实际情况及自己的需求加以分析与设计。这个讨论交流过程可让学生体验分析问题的方法，并培养学生从现实生活中发现问题的能力。

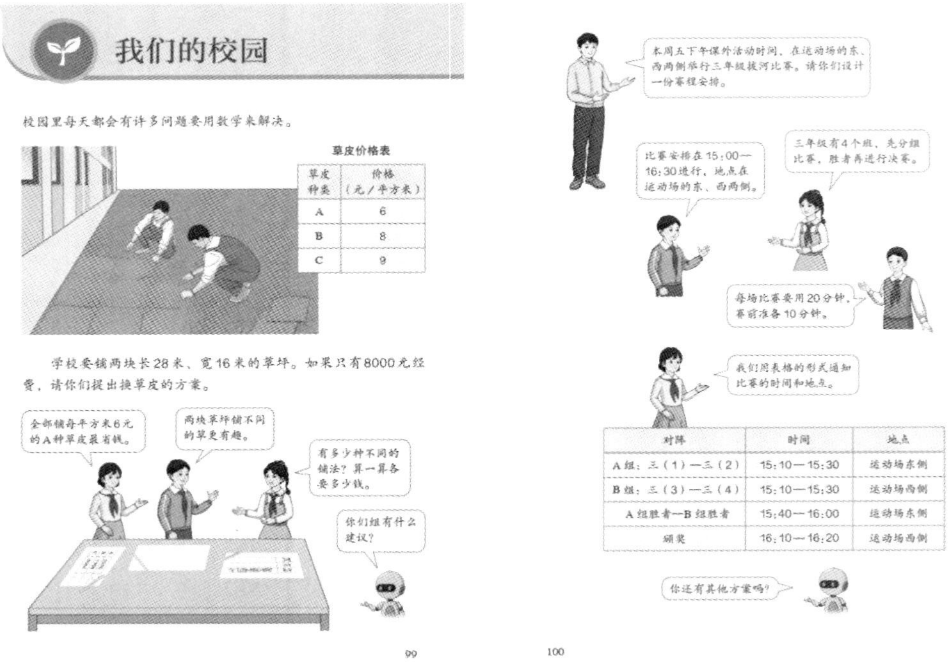

图 6.3-7　三年级下“我们的校园”

设计新校园是解决问题的过程。在设计新校园的过程中，学生要根据综合调查和分析的结果，以及本校园的实际情况进行设计。这里涉及一些需要数学知识和技能解决的问题——场地面积的大小，添设项目的形状和大小等。这些都需要学生去进行实际测量，教材的例子对此进行了提示。除了教材提示的乒乓球台是否能够放得下的问题外，还会有其他的问题，如足球场上或操场上的铺草皮、羽毛球场、为低年级开设游戏区等。

“展示各小组的设计”。组织数学实践活动除了要使学生获得一些初步的数学实践活动经验，学习运用所学的知识和方法解决简单问题，感受数学在日常生活中的作用之外，还有一个重要的目标就是使学生在合作与交流的过程中获得良好的情感体验。这一点在本实践活动中体现为设计新校园后的展示和交流。通过学生之间的比较和交流，让学生找到本组和其他组设计的优缺点，体验学生之间的鼓励与赞美，获得同学的认同，同时也认同别人，使每个学生都能够体验到成功。

2. 教学建议

在进行活动之前，教师可要求学生为本课的教学做好准备。可以先请学生就自己熟悉的校园画出简易平面图，同时以调查的形式写出其他学校都有什么，也可以用平面图的形式画出其他学校的校园平面草图，使学生了解不论是用文字写出还是用草图画出，都是记录调查结果的一种形式。不过为了便于学生理解，教师可以先给学生出示一张平面图，让学生体会，让学生有规可循。

由于本实践活动可能会涉及实地的测量，建议教学活动采取室内课堂教学和室外教学相结合的形式。其中“讨论学校应添设什么”可以用室内课堂教学的形式，“设计新校园部分”采用室外教学的形式。室内教学部分的讨论可以以小组讨论的形式进行，由教师提问“你们认为我们的校园应该添设什么”，引导各个小组进行讨论。小组讨论完后，可以让每个小组推荐一名代表发表本组的意见。教师可给予鼓励性的评价，并对全体的意见进行总结，也可以直接让各个小组讨论，教师只予以个别指导。小组讨论完成以后，让各个小组自己进行交流，不统一进行全班的交流。小组讨论结束之后，教师要求各小组的成员在给定的白纸上总结出本组的最终计划，要求每个小组分好记录、测量、监督（负责总体计划的调整、测量）的人员，然后让学生到室外进行实地的考察，看本组的计划是否能够实行。如果不能实行，应该怎样进行调整。在室外教学活动中，教师一定要注意检查各小组是否分工明确，同时监督学生是否根据实际情况调整本组的计划，充分体现出教师的指导作用。实地考察结束后，教师请学生回到室内，要求学生根据实地考察的结果进行讨论，制定出设计新校园的最后计划，并画出新设计的校园平面图。

设计活动完成之后，请每个小组将本组的平面设计图挂到黑板上进行展示与交流，学生进行评价，比如让学生选出最喜欢的新校园图，找出每幅新校园图的优点，等等。最后教师进行总结性的评价，要注意评价的激励性，使每一位学生都能体验到成功的喜悦。

“综合与实践”第二学段的课程标准要求①：经历有目的、有设计、有步骤、有合作的实践活动。结合实际情境，体验发现和提出问题、分析和解决问题的过程。在给定目标下，感受针对具体问题提出设计思路、制定简单的方案解决问题的过程。通过应用和反思，进一步理解所用的知识和方法，了解所学知识之间的联系，获得数学活动经验。

八、1 亿有多大

1. 教材分析

图 6.3-8　四年级上“1 亿有多大”

① 中华人民共和国教育部制定. 义务教育数学课程标准：2011 年版[M]. 北京师范大学出版社，2011.

1 亿有多大，学生很难结合具体的量获得直观感受，因此，大数的认识后安排这个综合与实践活动，目的是让学生通过探究，经历猜想、实验、推理和对照的过程，借助对具体数量的感知，利用可想象的素材充分感受 1 亿有多大。活动分五部分：

（1）猜想 1 亿有多大。

教材首先提出问题："你能想象 1 亿有多大吗？"让学生借助已有的知识和生活经验，猜想 1 亿有多大，进而引出研究课题。

（2）探究。

教材以连环画的形式表现一个小组研究测量"1 亿张纸摞起来的高度"，思考如何进行测量，制定具体研究方案，分析研究方案的可行性。学生发现找 1 亿张纸直接进行测量是不现实的，进而分析，不能直接测量怎么办？从而提出可以测量一部分，再推断出整体是多少，确定了由局部推算整体的研究方法。

（3）实验。

教材呈现两个学生分别测量 100 张纸和 1000 张纸的具体实验操作过程。学生选择不同的基数进行测量，误差也是不同的，基数越大，误差越小。目的是让学生体会到选择的基数不同，实验的精确度也不同。

（4）验证猜想。

学生根据实验结果，推算 1 万张纸和 1 亿张纸的高度，验证猜想。但"1 万米高"这个结果对学生来说也是比较抽象的，教材通过与珠穆朗玛峰高度对照，让学生直观感受 1 万米有多高，进而想象 1 亿有多大。

（5）讨论交流。

教材安排了各小组互相交流实验方案的环节，通过交流丰富学生对 1 亿有多大的感受，让学生体验成功的喜悦，培养向他人学习、与人交流的习惯。

2. 教学建议

放手让学生自主活动。在猜想 1 亿有多大的时候，学生根据不同的知识基础和生活经验，可能会结合不同的量进行猜想。例如：1 亿粒大米能装满一间房子吧！1 亿本书摞起来有一座山那么高吧！对同一种事物的猜想也可能是不同的，争论可能会非常激烈。例如，有的学生可能认为 1 亿粒大米能装满 1 间房子，有的学生可能认为米粒那么小，一个大衣柜就装下了。在教学中，教师应该允许学生大胆想象，让学生的好奇心得到充分的满足，让学生充分地争论，激发起学生探究的欲望。

适时进行指导。在学生所猜想的事物当中，可能有一些超出了学生能够实验测量并进行推理的范围。教师此时不要急于否定学生的想法，重要的是要引导学生思考如何验证自己的猜想，探索研究的方法。在确定研究对象的时候，教师可以提示学生考虑实验的可操作性，选择容易找到并容易测量的材料。在设计具体的实验步骤的时候，教师可以指导学生观察：选择不同基数的物品进行测量，对实验的精确度会有影响。

为学生提供相关知识与对照感受材料。学生通过实验推算出了结果，但这个结果可能也是比较抽象的，很难想象出来。教师应提供一些学生比较熟悉的素材，帮助学生将其与实验结果进行对照，直观感受实验结果的大小，进而体会 1 亿有多大。

九、营养午餐

1. 教材分析

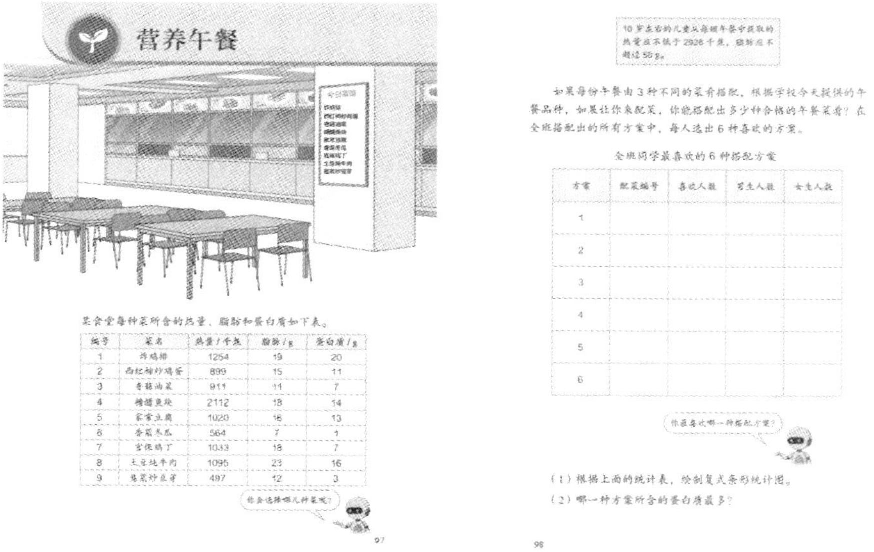
营养午餐

10 岁左右的儿童从每顿午餐中获取的热量应不低于 2926 千焦，脂肪应不超过 50 g。

某食堂每种菜所含的热量、脂肪和蛋白质如下表。

编号	菜名	热量 / 千焦	脂肪 / g	蛋白质 / g
1	炸鸡排	1254	19	20
2	西红柿炒鸡蛋	899	15	11
3	香菇油菜	911	11	7
4	糖醋鱼块	2112	18	14
5	家常豆腐	1020	16	13
6	香菜冬瓜	564	7	1
7	宫保鸡丁	1033	18	7
8	土豆炖牛肉	1095	23	16
9	韭菜炒豆芽	497	12	3

97

如果每份午餐由 3 种不同的菜肴搭配，根据学校今天提供的午餐品种，如果让你来配菜，你能搭配出多少种合格的午餐菜谱？在全班搭配出的所有方案中，每人选出 6 种喜欢的方案。

全班同学最喜欢的 6 种搭配方案

方案	配菜编号	喜欢人数	男生人数	女生人数
1				
2				
3				
4				
5				
6				

（1）根据上面的统计表，绘制复式条形统计图。

（2）哪一种方案所含的蛋白质最多？

98

图 6.3-9 四年级下“营养午餐”

教材结合学生的生活实际，围绕午餐的营养问题设计了相应的数学综合应用活动。教材以表格和专家发言的形式，给学生提供了 10 种菜肴的营养成分含量和 10 岁左右儿童应从午餐中获取营养物质的指标等相关知识，在此基础上设计了让学生判断学校提供的午餐是否合格、自己动手搭配符合营养标准的午餐、统计全班同学喜爱的五种搭配方案等活动。

这一方面可使学生综合运用简单的排列组合、统计等相关知识解决问题，体会数学在日常生活中的应用价值，增强应用数学的意识；另一方面，可使学生通过了解各份菜中热量、脂肪、蛋白质的含量和营养午餐的一些基本指标，克服偏食、挑食的毛病，养成科学饮食的习惯。

2. 教学建议

采用谈话了解学生的饮食爱好入题，提高学生的学习兴趣；以学生为自己设计午餐为前提，激发学生的学习动机；通过交流、讨论，提高对课程知识的认识；以小组活动的形式，通过合作，讨论完成对营养午餐的认识、理解与提高，让学生结合生活实际用所学数学思想解决现实中的问题，提出自己的见解与主张。

鼓励学生通过合作学习、自主探究，培养学习能力。对于营养专家指出的一些关于合格营养午餐的指标，学生在合作交流中发现“理想中的午餐”与“科学的午餐”的冲突，从而产生疑问，再通过同桌合作解决问题。通过讨论交流，使学生根据所学知识，在营养午餐的合理搭配上达成共识，在此过程中增强学生的合作交流，培养团队意识，使学生学会倾听他人意见，敢于发表自己的见解与主张，勤于思考，善于总结，掌握获取知识的方法。

引导学生结合本次实践活动，了解班上偏胖或偏瘦同学的饮食习惯，看一看偏胖或偏瘦与饮食习惯之间的关系。在分析问题时，主要应从营养的角度提出看法和建议。例如：偏胖的同学可能是日常饮食中脂肪含量超标，偏瘦的同学可能是饮食中脂肪的摄入量过少，偏胖或偏瘦同学可能都不同程度存在挑食、偏食的习惯，等等。指导学生从营养角度给偏胖或偏瘦同学提出相应的建议。例如：饮食中获得的热量应该达标，脂肪的摄入不要超标，应当均衡营养，不要挑食、偏食等。也可让学生在课外了解自己熟悉的偏胖或偏瘦的人的饮食习惯。

十、掷一掷

1. 教材分析

图 6.3-10　五年级上“掷一掷”

在学生学完了“可能性”这一单元后，教材设计了一个以游戏形式探讨可能性大小的实践活动。本活动可以使学生通过猜想、实验、验证，巩固“组合”的有关知识，探讨事件发生的可能性的大小。与老师比赛还可以提高学生的动手实践能力和学习数学的兴趣。

教材以连环画的形式来展示活动的过程。从知识内容上看，整个活动分为以下三个层次：

（1）组合。

教材通过让学生同时掷两个相同的骰子（六个面上分别写着数字 1 ~ 6），把两个朝上的数字相加，看可能有哪些情况，这是一个“组合”问题。根据前面所学的“组合”的知识，学生可以把两个数字相加的和的所有情况列出来。

（2）事件的确定性与可能性。

在上面的所有“组合”中，最小的和是 1+1=2，最大的和是 6+6=12，所以，两个数的和是 2、3、4……12 都是可能发生的事件，但不可能是 1 和 13，这是一个确定事件。

（3）可能性的大小。

虽然掷出的两个数的和可能是 2、3、4……12 中的任意一个数，但可能性的大小是不同的。教材通过游戏的方式，让学生探索、比较掷出各种和的可能性大小，由于学生还不会求掷出每个和的确切“概率”，所以只是通过实验粗略地比较一下。

① 教师和学生示范游戏。首先，教师提出规则，学生猜想结果。可能掷出的结果共有 11 个，教师选择了其中的 5 个，而学生可选的有 6 个，所以学生认为自己赢的可能性比老师大。这里，教材设置了一个悬念，为学生进行猜想提供了充分的空间。

接下来开始游戏。通过对游戏结果的统计，学生发现与自己原先的猜想并不一致，从而产生认知冲突，为进一步自主探索提供了可能。在这里，教材使用了画“正”字的方法收集数据，可以使学生进一步认识统计在解决问题中的应用。

② 学生小组内游戏，进一步验证。通过示范游戏，学生已经掌握了游戏的规则和数据收集的方法。接下来，学生两人一组，轮流掷，并直接根据掷出的结果画出条形统计图。从图中可以更加直观地看出掷出的和在 2 至 12 中间位置的可能性比较大，而在两边的可能性比较小。

③ 理论验证。以上都是用实验的方法来看掷出哪些和的可能性大，哪些和的可能性小，这种实验的方法是否能反映客观情况呢？还需要经过理论的论证。教材把这个问题提出来，启发学生利用“组合”的知识来探讨掷出各种和的可能性大小。

由上可以看出，本活动通过让学生猜想、实验、验证等过程，在问题情境中自主探索，解决问题，既发展了学生的动手实践能力，又充分调动了学生的学习兴趣。

2. 教学建议

教学时，可以参考教材上的活动顺序，先由老师示范游戏，然后让学生自主活动。也可以由教师提出一个问题：“同时掷两个骰子，得到的两个数的和有哪些，哪些和出现的可能性大，哪些和出现的可能性小？”放手让学生去探索。可以启发学生先采用实验的方法试一试，再用“组合”的知识来验证。还可以以讲故事来揭穿骗术的方式开始：社会上经常有这样一些赌博游戏，拿两个骰子，掷一次，看掷出的点数，如果是 5、6、7、8、9，就算庄家赢，否则就是别人赢，结果往往是庄家赢得多。实际上这只是一个小小的骗术，只要有一点数学知识，就能揭开这个骗局了，然后教师引导学生去探索其中的奥秘。总之，可以根据班里的实际情况，选择适当的方式开展游戏。

活动过程中，要让学生充分经历猜想、实验、验证的过程。要让学生先通过有限次的实验，对结果有一个初步的猜想，然后通过相对严密的“数学化”的过程，自己得出正确的结论。例如，让学生思考掷出的和有多少种可能性之前，可以先让学生掷一掷，看看能掷出哪些和，然后引导学生利用“组合”的知识，说说可能得到哪些和，为什么不可能是 1 和 13。当学生通过统计有限次数的实验结果（条形统计图），看到掷出的和在 2 至 12 的中间位置的可能性比较大，而在两端的可能性比较小时，教师就要引导学生从“组合”的角度去思考原因，使学生理解这种结果的出现不是一种偶然现象，而是由各种组合的多少决定的。学生利用“组合”知识来验证实验结果时，也可以采用不同的方式来进行。例如，可以列出以下表格（如表 6.3-1 ~ 表 6.3-2）：

表 6.3-1　两个骰子向上点数之和为“2 ~ 7”的组合

骰子 1	1	1	2	1	2	3	1	2	3	4	1	2	3	4	5	1	2	3	4	5	6
骰子 2	1	2	1	3	2	1	4	3	2	1	5	4	3	2	1	6	5	4	3	2	1
和	2	3		4			5				6					7					

表 6.3-2 两个骰子向上点数之和为“8～12”的组合

骰子 1	2	3	4	5	6	3	4	5	6	4	5	6	5	6	6
骰子 2	6	5	4	3	2	6	5	4	3	6	5	4	6	5	6
和	8					9				10			11		12

表 6.3-1 与表 6.3-2 列出了所有的可能性，从表中可以直观地看出掷出的和是 5、6、7、8、9 的次数相对较多，而和是 2、3、4、10、11、12 的次数较少。这就是为什么老师只选择了五个数但赢的机会更多的原因。教师也可以进一步启发学生采用更简便、更直观的方式来呈现以上结果（如图 6.3-11）。这样，学生通过动手实践、自主探索，对“可能性”的理解不仅仅停留在有限次实验的结果上，而达到了一个更高的水平。

	1	2	3	4	5	6
1	2	3	4	5	6	7
2	3	4	5	6	7	8
3	4	5	6	7	8	9
4	5	6	7	8	9	10
5	6	7	8	9	10	11
6	7	8	9	10	11	12

图 6.3-11 两个骰子向上点数之和分布

十一、探索图形

1. 教材分析

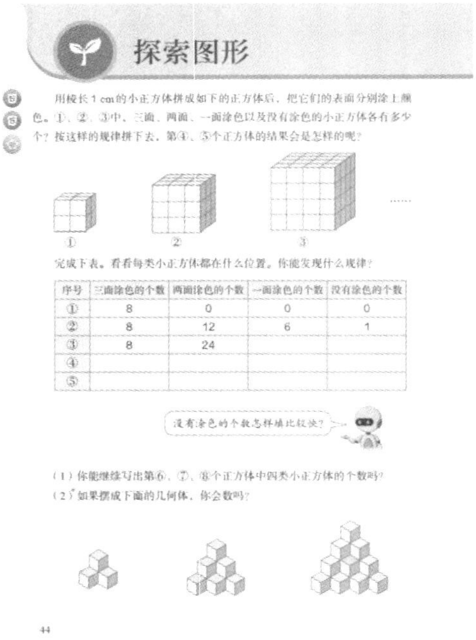
探索图形

用棱长 1 cm的小正方体拼成如下的正方体后，把它们的表面分别涂上颜色。①、②、③中，三面、两面、一面涂色以及没有涂色的小正方体各有多少个？按这样的规律拼下去，第④、⑤个正方体的结果会是怎样的呢？

完成下表。看看每类小正方体都在什么位置。你能发现什么规律？

序号	三面涂色的个数	两面涂色的个数	一面涂色的个数	没有涂色的个数
①	8	0	0	0
②	8	12	6	1
③	8	24		
④				
⑤				

没有涂色的个数怎样填比较快？

（1）你能继续写出第⑥、⑦、⑧个正方体中四类小正方体的个数吗？
（2）*如果摆成下面的几何体，你会数吗？

44

图 6.3-12 五年级下探索图形

在学习了表面积等有关知识的基础上，教材在长方体和正方体这一单元后编排了实践活动“粉刷围墙”。通过这一活动，不仅可以帮学生巩固有关表面积等方面的知识，加强数学知识在实际生活中的应用，而且还可以培养学生收集、整理、分析信息的意识和能力。

教材以征集重新粉刷校园围墙的方案为出发点，从明确工作、收集数据、分析数据、提出方案四个层次安排了整个实践活动。

① 明确设计方案需要做的工作。为提出重新粉刷围墙的方案，首先应明确要做哪些工作，这一层次体现在教材的第一幅图中。这幅图提示了设计粉刷围墙方案的三方面主要工作：了解粉刷的面积、预算材料费和粉刷围墙人工费。

② 收集数据。为完成第一层次所明确的三方面主要工作，需要大家分工合作去调查、收集数据，这一层次体现在教材的第二幅图中。这幅图以四幅小图的形式，呈现了学生分工合作、同时以不同方式收集数据的过程。如调查材料费，呈现了网络查询、实地调查两种方式；粉刷围墙人工费是通过电话调查的；粉刷面积则是实地测量后通过计算得出的。这可以让学生体会到收集数据手段的多样性，培养学生收集信息的能力。

通过这一层次的调查，学生得到了确定粉刷方案的相关数学信息：需要粉刷的围墙的长、高等数据；人工费每平方米大约 5 元；单位质量涂料能粉刷的围墙面积；四种外墙涂料的价格、耐用期等。这些为其后的分析数据、提出方案做好了准备。

③ 整理数据、分析与比较信息，这体现在第三、四幅图中。这两幅图以讨论的形式完成了第一层次提出的三方面的主要工作，其中第三幅图通过计算得出要粉刷的围墙面积、粉刷围墙人工费、所需材料的规格及用量。第四幅图确定涂料的型号及费用。涂料的选择涉及很多因素，如价格、耐用期、消费心理等。实际教学中，学生也可考虑其他因素，如环保因素等。这个过程的关键在于让学生体验分析问题的方法、通过分析数量关系解决问题，感受数学在日常生活中的作用。

④ 书面呈现粉刷围墙方案，也就是教材第五幅图呈现的具体方案。方案以粉刷围墙面积、各部分费用（人工费、材料费、合计）、附注（备选围墙装饰花边图案）三大部分清晰地呈现出来，为学生呈现自己的解决方案提供了一个例示，其实方案的呈现还可以有不同的形式，如表格形式，学生可以用自己喜欢的方式呈现方案。

2. 教学建议

因本实践活动会涉及实地的测量与调查，教学活动可以采取室内教学和室外教学相结合的形式。教师可要求学生在课前为教学活动做好准备。例如，可在课前预先提出问题：“学校要征集粉刷围墙的工程方案，你们认为应该从哪几个方面入手？”引发学生的思考和讨论。小组中确定几个方面后，再让学生在课前进行相应的调查，如先实地测量出校园围墙的有关数据，以各种形式调查相关涂料的价格、人工费的情况，使学生明确提出方案的几个关键条件，同时了解并掌握不同的调查方法与途径。调查结果可以像教材中那样以表格形式列出，也可以用文字形式表达出来。

室内教学时，教师可引导学生讨论并思考，应该如何整理分析收集到的相关数学信息。如教师可以提出问题：“为提出粉刷围墙的方案，你们调查了哪些方面的信息？”引导学生呈现信息，全班交流。随后，根据提供的信息计算出粉刷围墙面积、粉刷人工费、材料用量等，并根据消费心理确定涂料的型号，计算出涂料费。最后在学生分析的基础上提出粉刷围墙的方案，并以文字或表格形式呈现。

展示方案的过程中，教师可以引导学生比一比，看看哪组的方案更合理、更有实际效益，激发学生之间的互评，使学生在交流中理解并接纳别人较好的方法。

活动结束之后，也可鼓励学生将自己设计的方案投给学校相关部门，为学校的建设提出一定的建议，使学生体会到数学的价值，体会到自己劳动的价值。

十二、怎样通知最快

1. 教材分析

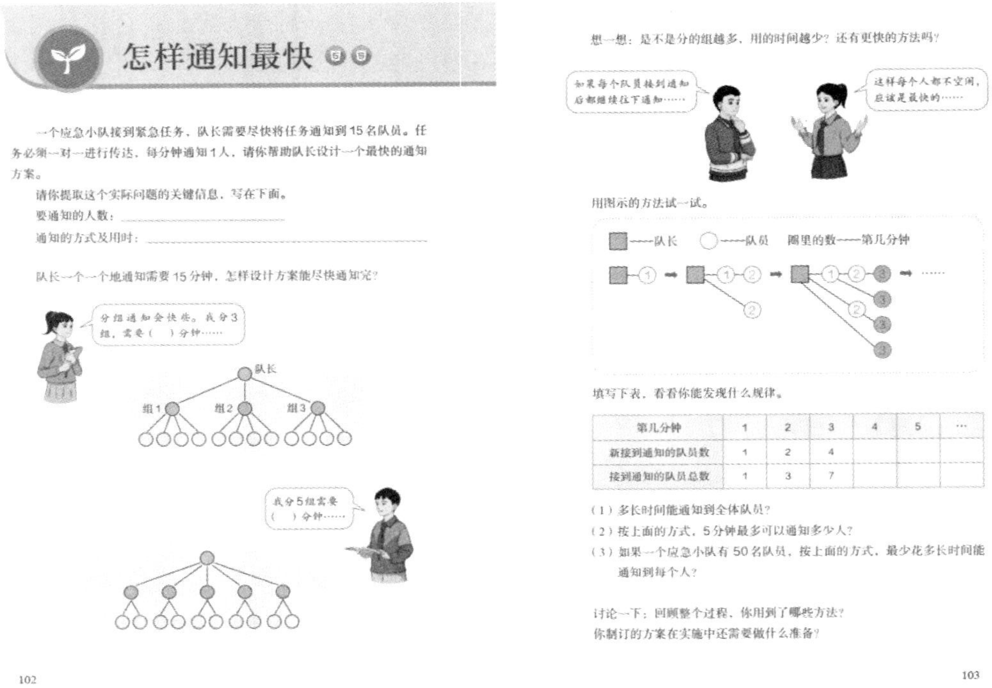

怎样通知最快

一个应急小队接到紧急任务，队长需要尽快将任务通知到15名队员。任务必须一对一进行传达，每分钟通知1人，请你帮助队长设计一个最快的通知方案。

请你提取这个实际问题的关键信息，写在下面。

要通知的人数：________

通知的方式及用时：________

队长一个一个地通知需要15分钟，怎样设计方案能尽快通知完？

102

想一想：是不是分的组越多，用的时间越少？还有更快的方法吗？

用图示的方法试一试。

填写下表，看看你能发现什么规律。

第几分钟	1	2	3	4	5	…
新接到通知的队员数	1	2	4			
接到通知的队员总数	1	3	7			

（1）多长时间能通知到全体队员？

（2）按上面的方式，5分钟最多可以通知多少人？

（3）如果一个应急小队有50名队员，按上面的方式，最少花多长时间能通知到每个人？

讨论一下：回顾整个过程，你用到了哪些方法？

你制订的方案在实施中还需要做什么准备？

103

图 6.3-13　五年级下“怎样通知最快”

在五年级下册“怎样通知最快”部分，教材安排了有关优化思想的学习，通过日常生活中的一些简单事例，让学生尝试在解决问题的多种方案中寻找最优的方案，初步体会运筹思想在实际生活中的应用以及对策论方法在解决问题中的运用。这个综合应用就是结合生活中的素材。应急小队接到一个紧急任务，队长要尽快通知到每个队员，让学生帮助队长设计一个通知方案，并从中寻找最优的方案。通过这个综合应用，让学生进一步体会数学与生活的密切联系以及优化思想在生活中的应用，培养运用数学知识解决实际问题的能力，同时通过画图的方式发现事物隐含的规律，培养学生归纳推理的思维能力。

通知活动可分为以下三个部分。

① 探讨最优方案。教材首先联系生活实际提出问题：15 人的应急小队接到紧急任务，队长要通知每个队员。如果每分钟通知 1 人，怎样尽快通知到每个队员？让学生设计一个通知的最快方案。根据学生的思维水平，教材呈现了几种不同的方案：一种是最简单的方案，就是一个一个地通知，当然这种方案需要的时间最长，一共需要 15 分钟。另一种是分组通知的方法，这种方案比一个一个通知要省时间。例如，平均分成 3 个组，通知完 15 人至少需要 7 分钟。那是

不是分的组越多，用的时间就越少呢？对于这个问题，可以让学生通过不同的分组方案来检验。如，按（4，4，4，3）分成4组，需要6分钟，如果平均分成5组，每组3人，则需要7分钟。所以并不是分的组越多，所需的时间越少。为了便于理解，教材用图示的方式直观地表示出每种方案，也能帮助学生计算出所需的时间。

接下来，让学生继续探讨还有没有更快的方法。学生在前面分组的方案中可能已经体会到要想时间最少，就需要每个接到通知的队员立即通知后面的队员，每个人都不空闲。照这样继续下去，直到通知到全体队员为止，所需的时间最少。在学生讨论的基础上，教材同样用图示的方法直观地展示了这种方案，按照时间的顺序，用不同的颜色动态地显示了每分钟新接到通知的队员和总共通知的队员。这种方案就是用时最少的方案，通过图示可以找出这个方案的用时是4分钟。

② 发现规律。通过观察教材中给出的示意图，让学生从中发现这种方案中隐含的规律。从图上学生就能清楚地看到每增加一分钟，新接到通知的队员数正好是前面所有接到通知的队员和队长的总数，也就是第 n 分钟新接到通知的队员数等于前（n−1）分钟内接到通知的队员和队长的总数。因而到第 n 分钟，所有接到通知的队员和队长的总数就是一个等比数列，通项公式为 a_n=2n，到第 n 分钟所有接到通知的队员总数就是（2n−1）人。当然，这个公式不需要学生掌握，学生只要能通过示意图发现上面的规律，根据规律找到到第 n 分钟所有接到通知的队员总数就可以了。

③ 应用规律。发现这个规律后，可以让学生直接利用这个规律来解决前面提出的问题了。随着时间的增加，所有接到通知的队员数分别为1、3、7、15、31……因此要通知完15个队员，只需要4分钟。此外，教材还让学生根据这个规律算一算5分钟最多可以通知多少人，以及如果一个应急小队有50人，最少花多少时间就能通知到每个人。这些问题利用发现的规律都能轻松地解决。

找到通知的最优方案，但在具体实施中还有个问题要解决，那就是要设计好通知的顺序，也就是说每个队员要清楚他接到通知后，后面要怎样继续通知其他队员。因此这个方案还需要事先制定好一个通知的流程示意图，让队长和每个队员都明确接到通知后，按照怎样的顺序通知后面的队员。只有严格按照事先制定好的方案执行，才能达到节省时间的目的。

2. 教学建议

除了教材提供的这个实际问题，教师也可以创设其他类似的情景，但是要注意这里人数的数据不要太大，因为数据过大会给学生尝试不同的方案带来一定的困难。而且从简单的数据开始找到规律后，再推广到一般情况也是数学中解决问题的一种重要的策略和方法。例如，教材最后就让学生把发现的规律应用到50人的应急小队。另外，教师要向学生说明：这里说的都是理想情况，每通知一人正好要用1分钟，不考虑其他的特殊情况。

提出问题后，教师可以放手让学生分组设计方案并用适当的方式呈现出来。为了激发学生的积极性，教师可以创设一些竞争机制激励学生设计出最佳的方案。小组活动时，教师可以通过巡视了解学生不同的设计方案并适时地加以指导。例如，在设计分组通知的方案时，如果平均分成3组，正好每组5人，这样分是不是最省时间呢？如果分成4组，15人该怎样分呢？除了教材呈现的两种方案外，学生还可能设计出其他的方案。如，分成4组，人数可以分别为4、4、4、3人，所需时间为6分钟。分成3组时，除了平均分所需时间为7分钟，还可以按6、5、4的人数分，这样就只需要6分钟了，比平均分要节省时间。还可以分成5组、6组等。还有的小组可能还设计了组上继续分组的方案。对于学生不同的方案，只要合理，教师都应给予鼓励，以保护学生学习和探索的积极性。

在学生汇报的基础上，教师可以提出这样的问题：是不是分的组越多，用的时间越少呢？如果学生汇报的方案中有不同的分组方案，可以马上从这些分组方案的对比中找到答案。在引导学生探讨分组对时间的影响中，教师可以进一步引导学生思考：还有更快的方法吗？怎样保证时间最少呢？让学生结合刚才不同分组的方案进行讨论，通过交流发现：只有每个接到通知的队员都继续通知后面的队员，直到全部通知到为止，这样每个接到通知的队员都不空闲，这才是最快的方案。

接下来以小组为单位，让学生用自己喜欢的方式把这种最优的方案表示出来。除了教材呈现的方法，学生可以有不同方式的示意图。为了便于学生发现规律，这里可以让学生把每一分钟新接到通知的队员用不同的颜色或图形表示出来，当然也可以直接用序号来表示。设计好之后，通过展示和交流，教师进一步引导学生观察：通过这个示意图，你发现了什么规律？可以适当地提示学生从人数的变化去观察。学生在观察、思考、讨论、交流后，再来汇报发现的规律，这里主要让学生发现，每增加一分钟，新接到通知的队员数正好是前面所有接到通知的队员和队长的总数，也就是第 n 分钟新接到通知的队员数等于前 $n-1$ 分钟所有接到通知的队员和队长的总数。也可以说，到第 n 分钟所有接到通知的队员和队长的总数是前 $n-1$ 分钟所有接到通知的队员和队长的总数的 2 倍。有的学生可能会用表格的方式来表示发现的规律。当然这里不要求学生列出计算公式，只要发现其中的规律并能利用规律推算就可以了。

发现规律后，再回过头来解决前面提出的问题就很容易了。教师在这里还要提醒学生找到通知的最优方案，但在具体实施中还要事先设计好通知的流程图。也就是说，每个队员要清楚他接到通知后，后面要怎样继续通知其他的队员，让学生进一步制定好通知的流程示意图。

最后，教师还可以让学生利用发现的规律解决较复杂的问题，如教材上提出的“按上面的方式，5 分钟最多可以通知多少人？”“如果一个应急小队有 50 人，最少花多少时间就能通知到每个人？”。也可以提出其他类似的问题。

十三、确定起跑线

1. 教材分析

“确定起跑线”活动由以下四个部分组成。

（1）提出研究的问题。教材呈现了 400 m 椭圆形跑道的一部分，跑道上有一些同学站在起跑线上正准备起跑。教材开门见山地提出问题，引起学生对起跑线位置的关注和思考。小组同学共同讨论，达成共识：终点相同，但每条跑道的长度不同，如果在同一条起跑线上，外圈的同学跑的距离长，所以外圈跑道的起跑线位置应该往前移。在此认知基础上，教材紧接着引申出进一步研究的问题——“各条跑道的起跑线应该相差多少米”，即如何确定每条跑道的起跑线。

（2）收集数据。第二幅图中呈现了小组同学测量有关数据的场景，旨在帮助学生了解 400 m 跑道的结构以及各部分的数据。由于不同田径场的规格可能有所不同，而且进行实地测量需要花费较多的时间，同时测量还可能产生误差，因而实际教学时不必要求学生实际测量。只要通过该图让学生明确相关的数据是通过测量获得的即可，具体的数据则可以配合图片、投影片等相应形式给出。老师还可就半圆形跑道的直径在此是如何规定的，以及跑道线的宽在这里忽略不计等问题向学生做具体说明。

跑道序号	1	2	3	4	5	6
直径 / m	72.6	75.1				
圆周长 / m	228.08	235.93				
跑道全长 / m	400	407.85				

图 6.3-14　六年级上“确定起跑线”

③ 整理数据，确定思路。学生对已获得的数据进行整理。通过适宜的方式呈现数据，使学生明确：每圈跑道的长度等于两个半圆形跑道合成的圆的周长加上两个直道的长度。两个半圆形跑道合在一起就是一个圆。各条跑道直道长度相同，要确定跑道的起跑线，只要算出每相邻两条跑道的长度差就可以了。

④ 进行计算，得出结论。在学生明确解决问题的思路和方法后，教材在第四幅图中给出了一张表格，通过让学生分别计算各条跑道的半圆形跑道的直径、两个半圆形跑道的周长以及跑道的全长，计算出相邻跑道长度之差，确定每条跑道的起跑线。在此，可以向学生说明：理论上相邻跑道之间的长度差是相同的 2.5π，由于 π 的取值造成了有的相邻跑道之间的差是 7.85 m，有的是 7.86 m。在确定起跑线时，可以根据计算结果来确定。最后，为了巩固对该类问题的认识，请学生进一步确定 200 m 赛跑中跑道起跑线的位置。

活动在编排上有以下特点。

（1）注重综合性。首先，活动是数学学科与体育学科的综合。发现现实生活或其他学科中的数学问题并用所学的数学知识把这些问题解决是数学学习的一个重要特点，也是一个重要的目标。体育比赛中涉及各种各样的数据，例如，短跑的成绩用时间表示，涉及比“秒”还小的时间单位；跳高、跳远的成绩，涉及长度单位；跳水比赛打分，涉及平均数计算。其次，活动综合了各种数学知识，如平行线和同心圆的知识、圆的周长计算、数据的收集、数学推理等，需要学生在解决问题的过程中综合运用各种知识与技能。

（2）注重实践性。活动提供了让学生亲自测量相关数据的示范，体现了活动的实践性。虽然学生测得的数据不一定准确，但如果在学校运动会期间，由体育老师带着学生一起来参与并体验测量、画线的过程，相信学生对数学的应用会有更加深刻的体会，也能真正体现“综合与实践”活动的实践性特点。

（3）注重培养学生发现和提出问题、分析和解答问题的能力。短跑比赛中选手不在同一起跑线起跑的现象是学生非常熟悉的，但很少有学生去深究其中的原因。活动以此问题切入，引起学生浓厚的探究兴趣，在此基础上，主动思考跑道的长度是由哪几部分组成的，这些组成部分的长度各是多少，各条跑道之间的长度相差多少。整个问题解决的过程由问题引领，自然产生测量或收集数据的需要。通过这样的过程体验，学生可以积累丰富的数学活动经验，提高解决实际问题的能力。

2. 教学建议

借助学生的生活经验，自然提出问题。六年级的学生对起跑线并不陌生，也知道在 400 m 跑道上进行 200 m、400 m 赛跑时，不同跑道上的运动员起跑的位置是不同的。但究竟是什么原因，学生可能很少从数学的角度去认真地思考。因而，在活动开始时，老师可以图片、投影片或多媒体课件等形式呈现田径场上的 400 m 跑道，并直接提出问题："为什么运动员要站在不同的起跑线上？"引发学生的思考和讨论。学生凭借日常的体育活动和观看体育比赛的经验应该能够很快地回答出"外圈跑道比内圈长"。教师可根据学生的回答适时地引出进一步研究的问题："各跑道的起跑线应该相差多少米呢？"这个问题显然很难通过经验和观察直接得到，需要学生收集相关数据，具体分析起跑线的位置与哪些因素有关。

如果有条件的话，也可以设计成实践性较强的活动形式。例如，可以在运动会前由体育老师带领，经历一下给跑道画起跑线的过程。在画起跑线的过程中，直接面临一个现实问题：应该在哪儿画起跑线？每个跑道的起跑线的具体位置在哪儿？这样的方式更能使学生体会解决这一问题的现实意义。

教师可以帮助学生提前收集相关数据。收集运动场相关数据时，教材中给出了小组合作实地测量的情境。由于不同田径场的规格可能有所不同，而且进行实地测量需要花费较多的时间，同时测量还可能会产生误差，实际教学时，并不一定必须带领学生去田径场实际测量跑道各部分的数据，可以让学生通过教材上提供的数据直接计算。老师还可就半圆形跑道的直径是如何规定的，以及跑道线的宽在这里忽略不计等问题向学生做具体说明。

引导学生灵活解决问题。在计算相邻两条跑道长度之差时，既可以把每条跑道内侧跑道线的长度分别计算出来，再相减；也可以分析出相邻跑道的长度比较中哪些部分是不变的，哪些部分是在变的，从而发现相邻两条跑道长度之差就是两个同心圆周长之差。这样可以大大缩减计算量，使学生养成在分析的基础上主动选择便捷方法的习惯。

教师可以介绍更多的体育比赛的知识。在学生解决现实问题的同时，教师可以给学生介绍更多体育比赛的知识，以扩展学生的知识面。例如，200 m 跑、400 m 跑时，由于赛程较短，运动员跑速快，为了保证公平和安全，不允许跨道跑。而到了 800 m、1000 m、1500 m 等中长跑时，由于赛程较长，运动员跑速较慢，允许跨道跑。当所有运动员都选择贴着内侧跑道线跑步时，各跑道之间的距离差也就不成为影响跑步成绩的因素了，因此，起跑线是一条弯弯的弧线。

十四、节约用水

1. 教材分析

节约用水的活动包括以下环节。

（1）收集信息。通过板报的形式给出全球以及我国水资源的一些统计信息，通过这些信息帮助学生了解我国水资源匮乏的现状，认识到节约用水的重要意义。在此基础上让学生收集相关的信息：观察生活中浪费水的现象，实际调查一下学校或家里漏水水龙头的数量。选择其中一个漏水的水龙头，测量出它一定时间内漏水的量。通过多种途径收集节约用水的资料。

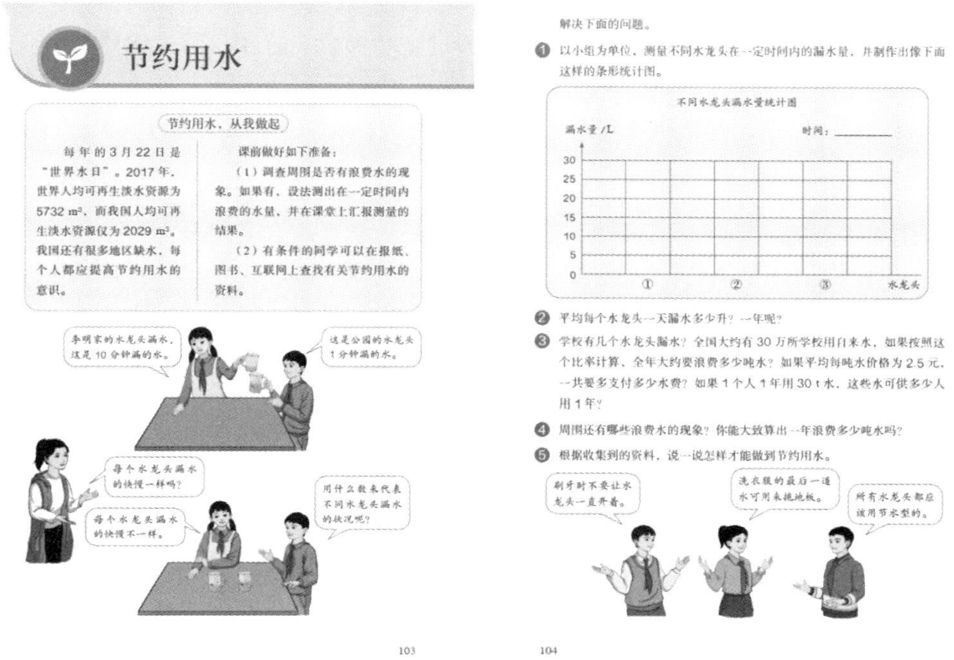

节约用水

节约用水，从我做起

每年的3月22日是"世界水日"。2017年，世界人均可再生淡水资源为5732 m³，而我国人均可再生淡水资源仅为2029 m³。我国还有很多地区缺水，每个人都应提高节约用水的意识。

课前做好如下准备：

（1）调查周围是否有浪费水的现象。如果有，设法测出在一定时间内浪费的水量，并在课堂上汇报测量的结果。

（2）有条件的同学可以在报纸、图书、互联网上查找有关节约用水的资料。

103

解决下面的问题。

1. 以小组为单位，测量不同水龙头在一定时间内的漏水量，并制作出像下面这样的条形统计图。

2. 平均每个水龙头一天漏水多少升？一年呢？

3. 学校有几个水龙头漏水？全国大约有30万所学校用自来水，如果按照这个比率计算，全年大约要浪费多少吨水？如果平均每吨水价格为2.5元，一共要多支付多少水费？如果1个人1年用30 t水，这些水可供多少人用1年？

4. 周围还有哪些浪费水的现象？你能大致算出一年浪费多少吨水吗？

5. 根据收集到的资料，说一说怎样才能做到节约用水。

104

图 6.3-15　六年级上"节约用水"

（2）分析数据。小组合作，对收集到的不同水龙头在一定时间内漏水的量进行测量、分析，计算出平均每分钟漏水的体积。对不同水龙头的漏水速度进行比较，并通过小组讨论，理解用其中一个水龙头的漏水速度不能代表一般水平，要用不同水龙头的平均漏水速度来表示。

（3）解决问题。在上述数据分析的基础上，解决教科书第 106 页提出的问题，通过计算平均值、利用学校漏水水龙头的数量估计全国学校漏水水龙头的数量，推断全年一年大约要浪费多少吨水，并计算这些水能供多少人使用 1 年。通过计算与统计推理，帮助学生从量化的角度对生活中浪费水的现象有一个深刻的认识。

（4）提出方案，付诸行动。根据计算的结果，结合课前收集的节约用水的资料，进行全班讨论和交流，提出具体可行的节约用水的方案，将环保教育落实在日常行为中。

教材在编排上有下面几个特点。

（1）体现了活动的综合性。活动的综合性体现在两方面。一是体现了数学学习与环境教育、可持续发展教育的综合。活动选择了与学生日常生活密切联系的题材——节约用水，使学生通过数学活动，了解我国水资源严重匮乏的现状，认识到节约用水的重要性。二是体现了各类数学知识的综合运用。活动中涉及体积的测量、数据的收集与整理、平均数的计算、利用样本的结果推断总体的情况，等等。这些数学知识与技能的综合应用有助于学生提高将数学应用于现实的能力，进一步理解数学与生活的密切联系。

（2）体现了活动的实践性。活动前、活动中、活动后都需要学生亲自参与，体现了很好的实践性。在活动前，让学生实地调查一下周围是否有浪费水的现象，并利用报纸、图书、互联网查找有关节约用水的资料；活动中，要求学生亲自测量某一水龙头在一定时间内的漏水量；活动后，要求学生把节约用水落实到日常行为中去。这样的设计，真正体现了实践活动的特点。

（3）注意培养学生应用数学的意识和解决数学问题的能力。与第一学段的学生相比，第二学段的学生在知识、能力等方面都有了较大的发展和提高，特别是六年级的学生，更应充分利用学生已有的生活经验和知识经验，引导学生通过主动探索、合作学习，培养学生应用数学的意识和综合运用所学知识解决问题的能力。活动过程中以问题为引导，一步一步，使学生通过统计推断的过程，以量化的结果呈现水资源浪费的现实，比空洞的说教更具说服力。

2. 教学建议

充分体现活动的综合性和实践性。活动的目的是让学生综合应用所学数学知识解决现实生活中的实际问题，因此，教学时一定要引导学生亲自去测一测，算一算。要让学生通过充分的交流与讨论，认识浪费水资源带来的严重后果。有条件的学校可以此活动为契机，开展一个更大的“节约用水”的主题活动，包括出宣传板报、主题演讲、参观污水处理工厂等。

因地制宜，开展适合当地或本学校的形式多样的活动。由于很多地区已经更换了节水龙头，水龙头漏水的情况不是很严重，大城市和农村浪费水的现象也不完全一致，教学中可以因地制宜，选择更适合的活动内容和形式。例如，可以让学生统计家庭中使用一次性塑料袋的情况，可以调查垃圾分类处理的情况，等等。

统计课前收集到的学校漏水水龙头的数量，解决第 106 页第 3 题。老师可将该结果与学生所接的漏水量进行比较，帮助学生深刻认识到，虽然一个漏水水龙头一分钟的漏水量不多，但如果不加以注意和控制，一年浪费水的量仍是很惊人的。通过这样的比较，可以加深学生对节约用水必要性的认识。

解决第 4 题时，老师可以充分调动学生学习的自主性，让他们对自己在课前发现和收集的浪费水的情况进行量化分析与计算。如果需要，老师也可为学生提供一定的素材和帮助。例如，老师可以给他们提供“全国大约有 4.3 亿个家庭”等信息，让学生统计出全班同学家里共有多少个水龙头漏水，然后结合前面已得到的结果算一算全国的家庭一年大约要浪费多少吨水。结合第 5 题，老师可引导学生说一说收集到的节水资料，并让大家充分讨论有效的节水方案，加强对学生的环保教育。

十五、生活与百分数

1. 教材分析

紧接百分数（二）单元，教材安排这一活动的目标是让学生进一步了解百分数在生活中的运用，提高数学应用意识和实践能力。

活动 1 通过让学生调查最新的利率，知道利率是在动态调整的，每次调整背后一定存在国家经济状况和政策的变化。

活动 2 通过解决一个实际问题，引导学生通过各种理财方式的比较，设计合理的存款方案，实际应用数学，学会科学理财，提高学生的实践能力。

“你知道吗？”介绍了千分数和万分数的含义和应用实例，使学生知道当数据之间的比率比较小时，用千分数和万分数表示更方便，拓宽学生的视野。

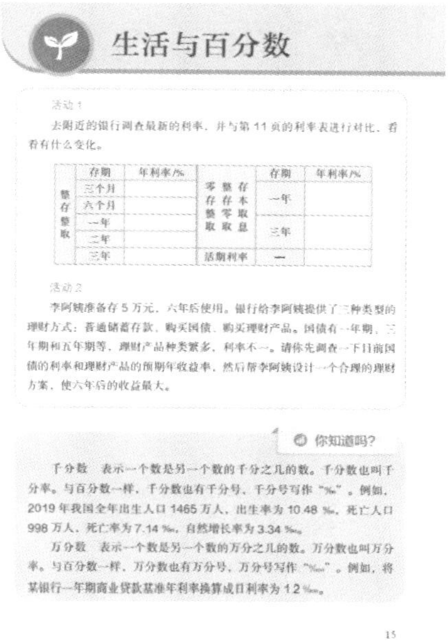

生活与百分数

活动 1

去附近的银行调查最新的利率，并与第 11 页的利率表进行对比，看看有什么变化。

整存整取	存期	年利率/%		存期	年利率/%
	三个月		零存整取、整存零取、存本取息	一年	
	六个月				
	一年			三年	
	二年				
	三年		活期利率	—	

活动 2

李阿姨准备存 5 万元，六年后使用。银行给李阿姨提供了三种类型的理财方式：普通储蓄存款、购买国债、购买理财产品。国债有一年期、三年期和五年期等，理财产品种类繁多，利率不一。请你先调查一下目前国债的利率和理财产品的预期年收益率，然后帮李阿姨设计一个合理的理财方案，使六年后的收益最大。

你知道吗？

千分数　表示一个数是另一个数的千分之几的数。千分数也叫千分率。与百分数一样，千分数也有千分号，千分号写作“‰”。例如，2019 年我国全年出生人口 1465 万人，出生率为 10.48 ‰，死亡人口 998 万人，死亡率为 7.14 ‰，自然增长率为 3.34 ‰。

万分数　表示一个数是另一个数的万分之几的数。万分数也叫万分率。与百分数一样，万分数也有万分号，万分号写作“‱”。例如，将某银行一年期商业贷款基准年利率换算成日利率为 1.2 ‱。

15

图 6.3-16　六年级下“生活与百分数”

2. 教学建议

重视学生实践能力的提高。活动时，让学生真正开展调查活动，感受百分数在生活中的价值。调查面应尽可能广，收集的信息尽可能多。在此基础上，再在全班范围内进行交流汇报。说说自己在调查过程中的收获和体会。

对实际生活中各类特殊百分数的应用，使学生进一步理解百分数表示的是一个数和另一个数的比率关系。不管百分数以哪种具体形式（如折扣、成数、税率、千分数、万分数）出现，都可把分数、百分数一般性问题中的数量关系迁移过来。因此，通过这样的实践活动，有助于学生真正提高把现实问题抽象成数学模型的能力。

十六、自行车里的数学

1. 教材分析

“自行车里的数学”旨在让学生运用所学的圆、排列组合、比例等知识解决实际问题。经历“提出问题—分析问题—建立数学模型—求解—解释与应用”的基本过程。

（1）研究普通自行车的速度与内在结构的关系。

提出问题。教材呈现两种不同型号的自行车，直接提问“蹬一圈，能走多远”，引出学生对自行车里的数学问题的研究。

分析问题。教材主要呈现了两种方案：① 直接测量，但该方法误差较大。② 通过车轮的周长乘上后齿轮转的圈数来计算蹬一圈车子走的距离。教学时重点引导学生明确：后齿轮转的圈数 × 后齿轮的齿数=前齿轮转的圈数 × 前齿轮的齿数。

建立数学模型、收集数据并求解。引导学生根据分析问题得到解题思路：蹬一圈自行车走的距离=车轮的周长 ×（前齿轮的齿数∶后齿轮的齿数）。

汇报交流。各小组展示并解释各自的研究过程和结果。

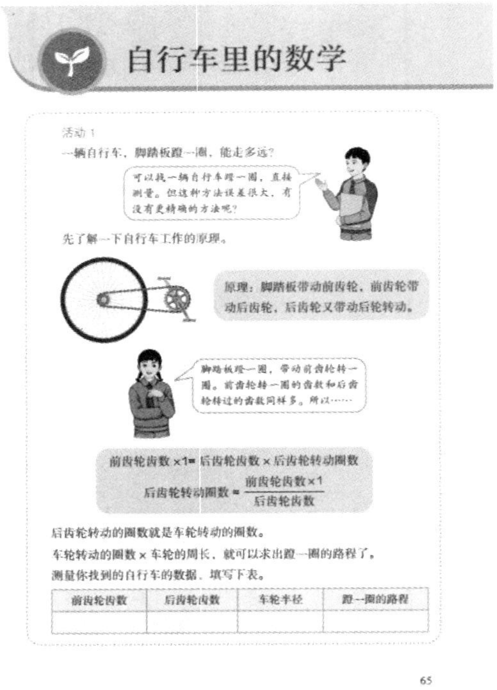

自行车里的数学

活动1

一辆自行车，脚踏板蹬一圈，能走多远？

可以找一辆自行车蹬一圈，直接测量。但这种方法误差很大，有没有更精确的方法呢？

先了解一下自行车工作的原理。

原理：脚踏板带动前齿轮，前齿轮带动后齿轮，后齿轮又带动后轮转动。

脚踏板蹬一圈，带动前齿轮转一圈。前齿轮转一圈的齿数和后齿轮转过的齿数同样多。所以……

前齿轮齿数×1= 后齿轮齿数×后齿轮转动圈数

$$后齿轮转动圈数=\frac{前齿轮齿数\times 1}{后齿轮齿数}$$

后齿轮转动的圈数就是车轮转动的圈数。

车轮转动的圈数×车轮的周长，就可以求出蹬一圈的路程了。

测量你找到的自行车的数据，填写下表。

前齿轮齿数	后齿轮齿数	车轮半径	蹬一圈的路程

65

图 6.3-17　六年级下“自行车里的数学”

（2）研究变速自行车的能变化出多少种速度。

教材先介绍了一种变速自行车的主要结构：2 个前齿轮、6 个后齿轮，接着提出问题“能变化出多少种速度”，再呈现学生“收集数据—建立数学模型—代入数据、求解—解决问题”的过程，最后通过“蹬同样的圈数，哪种组合使自行车走得最远”，引导学生对各种速度的产生进行深入的解释。

2. 教学建议

正式活动前，教师应充分准备课上需要用到的数据和图片，也可以要求学生对自行车的结构和行进的基本道理进行了解。

正式教学时，应让学生经历“分析问题—建立数学模型—求解”的基本过程，如果学生课前没有收集到所需要的数据，教师应及时为学生提供。此外，应引导学生对各组的研究方法和结果进行比较，以获得运用数学解决实际问题的思考方法。

参考文献

[1] 人民教育出版社，课程教材研究所，小学数学课程教材研究开发中心. 义务教育教科书教师教学用书数学 1—6 年级全套[M]. 北京：人民教育出版社，2014.

[2] 人民教育出版社，课程教材研究所，小学数学课程教材研究开发中心. 义务教育教科书学生用书数学 1—6 年级全套[M]. 北京：人民教育出版社，2013.

[3] 中华人民共和国教育部. 义务教育数学课程标准（2022 年版）[M]. 北京：北京师范大学出版社，2022.

[4] 林群. 数学学习对学生终身发展至关重要[J]. 红蕾·教育文摘旬刊，2013（1）：27-29.

[5] 章建跃. 理解数学 理解学生 理解教学[J]. 中国数学教育：高中版，2010（12）：3-7.

[6] 孙式武，于淑君. 小学教育概论[M]. 济南：山东人民出版社，2014：08.

[7] 张念宏. 中国教育百科全书[M]. 北京：海洋出版社，1991：8.

[8] 李润泉，张卫国，卢江. 小学数学教材 60 年回望[J]. 中华读书报，2010（9）：1-2.

[9] 程材. 开放·创新·综合——人教版新教材的主要特点[J]. 中国编辑，2003（2）：19-20.

[10] 卢江. 创新进取，严谨求实，推出体现时代精神的新教材——人教版义务教育教科书《数学》（一～六年级）修订情况介绍[J]. 小学教学（数学版），2012（Z1）：48-51.

[11] 吴成业. 小学数学文本解读的策略——以人教版 2013 版与 2002 版“小数的认识”对比解读为例[J]. 教学与管理，2016（14）：39-40.

[12] 何媚. 小学数学“图形与几何”领域“综合”和“实践”思想应用研究——以人教版 4～6 年级教材和教学案例为对象[D]. 沈阳：沈阳师范大学，2016.

[13] 秦治国，常秋胜. 小学数学概念分析[M]. 呼和浩特：内蒙古教育出版社，2010.

[14] 杨庆余. 小学数学教学研究[M]. 北京：中央广播电视大学出版社，2005.

[15] 曹艳荣，兰社云. 小学数学课程与教学论[M]. 郑州：郑州大学出版社，2009.

[16] 钟启泉，汪霞，王文静. 课程与教学论[M]. 上海：华东师范大学出版社，2008.

[17] 吴正宪.《新版课程标准解析与教学指导——小学数学》书评[J]. 数学教育学报，2015，24（5）.

[18] 吴正宪. 读懂教材，关注知识间的内在联系[J]. 湖北教育：教育教学，2015（10）：25-27.

[19] 吴正宪，韩玉娟. 图形与几何内容的理解与把握——《义务教育数学课程标准（2011 年版）》解析之七[J]. 小学数学教育，2012（7）：24-26.

[20] 章建跃. 数学课程标准制定中若干问题的思考[J]. 课程·教材·教法，2000（1）：13-16.

[21] 史宁中.《数学课程标准》的若干思考[J]. 数学通报，2007，46（5）：1-5.

[22] 史宁中，马云鹏，刘晓玫. 义务教育数学课程标准修订过程与主要内容[J]. 课程·教材·教法，2012（3）：50-56.

[23] 史宁中. 基本概念与运算法则[M]. 北京：高等教育出版社，2013.

[24] 王永春. “人教版”小学数学教材修订简介[J]. 四川教育，2002（9）.
[25] 李燕，杨文君. 活化教材，整合内容，让教材“活”起来——以《比的认识》教学为例[J]. 教育观察（中下旬刊），2015（30）：53+57.
[26] 祁顺成.《克和千克的认识》的教学思考[J]. 教育实践与研究（A），2011（9）：63-64.
[27] 唐仁钧. 构建阳光课堂，绽放生命活力——“倍的认识”教学片段及反思[J]. 教育实践与研究（A），2010（11）：59-60.
[28] 吴国玉.《用比例解决问题》教学案例与反思[J]. 科学咨询（教育科研），2016（08）：57-58.
[29] 郭子栋. 小学数学“综合与实践”教学设计案例研究[J]. 才智，2016（21）：9.
[30] 陈孟懿.《数字编码》教学设计评析[J]. 科学咨询（科技·管理），2016（2）：155-156.
[31] 顾晓东. 把握本质，精致概念建构过程——以“认识面积”教学为例[J]. 教学与管理，2014（26）：44-46.
[32] 徐菲. 小学数学综合与实践教学之我见[J]. 科教导刊（中旬刊），2014（8）：129+172.
[33] 张转梅，李文铭. 对小学数学中简易方程教学的思考[J]. 基础教育研究，2014（15）：42-43.
[34] 杨磊. 小学生空间观念的培养策略——以人教版小学数学五年级上册“观察物体”一课为例[J]. 教育实践与研究（A），2014（2）：65-70.
[35] 张森. 关于小学数学综合实践活动课教学的几点思考[J]. 才智，2014（2）：52.
[36] 张明红. “正比例意义”教学设计与思考[J]. 科教文汇（下旬刊），2013（10）：155-156.
[37] 丁卫艳. 如何让学生不混淆“周长”和“面积”[J]. 剑南文学（经典教苑），2013（9）：335.
[38] 余朝容.《长方体、正方体的表面积和体积练习课》教学案例[J]. 科学咨询（科技·管理），2012（11）：126-127.
[39] 杨惠娟. 有梯，你能轻松爬坡吗？——苏教版小学数学第六册《平移和旋转》课堂实录[J]. 江苏教育研究，2012（27）：38-40.
[40] 周惠琴. 同中存异 乱中求序 见微知著——“找规律”两个教学案例片段的思考[J]. 上海教育科研，2011（11）：89-90+65.
[41] 胡靖. 小学数学教学中对学生整理、描述数据的指导[J]. 现代交际，2011（10）：166-167.
[42] 张颖.《左右》教学课例——北师大版小学数学一年级上册第五单元《位置与顺序》[J]. 学周刊，2011（3）：127-128.
[43] 张学杰. 小学数学“优化”教学策略——以人教版小学数学教材五年级下“打电话”教学为例[J]. 现代中小学教育，2010（4）：21-22.
[44] 钱瑞芬. 理想的数学课堂应“凸显”数学本质——“认识正负数”教学案例与反思[J]. 教育科研论坛，2010（4）：51-52.
[45] 吴井芳. 再议数学教学的生活化——由《公顷与平方千米》的教学所想到的[J]. 教育教学论坛，2010（7）：37-38.
[46] 周冬娜.《角的度量》教学实录[J]. 教育实践与研究（小学版），2009（Z1）：74-76.
[47] 李红梅. “认识克和千克”课堂教学的几点思考[J]. 湖北广播电视大学学报，2008（12）：135.
[48] 彭中仁.《吨的认识》教学设计与评析[J]. 教学与管理，2008（2）：52-54.
[49] 宫红军，刘枫. 给学生留出反思的空间——《分米、厘米、毫米的认识》教学片断分析[J]. 当代教育科学，2006（6）：60-61.

[50] 刘蓉. 让学生在做中学——《认识钟表》的教学实践与反思[J]. 新课程研究（教育研究与实验），2004（2）：40-41.
[51] 李冰.《数学乐园》导学构想[J]. 四川教育学院学报，2000（11）：28.
[52] 王清宇. 教学有余数除法应注意的几个问题[J]. 教师之友，1996（1）：26-27.
[53] 郎宏坤. 从原点出发，向本质迈进——我教“圆的认识”一课有感[J]. 教育实践与研究（A），2015（8）：55-60.